COMPACT 법학

공기업 전공필기 단기합격

2024 SD에듀 COMPACT 공기업 전공필기 단기합격 법학

Always **with you**

사람의 인연은 길에서 우연하게 만나거나 함께 살아가는 것만을 의미하지는 않습니다.
책을 펴내는 출판사와 그 책을 읽는 독자의 만남도 소중한 인연입니다.
SD에듀는 항상 독자의 마음을 헤아리기 위해 노력하고 있습니다. 늘 독자와 함께하겠습니다.

PREFACE

머리말

주지하다시피 공기업의 법학시험은 다른 과목과 달리 학습의 범위가 방대하여 전공자라 하더라도 단기간에 많은 단행과목을 학습하기는 매우 곤란한 상황입니다.

헌법, 형법, 형사소송법, 민법, 민사소송법, 상법, 행정법, 노동법, 사회복지법 등 실제 법학의 전 영역에서 문제가 출제되기에 많은 과목을 단기간에 공부하기 위해서는 필요한 부분 중심으로 학습하고 필수적인 개념요소를 학습하는 방법이 가장 효과적인 학습방법이라 하겠습니다.

이 책은 이러한 방대한 수험범위를 다루는 공기업 법학시험의 특성을 고려하여 시험에 반복 출제되는 영역을 큰 줄기로 삼아 이론을 구성하고 다양한 공기업 법학시험에서 출제된 기출문제 및 유사한 난이도를 갖는 시험에서 출제된 바 있는 기출문제를 토대로 문제를 출제했습니다. 또한 매번 출제되는 핵심적인 출제 포인트를 OX문항 형식으로 수록하여 단기간에 가장 높은 효율을 만들어내는 것을 염두에 두고 구성하였습니다.

이 책을 학습함에 있어 가장 우선적으로는 전체적인 법학의 체계를 이해하고 각종 법률용어와 법리관계에 관한 기초이론을 큰 구조를 그리며 머릿속에 세우는 방향으로 공부하실 것을 추천합니다.

법학의 특성상 기본이론은 볼 때 한 번에 모든 내용을 알고 외우는 방식보다는 우선적으로 전체적인 1회독을 빠른 시간 내에 마치고 문제와 OX문항을 통해 확인학습하는 방식을 추천합니다. 이 책은 각 과목 중 가장 핵심적인 사항을 수록하였기에 단기간에 각 법의 체계를 수립할 수 있을 것이라 자신합니다.

특히 OX문항의 경우 시험에 매번 출제되는 포인트들을 정리한 것으로 반복학습하여 숙지하신다면 반복되어 출제되는 법학시험의 특성상 실전에서 빠른 문제해결을 가능하게 할 것입니다. 시험 직전에는 평소 정리해둔 파트와 OX문항을 마무리 학습의 포인트로 삼아 활용하시기 바랍니다.

부록으로 주요 법령을 선별하여 PDF로 제공하니 학습에 참고하시기 바랍니다.

보다 깊은 수준의 법학을 공부하려면 각 과목별 판례학습과 관련 법령학습이 병행되어야 하겠으나 공기업 수험준비의 시간상 효율을 꾀한다면 우선적으로는 반복을 통해 기본개념을 완벽하게 숙지하여 필수지식을 어느 정도 갖춰놓고 그 바탕 위에 문제를 해결하는 능력을 키우시는 방식을 추천합니다.

특히 기본개념의 이해 없이 지엽적인 부분만을 학습하는 것은 실제 시험에 큰 도움이 되지 않습니다. 다양한 법들의 기본적 필수적 내용을 본서를 통해 반복해서 학습한다면 실제 시험에서 좋은 점수를 획득하리라 판단합니다.

독자 여러분의 건승을 기원합니다.

SD법학연구소

공기업 법학 필기시험 정보

기업명	유형/직무	과목	문항/배점	범위 및 비고
한국수자원공사	단일전공	법학	30문항	• 민법, 행정법 • 행정직렬 응시자의 경우, 4개 과목 (경영, 경제, 행정, 법학) 중 택 1
인천교통공사	단일전공	법학	40문항	전공지식평가
국민연금공단	사무직	법학, 행정, 경제, 경영 등	50문항	종합직무지식평가: 법 · 행정 · 경제 · 국민연금법 등 사회보장론 관련 지식
한국철도공사	일반공채	법학 등	50문항	전공 25문항, 직업기초 25문항
한국수력원자력	통합전공	경영, 경제, 회계, 행정, 법	25문항	전공지식평가
한국중부발전	통합전공	경영, 경제, 회계, 행정, 법	50문항	헌법, 민법, 행정법, 상법 등
건강보험심사평가원	통합전공	경영, 경제, 행정, 법	30문항	보건의료지식 10문항 포함 총 40문항
SH공사	사무직	법학, 행정, 경제, 회계, 전산	50문항	직무별 전공시험
한국석유공사	사무직	법학, 행정, 경영, 경제, 회계, 어학 등	76문항	지원분야 관련 전공
한국자산관리공사	채용형인턴	경제, 경영, 법	70문항	민법, 상법, 민사소송법
한국무역보험공사	사무직	법학	100점	민법, 상법, 민사소송법, 형법, 헌법 등 법학일반
서울주택도시공사	단일전공	법학	50문항	전공지식평가
한국동서발전	통합전공	경영, 경제, 회계, 행정, 법	40문항	한국사 10문제까지 총 50문항
한국남부발전	법정통합	행정, 법	50문항	전공지식평가
한국남동발전	법정통합	행정, 법	60문항	헌법, 민법, 상법, 행정법, 노동법 등

한전KPS	법정통합	행정, 법	50문항	행정 25+법[민법총칙, 노동법(근로기준법), 상법(회사법) 등] 25
한전KDN	통합전공	경영, 경제, 행정, 법	50문항	경영 · 경제 25+행정 · 법 25
근로복지공단	사무직	경영, 경제, 행정, 법, 사회복지	30문항	직무수행에 필요한 기초지식 평가
산업은행	단일전공	법학	10문항	전공지식평가
예금보험공사	단일전공	법학	31문항 (200점)	• 민법, 상법(해상법 제외), 민사소송법 • 객관식, 주관식, 논술
신용보증기금	통합전공	경영, 경제, 법학	60문항	• 민 · 상법(물권법, 채권법, 상행위, 회사법 중심) • 객관식 60문항, 논술 3문항(약술2+서술1)
도로교통공단	단일전공	법학	50문항	전공지식평가
한국도로공사	법정통합	행정, 법	40문항	헌법, 행정법, 직무수행능력평가(70%)
한국농어촌공사	단일전공	법학	40문항 (200점)	헌법, 민법(가족법 제외), 민사소송법, 행정법
한국지역난방공사	법정통합	행정학, 법학	50문항	전공지식평가
한국가스공사	사무직	경영, 경제, 회계, 법학, 행정	100점	직무수행시 필요한 전공관련 지식평가
금융감독원	사무직	법학	200점	• 주관식 전공지식 종합평가 • NCS 직업기초능력
한국공항공사	행정직	법학	50문항	민법, 상법
공무원연금공단	사무직	법학, 행정학	35문항	전공지식평가
한국주택금융공사	행정직	경영, 경제, 법	25문항 (50점)	전공지식평가

❖ 과년도 내용으로 수시로 변동이 있으므로 세부내용은 필히 기관별 시행일자 공고문을 확인바랍니다.

이 책의 구성과 특징

1 ★ 표기로 확인하는 중요 기출지문과 중요 개념

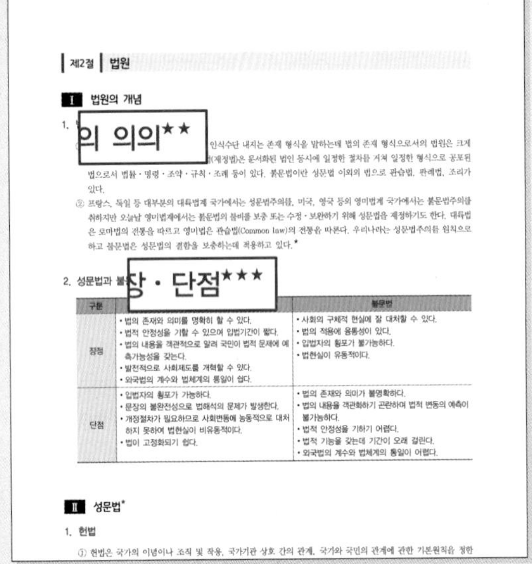

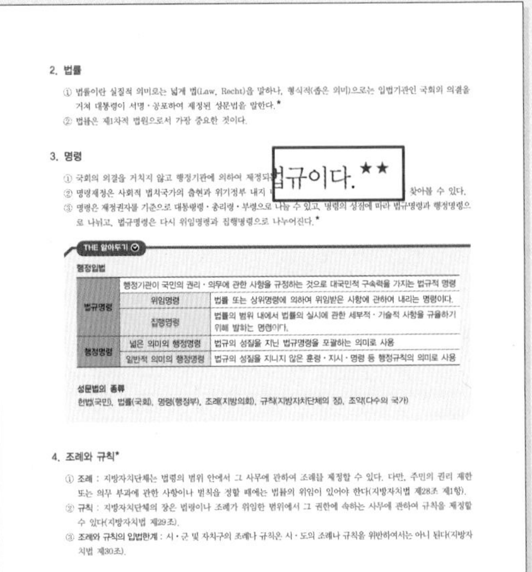

▸ 기출 빈도와 중요 개념을 종합적으로 분석하여 매긴 ★/★★/★★★ 표기를 통해, 보다 눈여겨봐야 할 내용을 쉽게 파악할 수 있도록 구성하였습니다.

2 법학의 방대한 이론을 과목별 주요 내용으로 압축 서술

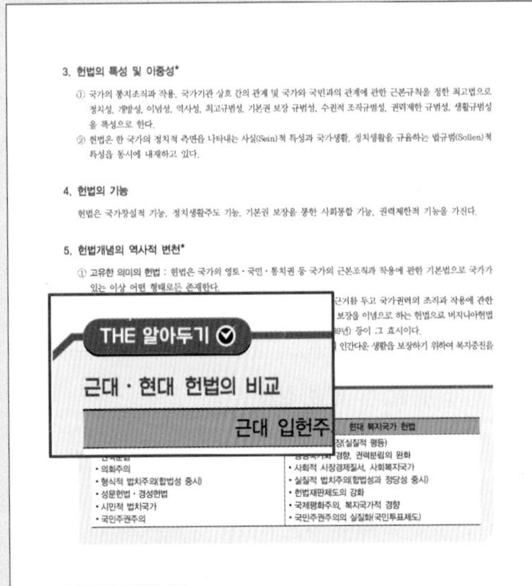

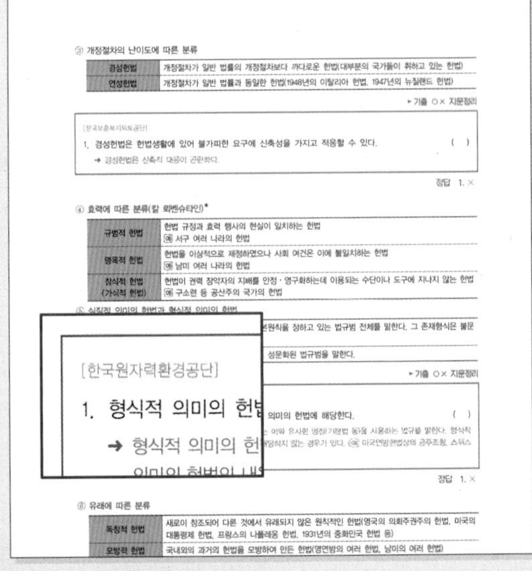

▸ 방대한 법학 이론을 공기업 법학시험에 빈출되는 주제를 중심으로 정리하였고, '주요시험 기출지문'과 심화학습인 'THE 알아두기'를 통해 보다 내용을 수월하게 이해할 수 있도록 하였습니다.

3 공사공단 기출복원 문제 및 각종 시험 기출문제 수록

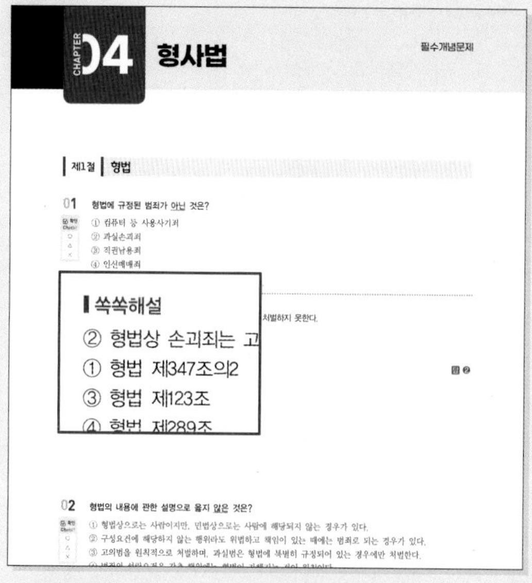

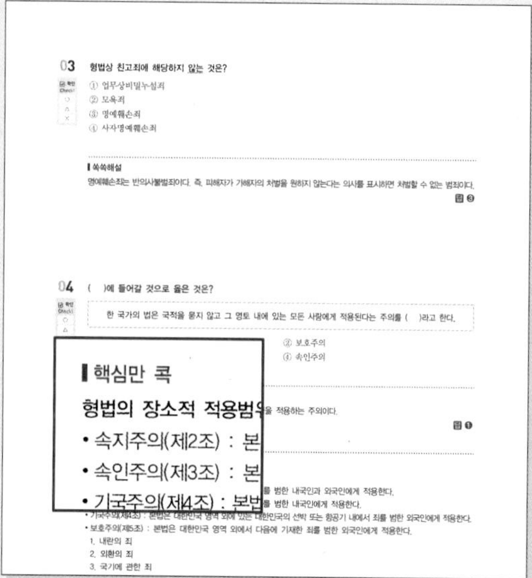

▸ 필수개념문제에서 다양한 시험에 출제되었던 문제를 종합적으로 분석하여 수록하였고, '쏙쏙해설'과 '핵심만 콕'을 통해 관련된 이론을 보다 심도있게 해설하였습니다.

4 출제 빈도 높은 기출지문을 정리한 OX문제

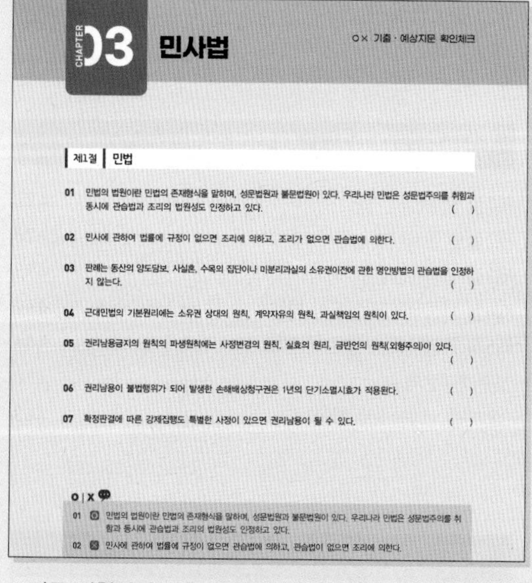

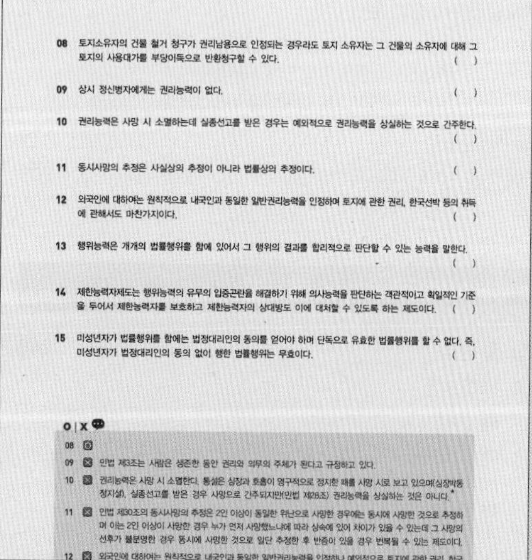

▸ 각종 시험에서 빈출했던 중요 기출지문과 예상지문을 정리한 OX문제를 수록하였고, OX문제를 통해 본문 이론의 이해 정도를 파악하고 반복학습을 할 수 있도록 구성하였습니다.

이 책의 차례

CHAPTER 01

법학 일반

CHAPTER 01

법학 일반

제1절 법의 의의

I 법의 일반적 특징

1. 법의 정의★

① **사회규범** : 법은 사회질서를 유지하기 위하여 사회의 구성원이 준수하여야 할 행위의 준칙을 의미한다.
② **강제규범** : 국가권력에 의하여 그 준수가 강제되는 규범이다. 이와 같은 점에서 법규범은 종교, 도덕, 관습 등의 사회규범과 구별된다.
③ **문화규범** : 법은 '정의'라는 법의 이념을 구현하고자 하는 인간들의 문화적 산물이다.
④ **당위규범** : 법은 사회구성원들이 지켜야 할 행위의 준칙을 정하는 당위규범으로서, 있는 그대로의 존재를 설명하는 자연법칙과는 구별된다.

THE 알아두기

당위규범(사회규범)과 자연법칙 [한국중부발전], [한국가스기술공사]

당위규범(사회규범)		자연법칙	
당위법칙 (Sollen)	'마땅히 ~해야 한다.'는 법칙	존재법칙 (Sein)	'사실상 ~하다.'는 법칙
규범법칙	준칙이 되는 법칙(행위의 기준)	인과법칙	원인이 있으면 결과가 나타남
목적법칙	정의·선과 같은 목적의 실현을 추구	필연법칙	우연이나 예외가 있을 수 없음
자유법칙	적용되는 상황에 따라 예외가 존재	구속법칙	자유의지로 변경할 수 없음

법언(法諺)★

법언은 시험에서 자주 인용되기 때문에 반드시 의미를 연관 지어 알아두어야 한다.

구분	법언
사회규범	사회가 있는 곳에 법이 있다.
강제성	강제력이 없는 법은 타지 않는 불이요, 비치지 않는 등불이다.
정의(正義)	세상이 망하더라도 정의를 세우라.★
합목적성★	① 민중의 행복이 최고의 법률이다. ② 국민이 원하는 것이 법이다.
법적안정성★	① 정의의 극치는 부정의의 극치이다. ② 무질서한 것보다 오히려 불평등한 것이 낫다. ③ 악법도 법이다.
법과 도덕과의 관계	도덕은 법의 최대한이고, 법은 도덕의 최소한이다.★

법치주의	국왕도 법 아래에 있다.
권리의 절대성	자기 권리를 행사하는 자는 어느 누구도 해하지 않는다.

함무라비 법전
기원전 1700년경 고대 바빌로니아의 함무라비왕에 의해 제정된 성문법으로, '눈에는 눈, 이에는 이'라는 동해보복형(같은 피해에는 같은 방법으로 보복을 함)을 규정하고 있다.

2. 법의 3중 구조(법규범의 종류)★

① **행위규범** : 법은 관습이나 도덕규범과 같이 인간의 행위를 규율한다. 여기에서 말하는 규범은 어떠한 행위를 행하도록 명하거나 어떠한 행위를 하지 말도록 금지하는 관계를 규정하는 사회규범의 전형적인 형태이다.

② **조직규범** : 공동사회를 운영하기 위하여 필요한 조직체의 구성과 운영에 관한 규범이다. 즉, 조직규범은 행위규범과 재판규범을 통합하며 그 존립의 기초와 작용방식을 부여하는 조직원리에 관한 규범으로 헌법, 국회법, 법원조직법, 정부조직법 등이 이에 속한다. 이 조직규범은 일반국민에 대한 행위의무를 명하지 않으며, 그 직접의 수범자는 국가기관의 구성자이다.

③ **강제규범(= 재판규범)** : 행위규범이 정하고 있는 명령 또는 금지에 위반하는 경우에는 강제력(형벌, 강제집행)이 발동된다. 이때 강제력의 발동은 재판을 통해서 하게 되므로 이를 재판규범이라고 한다. 이같이 법규범의 강제규범성은 법의 본질적 요소 중의 하나이며 예링(Jhering)은 "강제를 수반하지 않는 법은 타지 않는 불, 비치지 않는 등불이나 마찬가지로 그 자체가 모순"이라고 하였다. 그러므로 법규범은 행위규범에 강제규범을 결합시킨 중층구조를 형성하고 있다는 것이 통설이다.

3. 법과 사회규범★★

① 법과 도덕

㉠ 법과 도덕의 관계 : 법과 도덕은 내용면에서 많은 부분이 중첩하는 관계로서 공공의 질서, 선량한 풍속, 신의성실의 원칙 등은 법과 도덕에 모두 준용되며, 효력 면에서는 상호보완관계이다. 즉, 법은 강제를 수단으로 도덕의 내용을 실현하며 도덕은 법의 효력을 뒷받침한다.

- 규범의 내용면에서 볼 때 국가질서를 유지하는데 최소한으로 필요한 도덕을 실효적으로 만들기 위한 것이 법이다. 규범의 효력 면에서도 법의 강제력이 도덕의 효력을 뒷받침하기도 하고, 반대로 도덕의 효력이 법의 효력을 뒷받침하기도 한다.
- 법과 도덕은 항상 일치하는 것은 아니며 도덕의 영역은 법의 영역보다 넓다.

㉡ 법과 도덕에 관한 학자들의 견해★

칸트	내면성과 외면성이라는 내용적인 기준보다는 합법성과 도덕성으로 구별하여 법은 동기의 여하와는 관계없이 합법성에 만족하고, 도덕은 의무감이 행위의 동기가 됨과 동시에 도덕성까지 요구한다고 하였다.
예링	법은 국가권력에 의한 강제성이 보장되어 있으나 도덕은 그렇지 아니하다고 보면서, 법과 도덕의 구별이 매우 어렵다는 의미로 수많은 배들이 자주 난파했던 남미의 최남단 Cape Horn(희망봉)에 비유하였다.

옐리네크	‘법은 도덕의 최소한이다.’라고 보고 ‘도덕규범 중 꼭 지켜져야 할 부분이 법으로서 강제성을 띠게 된다.’라고 보았다.
라드브루흐	‘법은 법이념에 봉사한다는 의미를 지니는 현실이다.’라고 하였다. 또한 법은 행위를 규율하는 것이며, 도덕은 내심의 규범이라고 보면서도 법과 도덕의 구별에 있어서 절충적인 입장을 취하려고 하였다.
슈몰러	‘법은 도덕의 최대한이며, 결코 최소한은 아니다.’라고 하면서 도덕규범 중 꼭 필요하다고 인정되는 것은 법으로 정립하여 강제성을 띤다고 보았다. 즉, 도덕규범이 법으로 제정되어 도덕이 사회생활 전면에 확대 적용되는 것을 강조하였다.

㉢ 법과 도덕의 차이점★★

- 법의 외면성, 도덕의 내면성 : 법은 사람의 외면에 나타난 행위만을 규율할 뿐이고 내심에까지 간섭하지 않으나, 도덕은 내심(양심)만을 대상으로 하고 있다. 그러나 최근의 입법례에 있어서는 법도 행위자의 외면적인 행위보다도 내면적인 동기, 고의, 과실, 선의, 악의 등에 대한 관심이 커지고 있으며, 또 도덕에 있어서도 외부에 행위로서 나타나지 않는 내심은 그리 높게 평가하지 않는 것이 일반적으로 되고 있다.
- 법의 강제가능성, 도덕의 강제불가능성 : 법에는 강제가 있으나 도덕에는 강제가 없다. 즉, 사실에 있어서 법에 위반되는 행위가 있었을 때에는 강제(범죄에 대한 형벌, 불법행위에 대한 강제집행)가 따르는 데 도덕의 명령에 위반했을 때에는 이러한 강제가 따르지 않는다.
- 법의 양면성과 도덕의 일면성(편면성) : 법은 국가와 국민, 권리와 의무, 채권과 채무와 같이 대립되는 양면을 가진 사회사실을 규제하는 양면성을 가지고 있으나 도덕은 권리는 없고 의무만 있으며, 따라서 도덕이 다루는 것은 의무뿐이라는 전제에서 이를 도덕의 일면성이라고 한다.
- 법의 타율성과 도덕의 자율성 : 법은 복종자에 대하여 밖에서 의무를 지우는 타율성의 규범이고, 도덕은 고유한 인격을 통한 자발적인 자율성의 규범이다.

▸ 기출 ○× 지문정리

[한국자산관리공사]

1. 권리 및 의무의 측면에서 법은 일면적이나 도덕은 양면적이다. ( )
2. 법 · 도덕 이원론은 법에 대한 평가를 외면함으로써 합법적 독재를 가능하게 할 뿐만 아니라 법과 도덕이 교차하는 현실을 부정한다는 비판을 받는다. ( )
3. 법은 의사중심의 내면성을 가지지만, 종교는 행위중심의 외면성을 가진다. ( )

정답 1. × 2. ○ 3. ×

THE 알아두기 ✓

법(法)과 도덕(道德)의 차이점★★

법(法)		도덕(道德)	
외면성	인간의 외부적 행위와 결과를 중요시함	내면성	인간의 내면적인 양심과 동기를 중요시함
강제성	위반에 대하여 국가권력을 배경으로 한 권력적 강제가 가능함	비강제성	규범의 유지와 제재에 강제성이 없음
양면성	의무에 대응하는 권리가 있음	편면성	의무에 대응하는 권리가 없음
목적	정의(Justice)의 실현	목적	선(Good)의 실현

대상	평균인의 현실적 행위	대상	평균인이 지키기 어려운 높은 이상
경험적 사실에 의하여 성립		선험적 이성에 의하여 발생	
준수 근거의 타율성, 국가가 규율주체		준수 근거의 자율성, 자기 자신이 규율주체	

우리나라의 도덕 강제 규정

① 존속살해죄 가중처벌(형법 제250조 제2항) 〈현재 존치〉
② 동성동본 혼인금지(1995 헌법 불합치결정으로 폐지)
③ 간통죄 처벌(형법 제241조) : 2015.2.26. 위헌판결로 효력상실, 2016.1.6. 폐지

선한 사마리아인 조항(사랑 조항)★

법의 윤리화 현상으로, 위험에 처해있는 자를 구해주어도 본인 또는 제3자에게 위험이 없음에도 불구하고 돕지 않은 자를 처벌한다는 것을 내용으로 한다. 독일, 프랑스 등 유럽 몇몇 나라가 형법에 도입하였다. 우리나라는 「응급의료에 관한 법률(제5조의2)」에서 선의의 응급의료에 대한 면책규정을 두고 있고 형법에는 도입하고 있지 않다.

② **법과 관습(공서양속, 사회상규)★** : 일정한 행위가 특정한 지역의 다수인 사이에서 반복됨으로써 발생하는 사회규범이 관습이며, 관습의 규범력을 보장하는 것은 공공적 의견이자 사회적 통념이다.

㉠ 법과 관습의 차이점 : 법은 인위적으로 만들어지는 반면, 관습은 자연발생적 현상으로 생성된다. 관습은 비조직적인 사회의 규범(관행)이고, 법은 공고한 조직적 사회인 국가의 규범으로 관습의 위반에 대해서는 사회의 비난에 그치지만, 법의 위반은 국가권력에 의한 강제가 규정되어 있다.

㉡ 법과 관습의 관계 : 관습법은 관습이 법규범화된 것이다(민법 제1조). 또 사실인 관습도 일정한 요건하에서는 법적 효력을 가진다(민법 제106조).★

THE 알아두기 ⊘

법원(민법 제1조) [근로복지공단]

민사에 관하여 법률에 규정이 없으면 관습법에 의하고 관습법이 없으면 조리에 의한다.

사실인 관습 [한국가스공사]

법령 중의 선량한 풍속 기타 사회질서에 관계없는 규정과 다른 관습이 있는 경우에 당사자의 의사가 명확하지 아니한 때에는 그 관습에 의한다(민법 제106조). 다만 관습법이 법원으로서 법령과 같은 효력을 가질 수 있는 것과 달리 사실인 관습은 법령으로서의 효력이 없는 단순한 관행으로서 법률행위의 당사자의 의사를 보충함에 그친다는 것이 판례의 태도이다. 즉, 사실인 관습은 민법 제1조의 관습법에 해당하지 않는다(대판 1983.6.14. 80다3231).

▸ 기출 OX 지문정리

[한국중부발전]

1. 관습법이 성립하기 위해서는 법원의 판결에 의하여 관행이 확인되어야 한다. ( )

➜ 관습법은 사실상 법원의 판결에 의해 확인되나 관습법이 성립한 때부터 소급하여 효력이 인정되므로 법원의 판결에 의한 확인이 관습법의 성립요건은 아니다.

[경기신용보증재단]

2. 관습법은 법원의 판결에 의해 성립된다. ( )

3. 관습법은 제정법에 대해 열후적 · 보충적 성격을 갖는다. ( )

정답 1. × 2. × 3. ○

③ 법과 종교

㉠ 공통점 : 종교는 관습 · 도덕과 함께 중요한 사회규범이라는 점에서 공통점을 갖는다.★

㉡ 차이점 : 종교는 신앙의 요소를 가지고 절대적인 신에 의존하고 있다는 점과 사람의 사회생활의 기준으로서 사람의 내부적 의사를 규율하므로 의사 중심의 내면성을 갖는다. 반면에 법은 행위 중심의 외면성을 가지고 사회생활의 질서유지를 위한 규범으로 국가에 의해 강제된다는 점에서 차이가 있다.

4. 자연법과 실정법

일반적으로 우리가 법이라고 말할 때에는 이른바 실정법을 뜻하는데, 실정법은 인간이 만든 경험적인 법이며 때와 장소에 따라 변하는 상대적인 규범이다. 한편 자연법론자들은 실정법의 배후에 자연법이 존재한다고 주장하면서 자연법이란 인간이 제정한 법이 아니라 때와 장소를 초월한 보편타당한 법이며 선험적인 규범이라고 하였다.

THE 알아두기

자연법과 실정법 [서울주택도시공사]

1. 자연법은 시대와 민족, 국가와 사회를 초월하여 보편타당하게 적용되는 객관적 질서로 부당한 실정법을 개정하는 기준이 된다. 자연법론자들은 법과 도덕의 구별을 부인한다.★
2. 실정법론자(법실증주의)들은 법과 도덕의 구별을 인정한다.★

► 기출 ○× 지문정리

[한국수력원자력]

1. 자연법론은 자연법에 반하는 실정법의 효력을 부정하지는 않는다. ( )

2. 자연법론자로서 플라톤, 토마스아퀴나스, 그로티우스 등이 있다. ( )

3. 법실증주의자로서 옐리네크, 한스 켈젠 등이 있다. ( )

4. 한스 켈젠은 법실증주의자이나 그가 주장한 근본규범(Grundnorm)은 실정적 규범이 아닌 가정적 의제규범이다. ( )

정답 1. ○ 2. ○ 3. ○ 4. ○

Ⅱ 법의 목적(이념)

1. 의의

① 법의 목적 : 인간이 법을 통해 실현하려고 하는 사회생활의 실천목표로, 법의 배후에서 법의 원동력이 되는 하나의 이념 가치이며, 효력의 근거이고 법가치를 평가하는 척도이다. 또한 법이 존재하는 이유가 되기도 한다.

② 법의 목적에 관한 여러 학설

플라톤과 아리스토텔레스	정의를 원칙으로 한 도덕생활의 실천이다.★
루소	개인의 자유·평등의 확보 및 발전이다.★
칸트	도덕적 개인 인격의 확보이다.★
예링	법의 목적은 전체 법의 창조로, 그 중요성을 강조하면서 법의 목적은 사회의 제 생활조건의 확보라고 보았다.★
파운드	특정한 때와 장소에 있어서의 문화의 법적 공리이다.
맹거, 레너	경제적 기본권의 확보와 실현이다.
라드브루흐	법의 목적은 정의, 법적 안정성, 합목적성의 3가지 기본가치의 추구라고 보았다.★

2. 정의(법의 추상적 목적)

정의(Justice)는 법이 추구하는 이념의 출발점인 동시에 궁극적인 목적이다. 정의는 인간이 사회생활을 하는 데 있어서 마땅히 지켜야 할 생활규범의 이념이자 평등한 사회관계를 내용으로 하여 인간관계의 조화를 이룩하는 사회질서의 이념으로 법과 불가분의 관계를 맺고 있다. 오늘날의 정의의 개념에는 평등만이 아니라 공정, 인권존중 등의 개념이 포함된다.

THE 알아두기

플라톤의 정의론 [한국중부발전]

정의란 공동생활에 있어서 각자의 계급에 합당한 덕을 다하는 것이라고 하였다.

- 철인 계급(통치자 계급)의 덕 : 지혜
- 무인 계급(군인 계급)의 덕 : 용기
- 생산자 계급(농민·노동자 계급)의 덕 : 절제

아리스토텔레스의 정의론 [한국보훈복지의료공단], [경기신용보증재단]

정의의 본질을 평등에서 찾았다. 정의를 일반적 정의(광의)와 특수적 정의(협의)로 구분하였다. 특수적 정의에는 평균적 정의와 배분적 정의가 있다.

<table>
<tr><td colspan="2">일반적 정의
(광의의 정의)</td><td>아테네의 법을 준수하는 것</td></tr>
<tr><td rowspan="2">특수적 정의
(협의의 정의)</td><td>평균적 정의</td><td>개인은 동일한 가치를 가지고 평등하게 다루어져야 한다는 형식적·절대적 평등을 주장하는 산술적·교환적 정의</td></tr>
<tr><td>배분적 정의</td><td>개인 각자의 능력과 가치에 따라 적합하게 분배되어야 한다는 실질적·상대적 평등을 주장하는 상대적·비례적 정의</td></tr>
</table>

3. 합목적성

① 합목적성의 개념 : "정의에 대한 지침과 구체적 방식에 대한 답을 제시하는 법의 이념이다(Radbruch)." 정의가 법의 내용을 일반화하는데 반하여 합목적성은 법을 개별화하는 경향이 있으며, 개인주의·단체주의, 사익과 공익의 대립·모순되는 가치관의 조절은 법의 합목적성을 통해서 가능하다. 따라서 법의 내용이 합목적성을 결여하게 되면 법으로서의 정당성을 상실하게 되므로 법의 정립에 있어서는 목적에 부합될 것이 요구된다.

② 라드브루흐의 합목적성의 유형(개인주의와 단체주의, 문화주의)

개인주의	개인의 궁극적 가치의 기준이 되며, 국가나 단체는 개인의 자유와 행복이 최대한 보장되도록 노력한다. 따라서 국가를 포함한 단체는 개인보다 하위의 가치에 서게 되며, 모든 개인이 평등하게 존중되도록 평균적 정의가 강조된다.
단체주의(초개인주의)	단체(예컨대 민족이나 국가)를 최고의 가치로 신봉하고, 개인은 단체의 부분으로 단체의 가치를 실현하는 범위 안에서 인정되고 존중된다. 단체주의는 단체를 유지·발전시키기 위하여 단체의 입장에서 개인들에게 비례적인 평등을 실현시키면서 배분적 정의에 중점을 두게 된다.
문화주의(초인격주의)	개인도 단체도 아닌 인간이 만든 문화 혹은 작품을 최고의 가치로 신봉하는 태도이다. 수천만의 노예의 목숨보다 피라미드가 위대하고, 불난 집에서 아이보다 라파엘의 그림을 먼저 꺼내야 한다는 입장이다. 개인과 국가는 이러한 문화를 창조해 나가는 범위 안에서만 부차적인 가치를 가진다고 본다.

③ 상대주의의 관용 : 진정한 상대주의의 의미는 "내 것이 소중하기 때문에 네 것도 소중하다."는 관용의 정신으로, 법의 목적은 국가나 세계관에 따라 달라질 수 있다고 본다. 민주주의 국가에서는 상대주의적 세계관이 지배하기 때문에 어떤 목적 하나만이 절대적이라고 인정되지 않는다.

4. 법적 안정성

① 법적 안정성의 의의 : 여러 공동생활의 질서로서 법은 의견들을 종합한 단일의 법질서가 필요하므로 정의나 합목적성을 위하여 다음과 같은 몇 가지 사항이 요구된다.

㉠ 법의 내용이 명확해야 한다(성문법주의).

㉡ 법이 쉽게 변경되어서는 안 되며, 특히 입법자의 자의에 의해 쉽게 영향을 받아서는 안 된다.

㉢ 법이 실제로 실행 가능한 것이어야 하며 너무 높은 이상만 추구하여서는 안 된다.

㉣ 법은 민중의 의식, 즉 법의식에 합치되는 것이어야 한다.

② 법적 안정성의 필요성

질서유지 및 평화의 회복	법의 제1차적 기능은 질서를 유지하고 분쟁이 발생한 경우에 평화를 회복하고 유지하는 데 있다. 법은 법 자체의 안정성과 사회질서의 안정성을 요구한다.
법적 안정성의 보장	법적 안정성이 보장되어야 사회질서의 안정도 보장된다. 왜냐하면 법이란 행위규범인 동시에 재판규범의 기준으로서 법이 자주 변경된다면 국민이 행동의 지침을 잃게 되고 사회도 안정될 수 없기 때문이다.
법적 안정성의 구체적인 예	공소시효, 소멸시효, 취득시효(소유권 취득), 사법상의 점유 보호, 선의취득 및 국제법에서의 현상유지이론 등

5. 법 목적의 상관관계

① 정의는 법의 내용, 법적 안정성은 법질서 정립의 기능에 관한 법이념이다.

② 정의는 윤리적, 합목적성은 공리적 가치와 결부되는 법이념이다.

③ 정의는 법의 내용을 일반화하고 합목적성은 그것을 개별화하는 경향이 있으며, 정의·합목적성은 이념적이고, 법적 안정성은 사실로부터의 실정성이 요구된다.

④ 법실증주의 시대에서는 법의 실증성과 안정성을 유지하기 위하여 정의나 합목적성이 소홀히 취급되었으며, 근대 자연법의 전성기에는 정의를 가장 중시하였다.

THE 알아두기 ✓

법언(法諺) [한국전력공사]

정의를 강조하는 법언	• 세상은 망하더라도 정의는 세우라. • 정의만이 통치의 기초이다.
합목적성을 강조하는 법언	• 국민이 원하는 것이 법이다. • 민중의 행복이 최고의 법률이다.
법적 안정성을 강조하는 법언	• 악법도 법이다. • 정의롭지 못한 법이 무질서보다 낫다. • 정의(법)의 극치는 부정의(불법)의 극치다.

Ⅲ 법의 효력*

1. 법의 실질적 효력

① 의의 : 법규범을 현실적으로 실현·복종시킬 수 있는 힘으로, 일정한 사항을 요구하고 금지할 수 있는 법의 '규범적 타당성'과 법규범이 정한대로 사회적 사실을 움직이는 힘인 '사실적 실효성'이 있어야 한다. 법은 행위규범과 강제규범의 중층구조로 이루어져 있는데 행위규범에 관계되는 문제가 법의 '타당성'이며, 강제규범에 관한 것이 법의 '실효성'이다.

② 법의 타당성과 실효성의 관계

㉠ 법이 타당성은 있으나 실효성이 없는 경우 : 법은 사문화될 가능성이 있다.

㉡ 법이 실효성이 있으나 타당성이 없는 경우 : 법은 악법에 해당하므로 위헌법률심판 등을 통해서 그 법률의 형식적 효력을 제거해야 한다.

THE 알아두기 ✓

자력구제(自力救濟)

법률상의 절차에 의하지 않고 자신의 힘으로 권리의 내용을 실현하는 것으로, 원칙적으로 인정되지 않는다. 다만, "점유자는 그 점유를 부정히 침탈 또는 방해하는 행위에 대하여 자력으로써 이를 방위할 수 있다."고 규정한 민법 제209조와 같은 예외가 있다.

2. 법의 형식적 효력(적용 범위)

① 의의 : 실정법이 적용되는 효력 범위(적용 범위)를 말한다. 즉, 구체적 사실이 어떠한 시기, 어떠한 장소, 어떠한 사람에 의하여 발생되었는가 하는 일정한 한계를 갖기 마련인데, 이러한 한정된 범위 안의 효력을 말한다.

② 법의 시간적 효력★★★

㉠ 법의 유효기간 : 법은 시행일부터 폐지일까지 그 효력을 갖는다.★

㉡ 법의 시행 : 관습법은 성립과 동시에 효력을 가지나 제정법률은 특별한 규정이 없는 한 공포한 날로부터 20일을 경과함으로써 효력이 발생된다(헌법 제53조 제7항).

THE 알아두기

법령 등 공포에 관한 법률

- 법령 등의 공포일 또는 공고일은 해당 법령 등을 게재한 관보 또는 신문이 발행된 날로 한다(제12조).
- 대통령령, 총리령 및 부령은 특별한 규정이 없으면 공포한 날부터 20일이 경과함으로써 효력을 발생한다(제13조).★
- 국민의 권리 제한 또는 의무 부과와 직접 관련되는 법률, 대통령령, 총리령 및 부령은 긴급히 시행하여야 할 특별한 사유가 있는 경우를 제외하고는 공포일부터 적어도 30일이 경과한 날부터 시행되도록 하여야 한다(제13조의2).★

㉢ 법의 폐지 : 법 시행기간이 종료되었거나, 특정 사항을 목적으로 제정된 때 그 목적사항의 소멸 또는 신법에서 명시규정으로 구법의 일부 또는 전부를 폐지한다고 한 때에는 그 구법의 일부 또는 전부가 폐지되는 것을 명시적 폐지라 하고, 동일 사항에 관하여 서로 모순·저촉되는 신법의 제정으로 구법이 당연히 폐지되는 것을 묵시적 폐지라 한다.★

㉣ 법률불소급의 원칙

- 원칙 : 법의 효력은 시행 후에 발생한 사항에 관해서만 적용되고 시행 이전에 발생한 사항에 대하여는 소급하여 적용하지 못한다는 원칙을 말한다.
- 예외 : 소급효의 인정이 정의·형평의 관념에 부합할 때에는 예외를 인정한다. 신법이 도리어 관계자에게 유리하거나 소급하여 적용함이 기득권을 침해하는 일이 되지 않거나 또는 침해한다 할지라도 소급시킬 공법상의 필요가 있을 때에는 소급효가 인정된다.

THE 알아두기

형법상 예외적 소급적용(법률불소급 원칙의 예외)

범죄 후 법률의 변경에 의하여 그 행위가 범죄를 구성하지 아니하거나 형이 구법보다 경한 때에는 신법에 의한다(형법 제1조 제2항). 즉, 범죄 후 법률이 변경이 피고인에게 유리한 경우에는 소급적용이 허용된다.★

㉤ 경과법 : 법령의 제정·개폐가 있었을 때 구법 시행 시의 사항에는 구법을 그대로 적용하고 신법 시행 후의 사항에 대하여는 신법이 적용되는 것이 원칙이나 어떤 사항이 구법 시행 시 발생하여 신법 시까지 진행되고 있을 경우, 구법·신법 중 어떤 것을 적용할 것인가에 대하여 그 법령의 부칙 또는 시행법령에 특별한 경과규정을 두는 것을 말한다.★

③ 법의 장소적 효력★★★

㉠ 원칙(속지주의) : 국가는 국민, 주권, 영토를 그 구성요소로 한다. 그리고 한 나라의 법은 원칙적으로 그 국가의 주권이 미치는 모든 영역인 영토·영해 및 영공의 전반에 걸쳐 그 효력이 미친다. 즉, 국가의 통치권은 그 나라의 영토 전반에 미치는 것이므로 통치권에 의하여 제정된 법도 그 영역 전반, 즉 내국인이건 외국인이건 국적을 불문하고 그 영역 내에 있는 사람 전체에 적용되는 것이다.

㉡ 예외(속인주의) : 외국에서의 행위라도 자국민의 행위에 대해서는 자국법을 적용한다는 것으로, 자국에 있는 외국의 대사관(재외공관) 등 치외법권 지역의 경우 속인주의가 예외적으로 적용된다.

㉢ 기국주의 : 공해상의 선박·항공기는 국적을 가진 국가의 배타적 관할에 속한다는 국제법상의 원칙이다.

▸ **기출 ○× 지문정리**

[한국가스기술공사]

1. 이중국적은 어떠한 경우에도 인정되지 않는다. ( )

➜ 예외적으로 이중국적이 인정된다(국적법 제11조의2).

정답 1. ×

THE 알아두기

형법상 장소적 적용범위

- 속지주의(제2조) : 본법은 대한민국 영역 내에서 죄를 범한 내국인과 외국인에게 적용한다.
- 속인주의(제3조) : 본법은 대한민국 영역 외에서 죄를 범한 내국인에게 적용한다.
- 기국주의(제4조) : 본법은 대한민국 영역 외에 있는 대한민국의 선박 또는 항공기 내에서 죄를 범한 외국인에게 적용한다.
- 보호주의(제5조) : 본법은 대한민국 영역 외에서 다음에 기재한 죄를 범한 외국인에게 적용한다.
  1. 내란의 죄
  2. 외환의 죄
  3. 국기에 관한 죄
  4. 통화에 관한 죄
  5. 유가증권, 우표와 인지에 관한 죄
  6. 문서에 관한 죄 중 공문서 관련 죄
  7. 인장에 관한 죄 중 공인 등의 위조, 부정사용
- 보호주의(제6조) : 본법은 대한민국 영역 외에서 대한민국 또는 대한민국국민에 대하여 전조에 기재한 이외의 죄를 범한 외국인에게 적용한다. 단, 행위자의 법률에 의하여 범죄를 구성하지 아니하거나 소추 또는 형의 집행을 면제할 경우에는 예외로 한다.
- 세계주의 : 총칙에서는 규정이 없으나 각칙에서는 세계주의를 인정하고 있다(제296조의2).

④ 법의 대인적 효력

㉠ 속지주의 : 국가의 영토를 기준으로 하여 그 영토 내에 거주하는 사람은 내·외국인을 막론하고 모두 그 나라의 법의 적용을 받는다는 주의이다. 역사적으로 속인주의에서 속지주의로 변천해 왔으며 오늘날 국제사회에서는 영토의 상호존중과 상호평등원칙이 적용되므로 속지주의가 원칙이며 예외적으로 속인주의가 가미된다.★★

㉡ 속인주의 : 대인고권에 의해 자국의 국적을 가지는 한 그 소재지를 불문하고 자국법을 적용하는 것이다. 즉, 외국에 사는 자국민에 대하여도 자국법이 적용된다고 하는 주의이다.

㉢ 절충주의 : 국제사회에서는 영토를 상호존중하는 입장에서 속지주의가 원칙이고, 모순이나 문제점이 있을 경우 이를 해결·보충하기 위하여 속인주의를 가미한다.

제2절 법원

I 법원의 개념

1. 법원의 의의★★

① 법원이란 법의 연원으로 법에 대한 인식수단 내지는 존재 형식을 말하는데 법의 존재 형식으로서의 법원은 크게 성문법과 불문법으로 나뉜다. 성문법(제정법)은 문서화된 법인 동시에 일정한 절차를 거쳐 일정한 형식으로 공포된 법으로서 법률・명령・조약・규칙・조례 등이 있다. 불문법이란 성문법 이외의 법으로 관습법, 판례법, 조리가 있다.

② 프랑스, 독일 등 대부분의 대륙법계 국가에서는 성문법주의를, 미국, 영국 등의 영미법계 국가에서는 불문법주의를 취하지만 오늘날 영미법계에서는 불문법의 불비를 보충 또는 수정・보완하기 위해 성문법을 제정하기도 한다. 대륙법은 로마법의 전통을 따르고 영미법은 관습법(Common law)의 전통을 따른다. 우리나라는 성문법주의를 원칙으로 하고 불문법은 성문법의 결함을 보충하는데 적용하고 있다.★

2. 성문법과 불문법의 장・단점★★★

구분	성문법	불문법
장점	• 법의 존재와 의미를 명확히 할 수 있다. • 법적 안정성을 기할 수 있으며 입법기간이 짧다. • 법의 내용을 객관적으로 알려 국민이 법적 문제에 예측가능성을 갖는다. • 발전적으로 사회제도를 개혁할 수 있다. • 외국법의 계수와 법체계의 통일이 쉽다.	• 사회의 구체적 현실에 잘 대처할 수 있다. • 법의 적용에 융통성이 있다. • 입법자의 횡포가 불가능하다. • 법현실이 유동적이다.
단점	• 입법자의 횡포가 가능하다. • 문장의 불완전성으로 법해석의 문제가 발생한다. • 개정절차가 필요하므로 사회변동에 능동적으로 대처하지 못하여 법현실이 비유동적이다. • 법이 고정화되기 쉽다.	• 법의 존재와 의미가 불명확하다. • 법의 내용을 객관화하기 곤란하며 법적 변동의 예측이 불가능하다. • 법적 안정성을 기하기 어렵다. • 법적 기능을 갖는데 기간이 오래 걸린다. • 외국법의 계수와 법체계의 통일이 어렵다.

II 성문법★

1. 헌법

① 헌법은 국가의 이념이나 조직 및 작용, 국가기관 상호 간의 관계, 국가와 국민의 관계에 관한 기본원칙을 정한 국가 최고의 기본법이다.

② 국가의 최상위 규범으로서 하위법인 법률・명령・규칙 등이 헌법에 위반될 경우 무효로 한다. 따라서 헌법은 그 나라의 법원 중에서 최상위에 위치하여 모든 하위법규의 근거・기준・한계가 되는 법이다.

2. 법률

① 법률이란 실질적 의미로는 넓게 법(Law, Recht)을 말하나, 형식적(좁은 의미)으로는 입법기관인 국회의 의결을 거쳐 대통령이 서명・공포하여 제정된 성문법을 말한다.★

② 법률은 제1차적 법원으로서 가장 중요한 것이다.

3. 명령

① 국회의 의결을 거치지 않고 행정기관에 의하여 제정되는 성문법규이다.★★

② 명령제정은 사회적 법치국가의 출현과 위기정부 내지 비상사태의 일반화 현상에서 필요성을 찾아볼 수 있다.

③ 명령은 제정권자를 기준으로 대통령령・총리령・부령으로 나눌 수 있고, 명령의 성질에 따라 법규명령과 행정명령으로 나뉘고, 법규명령은 다시 위임명령과 집행명령으로 나누어진다.★

THE 알아두기

행정입법

법규명령	행정기관이 국민의 권리・의무에 관한 사항을 규정하는 것으로 대국민적 구속력을 가지는 법규적 명령	
	위임명령	법률 또는 상위명령에 의하여 위임받은 사항에 관하여 내리는 명령이다.
	집행명령	법률의 범위 내에서 법률의 실시에 관한 세부적・기술적 사항을 규율하기 위해 발하는 명령이다.
행정명령	넓은 의미의 행정명령	법규의 성질을 지닌 법규명령을 포괄하는 의미로 사용
	일반적 의미의 행정명령	법규의 성질을 지니지 않은 훈령・지시・명령 등 행정규칙의 의미로 사용

성문법의 종류

헌법(국민), 법률(국회), 명령(행정부), 조례(지방의회), 규칙(지방자치단체의 장), 조약(다수의 국가)

4. 조례와 규칙★

① **조례** : 지방자치단체는 법령의 범위 안에서 그 사무에 관하여 조례를 제정할 수 있다. 다만, 주민의 권리 제한 또는 의무 부과에 관한 사항이나 벌칙을 정할 때에는 법률의 위임이 있어야 한다(지방자치법 제28조 제1항).

② **규칙** : 지방자치단체의 장은 법령이나 조례가 위임한 범위에서 그 권한에 속하는 사무에 관하여 규칙을 제정할 수 있다(지방자치법 제29조).

③ **조례와 규칙의 입법한계** : 시・군 및 자치구의 조례나 규칙은 시・도의 조례나 규칙을 위반하여서는 아니 된다(지방자치법 제30조).

5. 국제조약과 국제법규★★

① 법원성

㉠ 국제질서의 존중을 위하여 국제조약과 국제법규는 당연히 국제법의 법원이 되며, 한편 조약과 국제법규는 국내법과 마찬가지로 국민을 지배하므로 국내법의 법원도 된다고 할 것이다.

㉡ 우리나라 헌법(제6조 제1항)은 "헌법에 의하여 체결·공포된 조약과 일반적으로 승인된 국제법규는 국내법과 같은 효력을 가진다."라고 규정하고 있다.

② 조약 : 그 명칭 여하를 불문하고 문서에 의한 국가 간의 합의를 말하며, 헌법에 의하여 체결·공포된 조약은 국내법과 같은 효력을 가진다.★★

③ 일반적으로 승인된 국제법규 : 국제사회의 일반적·보편적 규범으로서 세계의 대다수 국가가 승인하고 있는 것으로서 국내법과 같은 효력을 가진다.

6. 성문법 상호 간의 관계

① 상위법 우선의 법칙 : 한 국가의 실정법 질서는 '헌법 → 법률 → 명령 → 조례 → 규칙'이라는 단계적 구조를 이루고 있는데, 상위의 법규는 하위의 법규에 우월하며 상위의 법규에 저촉되는 하위의 법규는 그 효력을 상실한다.

② 특별법 우선의 원칙★ : 동일한 사항에 대하여 규정이 상반되는 경우 특별법은 일반법에 우선하여 적용된다. 예를 들어 상법은 민법에 대한 특별법이므로 동일한 사항에 관하여 민법의 규정과 상법의 규정이 충돌할 때에는 상법이 우선하여 적용되는 것이다.

THE 알아두기

법의 적용순위의 예★

민법 및 민법의 특별법의 지위에 있는 상법의 적용은 상법 → 상사관습법 → 민법 → 민사관습법 → 조리의 순서로 적용된다.

▸ 기출 ○× 지문정리

[대한무역투자진흥공사]

1. 헌법은 민법의 특별법에 해당한다. ( )

➜ 헌법은 민법의 상위법에 해당한다.

2. 제정법은 판례법에 우선한다. ( )

➜ 성문법주의 국가에서는 판례법을 인정하지 않으므로 틀린 지문이고, 불문법주의 국가의 경우 일반적으로 제정법과 판례법은 서열이 동등하며 신법 우선의 원칙이나 특별법 우선의 원칙에 따라 해결한다.

정답 1. × 2. ×

③ 신법 우선의 원칙 : 법령이 새로 제정되거나 개정된 경우에는 신법은 구법에 우선한다. 그러나 일반법과 특별법 사이에는 법규성립의 선후가 아니라 특별법 우선의 원칙에 따라 효력이 정해진다.★

④ 법률불소급의 원칙 : 법적 안정성의 확보를 위하여 법규에는 소급효가 없다는 원칙이 인정되고 있다. 우리 헌법도 소급입법에 의한 참정권의 제한 또는 재산권의 박탈을 금지하고 있다(헌법 제13조 제2항).

Ⅲ 불문법

1. 관습법★

① 관습법의 의의★ : 사회생활상 일정한 사실이 장기간 반복되어 그 생활권의 사람들을 구속할 수 있는 규범으로 발전된 경우 사회나 국가로부터 법적 확신을 획득하여 법적 가치를 가진 불문법으로서 권력남용이나 독단적인 권력행사를 할 수 있다는 단점이 있고, '사실인 관습'과는 구별된다.

> **THE 알아두기**
>
> **관습법과 사실인 관습**
>
> - '사실인 관습'은 사회의 법적 확신의 뒷받침이 없는 단순한 사실로서의 관습을 말한다.
> - '사실인 관습'은 민법상 임의규정에 우선하여 법률행위 해석의 기준이 되나, 관습법은 임의규정이라 할지라도 성문법 규가 있는 사항에 관하여서는 그 존재가 인정될 수 없다는 점에서 구별된다.★

② 관습법의 성립요건★★

㉠ 어떠한 관행이 존재할 것

㉡ 그 관행이 선량한 풍속, 기타 사회질서에 반하지 않을 것

㉢ 그 관행을 국민일반이 법규범으로서의 의식을 가지고 지킬 것

> **THE 알아두기**
>
> **관습형법**
>
> 법률이 없으면 범죄도 형벌도 없다는 죄형법정주의의 원칙상 관습형법은 금지된다.★

③ 관습법의 효력★

㉠ 관습법은 성문법을 보충하는 효력이 있다(민법 제1조). 그러므로 성문법과 내용을 달리하는 관습법은 존재하지 못한다.

㉡ 관습법은 오직 법령의 규정에서 명문으로 인정하는 경우이거나 또는 법령에 규정이 없는 사항에 관하여서만 성립할 수 있다.

> **THE 알아두기**
>
> **관습헌법**
>
> 헌법재판소는 신행정수도 건설을 위한 특별조치법이 관습헌법에 위배된다는 이유로 위헌결정(헌재결 2004.10.21. 2004헌마554・566)을 하였다. 또한 관습헌법은 성문의 헌법과 동일한 법적 효력을 가진다고 보았다.
>
> **관습법상 인정되는 제도**
>
> 민법상 동산의 양도담보, 관습법상 법정지상권, 명인방법, 분묘기지권, 사실혼 제도 등이 인정된다. 그러나 관습법상 소유권, 온천권 등은 인정되지 않는 물권이다.

2. 판례법

① 법원의 판결은 본래 어떤 구체적인 사건의 해결방법으로서의 의미만을 가질 뿐이나 사실상 판례가 그 후의 재판을 구속할 때 그 판례는 법원이 되고 이를 판례법이라 한다. 따라서 판례법은 법적 안정성 및 예측가능성 확보에 불리하다.★

② 영미법계의 국가에서는 선례구속의 원칙이 확립되어 판례법이 제1차적 법원으로서 그 구속력과 법규성이 인정되고 있으나, 대륙법계 국가는 성문법주의를 취하기 때문에, 판례법은 제2차적 법원으로서 성문법의 보충적 기능만을 담당한다.★★

③ 우리나라의 경우 성문법 중심의 대륙법계 법체계를 따르고 있어 판례법의 법원성을 인정하지는 않으나, 법원조직법 제8조는 상급법원의 판단은 해당 사건에서만 하급법원에 기속력을 지닌다고 규정하여 사실상의 구속력은 인정하고 있다.★

▶ 기출 OX 지문정리

[한국보훈복지의료공단]

1. 헌법 제103조 "법관은 헌법과 법률에 의하여 그 양심에 따라 독립하여 심판한다."는 판례법의 법원성을 부인하는 근거로 활용되기도 한다. ( )

정답 1. ○

3. 조리

① 조리란 사람의 건전한 상식으로 판단할 수 있는 사물의 본질적 도리로서 경험법칙 · 사회통념 · 사회적 타당성 · 공서양속 · 신의성실 · 정의 · 형평의 원칙 등을 총칭하는 것으로 법의 흠결 시에 최후의 법원으로서 재판의 준거가 된다.★

② 조리는 법의 흠결 시에 제3차적 법원이 될 뿐 아니라, 법률행위의 해석의 기준이 되기도 한다.★

③ 우리 민법 제1조는 성문법 · 관습법이 없을 때에는 조리에 의하여 재판한다고 규정하여 조리의 법원성을 인정하고 있다.★★

▶ 기출 OX 지문정리

[경기신용보증재단]

1. 조례는 불문법에 해당한다. ( )

정답 1. ×

제3절 법의 구조

I 법의 체계★★★

1. 법체계

복수의 법규범에 의하여 형성된 체계를 법체계라 한다.

2. 법질서

법규범이 통일된 하나의 체계를 이룰 때 이것을 법질서라고 한다.

3. 법단계설(Kelsen)

법단계설에 의하면 법에 규범성을 주는 것은 상위의 법규범이고, 법 창설행위는 보다 상위법규범의 위임에 의해서만 가능하다고 하여 실정법의 체계는 헌법을 정점으로 피라미드형의 단계구조를 이룸으로써 전체로서의 통일성을 갖는다고 한다.

> **THE 알아두기**
>
> **켈젠(Kelsen)의 법단계설★**
>
> 켈젠은 법에는 상·하위 단계가 있다고 하여, 피라미드형의 단계구조를 헌법 > 법률 > 명령 > 규칙 등으로 하여 효력을 위임받는다 하였으며, 정점인 헌법은 '근본규범'이라는 가설적 최고규범을 내세워 정당화하였다.

4. 국내법체계

① 국내법체계는 공법·사법·사회법의 3법체계로 나누어진다.★

② 국내법체계와 대립하는 것이 국제법체계인데, 국제법은 주로 국가 간의 관계를 규율하는 법이나 국내법체계와 같이 통일성이 명확하지 못하다.

③ 국제사법 또는 섭외사법은 국내법의 일부이다.★

　예 한국인 甲과 미국인 乙이 캘리포니아 주에 소재한 X건물을 매매한 경우 미국법에 따라 소유권이전이 이루어진다고 규정한 국내법은 국제사법이다.

II 법의 분류★★★

1. 국내법과 국제법

① 국내법 : 국가와 국민 또는 국민 상호 간의 권리·의무관계를 규율하는 국내사회의 법으로 한 나라의 주권이 미치는 범위 내에서 효력을 가진다. 공법, 사법, 사회법, 국제사법 등이 있다.★

THE 알아두기

국제사법(國際私法)

- 국제적 법률관계에 적용될 사법을 지정하는 법칙, 즉 사법적 법률관계와 이에 적용될 사법법규를 연결시키는 법칙이 곧 국제사법(구 섭외사법)이다.
- 국제사법은 우리나라의 실정법으로 국제민법과 국제상법에 관한 것이 모두 포함된다.

② 국제법 : 국가 상호 간의 관계 또는 국제조직 등에 대하여 규율하는 국제사회의 법으로 다수의 국가 사이에서 효력을 가지며, 헌법에 의해 체결·공포된 조약과 일반적으로 승인된 국제법규는 국내법과 동일한 효력을 가진다. 조약, 국제관습법, 일반적으로 승인된 국제법규 등이 있다.★

③ 국내법과 국제법의 관계

㉠ 일원론 : 법질서란 결국은 같은 것이고 단지 그 체계 구성에 두 가지 요소가 있을 뿐이라고 보는 견해로 국제법 우위론은 H. Kelsen, A. Verdross 등 빈학파가 주장하였고, 국내법 우위론은 Philip Zorn, Max Wenzel 등 본학파가 주장하였다. 우리나라 헌법 제6조는 양자의 동등성을 인정하고 있다.

㉡ 이원론 : 국제법과 국내법은 그 법적 타당근거, 법원, 적용 등이 본질적으로 다르기 때문에 각기 독립된 별개의 법체계라고 보는 것으로 H. Triepel, D. Anzilotti, L. Oppenheim 등이 주장하였다.

2. 공법, 사법, 사회법

① 공법(公法)★★★ : 공법과 사법의 구별은 대륙법계의 특징이다. 공법은 국가의 조직과 기능 및 공익작용을 규율하는 법으로 헌법, 행정법, 형법, 형사소송법, 민사소송법, 행정소송법, 국제법 등이 이에 해당된다.

THE 알아두기

행정법(行政法)

국가의 조직과 기능 및 공익작용을 규율하는 법으로, 포괄적인 통일법전이 없이 다수의 관련 법률로 규정되어 있다.

② 사법(私法)★★ : 개인 상호 간의 권리·의무관계를 규율하는 법으로 민법, 상법, 회사법, 어음법, 수표법 등이 있다.

THE 알아두기

공·사법의 구별기준에 관한 학설★ [경기신용보증재단]

학설	내용
이익설(목적설)	공익보호를 목적으로 하는 법을 공법, 사익보호를 목적으로 하는 법을 사법으로 본다.
주체설	국가 또는 공공단체 상호 간, 국가·공공단체와 개인 간의 관계를 규율하는 것을 공법, 개인 상호 간의 관계를 규율하는 것을 사법으로 본다.
성질설(법률관계설)	불평등관계(권력·수직관계)를 규율하는 것을 공법, 평등관계(비권력·대등·수평관계)를 규율하는 것을 사법으로 본다.
생활관계설	국민으로서의 생활관계를 규율하는 것을 공법, 인류로서의 생활관계를 규율하는 것을 사법으로 본다.
귀속설(신주체설)	행정주체에 대해서만 권리·권한·의무를 부여하는 경우를 공법, 모든 권리주체에 권리·의무를 부여하는 것을 사법으로 본다.

③ **사회법(社會法)★★★** : 자본주의의 문제와 모순을 합리적으로 해결하여 경제적・사회적 약자를 보호할 목적으로, 비교적 근래에 등장한 법으로, 제3의 법영역이다. 사법과 공법의 성격을 모두 가진 법으로 법의 사회화・사법의 공법화 경향을 띤다. 노동법(노동조합 및 노동관계조정법, 근로기준법 등), 경제법, 산업재해보상보험법, 사회보장법 등이 있다.

3. 시민법과 사회법

① 시민법은 초기자본주의적 법원리를 가진 것이고, 사회법은 고도자본주의적인 법원리로서 시민법적 법원리를 수정하려는 것이었다.

② 사회법은 근로자에게 인간다운 생활을 보장하기 위하여 출발하였고 사법 중에서 고용계약법을 수정하여 노동법으로의 발전을 보게 되었으며, 다시 경제법을 비롯하여 사회보장법・사회복지법 등이 나타나 제3의 법영역으로 형성되었다.★

③ 사회법은 주로 사법의 영역에 대한 국가의 개입이라는 형태로 나타났으며, 사법에 있어서의 평균적 정의의 원리에 배분적 정의를 폭넓게 가미한 것을 뜻한다.

④ 시민법과 사회법의 구별은 이념상의 구별이라고 할 수 있는데, 시민법은 사법에 속하고 사회법은 공법과 사법의 중간 영역으로서 제3의 법영역을 형성한다.

4. 실체법과 절차법★★★

① **실체법(實體法)** : 권리・의무의 실체, 즉 권리나 의무의 발생・변경・소멸・성질・내용 및 범위 등을 규율하는 법으로 헌법, 민법, 형법, 상법 등이 이에 해당한다.

② **절차법(節次法)** : 권리나 의무의 실질적 내용을 실현하는 절차, 즉 권리나 의무의 행사・보전・이행・강제 등을 규율하는 법으로 민사소송법, 민사집행법, 형사소송법, 행정소송법, 채무자회생 및 파산에 관한 법률, 부동산등기법 등이 있다.

③ **실체법과 절차법과의 관계** : 실체법은 절차법을 통하여 그 목적을 달성할 수 있으므로 실체법이 목적인데 대하여 절차법은 수단이라 할 수 있다.

5. 일반법과 특별법

① **일반법(一般法)** : 장소・사람・사물에 제한 없이 일반적으로 적용되는 법으로 헌법, 민법, 형법 등이 있다.

② **특별법(特別法)★★** : 특정한 장소・사람・사물에만 적용되는 법으로 상법, 군형법, 소년법, 국가공무원법, 조례, 규칙 등이 있으며 타법에 대하여 우선하는 법칙이 있다(특별법 우선의 법칙).

③ **일반법과 특별법의 구별★** : 적용되는 법의 효력범위가 일반적인가 또는 특수적인가에 의한 분류로서, 대체로 일반법은 그 효력범위가 넓고 특별법은 비교적 좁은 효력범위를 갖는다.

㉠ 사람을 표준으로 : 전국민에 대하여 효력이 미치는 법을 일반법이라 하고(민법・형법 등), 국민 중에서 어떤 특정된 직업이나 신분을 가진 사람에 한해서만 적용되는 법을 특별법이라 한다(군형법, 공무원법, 소년법 등).

예 형법 – 군형법의 관계

㉡ 장소를 표준으로 : 국토의 전반에 걸쳐 적용되는 법이 일반법이고(헌법, 법률, 명령 등) 국토 내의 한정된 일부 지역에만 적용되는 법이 특별법이다(도의 조례, 규칙 등).

예 지방자치법과 서울특별시 행정특례에 관한 법률의 관계

㉢ 사항을 표준으로 : 어떤 사항 전반에 걸쳐서 효력이 미치는 법이 일반법이고, 특정한 사항에 대해서만 효력을 갖는 법이 특별법이다(예 민법에 대해 상법은 특별법의 지위를 갖는다). 구별하는 실익은 동일한 사항에 대하여 특별법이 일반법에 우선하여 적용되고 특별법에 규정이 없는 경우에는 일반법의 규정이 보충적으로 적용된다는 점이다.

6. 강행법과 임의법*

① **강행법(强行法)** : 당사자의 의사와는 관계없이 절대적(강제적)·일반적으로 적용되는 법으로 헌법·형법 등 공법의 대부분이 이에 해당한다.

② **임의법(任意法)** : 당사자의 의사에 따라 그 적용을 받기도 하고 안 받기도 하는 법이다. 즉, 당사자가 법의 규정과 다른 의사표시를 한 경우 그 법의 규정을 배제할 수 있는 법으로 민법·상법 등 대부분의 사법이 이에 해당된다.

③ **강행법과 임의법의 구별 및 실익**

㉠ 법조문에 명백히 나타나 있지 않은 경우에는 법규의 각 조항의 규정이 주로 공익을 위한 것이면 강행법규로, 사익을 위한 것이면 임의법규로 보는 것이 통설이다.

㉡ 구별의 실익 : 의사표시 및 기타의 행위가 임의법규의 내용에 반하는 경우에는 그 효력은 유효하고, 적어도 불법한 것이 되지는 않는다. 그러나 강행법규에 반하는 경우에는 무효 또는 취소할 수 있는 행위가 되거나 일정한 제재를 받게 된다.

▸ 기출 ○× 지문정리

[한국가스공사]

1. 민법 제105조에서 말하는 "법령 중 선량한 풍속과 관계없는 규정"은 강행법규를 말한다. ( )

➜ 임의법규를 의미한다.

2. 민법은 계약법의 경우 임의법규 중심의 규정이나 물권법의 경우는 강행법규 중심으로 규정되어 있다. ( )

3. 강행법규는 임의법규보다 상위법이다. ( )

➜ 법규의 성질인 강행법규, 임의법규의 문제는 법규 간의 우열과는 관계가 없다.

정답 1. × 2. ○ 3. ×

7. 고유법과 계수법(연혁에 따른 구별)*

① **고유법(固有法)** : 그 국가 안에서의 국민생활에서 발생하고 발달해온 전통적인 고유의 법으로, 국가·민족 고유의 사회적·역사적 흐름 속에서 자연적으로 생성된다.

② **계수법(繼受法)** : 외국의 법을 그대로 번역하여 자국의 법으로 만들거나(직접계수법), 이를 참고·기초하여 자국의 사회현상을 고려하여 만든 법(간접계수법)이다.

③ **고유법과 계수법의 구별*** : 외국에서 전래되었는지 여부에 따른 구분으로, 상대적인 의미이다. 따라서, 계수법도 오랜 시일을 경과하여 국민생활 속에 소화·흡수되면 고유법으로서의 성질을 갖게 된다.

8. 원칙법과 예외법(법의 효력 범위에 따른 구별)

① **원칙법(原則法)** : 일정한 사항에 대해 일반적으로 적용되는 법이다.
② **예외법(例外法)** : 일정한 사항에 대해 특별한 사정이 있는 경우에 원칙법의 적용을 배제한 예를 정한 법이다.
③ **양자의 구별실익** : 예외법은 엄격히 해석해야 한다는 해석원칙이 있어 예외규정을 함부로 확장하여 해석해서는 안 된다.

9. 조직법과 행위법

조직법(組織法)은 사람의 행위의 기초 또는 수단으로 될 조직・제도를 정하는 법이며, 행위법(行爲法)은 사회 생활에 있어서 사람의 행위 자체를 규율하는 법이다.

10. 자연법과 실정법(법의 개념에 따른 구별)

실정법(實定法)은 인간의 경험을 근거로 만든 법으로서 시간과 장소에 따라 변하는 상대적 개념이며, 자연법(自然法)은 인간이 제정한 법이 아니고 또한 시간과 장소에 따라 변하지 않는 보편타당한 선험적 규범이다.

THE 알아두기

법의 분류기준 [도로교통공단]

구분	기준
성문법과 불문법	법의 존재형식, 법원(法源)
국내법과 국제법	법의 제정주체와 법의 효력이 미치는 장소적 범위
공법과 사법, 사회법	법이 규율하는 생활관계, 공법과 사법의 구별은 대륙법계의 특징
일반법과 특별법	적용되는 법의 효력 범위
실체법과 절차법	법이 규율하는 내용(권리・의무의 실체) 유무
강행법과 임의법	강행성 유무, 당사자의 의사로 법의 적용을 배제할 수 있는지 여부
자연법과 실정법	실정성 여부, 보편타당성 여부, 시간과 장소의 초월 여부
고유법과 계수법	법의 연혁, 법 제정의 자생성 유무

한시법(限時法)

일정한 기간에 한하여 효력이 있는 것으로 제정된 법률로, 그 시행기간이 경과하여 적용되지 않게 된 경우에는 명시적 폐지에 해당한다. 반면 동일한 사항에 대해 새로 제정된 법이 기존의 법과 저촉 또는 모순될 경우에는 신법 우선의 법칙에 의해 기존의 법이 묵시적으로 폐지된다.

제4절 법의 적용과 해석

I 법의 적용★★★

1. 의의★

어떠한 구체적 사건이 발생하였을 경우 실정법의 어느 규정이 그 사건에 적용될 것인지를 판단하는 과정을 법의 적용이라 한다.

2. 법의 적용절차★★

먼저 소전제인 구체적 사실이 어떠한가를 확정하여야 하고(사실의 확정), 다음에는 그 확정된 구체적 사실에 적용될 법이 어떤 것인지를 찾아(법규의 검색), 그 법의 내용을 확정(법의 해석)하여야 한다.

3. 사실의 확정★★

사회생활에서 실제로 발생하는 무수한 사건에 대하여 법규를 적용하기 전에 법적으로 가치 있는 사실만을 확정하는 법적 인식작용으로, 객관적 증거에 의함을 원칙으로 한다. 여기서 확정의 대상인 사실은 자연적으로 인식한 현상 자체가 아니라 법적 가치가 있는 사실로 한정된다.

① **입증(立證)** : 사실의 인정을 위하여 증거를 주장하는 것을 입증이라 하며, 이 입증책임(거증책임)은 그 사실의 존부를 주장하는 자가 부담한다. 그리고 사실을 주장하는 데 필요한 증거는, 첫째로 증거로 채택될 수 있는 자격, 즉 증거능력이 있어야 하고, 둘째로 증거의 실질적 가치, 즉 증명력이 있어야 한다. 만일 이것이 용이하지 않을 경우를 위해 추정과 간주를 두고 있다.

② **추정(推定)★★** : 입증부담을 완화하기 위하여 입증이 용이하지 않은 확정되지 않는 사실(불명확한 사실)을 통상의 상태를 기준으로 하여 사실로 인정하고 이에 상당한 법률효과를 주는 것을 말한다. 추정된 사실과 다른 주장을 하는 자는 반증을 들어 추정의 효과를 뒤집을 수 있다.

③ **간주(看做)★** : 불명확한 사실에 대하여 공익 또는 기타 법정책상의 이유로 사실의 진실성 여부와는 관계없이 확정된 사실로 의제하여 일정한 법률효과를 부여하고 반증을 허용하지 않는 것으로, 의제라고도 한다. 법문상 '~(으)로 본다.'라고 규정한 경우가 이에 해당한다.

④ 법 적용의 원칙

㉠ 상위법 우선의 원칙 : 실정법상 상위의 법규가 하위의 법규보다 우선하며 상위법과 하위법이 충돌할 때는 상위법의 효력이 발생한다.

㉡ 특별법 우선의 원칙 : 일반법과 특별법 사이에서는 특별법이 우선한다.

㉢ 신법 우선의 원칙 : 새로이 제·개정된 법이 있을 때는 신법이 구법에 우선한다. 단, 구법이 상위법이거나 특별법일 때는 신법 우선의 원칙이 적용되지 않는다.

II 법의 해석★★

1. 의의

구체적이고 개별적인 사건이나 사실에 법을 적용하기 위하여 추상적·일반적으로 규정된 법규의 내용을 명확하게 하고, 그 참뜻을 밝히는 일을 말한다.

THE 알아두기

법해석의 목표

법적 안정성을 저해하지 않는 범위 내에서 구체적 타당성을 찾는데 두어야 한다.★

2. 법해석의 본질

법의 규정은 추상적(불확정적) 개념으로 되어 있어 그 의미와 내용이 명확하지 않은 경우가 많고, 사회생활의 변천에 따라 법이 예견하지 못한 사실이 발생하기 때문에 법규의 단순한 문리적 의미뿐만 아니라 법질서 전체의 정신에 따른 합리적 의미를 찾아내는 것이 법해석의 본질적 문제이다.

THE 알아두기

실정법 해석의 일반원칙

- 사법 : 당사자 간 이익형량 및 공평성 유지를 위하여 해석
- 헌법 : 국민의 기본권 보장에 중점을 두어 해석
- 행정법 : 헌법의 가치를 실현할 수 있도록 실질적 법치주의의 실현·구체적 타당성의 확보를 목적으로 해석
- 사회법 : 실질적인 평등 보장, 사회적 약자 보호에 중점을 두어 해석

3. 법해석의 방법★★★

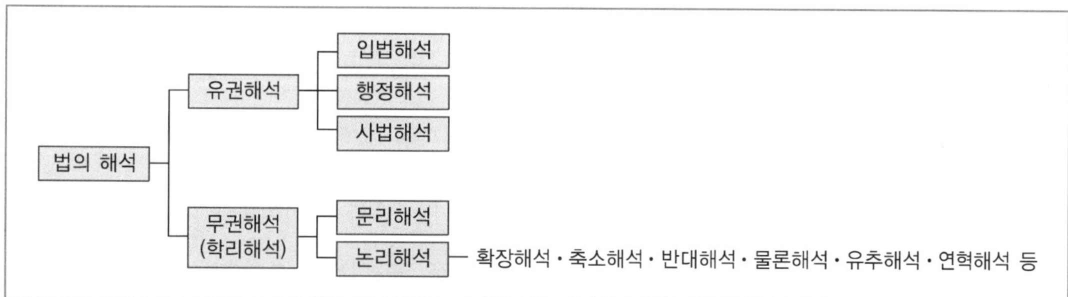

① 유권해석 : 권한을 가진 국가기관에 의하여 행하여지는 해석으로서 공적인 구속력을 가지는 공권적 해석을 말한다.

입법해석	입법기관이 입법권에 근거하여 일정한 법규정이나 법개념의 해석을 당시 법규정으로 정해 놓은 것으로, 가장 구속력이 강한 법해석이다.
행정해석	행정기관이 법을 집행하기 위하여 필요한 경우 법집행 권한에 근거하여 내리는 해석이다.
사법해석	사법기관이 재판을 하는 권한에 근거하여 내리는 해석이다.

② 무권해석(학리해석) : 법학자나 일반 사인에 의한 학리적 [해설]을 말하며, 유권해석에 상당한 영향을 미치고 있다.

문리해석	법문을 형성하는 용어, 문장을 기초로 하여 그 문자가 가지는 의미에 따라서 법규 전체의 의미를 해석하는 것이다.
논리해석	법의 해석에서 문자나 문구의 의미에 구애받지 않고 법의 입법취지 또는 법 전체의 유기적 관련, 법의 목적, 법 제정시의 사회사정, 사회생활의 실태 등을 고려하여 논리적 추리에 의하여 법의 객관적 의미를 밝히는 것을 말한다.

[한국도로공사]

1. 헌법은 국가의 기본법이며 정치적 성격이 강하고 공익 우선적 법이므로 국가에게 유리하도록 해석하여야 한다. ( )

➜ 헌법해석은 국민의 기본권이 실질적으로 보장되도록 하여야 한다.

정답 1. ×

THE 알아두기

법해석의 구분 [예금보험공사], [한국가스기술공사]

구분	내용
확장해석	• 법문상 자구(字句)의 의미를 통상의 의미 이상으로 확장하여 해석 예 물건의 형태를 파괴한 것뿐만 아니라 밥그릇에 방뇨(放尿)하는 것도 형법 제366조의 재물손괴죄에 해당한다고 해석하는 것
축소해석 (= 제한해석)	• 법문상 자구(字句)의 의미를 통상의 의미보다 축소하여 해석 예 형법 제329조(절도)가 규정하고 있는 '재물'에 부동산은 포함되지 않는다고 해석하는 것
반대해석	• 법문이 규정하는 요건과 반대의 요건이 존재하는 경우에 그 반대의 요건에 대하여 법문과 반대의 법적 판단을 하는 해석 예 19세로 성년이 되므로(민법 제4조), 19세 미만인 자를 미성년자로 해석하는 것, 소멸시효의 이익은 미리 포기하지 못한다(민법 제184조 제1항)는 규정을, 소멸시효의 이익은 사후에 포기할 수 있다고 해석하는 것, 민법 제3조는 "사람은 생존한 동안 권리와 의무의 주체가 된다."라고 규정하고 있으므로, 원칙적으로 "태아에게는 권리능력이 인정되지 않는다"라고 해석하는 것
물론해석	• 법문이 일정한 사항을 정하고 있을 때 그 이외의 사항에 관해서도 사물의 성질상 당연히 그 규정에 포함되는 것으로 보는 해석 예 '실내에 개를 데리고 들어갈 수 없다'는 규정을 개뿐만 아니라 고양이, 돼지 등의 다른 동물도 물론 데리고 들어갈 수 없다고 해석하는 것
유추해석	• 두 개의 유사한 사실 중 법규에서 어느 하나의 사실에 관해서만 규정하고 있는 경우에 나머지 다른 사실에 대해서도 마찬가지의 효과를 인정하는 해석 • 형법은 개인의 권리와 자유에 대한 예외적인 규정이기 때문에 유추해석이 금지
보정해석 (변경해석)	• 법문의 용어에 착오가 명백한 경우에 그 자구를 보정하여 해석 • 입법자의 의사가 그릇되게 표현된 것이 명확할 때, 명백히 확정적인 학리에 반할 때, 사회적 수요에 반하는 것이 명백하고 확정적일 때에만 행함
연혁해석	법의 제안이유서나 의사록 등을 참작하여 해석
목적해석	법의 제정 목적을 고려하여 그에 합당하게 해석
비교해석	외국의 입법례와 비교하여 해석

Ⅲ 법의 제재

1. 국내법상의 제재

① **헌법상의 제재** : 헌법위반자에 대한 제재로 특별한 경우 탄핵을 규정하고 있으며 국회가 소추를 의결하고 헌법재판소가 심판한다.

② **행정법상의 제재** : 행정법규에 위반한 자에 대한 제재

㉠ 공무원 : 징계처분(파면, 해임, 강등, 정직, 감봉, 견책)

㉡ 일반국민

- 행정벌 : 행정형벌, 행정질서벌(과태료)
- 행정강제 : 대집행, 집행벌, 직접강제, 행정법상의 강제징수 등

③ **형법상의 제재** : 형벌법규에 위반한 자에 대한 제재로 생명형(사형), 자유형(징역, 금고, 구류), 명예형(자격상실, 자격정지), 재산형(벌금, 과료, 몰수)이 있다.

④ **사법상의 제재** : 민법・상법 등 사법의 규정에 위반한 자에 대하여 가하는 제재를 말한다.

2. 국제법상의 제재

국제조약 등 국제법을 위반한 경우에 상대국에 대하여 경제단교・외교단절・무력제재・전쟁 등의 방법에 의하여 제재를 가하는 방법을 말하나, 국제사회는 조직적인 공권력이 확립되어 있지 않으므로 실질적인 효과를 기대하기가 어렵다.

제5절 권리와 의무

Ⅰ 권리의 의의

1. 권리의 개념

권리는 특별한 법익을 누리기 위하여 법이 허용하는 힘을 말하며, 개인의 존엄과 가치의 표현이기도 하다. 의무는 일정한 행위를 하여야 하는 또는 하여서는 아니 되는 법률상의 구속을 말한다.

2. 권리의 본질

① **의사설(意思說)** : 권리를 법에 의해 인정되는 의사의 힘, 의사의 자유 또는 의사의 지배로 보는 학설로 칸트, 헤겔, 사비니, 빈트샤이트에 의해 주장되었다. 의사설에 따르면 태아・유아・정신병자는 권리를 갖지 못하게 되는 문제점이 있다.

② **이익설(利益說)** : 예링은 이익법학과 목적법학의 이론에 입각하여 이익이 권리의 본질이며 법에 의해 보호되는 이익이 권리의 본체라고 보았다. 그러나 이익이란 권리의 목적 또는 권리행사의 결과에 불과한 것이지 권리 그 자체는 아닌 것이다. 이익설에 따르면 반사적이익(反射的利益)에 불과함에도 권리로 인정되는 결함이 있다.

③ **권리법력설(權利法力說)** : 권리를 일정한 이익을 향유할 수 있도록 법에 의하여 권리주체에게 주어진 법률상의 힘이라 보는 학설로 메르켈, 레겔스베르거 등에 의해 주장되었으며 현재의 통설로 되어 있다.

④ **권리부인설(權利否認說)** : 권리란 사회적 기능에 불과하다는 설로 뒤기, 켈젠이 주장하였고, 사회연대주의(뒤기), 법적 의무의 반사적 이익(켈젠)을 권리로 보았다.

3. 권리와 구별되는 개념★★★

① **권한(權限)** : 타인(본인 또는 권리자)을 위하여 법률행위를 할 수 있는 법률상의 자격이다(예 이사의 대표권, 국무총리의 권한 등).

② **권능(權能)** : 권리에서 파생되는 개개의 법률상의 작용을 권능이라 한다. 의사무능력자도 권능의 주체는 될 수 있다(예 소유권자의 소유권에서 파생되는 사용권・수익권・처분권).

③ **권력(權力)** : 일정한 개인 또는 집단이 공익을 달성할 목적으로 다른 개인 또는 집단을 강제 또는 지배하는 힘을 말한다.

④ **권원(權原)** : 일정한 법률적 또는 사실적 행위를 하는 것을 정당화하는 법률상의 원인을 말한다(예 지상권, 대차권).

⑤ **반사적 이익(反射的利益)** : 반사적 이익은 법이 일정한 사실을 명하거나 금하고 있는 결과로써 어떠한 자가 저절로 받게 되는 이익으로, 그 이익을 누리는 자에게 법적인 힘이 부여된 것은 아니므로, 타인이 그 이익의 향유를 방해하더라도 그 보호를 청구하지 못한다(예 도로・공원 등 공물의 설치로 인한 공물이용자의 이익, 공중목욕탕 영업의 거리제한으로 인하여 이미 허가를 받은 업자의 사실상의 이익).

Ⅱ 의무의 의의

1. 의무의 개념

① 의무란 권리자의 권리에 대비되는 개념으로 자기의사 여하에도 불구하고 일정한 행위(작위 또는 부작위)를 강제당하는 법률상의 구속을 말한다.

THE 알아두기

권리와 의무

권리와 의무는 채권과 채무 등과 같이 대응하는 것이 보통이나, 예외가 있다. 권리만 있고 의무가 없는 경우는 제한능력자의 법정대리인의 동의권, 취소권 등이 있으며, 의무만 있고 권리가 없는 경우는 국방의 의무, 납세의 의무 등이 있다.

② 의무에는 적극적으로 일정한 행위를 하여야 할 작위의무, 일정한 행위를 하지 아니하여야 할 부작위의무, 다른 사람이 하는 일정한 행위를 승인해야 할 수인의무 등이 있다.

2. 의무의 본질

① **의사설** : 법에 의하여 정하여진 의사의 구속력을 의무의 본질로 보는 설이다. 그러나 의사설에 의하면 의사무능력자가 의무를 지는 것을 설명할 수 없다.

② **책임설** : 의무를 법률상의 책임이라고 보는 설이다. 그러나 책임은 의무 위반에 의하여 일정한 제재(형벌, 강제집행, 손해배상 등)를 받을 수 있는 바탕을 말하며 의무 자체와는 다르다는 점에서 난점이 있다(소멸시효완성 후의 채무는 의무는 있으나 책임은 없다).

③ **법적 구속력설** : 일정한 작위 또는 부작위를 하여야 할 법적 구속력을 말하며 현재의 통설이다.

Ⅲ 권리 · 의무의 종류

1. 권리의 종류★★★

① 공권(公權) : 공권은 사권에 대립되는 말로서 국가적 공권과 개인적 공권으로 나눌 수 있다.

㉠ 국가적 공권 : 국가나 공공단체가 개인에 대하여 가지는 권리를 말한다.

국가의 3권을 기준	입법권 · 사법권 · 행정권
권리의 목적을 기준	조직권 · 군정권 · 경찰권 · 재정권 · 형벌권 등
권리의 내용을 기준	명령권 · 강제권 · 형성권 등

㉡ 개인적 공권 : 개인이 국가 또는 공공단체에 대하여 가지는 권리로서 인간의 존엄과 가치, 평등권, 자유권, 참정권, 청구권, 생존권, 수익권 등으로 분류한다.

THE 알아두기 ✓

옐리네크의 분류

옐리네크는 개인적 공권에 대하여 내용에 따라 다음 세 가지로 구분하였다.

1. 자유권 : 국가기관으로부터 개인의 자유를 침해당하지 않는 것을 내용으로 하는 소극적 권리
2. 수익권 : 국가의 일정한 봉사를 적극적으로 요구하는 권리
3. 참정권 : 개인이 국가정치에 참여하는 권리

② 사권(私權) : 사법상의 권리로서 개인 상호 간에 인정되는 권리를 말하며, 공권에 대응되는 개념이다.

㉠ 권리의 내용에 따른 분류★★★

인격권	권리자 자신을 객체로 하는 것으로 권리자와 분리할 수 없는 권리(생명권, 신체권, 초상권, 자유권, 명예권 등).
가족권 (신분권)	친족관계에서 발생하는 신분적 이익을 내용으로 하는 권리(친권, 부부간의 동거청구권, 협력부조권, 친족 간 부양청구권, 상속권 등)
재산권	금전으로 평가될 수 있는 경제적 이익을 내용으로 하는 권리(물권, 채권, 무체재산권, 위자료청구권 등)
사원권	단체의 구성원이 그 구성원의 지위에서 단체에 대하여 갖는 권리(의결권, 업무집행감독권, 이익배당청구권 등)

㉡ 권리의 작용(효력)에 따른 분류★★★

지배권	권리의 객체를 직접적 · 배타적으로 지배할 수 있는 권리(물권, 무체재산권, 친권 등)
청구권	타인에 대하여 일정한 급부 또는 행위(작위 · 부작위)를 적극적으로 요구하는 권리(채권, 부양청구권 등)
형성권	권리자의 일방적인 의사표시에 의하여 일정한 법률관계를 발생 · 변경 · 소멸시키는 권리(취소권, 해제권, 추인권, 해지권 등)
항변권	청구권의 행사에 대하여 급부를 거절할 수 있는 권리로, 타인의 공격을 막는 방어적 수단으로 사용되며 상대방에게 청구권이 있음을 부인하는 것이 아니라 그것을 전제하고, 다만 그 행사를 배척하는 권리이다(연기적 항변권 → 보증인의 최고 및 검색의 항변권 · 동시이행항변권 / 영구적 항변권 → 상속인의 한정승인).

[경기신용보증재단]

1. 항변권을 행사하면 상대방의 정구권이 소멸한다. ( )
2. 불완전한 법률행위를 사후에 보충하여 확정적으로 유효하게 하는 일방적 의사표시인 권리는 추인권이다. ( )

정답 1. × 2. ○

㉢ 권리의 대외적 효력범위에 따른 분류

절대권	모든 사람에 대하여 권리의 효력을 주장할 수 있는 '대세적' 권리(인격권, 물권 등)
상대권	특정인에게만 권리의 내용을 주장할 수 있는 '대인적' 권리(부양청구권, 채권 등)

㉣ 권리의 독립성 여부에 따른 분류

종된 권리	다른 권리의 효력을 담보하거나 증대하기 위하여 이에 종속되는 권리(원본에 대한 이자채권, 주채무에 대한 보증채권, 피담보채권에 대한 저당권·질권·유치권 등의 담보물권)
주된 권리	종된 권리의 전제가 되는 권리

㉤ 권리의 양도성 유무에 따른 분류★★

일신전속권	권리의 주체와 긴밀한 관계에 있어 양도 또는 상속으로 타인에게 귀속될 수 없거나 혹은 그 주체만이 행사할 수 있는 권리로서 귀속상의 일신전속권(인격권, 초상권, 친권 등)과 행사상의 일신전속권(위자료청구권 등)으로 나뉜다.
비전속권	권리의 주체로부터 분리할 수 있는 권리로, 양도 또는 상속으로 타인에게 이전할 수 있다(재산권, 실용신안권, 물권, 채권, 법정지상권, 분묘기지권 등).

③ 사회권(社會權)

㉠ 현대사회의 복잡한 발전에 따라 전통적으로 개인 간의 관계라고 생각하던 분야에 국가가 적극 개입하게 됨에 따라 발생하게 된 권리로서 근로권·단결권·단체교섭권·단체행동권·모성 및 보건을 보호받을 권리·교육을 받을 권리·인간다운 생활을 할 권리를 말한다.

㉡ 사회법은 공법과 사법을 혼합한 성질을 가지므로 사회법에 의해 인정되는 사회권도 공권과 사권을 혼합한 성질을 가진다.★

THE 알아두기 ✓

권리의 행사와 남용 [경기신용보증재단]

권리의 행사	
권리자의 임의에 맡기고 어떠한 강제도 따르지 않음이 원칙이다. 다만 일정한 기간 권리를 행사하지 않으면 소멸시효에 의해 권리 그 자체가 소멸하는 경우가 있다.	
권리의 남용	
권리의 행사는 법이 설정한 한계 내에서 해야 하며, 사회성에 반하는 경우에는 권리의 남용이 된다.	
신의성실의 원칙	권리의 행사와 의무의 이행은 신의에 좇아 성실히 하여야 한다(민법 제2조 제1항).
권리남용금지의 원칙	민법 제2조 제2항은 '권리는 남용하지 못한다.'라고 규정하고 있다. '권리남용'이라 함은 외형적으로는 권리의 행사인 것처럼 보이나, 실질적으로는 신의성실의 원칙과 권리의 사회성에 반하여 정당한 권리행사로 인정될 수 없는 것을 말한다.

▸ 기출 OX 지문정리

[경기신용보증재단]

1. 원칙적으로 권리남용이 되면 그 권리를 실현할 수 없을 뿐 아니라 권리 자체가 소멸된다고 할 것이다. ( )

➜ 원칙적으로 권리남용이 인정되면 그 권리의 남용행위가 실현되지 않는 것이지, 권리 자체를 소멸시키는 것은 아니다.

정답 1. ×

신의성실의 원칙의 파생원칙 [한국원자력환경공단]

사정변경의 원칙	계약체결 당시의 사회사정이 계약체결 후 현저히 변경되면, 계약은 그 구속력을 잃는다는 원칙이다.
실효의 원칙	권리자가 장기간에 걸쳐 그 권리를 행사하지 아니함에 따라 그 의무자인 상대방이 더 이상 권리자가 그 권리를 행사하지 아니할 것으로 신뢰할만한 정당한 기대를 가지게 되는 경우에 새삼스럽게 권리자가 그 권리를 행사하는 것은 법질서 전체를 지배하는 신의성실의 원칙에 위반되어 허용되지 않는다는 것을 의미한다(대판 1995.8.25. 94다27069).
금반언의 원칙	행위자가 일단 특정한 표시를 한 이상 나중에 그 표시를 부정하는 주장을 하여서는 안된다는 원칙이다. 즉, 자신의 선행행위와 모순되는 후행행위는 허용되지 않는다는 원칙이다.

▸ 기출 OX 지문정리

[경기신용보증재단]

1. 대리권한 없이 타인의 부동산을 매도한 자가 그 부동산을 상속한 후 소유자의 지위에서 자신의 대리행위가 무권대리임을 이유로 무효임을 주장하여 등기말소 등을 구하는 것은 허용된다. ( )

➜ 금반언의 원칙이나 신의성실의 원칙에 반한다(94다20617 판결).

정답 1. ×

2. 의무의 종류

① **공의무(公義務)** : 공법에 의하여 의사를 구속받는 것으로서 국가의 공의무와 개인(사인)의 공의무로 나눌 수 있다.
- ㉠ 국가 공의무 : 국가가 국민에 대하여 지는 의무(국민의 기본권을 보장하는 의무)
- ㉡ 개인 공의무 : 국방의무, 납세의무, 근로의무, 교육의무 등★

② **사의무(私義務)** : 당사자의 자유로운 의사표시에 의하여 생성되는 것이 원칙인 사법상의 법률관계에서 발생하는 의무를 말한다(채무와 같은 재산법상의 의무, 부양의무 등과 같은 가족법상의 의무 등).

③ **사회법상의 의무** : 공법과 사법의 중간 영역인 사회법의 효과로 생겨나는 의무를 말하며 노동법상이나 사회보장법상의 여러 의무 등이 이에 해당한다(근로자의 노동3권을 보장해 주어야 할 사용자의 의무 등).

④ **작위 의무와 부작위 의무** : 일정한 행위를 하여야 하는 의무가 작위 의무, 하지 말아야 할 의무가 부작위 의무이다.★

THE 알아두기 ⊘

권리와 의무 [서울주택도시공사], [한국남부발전]

일반적 권리와 의무	일반적으로 권리와 의무는 서로 대응
대응하는 권리 없이 의무만 존재하는 경우	법인의 등기의무, 자동차의 우측통행의무
대응하는 의무 없이 권리만 있는 경우	취소권, 동의권, 해제권 등
동일인에게 부여된 의무이자 권리인 경우	친권자의 미성년인 자에 대한 양육의무와 양육권

Ⅳ 권리 · 의무의 주체와 객체

1. 권리 · 의무의 주체

권리를 가지는 자를 권리의 주체, 의무를 부담하는 자를 의무의 주체라고 부른다. 자연인은 누구나 당연히 권리 · 의무의 주체가 되지만, 법인은 관청의 허가를 얻고 등기를 해야 비로소 권리 · 의무의 주체가 된다.

자연인	모든 자연인은 출생과 동시에 권리능력이 인정된다. 그러나 공권은 일정한 범위 내의 자에게만 인정되는 경우가 많다.★
법인	사람의 집단이나 재화의 합성체에 법적 인격이 부여되는 것을 법인이라 하며, 사람의 집단을 사단법인, 재화의 합성체를 재단법인이라 한다. 또 공법인과 사법인, 영리법인과 비영리법인 등으로 나눌 수 있다. 재단법인에는 비영리법인만 인정된다.★

THE 알아두기 ⊘

재단법인(財團法人)
일정한 목적을 위해 출연된 재산을 바탕으로 설립된 법인으로, 재단법인은 사원이 없어 이익의 분배가 불가능하기 때문에 비영리법인이다.★

2. 권리 · 의무의 객체

① 의의 : 권리 · 의무의 객체란 권리 또는 의무의 목적이 되는 것을 말하며 유체물과 무체물로 나눌 수 있다.

② 유체물(有體物) : 유형적 존재를 가지고 공간의 일부를 차지하는 물건

㉠ 부동산과 동산 : 토지와 그 정착물이 부동산이며, 부동산 이외의 물건을 동산이라고 한다.★

㉡ 특정물과 불특정물 : 물건의 개성이 명시되어 있어 다른 물건으로 바꿀 수 없는 것을 특정물(예 경마대회에서 1등을 한 말)이라 하고 종류와 수량만으로 정해져 있어 다른 물건으로 바꾸어 질 수도 있는 것이 불특정물이다(예 쌀 한 가마니).

㉢ 소비물과 불소비물 : 한번 사용하면 다시 같은 용도로 사용할 수 없는 물건을 소비물이라고 하고 건물과 같이 여러 번 같은 용도로 반복해서 사용할 수 있는 물건을 불소비물이라고 한다.

㉣ 주물과 종물 : 물건의 소유자가 그 물건의 효용에 지속적으로 이바지하기 위하여 자기 소유의 다른 물건을 부착했을 때 그 둘을 주물과 종물이라고 한다(예 시계와 시곗줄, 주유소와 주유기, 배와 노).

THE 알아두기

주물과 종물 관련 비교 판례
정화조가 건물 화장실의 오수처리를 위하여 건물 옆 지하에 바로 부속하여 설치되어 있음을 알 수 있어 독립된 물건으로서 종물이라기보다는 건물의 구성부분으로 보아야 한다(대판 1993.12.10. 93다42399).

▸ 기출 O× 지문정리

[한국자산관리공사]

1. 동산만이 종물이 될 수 있다. ( )
2. 주물과 종물은 모두 독립적인 물건이어야 한다. ( )
3. 종물은 주물의 사용에 공(供)하여야 한다. ( )
4. 주물과 종물은 동일한 소유자에 속하는 것이어야 한다. ( )

정답 1. × 2. ○ 3. ○ 4. ○

ⓜ 융통물과 불융통물 : 사법상 거래의 목적으로 할 수 있는 물건을 융통물이라고 하고, 거래가 법률적으로 금지된 물건을 불융통물이라고 한다.

ⓗ 원물과 과실 : 수익을 낳게 하는 물건을 원물이라고 하고, 원물로부터 생기는 수익을 과실이라고 한다(예 나무와 열매, 예금과 그 이자).

③ 무체물(無體物) : 생명, 자유, 행위 또는 권리 등 무형의 것

THE 알아두기

이자 있는 채권의 이율은 다른 법률의 규정이나 당사자의 약정이 없으면 연5분으로 한다(민법 제379조).

V 권리 · 의무의 변동

1. 권리 · 의무의 발생(권리의 취득)

① 원시취득(절대적 취득)★ : 다른 사람의 권리에 근거하지 않고 사회적으로 존재하지 않던 것을 새로 취득하는 것이다(건물의 신축에 의한 소유권 취득, 취득시효, 선의취득, 무주물선점, 유실물 습득, 매장물 발견, 부합, 첨부, 매매계약에 기한 채권의 취득 등).

THE 알아두기

무주물선점(無主物先占)
- 소유자가 없는 동산(야생의 동물, 남이 버린 물건 등)을 남보다 먼저 점유하는 것을 말한다.
- 민법 제252조는 무주(無主)의 동산을 소유의 의사로 점유한 자는 그 소유권을 취득한다고 규정함으로써 소유권의 원시적 취득원인으로 하고 있지만, 무주의 부동산은 국유로 하므로 선점의 목적이 되지 않는다.★

② **승계취득(상대적 취득)★** : 다른 사람의 권리에 근거하여 취득하는 권리로 권리의 주체만 달라지는 것이므로 권리의 상대적 발생이라고도 한다(상속 등). 이러한 승계취득은 이전적 승계와 설정적 승계로 나누어진다.

2. 권리의 변경

권리 그 자체는 계속 유지되면서 내용·효과에 있어서 변경이 생기는 것이다.

① **내용의 변경** : 권리의 내용 중 성질이나 수량이 변경되는 것

② **효과의 변경** : 동일한 물건에 대하여 여러 명의 채권자가 있을 때, 그 우선순위가 빨라지는 경우가 대표적인 예가 된다.

3. 권리의 소멸(상실)

① **절대적 소멸** : 권리 자체가 사라져 버리는 것(채무이행에 의한 채권·채무의 소멸)

② **상대적 소멸** : 권리의 주체가 바뀐 것(매매, 증여 등에 따른 승계 등)

Ⅵ 권리의 충돌과 순위★

1. 의의

동일한 객체에 관하여 여러 개의 권리가 존재하는 경우(예 동일물 위에 여러 개의 물권이 있거나, 동일채무자에 대하여 여러 개의 채권이 존재하는 경우)에는 그 객체가 모든 권리를 만족시켜 주지 못하는 현상을 말한다. 이러한 경우에는 여러 개의 권리 간에 순위가 있어서 어떤 권리가 다른 권리에 우선하여 만족을 얻게 되는 것이 보통이다.

2. 물권 상호 간

① **소유권과 제한물권 간** : 제한물권이 언제나 소유권에 우선한다.★

② **제한물권 상호 간**

㉠ 서로 종류를 달리하는 물권일 때 : 일정한 원칙이 없고, 법률의 규정에 의하여 순위가 정하여진다.

㉡ 같은 종류의 권리 상호 간 : 먼저 성립한 권리가 후에 성립한 권리에 우선한다는 원칙이 지배한다. 즉, 동일한 물건 위에 앞의 물권과 동일한 내용을 갖는 물권은 그 후에 다시 성립할 수 없고, 그것이 인정된다 하더라도 앞의 물권의 내용인 지배를 해치지 않는 범위 내에서만 뒤의 물권이 성립한다.

3. 채권 상호 간

① 채권자 평등의 원칙에 따라, 동일채무자에 대한 여러 개의 채권은 그의 발생원인·발생시기의 선후·채권액의 다소를 묻지 않고서 평등하게 다루어진다. 즉, 채권은 성립의 선후에 따른 우선순위의 차이가 없고 모든 채권자는 같은 순위로 변제를 받는 것이 원칙이다.★

② 채권자는 임의로 그의 채권을 실행할 수 있고, 먼저 채권을 행사한 자가 이익을 얻는다는 결과가 된다. 이것을 선행주의라고 한다.

4. 물권과 채권 간

① 하나의 물건에 대하여 물권과 채권이 병존하는 경우에는 그 성립시기를 불문하고 원칙적으로 물권이 우선한다.★

② 대항요건을 갖춘 부동산의 임차권은 나중에 성립한 전세권에 우선한다.★

VII 권리의 보호

1. 의의

① 권리가 침해되는 때에는 그에 대한 구제가 필요하게 된다.

② 과거에는 권리자가 자기의 힘으로 권리를 보호・구제하는 이른바 사력구제(私力救濟)가 인정되었으나, 근대의 법치국가에 있어서의 권리의 보호는 국가구제가 원칙이고, 사력구제는 예외적으로 부득이한 경우에 한하여 인정된다.★

2. 국가구제

① 권리자가 사권의 내용을 실현하려고 할 때에, 이를 방해하는 자가 있어서 실현할 수 없는 때에는 국가가 그 권리의 실현에 협력한다.

② 국가구제의 제도로는 재판・조정 및 중재가 있다.★

3. 사력구제

① **의의** : 권리의 보호는 국가에 요구하는 것이 원칙이고, 사력구제(私力救濟)는 허용되지 않는다. 사력구제는 원칙적으로 불법행위가 된다. 그러나 긴급한 사정으로 뒷날에 국가의 보호를 요구하는 것이 불가능하거나 곤란하게 될 경우에는 사력에 의한 구제를 예외적으로 허용하여 권리의 실현을 보호하는 것이 필요하다.

② **정당방위** : 타인의 불법행위에 대하여, 자기 또는 제3자의 권익을 방위하기 위하여 부득이 가해행위를 하는 것이 정당방위이다. 이러한 정당방위에 의한 가해행위는 그 위법성이 조각되어 불법행위가 되지 않고, 따라서 가해자는 손해배상책임을 지지 않는다(민법 제761조 제1항).

③ **긴급피난** : 급박한 위난을 피하기 위하여 부득이 타인에게 가해행위를 하는 것이 긴급피난이다. 이 경우에도 위법성은 조각되어 불법행위가 성립하지 않는다(민법 제761조 제2항).

④ **자력구제** : 청구권을 보전하기 위하여 국가기관의 구제를 기다릴 여유가 없는 경우에, 권리자가 스스로 사력으로써 구제하는 행위가 자력구제 또는 자조(自助)이다. 정당방위나 긴급피난은 현재의 침해에 대한 방위행위인데 대하여, 자력구제는 주로 과거의 침해에 대한 회복이라는 점에서 다르다. 우리 민법은 이에 관한 일반규정을 두고 있지 않으며, 다만 점유침탈에 관하여서만 인정하는 규정(민법 제209조)을 두고 있다. 여기서 점유침탈 이외의 경우에 자력구제를 인정할 것인가가 문제되는데, 형법 제23조가 청구권 일반에 관한 자구행위를 위법성조각사유로 인정하는 점을 비추어볼 때 자력구제가 인정된다고 해석하고 있다.

법학 일반

제1절 법의 의의

01 법의 의의에 관한 설명으로 옳지 않은 것은?

○ △ ×

① 법은 사회규범의 일종이다.
② 법은 재판규범이 되기도 한다.
③ 법은 존재법칙이지만 자연현상은 당위법칙이다.
④ 법은 양면성을 갖지만 도덕은 일면성을 갖는다.

쏙쏙해설

법은 사회구성원들이 지켜야 할 행위의 준칙을 정하는 당위규범으로서, 있는 그대로의 존재를 설명하는 자연법칙과는 구별된다.

답 ❸

핵심만 콕

법과 도덕의 비교(차이점)★

구성	법(法)	도덕(道德)
목적	정의(Justice)의 실현	선(Good)의 실현
규율대상	평균인의 현실적 행위·결과	평균인의 내면적 의사·동기·양심
규율주체	국가	자기 자신
준수근거	타율성	자율성
표현양식	법률·명령형식의 문자로 표시	표현양식이 다양함
특징	외면성 : 인간의 외부적 행위·결과 중시	내면성 : 인간의 내면적 양심과 동기를 중시
	강제성 : 위반시 국가권력에 의해 처벌 받음	비강제성 : 규범의 유지·제재에 강제가 없음
	양면성 : 권리에 대한 의무가 대응	일면성(편면성) : 의무에 대응하는 권리가 없음

02 법과 도덕에 관한 설명으로 옳지 않은 것은?

① 법은 행위의 외면성을, 도덕은 행위의 내면성을 다룬다.
② 법은 강제성을, 도덕은 비강제성을 갖는다.
③ 법은 타율성을, 도덕은 자율성을 갖는다.
④ 권리 및 의무의 측면에서 법은 일면적이나, 도덕은 양면적이다.

▌쏙쏙해설

법은 권리에 대응하는 의무가 있는 반면(양면적), 도덕은 의무에 대응하는 권리가 없다(일면적).

답 ❹

03 정의를 평균적 정의와 배분적 정의로 구분한 자는?

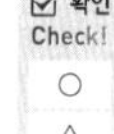

① 켈젠(Kelsen)
② 플라톤(Platon)
③ 라드브루흐(Radbruch)
④ 아리스토텔레스(Aristoteles)

▌쏙쏙해설

평균적 정의와 배분적 정의는 아리스토텔레스의 특수적(협의) 정의와 관련 있다.

답 ❹

▌핵심만 콕

아리스토텔레스의 정의론★

평균적 정의	인간은 인간으로서 동일한 가치를 가지고 있는 것이므로 평등하게 다루어져야 한다고 하는 형식적・절대적 평등원리이다. 따라서 손해와 보상, 범죄와 형벌 등은 '같은 것은 같은 방법으로'의 원칙에 따라 균형을 취해야 한다는 산술적・교환적 정의이며 이는 이해득실을 평균화하고 조정하는 것이다.
배분적 정의	배분적 정의는 전체와 그 구성원 사이의 관계를 조화하는 정의로서 단체생활에 있어서 각자가 제각기 상이한 능력과 가치를 가지고 있음을 전제로 그 가치의 차이에 따른 취급을 하여야 한다는 실질적・상대적 평등의 원리이다.
일반적(법률적) 정의	일반적 정의는 사회에 있어서 개인권리의 상호적 존중을 규정하고 개인이 단체의 일원으로서 단체에 대하여 의무를 다하는 것을 뜻한다. 일반적 정의는 모든 사람에게 요구되는 필요한 조치, 즉 덕을 시행할 의무의 내용이 법에 의하여 규정되기 때문에 법적 의무라고도 한다.

04 **법의 효력에 관한 설명으로 옳은 것은?**

☑ 확인 Check! ○ △ ×

① 법은 제정과 동시에 효력이 발생한다.
② 법의 효력기간이 미리 정해진 법률을 특별법이라 한다.
③ 모든 국민은 소급입법에 의하여 참정권의 제한을 받지 아니한다.
④ 속인주의는 영토주권이 적용되는 원칙이다.

▌쏙쏙해설

③ 헌법 제13조 제2항
① 법은 시행일부터 폐지일까지 그 효력을 갖는다.★
② 특별법은 특정인 또는 특정사항·지역에 한하여 적용되는 것이다. 그 예로 상법은 민법의 특별법인 것을 들 수 있다. 법의 효력기간이 미리 정해진 법률은 한시법이다.
④ 속지주의에 대한 내용이다.

답 ❸

05 **법의 효력에 관한 설명으로 옳지 않은 것은?**

① 「국제사법(國際私法)」에 따르면 사람의 권리능력은 우리나라 법에 의한다.
② 속지주의는 국가의 법은 자국의 영토 내에 있는 모든 사람에게 적용된다는 주의를 말한다.
③ 구법과 신법 사이의 법적용의 문제를 해결하기 위해 제정된 법을 경과법이라고 한다.
④ 헌법에 의하면 법률은 특별한 규정이 없는 한 공포한 날로부터 20일을 경과함으로써 효력을 발생한다.

▌쏙쏙해설

사람의 권리능력은 그의 본국법에 의한다(국제사법 제11조).

답 ❶

06 법의 효력에 관한 규정으로 옳지 않은 것은?

확인 Check! ○ △ ×

① 법률은 특별한 규정이 없는 한 공포한 날로부터 20일을 경과함으로써 효력을 발생한다.
② 모든 국민은 소급입법에 의하여 참정권의 제한을 받거나 재산권을 박탈당하지 않는다.
③ 대통령은 내란 또는 외환의 죄를 범한 경우를 제외하고는 재직 중 형사상의 소추를 받지 아니한다.
④ 범죄의 성립과 처벌은 재판 시의 법률에 의한다.

쏙쏙해설

④ 범죄의 성립과 처벌은 행위 시의 법률에 의한다(형법 제1조 제1항).
① 헌법 제53조 제7항
② 헌법 제13조 제2항
③ 헌법 제84조

답 ❹

07 다음의 헌법 규정은 어떠한 원칙을 선언한 것인가?

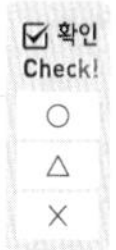

> 모든 국민은 행위 시의 법률에 의하여 범죄를 구성하지 아니하는 행위로 소추되지 아니한다.

① 신법 우선의 원칙
② 특별법 우선의 원칙
③ 상위법 우선의 원칙
④ 법률불소급의 원칙

쏙쏙해설

헌법 제13조 제1항은 형벌에 관한 소급입법을 금지하고 있으며, 이는 법률불소급의 원칙의 내용이다.

답 ❹

08 법의 시간적 효력에 관한 설명으로 옳은 것은?

☑ 확인 Check!
○
△
×

① 법률은 시행일을 특별히 규정하지 않는 한 공포한 날로부터 효력을 발생한다.
② 형법에서는 범죄 후 법률이 변경되어 형이 구법보다 가벼워진 경우에는 신법에 따른다.
③ 신법 우선의 원칙은 특별법이 개정되는 경우에는 적용되지 않는다.
④ 신법이 시행되면 구법에 의하여 이미 발생한 기득권은 보장되지 않는다.

쏙쏙해설

② 형법 제1조 제2항
① 법률은 특별한 규정이 없는 한 공포 한 날로부터 20일을 경과함으로써 효력을 발생한다(헌법 제53조 제7항).
③ 특별법 우선의 원칙이 적용되지 않는 한 특별법의 개정에도 신법 우선의 원칙이 적용된다.
④ 법률불소급의 원칙에 따라 구법에 의해 취득한 기득권은 신법에 의해 소급하여 박탈하지 못한다.

답 ❷

제2절 법원

01 법원(法源)에 관한 설명으로 옳지 않은 것은?

☑ 확인 Check!
○
△
×

① 관습법은 관습이 법적 확신을 얻어 규범화된 것이다.
② 조리는 사물의 이치나 본성을 뜻하는 불문법이다.
③ 규칙은 지방의회에서 제정하는 자치법규이다.
④ 명령은 행정기관에 의해 제정된 성문법이다.

쏙쏙해설

규칙은 지방자치단체의 장이 법령 또는 조례의 범위에서 그 권한에 속하는 사무에 관하여 제정할 수 있는 법규이다(지방자치법 제29조).

답 ❸

핵심만 콕

① 관습법이란 사회에서 형성된 일정한 관습(관행)이 국민일반에 의하여 법규범으로서의 확신을 얻은 것을 말한다.
② 조리란 사물의 본질적 법칙이나 도리를 의미하며, 관습법·판례법과 더불어 대표적인 불문법에 해당한다.
④ 명령은 국회의 의결을 거치지 않고 행정기관에 의하여 제정되는 성문법이다.

02 법원(法源)에 관한 현행법의 설명으로 옳지 않은 것은?

① 상사에 관하여 상관습법은 민법에 우선하여 적용된다.
② 대법원 판결은 모든 사건의 하급심을 기속한다.
③ 민사관계에서 조리는 성문법과 관습법이 존재하지 않는 경우에 적용된다.
④ 민사관계에서 법령 중의 선량한 풍속 기타 사회질서에 관계없는 규정과 다른 관습이 있는 경우에 당사자의 의사가 명확하지 아니한 때에는 그 관습에 의한다.

쏙쏙해설

② 상급법원 재판에서의 판단은 해당 사건에 관하여 하급심을 기속(羈束)한다(법원조직법 제8조). 따라서 대법원의 판결은 모든 사건이 아닌 해당 사건에 관하여만 하급심을 기속한다.
① 상법 제1조
③ 민법 제1조
④ 민법 제106조

답 ❷

03 법원(法源)에 관한 설명으로 옳지 않은 것은?

① 영미법계 국가에서는 판례의 법원성이 부정된다.
② 죄형법정주의에 따라 관습형법은 인정되지 않는다.
③ 대통령령은 헌법에 근거를 두고 있다.
④ 민사에 관하여 법률에 규정이 없으면 관습법에 의하고 관습법이 없으면 조리에 의한다.

쏙쏙해설

영미법계 국가에서는 선례구속의 원칙에 따라 판례의 법원성이 인정된다.★

답 ❶

04 법원에 대한 다음 설명 중 옳은 것은?

확인 Check! ○ △ ×

① 판례법은 법적 안정성 및 예측가능성 확보에 유리하다.
② 우리 민법 제1조는 조리의 법원성을 인정하고 있다.
③ 불문법은 시대의 변화에 즉각적으로 대처하기 어렵다.
④ 관습법은 권력남용이나 독단적인 권력행사를 막는다는 장점이 있다.

▌쏙쏙해설

조리의 법원성

우리 민법 제1조는 "민사에 관하여 법률에 규정이 없으면 관습법에 의하고 관습법이 없으면 조리에 의한다."라고 규정하여 조리의 법원성을 인정하고 있다.

답 ❷

▌핵심만 콕

① 판례법은 법적 안정성 및 예측가능성의 확보에 불리하다.
③ 불문법은 복잡·다양하고 시시각각으로 변화하는 사회현상에 잘 적응되어 즉각적으로 대처할 수 있다.
④ 관습법은 권력남용이나 독단적인 권력행사를 할 수 있다는 단점이 있다.

05 다음 ( )에 들어갈 법원(法源)으로 옳은 것은?

> • (ㄱ) : 국가의 조직·통치 및 기본권에 관한 근본법
> • (ㄴ) : 지방자치단체 의회가 제정하는 자치법규
> • (ㄷ) : 문서로써 국가 간에 체결되고 국제법에 의하여 규율되는 합의

① ㄱ : 헌법, ㄴ : 조례, ㄷ : 조약
② ㄱ : 헌법, ㄴ : 법률, ㄷ : 명령
③ ㄱ : 법률, ㄴ : 조약, ㄷ : 조례
④ ㄱ : 법률, ㄴ : 명령, ㄷ : 조약

▌쏙쏙해설

법원(法源)에서 빈출되는 지문으로, 국가라는 단어에서 헌법을, 지방자치단체 의회라는 단어에서 조례를, 국가 간이라는 단어에서 조약을 추론할 수 있다.

답 ❶

06 지방자치단체의 자치입법에 해당하는 것을 모두 고른 것은?

☑ 확인 Check!
○
△
×

> ㄱ. 조례　　　　　ㄴ. 규칙　　　　　ㄷ. 교육규칙

① ㄱ, ㄴ　　　　② ㄱ, ㄷ
③ ㄴ, ㄷ　　　　④ ㄱ, ㄴ, ㄷ

▌쏙쏙해설

「헌법」 제117조 제1항에 의해 "지방자치단체는 … 법령의 범위 안에서 자치에 관한 규정을 제정할 수 있다."라고 하여, 자치입법권을 보장하고 있다. 이에 의거하여 「지방자치법」은 조례와 규칙의 2형식을 인정하고 있고, 「지방교육자치에 관한 법률」은 자치입법으로 교육규칙을 인정하고 있다. 따라서 ㄱ, ㄴ, ㄷ 모두 자치입법권의 내용에 해당한다.

답 ❹

07 성문법과 불문법에 관한 설명으로 옳은 것은?

○
△
×

① 조례는 불문법에 해당한다.
② 헌법에 의하여 체결·공포된 조약은 성문법에 해당한다.
③ '죄형법정주의'의 '법'에는 법률 및 관습법이 포함된다.
④ 성문법은 사회적 변화에 신속히 대응할 수 있는 장점이 있다.

▌쏙쏙해설

조약은 헌법에 의하여 체결·공포된 조약으로 국내법과 같은 효력을 갖는 성문법에 해당한다(헌법 제6조 제1항).

답 ❷

▌핵심만 콕

성문법과 불문법의 정리★

구분	성문법(대륙법계)	불문법(영미법계)
장점	• 법의 존재와 의미를 명확히 할 수 있다. • 법적 안정성을 기할 수 있다. • 법의 내용을 객관적으로 알려 국민이 법적 문제에 예측 가능성을 갖는다. • 입법기간이 짧다. • 발전적으로 사회제도를 개혁할 수 있다. • 외국법의 계수와 법체계의 통일이 쉽다.	• 사회의 구체적 현실에 잘 대처할 수 있다. • 법의 적용에 융통성이 있다. • 입법자의 횡포가 불가능하다. • 법현실이 유동적이다.
단점	• 입법자의 횡포가 가능하다. • 문장의 불완전성으로 법해석의 문제가 발생한다. • 개정절차가 필요하므로 사회변동에 능동적으로 대처하지 못하여 법현실이 비유동적이다. • 법이 고정화되기 쉽다.	• 법의 존재와 의미가 불명확하다. • 법의 내용을 객관화하기 곤란하며 법적 변동의 예측이 불가능하다. • 법적 안정성을 기하기 어렵다. • 법적 기능을 갖는 데 기간이 오래 걸린다. • 국법의 계수와 법체계의 통일이 어렵다.

08 대륙법계의 특징으로 옳지 않은 것은?

☑ 확인 Check! ○ △ ×

① 제정법에 대한 판례법의 우위
② 독일법계와 프랑스법계 중심
③ 성문법 중심
④ 일반적 · 추상적 규범으로 체계화

▌쏙쏙해설

제정법에 대한 판례법의 우위는, 선례구속의 원칙이 확립되어 판례법이 제1차적 법원으로서 그 구속력과 법규성이 인정되고 있는 영미법계 국가의 특징에 해당한다.

답 ❶

▌핵심만 콕

② 성문법주의를 취하는 대륙법계의 대표적인 국가는 독일과 프랑스이다.
③ 전통적으로 대륙법계 국가(독일 · 프랑스 등)에서는 성문법주의를, 영미법계 국가(영국 · 미국 등)에서는 불문법주의를 취하여 왔다.
④ 대륙법계에 의하면, 법에 내재하는 또는 법의 속성상 입법은 일반적 · 추상적 규범으로 체계화하는 과정이다.

제3절 법의 구조

01 일반법과 특별법의 관계에 관한 설명으로 옳지 않은 것은?

☑ 확인 Check! ○ △ ×

① 법률의 적용에 있어서 특별법은 일반법에 우선하여 적용된다.
② 특별법에 규정이 없는 경우에 일반법의 규정이 보충적으로 적용된다.
③ 일반법과 특별법의 관계는 단일 법률의 규정 상호 간에는 적용되지 않는다.
④ 지방자치법과 서울특별시 행정특례에 관한 법률은 일반법과 특별법의 관계이다.

▌쏙쏙해설

민법 제580조(매도인의 하자담보책임)와 제109조(착오로 인한 의사표시)의 관계와 같이 단일 법률 규정의 상호 간에도 특별법과 일반법의 관계가 성립할 수 있다.

답 ❸

02 법의 분류에 관한 설명으로 옳지 않은 것은?

① 형사소송법은 공법이며 절차법이다.
② 민법은 사법이며 실체법이다.
③ 민법은 상법에 대한 특별법이다.
④ 형법은 공법이며 실체법이다.

쏙쏙해설

③ 상법이 민법에 대한 특별법이다.
① 형사소송법은 민사소송법·행정소송법과 더불어 대표적인 공법이자 절차법이다.
② 민법은 상법과 더불어 대표적인 사법이자 실체법이다.
④ 형법은 헌법·행정법과 더불어 대표적인 공법이자 실체법이다.

답 ❸

핵심만 콕

법의 체계

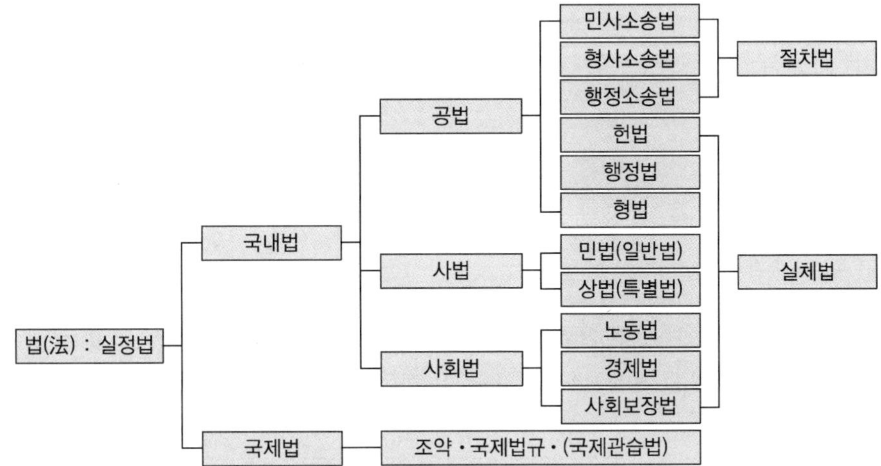

03 법의 분류에 관한 설명으로 옳지 않은 것은?

☑ 확인 Check!
○
△
×

① 절차법에서는 원칙적으로 신법 우선의 원칙이 적용된다.
② 일반법과 특별법이 충돌하는 경우에는 특별법이 우선한다.
③ 당사자가 임의법과 다른 의사를 표시한 때에는 그 의사에 의한다.
④ 사회법은 사법(私法)원리를 배제하고, 공공복리의 관점에서 사회적 약자보호와 실질적 평등을 목적으로 한다.

▌쏙쏙해설

사회법은 자본주의의 문제와 모순을 합리적으로 해결하여 경제적・사회적 약자를 보호할 목적으로 비교적 근래에 등장한 제3의 법영역이다. 즉, 사법과 공법의 성격을 모두 가진 법으로 법의 사회화・사법의 공법화 경향을 띤다. 따라서 사법원리를 배제하는 것은 아니다.

답 ❹

04 법의 분류에 관한 설명으로 옳은 것은?

① 민사소송법은 사법이다.
② 공법이 축소되고 사법이 확대되는 '공법의 사법화' 경향이 강해지고 있다.
③ 형법은 범죄를 저지른 사람에게만 적용된다는 점에서 특별법이다.
④ 권리나 의무의 발생・변경・소멸을 규율하는 법은 실체법이다.

▌쏙쏙해설

실체법은 권리・의무의 실체, 즉 발생・변경・소멸・성질・내용 및 범위 등을 규율하는 법으로 헌법, 민법, 형법, 상법 등이 이에 해당한다. 반면 절차법은 권리나 의무의 실질적 내용을 실현하는 법으로 민사소송법, 민사집행법, 형사소송법, 행정소송법, 채무자 회생 및 파산에 관한 법률, 부동산등기법 등이 있다.

답 ❹

▌핵심만 콕

① 민사소송법은 헌법, 행정법, 형법, 형사소송법, 행정소송법, 국제법 등과 마찬가지로 공법(公法)에 해당한다.
② 사법이 축소되고 공법이 확대되는 '사법의 공법화' 경향이 강해지고 있다.
③ 형법은 장소・사람・사물에 제한 없이 일반적으로 적용되는 법으로 헌법, 민법 등과 마찬가지로 일반법에 해당한다. 반면 특별법은 특정한 장소・사람・사물에만 적용되는 법으로 상법, 군형법, 국가공무원법, 조례, 규칙 등이 있다.

05 법의 분류에 관한 설명으로 옳지 않은 것은?

① 자연법은 시·공간을 초월하여 보편적으로 타당한 법을 의미한다.
② 임의법은 당사자의 의사에 의하여 그 적용이 배제될 수 있는 법을 말한다.
③ 부동산등기법은 사법이며, 실체법이다.
④ 오늘날 국가의 개입이 증대되면서 '사법의 공법화' 경향이 생겼다.

▌쏙쏙해설

사법은 개인 상호 간의 권리·의무관계를 규율하는 법으로 민법, 상법, 회사법, 어음법, 수표법 등이 있으며, 실체법은 권리·의무의 실체, 즉 권리나 의무의 발생·변경·소멸 등을 규율하는 법으로 헌법, 민법, 형법, 상법 등이 이에 해당한다. 부동산등기법은 절차법이면서 공법이라는 견해가 다수견해이나, 절차법이지만 사법이라는 소수견해도 있다.

답 ❸

06 우리나라 법의 체계에 관한 설명으로 옳은 것은?

① 대법원규칙은 법률과 동등한 효력을 가진다.
② 대통령령과 총리령은 동등한 효력을 가진다.
③ 헌법에 의하여 체결·공포된 조약은 국내법에 우선한다.
④ 대통령은 법률의 효력을 가지는 긴급명령을 발할 수 있다.

▌쏙쏙해설

대통령은 국가의 안위에 관계되는 중대한 교전상태에 있어서 국가를 보위하기 위하여 긴급한 조치가 필요하고 국회의 집회가 불가능한 때에 한하여 법률의 효력을 가지는 명령을 발할 수 있다(헌법 제76조 제2항).

답 ❹

▌핵심만 콕

① 대법원은 법률에 저촉되지 아니하는 범위 안에서 소송에 관한 절차, 법원의 내부규율과 사무처리에 관한 규칙을 제정할 수 있다(헌법 제108조). 따라서 법률이 대법원규칙보다 상위 효력을 갖는다.
② 대통령령·총리령·부령은 법률의 위임근거가 있거나 법률을 집행하는 데 필요한 사항을 대상으로 한다는 점에서 법률보다 하위에 있음은 분명하다. 그리고 대통령령과 총리령 내지 부령과의 관계를 본다면 제정권자 또는 제정절차에서 보거나 헌법 제95조에서 대통령령의 위임에 의하여 제정되는 총리령과 부령의 존재를 인정하고 있는 점에서 전자가 후자보다 상위에 있고, 총리령과 부령은 서로 대등한 관계에 있다.
③ 헌법에 의하여 체결·공포된 조약은 국내법과 같은 효력을 가진다(헌법 제6조 제1항).

제4절 법의 적용과 해석

01 **법의 적용에 관한 설명으로 옳지 않은 것은?**

☑ 확인 Check!
○
△
×

① 법의 적용은 구체적인 사안을 법규범에 적용하는 것을 말한다.
② 법의 적용은 구체적 사안을 상위개념(대전제)으로 하고, 추상적인 법규범을 하위개념(소전제)으로 하여 결론을 도출하는 것이다.
③ 법의 적용을 위해서는 우선 법이 적용되어야 할 구체적 사실을 확정해야 한다.
④ 국가생활에서 궁극적인 법의 적용은 재판에 의해서 실현된다고 할 수 있다.

쏙쏙해설

법의 적용은 추상적인 법규범을 상위개념(대전제)으로 하고, 구체적 사안을 하위개념(소전제)으로 하여 3단논법으로써 결론을 도출하는 것이다.

답 ❷

핵심만 콕

① 구체적 사건이 발생하였을 경우에 실정법의 어느 규정을 그 사건에 적용할 것인지를 판단하는 과정을 법의 적용이라 한다.
③ 법의 적용을 위해서는 먼저 소전제인 구체적 사실을 확정하여야 하고(사실의 확정), 다음으로 그 확정된 구체적 사실에 적용할 법을 찾아야 하며(법규의 검색), 그 찾아낸 법의 내용을 확정하여야 한다(법의 해석).
④ 재판을 통한 법적용의 실현에 대한 내용으로, 이는 옳다.

02 **사실확정을 위한 실정법의 추정규정으로 옳지 않은 것은?**

○
△
×

① 공유자의 지분은 균등한 것으로 추정한다.
② 아내가 혼인 중에 임신한 자녀는 남편의 자녀로 추정한다.
③ 2인 이상이 동일한 위난으로 사망한 경우에는 동시에 사망한 것으로 추정한다.
④ 실종선고를 받은 자는 실종기간이 만료한 때에 사망한 것으로 추정한다.

쏙쏙해설

④ 실종선고를 받은 자는 실종기간이 만료한 때에 사망한 것으로 간주한다(민법 제28조).
① 민법 제262조 제2항
② 민법 제844조 제1항
③ 민법 제30조

답 ❹

03 법의 적용에 관한 설명으로 옳은 것은?

☑ 확인 Check!
○
△
×

① 간주의 효과는 반증이 있으면 뒤집을 수 있다.
② 사실의 진실 여부와는 관계없이 의제하는 것은 추정이다.
③ 입증책임은 원칙적으로 사실의 존부를 주장하는 자가 부담한다.
④ 2인 이상이 동일한 위난으로 사망한 경우에는 동시에 사망한 것으로 간주한다.

▌쏙쏙해설

사실의 인정을 위하여 증거를 주장하는 것을 입증이라 하며, 이 입증책임은 그 사실의 존부를 주장하는 자가 부담한다.

답 ❸

▌핵심만 콕

① 반증을 들어 뒤집을 수 있는 것은 추정이다.
② 사실의 진실 여부와는 관계없이 확정된 사실로 의제하는 것은 간주이다.
④ 동일한 위난으로 수인이 사망한 경우 그들은 동시에 사망한 것으로 추정한다(민법 제30조).

04 '추정'과 '간주'에 관한 설명으로 옳은 것은?

① 추정은 입증부담을 완화하기 위하여 불명확한 사실에 대하여 일정한 법적 효과를 부여하는 것이다.
② 추정은 반증으로 그 효과를 번복할 수 없다.
③ 2인 이상이 동일한 위난으로 사망한 경우에는 동시에 사망한 것으로 간주한다.
④ 가정법원의 선고에 의해 사망한 것으로 간주되는 사법상의 효과는 반증에 의해 번복될 수 있다.

▌쏙쏙해설

① 추정에 대한 설명으로 옳다.
② 추정으로 인하여 발생한 법률효과는 당사자의 반증으로 번복될 수 있다.
③ 2인 이상이 동일한 위난으로 사망한 경우에는 동시에 사망한 것으로 추정한다(민법 제30조).
④ 생사불명의 상태가 장기간 계속되고 있는 자를 일정한 요건과 절차에 의하여 사망한 것으로 하는 가정법원의 신고를 실종선고라고 한다. 실종선고로 인하여 실종자는 사망한 것으로 간주되며, 생존의 사실 등의 반증만으로 실종선고의 효과를 다툴 수는 없다.

답 ❶

05 사실 여하를 불문하고 일정한 상태를 인정하는 것이며 이에 대하여는 반증을 가지고 그 효력을 깨뜨리지 못한다. 이것을 인정할 수 있는 상태는 아니나 인정할 필요에 의하여 효력을 인정하는 것은 무엇인가?

확인 Check! ○ △ ×

① 간주 ② 추정
③ 유추 ④ 준용

▌쏙쏙해설

간주는 법에서 '간주한다 = 본다 = 의제한다'로 쓰이며, 추정과는 달리 나중에 반증이 나타나도 이미 발생된 효과를 뒤집을 수 없는 것을 말한다.

답 ❶

06 법의 해석방법 가운데 물론해석에 해당되는 것은?

① '소멸시효의 이익은 미리 포기하지 못한다.'는 규정이 있는 경우, 시효완성 후의 포기는 허용된다고 해석하는 것
② '자전거 통행금지'라는 게시판이 있는 경우, 오토바이도 통행하지 못한다고 해석하는 것
③ '배우자'의 개념에 대해서, 법률상 배우자뿐만 아니라 사실상 배우자를 포함한다고 해석하는 것
④ '미성년자가 혼인을 할 때에는 부모의 동의를 얻어야 한다.'는 규정이 있는 경우, 성년자가 혼인을 할 때에는 부모의 동의를 필요로 하지 않는다고 해석하는 것

▌쏙쏙해설

② 물론해석은 법문에 일정한 사항을 정하고 있을 때 그 이외의 사항에 관해서도 사물의 성질상 당연히 그 규정에 포함되는 것으로 보는 해석방법으로, '자전거 통행금지'라는 게시판이 있는 경우, 자전거보다 크고 무거운 오토바이는 당연히 그 통행이 금지되어야 하므로, 이는 물론해석에 해당한다.

①·④는 반대해석에 해당한다.

③은 확장해석에 해당한다.

답 ❷

▌핵심만 콕

법해석의 종류

해석의 구속력에 따라	유권해석	입법해석, 사법해석, 행정해석
	무권해석 (학리해석)	문리해석, 논리해석
해석의 방법에 따라	확장해석	법문상 자구(字句)의 의미를 통상의 의미 이상으로 확장하여 해석
	축소(제한)해석	법문상 자구(字句)의 의미를 통상의 의미보다 축소하여 해석
	반대해석	법문이 규정하는 요건과 반대의 요건이 존재하는 경우에 그 반대의 요건에 대해 법문과 반대의 법적 판단을 하는 해석
	물론해석	법문이 일정한 사항을 정하고 있을 때 그 이외의 사항에 관해서도 사물의 성질상 당연히 그 규정에 포함되는 것으로 보는 해석
	유추해석	두 개의 사실 중 법규에서 어느 하나의 사실에 관해서만 규정하고 있는 경우에 나머지 다른 사실에 대해서도 마찬가지의 효과를 인정하는 해석

07 '민법 제3조는 "사람은 생존한 동안 권리와 의무의 주체가 된다."라고 규정하고 있으므로 원칙적으로 태아에게는 권리능력이 인정되지 않는다'라고 하는 해석은?

확인 Check! ○ △ ×

① 축소해석
② 반대해석
③ 물론해석
④ 유추해석

쏙쏙해설

설문은 반대해석에 대한 내용이다. 즉, 반대해석은 법문이 규정하는 요건과 반대의 요건이 존재하는 경우에 그 반대의 요건에 대하여 법문과 반대의 법적판단을 하는 해석방법을 말한다.

답 ❷

08 유권해석에 해당하는 것은?

확인 Check! ○ △ ×

① 문리해석
② 반대해석
③ 행정해석
④ 유추해석

쏙쏙해설

유권해석은 권한을 가진 국가기관에 의하여 행하여지는 해석으로서 공적인 구속력을 가지는 공권적 해석이다. 행정해석은 행정기관이 법을 집행하기 위하여 필요한 경우 법집행 권한에 근거하여 내리는 해석으로 유권해석의 일종이다.

답 ❸

09 법의 해석에 관한 설명으로 옳지 않은 것은?

① 권한을 가진 국가기관에 의하여 행하여지는 해석을 유권해석이라고 한다.
② 법문을 형성하는 용어, 문장을 기초로 하여 그 문자가 가지는 의미에 따라서 법규 전체의 의미를 해석하는 것을 논리해석이라고 한다.
③ 법률 자체에 법의 해석규정을 두는 것을 입법해석이라고 한다.
④ 어떤 사항을 직접적으로 규정하는 법규가 없는 경우, 이와 유사한 사항을 규정한 법규를 적용하는 것을 유추해석이라고 한다.

쏙쏙해설

문리해석에 대한 설명이다. 논리해석이란 법의 문자나 문구의 의미에 구애받지 않고 법의 입법 취지, 목적 등을 고려해서 논리적 추론에 의하여 법의 객관적 의미를 밝히는 것을 말한다.

답 ❷

10 "형법 제329조 절도죄의 객체인 「재물」에 부동산은 포함되지 아니한다."고 해석한다면 이는 무슨 해석인가?

☑ 확인 Check! ○ △ ×

① 축소해석 ② 유추해석
③ 반대해석 ④ 확장해석

쏙쏙해설

축소해석은 법률의 문언을 문리보다 좁게 엄격히 해석하는 방법이다.

답 ❶

11 다음 중 법의 적용 및 해석에 관하여 맞게 기술한 것은?

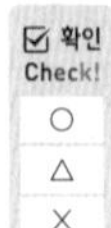

① 문리해석은 유권해석의 한 유형이다.
② 법률용어로 사용되는 선의·악의는 일정한 사항에 대해 아는 것과 모르는 것을 의미한다.
③ 유사한 두 가지 사항 중 하나에 대해 규정이 있으면 명문규정이 없는 다른 쪽에 대해서도 같은 취지의 규정이 있는 것으로 해석하는 것을 준용이라 한다.
④ 간주란 법이 사실의 존재·부존재를 법정책적으로 확정하되, 반대사실의 입증이 있으면 번복되는 것이다.

쏙쏙해설

② 선의·악의에 대한 내용으로 옳다.
① 문리해석과 논리해석은 학리해석의 범주에 속한다.
③ 유추해석에 관한 설명이다.
④ 추정은 불명확한 사실을 일단 인정하는 것으로 정하여 법률효과를 발생시키되 나중에 반증이 있을 경우 그 효과를 발생시키지 않는 것을 말한다. 간주는 추정과는 달리 나중에 반증이 나타나도 이미 발생된 효과를 뒤집을 수 없는 것을 말한다.

답 ❷

12 법의 해석방법 중 논리해석에 해당하지 않는 것은?

① 문리해석 ② 확장해석
③ 물론해석 ④ 보정해석

▌쏙쏙해설

학리해석에는 문리해석과 논리해석이 있고, ②·③·④가 논리해석에 해당한다.

답 ❶

13 소위 정의규정(定義規定)은 다음 중 어디에 해당하는가?

① 행정해석 ② 사법해석
③ 입법해석 ④ 반대해석

▌쏙쏙해설

입법해석이란 입법기관이 입법권에 근거하여 일정한 법규정이나 법개념의 해석을 당시 법규정으로 정해놓은 것이다. 즉, 법률의 규정으로 직접 법률의 정의개념을 해석하는 것이다.

답 ❸

제5절 권리와 의무

01 신분권에 관한 설명으로 옳지 않은 것은?

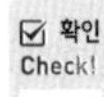

① 일신전속적 권리에 속한다.
② 거래의 객체가 될 수 없다.
③ 동거청구권, 부양청구권 등이 이에 속한다.
④ 사단법인에 소속된 구성원으로서의 지위에 기하여 발생하는 권리이다.

쏙쏙해설

지문의 내용은 사원권에 관한 설명이다.

답 ❹

핵심만 콕

① 신분권은 특정한 주체만이 향유할 수 있는 일신전속적 권리에 속한다.
② 신분권은 일정한 신분적 지위에 부착된 것이므로 양도할 수 없고 거래의 대상이 될 수도 없다.
③ 신분권에는 친권, 부부간의 동거청구권, 협력부조권, 친족 간 부양청구권 등이 있다.

02 상대방의 권리를 승인하지만 그 효력발생을 연기하거나 영구적으로 저지하는 효과를 발생시키는 권리는?

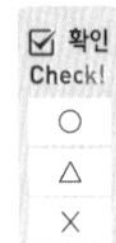

① 형성권　② 항변권
③ 지배권　④ 상대권

쏙쏙해설

설문은 항변권에 대한 내용이다. 즉, 항변권은 상대방의 청구권 행사에 대하여 급부를 거절할 수 있는 권리로서 연기적 항변권과 영구적 항변권이 있다.

답 ❷

핵심만 콕

권리의 작용(효력)에 따른 분류

지배권(支配權)	권리의 객체를 직접・배타적으로 지배할 수 있는 권리를 말한다(예 물권, 무체재산권, 친권 등).
청구권(請求權)	타인에 대하여 일정한 급부 또는 행위(작위・부작위)를 적극적으로 요구하는 권리이다(예 채권, 부양청구권 등).
형성권(形成權)	권리자의 일방적인 의사표시에 의하여 일정한 법률관계를 발생・변경・소멸시키는 권리이다(예 취소권, 해제권, 추인권, 해지권 등).
항변권(抗辯權)	상대방의 청구권 행사에 대하여 급부를 거절할 수 있는 권리로, 타인의 공격을 막는 방어적 수단으로 사용되며 상대방에게 청구권이 있음을 부인하는 것이 아니라 그것을 전제하고, 다만 그 행사를 배척하는 권리를 말한다(예 연기적 항변권 → 보증인의 최고 및 검색의 항변권, 동시이행의 항변권 / 영구적 항변권 → 상속인의 한정승인 등).

03 권리자의 일방적 의사표시에 의하여 법률관계를 변동시킬 수 있는 권리는?

☑ 확인 Check! ○ △ ×

① 형성권 ② 청구권
③ 항변권 ④ 지배권

▌쏙쏙해설

권리자의 일방적인 의사표시에 의하여 일정한 법률관계를 발생·변경·소멸시키는 권리가 형성권이다.

답 ❶

04 권리와 의무에 관한 설명으로 옳지 않은 것은?

① 공권(公權)은 공법관계에서 인정되는 권리이다.
② 권리에서 파생되는 개개의 법률상의 작용을 권능이라고 한다.
③ 헌법상 납세의 의무는 의무만 있고 권리를 수반하지 않는 경우에 해당한다.
④ 사권(私權)은 내용에 따라 지배권, 청구권, 형성권, 항변권으로 분류할 수 있다.

▌쏙쏙해설

사권은 내용에 따라 재산권, 인격권, 신분권, 사원권으로 분류할 수 있고 작용에 따라 지배권, 청구권, 형성권, 항변권으로 분류할 수 있다.

답 ❹

▌핵심만 콕

① 공권은 공법관계에서 인정되는 권리이다. 이에는 국가, 공공단체 또는 국가로부터 수권된 자가 지배권자로서 국민에 대하여 가지는 권리(국가적 공권)와 국민이 지배권자에 대하여 갖는 권리(개인적 공권)가 있다.
② 권능은 권리에서 파생되는 개개의 내용(예 소유권 – 사용·수익·처분의 권능)을 말한다.
③ 헌법 제38조

05 권리와 구별되는 개념들에 관한 설명으로 옳지 않은 것은?

① 대리인의 대리권은 권한에 해당한다.
② 다른 사람을 위하여 법률행위를 할 수 있는 법률상의 자격을 권능이라고 한다.
③ 일정한 법률상 또는 사실상의 행위를 정당화시키는 법률상의 원인을 권원이라고 한다.
④ 법이 일정한 사람에게 일정한 행위를 명하거나 금지함에 따라 다른 사람이 반사적으로 누리는 이익을 반사적 이익이라고 한다.

▌쏙쏙해설

②는 권한에 대한 설명이다.

답 ❷

06 권리와 구별되는 개념에 관한 설명으로 옳은 것은?

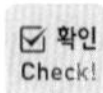

① 권원은 권리의 내용을 이루는 개개의 법률상 작용을 말한다.
② 권능은 일정한 법률상 또는 사실상의 행위를 하는 것을 정당화하는 법률상의 원인이다.
③ 권한은 타인을 위하여 그 자에게 일정한 법률효과를 발생하게 하는 행위를 할 수 있는 법률상 자격이다.
④ 반사적 이익은 법에 의해 보호되는 이익으로서 그것이 침해된 자도 법률상 구제를 받을 수 있음이 원칙이다.

▌쏙쏙해설

③ 권한은 타인을 위하여 법률행위를 할 수 있는 법률상의 자격으로, 이사의 대표권, 국무총리의 권한 등이 대표적이다. ①은 권능, ②는 권원에 대한 설명이고, ④의 반사적 이익은 법의 보호를 받지 못하는 이익으로, 그것이 침해된 자는 법률상 구제를 받을 수 없다.

답 ❸

▌핵심만 콕

권리와 구별되는 개념★★

구분	내용
권한	타인을 위하여 법률행위를 할 수 있는 법률상의 자격을 말한다(예 이사의 대표권, 국무총리의 권한 등).
권능	권리에서 파생되는 개개의 법률상의 작용을 말한다(예 소유권자의 소유권에서 파생되는 사용권·수익권·처분권).
권력	일정한 개인 또는 집단이 공익을 달성할 목적으로 다른 개인 또는 집단을 강제 또는 지배하는 힘을 말한다.
권원	일정한 법률상 또는 사실상의 행위를 하는 것을 정당화하는 법률상의 원인을 말한다(예 지상권, 대차권).
반사적 이익	법이 일정한 사실을 명하거나 금하고 있는 결과로써 어떠한 자가 저절로 받게 되는 이익으로, 그 이익을 누리는 자에게 법적인 힘이 부여된 것은 아니므로, 타인이 그 이익의 향유를 방해하더라도 그 보호를 청구하지 못한다(예 도로·공원 등 공물의 설치로 인한 공물이용자의 이익, 공중목욕탕 영업의 거래제한으로 인하여 이미 허가를 받은 업자의 사실상의 이익).

07 권리에 속하지 않는 것은?

☑ 확인 Check!
○
△
×

① 임차인의 임차권
② 자(子)의 부(父)에 대한 부양청구권
③ 토지소유자의 토지에 대한 처분권
④ 건물 매도인의 대금지급청구권

쏙쏙해설

토지소유자의 토지에 대한 소유권은 권리이지만, 그 내용을 이루는 사용권, 수익권, 처분권 등은 권능에 속한다. 즉, 권능이란 권리의 내용을 이루는 개개의 법률상의 힘을 말한다.

답 ❸

08 권리에 관한 설명으로 옳지 않은 것은?

☑ 확인 Check!
○
△
×

① 친권은 권리이면서 의무적 성질을 가진다.
② 인격권은 상속이나 양도를 할 수 없는 것이 원칙이다.
③ 청구권적 기본권으로는 청원권, 재판청구권, 환경권 등이 있다.
④ 물건에 대한 소유권은 권리이고, 그 사용권은 권능에 해당한다.

쏙쏙해설

환경권은 청구권적 기본권이 아니라 사회적(생존권적) 기본권에 해당한다.

답 ❸

핵심만 콕

① 친권은 권리이면서 동시에 의무적 성질을 갖는다.
② 인격권은 권리자 자신을 객체로 하는 것으로서 권리자와 분리할 수 없는 권리이므로 상속이나 양도를 할 수 없는 것이 원칙이다.
④ 권리는 특별한 법익을 누리기 위하여 법이 허용하는 힘을 말하며, 권능은 권리에서 파생되는 개개의 법률상의 작용을 말한다. 소유권은 권리이고, 그 사용권은 권능에 해당한다.

09 권리에 관한 설명으로 옳지 않은 것은?

① 인격권은 권리자 자신을 객체로 하는 권리이다.
② 사원권은 단체의 구성원이 그 구성원의 지위에서 단체에 대하여 가지는 권리이다.
③ 형성권은 권리자의 일방적 의사표시에 의해 권리변동의 효과가 발생하는 권리이다.
④ 지배권은 배타적 지배를 하면서 타인의 청구를 거절할 수 있는 권리이다.

쏙쏙해설

지배권은 배타적 지배를 할 수 있는 권리이고, 항변권은 청구를 거절할 수 있는 권리이다.

답 ❹

10 사권(私權)에 관한 설명으로 옳지 않은 것은?

① 물권적 청구권은 지배권이다.
② 위자료청구권은 재산권이다.
③ 저당권은 원칙적으로 양도할 수 있다.
④ 무권대리행위에 대한 본인의 추인권은 형성권이다.

쏙쏙해설

물권적 청구권이란 물권의 지배권으로서의 실효성을 확보하기 위하여 인정되는 것으로서, 물권의 내용의 실현이 어떤 사정으로 말미암아 방해당하고 있거나 방해당할 염려가 있는 경우에 물권자가 방해자에 대하여 그 방해의 제거 또는 예방에 필요한 일정한 행위를 청구할 수 있는 청구권을 말한다.

답 ❶

11

☑ 확인 Check! ○ △ ×

타인의 청구권을 거절할 수 있는 사권이며 타인의 공격을 막는 방어적 수단으로 사용된다. 상대방에게 청구권이 있음을 부인하는 것이 아니라 그것을 전제하고, 다만 그 행사를 배척하는 권리를 무엇이라 하는가?

① 취소권
② 추인권
③ 해제권
④ 항변권

▌쏙쏙해설

청구권에 대하여 그 청구를 거절하는 작용을 하는 사권으로 보증인의 최고·검색의 항변권, 동시이행의 항변권 등이 있다.

답 ❹

12

개인적(주관적) 공권에 해당하는 것은?

① 참정권
② 입법권
③ 사법권
④ 사원(社員)권

▌쏙쏙해설

참정권은 행정 주체의 의사형성에 참여하는 권리로서, 국민이 선거를 통하여 또는 직접 공무원에 취임하여 국가정치에 참여할 수 있는 권리로 개인적 공권에 해당한다.

답 ❶

▌핵심만 콕

공권과 공의무

공권	개인적 공권	자유권, 수익권, 참정권, 행정개입청구권
	국가적 공권	국가의 3권을 기준으로 입법권, 행정권, 사법권
		권리의 목적을 기준으로 과세권, 형벌권, 경찰권 등
공의무	개인적 공의무	국방의무, 납세의무, 근로의무, 교육의무
	국가적 공의무	국가배상지급의무, 손실보상지급의무, 봉급지급의무

13 권리의 주체와 분리하여 양도할 수 없는 권리는?

☑ 확인 Check!
○
△
×

① 실용신안권 ② 초상권
③ 법정지상권 ④ 분묘기지권

▌쏙쏙해설

초상권은 일신전속적인 권리로, 타인에게 양도할 수 없다.

답 ❷

14 권리의 충돌에 관한 설명으로 옳은 것은?

① 채권 상호 간에는 원칙적으로 성립의 선후에 따른 우선순위의 차이가 없다.
② 물권과 채권이 충돌할 경우에는 원칙적으로 채권이 우선한다.
③ 소유권과 이를 제한하는 제한물권 사이에서는 원칙적으로 소유권이 우선한다.
④ 동일물에 성립한 전세권과 저당권은 그 성립시기에 상관없이 저당권이 우선한다.

▌쏙쏙해설

채권자 평등의 원칙에 따라, 동일채무자에 대한 여러 개의 채권은 그의 발생원인 · 발생시기의 선후 · 채권액의 다소를 묻지 않고서 평등하게 다루어진다.

답 ❶

▌핵심만 콕

② 하나의 물건에 대하여 물권과 채권이 병존하는 경우에는 그 성립시기를 불문하고 원칙적으로 물권이 우선한다. 예외적으로 대항요건을 갖춘 부동산의 임차권은 나중에 성립한 전세권에 우선한다.
③ 소유권과 제한물권 사이에서는 제한물권이 언제나 소유권에 우선한다.
④ 서로 종류를 달리하는 물권일 때에는 일정한 원칙이 없고, 법률의 규정에 의하여 순위가 정하여진다.

법학 일반

01 법은 개념상 사회규범, 강제규범, 행위규범, 필연규범을 그 본질로 한다. ( )

02 당위규범은 인과법칙이 적용되며 적용되는 상황에 따라 예외가 존재한다. ( )

03 "정의의 극치는 부정의의 극치이다."는 법언은 합목적성을 나타낸다. ( )

04 '법은 도덕의 최소한이다.'라고 보고 '도덕규범 중 꼭 지켜져야 할 부분이 법으로서 강제성을 띠게 된다.'라고 본 학자는 옐리네크이다. ( )

05 법은 양면성을 갖고 도덕은 편면성을 갖는다. ( )

06 법의 목적은 선(Good)의 실현이나 도덕의 목적은 정의(Justice)의 실현이다. ( )

07 관념적인 법이 어떻게 현실세계를 규율하는가는 법효력론의 연구영역이다. ( )

O | X

01 ☒ 법규범은 사회규범, 행위규범, 강제규범, 조직규범에 해당하나 필연규범은 아니다. 필연의 범칙이 적용되는 것은 자연법칙이다.

02 ☒ 자연법칙은 인과법칙이 적용되며 당위규범은 규범법칙이 적용된다.

03 ☒ "정의의 극치는 부정의의 극치이다."는 법적안정성을 나타내는 법언이다.

04 ⓞ '법은 도덕의 최대한이며, 결코 최소한은 아니다.'고 주장한 것은 슈몰러이며 옐리네크는 '법은 도덕의 최소한이다.'라고 주장하였다.

05 ☒ 법은 국가와 국민, 권리와 의무, 채권과 채무와 같이 대립되는 양면을 가진 사회사실을 규제하는 양면성을 가지고 있으나 도덕은 권리는 없고 의무만 있으며, 따라서 도덕이 다루는 것은 의무뿐이라는 전제에서 이를 도덕의 일면성이라고 한다.

06 ☒ 법의 목적은 정의(Justice)의 실현이고 도덕의 목적은 선(Good)의 실현이다.

07 ⓞ 법효력론은 법실천론으로서 관념적인 법이 어떻게 현실세계를 규율하는가를 연구영역으로 한다.

08 사랑 조항은 법의 윤리화 현상으로, 위험에 처해있는 자를 구해주어도 본인 또는 제3자에게 위험이 없음에도 불구하고 돕지 않은 자를 처벌한다는 것을 내용으로 한다. ( )

09 우리 민법은 민사에 관하여 법률에 규정이 없으면 관습법에 의하고 관습법이 없으면 판례에 의한다. ( )

10 관습법이 성립하기 위해서는 법원의 판결에 의하여 관행이 확인되어야 한다. ( )

11 루소는 사회계약론을 주장하고 간접민주주의를 통한 국민주권사상을 완성하였다. ( )

12 몽테스키외는 「법의 정신」에서 3권분립을 주장하고 사건의 본성에서 발생하는 필연적인 관계가 법이라고 설명하였다. ( )

13 "법의 목적을 정의, 법적 안정성, 합목적성의 3가지 기본가치의 추구"라고 본 사람은 예링이다. ( )

14 아리스토텔레스가 말한 평균적 정의는 개인은 동일한 가치를 가지고 평등하게 다루어져야 한다는 형식적·절대적 평등을 주장하는 산술적·교환적 정의를 말한다. ( )

15 법은 행위규범과 강제규범의 중층구조로 이루어져 있는데 행위규범에 관계되는 문제가 법의 '실효성'이며, 강제규범에 관한 것이 법의 '타당성'이다. ( )

O | X

08 O 선한 사마리아인 조항(사랑 조항)은 법의 윤리화 현상으로, 위험에 처해있는 자를 구해주어도 본인 또는 제3자에게 위험이 없음에도 불구하고 돕지 않은 자를 처벌한다는 것을 내용으로 한다. 독일, 프랑스 등 유럽 몇몇 나라가 형법에 도입하였다. 우리나라는 「응급의료에 관한 법률(제5조의2)」에서 선의의 응급의료에 대한 면책 규정을 두고 있고 형법에는 도입하고 있지 않다.

09 X 우리나라는 판례의 일반적 구속성을 인정하지 않는다. 민법 제1조는 "민사에 관하여 법률에 규정이 없으면 관습법에 의하고 관습법이 없으면 조리에 의한다."고 규정하고 있다.

10 X 관습법은 사실상 법원의 판결에 의해 확인되나 관습법이 성립한 때부터 소급하여 효력이 인정되므로 법원의 판결에 의한 확인이 관습법의 성립요건은 아니다.

11 X 루소(J.J. Rousseau)는 직접민주주의를 주장하였다. 근대 자연법론은 사회계약설과 결부되어 시민혁명의 사상적 원동력이 되었으며 기본적 인권의 보장과 정치제도의 발전에 큰 영향을 미쳤다.

12 O

13 X 라드브르흐이다.

14 X 배분적 정의에 대한 내용이다.

15 X 법은 행위규범과 강제규범의 중층구조로 이루어져 있는데 행위규범에 관계되는 문제가 법의 '타당성'이며, 강제규범에 관한 것이 법의 '실효성'이다.

16 관습법은 성립과 동시에 효력을 가지나 제정법률은 특별한 규정이 없는 한 공포한 날로부터 효력이 발생된다. ( )

17 국민의 권리 제한 또는 의무 부과와 직접 관련되는 법률, 대통령령, 총리령 및 부령은 긴급히 시행하여야 할 특별한 사유가 있는 경우를 제외하고는 공포일부터 적어도 30일이 경과한 날부터 시행되도록 하여야 한다. ( )

18 범죄 후 법률이 변경이 피고인에게 유리한 경우라고 엄격해석의 원칙상 법의 소급적용은 불가하다. ( )

19 재판확정 후 법률의 변경에 의하여 그 행위가 범죄를 구성하지 아니하는 때나 구법보다 경한 때에는 형의 집행을 면제한다. ( )

20 국제사회에서는 속인주의가 원칙이며 예외적으로 속지주의가 가미된다. ( )

21 대륙법계는 로마법계와 게르만법계를 근간으로 형성되었고 추상적인 규범화와 그 체계화로 경험에 의한 문제해결보다는 규범을 연역적 방법으로 해석하여 문제를 해결한다. ( )

22 프랑스, 독일 등 대부분의 대륙법계 국가에서는 성문법주의를, 미국, 영국 등의 영미법계 국가에서는 불문법주의를 취하지만 오늘날 영미법계에서는 불문법의 불비를 보충 또는 수정 · 보완하기 위해 성문법을 제정하기도 한다. ( )

23 행정부 소속의 행정법원을 인정하는 것은 영미법계의 특징이다. ( )

O | X

16 ☒ 관습법은 성립과 동시에 효력을 가지나 제정법률은 특별한 규정이 없는 한 공포한 날로부터 20일을 경과함으로써 효력이 발생된다.

17 ⓞ 법령 등 공포에 관한 법률 제13조의2

18 ☒ 범죄 후 법률의 변경에 의하여 그 행위가 범죄를 구성하지 아니하거나 형이 구법보다 경한 때에는 신법에 의한다(형법 제1조 제2항).

19 ☒ 재판확정 후 법률의 변경에 의하여 그 행위가 범죄를 구성하지 아니하는 때에는 형의 집행을 면제한다.

20 ☒ 국제사회에서는 영토의 상호존중과 상호평등원칙이 적용되므로 속지주의가 원칙이며 예외적으로 속인주의가 가미된다.

21 ⓞ

22 ⓞ 대륙법은 로마법의 전통을 따르고, 영미법은 관습법(Common law)의 전통을 따른다. 우리나라는 성문법주의를 원칙으로 하고 불문법은 성문법의 결함을 보충하는데 적용하고 있다.

23 ☒ 행정부 소속의 행정법원을 인정하는 것은 대륙법계의 특징이다.

24 명령은 제정권자를 기준으로 대통령령 · 총리령 · 부령으로 나눌 수 있고, 명령의 성질에 따라 법규명령과 행정명령으로 나뉘고, 행정명령은 다시 위임명령과 집행명령으로 나누어진다. ( )

25 명령은 제정주체에 따라 대통령령, 총리령, 부령이 있고 중앙선거관리위원회규칙, 국회규칙, 대법원규칙, 헌법재판소규칙, 감사원 규칙 등은 명령에 속하지 않는다. ( )

26 지방자치단체는 법령의 범위 안에서 그 사무에 관하여 조례를 제정할 수 있으므로 법률의 위임이 없이도 주민의 권리 제한 또는 의무 부과에 관한 사항이나 벌칙을 정할 수 있다. ( )

27 지방자치단체의 규칙은 지방자치단체장이 지방의회의 의결을 거쳐 법령이 위임한 범위 내에서 그 권한에 속하는 사무에 관하여 제정한 자치법규이다. ( )

28 조약은 그 명칭 여하를 불문하고 문서 또는 구두에 의한 국가 간의 합의를 말하며, 헌법에 의하여 체결 · 공포된 조약은 국내법과 같은 효력을 가진다. ( )

29 한 국가의 실정법 질서는 '헌법 → 법률 → 명령 → 규칙 → 조례'라는 단계적 구조를 이루고 있는데, 상위의 법규는 하위의 법규에 우월하며 상위의 법규에 저촉되는 하위의 법규는 그 효력을 상실한다. ( )

30 헌법은 민법의 특별법에 해당한다. ( )

31 일반법과 특별법 상호 간에도 신법 우위의 원칙은 적용된다. ( )

O | X

24 ☒ 명령은 제정권자를 기준으로 대통령령 · 총리령 · 부령으로 나눌 수 있고, 명령의 성질에 따라 법규명령과 행정명령으로 나뉘고, 법규명령은 다시 위임명령과 집행명령으로 나누어진다.

25 ☒ 중앙선거관리위원회규칙, 국회규칙, 대법원규칙, 헌법재판소규칙, 감사원 규칙 등도 명령에 해당한다.

26 ☒ 지방자치단체는 법령의 범위 안에서 그 사무에 관하여 조례를 제정할 수 있다. 다만, 주민의 권리 제한 또는 의무 부과에 관한 사항이나 벌칙을 정할 때에는 법률의 위임이 있어야 한다.

27 ☒ 지방자치단체의 규칙은 지방자치단체장이 법령 또는 조례가 위임한 범위에서 그 권한에 속하는 사무에 관하여 제정한 자치법규이다.

28 ☒ 조약은 그 명칭 여하를 불문하고 문서에 의한 국가 간의 합의를 말하며, 헌법에 의하여 체결 · 공포된 조약은 국내법과 같은 효력을 가진다.

29 ☒ 한 국가의 실정법 질서는 '헌법 → 법률 → 명령 → 조례 → 규칙'이라는 단계적 구조를 이루고 있다.

30 ☒ 헌법은 민법의 상위법에 해당한다.

31 ☒ 법령이 새로 제정되거나 개정된 경우에는 신법은 구법에 우선한다. 그러나 일반법과 특별법 사이에는 법규성립의 선후가 아니라 특별법 우선의 원칙에 따라 효력이 정해진다.

32 사실인 관습이 강행규정에 관한 것이더라도 강행규정에서 관습에 따르도록 위임한 경우라면 그 관습에 대하여 법적 효력을 부여할 수 있다. ( )

33 우리나라의 경우 성문법 중심의 대륙법계 법체계를 따르고 있어 판례의 법원성은 전혀 인정되지 않는다. ( )

34 국제사법 또는 섭외사법은 국제법의 일부이다. ( )

35 민사소송법은 공법에 해당한다. ( )

36 민법, 상법, 회사법, 어음법, 수표법, 경제법은 사법에 해당한다. ( )

37 사회법은 초기자본주의적 법원리를 가진 것이고, 시민법은 고도자본주의적인 법원리로서 시민법적 법원리를 수정하려는 것이었다. ( )

38 채무자회생 및 파산에 관한 법률은 실체법이다. ( )

39 실체법에는 법률불소급의 원칙이 적용되지 않으나 절차법에는 법률불소급의 원칙이 적용되는 것이 일반적이다. ( )

O | X

32 Ⓞ

33 ☒ 우리나라의 경우 성문법 중심의 대륙법계 법체계를 따르고 있어 판례법의 법원성을 인정하지는 않으나, 법원조직법 제8조는 상급법원의 판단은 해당 사건에서만 하급법원에 기속력을 지닌다고 규정하여 사실상의 구속력은 인정하고 있다.

34 ☒ 국제사법 또는 섭외사법은 국내법의 일부이다. 예 한국인 甲과 미국인 乙이 캘리포니아 주에 소재한 X건물을 매매한 경우 미국법에 따라 소유권 이전이 이루어진다고 규정한 국내법은 국제사법이다.

35 Ⓞ 공법은 국가의 조직과 기능 및 공익작용을 규율하는 법으로 헌법, 행정법, 형법, 형사소송법, 민사소송법, 행정소송법, 국제법 등이 이에 해당된다.

36 ☒ 경제법은 사회법에 해당한다. 사회법은 자본주의의 문제와 모순을 합리적으로 해결하여 경제적 · 사회적 약자를 보호할 목적으로, 비교적 근래에 등장한 법으로, 제3의 법영역이다.

37 ☒ 시민법은 초기자본주의적 법원리를 가진 것이고, 사회법은 고도자본주의적인 법원리로서 시민법적 법원리를 수정하려는 것이었다.

38 ☒ 채무자회생 및 파산에 관한 법률은 권리나 의무의 행사, 보전, 이행강제 등을 규율하는 절차법이다.

39 ☒ 실체법에는 신법의 소급효를 인정하지 않는 법률불소급의 원칙이 일반적으로 적용되지만, 절차법에는 특별한 규정이 없는 한 새로 만들어진 절차법을 적용하므로 법률불소급의 원칙이 적용되지 않는다.

40 입증부담을 완화하기 위하여 입증이 용이하지 않은 확정되지 않는 사실(불명확한 사실)을 통상의 상태를 기준으로 하여 사실로 인정하고 이에 상당한 법률효과를 주는 것을 간주라고 한다. ( )

41 실종선고를 받은 자는 사망한 것으로 추정되는데 살아서 돌아오는 경우라면 취소의 절차를 밟지 않아도 사망으로 보지 않는다. ( )

42 구법이 상위법이거나 특별법일 때는 신법 우선의 원칙이 적용된다. ( )

43 "본법에서 물건이라 함은 유체물 및 전기 기타 관리할 수 있는 자연력을 말한다(민법 제98조)."는 문리해석에 해당한다. ( )

44 19세로 성년이 되므로(민법 제4조), 19세 미만인 자를 미성년자로 해석하는 것은 제한해석에 해당한다. ( )

45 '실내에 개를 데리고 들어갈 수 없다.'는 규정을 개뿐만 아니라 고양이, 돼지 등의 다른 동물도 물론 데리고 들어갈 수 없다고 해석하는 것은 확장해석에 해당한다. ( )

46 일정한 개인 또는 집단이 공익을 달성할 목적으로 다른 개인 또는 집단을 강제 또는 지배하는 힘을 권능(權能)이라 한다. ( )

O | X

40 ☒ 추정에 대한 설명이다. 간주는 불명확한 사실에 대하여 공익 또는 기타 법정책상의 이유로 사실의 진실성 여부와는 관계없이 확정된 사실로 의제하여 일정한 법률효과를 부여하고 반증을 허용하지 않는 것으로, 의제라고도 한다. 법문상 '~(으)로 본다.'라고 규정한 경우가 이에 해당한다.

41 ☒ 실종선고를 받은 자는 사망한 것으로 간주되는데 살아서 돌아오는 경우라 하더라도 취소의 절차를 밟지 않는 한 실종선고의 효력은 유효하다.

42 ☒ 새로이 제·개정된 법이 있을 때는 신법이 구법에 우선한다. 단, 구법이 상위법이거나 특별법일 때는 신법 우선의 원칙이 적용되지 않는다.

43 ☒ 입법해석에 대한 내용이다. 입법해석은 국민의 대표기관인 입법기관(국회)에 의한 해석을 말한다. 이는 실질상으로는 법의 해석이 아니라 법규에 해당하므로 절대적 권위를 가지고 있으며 가장 공적 구속이 강한 해석이다.

44 ☒ 반대해석에 해당한다. 반대해석이란 법문이 규정하는 요건과 반대의 요건이 존재하는 경우에 그 반대의 요건에 대하여 법문과 반대의 법적 판단을 하는 해석을 말한다.

45 ☒ 법문이 일정한 사항을 정하고 있을 때 그 이외의 사항에 관해서도 사물의 성질상 당연히 그 규정에 포함되는 것으로 보는 해석으로 물론해석에 해당한다.

46 ☒ 권력(權力)은 일정한 개인 또는 집단이 공익을 달성할 목적으로 다른 개인 또는 집단을 강제 또는 지배하는 힘을 말한다. 권능(權能)은 권리에서 파생되는 개개의 법률상의 작용을 말한다.

47 권력이란 일정한 개인 또는 집단이 공익을 달성할 목적으로 다른 개인 또는 집단을 강제 또는 지배하는 힘을 가리킨다. ( )

48 권원이란 어떤 법률적 또는 사실적 행위를 하는 것을 정당화시키는 법률상의 원인을 말한다. ( )

49 반사적 이익이란 일정한 사실을 금지하거나 명하고 있는 결과 어떤 사람이 저절로 받게 되는 이익으로서 그 이익을 누리는 사람에게 법적인 힘이 부여된 것이 아니다. ( )

50 의무의 본질에 대해 책임설이 통설이다. ( )

51 개인적 공권은 행정주체와 행정객체의 관계이며 축소되어가는 추세이다. ( )

52 사권(私權)은 그 내용에 따라 지배권, 청구권, 형성권, 항변권으로 분류할 수 있다. ( )

53 토지 임차인의 지상물매수청구권은 형성권이다. ( )

54 항변권은 상대방의 청구권 자체를 소멸시키는 권리이다. ( )

55 인격권, 초상권, 친권, 분묘기지권은 일신전속권에 해당한다. ( )

O | X

47 O

48 O

49 O

50 X 의무의 본질에 대해 법적 구속력설은 일정한 작위 또는 부작위를 하여야 할 법적 구속력을 말하며 현재의 통설이다.

51 X 개인적 공권은 확대되어가는 추세이다.

52 X 지배권, 청구권, 형성권, 항변권은 권리의 작용(효력)에 따른 분류이다. 권리의 내용에 따른 분류에는 인격권, 가족권(신분권), 재산권, 사원권으로 구분할 수 있다.

53 O 청구권으로 불리나 그 실질은 형성권이다. 형성권은 권리자 일방의 의사표시만으로 그 법률적 효과가 나타나는 것으로서 민법규정에 의해 그 효과가 정해져 있다.

> **민법상 청구권이나 실질은 형성권인 것**
> 부속물매수청구권, 지상물매수청구권, 지료증감청구권, 지상권설정자의 지상권소멸청구권, 전세권설정자의 전세권소멸청구권, 매매대금감액청구권, 공유물분할청구권, 차임증감청구권, 유치권의 소멸청구권 등

54 X 항변권은 상대방의 청구권 자체를 소멸시키는 권리가 아니라 그 작용을 저지할 수 있는 권리이다.

55 X 분묘기지권은 비전속권에 해당한다.

56 대리권한 없이 타인의 부동산을 매도한 자가 그 부동산을 상속한 후 소유자의 지위에서 자신의 대리행위가 무권대리임을 이유로 무효임을 주장하여 등기말소 등을 구하는 것은 허용된다. ( )

57 근로자의 노동3권을 보장해 주어야 할 사용자의 의무는 사의무(私義務)에 해당한다. ( )

58 '나무와 열매'는 주물과 종물이다. ( )

59 건물의 구성부분은 그 건물의 종물이 될 수 있다. ( )

60 신축에 의한 소유권 취득, 취득시효, 선의취득, 무주물선점은 원시취득에 해당한다. ( )

61 소유권과 제한물권이 충돌하는 경우 소유권이 언제나 우선한다. ( )

62 하나의 물건에 대하여 물권과 채권이 병존하는 경우에는 먼저 성립한 권리가 우선한다. ( )

63 권리의 보호는 국가구제가 원칙이고, 사력구제는 어느 경우라도 인정되지 않는다. ( )

O | X

56 ☒ 금반언의 원칙이나 신의성실의 원칙에 반한다(94다20617 판결).

57 ☒ 사회법상의 의무에 해당한다. 사의무(私義務)는 당사자의 자유로운 의사표시에 의하여 생성되는 것이 원칙인 사법상의 법률관계에서 발생하는 의무를 말한다(채무와 같은 재산법상의 의무, 부양의무 등과 같은 가족법상의 의무 등).

58 ☒ 나무와 열매는 원물과 과실이다. 수익을 낳게 하는 물건을 원물이라고 하고, 원물로부터 생기는 수익을 과실이라고 한다.

59 ☒ 종물은 주물로부터 독립된 물건이어야 한다. 시계와 시침, 자동차 차체와 엔진 등의 부합물은 주물과 종물의 관계가 성립될 수 없다.

60 ⓞ 원시취득(절대적 취득)은 다른 사람의 권리에 근거하지 않고 사회적으로 존재하지 않던 것을 새로 취득하는 것이다(건물의 신축에 의한 소유권 취득, 취득시효, 선의취득, 무주물선점, 유실물 습득, 매장물 발견, 부합, 첨부, 매매 계약에 기한 채권의 취득 등).

61 ☒ 소유권과 제한물권 간에는 제한물권이 언제나 소유권에 우선한다.

62 ☒ 하나의 물건에 대하여 물권과 채권이 병존하는 경우에는 그 성립시기를 불문하고 원칙적으로 물권이 우선한다.

63 ☒ 권리의 보호는 국가에 요구하는 것이 원칙이고, 사력구제(私力救濟)는 허용되지 않는다. 사력구제는 원칙적으로 불법행위가 된다. 그러나 긴급한 사정으로 뒷날에 국가의 보호를 요구하는 것이 불가능하거나 곤란하게 될 경우에는 사력에 의한 구제를 예외적으로 허용하여 권리의 실현을 보호하는 것이 필요하다.

CHAPTER 02

2023 COMPACT 공기업 전공필기 단기합격 법학

헌법

CHAPTER 02 헌법

제1절 헌법 총설

I 헌법의 의의

1. 헌법의 개념

헌법이란 정치적 공동체의 존재형태와 기본적 가치질서에 관한 국민적 합의를 법규범적인 논리체계로 정립한 국가의 기본법이다.

2. 헌법의 분류★

① 제정주체에 따른 분류★

구분	내용
군주헌법 (흠정헌법)	군주의 단독의사에 의하여 일방적으로 제정한 헌법(일본의 명치헌법, 19세기 전반 독일의 각 연방 헌법)
협약헌법	국민과 군주 간 협의에 의해 제정된 헌법(대헌장, 권리장전)
민정헌법	국민의 대표자로 구성된 제헌의회를 통하여 제정된 헌법(오늘날 자유민주주의 국가 대부분의 헌법)
국약헌법	둘 이상의 국가 간의 합의의 결과로 국가연합을 구성하여 제정한 헌법(미합중국 헌법)

② 성문 여부(존재형식)에 따른 분류

구분	내용
성문헌법	헌법이 성문화되어 있는 헌법(1776년의 버지니아 헌법)
불문헌법	주요 부분이 관습 등에 의하여 성립된 것으로 헌법전의 형식으로 존재하지 않는 헌법(영국·뉴질랜드 등의 헌법)

THE 알아두기 ✓

불문헌법으로서의 관습헌법

- 관습헌법은 성문헌법에는 없지만 국민의 기본권이나 국가기구의 구성 등과 같이 헌법적 가치와 규정력을 가지는 헌법을 말한다.
- 관습헌법의 성립요건으로는 헌법사항에 대한 관행의 존재, 반복, 계속성, 항상성, 명료성, 국민적 합의가 있다.
- 관습헌법은 헌법적 효력을 갖기 때문에 헌법개정을 통해서만 변경될 수 있다.
- 2004년 10월 21일 헌법재판소가 신행정수도 건설을 위한 특별조치법이 관습헌법에 위배된다는 이유로 위헌결정을 내렸다. 헌법재판소는 수도를 정하는 문제가 성문헌법상 명문조항은 아니지만, 국민·역사·경험·권력구조·정신 등 국가의 정체성을 실체적으로 규정한 관습헌법이기 때문에 이를 폐기하기 위해서는 일반적인 헌법 개정절차를 거쳐야 한다고 보고 수도 이전은 위헌이라는 판결을 내렸다.

③ 개정절차의 난이도에 따른 분류

경성헌법	개정절차가 일반 법률의 개정절차보다 까다로운 헌법(대부분의 국가들이 취하고 있는 헌법)
연성헌법	개정절차가 일반 법률과 동일한 헌법(1948년의 이탈리아 헌법, 1947년의 뉴질랜드 헌법)

▸ 기출 O× 지문정리

[한국보훈복지의료공단]

1. 경성헌법은 헌법생활에 있어 불가피한 요구에 신축성을 가지고 적응할 수 있다. ( )

➜ 경성헌법은 신축적 대응이 곤란하다.

정답 1. ×

④ 효력에 따른 분류(칼 뢰벤슈타인)★

규범적 헌법	헌법 규정과 효력 행사의 현실이 일치하는 헌법 예 서구 여러 나라의 헌법
명목적 헌법	헌법을 이상적으로 제정하였으나 사회 여건은 이에 불일치하는 헌법 예 남미 여러 나라의 헌법
장식적 헌법 (가식적 헌법)	헌법이 권력 장악자의 지배를 안정·영구화하는데 이용되는 수단이나 도구에 지나지 않는 헌법 예 구소련 등 공산주의 국가의 헌법

⑤ 실질적 의미의 헌법과 형식적 의미의 헌법

실질적 의미의 헌법	국가의 조직·작용에 관한 기본원칙을 정하고 있는 법규범 전체를 말한다. 그 존재형식은 불문한다.
형식적 의미의 헌법	헌법전이라는 특별한 형식으로 성문화된 법규범을 말한다.

▸ 기출 O× 지문정리

[한국원자력환경공단]

1. 형식적 의미의 헌법에 해당되면, 당연히 실질적 의미의 헌법에 해당한다. ( )

➜ 형식적 의미의 헌법이란 각국의 실정법상 헌법 또는 이와 유사한 명칭(기본법 등)을 사용하는 법규를 말한다. 형식적 의미의 헌법의 내용 중에는 실질적 의미의 헌법에 해당하지 않는 경우가 있다. (예 미국연방헌법상의 금주조항, 스위스 헌법의 도살조항)

정답 1. ×

⑥ 유래에 따른 분류

독창적 헌법	새로이 창조되어 다른 것에서 유래되지 않은 원칙적인 헌법(영국의 의회주권주의 헌법, 미국의 대통령제 헌법, 프랑스의 나폴레옹 헌법, 1931년의 중화민국 헌법 등)
모방적 헌법	국내외의 과거의 헌법을 모방하여 만든 헌법(영연방의 여러 헌법, 남미의 여러 헌법)

3. 헌법의 특성 및 이중성★

① 국가의 통치조직과 작용, 국가기관 상호 간의 관계 및 국가와 국민과의 관계에 관한 근본규칙을 정한 최고법으로 정치성, 개방성, 이념성, 역사성, 최고규범성, 기본권 보장 규범성, 수권적 조직규범성, 권력제한 규범성, 생활규범성을 특성으로 한다.
② 헌법은 한 국가의 정치적 측면을 나타내는 사실(Sein)적 특성과 국가생활, 정치생활을 규율하는 법규범(Sollen)적 특성을 동시에 내재하고 있다.

4. 헌법의 기능

헌법은 국가창설적 기능, 정치생활주도 기능, 기본권 보장을 통한 사회통합 기능, 권력제한적 기능을 가진다.

5. 헌법개념의 역사적 변천★

① 고유한 의미의 헌법 : 헌법은 국가의 영토・국민・통치권 등 국가의 근본조직과 작용에 관한 기본법으로 국가가 있는 이상 어떤 형태로든 존재한다.
② 근대 입헌주의 헌법 : 국법과 왕법을 구별하는 근본법(국법) 사상에 근거를 두고 국가권력의 조직과 작용에 관한 사항을 정하며 동시에 국가권력의 행사를 제한하여 국민의 자유와 권리 보장을 이념으로 하는 헌법으로 버지니아헌법(≒ 권리장전, 1776년), 미합중국헌법(1787년), 프랑스 인권선언(1789년) 등이 그 효시이다.
③ 현대 복지국가 헌법 : 근대 입헌주의 헌법정신을 바탕으로 하면서 국민의 인간다운 생활을 보장하기 위하여 복지증진을 중심으로 개편된 것으로 바이마르헌법(1919년)이 그 효시이다.

THE 알아두기 ✓

근대・현대 헌법의 비교

근대 입헌주의 헌법	현대 복지국가 헌법
• 기본권의 보장(형식적 평등) • 권력분립 • 의회주의 • 형식적 법치주의(합법성 중시) • 성문헌법・경성헌법 • 시민적 법치국가 • 국민주권주의	• 생존권의 보장(실질적 평등) • 행정국가화 경향, 권력분립의 완화 • 사회적 시장경제질서, 사회복지국가 • 실질적 법치주의(합법성과 정당성 중시) • 헌법재판제도의 강화 • 국제평화주의, 복지국가적 경향 • 국민주권주의의 실질화(국민투표제도)

Ⅱ 헌법의 제정과 개정

1. 헌법의 제정

정치적 통일체의 종류와 형태에 관하여 헌법제정권자가 행하는 법창조 행위를 말한다.

2. 헌법제정권력

① 개념 : 국민이 정치적 존재에 관한 근본 결단을 내리는 정치적 의사이며 법적 권한이다.

② 특징

㉠ 시원적 창조성 : 헌법제정권력은 제정의 본질상 당연히 국가적 질서와 헌법적 질서를 창조하는 시원적 창조성을 그 본질로 한다.

㉡ 자율성 : 어떠한 법형식이나 절차에 구애받지 않고 스스로 의도한 바에 따라 발동된다.

㉢ 단일불가분성 : 헌법제정권력은 다른 모든 권력의 기초가 되며 분할할 수 없다.

㉣ 항구성 : 한번 행사되었다고 소멸하는 것이 아니라 영원히 지속된다.

㉤ 불가양성 : 국민에게만 존재할 뿐 양도될 수 없다. 그러나 그 행사를 위임할 수는 있다(제정의회).

③ **행사방법과 한계** : 헌법제정회의의 의결로 행사되며(제헌의회, 국민투표 등으로 표현), 헌법제정권력은 인격 불가침, 법치국가의 원리, 민주주의 원리 등과 같은 근본규범의 제약을 받는다.

▸ **기출 O× 지문정리**

[한국보훈복지의료공단]

1. 우리나라는 국민이 직접 헌법제정권력을 행사하여 건국헌법을 제정하였다. ( )

→ 건국헌법은 국민이 직접 제정한 것이 아닌 제헌국회를 통해 제정되었다.

정답 1. ×

④ 헌법제정권력 이론(시에예스와 칼 슈미트)★

㉠ 시에예스(A. Sieyes) : 헌법제정권력을 시원적이고 창조적인 권력으로 보았다.

㉡ 칼 슈미트(C. Schmitt) : 헌법제정권력을 법적 의사나 규범적인 것이 아닌 사실적인 힘으로 보고 있다.

구분	시에예스	칼 슈미트
주체	국민	힘과 권력, 정치적 의지를 갖춘 실력자
정당성	시원성	혁명성
권력 행사방법	제헌의회	국민투표
특징	시원적이고 창조적인 권력	혁명성, 정치적 의지, 힘과 권력
헌법제정권력의 한계	한계 ×	한계 ×

▸ **기출 O× 지문정리**

[한국보훈복지의료공단]

1. 슈미트(C. Schmitt)는 동일성(지동성)이론에서 민주주의란 피치자가 곧 치자가 되는 통치형태라고 주장했다. ( )
2. 민주주의를 형식적인 규칙으로 파악하는 것을 '상대적 민주주의론'이라 한다. ( )
3. 위헌정당해산제도는 방어적 민주주의의 한 예이다. ( )

정답 1. ○ 2. ○ 3. ○

3. 헌법의 개정★★★

① **개념** : 헌법에 규정된 개정절차에 따라 헌법의 동일성을 유지하면서 의식적으로 헌법진의 내용을 수정·삭제·추가하는 것이다.

② **형식** : 개정 조항만을 추가해 나가는 경우(예 미국연방헌법)와 이미 있는 조항을 수정 또는 삭제하거나 새로운 조항을 설정하는 형식을 취하는 경우가 있다.

③ **우리나라 헌법의 개정절차(헌법 제128조 내지 제130조)**

㉠ 제안 : 대통령이나 국회 재적의원 과반수의 발의로써 제안

㉡ 공고 : 대통령이 20일 이상의 기간 동안 공고

㉢ 국회의결 : 공고일로부터 60일 이내에 국회 재적의원 2/3 이상의 찬성으로 의결(기명투표, 수정의결 불허)

㉣ 국민투표 : 국회의결 후 30일 이내에 국회의원 선거권자 과반수의 투표와 투표자 과반수의 찬성으로 확정

㉤ 공포 : 대통령이 즉시 공포

▶ **기출 O× 지문정리**

[한국원자력환경공단]

1. 우리나라 헌법은 제정 이후 9회의 개정을 거쳤다. ( )

[한국가스공사]

2. 대통령은 헌법개정에 대해 거부권을 행사할 수 없다. ( )

정답 1. × 2. ○

4. 헌법의 변동★

① **헌법의 파괴(수직적 교체)** : 혁명 등에 의해 헌법제정권력이 경질되는 경우(프랑스 대혁명에 의한 군주제 헌법 파괴, 러시아 프롤레타리아혁명에 의한 제정헌법의 파괴)

② **헌법의 폐지(수평적 교체·헌법전의 교체)** : 쿠데타, 즉 기존헌법을 배제하기는 하지만 헌법제정권력의 주체는 변경이 없는 경우(나폴레옹의 쿠데타, 나폴레옹 3세의 쿠데타, 드골헌법)

③ **헌법의 정지** : 헌법의 특정조항에 대해 효력을 일시적으로 중단시키는 경우 합헌적 헌법정지(유신헌법상의 긴급조치권 발동), 초헌법적인 헌법정지(5·16 군사정변 이후의 국가비상조치에 의한 헌법정지)

④ **헌법의 침해** : 위헌임을 알면서도 헌법에 위반되는 명령이나 조치를 취하는 경우(비상계엄이 선포된 경우 헌법의 특정조항이 침해될 가능성이 있음)

⑤ **헌법의 변천**

㉠ 헌법의 조문은 그대로 있으면서 그 의미나 내용이 실질적으로 변화하는 경우(헌법해석에 의한 변천, 헌법 관행에 의한 변천, 헌법의 흠결을 보완하기 위한 변천)

㉡ 미연방대법원의 위헌법률심사권, 미국의 대통령선거(간접선거임에도 직접선거처럼 운용), 영국 국왕의 권한 상실과 수상의 내각지배 등

Ⅲ 헌법의 수호

1. 헌법수호의 의의

헌법의 수호 내지 헌법의 보호는 헌법의 기본적 가치질서에 대한 침해행위를 사전에 예방하거나 사후에 배제하는 것을 말한다. 헌법의 수호는 헌법의 최고규범성에서 나오는 당연한 결과이다.

2. 평상적 · 비상적 헌법수호에 따른 분류*

평상적 헌법수호	사전예방적 헌법수호	• 헌법의 최고규범성의 선언(헌법 제107조, 제111조 제1항) • 헌법수호의무의 선서(헌법 제69조) • 국가권력의 분립(헌법 제40조, 제66조 제4항, 제101조 제1항) • 경성헌법성(헌법 제128조 내지 제130조) • 방어적 민주주의의 채택(헌법 제8조 제4항) • 공무원 및 군의 정치적 중립성의 보장(헌법 제7조 제2항, 제5조 제2항)
	사후교정적 헌법수호	• 위헌법령 · 처분심사제도(헌법 제107조 제1항 · 제2항) • 탄핵제도(헌법 제65조 제1항, 제111조 제1항 제2호) • 헌법소원제도(헌법 제113조 제1항) • 위헌정당해산제도(헌법 제8조 제4항) • 국무총리 및 국무위원 해임건의제도(헌법 제63조 제1항) • 국정감사 및 조사제도(헌법 제61조 제1항) • 긴급명령 등의 승인제도 및 계엄해제요구제도(헌법 제76조 제3항, 제77조 제5항) • 공무원의 책임제도(헌법 제29조 제1항) 등
비상적 헌법수호	• 국가긴급권 – 대통령의 계엄선포권(헌법 제77조 제1항) – 긴급명령권(헌법 제76조 제2항) – 긴급재정경제처분 · 명령권(헌법 제76조 제1항) • 저항권	

3. 저항권**

① 의의 : 헌법의 기본질서를 파괴하려는 자에 대하여 기존의 헌법질서를 유지 · 회복하기 위한 다른 구제수단이 없는 경우 예외적이고, 최후의 수단으로서 저항할 수 있는 권리를 의미한다. 이 점에서 ㉠ 비폭력적인 방법으로 행사될 것이 요구되며, ㉡ 보충성 요건의 제약을 받지 않는 시민불복종과 구별된다.

② 우리 헌법상 저항권의 인정여부 : 저항권에 관한 직접적인 규정이 없는바, 저항권을 인정할 수 있는지가 문제된다.

부정설 (대법원)	저항권이 실정법에 근거를 두지 못하고 오직 자연법에만 근거하고 있는 한 법관은 이를 재판규범으로 원용할 수 없다(대판 1980.5.20. 80도306 등).
긍정설 (헌법재판소)	• 저항권은 국가권력에 의하여 헌법의 기본원리에 대한 중대한 침해가 행하여지고 그 침해가 헌법의 존재 자체를 부인하는 경우 다른 합법적인 구제수단으로는 목적을 달성할 수 없을 때에 국민이 자기의 권리 · 자유를 지키기 위하여 실력으로 저항하는 권리이다(헌재결 1997.9.25. 97헌가4)라고 결정하였다. • 다만, 입법과정상의 하자는 저항권 행사의 대상이 되지 않는다고 하였다.

제2절 대한민국 헌법

I 대한민국 헌법의 제정과 개정과정

1. 건국헌법의 제정과 주요 내용

① 건국헌법의 제정 : 1948년 5월 10일 헌정 사상 최초의 국회의원 선거가 있었으며 1948년 7월 17일 건국헌법을 제정 공포하였다.

② 건국헌법의 주요 내용★

주요 내용	• 민주공화국, 국민주권, 기본권 보장, 사기업에 있어서 근로자의 이익분배균점권 • 단원제 국회, 대통령과 부통령 국회선출(임기 4년, 1차 중임) • 대통령의 법률안 거부권 및 법률안 제출권 허용 • 부서제도, 국무총리는 대통령이 임명(국회 승인) • 국무원, 가예산 제도, 통제경제체제 • 헌법개정 시 국회의결로 가능 • 헌법위원회와 탄핵재판소, 자연자원의 원칙적 국유화

2. 대한민국 헌법의 개정과정★★

공화국	구분	주요 내용
제1공화국	제1차 개헌 발췌개헌 (1952.7.7.)	• 대통령 · 부통령 직선제 • 양원제 국회(민의원과 참의원) • 국회의 국무원불신임제도
	제2차 개헌 사사오입개헌 (1954.11.27.)	• 초대 대통령의 중임제한 철폐 • 주권의 제약, 국가 안위에 관한 중대사항 국민투표제 • 국무위원에 대한 개별적 불신임제 채택 • 국무총리제 폐지 • 헌법개정안에 대한 국민발안허용
제2공화국	제3차 개헌 (1960.6.15.)	• 내각책임제 채택 • 국민의 기본권 강화(검열제, 허가제 금지) • 정당조항 신설 • 헌법재판소 설치
	제4차 개헌 (1960.11.29.)	• 1960.3.15. 부정선거관련자 및 4 · 19 혁명 관련 반민주행위자에 대한 처벌 근거 마련 • 특별재판소와 특검찰부 • 헌법부칙만을 개정
제3공화국	제5차 개헌 (1962.12.26.)	• 헌법조문이 최초로 개정됨 • 인간의 존엄권 조항 신설 • 대통령제로 환원 • 단원제 국회 • 극단적 정당국가 지향 • 법관 임명에 법관추천회의 제청 • 국가안전보장회의 신설
	제6차 개헌 (1969.10.21.)	• 대통령의 계속 재임을 3기로 연장 • 국회의원의 국무위원겸직허용

제4공화국	제7차 개헌 (1972.12.27.)	• 통일주체국민회의 신설 • 대통령의 권한 강화(긴급조치권, 법관임명권, 국회해산권) • 국민투표로 확정
제5공화국	제8차 개헌 (1980.10.27.)	• 대통령 7년 단임제, 간선제 • 연좌제 금지 • 국정조사권 신설
제6공화국	제9차 개헌 (1987.10.29.)	• 대통령 직접선거, 5년 단임 • 대통령 권한(국회해산권 폐지) • 헌법재판소 설치

Ⅱ 헌법전문

1. 헌법전문의 의의

① 개념 : 헌법전문이란 헌법제정의 유래와 헌법제정권자, 헌법제정의 목적, 헌법의 기본원리 등을 선언하고 있는 헌법서문이다.

② 주요 내용★★

현행 헌법전문에 명문으로 규정되어 있는 것
• 국민주권주의 • 대한민국의 건국이념(3·1운동, 대한민국임시정부의 법통과 4·19이념의 계승) • 조국의 민주개혁과 평화적 통일의 사명 • 정의·인도와 동포애로써 민족의 단결을 공고히 함 • 모든 사회적 폐습과 불의를 타파 • 자유민주적 기본질서의 확립 • 모든 영역에서 각인의 기회균등 • 국민생활의 균등한 향상 • 국제평화주의 • 제정일자 및 개정 횟수
현행 헌법전문에 명문으로 규정되어 있지 않은 것
• 권력분립 • 민주공화국, 국가형태(제1조) • 5·16군사정변(제4공화국 헌법) • 침략전쟁의 부인(제5조 제1항) • 자유민주적 기본질서에 입각한 평화적 통일정책(제4조) • 공무원의 정치적 중립성(제7조 제2항) • 복수정당제 보장(제8조 제1항) • 국가의 전통문화계승발전과 민족문화창달의무(제9조) • 대한민국 영토(제3조) • 개인과 기업의 경제상의 자유와 창의(제119조 제1항) • 인간의 존엄과 가치, 행복추구권(제10조)

THE 알아두기

대한민국의 구성요소(전통적 입장)

1. 주권(헌법 제1조 제2항)
2. 국민(헌법 제1조 제2항, 헌법 제2조)
3. 영토(헌법 제3조)

▸ 기출 ○× 지문정리

[한국보훈복지의료공단]

1. 영역은 필수적 헌법사항이기 때문에 대부분 국가의 헌법은 영토규정을 두고 있다. ( )
   ➜ 영토규정이 있는 헌법이 그렇지 않은 헌법보다 적은 편이다.
2. 헌법에는 영토에 관한 규정이 있지만 영해와 영공에 대해서는 명문의 규정이 없다. ( )
   ➜ 헌법 제3조 대한민국의 영토는 한반도와 그 부속도서로 한다.

정답 1. × 2. ○

③ 법적 효력★

㉠ 최고규범성 : 헌법전문은 본문을 비롯한 모든 법규범의 내용을 한정하고 그 타당성의 근거가 된다. 따라서 한 국가의 법체계에서 최상위의 근본규범이다.

㉡ 법령의 해석기준 : 헌법전문은 헌법 본문과 기타 법령의 해석기준이 된다.

㉢ 재판규범성 : 헌법전문의 법적 효력을 인정하는 입장에서도 헌법전문이 직접적인 재판규범인지에 대해서는 긍정설과 부정설로 나뉜다. 헌법재판소는 헌법전문의 재판규범성을 인정하고 있다.★

㉣ 헌법개정의 한계 : 헌법전문의 자구수정은 가능하나 핵심적인 내용은 헌법개정의 한계이다. 제5·7·8·9차 개정헌법은 헌법전문을 개정한 바 있다.★

㉤ 기본권 도출 : 헌법전문으로부터 곧바로 국민의 개별적 기본권을 도출해 낼 수는 없다.★

▸ 기출 ○× 지문정리

[한국보훈복지의료공단]

1. 헌법의 특정규정이 다른 규정의 효력을 전면 부인할 수 있는 효력상의 차등이 인정된다. ( )
   ➜ 헌법 조항 간의 가치적 우열은 인정되지만 효력상의 차등은 부인된다.
2. 현행 헌법상 상위규범으로서의 헌법핵 내지 헌법제정규범과 하위규범으로서의 헌법개정규범을 구별하는 것은 불가능하다. ( )
3. 헌법 개별규정은 헌법재판소법 제68조 제1항 소정의 공권력 행사의 결과이다. ( )
   ➜ 헌법 규정은 공권력 행사의 결과가 아니라 국민의 주권 행사의 결과이다.

정답 1. × 2. ○ 3. ×

Ⅲ 헌법의 기본원리와 기본질서

헌법의 기본원리		헌법의 기본질서
1. 국민주권주의	2. 자유민주주의	1. 자유민주적 기본질서
3. 복지국가의 원리	4. 국제평화주의	2. 사회적 시장경제질서
5. 평화통일지향	6. 문화국가의 원리 등	3. 평화주의적 국제질서

Ⅳ 대한민국의 기본제도

1. 정당제도★

① 의의 : 국민의 이익을 위하여 책임 있는 정치적 주장이나 정책을 추진하고 공직선거의 후보자를 추천 또는 지지함으로써 국민의 정치적 의사 형성에 참여함을 목적으로 하는 국민의 자발적 조직이다(정당법 제2조).

② 헌법상의 지위 : 설립의 자유와 복수정당제의 보장, 그 목적과 조직 및 활동이 민주적이어야 하며 만일 민주적 기본 질서에 위배될 때에는 헌법재판소의 심판에 의하여야만 해산할 수 있다.

③ 법적성격 : 정당은 국가와 국민의 정치적 의사형성의 중개적 권력이라는 제도적 보장설(중개적 권력설)이 다수설이며 그 밖에 헌법기관설(국가기관설), 사법적 결사설이 있다.

④ 조직 : 정당은 5개 이상의 시・도당을 가져야 하며, 시・도당은 1천인 이상의 당원을 가져야 한다.

⑤ 특권 : 정당의 설립・활동・존립・해산 등에 있어 특권을 가진다. 구체적으로 정치적 의사형성에 참여할 권리, 균등하게 경쟁할 기회를 보장받을 권리, 선거참가인지명권, 정당운영자금의 국고보조 등을 포함한 정치자금을 모집할 권리를 가진다.

⑥ 의무 : 당헌과 강령의 공개의무 및 재원을 공개할 의무가 있다. 또한 조직 및 활동 등을 관할 선거관리위원회에 보고하여야 한다.

⑦ 정당의 해산 : 정당의 목적 및 활동이 민주적 기본질서에 위반될 때 헌법질서를 수호 및 유지하기 위해 헌법재판소가 정당을 강제로 해산하는 제도를 위헌정당 해산제도라고 한다.

THE 알아두기

정당의 등록취소와 강제해산 [한국수력원자력], [한국중부발전]

등록취소	강제해산
• 기존 정당명칭 사용 가능 • 유사정당 창당 가능 • 소속의원은 무소속으로 존치 • 잔여재산은 당헌이 정하는 바에 따름 • 법원에 제소 가능 • 정당의 등록취소사례 많음	• 해산된 정당 소속위원은 의원직 상실(다수설) • 해산된 정당 재산은 국고 귀속

2. 선거제도

① 개념 : 합의에 의한 정치를 구현하기 위하여 국민의 대표자를 선출하는 행위를 말한다.

② 선거의 종류★ : 선거의 종류에는 임기만료로 인한 총선거, 임기 중 궐원 또는 궐위된 경우에 실시하는 보궐선거, 재선거, 천재지변 등 부득이한 사유로 선거를 실시하지 못한 경우 후에 실시하는 연기선거가 있다.

THE 알아두기

재선거(공직선거법 제195조) 실시 사유

1. 당해 선거구의 후보자가 없는 때
2. 당선인이 없거나 지역구자치구·시·군의원선거에 있어 당선인이 당해 선거구에서 선거할 지방의회의원정수에 달하지 아니한 때
3. 선거의 전부무효의 판결 또는 결정이 있는 때
4. 당선인이 임기개시 전에 사퇴하거나 사망한 때
5. 당선인이 임기개시 전에 제192조 제2항의 규정에 의하여 당선의 효력이 상실되거나 같은 조 제3항의 규정에 의하여 당선이 무효로 된 때
6. 제263조 내지 제265조의 규정에 의하여 당선이 무효로 된 때

③ 선거제도의 원칙★

보통선거제	• 사회적 신분·재산·납세·교육·신앙·인종·성별 등에 차별을 두지 않고 원칙적으로 모든 성년자에게 선거권을 부여하는 제도이다. • 반대 개념은 제한선거제이다.
평등선거제	• 선거인의 투표가치가 평등하게 취급되는 제도이다. • 반대 개념은 차등선거제이다.
직접선거제	• 선거인이 직접 선거하는 제도이다. • 반대 개념은 간접선거제이다.
비밀선거제	• 선거인이 누구에게 투표했는가를 제3자가 알 수 없게 하는 제도이다. • 반대 개념은 공개선거제이다.
임의선거제 (자유선거제)	• 투표를 선거인의 자유에 맡기고 기권에 대해서도 하등 제재를 과하지 않는 제도이다. • 반대 개념은 강제선거제이다.

④ 선거구 제도★ : 의원을 선출하는 단위로서의 지구를 말하며, 일반적으로 소선거구제는 1선거구에서 1인의 대표자를 선출하는 제도이고 중선거구제는 1선거구에서 2~4인의 대표자를 선출하는 제도이다. 대선거구제는 중선거구제 이상의 대표자를 선출하는 제도이다.

THE 알아두기

선거구제의 장단점

구분	장점	단점
중·대 선거구제	• 사표의 방지 • 부정투표의 방지 • 인물선택의 범위 확대	• 군소정당 출현 • 정국 불안정 • 다액의 선거비용 • 보궐선거나 재선거의 실시 곤란 • 후보자 파악의 곤란
소 선거구제	• 양대정당 육성 • 정국안정 • 선거의 공정성 확보 • 의원과 선거민과의 밀접한 유대관계 • 선거비용의 소액	• 사표의 가능성 • 게리멘더링(Gerry mandering)의 위험성 • 지방적인 소인물의 배출

⑤ 대표제도(의원 정수의 결정방법)★

다수대표제	하나의 선거구에서 다수득표를 얻은 자를 당선자로 하는 제도로, 소선거구제와 결부된다.
소수대표제	한 선거구에서 다수득표자뿐만 아니라 소수득표자도 당선자로 낼 수 있는 제도로, 대선거구제를 전제로 한다.
비례대표제	각 정당에게 그 득표수에 비례하여 의석을 배분하는 대표제를 말한다. 군소정당의 난립을 가져올 수 있다.
직능대표제	선거인을 각 직역으로 그 직역을 단위로 하여 대표를 선출하는 방법이며, 정치의 경제화에 그 원인이 있다.
지역대표제	일정한 지역을 기준으로 선거구를 획정하여 의원을 선거하는 제도. 지역적 이익을 대표하는 성격을 갖는다.

⑥ 우리나라의 선거제도 : 보통 · 평등 · 직접 · 비밀 · 자유선거의 선거 원칙을 따르며, 비례대표제(전국구 국회의원, 광역의회 의원)를 가미한 소선거구 · 다수대표제이다.

THE 알아두기 ✓

선거공영제

선거운동의 자유방임에서 오는 폐단을 방지하기 위해 선거를 국가 또는 지방자치단체가 관리하는 제도를 말한다. 선거공영제의 2대 원칙에는 선거운동에 있어 기획균등의 원칙, 선거비용에 있어 국가부담의 원칙이 있다.

3. 공무원제도

① 의의 : 공무원이란 직 · 간접으로 국가나 공공단체의 공무를 담당하는 자를 총칭한다.

② 헌법상의 지위 : 공무원은 국민 전체에 대한 봉사자이며 국민에 대한 봉사자의 지위를 확립하고, 그 직무에 공정한 수행과 정치적 중립을 보장하기 위하여 일정한 범위에서 기본권을 제한하고, 국민에 대하여 책임을 진다.

③ 직업공무원제도 : 정당국가에 있어서 정당의 교체에 관계없이 행정의 독자성을 유지하기 위하여 헌법 또는 법률에 의하여 공무원의 신분이 보장된 공무원제도로 정치적 중립과 성적주의(능력실증), 정치활동과 근로3권의 제한을 내용으로 한다.

④ 공무원의 근로3권★

㉠ 근로자는 근로조건의 향상을 위하여 자주적인 단결권 · 단체교섭권 및 단체행동권을 가진다(헌법 제33조 제1항).

㉡ 공무원인 근로자는 법률이 정하는 자에 한하여 단결권 · 단체교섭권 및 단체행동권을 가진다(헌법 제33조 제2항).

㉢ 법률이 정하는 주요방위산업체에 종사하는 근로자의 단체행동권은 법률이 정하는 바에 의하여 이를 제한하거나 인정하지 아니할 수 있다(헌법 제33조 제3항).

4. 지방자치제도

① 의의 : 일정한 지역을 기초로 하는 단체나 일정한 지역의 주민이 국가로부터 자치권을 부여받아 자치단체의 고유사무를 자신의 책임하에서 자신이 선출한 기관을 통하여 처리하는 제도로서 민주주의(주민자치)와 지방분권(단체자치)을 기반으로 한다.

주민자치	• 정치적 의미의 지방자치 • 지역사회의 정치와 행정을 지역주민이 스스로 처리
단체자치	• 법률적 의미의 지방자치 • 국가로부터 독립한 지방정부가 국가의 간섭없이 자치권을 행사

② 자치단체의 종류

광역자치단체	특별시, 광역시, 특별자치시, 도, 특별자치도
기초자치단체	시, 군, 구

③ 자치단체의 권한★ : 자치행정권, 자주재정권, 자치입법권, 조례와 규칙제정권, 자치조직권

④ 지방자치단체의 구성요소 : 일정한 지역, 주민, 자치권

5. 가족제도와 교육제도

① 가족제도 : 개인의 존엄과 양성의 평등을 기초로 하는 혼인제도로 가족생활의 보장, 민주적인 혼인제도, 제도적 보장으로 주관적 방어권을 가진다(헌법 제36조 제1항).

② 교육제도 : 교육의 자주성·전문성·정치적 중립성, 교육제도의 법정(교육법)이 보장(헌법 제31조 제4항)되며, 대학자치제가 시행되고 있다.

6. 군사제도

군사에 관한 헌법원칙에는 병정통합의 원칙, 문민우위의 원칙 등이 있다.

제3절 기본권

I 기본권 서론

1. 기본권의 발전★★

① 고전적 기본권

㉠ 중세 자연법학설에서 싹트기 시작하여 근세의 영국에서 전제군주와 평민과의 항쟁과정에서 보장되었으나, 군주의 권력에 대하여 군주의 양해하에 일정한 제약을 가하는 데에 머물렀다.

㉡ 1215년 마그나 카르타 → 1295년 모범의회 → 1628년 권리청원 → 1647년 인민협정 → 1679년 인신보호법 → 1688년 명예혁명 → 1689년 권리장전

② 근대적 기본권

㉠ 18세기 후반에 미국·프랑스에서 일어난 개인주의·자유주의사상을 배경으로 한 자유획득의 투쟁 결과 이루어진 몇 가지 권리선언에서 발전되는 것으로 자연법사상을 기반으로 한다.

㉡ 1776년 미국의 버지니아 권리장전(자유권적 기본권을 최초로 규정), 1776년 미국 독립선언서, 1789년 프랑스 인권선언, 1791년 미국의 수정헌법, 1906년 러시아의 국가기본법 등

③ 현대적 기본권 : 기본권의 사회화 경향(1919년 바이마르헌법 – 생존권적 기본권, 즉 사회적 기본권을 헌법적 차원에서 처음으로 규정), 자연권성 강조(1948년 UN인권선언), 기본권 보장의 국제화(1945년 UN헌장, 1948년 세계인권선언, 1950년 유럽인권규약, 1966년 UN인권규약, 1993년 비엔나 인권선언)가 특색이다.

2. 기본권의 성격과 제도적 보장

① 성격 : 기본권은 주관적으로는 개인을 위한 주관적 공권을 의미하지만, 객관적으로는 국가의 가치질서인 기본적 법질서의 구성요소로서의 성격을 띠고 있으므로 헌법이 보장하는 기본권은 이중적 성격 내지 양면성을 가지고 있으며 보편성・고유성・항구성・불가침성이 그 특질이다.

② 제도적 보장★ : 국가 자체의 존립의 기초가 되는 객관적 제도를 헌법에 규정하여 당해 제도의 본질을 헌법이 보장하는 것으로 볼프(Wolff)가 창안, 슈미트(Schmitt)가 체계화하였다. 제도적 보장의 대상은 역사적・전통적으로 형성된 기존의 제도이며, 특정한 제도의 본질에 대한 최소한의 보장을 하기만 하면 되며, 제도 보장의 침해를 이유로 개인이 헌법소원을 제기할 수 없다.

3. 기본권의 분류★

구분	내용	
포괄적 기본권	① 인간의 존엄과 가치 ② 행복추구권 ③ 평등권	
자유권적 기본권	① 인신의 자유권(생명권, 신체의 자유) ② 사생활의 자유권(거주・이전의 자유, 주거의 자유, 사생활의 비밀과 자유, 통신의 자유) ③ 정신적 자유권(양심의 자유, 종교의 자유, 언론・출판의 자유, 집회・결사의 자유, 학문의 자유, 예술의 자유) ④ 경제적 자유권(직업선택의 자유, 재산권의 보장, 소비자의 권리)	
생존권(사회권)적 기본권	① 인간다운 생활을 할 권리 ③ 근로의 권리 ⑤ 환경권	② 교육을 받을 권리 ④ 근로3권 ⑥ 혼인・가족・모성 보호에 관한 권리
청구권적 기본권	① 청원권 ③ 형사보상청구권 ⑤ 손실보상청구권	② 재판청구권 ④ 국가배상청구권 ⑥ 범죄피해자구조청구권
참정권	① 선거권 ② 공무담임권 ③ 국민표결권	

4. 기본권의 주체

① 국민 : 모든 자연인이 해당되며 개별적인 모든 국민을 의미한다.

② 외국인★ : 참정권, 생존권, 사회권적 기본권 등의 주체는 될 수 없으나 인간의 존엄과 가치, 행복추구권, 구체적 평등권 및 대부분의 자유권적 기본권에 있어서의 주체는 될 수 있다.

THE 알아두기

외국인과 기본권 [도로교통공단]

1. 적극적으로 인정되는 기본권★ : 인간의 존엄과 가치, 신체의 자유, 신체의 자유 보장을 위한 실체적・절차적 보장, 종교의 자유, 예술・학문의 자유, 사생활의 자유, 소비자의 권리, 재산권, 언론・출판・집회・결사의 자유, 환경권, 보건권, 노동3권
2. 제한받는 기본권★ : 입국의 자유, 선거권, 피선거권, 공무담임권, 근로의 권리, 인간다운 생활을 할 권리

③ 법인★

㉠ 경제활동의 발전으로 사법상 법인실재설에 대응하여 법인에 대하여도 국민의 권리와 의무에 관한 규정이 인정된다고 본다(통설).

㉡ 성질상 내국법인은 법 앞의 평등, 직업선택의 자유, 주거의 자유, 거주이전의 자유, 통신의 불가침, 언론·출판·집회·결사의 자유, 재산권의 보장, 재판청구권 등의 기본권을 누릴 수 있으나, 생명권, 프라이버시권, 선거·피선거권, 행복추구권, 사회적 기본권(생존권) 등은 성질상 누릴 수 없다.

5. 기본권의 제한과 한계★★

① 헌법유보에 의한 기본권의 제한

유형	내용	예시
일반적 헌법유보	헌법이 직접 기본권 일반에 대한 제한을 규정	우리 헌법에서는 인정되지 않음
개별적 헌법유보	특정의 기본권 제한을 헌법이 직접 규명	• 정당의 목적과 활동(헌법 제8조 제4항) • 언론·출판의 자유(헌법 제21조 제4항) • 군인·공무원·경찰공무원 등의 국가배상청구권 (헌법 제29조 제2항) • 공무원의 근로3권(헌법 제33조 제2항) • 방위산업체 근로자의 단체행동권 (헌법 제33조 제3항)

② 법률유보에 의한 기본권의 제한

유형	내용	예시
일반적 법률유보	기본권제한의 목적이나 방법을 일괄적으로 규정	헌법 제37조 제2항
개별적 헌법유보	개별기본권 조항에 법률에 의한 제한이 가능함을 명시	• 신체의 자유(헌법 제12조 제1항) • 재산권(헌법 제23조 제3항) • 근로3권(헌법 제33조 제3항)

국가안전보장·질서유지·공공복리를 위하여 필요한 경우에 '법률'로써 제한할 수 있다. 단, 제한하는 경우에도 자유와 권리의 본질적인 내용을 침해할 수 없다(헌법 제37조 제2항).

③ 기본권 제한의 한계★

㉠ 원칙적으로 형식적 법률에 의해서만 제한할 수 있으며 그 법률은 일반적이어야 하고 명확하여야 하며, 구체적인 기본권을 대상으로 하여야 한다.

㉡ 제한의 목적도 국가안전보장·질서유지·공공복리에 한하며, 제한 시에도 본질적 내용의 침해는 금지된다.

THE 알아두기 ✓

기본권 제한입법의 방법상 한계★

1. 과잉금지의 원칙 : 광의의 과잉금지의 원칙이라 함은 "국가의 권력은 무제한적으로 행사되어서는 안되고, 이는 반드시 정당한 목적을 위하여 그리고 또한 이러한 목적을 달성하기 위하여 필요한 범위 내에서만 행사되어야 한다." 는 의미로 이해되고 있다.
2. 과잉금지원칙의 내용
   ① 목적의 정당성
   ② 방법의 적정성
   ③ 피해의 최소성
   ④ 법익의 균형성

6. 기본권의 침해와 구제★

① 입법기관에 의한 침해와 구제
  ㉠ 기본권 침해 법률에 대한 위헌심사를 구하거나 헌법소원의 제기・청원으로 구제받을 수 있다.
  ㉡ 입법의 부작위로 기본권이 침해된 경우에는 헌법소원 제기가 가능하나 생존권적 기본권에 있어서는 부정설이 다수설이다.

② 행정기관에 의한 침해와 구제 : 행정쟁송을 제기하거나 국가배상이나 손실보상을 청구할 수 있다.

③ 사법기관에 의한 침해와 구제 : 오판이나 재판의 지연에 의한 침해 시에는 상소, 재심, 비상상고, 형사보상청구에 의한 방법으로 구제받을 수 있다.

④ 사인(私人)에 의한 침해와 구제 : 고소・고발이나 손해배상청구의 방법이 있다.

7. 기본권의 효력★

① 대국가적 효력 : 원칙적으로 입법・사법・행정 등 모든 국가권력을 구속하며 권력작용뿐만 아니라 비권력작용인 관리행위・국고행위에 대해서도 기본권 규정이 적용된다.

② 제3자적 효력 : 오늘날은 국가나 공공단체에 의한 기본권 침해보다도 국가유사기능을 행사하는 사회적 세력・단체들에 의한 기본권 침해가 크게 문제가 되고 있다. 여기에 기본권의 타당 범위를 국가권력 외에 사인 상호 간으로 확대하여 사인에 의한 법익의 침해에 대해서도 기본권의 보장효력을 인정할 필요가 있게 되는데, 이것이 기본권의 제3자적 효력의 문제이다.

③ 대한민국 헌법에 있어서의 제3자적 효력

직접 적용	인간의 존엄과 가치, 행복추구권, 근로조건의 기준, 여자와 연소근로자의 보호, 근로3권
간접 적용	평등권, 사생활의 비밀, 양심・신앙・표현의 자유

Ⅱ 포괄적 기본권

1. 인간으로서의 존엄과 가치

① 의의 : 인간의 본질적인 인권과 인간으로서의 독자적인 가치를 말한다고 할 수 있다(인격주체성).

② 법적 성격 : 객관적 최고원리, 전국가적 자연권성, 개인주의적 성격, 최고규범성★

③ 주체 : 인간(모든 국민, 외국인)

④ 효력 : 주관적 공권, 제3자적 효력

⑤ 내용 : 인간의 존엄과 가치는 헌법상의 최고원리로서 모든 국가권력은 이에 구속되고 이에 반하는 헌법개정은 허용되지 아니한다. 인간의 존엄과 가치는 헌법상 기본권 보장의 대전제가 되는 최고의 원리이다. 이를 침해하는 국가권력에 대해 국민은 저항권을 행사할 수 있고, 이를 침해하는 행정처분이나 재판에 대해서는 재판청구권의 행사, 헌법소원 등을 통해 침해행위의 배제를 청구할 수 있다.★

2. 행복추구권

① 의의 : 고통이 없고 만족감을 느낄 수 있는 상태를 실현할 수 있는 권리
② 법적 성격 : 주관적 권리, 자연법상 권리이자 실정법상 권리, 포괄적 권리
③ 주체 : 인간(모든 국민, 외국인)
④ 효력 : 주관적 공권, 제3자적 효력
⑤ 유래 : 1776년 버지니아 권리장전★
⑥ 내용 : 생명권, 신체불훼손권, 인격권, 휴식권, 안면권 등

3. 평등권

① 의의 : 국가에 대하여 평등한 취급을 받을 권리, 즉 법 앞의 평등으로 법의 정립, 집행 및 적용에 있어서의 평등을 뜻하며 입법・사법・행정기관까지도 구속하는 기본권이다.★
② 법적 성격 : 객관적 법질서이며 주관적 공권, 전국가적 자연권
③ 주체 : 개인, 법인, 권리능력 없는 사단, 재단, 외국인(제한 가능)★
④ 내용 : 자연법을 포함한 모든 법 앞에서의 평등과 법 내용의 평등까지도 포함하며, 정치영역에서는 절대적 평등을, 사회・경제영역에서는 상대적 평등을 추구한다. 또한, 성별・종교・사회적 신분을 초월하여 정치・경제・사회・문화의 전 영역에 걸쳐 차별을 금지한다.★

THE 알아두기

평등권 위반 심사 기준
1. 자의금지의 원칙 : 차별적 취급 존부 심사
2. 비례의 원칙 : 당해 차별의 정당성 및 균형성 심사

⑤ 기본권 제한
㉠ 헌법에 의한 제한 : 정당의 특권, 대통령의 형사상 특권, 국회의원의 불체포・면책특권, 공무원의 근로3권의 제한・국가유공자의 보호, 국회의원 겸직금지, 대통령 피선거권 연령 제한, 군인 등의 배상청구권금지, 방위산업체 노동자의 단체행동권 제한, 현역군인의 국무총리・국무위원 임명제한 등
㉡ 법률에 의한 제한 : 공무원법, 형의 집행 및 수용자의 처우에 관한 법률, 공직선거법, 출입국관리법 등에서 규정

Ⅲ 자유권적 기본권

1. 자유권적 기본권의 의의와 법적 성격

① 의의 : 자신의 자유영역에 관하여 국가로부터 침해받지 않을 권리이다.
② 법적 성격 : 천부적・전국가적인 권리이자 소극적이며 방어적인 권리이며 포괄적 권리이다.
③ 주체 : 국민, 외국인
④ 효력 : 모든 국가기관을 직접 구속하는 구체적이고 현실적인 권리★

⑤ 자유권의 분류★

㉠ 인신의 자유권 : 생명권, 신체를 훼손당하지 않을 권리, 신체의 자유

㉡ 사생활의 자유권 : 사생활의 비밀과 자유, 주거의 자유, 거주・이전의 자유, 통신의 자유

㉢ 정신적 자유권 : 양심의 자유, 종교의 자유, 언론・출판의 자유, 집회・결사의 자유, 학문과 예술의 자유

㉣ 경제적 자유권 : 재산권, 직업의 자유, 소비자의 권리

2. 인신의 자유권

① 생명권★

㉠ 의의 : 인간의 인격적・육체적 존재형태인 생존에 관한 권리로서, 생명에 대한 모든 형태의 국가적 침해를 방어하는 권리이다.

㉡ 헌법적 근거 : 우리 헌법에는 명문 규정은 없지만 통설과 판례는 인간의 존엄성 규정, 신체의 자유, 헌법에 열거되지 아니한 권리 등에서 생명권의 헌법상 근거를 들어 인정하고 있다.★

② 신체의 자유

㉠ 의의 : 법률에 따르지 않고서는 신체적 구속을 받지 아니할 자유를 말하는 것으로, 신체의 자유는 인간의 모든 자유 중에서 가장 원시적인 자유이다.★

㉡ 제도 보장

죄형법정주의와 적법절차의 보장	모든 국민은 신체의 자유를 가진다. 누구든지 법률에 의하지 아니하고는 체포・구속・압수・수색 또는 심문을 받지 아니하며, 법률과 적법한 절차에 의하지 아니하고는 처벌・보안처분・강제노역을 받지 아니한다(헌법 제12조 제1항).
고문의 금지와 불리한 진술거부권	모든 국민은 고문을 받지 아니하며, 형사상 자기에게 불리한 진술을 강요당하지 아니한다(헌법 제12조 제2항).
영장주의	체포・구속・압수 또는 수색을 할 때에는 적법한 절차에 따라 검사의 신청에 의하여 법관이 발부한 영장을 제시하여야 한다. 다만, 현행범인인 경우와 장기 3년 이상의 형에 해당하는 죄를 범하고 도피 또는 증거인멸의 염려가 있을 때에는 사후에 영장을 청구할 수 있다(헌법 제12조 제3항).
변호인의 조력을 받을 권리와 국선변호인제도	누구든지 체포 또는 구속을 당한 때에는 즉시 변호인의 조력을 받을 권리를 가진다. 다만, 형사피고인이 스스로 변호인을 구할 수 없을 때에는 법률이 정하는 바에 의하여 국가가 변호인을 붙인다(헌법 제12조 제4항).
구속사유 고지제도	누구든지 체포 또는 구속의 이유와 변호인의 조력을 받을 권리가 있음을 고지받지 아니하고는 체포 또는 구속을 당하지 아니한다. 체포 또는 구속을 당한 자의 가족 등 법률이 정하는 자에게는 그 이유와 일시・장소가 지체 없이 통지되어야 한다(헌법 제12조 제5항).
체포구속적부심사제도	누구든지 체포 또는 구속을 당한 때에는 적부의 심사를 법원에 청구할 권리를 가진다(헌법 제12조 제6항).
자백의 증거능력 제한	피고인의 자백이 고문・폭행・협박・구속의 부당한 장기화 또는 기망 기타의 방법에 의하여 자의로 진술된 것이 아니라고 인정될 때 또는 정식재판에 있어서 피고인의 자백이 그에게 불리한 유일한 증거일 때에는 이를 유죄의 증거로 삼거나 이를 이유로 처벌할 수 없다(헌법 제12조 제7항).
형벌불소급・일사부재리의 원칙	모든 국민은 행위 시의 법률에 의하여 범죄를 구성하지 아니하는 행위로 소추되지 아니하며, 동일한 범죄에 대하여 거듭 처벌받지 아니한다(헌법 제13조 제1항).
연좌제의 금지	모든 국민은 자기의 행위가 아닌 친족의 행위로 인하여 불이익한 처우를 받지 아니한다(헌법 제13조 제3항).

3. 사생활의 자유권

① **거주 · 이전의 자유(헌법 제14조)** : 국내 거주 · 이전의 자유, 국외 거주 · 이전의 자유, 해외여행, 국적이탈의 자유가 포함되나 무국적의 자유는 인정되지 않는다. 국민과 국내법인은 거주 · 이전의 자유를 가지나 외국인은 원칙적으로 입국의 자유를 가지지 못한다.★

② **주거의 자유(헌법 제16조)** : 주거에 대한 압수 · 수색에는 영장주의를 채택하고 있다.★

③ **사생활의 비밀과 자유(헌법 제17조)** : 사생활의 비밀과 자유의 주체는 외국인을 포함한 자연인이고, 법인은 원칙적으로 사생활의 비밀과 자유의 주체가 되지 못한다.

④ **통신의 자유(헌법 제18조)** : 국가안전보장 · 질서유지 · 공공복리를 위하여 필요한 경우에 한하여 제한할 수 있다.

4. 정신적 자유권

① **양심의 자유** : 양심상 결정의 자유, 양심 유지의 자유, 양심에 반하는 행위를 하지 않을 자유, 침묵의 자유 등이 포함된다. 양심의 자유 중 양심형성의 자유는 내용을 제한할 수 없는 절대적 기본권이다.

② **종교의 자유** : 신앙의 자유, 개종 · 종교 선택의 자유, 종교적 행사의 자유, 종교적 집회 및 결사의 자유, 포교 및 종교 교육의 자유 등이며, 국교의 금지와 정교분리의 원칙도 아울러 규정하고 있다.

③ **언론 · 출판의 자유** : 언론 · 출판은 타인의 명예나 권리 또는 공중도덕이나 사회윤리를 침해해서는 안 된다. 관련 법률로 신문 등의 진흥에 관한 법률, 방송법 등이 있고, 허가제와 검열제를 원칙적으로 제한하고 있다.★

④ **집회 · 결사의 자유** : 집단적인 표현의 자유의 성격을 갖기 때문에 언론 · 출판의 자유보다 통제를 받기 쉽다. 허가제는 인정되지 않으며, 시위도 움직이는 집회로서 집회의 개념 속에 포함된다.★

⑤ **학문의 자유** : 학문의 자유는 진리 탐구의 자유로서 학문적 활동에 대한 어떠한 간섭이나 방해를 받지 아니할 자유이며 그 구체적 내용으로는 교수의 자유, 연구의 자유, 연구의 결과를 발표할 자유, 학문을 위한 집회 · 결사의 자유, 대학의 자치 등이 있다.

⑥ **예술의 자유** : 예술의 자유는 예술의 연구 · 발표 · 논의의 자유(헌법 제22조 제1항)를 말한다. 예술의 자유는 예술창작의 자유와 예술표현의 자유, 그리고 예술적 결사의 자유를 그 내용으로 한다.

5. 경제적 자유권★

직업선택의 자유(헌법 제15조), 재산권의 보장(헌법 제23조) 및 소비자의 권리를 그 내용으로 한다. 근대 초기 재산권은 신성불가침의 권리이자 자연권으로 보았으나 20세기 자본주의의 모순이 대두되면서 재산권의 실정권성과 사회적 의무성이 강조되고 있다.

THE 알아두기 ✓

헌법 제23조 제2항

재산권의 행사는 공공복리에 적합하도록 하여야 한다.

Ⅳ 생존권적 기본권(사회적 기본권)

1. 생존권적 기본권의 개념

① 의의 : 국민이 인간다운 생활을 영위할 수 있도록 생활에 필요한 여러 조건을 국가가 적극적으로 관여하여 확보해줄 것을 요청할 수 있는 권리를 말한다. → 1919년 바이마르헌법에서 처음으로 규정되었다.★

② 자유권과 생존권의 비교★

구 분	자유권적 기본권	생존권적 기본권
이념적 기초	• 개인주의적 · 자유주의적 세계관 • 시민적 법치국가를 전제	• 단체주의적 · 사회정의의 세계관 • 사회적 복지국가를 전제
법적 성격	• 소극적 · 방어적 권리 • 전국가적 · 초국가적인 자연권 • 구체적 권리 · 포괄적 권리	• 적극적 권리 • 국가 내적인 실정권 • 추상적 권리 · 개별적 권리
주체	• 자연인(원칙), 법인(예외) • 인간의 권리	• 자연인 • 국민의 권리
내용 및 효력	• 국가권력의 개입이나 간섭 배제 • 모든 국가권력 구속, 재판규범성이 강함 • 제3자적 효력(원칙)	• 국가적 급부나 배려 요구 • 입법조치 문제, 재판규범성이 약함 • 제3자적 효력(예외)
법률유보	권리제한적 법률유보	권리형성적 법률유보
제한 기준	주로 안전보장 · 질서 유지에 의한 제한 (소극적 목적)	주로 공공복리에 의한 제한 (적극적 목적)

2. 근로의 권리

① 의의 : 근로자가 자신의 적성 · 능력 · 취미에 따라 일의 종류 · 장소 등을 선택하여 근로관계를 형성하고 타인의 방해 없이 근로관계를 계속 유지하는 권리이며, 가장 유리한 조건으로 노동력을 제공하여 얻는 대가로 생존을 유지하며, 근로의 기회를 얻지 못하면 국가에 대하여 이를 요구할 수 있는 권리를 말한다.

② 근로의 권리(헌법 제32조) : 근로의 기회제공을 요구할 권리, 국가의 고용증진, 적정임금보장의 의무, 최저임금제, 근로조건 기준의 법정, 여자와 연소자 근로의 특별보호, 여자의 근로에 대한 고용 · 임금 및 근로조건에 있어서 부당한 차별금지, 국가유공자 · 상이군경 및 전몰군경의 유가족에 대한 우선취업기회보장 등이 있다.

③ 근로자의 근로3권

단결권	근로조건의 유지 · 개선을 목적으로 사용자와 대등한 교섭력을 가진 단체를 자주적으로 구성할 수 있는 권리
단체교섭권	근로자단체가 근로조건에 관하여 사용자와 교섭할 수 있는 권리
단체행동권	노동쟁의가 발생한 경우에 쟁의행위를 할 수 있는 권리

④ 제한★★

㉠ 헌법 제33조에 의한 제한 : 공무원인 근로자는 법률이 정한 자에 한하여 근로3권을 가진다.★

㉡ 주요 방위산업체의 근로자의 단체행동권은 제한할 수 있다.★

㉢ 헌법 제37조 제2항(국민의 모든 자유와 권리는 국가안전보장 · 질서유지 또는 공공복리를 위하여 필요한 경우에 한하여 법률로써 제한할 수 있으며, 제한하는 경우에도 자유와 권리의 본질적인 내용을 침해할 수 없다)에 의해 제한할 수 있다.★

3. 교육을 받을 권리(헌법 제31조)

교육을 받을 수 있도록 국가의 적극적인 배려를 청구할 수 있는 권리로 능력에 따라 균등하게 교육을 받을 권리를 말한다. 교육받을 것을 국가로부터 방해받지 않을 권리도 교육을 받을 권리에 포함된다.

4. 인간다운 생활을 할 권리(헌법 제34조)

① 인간의 존엄성에 부합하는 건강하고 문화적인 생활을 영위할 권리로서 사회적 기본권 중에서 가장 근원이 되는 권리이다.★

② 인간다운 생활을 할 권리는 헌법 제10조의 '인간으로서의 존엄과 가치'에 관한 규정과 더불어 헌법상 최고의 가치를 가진다.★

③ 인간다운 생활을 확보하기 위한 수단으로 최저 생활이 불가능한 국민에게는 사회보장・사회복지의 방법을 통해 인간다운 생활을 확보해주도록 하고 있다. 또한 생활무능력자에게는 생계비 지급 등의 방법으로 생존을 보장해줄 국가의 의무도 규정하고 있다.

5. 환경권(헌법 제35조)

깨끗한 환경 속에서 인간다운 생활을 할 수 있는 권리이며, 타기본권의 제한을 전제로 하는 기본권으로 의무성이 강하고 경제성장의 장애 요인의 성격이 있고 미래세대의 기본권적 성격이 있다.

6. 혼인의 순결과 보건을 보호받을 권리(헌법 제36조)

헌법은 혼인과 가족생활에 대한 제도 보장을 규정하고 있고 양성의 평등, 보건에 관한 국가의 보호의무, 모성의 보호 등을 규정하고 있다.

V 청구권적 기본권(기본권 보장을 위한 기본권)

1. 청구권적 기본권의 의의와 법적 성격

① 의의 : 국가에 대하여 일정한 행위를 적극적으로 청구할 수 있는 국민의 주관적 공권으로서, 그 자체가 권리의 목적이 아니라 기본권을 보장하기 위한 절차적 기본권이다.★

② 법적 성격 : 자유권적 기본권과 함께 가장 오래된 기본권 중의 하나로서 직접적 효력이 발생하는 현실적 권리이며 국가내적 권리이다.

2. 청원권・청구권

① 청원권(헌법 제26조) : 오늘날 청원권은 권리구제의 수단이라기보다는 국민의 의사・희망을 개진하는 수단으로 기능을 하고 있다. 청원은 반드시 문서로 하며, 국가기관은 이를 수리・심사할 의무를 진다.★

② 재판청구권(헌법 제27조) : 모든 국민은 '헌법과 법률에 정한 법관'에 의하여 '법률'에 의한 '정당한 재판'을 받을 권리를 가진다. 또한, 원칙상 군사법원의 재판을 받지 아니할 권리, 신속・공개・공정한 재판을 받을 권리, 판결확정 전의 무죄추정을 받을 권리, 형사피해자의 공판정 진술권 등을 가진다.

③ **형사보상청구권(헌법 제28조)★** : 형사피의자 또는 형사피고인으로 구금되었던 자가 불기소처분이나 무죄판결을 받을 경우 그가 입은 정신적·물질적 손실을 법률에 의하여 정당한 보상을 청구할 수 있는 권리이다.

예 피의자보상, 피고인보상, 국가기관의 무과실·결과책임

④ **국가배상청구권(헌법 제29조)★**

㉠ 공무원의 직무상 불법행위로 말미암아 손해를 입은 자가 국가 또는 공공단체에 대하여 배상을 청구할 수 있는 권리이다.

㉡ 요건으로는 공무원(널리 공무에 종사하고 있는 자를 포함)의 행위, 직무행위이어야 하며, 고의나 과실이 있는 위법한 행위이어야 하고, 손해가 발생하여야 한다. 그 밖에 공공시설의 설치·관리의 하자로 인한 배상, 군인·군무원·경찰공무원 등에 대한 배상제한을 규정하고 있다.

⑤ **손실보상청구권(헌법 제23조 제3항)★** : 국가의 적법한 권력행사로 인하여 재산상의 손실을 입은 자가 그 보상을 청구할 수 있는 권리로, 이는 특별한 희생에 대한 공평부담의 원칙에 근거한 것이다.

⑥ **범죄피해자구조청구권(헌법 제30조)★** : 가해자가 불명하거나 무자력인 타인의 범죄행위(피해자에게 귀책사유가 없을 것)로 인하여 생명·신체에 대한 피해를 입은 경우에 국가에 대하여 구조를 청구할 수 있는 권리이다.

예 유족구조금, 장해구조금

Ⅵ 참정권적 기본권

1. 참정권의 의의

국민이 주권자로서 국정에 참여할 수 있는 기본권, 즉 국민이 국가기관의 구성원으로서 국가의 공무에 참여할 수 있는 권리를 말한다.

2. 참정권의 내용

선거권, 공무담임권, 국민투표(표결)권이 있다.

THE 알아두기

직접민주제

1. 국민이 국가의 의사형성에 직접으로 참여할 수 있는 권리로 국민발안, 국민소환, 국민표결(국민투표)이 있다.★

국민발안	일정 수의 국민이 헌법 개정안이나 법률안 등을 의회에 직접 발의할 수 있는 제도
국민소환	국민이 선출한 공무원을 임기만료 전에 투표를 통해 해임하는 제도
국민표결(국민투표)	헌법 개정이나 국가의 중요 정책을 결정할 때 투표를 통해 국민의 의사를 묻는 제도

2. 현행 헌법에서는 국가 안위에 관한 중요정책에 대한 국민투표(제72조), 헌법개정안에 대한 국민투표(제130조) 등을 규정하고 있다.★

Ⅶ 국민의 의무

1. 고전적 의무*

국가의 존립을 유지하고 보위(保衛)하기 위한 국민의 의무를 말한다. 이에는 납세의 의무(헌법 제38조)와 국방의 의무(헌법 제39조 제1항)가 있다.

2. 현대적 의무*

고전적 의무와 달리 국민에 국한하지 않고 국적의 여하를 막론하며, 모든 인간에게 공통되는 기본 의무를 말한다.

① 교육을 받게 할 의무 : 모든 국민은 그 보호하는 자녀에게 적어도 초등교육과 법률이 정하는 교육을 받게 할 의무를 진다(헌법 제31조 제2항).

② 근로의 의무 : 모든 국민은 근로의 의무를 진다(헌법 제32조 제2항).

③ 환경보전의 의무 : … 국민은 환경보전을 위하여 노력하여야 한다(헌법 제35조).

④ 재산권 행사의 공공복리적합성의 의무 : 재산권의 행사는 공공복리에 적합하여야 한다(헌법 제23조 제2항).

제4절 통치구조

Ⅰ 통치구조의 원리와 형태

1. 통치원리

국민주권의 원리, 권력분립의 원리, 의회주의의 원리, 법치주의의 원리를 그 내용으로 한다.

THE 알아두기

권력분립이론의 발전

2권 분립론	• 입법권의 집행권 및 동맹권에 대한 우위 강조 • 로크
3권 분립론	• 견제와 균형 강조 • 몽테스키외

현행 헌법상 권력분립

대통령	법률안거부권, 예산안편성권, 국민투표부의권
법원	명령·규칙·처분의 위헌 심사권, 행정재판권, 선거소송
헌법재판소	위헌법률심사, 탄핵심판, 기관소송(권한쟁의 심판)
국회	국정감사·조사권, 해임건의권, 탄핵소추권, 긴급명령 등 승인권, 계엄해제요구권 각종 동의권·승인권

2. 통치구조의 형태

① **대통령제** : 대통령제는 엄격한 권력분립에 입각하여 행정부의 수반(대통령)이 국민에 의하여 선출되고, 그 임기 동안 의회에 대하여 책임을 지지 않고 의회로부터 완전히 독립한 지위를 유지하는 정부형태이다.

② **의원내각제** : 행정부(내각)가 의회(하원)에 의하여 구성되고 의회의 신임을 그 존립의 요건으로 하는 정부형태이다.

THE 알아두기

대통령제와 의원내각제의 비교 [한국남부발전], [한국전력공사]

구분	대통령제	의원내각제
성립·존속 관계(본질)	• 엄격한 삼권분립, 정부와 국회의 관계 대등 • 대통령 : 민선 • 정부 : 대통령이 독자적으로 구성 • 대통령이 의회에 대해 무책임	• 입법권과 행정권의 융합 • 대통령 : 의회에서 간선 • 정부 : 의회에서 간선 • 의회는 정부불신임권 보유, 정부는 의회 해산권 보유
정부의 구조관계	국가대표와 행정수반이 대통령에 귀속 (실질적 권한)	• 국가대표는 대통령(또는 군주)에게 귀속 (형식적·의례적 권한) • 행정수반은 수상(또는 총리)에게 귀속 (실질적 행정권)
기능상의 관계	• 의원의 정부각료 겸직 불허 • 정부의 법률안제출권, 정부의 의회출석·발언권 없음	• 의원의 정부각료 겸직 허용 • 정부의 법률안제출권, 정부의 의회출석·발언권 있음
기타 제도상의 관계	• 민선의 부통령제를 채택 • 대통령의 법률안거부권 인정 • 국무회의는 법률상 기관, 임의적 기관, 자문기관	• 총리제 : 의회의 동의를 얻어 국가 원수가 총리를 임명 • 부서제도를 채택 • 국무회의는 헌법상 기관, 필수적 기관, 의결기관
장점	• 대통령 임기동안 정국안정 • 국회 다수당의 횡포견제 가능	• 정치적 책임에 민감(책임정치) • 독재방지
단점	• 정치적 책임에 둔감 • 독재의 우려	• 정국불안정 • 다수당의 횡포 우려

③ **우리나라의 정부형태**★★ : 대통령제 요소와 의원내각제 요소가 절충되고 있으나, 국정이 대통령중심제로 이루어지고 행정부의 수반과 국가원수가 동일인인 대통령인 점에 비추어 대통령제라 할 수 있다.

THE 알아두기

대통령제와 의원내각제의 요소 비교

대통령제적 요소	• 대통령이 국가원수 겸 행정부 수반이 됨(집행부가 일원화) • 대통령이 국민에 의해 직접 선출 • 행정부 구성원의 탄핵소추 • 법률안거부권★ • 국회가 대통령을 불신임하거나, 대통령이 국회를 해산하지 못함★ • 국정조사 및 국정감사제도★

의원내각제적 요소	• 정부의 법률안제출권★ • 국무총리와 국무위원에 대한 해임건의권★ • 국무총리 및 관계 국무위원의 부서제도★ • 국무총리제★ • 국회의원과 국무위원의 겸직 허용★ • 국무총리 및 국무위원 등의 국회 및 위원회 출석발언권 및 출석발언요구권 • 국무회의제

Ⅱ 통치기구

1. 국회

① 의회의 개념 : 국민에 의하여 선출된 의원들로 구성되는 합의체의 국가기관으로서 입법권을 행사한다.
② 단원제와 양원제 : 의회는 하나 또는 둘의 합의체로써 구성되는데, 전자를 단원제, 후자를 양원제라 한다.

THE 알아두기 ⊘

단원제와 양원제의 장단점★★

구분	단원제	양원제
장점	• 국정의 신속한 처리 • 국회의 경비절약 • 책임소재의 분명 • 국민의사의 직접적 반영	• 연방국가에 있어서 지방의 이익 옹호 • 직능적 대표로 상원이 원로원 구실을 하여 급진적 개혁방지 • 하원의 경솔한 의결이나 성급한 과오 시정 • 상원이 하원과 정부의 충돌완화
단점	• 국정심의의 경솔 • 정부와 국회의 충돌 시 해결의 곤란 • 국회의 정부에 대한 횡포의 우려	• 의결의 지연 • 경비과다 • 전체 국민의 의사 왜곡 우려

③ 국회의 헌법상 지위★ : 국회는 국민의 대표기관으로서의 지위, 입법기관으로서의 지위, 국정의 통제기관으로서의 지위를 갖는다.
④ 국회의 구성★ : 국민의 보통・평등・직접・비밀선거에 의하여 선출된 의원과 비례대표제에 의한 간선의원으로 구성되며, 의원정수는 법률로 정하되 200인 이상으로 한다(헌법 제41조 제1항・제2항).

THE 알아두기 ⊘

국회의원

• 국회의원의 임기는 4년으로 한다(헌법 제42조).
• 국회의원은 법률이 정하는 직을 겸할 수 없다(헌법 제43조).
• 국회의원이 궐위되어 보궐선거로서 다시 의원을 선출하는 경우 당선된 의원의 임기는 잔여임기로 한다(공직선거법 제14조 제2항 단서 참고).

THE 알아두기

국회의 회의

- 정기회는 매년 1회, 9월 1일 개회하며 회기는 100일을 초과하지 못한다.
- 임시회는 대통령 또는 재적의원 4분의 1 이상의 요구로 개회하며 회기는 30일을 초과하지 못한다.

⑤ 국회의 의사정족수(헌법 제49조)

㉠ 국회의 일반의결정족수

정족수	사항
재적의원의 과반수 출석과 출석의원의 과반수 찬성 : 가부동수인 경우 부결된 것으로 본다.	• 법률안 의결 • 예비비 승인 • 예산안 의결 • 긴급명령의 승인 • 조약 동의 • 공무원 임명동의 • 일반사면 동의 • 의원의 체포・석방 동의

㉡ 국회의 특별의결정족수★★

정족수	사항
재적의원 2/3 이상 찬성	• 헌법개정안 의결 • 국회의원 제명 • 대통령에 대한 탄핵소추 의결
재적의원 과반수의 찬성	• 헌법개정안 발의 • 대통령탄핵소추 발의 • 탄핵소추 의결(대통령은 제외) • 국무총리 등 해임 건의 • 계엄해제 요구 • 국회의장 및 부의장 선출(예외적으로 선거투표제 있음)
재적의원 1/3 이상 찬성	• 국무총리 등 해임 발의 • 탄핵소추 발의(대통령은 제외)
재적의원 과반수 출석과 출석의원 2/3 이상 찬성	법률안의 재의결
재적의원 1/4 이상 찬성	임시국회 집회요구
재적의원 과반수 출석과 출석의원 다수 찬성	• 국회법상 : 임시의장・상임위원회의 위원장 선출 • 헌법상 : 국회에서의 대통령당선자 결정
출석의원 과반수 찬성	본회의 비공개결정

⑥ 회기와 회의의 원칙

㉠ 회기 : 국회가 의사활동을 할 수 있는 기간을 말하며, 이에는 정기회와 임시회가 있다.

㉡ 회의의 원칙

의사공개의 원칙	회의의 내용은 원칙적으로 공개한다(헌법 제50조 제1항 본문).
회기계속의 원칙	회기 중 의결하지 못한 의안은 폐기되지 않고 다음 회기에 자동으로 넘겨 심의를 계속하도록 하는 제도이다. 다만, 국회의원의 임기가 만료된 때에는 그러하지 아니한다(헌법 제51조).
일사부재의 원칙	회기 중 한 번 부결된 안건은 같은 회기 내에 재발의하지 못하도록 하는 제도로 계속 똑같은 안건을 발의하여 원활한 회의 진행을 방해하는 것을 사전에 차단하는 원칙이다(국회법 제92조).

⑦ 권한★★

㉠ 입법 : 헌법개정안 발의·의결권, 법률안제출권, 법률제정권, 조약의 체결·비준에 대한 동의권, 국회규칙제정권

㉡ 재정(재정의회주의 채택) : 조세법률주의, 예산 및 추가경정예산의 심의·확정권, 결산심사권, 기채동의권, 예산 외의 국가부담 계약체결에 대한 동의권, 예비비 설치에 대한 의결권과 그 지출승인권 등

㉢ 헌법기관 구성 : 대법원장·헌법재판소장·국무총리·감사원장 임명동의권, 헌법재판소재판관·선거관리위원회위원의 일부선출권 등

㉣ 국정통제 : 탄핵소추권, 해임건의권, 긴급재정경제처분 및 명령·긴급명령에 대한 승인권, 국정감사권·국정조사권·계엄해제요구권, 국방·외교정책에 대한 동의권, 일반사면에 대한 동의권, 국무총리 등의 국회출석요구 및 질문권 등

㉤ 국회 내부사항에 관한 자율권 : 국회규칙제정권, 의원의 신분에 관한 권한(의원의 제명·징계·자격심사), 내부조직권, 내부경찰권 등

THE 알아두기

국정감사권과 국정조사권 [근로복지공단]

구분	국정감사권	국정조사권
주체	소관상임위원회	조사위원회
기능	포괄적 통제	한정적 통제
존재	상설(정기적)	비상설(재적의원 1/4 이상의 요구)
사항	국정전반	특정사안

⑧ 권리★★ : 특권(면책특권, 불체포특권), 의사운영에 관한 권리(출석권, 발의권, 질문권, 질의권, 토론권, 의결권), 임시회소집을 요구할 권리(재적의원 4분의 1 이상) 등

THE 알아두기

국회의원의 특권

1. 불체포특권(헌법 제44조)
   ① 국회의원은 현행범인인 경우를 제외하고는 회기 중 국회의 동의 없이 체포 또는 구금되지 아니한다.
   ② 국회의원이 회기 전에 체포 또는 구금된 때에는 현행범인이 아닌 한 국회의 요구가 있으면 회기 중 석방된다.
2. 면책특권(헌법 제45조) : 국회의원은 국회에서 직무상 행한 발언과 표결에 관하여 국회 외에서 책임을 지지 아니한다.

⑨ 의무★★ : 국민 전체에 대한 봉사자로서의 봉사의무, 겸직금지의무, 청렴의무, 국익우선의무, 지위남용금지의무, 선서의무, 국회·위원회 출석의무, 의장의 내부경찰권에 복종할 의무, 의사에 관한 법령·규칙준수의무, 의회장질서 유지에 관한 명령복종 준수 등

2. 대통령

① 대통령의 헌법상 지위★

국민대표기관으로서의 지위	대통령은 국회와 더불어 국민의 대표기관이다.
국가원수로서의 지위	대통령은 국가원수로서 대외적으로 국가를 대표하는 지위, 국가 및 헌법의 수호자로서의 지위, 국정의 통합조정자로서의 지위, 헌법기관 구성권자로서의 지위를 갖는다.
행정부의 수반으로서의 지위	대통령은 행정부를 조직·통할하는 집행에 관한 최고책임자로서의 지위가 있다. 법률집행권, 국무회의 소집권, 예산안 제출권, 대통령령 제정권, 일반공무원 임명권 등이 있다.

② **선임★** : 보통・평등・직접・비밀선거의 원칙에 따라 무기명투표・단기투표방법으로 국민이 직접 선출(전국단위의 대선거구제), 당선자 결정 방법은 상대적 다수대표제이고 예외로 1인의 후보자인 경우에는 선거권자 총 수의 3분의 1 이상을 득표해야 당선(무투표당선제를 부인)이 되며, 최고득표자가 2인 이상인 경우에는 국회 재적의원 과반수의 공개회의에서 다수표를 얻은 자가 당선된다(헌법 제67조).

③ **임기** : 대통령의 임기는 5년으로 하며, 중임할 수 없다(헌법 제70조). 대통령의 임기연장 또는 중임변경을 위한 헌법개정은 그 헌법개정 제안 당시의 대통령에 대하여는 효력이 없다(헌법 제128조 제2항).

④ **의무와 특권** : 대통령은 헌법준수・국가보위・조국의 평화적 통일・민족문화의 창달 등의 직무를 성실히 수행할 의무를 지며, 공・사의 직을 겸할 수 없으며, 국가의 독립・영토의 보전・국가의 계속성과 헌법을 수호할 책무를 진다. 또한 대통령은 내란 또는 외환의 죄를 범한 경우를 제외하고는 재직 중 형사상의 소추를 받지 아니하며, 탄핵결정에 의하지 아니하고는 공직으로부터 파면되지 아니한다.

⑤ **권한★★**

㉠ 대권적 권한 : 긴급명령과 긴급재정경제처분 및 명령권, 계엄선포권, 국민투표회부권, 헌법기구구성권

㉡ 행정에 관한 권한 : 행정에 관한 최고결정권과 최고지휘권, 법률집행권, 외교에 관한 권한, 정부의 구성과 공무원임명권, 국군통수권, 재정에 관한 권한(예산안제출권, 예비비지출권), 영전수여권

㉢ 국회와 입법에 관한 권한 : 임시국회 소집요구권, 국회출석・발언권, 국회에 대한 서한에 의한 의사표시권, 헌법개정에 관한 권한, 법률안제출권, 법률안거부권, 법률안공포권, 행정입법권(위임명령・집행명령제정권)

㉣ 사법에 관한 권한 : 위헌정당해산제소권, 사면・감형・복권에 관한 권한

㉤ 권한행사의 방법 : 대통령의 권한행사는 문서로써 하여야 하며, 국무총리와 관계 국무위원의 부서가 있어야 한다. 한편, 일정한 사항에 대하여는 국무회의의 심의, 국가안전보장회의의 자문 등을 거쳐야 한다.

㉥ 권한행사에 대한 통제방법 : 국민은 대통령을 선출함으로써, 국회는 대통령의 권한행사에 대한 승인권・탄핵소추권・계엄해제요구권을 통해, 법원은 대통령의 명령・처분을 심사함으로써 대통령의 권한행사를 통제한다.

㉦ 권한대행 : 대통령이 궐위되거나 사고로 인하여 직무를 수행할 수 없게 된 때에는 1차적으로 국무총리가 그 권한을 대행하고, 2차적으로는 법률이 정한 국무위원의 순서에 따라 그 권한을 대행한다(헌법 제71조).

3. 행정부

① **국무총리**

㉠ 대통령의 보좌기관으로서 대통령의 명을 받아 행정각부를 통할한다(헌법 제86조 제2항).

㉡ 행정부의 제2인자로서 대통령 권한대행의 제1순위가 되며, 국무회의의 부의장이 된다(헌법 제88조 제3항).

㉢ 국회의 동의를 얻어 대통령이 임명하고(헌법 제86조 제1항), 해임은 대통령의 자유이나 국회가 해임건의를 할 수 있다(헌법 제63조 제1항).

㉣ 국무위원의 임명제청권과 해임건의권, 대통령의 권한대행 및 서리권, 국무회의의 심의・참가권, 국회에의 출석・발언권, 부서권, 행정각부 통할권, 총리령 제정권을 가지며 부서할 의무, 국회의 요구에 따라 출석・답변할 의무가 있다.

② **국무위원★** : 국무회의의 구성원으로서 대통령의 보좌기관으로(헌법 제87조 제2항) 임명은 국무총리의 제청으로 대통령이 하고(헌법 제87조 제1항) 해임은 대통령이 자유로이 한다.

③ **국무회의★★**

㉠ 대통령을 의장으로 하고 국무총리를 부의장으로 하며 15인 이상 30인 이하의 국무위원으로 구성하는 정부의 권한에 속하는 중요정책을 심의하는 기관이다.

㉡ 헌법상의 필수기관이며 최고의 정책심의기관이며 독립된 합의제기관이다(헌법 제88조).

④ 행정각부대통령 내지 국무총리의 지휘・통할 하에 법률이 정하는 행정사무를 담당하는 중앙행정관청으로, 각부의 장은 국무위원 중 국무총리 제청으로 대통령이 임명하며 대통령 내지 국무총리와 상명하복관계이다. 독임제 행정관청으로서 소속직원이나 소관사무에 관한 지방행정의 장을 지휘・감독하며, 필요한 행정처분・부령발포권을 가진다.

⑤ **대통령의 자문기관**★ : 국가안전보장회의는 필수적 자문기관(대통령이 주재)이나 국가원로자문회의, 민주평화통일자문회의, 국민경제자문회의는 임의적 기관이다.

⑥ **감사원**★

㉠ 원장을 포함한 5인 이상 11인 이하의 위원으로 조직된다(헌법 제98조 제1항).

㉡ 위원장을 포함한 위원의 임기는 4년, 1차에 한하여 중임이 가능하다(헌법 제98조 제2항・제3항).

㉢ 감사위원의 정년은 65세이지만, 감사원장의 정년은 70세로 한다(감사원법 제6조 제2항).

㉣ 원장은 국회의 동의를 얻고 위원은 원장의 제청으로 대통령이 모두 임명한다(헌법 제98조 제2항・제3항).

㉤ 대통령의 직속기관이지만 기능상 독립되어 있으며 합의제의 헌법상 필수기관이다.

㉥ 국가의 세입・세출의 결산을 매년 검사하여 대통령과 차년도 국회에 결과를 보고하며(헌법 제99조), 국가 및 법률에 정한 단체의 회계검사, 행정기관 및 공무원의 직무에 관한 감찰, 기타 변상책임유무의 판단, 징계처분 및 문책, 시정의 요구, 수사기관에의 고발, 재심의 등의 일을 한다.

THE 알아두기 ✓

감사원장의 직무 대행(감사원법 제4조 제3항)

원장이 궐위(闕位)되거나 사고(事故)로 인하여 직무를 수행할 수 없을 때에는 감사위원으로 최장기간 재직한 감사위원이 그 권한을 대행한다. 다만, 재직기간이 같은 감사위원이 2명 이상인 경우에는 연장자가 그 권한을 대행한다.★ [시행 2020.10.20.]

4. 법원

① **법원의 지위** : 사법에 관한 권한을 행사하며, 입법・행정기관과 더불어 동등한 독립된 주권을 행사하는 기관이며, 국민의 기본권이 침해된 경우에 그 사법적 보장을 위한 기관이다.

② **사법권의 조직**★★

㉠ 법원은 최고법원인 대법원과 각급의 법원으로 조직된다(헌법 제101조 제2항). 하급법원으로 고등법원, 행정법원, 특허법원, 지방법원, 가정법원 그리고 특별법원으로서의 군사법원이 있다.

㉡ 대법원장은 국회의 동의를 얻어 대통령이 임명하며(헌법 제104조 제1항), 임기는 6년이고 중임할 수 없다(헌법 제105조 제1항).

㉢ 대법관은 대법원장의 제청으로 국회의 동의를 얻어 대통령이 임명하며(헌법 제104조 제2항), 임기는 6년이고 연임할 수 있다(헌법 제105조 제2항).

㉣ 대법원장과 대법관이 아닌 법관은 대법관회의의 동의를 얻어 대법원장이 임명하며(헌법 제104조 제3항), 임기는 10년이고, 연임할 수 있다(헌법 제105조 제3항).

THE 알아두기 ✓

대법원의 조직

1. 대법관 수 : 대법관 수에 대해서는 직접 헌법에서 규정하지 않고 있다. 법원조직법에서 대법원장을 포함하여 14인으로 규정하고 있다(법원조직법 제4조 제2항).
2. 대법관회의 : 헌법상 필수기관이며 대법관으로 구성된다. 대법관 전원의 3분의 2 이상 출석과 출석과반수의 찬성으로 의결하며 의장은 표결권과 가부동수인 때에는 결정권을 가진다(법원조직법 제16조).

③ **권한★★** : 법원의 고유한 권한으로는 민사·형사·행정소송 등 법률적 쟁송에 관한 재판권이 있으며, 그 외에 비송사건의 관장, 명령·규칙·처분의 심사권, 위헌법률심판제청권, 대법원의 규칙제정권, 사법행정권, 법정질서유지권, 대법원장의 헌법재판소재판관과 선거관리위원회위원 지명권(각 3인을 지명) 등이 있다.

④ **사법절차와 운영★★**

㉠ 재판의 심급제 : 재판은 원칙적으로 심급제를 채택하고, 예외적으로 이심제, 단심제를 채택하고 있다.

㉡ 재판의 공개제 : 공개함을 원칙으로 하나 재판의 심리가 국가안전보장 또는 안녕질서를 방해하거나 선량한 풍속을 해칠 염려가 있을 때에는 법원의 결정으로 공개하지 않을 수 있다. 또한 재판공개의 원칙은 비송사건절차나 가사심판절차에는 적용되지 아니한다.

㉢ 배심제·참심제

배심제	일반시민으로 구성된 배심원단이 직업법관으로부터 독립하여 사실문제에 대한 평결을 내리고, 법관이 그 사실판단에 대한 평결결과에 구속되어 재판하는 제도
참심제	일반시민인 참심원이 직업법관과 함께 재판부의 일원으로 참여하여 직업법관과 동등한 권한을 가지고 사실문제 및 법률문제를 모두 판단하는 제도

⑤ **신분보장**

㉠ 법관은 탄핵 또는 금고 이상의 형의 선고에 의하지 아니하고는 파면되지 아니하며, 징계처분에 의하지 아니하고는 정직·감봉 기타 불리한 처분을 받지 아니한다.

㉡ 법관이 중대한 심신상의 장해로 직무를 수행할 수 없을 때에는 법률이 정하는 바에 의하여 퇴직하게 할 수 있다.

⑥ **사법권의 독립** : 사법권의 독립은 공정한 재판을 보장하기 위하여 사법권을 입법권과 행정권으로부터 분리하여 독립시키고, 법관이 구체적인 사건을 재판함에 있어서 누구의 지위나 명령에도 구속받지 않는 것을 의미하며, 법관의 직무상의 독립(헌법 제103조)과 법관의 신분상의 독립(헌법 제105조·제101조 제3항·제106조 제1항 등)이 있다.

5. 헌법재판소★★★

① **헌법재판소의 지위와 구성**

㉠ 헌법재판소는 정치적 사법기관으로서 사법적 방법에 의하여 헌법을 보장하는 기관이다.

㉡ 법관의 자격을 가진 9인의 재판관으로 구성하며(헌법 제111조 제2항), 국회에서 선출하는 3인과 대법원장이 지명하는 3인을 포함하여 9인의 재판관은 대통령이 임명한다(헌법 제111조 제2항·제3항). 헌법재판소의 장은 국회의 동의를 얻어 재판관 중에서 대통령이 임명하며, 재판관의 자격은 법관자격자로 한다(헌법 제111조 제4항).

㉢ 임기는 6년이며 연임이 가능하고, 정당·정치에 관여할 수 없다(헌법 제112조 제1항·제2항).

㉣ 탄핵 또는 금고 이상의 형의 선고에 의하지 않고서는 파면당하지 아니한다(헌법 제112조 제3항).

② **권한** : 헌법재판소는 그 권한으로 위헌법률심판권(헌법 제111조 제1항 제1호), 탄핵심판권(헌법 제111조 제1항 제2호), 위헌정당해산심판권(헌법 제111조 제1항 제3호), 권한쟁의심판권(헌법 제111조 제1항 제4호), 헌법소원심판권(헌법 제111조 제1항 제5호), 헌법재판소 규칙제정권(헌법 제13조 제2항, 헌법재판소법 제10조 제1항)을 갖는다.

6. 선거관리위원회

① **구성★** : 중앙선거관리위원회는 대통령이 임명하는 3인, 국회에서 선출하는 3인, 대법원장이 지명하는 3인의 위원으로 구성한다. 위원장은 위원 중에서 호선한다(헌법 제114조 제2항).

② **위원의 지위** : 위원의 임기는 6년이며(헌법 제114조 제3항), 정당에 가입하거나 정치에 관여할 수 없다(헌법 제114조 제4항). 위원은 탄핵 또는 금고 이상의 형의 선고에 의하지 아니하고는 파면되지 아니한다(헌법 제114조 제5항).

③ **권한** : 법령의 범위 내에서 선거관리·국민투표관리 또는 정당사무에 관한 규칙을 제정할 수 있으며(헌법 제114조 제6항 전단), 선거사무와 국민투표사무에 관하여 관계 행정기관에 필요한 지시를 할 수 있다(헌법 제115조 제1항).

제1절 헌법 총설

01 헌법상 헌법개정에 관한 설명으로 옳은 것은?

확인 Check! ○ △ ×

① 헌법개정은 국회 재적의원 과반수 또는 정부의 발의로 제안된다.
② 대통령의 임기연장 또는 중임변경에 관해서는 이를 개정할 수 없다.
③ 헌법개정이 확정되면 대통령은 즉시 이를 공포하여야 한다.
④ 헌법개정안에 대한 국회의결은 출석의원 3분의 2 이상의 찬성을 얻어야 한다.

쏙쏙해설

③ 헌법 제130조 제3항
① 헌법개정은 국회 재적의원 과반수 또는 대통령의 발의로 제안된다.
② 개정은 가능하나 그 헌법개정 제안 당시의 대통령에 대하여는 효력이 없다.
④ 헌법개정안에 대한 국회의결은 재적의원 3분의 2 이상의 찬성을 얻어야 한다.

답 ❸

02 우리나라 헌법의 기본원리로 옳지 않은 것은?

① 자주통일주의
② 복지국가주의
③ 국민주권주의
④ 기본권존중주의

쏙쏙해설

헌법의 기본원리로 자주통일주의가 아닌 평화통일주의를 택하고 있다.

답 ❶

핵심만 콕

헌법의 기본원리★

- 국민주권주의
- 권력분립주의
- 세계평화주의
- 복지국가주의
- 기본권존중주의
- 평화통일주의
- 문화국가주의
- 사회적 시장경제주의

03 **다음 중 민주적 기본질서의 원리와 거리가 <u>먼</u> 것은?**

☑ 확인 Check! ○ △ ×

① 법치주의
② 권력분립주의
③ 의회민주주의
④ 포괄 위임입법주의

▌쏙쏙해설

헌법재판소는 포괄적 위임입법금지의 원칙을 법규범의 위헌여부를 판단하는 심사기준의 하나로서 적용하고 있다.

답 ❹

▌핵심만 콕

위임입법은 첫째, 모법에 근거가 있어야 하며(근거성), 둘째, 위임 입법에 의한 규정은 명확하여야 하며(명확성), 셋째, 그 내용이 예측 가능하여야 하며(예측 가능성), 넷째, 특히 처벌법규의 경우에는 이러한 요소 외에도 엄격하여야(엄격성)만 허용되는 것이다. 헌법재판소는 위임입법의 위헌 여부를 다투게 되는 경우에 있어서 이러한 네 가지의 단계의 순서에 따라서 위헌 여부를 심사하고, 각각의 단계의 요소에 비추어 단 한 가지의 요소라도 그 요건을 충족하지 못하는 경우에는 그것은 곧 포괄적 위임입법금지의 원칙에 위배되어 위헌으로 결정을 하게 된다.

제2절 대한민국 헌법

01 **현행 헌법에 규정되어 있는 내용이 <u>아닌</u> 것은?**

① 국정감사권
② 국민소환권
③ 헌법소원
④ 긴급명령권

▌쏙쏙해설

② 현행 헌법에는 국민소환권이 없다.
① 헌법 제61조 제1항
③ 헌법 제111조
④ 헌법 제76조

답 ❷

02 대한민국 헌법전문에서 언급하고 있는 내용이 아닌 것은?

☑ 확인 Check!
○
△
×

① 3 · 1운동
② 4 · 19민주이념
③ 5 · 18민주화운동
④ 정의 · 인도와 동포애

▌쏙쏙해설

5 · 18민주화운동은 헌법전문에서 언급하고 있는 내용이 아니다.

답 ❸

▌핵심만 콕

현행 헌법전문에 명문으로 규정되어 있는 것
• 국민주권주의 • 대한민국의 건국이념(3 · 1운동, 대한민국임시정부의 법통과 4 · 19이념의 계승) • 조국의 민주개혁과 평화적 통일의 사명 • 정의 · 인도와 동포애로써 민족의 단결을 공고히 함 • 모든 사회적 폐습과 불의를 타파 • 자유민주적 기본질서의 확립 • 모든 영역에서 각인의 기회 균등 • 국민생활의 균등한 향상 • 국제평화주의
현행 헌법전문에 명문으로 규정되어 있지 않은 것
• 권력분립 • 민주공화국, 국가형태(제1조) • 5 · 16군사정변(제4공화국 헌법) • 침략전쟁의 부인(제5조 제1항) • 자유민주적 기본질서에 입각한 평화적 통일정책(제4조) • 국가의 전통문화계승발전과 민족문화창달의무(제9조) • 대한민국 영토(제3조) • 개인과 기업의 경제상의 자유와 창의(제119조 제1항) • 인간의 존엄과 가치, 행복추구권(제10조)

03 헌법상 국회의원 선거에서 보장하고 있는 선거원칙이 아닌 것을 모두 고른 것은?

☑ 확인 Check! ○ △ ×

ㄱ. 제한선거	ㄴ. 직접선거	ㄷ. 공개선거

① ㄱ
② ㄱ, ㄷ
③ ㄴ, ㄷ
④ ㄱ, ㄴ, ㄷ

▌쏙쏙해설

우리나라의 선거제도는 보통 · 평등 · 직접 · 비밀 · 자유선거의 원칙을 따르므로, 제한선거와 공개선거는 보장되지 않는다.

답 ❷

▌핵심만 콕

선거제도의 원칙

구분	내용
보통선거제	제한선거제에 반대되는 것으로서 사회적 신분 · 재산 · 납세 · 교육 · 신앙 · 인종 · 성별 등에 차별을 두지 않고 원칙적으로 모든 성년자에게 선거권을 부여하는 제도이다.
평등선거제	차등선거제에 반대되는 것으로서 선거인의 투표가치가 평등하게 취급되는 제도이다.
직접선거제	간접선거제에 반대되는 것으로서 선거인이 직접 선거하는 제도이다.
비밀선거제	공개선거제에 반대되는 것으로서 선거인이 누구에게 투표했는가를 제3자가 알 수 없게 하는 제도이다.
임의선거제(자유선거제)	강제선거제에 반대되는 것으로서 투표를 선거인의 자유에 맡기고 기권에 대해서도 하등 제재를 과하지 않는 제도이다.

제3절 기본권

01 헌법 제37조 제2항의 규정이다. ( )에 들어갈 것은?

국민의 모든 자유와 권리는 국가안전보장 · 질서유지 또는 공공복리를 위하여 필요한 경우에 한하여 ( )(으)로써 제한할 수 있으며, 제한하는 경우에도 자유와 권리의 본질적인 내용을 침해할 수 없다.

① 헌법
② 법률
③ 대통령령
④ 부령

▌쏙쏙해설

국민의 모든 자유와 권리는 국가안전보장 · 질서유지 또는 공공복리를 위하여 필요한 경우에 한하여 법률로써 제한할 수 있으며, 제한하는 경우에도 자유와 권리의 본질적인 내용을 침해할 수 없다(헌법 제37조 제2항).

답 ❷

02 헌법 제37조 제2항의 규정이다. (   )에 들어갈 용어가 순서대로 옳은 것은?

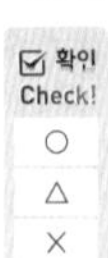

> 국민의 모든 자유와 권리는 (   )·(   ) 또는 (   )를 위하여 필요한 경우에 한하여 법률로써 제한할 수 있으며, 제한하는 경우에도 자유와 권리의 본질적인 내용을 침해할 수 없다.

① 국가안전보장, 질서유지, 공공복리
② 국가안전보장, 질서유지, 환경보호
③ 국가안전보장, 환경보호, 공공복리
④ 환경보호, 질서유지, 공공복리

쏙쏙해설

(   ) 안에 들어갈 용어는 순서대로 국가안전보장, 질서유지, 공공복리이다.

답 ❶

03 기본권의 주체에 관한 설명으로 옳은 것을 모두 고른 것은?

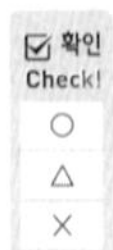

> ㄱ. 외국인은 대한민국에 입국할 자유를 보장받는다.
> ㄴ. 태아는 제한적으로 기본권의 주체가 될 수 있다.
> ㄷ. 사법인(私法人)은 언론·출판의 자유, 재산권의 주체가 된다.

① ㄱ, ㄴ　　② ㄱ, ㄷ
③ ㄴ, ㄷ　　④ ㄱ, ㄴ, ㄷ

쏙쏙해설

제시된 내용 중 옳은 것은 ㄴ과 ㄷ이다.

ㄱ (×) 외국인이 입국할 때에는 유효한 여권과 법무부장관이 발급한 사증(査證)을 가지고 있어야 한다(출입국관리법 제7조 제1항).

답 ❸

04 헌법상 신체의 자유에 관한 설명으로 옳지 않은 것은?

① 모든 국민은 고문을 받지 아니할 권리가 있다.
② 모든 국민은 형사상 자기에게 불리한 진술을 강요당하지 아니한다.
③ 누구든지 체포 또는 구속을 당한 때에는 즉시 국선변호인의 조력을 받을 권리를 가진다.
④ 누구든지 체포 또는 구속을 당한 때에는 적부의 심사를 법원에 청구 할 권리를 가진다.

쏙쏙해설

③ 누구든지 체포 또는 구속을 당한 때에는 즉시 변호인의 조력을 받을 권리를 가진다. 다만, 형사피고인이 스스로 변호인을 구할 수 없을 때에는 법률이 정하는 바에 의하여 국가가 변호인을 붙인다(헌법 제12조 제4항).
① 헌법 제12조 제2항 전단
② 헌법 제12조 제2항 후단
④ 헌법 제12조 제6항

답 ❸

05 다음 중 신체의 자유에 대한 설명으로 잘못된 것은?

① 범죄와 형벌은 법령 또는 관습법으로만 정한다.
② 신체의 자유는 인간의 모든 자유 중에서 가장 원시적인 자유이다.
③ 법률에 의하지 아니하고는 체포, 구속, 압수, 수색 또는 심문을 받지 아니한다.
④ 법률과 적법한 절차에 의하지 아니하고는 처벌, 보안처분 또는 강제노역을 받지 아니한다.

쏙쏙해설

"법률이 없으면 범죄도, 형벌도 없다."는 죄형법정주의 원칙에 따라 우리 형법의 법원은 성문법에 한정한다는 관습형법금지의 원칙을 따른다.

답 ❶

06 재산권에 대한 다음 설명 중 잘못된 것은?

☑ 확인 Check!
○
△
×

① 재산권은 물권과 채권으로 대별된다.
② 채무의 강제이행시 수인의 채권자가 있다면 모든 채권자들은 채권성립의 선후와 관계없이 평등하게 다루어진다.
③ 소유권은 물건을 사용, 수익, 처분할 수 있는 권리로서 우리 헌법은 재산권을 절대적으로 보장하고 있다.
④ 법률과 관습법이 인정하는 물권 이외에는 당사자들이 마음대로 새로운 물권을 창설할 수 없다.

쏙쏙해설

헌법 제23조 제1항에서 "모든 국민의 재산권은 보장된다." 그러나 "재산권의 내용과 한계는 법률로 정한다."라고 하여 사유재산제의 한계에 관한 법정주의(法定主義)를 규정하고 있다. 또 헌법 제23조 제2항은 "재산권의 행사는 공공복리에 적합하도록 하여야 한다."라고 하여 공공복리적합성을 규정하고 있다.

답 ❸

07 헌법상 기본권에 관한 설명으로 옳지 않은 것은?

① 모든 국민은 능력에 따라 균등하게 교육을 받을 권리를 가진다.
② 모든 국민은 근로의 권리를 가지며, 국가는 법률이 정하는 바에 의하여 최저임금제를 시행하여야 한다.
③ 국가유공자·상이군경 및 전몰군경의 유가족은 법률이 정하는 바에 의하여 우선적으로 근로의 기회를 부여받는다.
④ 법률이 정하는 주요방위산업체에 종사하는 근로자의 단결권·단체교섭권은 법률이 정하는 바에 의하여 이를 제한하거나 인정하지 아니 할 수 있다.

쏙쏙해설

법률이 정하는 주요방위산업체에 종사하는 근로자의 단체행동권은 법률이 정하는 바에 의하여 이를 제한하거나 인정하지 아니할 수 있다(헌법 제33조 제3항).★

답 ❹

08 헌법상 재판청구권에 관한 설명으로 옳은 것을 모두 고른 것은?

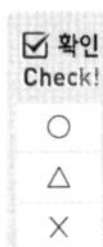

> ㄱ. 형사피고인은 상당한 이유가 없는 한 지체 없이 공개재판을 받을 권리를 가진다.
> ㄴ. 모든 국민은 신속한 재판을 받을 권리를 가진다.
> ㄷ. 모든 국민은 헌법과 법률이 정한 법관에 의하여 법률에 의한 재판을 받을 권리를 가진다.

① ㄱ, ㄴ　　② ㄱ, ㄷ
③ ㄴ, ㄷ　　④ ㄱ, ㄴ, ㄷ

▌쏙쏙해설

제시문은 모두 헌법상 재판청구권에 대한 설명으로 옳은 내용이다.

답 ❹

▌핵심만 콕

ㄱ (○) 형사피고인은 상당한 이유가 없는 한 지체 없이 공개재판을 받을 권리를 가진다(헌법 제27조 제3항 후문).
ㄴ (○) 모든 국민은 신속한 재판을 받을 권리를 가진다(헌법 제27조 제3항 전문).
ㄷ (○) 모든 국민은 헌법과 법률이 정한 법관에 의하여 법률에 의한 재판을 받을 권리를 가진다(헌법 제27조 제1항).

09 헌법에 규정되어 있는 의무가 아닌 것은?

① 타인의 권리 존중의무
② 근로의 의무
③ 재산권 행사의 공공복리적합의무
④ 환경보전의무

▌쏙쏙해설

① 타인의 권리 존중의무는 헌법에 규정되어 있지 아니하나, 언론・출판은 타인의 명예나 권리 또는 공중도덕이나 사회윤리를 침해하여서는 아니 된다고 규정되어 있다(헌법 제21조 제4항 전문).
② 헌법 제32조 제2항 전문
③ 헌법 제23조 제2항
④ 헌법 제35조 제1항 후단

답 ❶

10 국민의 근로와 관련하여 헌법에 명시되어 있지 않은 것은?

① 연소자는 우선적으로 근로의 기회를 부여받는다.
② 국가는 법률이 정하는 바에 의하여 최저임금제를 시행하여야 한다.
③ 공무원인 근로자는 법률이 정하는 자에 한하여 단결권·단체교섭권 및 단체행동권을 가진다.
④ 법률이 정하는 주요방위산업체에 종사하는 근로자의 단체행동권은 법률이 정하는 바에 의하여 이를 제한하거나 인정하지 아니할 수 있다.

쏙쏙해설

① 연소자는 근로를 함에 있어 특별한 보호를 받을 뿐, 우선적으로 근로의 기회를 부여받는 것은 아니다(헌법 제32조 제5항·제6항).
② 헌법 제32조 제1항 후문
③ 헌법 제33조 제2항
④ 헌법 제33조 제3항

답 ❶

참고

헌법 제32조
① 모든 국민은 근로의 권리를 가진다. 국가는 사회적·경제적 방법으로 근로자의 고용의 증진과 적정임금의 보장에 노력하여야 하며, 법률이 정하는 바에 의하여 최저임금제를 시행하여야 한다.
② 모든 국민은 근로의 의무를 진다. 국가는 근로의 의무의 내용과 조건을 민주주의원칙에 따라 법률로 정한다.
③ 근로조건의 기준은 인간의 존엄성을 보장하도록 법률로 정한다.
④ 여자의 근로는 특별한 보호를 받으며, 고용·임금 및 근로조건에 있어서 부당한 차별을 받지 아니한다.
⑤ 연소자의 근로는 특별한 보호를 받는다.
⑥ 국가유공자·상이군경 및 전몰군경의 유가족은 법률이 정하는 바에 의하여 우선적으로 근로의 기회를 부여받는다.

헌법 제33조
① 근로자는 근로조건의 향상을 위하여 자주적인 단결권·단체교섭권 및 단체행동권을 가진다.
② 공무원인 근로자는 법률이 정하는 자에 한하여 단결권·단체교섭권 및 단체행동권을 가진다.
③ 법률이 정하는 주요방위산업체에 종사하는 근로자의 단체행동권은 법률이 정하는 바에 의하여 이를 제한하거나 인정하지 아니할 수 있다.

제4절 통치구조

01 헌법의 내용에 관한 설명으로 옳은 것은?

☑ 확인 Check! ○ △ ×

① 국회 외의 국가기관이 법규를 제정하는 것은 위헌이다.
② 국회는 정부의 동의 없이 정부가 제출한 지출예산 각항의 금액을 증가할 수 있다.
③ 국방부장관은 현역군인의 신분을 유지할 수 있다.
④ 대법원장과 대법관의 임명권자는 대통령이다.

쏙쏙해설

④ 헌법 제104조 제1항・제2항
① 명령과 규칙 등을 보면 국회 외의 국가기관이 법규를 제정할 수 있음을 알 수 있다.
② 국회는 정부의 동의 없이 정부가 제출한 지출예산 각항의 금액을 증가하거나 새 비목을 설치할 수 없다(헌법 제57조).
③ 군인은 현역을 면한 후가 아니면 국무위원으로 임명될 수 없다(헌법 제87조 제4항).

답 ❹

02 헌법상 국회의 권한에 관한 설명으로 옳지 않은 것은?

☑ 확인 Check! ○ △ ×

① 국회는 국가의 예산안을 심의・확정한다.
② 국회는 국무총리의 해임을 대통령에게 건의할 수 있다.
③ 국회는 특정한 국정사안에 대하여 조사할 수 있다.
④ 국회는 정부의 동의 없이 정부가 제출한 지출예산 각항의 금액을 증가할 수 있다.

쏙쏙해설

④ 국회는 정부의 동의 없이 정부가 제출한 지출예산 각항의 금액을 증가하거나 새 비목을 설치할 수 없다(헌법 제57조).
① 헌법 제54조 제1항
② 헌법 제63조 제1항
③ 헌법 제61조 제1항 전단

답 ❹

03 국회의 권한으로 옳은 것은?

확인 Check! ○ △ ×

① 탄핵심판권
② 권한쟁의심판권
③ 긴급명령에 대한 승인권
④ 명령・규칙에 대한 최종심사권

쏙쏙해설

③은 국회의 권한에 해당한다.
①・②는 헌법재판소의 권한이고, ④는 대법원의 권한이다.

답 ❸

04 탄핵소추에 관한 설명으로 옳지 않은 것은?

확인 Check! ○ △ ×

① 대통령이 그 직무집행에 있어서 헌법이나 법률을 위배한 때에는 탄핵소추의 대상이 된다.
② 대통령에 대한 탄핵소추는 국회 재적의원 3분의 2 이상의 찬성이 있어야 의결된다.
③ 대통령이 탄핵소추의 의결을 받은 때에는 국무총리, 법률이 정한 국무위원의 순서로 그 권한을 대행한다.
④ 탄핵결정으로 공직으로부터 파면되면 민사상의 책임은 져야 하나, 형사상의 책임은 면제된다.

쏙쏙해설

④ 탄핵결정은 공직으로부터 파면함에 그친다. 그러나 이에 의하여 민사상이나 형사상의 책임이 면제되지는 아니한다(헌법 제65조 제4항).
① 헌법 제65조 제1항
② 헌법 제65조 제2항 단서
③ 헌법 제71조

답 ❹

05 국회와 행정부 간의 관계를 설명한 것으로 옳지 않은 것은?

☑ 확인 Check!
○
△
×

① 국회는 국무총리 또는 국무위원의 해임을 대통령에게 건의할 수 있다.
② 대통령은 국회에 출석하여 발언하거나 서한으로 의견을 표시할 수 있다.
③ 국회는 국정을 감사하거나 특정한 국정사안에 대하여 조사할 수 있다.
④ 대통령은 국회에서 의결된 법률안의 일부에 대하여 재의를 요구할 수 있다.

쏙쏙해설

④ 대통령은 법률안의 일부에 대하여 또는 법률안을 수정하여 재의를 요구할 수 없다(헌법 제53조 제3항).★
① 헌법 제63조 제1항
② 헌법 제81조
③ 헌법 제61조 제1항 전단

답 ❹

06 다음 중 국회의 임명동의권과 관계가 없는 것은?

☑ 확인 Check!
○
△
×

① 국무총리
② 중앙선거관리위원장
③ 대법원장
④ 헌법재판소장

쏙쏙해설

중앙선거관리위원회의 위원장은 위원 중에서 호선한다(헌법 제114조 제2항).

답 ❷

07 법률제정절차에 관한 설명 중 틀린 것은?

☑ 확인 Check!
○
△
×

① 헌법 제40조에 의하여 입법권은 국회에 속한다.
② 법률제정은 법률안 제출, 의결 및 공포의 3단계를 거친다.
③ 법률안 제출은 입법기관인 국회의원과 정부에 의해 이루어진다.
④ 국회에서 의결된 법률안이 정부로 이송되면 대통령은 이를 거부할 수 없다.

쏙쏙해설

법률안에 이의가 있을 때에는 대통령은 15일 이내에 이의서를 붙여 국회로 환부하고, 그 재의를 요구할 수 있다. 국회의 폐회 중에도 또한 같다(헌법 제53조 제2항).

답 ❹

08 대통령의 권한에 속하지 않는 것은?

① 헌법개정제안권
② 긴급재정경제처분권
③ 임시국회소집요구권
④ 위헌법률심판제청권

▌쏙쏙해설

위헌법률심판제청권이란 법률이 헌법에 위반되는지의 여부가 재판의 전제가 된 경우에 법원이 직권 또는 당사자의 신청에 의한 결정으로 헌법재판소에 위헌법률심판을 제청하는 것을 말한다(헌법 제107조). 따라서 위헌법률심판제청권은 법원의 권한에 속한다.

답 ❹

09 헌법상 '국가안전보장회의'의 주재자는?

① 대통령
② 국방부장관
③ 국가정보원장
④ 행정안전부장관

▌쏙쏙해설

국가안전보장회의는 대통령이 주재한다(헌법 제91조 제2항).

답 ❶

▌핵심만 콕

헌법 제91조

① 국가안전보장에 관련되는 대외정책·군사정책과 국내정책의 수립에 관하여 국무회의의 심의에 앞서 대통령의 자문에 응하기 위하여 국가안전보장회의를 둔다.
② 국가안전보장회의는 대통령이 주재한다.
③ 국가안전보장회의의 조직·직무범위 기타 필요한 사항은 법률로 정한다.

10 헌법기관의 구성원의 임기가 다른 것은?

① 감사위원
② 헌법재판소 재판관
③ 중앙선거관리위원회 위원
④ 대법관

▌쏙쏙해설

①만 4년이고, ②·③·④는 모두 6년이다.

답 ❶

11 헌법상 국회의원에 관한 설명으로 옳지 않은 것은?

① 국회의원의 수는 법률로 정하되, 200인 이상으로 한다.
② 국회의원은 현행범인인 경우를 제외하고는 회기 중 국회의 동의 없이 체포 또는 구금되지 아니한다.
③ 국회의원이 회기 전에 체포 또는 구금된 때에는 현행범인이 아닌 한 국회의 요구가 있으면 회기 중 석방된다.
④ 국회의원은 국회에서 직무상 행한 발언과 표결에 관하여 국회 내·외에서 책임을 지지 아니한다.

▌쏙쏙해설

④ 국회의원은 국회에서 직무상 행한 발언과 표결에 관하여 국회 외에서 책임을 지지 아니한다(헌법 제45조).
① 헌법 제41조 제2항
② 헌법 제44조 제1항
③ 헌법 제44조 제2항

답 ❹

▌핵심만 콕

국회의원의 특권

1. 불체포특권
   - 국회의원은 현행범인인 경우를 제외하고는 회기 중 국회의 동의 없이 체포 또는 구금되지 아니한다(헌법 제44조 제1항).
   - 국회의원이 회기 전에 체포 또는 구금된 때에는 현행범인이 아닌 한 국회의 요구가 있으면 회기 중 석방된다(헌법 제44조 제2항).
2. 면책특권
   국회의원은 국회에서 직무상 행한 발언과 표결에 관하여 국회 외에서 책임을 지지 아니한다(헌법 제45조).

12 헌법상 통치기구에 관한 설명으로 옳지 않은 것은?

① 입법권은 국회에 속하고, 국회의원의 임기는 4년으로 한다.
② 대통령은 국가의 원수이며, 행정권은 대통령을 수반으로 하는 정부에 속한다.
③ 헌법재판소는 법관의 자격을 가진 9인의 재판관으로 구성하며, 재판관은 대통령이 임명한다.
④ 법원은 명령규칙심사권, 위헌법률심판권, 탄핵심판권 등의 권한을 갖는다.

▌쏙쏙해설

④ 위헌법률심판권, 탄핵심판권은 헌법재판소의 권한이다(헌법 제111조 제1항).
① 헌법 제40조, 제42조
② 헌법 제66조 제1항 · 제4항
③ 헌법 제111조 제2항

답 ❹

13 헌법상 법원 및 법관에 관한 규정의 내용으로 옳은 것은?

① 법률의 위헌 여부는 대법원이 이를 최종적으로 심사할 권한을 가진다.
② 법원은 명령 · 규칙의 위헌 여부에 대하여 헌법재판소에 제청하고 그 심판에 의하여 재판한다.
③ 대법원장과 대법관이 아닌 법관은 국회의 동의를 얻어 대통령이 임명한다.
④ 법관은 탄핵 또는 금고 이상의 형의 선고에 의하지 아니하고는 파면되지 아니한다.

▌쏙쏙해설

법관은 탄핵 또는 금고 이상의 형의 선고에 의하지 아니하고는 파면되지 아니하며, 징계처분에 의하지 아니하고는 정직 · 감봉 기타 불리한 처분을 받지 아니한다(헌법 제106조 제1항).

답 ❹

▌핵심만 콕

① 법원의 제청에 의한 법률의 위헌여부심판은 헌법재판소가 관장한다(헌법 제111조 제1항 제1호, 헌법재판소법 제2조 제1호).
② 명령 · 규칙 또는 처분이 헌법이나 법률에 위반되는 여부가 재판의 전제가 된 경우에는 대법원은 이를 최종적으로 심사할 권한을 가진다(헌법 제107조 제2항).
③ 대법원장과 대법관이 아닌 법관은 대법관회의의 동의를 얻어 대법원장이 임명한다(헌법 제104조 제3항).

14 우리 헌법재판소의 관장사항이 아닌 것은?

① 법원의 제청에 의한 법률의 위헌여부 심판
② 지방자치단체 상호 간의 권한쟁의심판
③ 국회의원에 대한 탄핵심판
④ 법률에 대한 헌법소원심판

쏙쏙해설

③ 헌법은 대통령・국무총리・국무위원・행정각부의 장・헌법재판소 재판관・법관・중앙선거관리위원회위원・감사원장・감사위원 기타 법률이 정한 공무원이 그 직무집행에 있어서 헌법이나 법률을 위배한 때에는 국회는 탄핵의 소추를 의결할 수 있다(헌법 제65조 제1항)고 규정하고 있으므로 국회의원은 탄핵심판의 대상이 아니다.★

①・②・④ 헌법 제111조 제1항 제1호・제4호・제5호

답 ❸

15 헌법 규정상 헌법재판소가 관장하는 사항으로 옳은 것은?

① 위헌・위법명령 심사권
② 선거와 관련된 선거소송과 당선소송
③ 지방자치단체 상호 간의 권한쟁의심판
④ 재판에 대한 헌법소원심판

쏙쏙해설

③ 지방자치단체 상호 간의 권한쟁의 심판은 헌법재판소 관장사항이다(헌법 제111조 제1항 제4호).

① 명령・규칙 또는 처분이 헌법이나 법률에 위반되는 여부가 재판의 전제가 된 경우에는 대법원은 이를 최종적으로 심사할 권한을 가진다(헌법 제107조 제2항).★

② 선거소송 및 당선소송은 대법원에 제기하는 소송이다(공직선거법 제222조, 제223조 참고).

④ 공권력의 행사 또는 불행사로 인하여 헌법상 보장된 기본권을 침해받은 자는 법원의 재판을 제외하고는 헌법재판소에 헌법소원심판을 청구할 수 있다(헌법재판소법 제68조 제1항 본문).★

답 ❸

참고

헌법재판소는 다음의 사항을 관장한다(헌법 제111조 제1항).

1. 법원의 제청에 의한 법률의 위헌여부 심판
2. 탄핵의 심판
3. 정당의 해산 심판
4. 국가기관 상호 간, 국가기관과 지방자치단체 간 및 지방자치단체 상호 간의 권한쟁의에 관한 심판
5. 법률이 정하는 헌법소원에 관한 심판

16 헌법 제113조 제1항의 규정이다. (　)에 들어갈 숫자는?

☑ 확인 Check! ○ △ ×

> 헌법재판소에서 법률의 위헌결정, 탄핵의 결정, 정당해산의 결정 또는 헌법소원에 관한 인용결정을 할 때에는 재판관 (　)인 이상의 찬성이 있어야 한다.

① 5　　② 6
③ 7　　④ 8

▌쏙쏙해설

괄호 안에 들어갈 숫자는 6이다.

답 ❷

17 헌법재판소에 관한 설명으로 옳지 않은 것은?

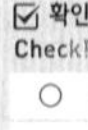

① 헌법재판소는 대통령이 임명하는 9인의 재판관으로 구성된다.
② 헌법재판소 재판관의 임기는 5년이며, 연임이 불가능하다.
③ 헌법재판소 재판관은 정당에 가입할 수 없다.
④ 탄핵심판은 구두변론에 의한다.

▌쏙쏙해설

② 헌법재판소 재판관의 임기는 6년이며, 연임이 가능하다(헌법재판소법 제7조 제1항).
① 헌법 제111조 제2항, 헌법재판소법 제3조
③ 헌법 제112조 제2항, 헌법재판소법 제9조
④ 헌법재판소법 제30조 제1항

답 ❷

18 헌법재판소에 관한 설명으로 옳지 <u>않은</u> 것은?

① 헌법재판소는 위헌정당해산심판권, 탄핵심판권, 권한쟁의심판권 등을 갖는다.
② 위헌법률심판은 법원의 제청을 전제로 한다.
③ 헌법재판소의 장은 국회의 동의를 얻어 대통령이 임명한다.
④ 헌법재판소의 재판관은 벌금 이상의 형의 선고에 의하지 아니하고는 파면되지 아니한다.

▌쏙쏙해설

④ 헌법재판소 재판관은 탄핵 또는 금고 이상의 형의 선고에 의하지 아니하고는 파면되지 아니한다(헌법 제112조 제3항).
① 헌법 제111조 제1항
② 헌법 제111조 제1항 제1호
③ 헌법 제111조 제4항

답 ❹

19 헌법상 탄핵 대상이 <u>아닌</u> 자는?

① 국무위원
② 국회의원
③ 헌법재판소 재판관
④ 중앙선거관리위원회 위원

▌쏙쏙해설

대통령 · 국무총리 · 국무위원 · 행정각부의 장 · 헌법재판소 재판관 · 법관 · 중앙선거관리위원회 위원 · 감사원장 · 감사위원 기타 법률이 정한 공무원이 그 직무집행에 있어서 헌법이나 법률을 위배한 때에는 국회는 탄핵의 소추를 의결할 수 있다(헌법 제65조 제1항). 따라서 국회의원은 헌법상 탄핵소추 대상에 해당하지 않는다.

답 ❷

CHAPTER 02

헌법

01 일본의 명치헌법, 19세기 전반 독일의 각 연방헌법처럼 군주의 단독의사에 의하여 일방적으로 제정한 헌법을 국약헌법이라 한다. ( )

02 1948년의 이탈리아 헌법, 1947년의 뉴질랜드 헌법은 경성헌법의 대표적인 예이다. ( )

03 형식적 의미의 헌법에 해당되면, 당연히 실질적 의미의 헌법에 해당한다. ( )

04 미국의 대통령제 헌법, 프랑스의 나폴레옹 헌법, 1931년의 중화민국 헌법은 모방적 헌법에 해당한다. ( )

05 바이마르헌법은 근대입헌주의 헌법의 효시이며 미합중국헌법은 현대복지국가 헌법의 효시이다. ( )

06 헌법제정권력은 시원적 창조성, 자율성, 분할가능성을 특징으로 한다. ( )

07 헌법제정권력은 시원적 창조성을 가지므로 근본규범에 따른 제약을 받지 않는다. ( )

O | X

01 ☒ 군주헌법에 대한 내용이다. 국약헌법은 미합중국 헌법처럼 둘 이상의 국가 간의 합의의 결과로 국가연합을 구성하여 제정한 헌법을 말한다.

02 ☒ 1948년의 이탈리아 헌법, 1947년의 뉴질랜드 헌법은 연성헌법에 해당한다. 경성헌법은 대부분의 국가들이 취하고 있는 헌법으로 개정절차가 일반 법률의 개정절차보다 까다로운 헌법을 말한다.

03 ☒ 형식적 의미의 헌법이란 각국의 실정법상 헌법 또는 이와 유사한 명칭(기본법 등)을 사용하는 법규를 말한다. 형식적 의미의 헌법의 내용 중에는 실질적 의미의 헌법에 해당하지 않는 경우가 있다(예 미국연방헌법상의 금주조항, 스위스 헌법의 도살조항).

04 ☒ 독창적 헌법에 해당한다. 독창적 헌법은 새로이 창조되어 다른 것에서 유래되지 않은 원칙적인 헌법을 말한다. 모방적 헌법은 영연방의 여러 헌법들, 남미의 헌법들처럼 국내외의 과거의 헌법을 모방하여 만든 헌법을 말한다.

05 ☒ 버지니아헌법(≒ 권리장전, 1776년), 미합중국헌법(1787년), 프랑스 인권선언(1789년) 등은 근대입헌주의 헌법의 효시이며 바이마르헌법(1919년)은 현대복지국가 헌법의 효시이다.

06 ☒ 헌법제정권력은 다른 모든 권력의 기초가 되며 분할할 수 없다.

07 ☒ 헌법제정회의의 의결로 행사되며(제헌의회, 국민투표 등으로 표현), 헌법제정권력은 인격 불가침, 법치국가의 원리, 민주주의 원리 등과 같은 근본규범의 제약을 받는다.

08 우리 헌법을 개정하기 위해 대통령은 30일 이상의 기간 동안 헌법개정안을 공고해야 한다. ( )

09 헌법개정안은 공고일로부터 30일 이내에 국회 재적의원 2/3 이상의 찬성으로 의결(기명투표, 수정의결 불허)한다. ( )

10 헌법개정안은 국회의결 후 30일 이내에 국회의원 선거권자 과반수의 찬성을 통해 확정된다. ( )

11 나폴레옹의 쿠데타, 나폴레옹 3세의 쿠데타, 드골헌법처럼 쿠데타, 즉 기존헌법을 배제하기는 하지만 헌법제정권력의 주체는 변경이 없는 경우를 헌법의 파괴라고 한다. ( )

12 위헌임을 알면서도 헌법에 위반되는 명령이나 조치를 취하는 경우를 헌법의 정지라고 한다. ( )

13 미연방대법원의 위헌법률심사권, 미국의 대통령선거(간접선거임에도 직접선거처럼 운용), 영국 국왕의 권한 상실과 수상의 내각지배 등은 헌법의 침해에 해당한다. ( )

14 저항권은 시민불복종과 같은 권리로 헌법의 기본질서를 파괴하려는 자에 대하여 기존의 헌법질서를 유지·회복하기 위한 다른 구제수단이 없는 경우 예외적이고, 최후의 수단으로서 저항할 수 있는 권리를 의미한다. ( )

15 저항권은 헌법적 기본질서와 심각한 불법이 수반된 법률 제정 등에 대해 행사할 수 있다. ( )

O | X

08 ☒ 공고는 대통령이 20일 이상의 기간동안 한다.

09 ☒ 공고일로부터 60일 이내에 국회 재적의원 2/3 이상의 찬성으로 의결(기명투표, 수정의결 불허)한다.

10 ☒ 헌법개정안은 국회의결 후 30일 이내에 국회의원 선거권자 과반수의 투표와 투표자 과반수 찬성의 국민투표를 통해 확정된다.

11 ☒ 기존헌법을 배제하기는 하지만 헌법제정권력의 주체는 변경이 없는 경우를 헌법의 폐지(수평적 교체·헌법전의 교체)라고 한다.

12 ☒ 위헌임을 알면서도 헌법에 위반되는 명령이나 조치를 취하는 경우를 헌법의 침해라고 한다. 헌법의 정지는 헌법의 특정조항에 대해 효력을 일시적으로 중단시키는 경우를 말한다.

13 ☒ 헌법의 변천에 해당한다. 헌법의 변천은 헌법의 조문은 그대로 있으면서 그 의미나 내용이 실질적으로 변화하는 경우(헌법해석에 의한 변천, 헌법 관행에 의한 변천, 헌법의 흠결을 보완하기 위한 변천)를 말한다.

14 ☒ 시민불복종권은 ㉠ 비폭력적인 방법으로 행사될 것이 요구되며, ㉡ 보충성 요건의 제약을 받지 않는다는 점에서 저항권과 구별된다.

15 ☒ 저항권은 헌법의 기본적 가치질서의 침해에 대해 행사할 수 있으므로 개별적 법률 제정으로 말미암은 침해 등은 저항권을 행사할 수 없다.

16 주권의 제약, 국가 안위에 관한 중대사항 국민투표제는 제3차 개헌 시 도입되었다. ( )

17 통일주체국민회의 신설, 대통령의 권한 강화(긴급조치권, 법관임명권, 국회해산권)은 제8차 개헌의 주요 내용이다. ( )

18 침략전쟁의 부인, 자유민주적 기본질서에 입각한 평화적 통일정책, 공무원의 정치적 중립성, 복수정당제 보장은 우리 헌법 전문에 규정되어 있다. ( )

19 기본적 인권의 존중, 권력분립, 국민주권, 의회제도, 복수정당제도, 선거제도, 직업공무원제도 등은 우리 헌법재판소가 들고 있는 자유민주적 기본질서의 구체적인 내용이다. ( )

20 영역은 필수적 헌법사항이기 때문에 대부분 국가의 헌법은 영토규정을 두고 있다. ( )

21 국민주권론(nation)은 대의제에 적합한 이론임에 반해, 인민주권론(peuple)은 직접민주제에 적합한 이론이다. ( )

22 남 · 북 합의서는 남한과 북한의 상호관계를 국가와 국가의 관계로 본다. ( )

23 국적은 성문의 법령을 통해서 비로소 존재하게 되는 것이므로 국가의 생성과 더불어 존재하는 것은 아니다. ( )

24 대한민국의 국민으로서 자진하여 외국국적을 취득한 자는 그 외국 국적을 취득한 때에 대한민국의 국적을 상실한다. ( )

O | X

16 ☒ 제2차 개헌 시 도입되었다.

17 ☒ 제7차 개헌의 주요 내용이다.

18 ☒ 헌법 개별각조에 규정되어 있다.

19 ☒ 국민주권과 직업공무원제도는 헌법재판소가 자유민주적 기본질서의 구체적 내용으로 들고 있지 않다(헌재 1990.4.2. 89헌가113).

20 ☒ 영토규정이 있는 헌법이 그렇지 않은 헌법보다 적은 편이다.

21 ⓞ

22 ☒ 남북합의서는 남한과 북한을 국가 대 국가의 관계가 아닌 잠정적 특수관계로 보고 있다.

23 ☒ 국적은 국가의 생성과 더불어 존재하는 것이므로 헌법의 위임에 따라 국적법이 제정되나 그 내용은 국가의 구성요소인 국민의 범위를 구체화하는 헌법사항을 규율하고 있는 것이다.

24 ⓞ

25 외국인의 자식으로서 대한민국 민법상 미성년인 자는 그 부 또는 모가 귀화허가를 받아 대한민국 국적을 취득함으로써 대한민국 국적을 취득한다. ( )

26 헌법전문으로부터 곧바로 국민의 개별적 기본권을 도출해 낼 수는 있다. ( )

27 헌법 개별규정은 헌법재판소법 제68조 제1항 소정의 공권력 행사의 결과이다. ( )

28 정당은 3개 이상의 시·도당을 가져야 하며, 시·도당은 1천인 이상의 당원을 가져야 한다. ( )

29 정당이 등록취소된 경우 정당 소속위원은 의원직을 상실한다. ( )

30 다수대표제는 하나의 선거구에서 다수득표를 얻은 자를 당선자로 하는 제도로, 대선구제와 결부된다. ( )

31 소수대표제는 한 선거구에서 다수득표자뿐만 아니라 소수득표자도 당선자로 낼 수 있는 제도로, 소선거구제를 전제로 한다. ( )

32 주민자치는 법률적 의미의 지방자치로 국가로부터 독립한 지방정부가 국가의 간섭 없이 자치권을 행사하는 것을 말한다. ( )

33 지방자치법상 주민의 조례제정·개폐청구권 및 감사청구권은 헌법상 보장된 지방자치제도의 본질적 내용을 이룬다. ( )

O | X

25 ☒ 수반취득의 경우로서 그 부 또는 모가 귀화허가를 신청할 때 함께 국적취득을 신청할 수 있고 이 경우 국적취득을 신청한 사람은 그 부 또는 모가 대한민국 국적을 취득한 때에 함께 국적을 취득한다.

26 ☒ 헌법전문으로부터 곧바로 국민의 개별적 기본권을 도출해 낼 수는 없다.

27 ☒ 헌법 규정은 공권력행사의 결과가 아니라 국민의 주권 행사의 결과이다.

28 ☒ 정당은 5개 이상의 시·도당을 가져야 하며, 시·도당은 1천인 이상의 당원을 가져야 한다.

29 ☒ 정당이 강제해산된 경우에 해산된 정당 소속위원은 의원직을 상실한다.

30 ☒ 다수대표제는 하나의 선거구에서 다수득표를 얻은 자를 당선자로 하는 제도로, 소선구제와 결부된다.

31 ☒ 소수대표제는 한 선거구에서 다수득표자뿐만 아니라 소수득표자도 당선자로 낼 수 있는 제도로, 대선거구제를 전제로 한다.

32 ☒ 단체자치에 대한 내용이다.

33 ☒ 조례제정·개폐청구권, 주민감사청구권은 법률상 보장되는 권리이며 지방자치제도의 본질적인 내용이 아니다.

34 고전적 기본권은 18세기 후반에 미국 · 프랑스에서 일어난 개인주의 · 자유주의사상을 배경으로 한 자유획득의 투쟁 결과 이루어진 몇 가지 권리선언에서 발전되는 것으로 자연법사상을 기반으로 한다. ( )

35 법 앞의 평등은 법의 적용에 있어서 평등하게 취급되어야 한다는 것만을 뜻한다. ( )

36 헌법 제11조 "모든 국민은 법 앞에 평등하다. 누구든지 성별 · 종교 또는 사회적 신분에 의하여 정치적 · 경제적 · 사회적 · 문화적 생활의 모든 영역에 있어서 차별을 받지 아니한다."에서 성별 · 종교 또는 사회적 신분이란 제한적인 열거규정이다. ( )

37 제도적 보장은 국가 자체의 존립의 기초가 되는 객관적 제도를 헌법에 규정하여 당해 제도의 본질을 헌법이 보장하는 것으로 슈미트(Schmitt)가 창안, 볼프(Wolff)가 체계화하였다. ( )

38 복수정당제도는 헌법에 의하여 그 제도의 본질이 보장되는 제도 보장의 일종으로서 입법권에 대한 한계사유이지 헌법개정의 한계 사유라고 할 수는 없다. ( )

39 직업공무원제도는 헌법이 보장하는 제도적 보장 중의 하나로서 입법자는 직업공무원제도에 관하여 '최대한 보장'의 원칙하에서 입법형성의 자유를 가진다. ( )

40 외국인은 인간의 존엄과 가치, 행복추구권, 구체적 평등권, 생존권, 사회적 기본권 등의 주체가 될 수 있다. ( )

O | X

34 ☒ 고전적 기본권은 중세 자연법학설에서 싹트기 시작하여 근세의 영국에서 전제군주와 평민과의 항쟁과정에서 보장되었으나, 군주의 권력에 대하여 군주의 양해하에 일정한 제약을 가하는 데에 머물렀다.

35 ☒ 법 앞에 평등하다고 하는 것은 법의 적용에 있어 평등하게 취급되어야 한다는 의미만이 아니라 법 내용 자체가 평등의 원리에 따라야 한다는 것을 의미한다.

36 ☒ 성별 · 종교 또는 사회적 신분이란 제한적인 열거규정이 아니라 예시규정이다.

37 ☒ 국가 자체의 존립의 기초가 되는 객관적 제도를 헌법에 규정하여 당해 제도의 본질을 헌법이 보장하는 것으로 볼프(Wolff)가 창안, 슈미트(Schmitt)가 체계화하였다. 제도적 보장의 대상은 역사적 · 전통적으로 형성된 기존의 제도이며, 특정한 제도의 본질에 대한 최소한의 보장을 하기만 하면 되며, 제도 보장의 침해를 이유로 개인이 헌법소원을 제기할 수 없다.

38 ☒ 복수정당제도는 헌법개정의 한계사유이다.

39 ☒ 직업공무원제도는 헌법이 보장하는 제도적 보장 중의 하나임이 분명하므로 입법자는 직업공무원제도에 관하여 '최소한 보장'의 원칙의 한계 안에서 폭넓은 입법형성의 자유를 가진다.

40 ☒ 외국인은 참정권, 생존권, 사회권적 기본권 등의 주체는 될 수 없으나 인간의 존엄과 가치, 행복추구권, 구체적 평등권 및 대부분의 자유권적 기본권에 있어서의 주체는 될 수 있다.

41 법인도 성질상 생명권, 선거·피선거권은 누릴 수 없지만 프라이버시권, 사회적 기본권 등은 누릴 수 있다. ( )

42 우리 헌법은 국가안전보장·질서유지·공공복리를 위하여 필요한 경우에 '법률'로써 기본권을 제한할 수 있다고 규정하며 이 경우 자유와 권리의 본질적인 내용도 침해할 수 있다. ( )

43 기본권의 본질적인 내용이라 함은 만약 이를 제한하는 경우에는 그 기본권 자체가 무의미하여지는 경우에 그 본질적인 요소를 말하는 것으로서 모든 기본권에서 동일하게 적용된다. ( )

44 입법의 부작위로 기본권이 침해된 경우에는 헌법소원 제기가 가능하며 생존권적 기본권에 있어서도 헌법소원제기가 가능하다는 긍정설이 다수설이다. ( )

45 평등원칙의 심사 기준으로 당해 차별의 정당성 및 균형성 심사는 자의금지의 원칙에 의한다. ( )

46 국가유공자의 가족에 대한 가산점제도는 헌법적 명령이어서 완화된 심사가 적용되어 합헌으로 보아야 한다. ( )

47 연합뉴스사를 국가기간 뉴스통신사로 지정하고 이에 대하여 재정지원 등 여러 가지 혜택을 부여하는 것은 평등원칙에 위배되지 않는다. ( )

48 생명권은 우리 헌법상 명문으로 규정된 기본권으로 생명에 대한 모든 형태의 국가적 침해를 방어하는 권리이다. ( )

O | X

41 ☒ 성질상 내국법인은 법 앞의 평등, 직업선택의 자유, 주거의 자유, 거주이전의 자유, 통신의 불가침, 언론·출판·집회·결사의 자유, 재산권의 보장, 재판청구권 등의 기본권을 누릴 수 있으나, 생명권, 프라이버시권, 선거·피선거권, 행복추구권, 사회적 기본권(생존권) 등은 성질상 누릴 수 없다.

42 ☒ 국가안전보장·질서유지·공공복리를 위하여 필요한 경우에 '법률'로써 제한할 수 있다. 단, 제한하는 경우에도 자유와 권리의 본질적인 내용을 침해할 수 없다(헌법 제37조 제2항).

43 ☒ 기본권의 본질적인 내용은 개별 기본권마다 다를 수 있다.

44 ☒ 입법의 부작위로 기본권이 침해된 경우에는 헌법소원 제기가 가능하나 생존권적 기본권에 있어서는 부정설이 다수설이다.

45 ☒ 평등원칙의 심사 기준으로 당해 차별의 정당성 및 균형성 심사는 비례의 원칙에 의한다.

46 ☒ 필연적으로 일반 응시자의 공무담임의 기회를 제약하게 되므로 엄격하게 해석하여야 한다.

47 ⓞ

48 ☒ 생명권은 우리 헌법에는 명문 규정은 없지만 통설과 판례는 인간의 존엄성 규정, 신체의 자유, 헌법에 열거되지 아니한 권리 등에서 생명권의 헌법상 근거를 들어 인정하고 있다.

49 태아의 생명권 보호라는 공익을 고려한다면 자기낙태죄 조항이 임신 초기의 낙태나 사회적 · 경제적 사유에 의한 낙태를 허용하고 있지 아니한 것이 임부의 자기결정에 대한 과도한 제한이라 보기 어렵다. ( )

50 누구든지 체포 또는 구속을 당한 때에는 즉시 변호인의 조력을 받을 권리를 가진다. 다만, 형사피고인이 스스로 변호인을 구할 수 없을 때에는 법률이 정하는 바에 의하여 국가가 변호인을 붙인다. ( )

51 모든 국민은 재판 시의 법률에 의하여 범죄를 구성하지 아니하는 행위로 소추되지 않으며 동일한 범죄에 대하여 거듭 처벌받지 아니한다. ( )

52 현행범인 경우와 장기 2년 이상의 형에 해당하는 죄를 범하고 도피 또는 증거인멸의 염려가 있을 때에는 사후에 영장을 청구할 수 있다. ( )

53 법인도 사생활의 비밀과 자유의 주체가 될 수 있다. ( )

54 양심의 자유에는 양심상 결정의 자유, 양심 유지의 자유, 침묵의 자유가 포함되나 양심에 반하는 행위를 하지 않을 자유는 포함되지 않는다. ( )

55 헌법재판소는 준법서약제도, 사죄광고제도, 반성하는 내용이 포함된 시말서 제출강요 모두를 양심의 자유를 침해한 것으로 보았다. ( )

O | X

49 ☒ 자기낙태죄 조항은 입법목적을 달성하기 위하여 필요한 최소한의 한도를 넘어 임신한 여성의 자기결정권을 제한하고 있어 침해의 최소성을 갖추지 못하고 있고 태아의 생명보호라는 공익에 대하여 일방적이고 절대적인 우위를 부여함으로써 법익균형성의 원칙도 위반하였으므로 과잉금지의 원칙을 위반하여 임신한 여성의 자기결정권을 침해한다(헌재 2019.4.11. 2017헌바127).

50 ◯

51 ☒ 모든 국민은 행위 시의 법률에 의하여 범죄를 구성하지 아니하는 행위로 소추되지 않으며 동일한 범죄에 대하여 거듭 처벌되지 아니한다.

52 ☒ 현행범인 경우와 장기 3년 이상의 형에 해당하는 죄를 범하고 도피 또는 증거인멸의 염려가 있을 때에는 사후에 영장을 청구할 수 있다.

53 ☒ 사생활의 비밀과 자유의 주체는 외국인을 포함한 자연인이고, 법인은 원칙적으로 사생활의 비밀과 자유의 주체가 되지 못한다.

54 ☒ 양심상 결정의 자유, 양심 유지의 자유, 양심에 반하는 행위를 하지 않을 자유, 침묵의 자유 등이 포함된다. 양심의 자유 중 양심형성의 자유는 내용을 제한할 수 없는 절대적 기본권이다.

55 ☒ 준법서약제도는 양심의 자유침해로 보지 않았다.

56 집회의 자유는 집회의 시간, 장소, 방법과 목적을 스스로 결정하는 것을 보장하는 것이나, 집회의 장소를 선택할 자유까지 집회의 자유의 한 실질을 형성한다고 할 수 없다. ( )

57 사회부조와 같이 수급자의 자기기여 없이 국가가 일방적으로 주는 급부를 내용으로 하는 공법상의 권리도 헌법상의 재산권 보장 대상이다. ( )

58 근로조건의 유지 · 개선을 목적으로 사용자와 대등한 교섭력을 가진 단체를 자주적으로 구성할 수 있는 권리를 단체교섭권이라 한다. ( )

59 교육받을 것을 국가로부터 방해받지 않을 권리는 교육을 받을 권리에 포함되지 않는다. ( )

60 국민의 수학권과 교사의 수업의 자유는 다같이 보호되어야 하겠지만 그중에서도 교사의 수업의 자유가 더 우선적으로 보호되어야 한다. ( )

61 학문의 집회 결사는 일반적 집회 결사의 자유와 동일한 보호를 갖는다. ( )

62 학문의 자유는 사인 간에는 적용되지 않는다. ( )

63 청구권적 기본권은 국가에 대하여 일정한 행위를 적극적으로 청구할 수 있는 국민의 주관적 공권으로서, 그 자체가 권리의 목적이 된다. ( )

O | X

56 ☒ 집회의 장소는 일반적으로 집회의 목적 · 내용과 밀접한 내적 연관관계를 가질 수 있다. 따라서 집회의 장소를 선택할 자유는 집회의 자유의 한 실질을 형성한다고 할 수 있다.

57 ☒ 자기 기여가 없는 권리는 헌법상 재산권 보장의 대상이 안 된다.

58 ☒ 단결권은 근로조건의 유지 · 개선을 목적으로 사용자와 대등한 교섭력을 가진 단체를 자주적으로 구성할 수 있는 권리를 말한다.

59 ☒ 교육을 받을 수 있도록 국가의 적극적인 배려를 청구할 수 있는 권리로 능력에 따라 균등하게 교육을 받을 권리를 말한다. 교육받을 것을 국가로부터 방해받지 않을 권리도 교육을 받을 권리에 포함된다.

60 ☒ 국민의 수학권(헌법 제31조 교육을 받을 권리)과 교사의 수업의 자유는 다 같이 보호되어야 하지만 그중에서도 국민의 수학권이 더 우선적으로 보호되어야 한다(헌재 1992.11.12. 89헌마88).

61 ☒ 학문을 위한 집회 · 결사의 자유란 학문을 연구하거나 발표하기 위하여 집회하거나 단체를 형성하는 자유를 말한다. 학문을 위한 집회 · 결사의 자유는 일반 집회 결사의 자유보다 더 많은 보호를 받는다.

62 ☒ 학문의 자유는 타인의 권리를 침해해서는 안되므로 사인 간에도 적용된다.

63 ☒ 청구권적 기본권은 국가에 대하여 일정한 행위를 적극적으로 청구할 수 있는 국민의 주관적 공권으로서, 그 자체가 권리의 목적이 아니라 기본권을 보장하기 위한 절차적 기본권이다.★

64 청구권적 기본권은 자유권과는 달리 현대 복지국가의 헌법에서 인정되는 권리이다. ( )

65 청원은 문서 또는 구두로 하며, 국가기관은 이를 수리・심사할 의무를 진다. ( )

66 형사보상청구권은 형사피고인으로 구금되었던 자가 불기소처분이나 무죄판결을 받을 경우 그가 입은 정신적・물질적 손실을 법률에 의하여 정당한 보상을 청구할 수 있는 권리이며 형사피의자는 청구할 수 없다.( )

67 형사피의자로 구금되었다가 법률이 정하는 불기소처분을 받은 자는 법률이 정하는 바에 의하여 형사보상청구권을 행사할 수 있다. ( )

68 범죄피해구조금을 받을 권리는 그 구조결정이 해당 신청인에 송달된 날부터 3년간 행사하지 아니하면 시효로 인해 소멸한다. ( )

69 공무원이 직무과 관련 없는 분야지만 고의로 국민에게 손해를 끼친 경우 국가배상청구권의 대상에 해당한다. ( )

70 손실보상청구권은 국가의 위법한 권력행사로 인하여 재산상의 손실을 입은 자가 그 보상을 청구할 수 있는 권리로, 이는 특별한 희생에 대한 공평부담의 원칙에 근거한 것이다. ( )

O | X

64 ☒ 청구권적 기본권은 자유권적 기본권과 함께 가장 오래된 기본권 중의 하나로서 직접적 효력이 발생하는 현실적 권리이며 국가내적권리이다.

65 ☒ 오늘날 청원권은 권리구제의 수단이라기보다는 국민의 의사・희망을 개진하는 수단으로 기능을 하고 있다. 청원은 반드시 문서로 하며, 국가기관은 이를 수리・심사할 의무를 진다.★

66 ☒ 형사보상청구권은 형사피의자 또는 형사피고인으로 구금되었던 자가 불기소처분이나 무죄판결을 받을 경우 그가 입은 정신적・물질적 손실을 법률에 의하여 정당한 보상을 청구할 수 있는 권리이다.

67 ☒ 형사피의자 또는 형사피고인으로서 구금되었던 자이다. 따라서 불구속으로 조사를 받거나 재판을 받은 자는 형사보상을 청구할 수 없다.

68 ☒ 구조금을 받을 권리는 그 구조결정이 해당 신청인에게 송달된 날부터 2년간 행사하지 않으면 시효로 인하여 소멸한다.

69 ☒ 국가배상청구권의 요건으로는 공무원(널리 공무에 종사하고 있는 자를 포함)의 행위, 직무행위이어야 하며, 고의나 과실이 있는 위법한 행위이어야 하고, 손해가 발생하여야 한다. 그 밖에 공공시설의 설치・관리의 하자로 인한 배상, 군인・군무원・경찰공무원 등에 대한 배상제한을 규정하고 있다.

70 ☒ 손실보상청구권은 국가의 적법한 권력행사로 인하여 재산상의 손실을 입은 자가 그 보상을 청구할 수 있는 권리로, 이는 특별한 희생에 대한 공평부담의 원칙에 근거한 것이다.

71 범죄피해자구조청구권은 가해자가 명확하거나 자력이 있는 타인의 범죄행위(피해자에게 귀책사유가 없을 것)로 인하여 생명 · 신체에 대한 피해를 입은 경우에 국가에 대하여 구조를 청구할 수 있는 권리이다. ( )

72 범죄피해자구조제도는 국가의 직접적인 형사사법 작용에 의한 피해를 보상하는 것이며, 형사보상제도는 사회국가사상에 기초를 둔 사회보상적 성질을 가지는 사회보장제도이다. ( )

73 근로의 의무, 교육을 받게 할 의무는 헌법상 고전적 의무에 해당한다. ( )

74 정부의 법률안제출권, 국무총리 및 관계 국무위원의 부서제도, 국무총리 및 국무위원 등의 국회 및 위원회 출석발언권 및 출석발언요구권은 대통령제적 요소에 해당한다. ( )

75 의원내각제는 내각이 의회에 대해 연대책임을 질 수 없어 책임정치를 구현할 수 없다. ( )

76 양원제의 장점으로 국정의 신속한 처리, 국회의 경비절약, 책임소재의 분명 등을 들 수 있다. ( )

77 국회는 국민의 보통 · 평등 · 직접 · 비밀선거에 의하여 선출된 의원과 비례대표제에 의한 간선의원으로 구성되며, 의원정수는 법률로 정하되 300인 이상으로 한다. ( )

78 우리나라는 20세 이상의 모든 국민에게 선거권을 인정하고 있다. ( )

79 국회의 임시회는 대통령 또는 재적의원 4분의 1 이상의 요구로 개회하며 회기는 30일을 초과하지 못한다. ( )

O | X

71 ☒ 범죄피해자구조청구권은 가해자가 불명하거나 무자력인 타인의 범죄행위(피해자에게 귀책사유가 없을 것)로 인하여 생명 · 신체에 대한 피해를 입은 경우에 국가에 대하여 구조를 청구할 수 있는 권리이다.

72 ☒ 형사보상제도는 국가의 직접적인 형사사법작용에 의한 피해를 보상하는 것이며 범죄피해자구조제도는 사회국가사상에 기초를 둔 사회보상적 성질을 가지는 사회보장제도이다.

73 ☒ 고전적 의무는 국가의 존립을 유지하고 보위(保衛)하기 위한 국민의 의무를 말한다. 이에는 납세의 의무(헌법 제38조)와 국방의 의무(헌법 제39조 제1항)가 있다.

74 ☒ 의원내각제적 요소에 해당한다.

75 ☒ 의원내각제는 내각이 의회에 대해 연대책임을 지기 때문에 책임정치를 구현할 수 있다.

76 ☒ 국정의 신속한 처리, 국회의 경비절약, 책임소재의 분명 등은 단원제의 장점이다.

77 ☒ 국민의 보통 · 평등 · 직접 · 비밀선거에 의하여 선출된 의원과 비례대표제에 의한 간선의원으로 구성되며, 의원정수는 법률로 정하되 200인 이상으로 한다.

78 ☒ 우리나라는 18세 이상의 모든 국민에게 선거권을 인정하고 있다.

79 ⓞ

80 국회의원인 현행범인은 회의장 내에서라도 의장의 명령 없이 이를 체포할 수 있다. ( )

81 국회의 일반의결정족수는 재적의원의 과반수 출석과 출석의원의 과반수 찬성으로 하며 가부동수인 경우 가결된 것으로 본다. ( )

82 국회의원 제명의 의결정족수는 계엄해제 요구의 의결정족수와 같다. ( )

83 회기계속의 원칙은 회기 중 의결하지 못한 의안은 폐기되지 않고 다음 회기에 자동으로 넘겨 심의를 계속하도록 하는 제도로 국회의원의 임기가 만료된 때에도 동일하다. ( )

84 국무회의 소집권, 예산안 제출권, 대통령령 제정권, 일반공무원 임명권은 대통령의 국가원수로서의 지위에 해당한다. ( )

85 대통령의 긴급재정 · 경제명령은 법률을 개폐할 수 없다. ( )

86 대통령이 임기가 만료되는 때에는 임기만료 70일 내지 40일 전에 후임자를 선거한다. ( )

87 대통령이 궐위된 때 또는 대통령 당선자가 사망하거나 판결 기타의 사유로 그 자격을 상실한 때에는 60일 이내에 후임자를 선거한다. ( )

88 대통령의 권한 행사는 문서 또는 구두로도 할 수 있다. ( )

O | X

80 ☒ 국회 안에 현행범인이 있을 때에는 경위 또는 국가경찰공무원은 이를 체포한 후 의장의 지시를 받아야 한다. 다만, 의원은 회의장 안에 있어서는 의장의 명령 없이 이를 체포할 수 없다.

81 ☒ 가부동수인 경우 부결된 것으로 본다.

82 ☒ 국회의원 제명의 의결정족수는 재적의원 2/3 이상 찬성으로 계엄해제 요구의 의결정족수인 재적의원 과반수의 찬성보다 많다.

83 ☒ 국회의원의 임기가 만료된 때에는 회기계속의 원칙이 적용되지 않는다.

84 ☒ 행정부의 수반으로서의 지위에 해당한다.

85 ☒ 헌법 제76조 제1항에 따라 긴급명령은 법률과 동일한 효력을 가지므로 기존의 법률을 개폐할 수 있다.

86 ⓞ

87 ⓞ

88 ☒ 대통령의 권한행사는 문서로써 하여야 하며, 국무총리와 관계 국무위원의 부서가 있어야 한다. 한편, 일정한 사항에 대하여는 국무회의의 심의, 국가안전보장회의의 자문 등을 거쳐야 한다.

89 국무총리는 행정부의 제2인자로서 대통령 권한대행의 제1순위가 되며, 국무회의의 의장이 된다. ( )

90 국무총리는 국무위원의 임명제청권과 해임건의권, 대통령의 권한대행 및 서리권, 국무회의의 심의·참가권, 국회에의 출석·발언권, 부서권, 행정각부 통할권, 총리령 제정권을 가지나 국회의 요구에 따라 출석·답변할 의무는 없다. ( )

91 국무위원은 국무회의의 구성원으로서 대통령의 보좌기관으로(헌법 제87조 제2항) 임명은 대통령이 제청 없이 단독으로 하고 해임 역시 대통령이 자유로이 한다. ( )

92 감사원은 원장과 5인 이상 11인 이하의 위원으로 조직된다. ( )

93 감사원은 국가의 세입·세출의 결산을 매년 검사하여 대통령과 당해년도 국회에 결과를 보고한다. ( )

94 원장이 궐위(闕位)되거나 사고(事故)로 인하여 직무를 수행할 수 없을 때에는 감사위원으로 최장기간 재직한 감사위원이 그 권한을 대행한다. 다만, 재직기간이 같은 감사위원이 2명 이상인 경우에는 합동으로 그 권한을 대행한다. ( )

95 대법원장은 국무총리의 제청으로 대통령이 임명하며 임기는 6년이고 중임할 수 없다. ( )

96 대법원장과 대법관이 아닌 법관은 대법관회의의 동의를 얻어 대법원장이 임명하며, 임기는 10년이고, 연임할 수 없다. ( )

O | X

89 ☒ 국무총리는 행정부의 제2인자로서 대통령 권한대행의 제1순위가 되며, 국무회의의 부의장이 된다.

90 ☒ 국무위원의 임명제청권과 해임건의권, 대통령의 권한대행 및 서리권, 국무회의의 심의·참가권, 국회에의 출석·발언권, 부서권, 행정각부 통할권, 총리령 제정권을 가지며 부서할 의무, 국회의 요구에 따라 출석·답변할 의무가 있다.

91 ☒ 국무위원은 국무회의의 구성원으로서 대통령의 보좌기관으로(헌법 제87조 제2항) 임명은 국무총리의 제청으로 대통령이 하고(헌법 제87조 제1항) 해임은 대통령이 자유로이 한다.

92 ☒ 감사원은 원장을 포함한 5인 이상 11인 이하의 위원으로 조직된다.

93 ☒ 국가의 세입·세출의 결산을 매년 검사하여 대통령과 차년도 국회에 결과를 보고하며(헌법 제99조), 국가 및 법률에 정한 단체의 회계검사, 행정기관 및 공무원의 직무에 관한 감찰, 기타 변상책임유무의 판단, 징계처분 및 문책, 시정의 요구, 수사기관에의 고발, 재심의 등의 일을 한다.

94 ☒ 재직기간이 같은 감사위원이 2명 이상인 경우에는 연장자가 그 권한을 대행한다.

95 ☒ 대법원장은 국회의 동의를 얻어 대통령이 임명하며(헌법 제104조 제1항), 임기는 6년이고 중임할 수 없다(헌법 제105조 제1항).

96 ☒ 대법원장과 대법관이 아닌 법관은 대법관회의의 동의를 얻어 대법원장이 임명하며(헌법 제104조 제3항), 임기는 10년이고, 연임할 수 있다(헌법 제105조 제3항).

97 대법관 수에 대해서는 직접 헌법에서 규정하고 있으며 대법원장을 포함하여 14인으로 규정하고 있다. ( )

98 대법관 회의는 대법관 전원의 3분의 2 이상 출석과 출석과반수의 찬성으로 의결하며 의장은 표결권만 가질 뿐 가부동수인 때에 결정권은 갖지 않는다. ( )

99 특허소송의 경우 특허법원이 1심 법원이다. ( )

100 민사, 형사, 가사, 행정 재판의 1심 법원은 지방법원이 된다. ( )

101 배심제는 일반시민이 직업법관과 함께 재판부의 일원으로 참여하여 직업법관과 동등한 권한을 가지고 사실문제 및 법률문제를 모두 판단하는 제도를 말한다. ( )

102 법관은 탄핵 또는 벌금 이상의 형의 선고에 의하지 아니하고는 파면되지 아니하며, 징계처분에 의하지 아니하고는 정직·감봉 기타 불리한 처분을 받지 아니한다. ( )

103 헌법재판소는 법관의 자격을 가진 9인의 재판관으로 구성하며, 국회에서 임명하는 3인과 대법원장이 임명하는 3인, 대통령이 임명하는 3인으로 구성한다. ( )

O | X

97 ☒ 대법관 수에 대해서는 직접 헌법에서 규정하지 않고 있다. 법원조직법에서 대법원장을 포함하여 14인으로 규정하고 있다(법원조직법 제4조 제2항).

98 ☒ 대법관회의는 헌법상 필수기관이며 대법관으로 구성된다. 대법관 전원의 3분의 2 이상 출석과 출석과반수의 찬성으로 의결하며 의장은 표결권과 가부동수인 때에는 결정권을 가진다(법원조직법 제16조).

99 ⓞ 특허재판은 실용신안권, 의장권, 상표권에서 생기는 분쟁을 다루는 재판으로 2심제이며 특허법원이 1심 법원이 된다.

100 ⓞ 민사, 형사, 가사, 행정재판은 3심제로 이루어지는데 3심제에서 1심을 지방법원(지원) 단독판사가 심판한 경우 2심 법원은 지방법원 합의부가 되고 1심이 지방법원(지원) 합의부인 경우에는 2심 법원은 고등법원이 된다.

101 ☒ 참심제에 대한 내용이다.

102 ☒ 법관은 탄핵 또는 금고 이상의 형의 선고에 의하지 아니하고는 파면되지 아니하며, 징계처분에 의하지 아니하고는 정직·감봉 기타 불리한 처분을 받지 아니한다.

103 ☒ 헌법재판소는 법관의 자격을 가진 9인의 재판관으로 구성하며(헌법 제111조 제2항), 국회에서 선출하는 3인과 대법원장이 지명하는 3인을 포함하여 9인의 재판관은 대통령이 임명한다(헌법 제111조 제2항·제3항). 헌법재판소의 장은 국회의 동의를 얻어 재판관 중에서 대통령이 임명하며, 재판관의 자격은 법관자격자로 한다(헌법 제111조 제4항).

104 1958년 진보당은 방어적 민주주의 논리에 따라 대법원의 판결로 해산되었다. ( )

105 법률이 헌법에 위반되는 여부가 재판의 전제가 되는 경우에는 법원은 대법원에 제정신청을 하여 헌법재판소의 심판에 의하여 재판한다. ( )

106 위헌정당으로 해산결정이 되는 경우 그 정당 소속 국회의원 중 지역구 국회의원은 의원직을 유지하나 비례대표국회의원은 의원직을 상실한다. ( )

107 헌법재판소가 법률을 해석함에 있어 위헌을 선언하는 대신 합헌적으로 해석될 수 있는 부분만을 취하여 법률을 해석하는 것을 위헌불선언이라 한다. ( )

108 국민참여재판에서 배심원의 자격은 사회적 지위를 가진 40세 이상의 성인으로 규정하고 있다. ( )

109 법정형이 사형 · 무기징역 또는 무기금고에 해당하는 대상사건에 대한 국민참여재판에는 9인의 배심원이 참여하고 그 외의 대상사건에 대한 국민참여재판에는 7인의 배심원이 참여한다. ( )

110 중앙선거관리위원회는 대통령이 임명하는 3인, 국회에서 선출하는 3인, 대법원장이 지명하는 3인의 위원으로 구성한다. 위원장은 위원 중 가장 연장자가 한다. ( )

111 선거관리위원의 임기는 9년, 연임이 가능하나 정당에 가입하거나 정치에 관여할 수 없다. ( )

O | X

104 ☒ 제1공화국 헌법에서는 정당조항이 없었기 때문에 위헌정당 해산심판도 없었으며 1958년 진보당은 등록취소라는 행정처분에 의해 강제해산 되었다.

105 ☒ 위헌법률심판제청권은 군사법원을 포함한 모든 법원에게 인정되는 것이며 대법원에 한정되는 것이 아니다.

106 ☒ 헌법재판소의 해산결정으로 정당이 해산되는 경우 그 정당 소속 국회의원이 의원직을 상실하는지에 관해 명문의 규정이 없으나 정당해산제도의 취지에 비추어 헌법재판소의 정당해산결정이 있는 경우 그 정당 소속 국회의원의 의원직은 당선방식을 불문하고 모두 상실되어야 한다.

107 ☒ 한정합헌결정에 대한 내용이다. 한정합헌결정은 위헌적인 해석가능성과 그에 따른 법적용을 소극적으로 배제하는 점에서 적극적으로 배제하는 한정위헌과 다르다.

108 ☒ 만 20세 이상의 대한민국 국민은 누구나 배심원의 자격을 갖고 있다.

109 ◯

110 ☒ 중앙선거관리위원회는 대통령이 임명하는 3인, 국회에서 선출하는 3인, 대법원장이 지명하는 3인의 위원으로 구성한다. 위원장은 위원 중에서 호선한다.

111 ☒ 선거관리위원회 위원의 임기는 6년이며 연임이 가능하다.

CHAPTER 03

2023 COMPACT 공기업 전공필기 단기합격 법학

민사법

제1절 민법

제2절 민사소송법 일반

필수개념문제

OX 기출 · 예상지문 확인체크

CHAPTER 03 민사법

제1절 민법

I 민법의 의의

1. 의의

민법은 개인 간의 사적인 권리·의무관계 및 가족관계를 규율하는 것을 내용으로 하는 법이다.

THE 알아두기

민법전의 구성

민법총칙			
통칙, 인(人), 법인, 물건, 법률행위, 기간, 소멸시효			
재산법관계		가족법관계	
물권법	채권법	친족법	상속법
총칙, 점유권, 소유권, 지상권, 지역권, 전세권, 유치권, 질권, 저당권	총칙, 계약, 사무관리, 부당이득, 불법행위	총칙, 가족의 범위와 자의 성과 본, 혼인, 부모와 자, 후견, 친족회, 부양	상속, 유언

2. 특성

① 사법 : 민법은 사인 상호 간의 관계를 규율하는 법이다.
② 일반법 : 민법은 누구나, 어떤 상황에나 모두 적용되는 일반법으로서, 어떤 사항에 관하여 특별법이 있는 경우에는 그 특별법을 먼저 적용하며, 특별법이 없는 경우 일반법을 적용한다.
③ 실체법 : 민법은 당사자의 권리·의무를 규정하는 실체법이다. 실체적 권리를 보장하기 위한 절차를 규정하는 법은 절차법이라고 한다.

3. 민법의 법원

① 의의
㉠ 민법의 법원이란 민법의 존재형식을 말하며, 성문법원과 불문법원이 있다. 우리나라 민법은 성문법주의를 취함과 동시에 관습법과 조리의 법원성도 인정하고 있다.★
㉡ 민법 제1조 : "민사에 관하여 법률에 규정이 없으면 관습법에 의하고, 관습법이 없으면 조리에 의한다."

② 적용순위

㉠ 법률 : 민법 제1조의 '법률'은 민법전, 민사특별법, 조약, 명령, 규칙, 자치법규, 조례 등을 포함한다.

㉡ 관습법★

성립요건	사회구성원 간의 거듭된 관행이 존재하고, 그 관행을 법규범으로 인식하는 법적 확신이 있으며, 그 관행이 선량한 풍속 기타 사회질서에 반하지 않는 경우 관습법이 성립한다.
판례상 인정된 관습법	분묘기지권, 관습법상의 법정지상권, 동산의 양도담보, 사실혼, 수목의 집단이나 미분리과실의 소유권 이전에 관한 명인방법 등이 있다.
효력	판례와 다수설은 관습법은 성문법이 없는 경우에 한하여 성문법을 보충하는 효력만을 가진다고 한다(보충적 효력설).★

㉢ 조리 : 조리란 사물의 본질적 법칙, 도리를 의미하며 다수설과 판례는 조리의 법원성을 인정한다.

Ⅱ 기본원리와 지도이념

1. 근대민법의 기본원리

① **소유권 절대의 원칙(사유재산 존중의 원칙)★** : 사유재산권 일반에 대한 국가권력으로부터의 불가침을 규정하여 소유권의 행사는 소유자 개인의 자유에 맡기고 국가나 그 밖의 사인은 이에 간섭하지 못하게 하였다.

② **계약자유의 원칙(사적자치의 원칙)★** : 계약체결여부의 자유, 계약체결의 상대방을 선택하는 자유, 계약내용을 결정하는 자유, 계약방식의 자유 등이 있다.

③ **과실책임의 원칙(자기책임의 원칙)★** : 고의 또는 과실로 위법하게 타인에게 가한 손해에 대하여만 손해배상책임을 진다는 원칙이다.

2. 현대민법의 구성원리(근대민법 3대 원칙의 수정원리)★

① **소유권 상대의 원칙** : 소유권은 소유자를 위한 절대적인 것이 아니라 사회 전체의 권익을 위하여 제한을 받아야 한다는 원칙으로, 소유권의 사회적 구속성이 강조되어 권리의 남용은 금지되고 소유권의 행사도 공공복리에 적합해야 한다.

② **계약공정의 원칙** : 사회질서에 반하는 계약뿐만 아니라 현저히 공정성을 잃은 계약은 보호를 받을 수 없다는 원칙이다.

③ **무과실책임의 원칙** : 권리의 행사로 인하여 타인에게 손해를 준 경우에 가해자(권리자)에게 아무런 과실이 없을 때에도 손해배상의 책임을 지우는 원칙이다.

3. 민법의 지도이념

신의성실의 원칙(민법 제2조 제1항)과 권리남용금지의 원칙(민법 제2조 제2항)을 그 내용으로 한다.

THE 알아두기 ✓

신의칙(신의성실의 원칙)의 파생원칙

- 사정변경의 원칙
- 실효의 원리
- 금반언의 원칙(외형주의)

Ⅲ 자연인

1. 권리능력

① 의의 : 권리의 주체로 될 수 있는 지위 또는 자격을 권리능력 또는 인격(법인격)이라 하며 민법은 사람은 생존한 동안 권리와 의무의 주체가 된다고 규정(민법 제3조)하고 있다. 참고로 국제사법은 사람의 권리능력은 그의 본국법에 의한다고 규정하고 있다(국제사법 제11조).★

▶ 기출 O× 지문정리

[대한법률구조공단]

1. 상시 정신병자에게는 권리능력이 없다. ( )
   ➜ 민법 제3조는 사람은 생존한 동안 권리와 의무의 주체가 된다고 규정하고 있다.
2. 권리능력에 대한 규정은 임의규정이다. ( )
   ➜ 강행규정이다.

[한국수출보험공사]

3. 실종선고는 실종자의 권리능력을 박탈하는 제도이다. ( )
   ➜ 실종선고는 실종자를 사법(私法)상의 법률관계에 있어서 이미 사망한 사람으로 간주할 뿐이다. 자연인으로서의 사람이 현실적으로 생존하여 있는 한 권리능력은 박탈당하지 아니한다.

[한국도로공사]

4. 자연인의 권리능력은 사망에 의해 소멸되는데 이에 관해서는 예외가 있다. ( )
   ➜ 권리능력의 발생과 소멸은 출생과 사망이라는 사실에 의해서만 가능하다.

정답 1. × 2. × 3. × 4. ×

② 권리능력의 시기★★ : 권리능력은 출생한 때부터 시작하여(전부노출설) 생존한 동안 계속된다. 따라서 출생 전의 태아에게는 원칙적으로 권리능력이 없으나 불법행위로 인한 손해배상청구, 재산상속, 대습상속, 유증, 인지 등의 경우에는 예외적으로 인정된다(계약의 경우에는 권리능력이 인정되지 않는다).★★

▶ 기출 O× 지문정리

[한국중부발전]

1. 태아는 사인증여를 받을 수 있다. ( )
   ➜ 태아가 사인증여를 받을 수 있는가에 대해서는 견해의 대립이 있다. 판례는 태아의 사인증여를 받을 수 있는 능력을 부정한다(81다534판결).
2. 태아는 손해배상의 청구권에 대해서는 이미 출생한 것으로 본다. ( )

정답 1. × 2. ○

③ 권리능력의 종기★ : 권리능력은 사망 시 소멸한다. 통설은 심장과 호흡이 영구적으로 정지한 때를 사망 시로 보고 있으며(심장박동정지설), 실종선고를 받은 경우 사망으로 간주되지만(민법 제28조) 권리능력을 상실하는 것은 아니다.

④ 강행규정★ : 권리능력에 대한 규정은 강행규정으로서 권리능력의 시기나 종기는 당사자의 합의로 달리 정할 수 없다.

⑤ 외국인의 권리능력 : 외국인에 대하여는 원칙적으로 내국인과 동일한 일반권리능력을 인정하나 예외적으로 토지에 관한 권리, 한국선박 등의 취득에 있어서는 제한이 있다(외국인토지법 제5조, 선박법 제2조).

2. 의사능력

개개의 법률행위를 함에 있어서 그 행위의 결과를 합리적으로 판단할 수 있는 능력을 말한다.

3. 행위능력

① **제한능력자제도** : 제한능력자제도는 의사능력의 유무의 입증곤란을 해결하기 위해 행위능력을 판단하는 객관적이고 획일적인 기준을 두어서 제한능력자를 보호하고 제한능력자의 상대방도 이에 대처할 수 있도록 하는 제도이다. 민법상 제한능력자는 미성년자, 피성년후견인, 피한정후견인이 있다.

② 미성년자

㉠ 의의 : 19세에 달하지 않는 자는 미성년자이다(민법 제4조).

㉡ 미성년자의 행위능력 : 미성년자가 법률행위를 함에는 법정대리인의 동의를 얻어야 하며 단독으로 유효한 법률행위를 할 수 없다. 즉, 미성년자가 법정대리인의 동의 없이 행한 법률행위는 취소할 수 있다(민법 제5조 제2항).★

THE 알아두기 ✓

예외적으로 법정대리인의 동의 없이 할 수 있는 행위

- 권리만을 얻거나 의무만을 면하는 행위 : 부담 없는 증여를 받는 행위, 채무의 면제, 부양료의 청구(단, 부담부 증여나 유리한 매매계약의 체결, 상속을 승인하는 행위 등은 의무도 함께 부담하는 행위이므로 단독으로 할 수 없다)
- 범위를 정하여 처분을 허락한 재산의 처분행위
- 허락을 얻은 특정한 영업에 관한 행위
- 대리행위 : 대리인은 행위능력자임을 요하지 않는다.
- 근로임금의 청구행위
- 유언행위 : 의사능력이 있는 만 17세에 달한 사람은 유언을 할 수 있다(민법 제1061조).

제한능력자 상대방의 보호

제한능력자의 법률행위는 제한능력자가 일방적으로 취소할 수 있기 때문에 민법은 제한능력자의 상대방을 보호하는 제도를 두고 있다.

- 취소권의 배제 : 제한능력자가 속임수를 사용한 경우
- 철회권과 거절권 : 추인이 있기 이전에 철회하거나 거절할 수 있음
- 확답을 촉구할 권리 : 취소할 수 있는 행위에 대해 추인 여부에 대한 확답을 요구

▸ **기출 O× 지문정리**

[한국원자력환경공단]

1. 미성년자는 부담 있는 증여를 단독으로 받을 수 있다. ( )

➜ 부담 없는 증여는 무상계약이므로 미성년자가 단독으로 받을 수 있으나 부담 있는 증여는 권리만을 얻거나 의무만을 면하는 것으로 볼 수 없으므로 단독으로 받을 수 없다.

2. 행위능력은 의사능력을 전제로 주어진다. ( )

➜ 의사무능력자의 행위는 무효이고 행위무능력자의 행위는 취소할 수 있는 법률행위이므로 행위능력은 의사능력을 전제로 한다.

정답 1. × 2. ○

③ 피성년후견인

㉠ 의의 : 질병, 장애, 노령, 그 밖의 사유로 인한 정신적 제약으로 사무를 처리할 능력이 지속적으로 결여된 사람으로서 가정법원에 의해 성년후견개시의 심판을 받은 사람

㉡ 성년후견개시의 요건 **두 본·배·4·후·검·장**

- 본인, 배우자, 4촌 이내의 친족, 미성년후견인, 미성년후견감독인, 한정후견인, 한정후견감독인, 특정후견인, 특정후견감독인, 검사 또는 지방자치단체의 장의 청구에 의하여 성년후견개시의 심판을 한다(민법 제9조 제1항).
- 가정법원은 성년후견개시의 심판을 할 때 본인의 의사를 고려하여야 한다(민법 제9조 제2항).★

㉢ 피성년후견인의 행위와 취소★

- 피성년후견인의 법률행위는 취소할 수 있다(민법 제10조 제1항). 단, 가정법원은 취소할 수 없는 피성년후견인의 법률행위의 범위를 정할 수 있다(민법 제10조 제2항).
- 가정법원에 의한 취소할 수 없는 법률행위의 결정(민법 제10조 제2항, 제3항), 일상생활에 필요한 거래(민법 제10조 제4항), 대리행위(민법 제117조) 등에 대해서는 피성년후견인의 행위능력을 예외적으로 인정한다.

④ 피한정후견인

㉠ 의의 : 질병, 장애, 노령, 그 밖의 사유로 인한 정신적 제약으로 사무를 처리할 능력이 부족한 사람으로서 가정법원에 의해 한정후견개시의 심판을 받은 사람

㉡ 한정후견개시의 요건 **두 본·배·4·후·검·장**

- 본인, 배우자, 4촌 이내의 친족, 미성년후견인, 미성년후견감독인, 성년후견인, 성년후견감독인, 특정후견인, 특정후견감독인, 검사 또는 지방자치단체의 장의 청구에 의하여 한정후견개시의 심판을 한다(민법 제12조 제1항).
- 가정법원은 한정후견개시의 심판을 할 때 본인의 의사를 고려하여야 한다(민법 제12조 제2항).★

㉢ 피한정후견인의 행위와 동의★

- 가정법원은 피한정후견인이 한정후견인의 동의를 받아야 하는 행동의 범위를 정할 수 있으며(민법 제13조 제1항), 동의를 받아야 하는 법률행위를 동의 없이 한 경우에는 한정후견인은 그 행위를 취소할 수 있다(민법 제13조 제4항 본문).
- 일용품의 구입 등 일상생활에 필요하고 그 대가가 과도하지 아니한 법률행위에 대해서는 한정후견인이 취소할 수 없다(민법 제13조 제4항 단서).

▸ **기출 ○× 지문정리**

[서울주택도시공사]

1. 피한정후견인의 능력의 범위는 미성년자의 능력의 범위와 같다. ( )

→ 피한정후견인은 원칙적으로 단독으로 유효한 행위를 할 수 있으나 가정법원이 정한 특정한 범위의 행위에 대해서만 후견인의 동의를 필요로 한다.

정답 1. ×

⑤ 피특정후견인

㉠ 질병, 장애, 노령, 그 밖의 사유로 인한 정신적 제약으로 일시적 후원 또는 특정한 사무에 관한 후원이 필요하여 가정법원에 의해 특정후견의 심판을 받은 사람을 말한다(민법 제14조의2 제1항).★

㉡ 특정후견은 본인의 의사에 반하여 할 수 없다(민법 제14조의2 제2항).★

㉢ 특정후견의 심판을 하는 경우에는 특정후견의 기간 또는 사무의 범위를 정하여야 한다(민법 제14조의2 제3항).★

㉣ 특정후견은 피특정후견인에 대한 후원만을 내용으로 하므로, 피특정후견인의 행위능력을 제한하지 않는다(민법 제14조의2). 따라서 특정후견이 개시되어도 피특정후견인은 완전한 행위능력을 보유한다.★★

⑥ 제한능력자의 상대방 보호 **두 최 · 철 · 거 · 단 · 배 · 추인**

㉠ 확답을 촉구할 권리(최고권)★

- 제한능력자의 상대방은 제한능력자가 능력자가 된 후에 1개월 이상의 기간을 정하여 취소할 수 있는 행위를 추인할 것인지의 여부의 확답을 촉구할 수 있다. 능력자로 된 사람이 그 기간 내에 확답을 발송하지 않으면 그 행위를 추인한 것으로 본다(민법 제15조 제1항).
- 제한능력자가 아직 능력자가 되지 못한 경우에는 그의 법정대리인에게 위의 촉구를 할 수 있고, 법정대리인이 그 정하여진 기간 내에 확답을 발송하지 않은 경우에는 그 행위를 추인한 것으로 본다(민법 제15조 제2항).
- 특별한 절차가 필요한 행위는 정하여진 기간 내에 그 절차를 밟은 확답을 발송하지 아니하면 취소한 것으로 본다(민법 제15조 제3항).

㉡ 상대방의 철회권 : 제한능력자가 맺은 계약은 추인이 있을 때까지 상대방이 그 의사표시를 철회할 수 있다. 단, 상대방이 계약 당시에 제한능력자임을 알았을 경우에는 철회할 수 없다(민법 제16조 제1항).★

㉢ 상대방의 거절권 : 제한능력자의 단독행위는 추인이 있을 때까지 상대방이 거절할 수 있다(민법 제16조 제2항).★

㉣ 취소권의 배제 : 제한능력자가 속임수로써 자신을 능력자로 믿게 하거나, 미성년자 · 피한정후견인이 속임수로써 법정대리인의 동의가 있는 것으로 믿게 한 경우에는 그 행위를 취소할 수 없다(민법 제17조).★

▸ **기출 O× 지문정리**

[경기신용보증재단]

1. 미성년자가 자신은 "성년자로서 이미 군대를 다녀왔다."고 말하고 법률행위를 한 경우라면 그 법률행위는 사술(속임수)을 쓴 경우에 해당하여 취소할 수 없다. ( )

➜ 판례에 따르면 '사술'이란 상대방으로 하여금 그가 능력자임을 믿게 하기 위하여 적극적으로 쓴 사기수단을 말하는 것으로 단순히 자기가 능력자라 칭한 것만으로는 사술에 해당하지 않는다(4287민상77판결).

정답 1. ×

㉤ 기타 : 취소권의 단기소멸(민법 제146조), 법정추인(민법 제145조)이 있다.

4. 책임능력

위법행위로 인한 자신의 행위에 대해 책임을 질 수 있는 인식능력을 말하며 불법행위능력이라고도 한다. 법률행위 영역에서 의사능력이 담당하는 기능을 불법행위 영역에서는 책임능력이 담당하게 된다.

5. 주소

① 의의 : 사람의 생활의 근거가 되는 곳을 말하는데, 민법은 이 주소에 대하여 여러 가지 효력을 부여하고 있다.

② **민법상 주소** : 우리 민법은 주소에 관하여 실질주의 · 객관주의 · 복수주의를 취하고 있는데, 주민등록지는 주소로 인정될 수 있는 중요한 자료가 되며 반증이 없는 한 주소로 추정된다.★

THE 알아두기

주소에 대한 민법의 태도

- 실질주의 : 생활관계의 실질적인 중심이 되는 장소(생활의 근거로 삼고 있는 곳)를 주소로 한다.
- 객관주의 : 주관적 요소(주거의 의사)를 요건으로 하지 않고 객관적 요소(주거의 사실)만에 의하여 주소를 정한다.
- 복수주의 : 주소는 1개의 장소만 가능한 것이 아니며 동시에 두 곳 이상 있을 수 있다.

거소 · 가주소

- 거소 : 주소만은 못하지만 일정한 사람이 어느 정도의 기간 계속해서 머무르는 장소이다. 주소를 알 수 없거나 국내에 주소가 없는 때에는 거소를 주소로 본다(민법 제19조).
- 가주소 : 당사자 간의 편의를 위하여 특정거래에 관하여 일정한 장소를 주소로 하기로 합의하여 정해지는 곳이다(민법 제21조).

6. 부재자(민법 제22조 내지 제26조)

① 부재자 제도의 의의 : 부재자란 종래의 주소나 거소를 떠나서 단시일 내에 돌아올 가망이 없어 그 주소나 거소에 있는 재산을 관리할 수 없는 상태에 있는 자를 말한다. 그의 잔류 재산의 관리 및 잔존배우자나 상속인 등의 이익을 보호하기 위하여 부재자 재산관리제도를 두고 있다.

② 부재자의 재산관리

㉠ 부재자가 재산관리인을 두지 않은 경우 가정법원은 이해관계인 또는 검사의 청구에 의하여 재산관리에 필요한 처분을 명해야 한다. 이해관계인에는 부재자의 배우자 · 채권자 · 상속인 등이 해당한다.

㉡ 가정법원은 이해관계인의 청구에 의하여 재산관리인을 선임할 수 있다. 재산관리인은 법정대리인이며 부재자 재산의 보존행위를 할 권한을 가진다.

▸ 기출 ○× 지문정리

[한국보훈복지의료공단]

1. 부재자의 재산관리제도는 거래의 안전보호를 위한 제도이다. ( )

➜ 부재자의 재산관리제도는 권리자 본인을 위한 제도에 가깝다.

정답 1. ×

7. 실종

① 실종선고제도의 의의 : 실종선고란 부재자의 생사불명 상태가 오래 계속되어 죽은 것으로 여겨지나 분명한 사망의 증거는 없는 경우에 가정법원의 선고로 그 자를 사망한 것으로 보는 제도이다.

② 실종선고의 요건(민법 제27조)

㉠ 생사불명 : 부재자의 생사가 불분명하고 그 생사불명이 일정기간 계속되어야 한다.

㉡ 실종기간 및 기산점 : 보통실종의 실종기간은 5년, 기산점은 부재자가 살아 있다는 것을 증명할 수 있는 최후의 시기로 한다. 특별실종의 실종기간은 1년, 기산점은 전쟁이 종지한 때 · 선박이 침몰한 때 · 비행기가 추락한 때 · 기타 위난이 종료한 때로 한다.★

㉢ 이해관계인 또는 검사의 청구 : 이해관계인은 직접적인 법률상의 이해관계인에 한하며, 사실상의 이해관계를 가진 자는 이에 해당하지 않는다. 즉, 이해관계인의 범위는 '부재자의 법률상 사망으로 인하여 직접적으로 신분상 또는 경제상의 권리를 취득하거나 의무를 면하게 되는 사람'에 국한하여 한정적으로 해석한다.

③ 실종선고의 효과

㉠ 사망간주 : 실종선고를 받은 자는 실종기간이 만료한 때 사망한 것으로 본다(민법 제28조). 실종선고시 사망으로 보는 시기까지는 생존한 것으로 본다. 추정이 아니라 간주이므로 반증에 의하여 사망의 효력을 깰 수 없다.

㉡ 효력의 범위 : 종래의 주소를 중심으로 하는 사법관계에서만 사망한 것으로 본다. 실종선고를 받은 자가 종전의 주소지와 다른 곳에서 생존하면서 형성한 법률관계나 종래의 주소에 귀래하여 새로운 법률관계를 형성하는 것에 대하여는 영향을 미치지 않는다.

8. 동시사망과 인정사망

① **동시사망** : 동일한 위난으로 수인이 사망한 경우 그들은 동시에 사망한 것으로 추정한다(민법 제30조). 사망의 선후를 증명하는 어려움을 구제하기 위한 제도이며, 다수의 사람이 동일한 위난으로 사망한 경우에는 그 사망시기가 불분명한 경우에 그들은 동시에 사망한 것으로 추정하여 사망한 사람들 사이에는 상속이나 대습상속 그리고 유증이 발생하지 않게 된다.

② **인정사망** : 사망의 확실한 증거는 없지만 수해・화재・전쟁 등으로 인하여 사망한 것이 확실하다고 생각되는 경우, 그 사실을 조사한 관공서의 사망보고에 의해 사망한 것으로 취급하는 제도이다. 인정사망은 특별실종과는 달리, 반증에 의하여 그 사망의 추정력이 상실된다.

Ⅳ 법인

1. 법인의 의의

① **법인의 개념** : 법인이란 일정한 목적을 위하여 결합된 사람의 단체(사단법인) 또는 일정 목적을 위하여 출연된 재산으로서 자연인이 아니면서 법에 의하여 권리능력이 인정된 자(재단법인)이다.

② **법인의 존재이유** : 법인은 단체를 둘러싼 각종 법률관계를 간단・명료하게 처리해 법적거래를 간이화할 수 있으며, 단체의 재산을 그 단체를 구성하는 자연인의 재산과 분리하여 독립한 것으로 다룸으로써 단체 구성원의 책임을 제한해 주는 기능을 하고 있다.

2. 법인의 본질

법인의 본질과 관련하여 법인의제설, 법인부인설, 법인실재설의 다툼이 있다.

3. 법인의 설립

① **법인설립에 관한 입법태도** : 준칙주의, 허가주의, 인가주의, 특허주의, 강제주의

② **재단법인의 설립**★★

㉠ 목적의 비영리성 : 재단법인은 본질적으로 비영리법인이다.★

㉡ 설립행위

- 설립자는 일정한 재산을 출연하고 정관을 작성하여 이를 서면에 기재하고 기명날인하여야 한다(상대방 없는 단독행위).
- 정관의 필요적 기재사항 : 목적, 명칭, 사무소의 소재지, 자산에 관한 규정, 이사의 임면에 관한 규정(민법 제43조)

- 출연재산의 귀속시기 : 판례는 출연재산이 부동산인 경우에 출연자와 법인 사이에서는 법인의 성립 이외에 부동산의 등기를 필요로 하는 것은 아니지만, 제3자에게 출연재산의 법인에의 귀속을 주장하기 위해서는 등기를 필요로 한다고 한다(민법 제48조).★

㉢ 설립허가 · 등기 : 주무관청의 설립허가를 받아 법인의 주된 사무소의 소재지에서 설립등기를 함으로써 법인이 성립한다(민법 제33조).

③ 사단법인의 설립요건★★

㉠ 목적의 비영리성 : 학술 · 종교 · 자선 · 기예 · 사교 기타 영리가 아닌 사업을 목적으로 하여야 한다.

㉡ 설립행위(정관 작성) : 2인 이상의 설립자가 정관을 작성하여 기명날인하여야 한다(요식행위 · 합동행위)(민법 제40조).★

- 정관의 필요적 기재사항 : 목적, 명칭, 사무소의 소재지, 자산에 관한 규정, 이사의 임면에 관한 규정, 사원자격의 득실에 관한 규정, 존립시기나 해산사유를 정하는 때에는 그 시기 또는 사유(민법 제40조)

두 목 · 명 · 사 · 자 · 이 · 사 · 존

㉢ 주무관청의 허가 : 사단법인으로서 법인격을 취득하기 위해서는 주무관청의 허가를 얻어야 한다(민법 제32조). 그리고 법인의 목적과 관련된 주무관청이 두 개 이상의 행정관청인 경우에는 이들 모두의 허가를 받아야 한다.

㉣ 설립등기 : 법인은 그 주된 사무소의 소재지에서 설립등기를 함으로써 성립한다(민법 제33조). 법인의 설립등기는 법인격을 취득하기 위한 '성립요건'으로 되어 있다.★

THE 알아두기

사단법인과 재단법인 [한국가스공사]

구분	사단법인	재단법인
목적	영리 · 비영리(민법은 비영리법인만 규율)	비영리
구성	2인 이상 사원	출연재산
설립행위	정관작성	정관작성, 재산출연
의결기관	사원총회	법인설립자의 의사
필요적 정관기재사항	목적, 명칭, 사무소의 소재지, 자산에 관한 규정, 이사의 임면에 관한 규정, 사원자격의 득실에 관한 규정, 존립시기나 해산사유를 정하는 때에는 그 시기 또는 사유(민법 제40조)	사단법인과 동일하나 사원자격의 득실, 법인의 존립 · 해산에 관한 사항은 성질상 제외

▸ **기출 OX 지문정리**

[한국보훈복지의료공단]

1. 결사의 자유는 헌법상의 기본권이므로 주무관청의 허가가 없더라도 누구라도 비영리사단법인을 설립할 수 있다. ( )

→ 비영리사단법인을 설립하기 위해서는 주무관청의 허가를 얻어야 한다.

2. 재단법인이 기본재산을 처분하기 위해서는 정관을 변경하고 주무관청의 허가를 받아야 한다. ( )

정답 1. × 2. ○

④ **법인의 소멸** : 법인의 소멸은 해산과 청산을 거쳐서 행해지는데, 해산만으로는 소멸하지 않으며 청산이 사실상 종료됨으로써 소멸한다.★

THE 알아두기

법인의 해산사유

1. 사단법인·재단법인의 공통 해산사유 두 존·목·파·설·기
   ① 법인 존립기간 만료 기타 정관에 정한 해산사유의 발생
   ② 법인의 목적달성 또는 목적달성의 불가능
   ③ 설립허가의 취소
   ④ 이사의 법인 파산신청
2. 사단법인에만 있는 해산사유
   ① 사원이 1인도 없게 된 때
   ② 총회의 임의해산결의가 있을 때

4. 법인의 능력

① **권리능력** : 법인은 법률의 규정에 좇아 정관으로 정한 목적의 범위 내에서 권리와 의무의 주체가 된다. 판례는 목적 범위 내의 행위란 정관에 명시된 목적 자체에 국한되는 것이 아니라 그 목적을 수행하는 데 있어 직접 또는 간접으로 필요한 행위는 모두 포함되는 것으로 넓게 보고 있다.★

② **행위능력** : 법인의 행위능력에 대해 명문규정은 없으나 통설은 법인의 권리능력의 범위 내에서 행위능력을 가진다고 본다.★

③ **불법행위능력**

㉠ 법인의 불법행위의 성립요건 : 법인은 이사 기타 대표자가 그 직무에 관하여 타인에게 가한 손해를 배상할 책임이 있는데, 이사 기타 대표자는 이로 인하여 자기의 손해배상책임을 면하지 못한다(민법 제35조 제1항).★

㉡ 법인의 불법행위가 성립하지 않는 경우 : 대표기관의 행위라도 법인의 직무와 관련이 없는 경우에는 법인의 불법행위가 성립하지 않고 행위자가 개인적으로 책임을 지며, 법인의 목적 범위 외의 행위로 인하여 타인에게 손해를 가한 때에는 그 사항의 의결에 찬성하거나 그 의결을 집행한 사원·이사 및 기타 대표자가 연대하여 배상하여야 한다(민법 제35조 제2항).

THE 알아두기

사단과 조합 [한국중부발전]

구분	사단	조합
성립	정관작성 → 주무관청허가 → 설립등기	조합원들 사이의 계약
공통점	인적 결합체	인적 결합체
차이점	단체성이 강함	구성원 개성이 강함
재산의 소유형태	단체소유	구성원 합유
능력	법인격, 당사자능력 인정	법인격, 당사자능력 없음

5. 법인의 기관★

① 의의와 종류

㉠ 의의 : 법인의 기관이란 법인의 의사를 결정하고, 이를 집행하는 일정한 조직을 말한다.

㉡ 종류 : 사원총회와 이사는 비영리사단법인의 필수기관이고, 감사는 임의기관이다. 비영리재단법인에는 그 성질상 사원총회가 존재하지 않는다.★★

② 이사

㉠ 의의 : 이사는 법인을 대표하고 법인의 업무를 집행하는 필수기관으로 사단법인과 재단법인 모두의 필수적 기관이다(민법 제57조). 이사의 인원수는 정관으로 정할 수 있으며, 이사는 반드시 자연인이어야 한다. 이사의 임면 방법은 정관의 필요적 기재사항이며, 법인과 이사와의 임면 관계는 민법상 위임에 관한 규정을 준용한다.★★

㉡ 권한

대표권	수인의 이사는 법인의 사무에 관하여 각자 법인을 대표한다(민법 제59조 제1항 본문). 이사가 2인 이상 있어도 각 이사는 단독으로 대표할 수 있는 것이 원칙이다.
대표권의 제한	대표권은 정관·사원총회의 의결로 제한될 수 있다(민법 제59조 제1항 단서). 정관에 의한 제한은 정관에 기재하여야 효력이 있고, 이를 등기하지 않은 한 선·악의를 불문하고 제3자에 대항할 수 없다(민법 제60조).★★
업무집행권	이사는 법인의 모든 업무를 집행할 권한이 있다. 이사가 2인 이상일 경우에는 이사의 과반수로 결정한다(민법 제58조).

③ 감사

㉠ 의의 : 감사는 사단법인·재단법인의 이사에 대한 감독기관이다. 비영리법인에서의 감사는 필수는 아니며 임의기관이다(민법 제66조).★

㉡ 직무 : 법인의 재산상황의 감독, 이사의 업무집행의 감독, 재산상황·업무집행에 부정·불비가 발견될 시 이를 총회 또는 주무관청에 보고하는 일, 보고가 필요할 때 임시총회를 소집하는 일을 한다(민법 제67조).

④ 사원총회

㉠ 의의 : 사원총회는 사단법인의 필요기관으로서 최고의 의사결정기관이다. 재단법인은 성질상 사원총회를 가지지 않는다.★

㉡ 통상총회 : 매년 1회 이상 일정한 시기에 소집되는 총회이다(민법 제69조).

㉢ 임시총회 : 이사가 필요하다고 인정하는 때, 총사원의 5분의 1 이상이 요구하는 때, 감사가 소집하는 때 열리는 총회이다. 사원의 5분의 1 이상의 요구에도 이사가 2주일 내에 총회소집절차를 밟지 아니하는 경우에는 청구한 사원은 법원의 허가를 얻어 스스로 총회를 소집할 수 있다(민법 제70조).

㉣ 의결 : 총회의 결의에 관하여 민법 또는 정관에 다른 규정이 없으면 그 정족수는 사원 과반수의 출석과 출석 사원의 결의권의 과반수의 찬성으로 한다(민법 제75조 제1항). 단, 정관변경에 관한 사항은 총사원의 3분의 2, 임의해산은 4분의 3 이상의 찬성이 있어야 한다.★★

⑤ 이사회 : 법인의 이사가 여러 명 있는 경우, 이러한 이사들의 의결기관이다.

⑥ 임시이사 : 어떤 사유로 이사가 전혀 없게 되거나 정관에서 정한 이사의 수에 결원이 생겨 손해가 생길 염려가 있는 때에는 법원은 이해관계인이나 검사의 청구에 의하여 임시이사를 선임하여야 한다(민법 제63조).

⑦ 특별대리인 : 법인과 이사 간에 이익이 상반하는 사항이 있는 경우 그 이사에 갈음하여 법인을 대표하는 기관으로 이해관계인·검사의 청구에 의하여 법원이 선임하는 임시기관이다(민법 제64조).

[국민연금공단]

1. 법인은 그 주된 사무소의 소재지에서 설립등기를 함으로써 성립한다. ( )
2. 사단법인은 사원이 없게 되는 경우 해산한다. ( )
3. 해산한 법인의 재산은 원칙적으로 정관으로 지정한 자에게 귀속한다. ( )
4. 법인의 사무는 법원이 검사, 감독한다. ( )
   ➜ 법인의 사무는 주무관청이 검사, 감독한다.

정답 1. ○ 2. ○ 3. ○ 4. ×

V 권리의 객체

1. 권리의 객체의 의의

권리의 효력이 미치는 대상을 지칭하나 민법총칙에서는 권리의 객체에 관한 일반적 규정을 두지 않고, 다만 물건에 관한 규정만을 두었다.

2. 물건의 의의

민법에서 물건이란 유체물 및 전기 기타 관리할 수 있는 자연력을 말한다(민법 제98조).★

① 유체물이거나 또는 관리 가능한 자연력이어야 한다. '관리 가능한 자연력'이라 함은 전기, 광열, 원자력 등의 에너지를 말한다.

② 인간이 지배할 수 있는 것(지배가능성)이어야 한다.

③ 외계의 일부인 것이어야 한다. 따라서 인체 또는 그 일부는 물건이 아니다.★

3. 물건의 종류

① **동산(動産)과 부동산(不動産)** : 부동산이란 토지 및 그 정착물을 말하며, 부동산 이외의 물건은 모두 동산이다(민법 제99조).

② **주물(主物)과 종물(從物)**

㉠ 의의 : 동일 소유자의 물건으로 사회통념상 계속해서 주물의 경제적 효용을 높이는 물건을 종물이라고 하고 종물이 이바지해주는 물건을 주물이라고 한다(민법 제100조 제1항). 따라서 주물과 종물은 원칙적으로 소유자가 같은 사람이어야 하고 장소적으로도 밀접한 관계에 있어야 한다.★

㉡ 종물의 요건★

- 종물은 하나의 독립된 물건이어야 한다. 즉, 종물이 주물의 구성부분이 아니어야 한다. 주물 · 종물은 동산이든 부동산이든 상관없다.
- 종물은 주물의 상용에 이바지하여야 한다.
- 주물과 종물은 원칙적으로 같은 소유자의 것이어야 한다.

ⓒ 종물의 효과★

- 종물은 주물과 운명을 같이하는 것이므로 종물은 주물의 처분에 따른다(민법 제100조 제2항). 주물 위에 저당권이 설정된 경우에 그 저당권의 효력은 저당권 설정 당시의 종물은 물론 설정 후의 종물에도 미친다.★★
- 종물은 주물의 처분에 따른다는 규정은 강행규정이 아니고 당사자의 의사에 따라 달리 정할 수 있는 임의규정이다.

THE 알아두기

관련 판례

종물은 주물의 처분에 수반된다는 민법 제100조 제2항은 임의규정이므로, 당사자는 주물을 처분할 때에 특약으로 종물을 제외할 수 있고 종물만을 별도로 처분할 수도 있다(대판 2012.1.26. 2009다76546).

③ **원물과 과실**★★ : 원물은 경제적 수익을 낳는 원천인 물건이고, 그 수익이 과실이다. 과실에는 천연과실과 법정과실이 있는데 천연과실은 원물의 용법에 따라 그로부터 수취되는 산출물이고(젖소의 우유)(민법 제101조 제1항), 법정과실은 원물을 타인에게 사용시킨 대가로서 얻는 과실이다(집세, 이자 등)(민법 제101조 제2항). 법정과실은 수취할 권리의 존속기간 일수의 비율로 취득한다(민법 제102조 제2항).

THE 알아두기

천연과실의 귀속

천연과실이 분리된 때 그 천연과실이 누구의 것이 되느냐 하는 것이 귀속에 관한 문제이다. 이에 대해 생산주의와 원물주의가 있는데, 우리 민법은 원물주의에 의한다. 따라서 원물 소유자가 천연과실의 수취권을 가지는 것이 보통이지만 선의 점유자, 지상권자, 전세권자, 매도인 등이 수취권자가 될 수도 있다.

Ⅵ 법률행위

1. 의의

일정한 법률효과의 발생을 목적으로 하여, 한 개 또는 수 개의 의사표시를 불가결의 요소(법률사실)로 하는 법률 요건이다. 법률행위는 원칙적으로 자유로이 할 수 있으나 강행규정이나 선량한 풍속, 기타 사회질서에 반하는 법률행위는 무효이다.

2. 종류

단독행위	행위자 한 사람의 한 개의 의사표시만으로 성립하는 법률행위로, 상대편의 이익을 위하여 조건이나 기한 등의 부관을 붙일 수 없다.	
	상대방이 있는 단독행위	취소, 추인, 채무면제, 계약의 해제 또는 해지, 상계, 법정대리인의 동의 등
	상대방이 없는 단독행위	재단법인의 설립행위, 유언, 소유권의 포기, 상속의 포기, 공탁소에 대한 채권자의 공탁승인 등

계약	서로 대립하는 두 개 이상의 의사표시의 합치로써 성립하는 법률행위(예 매매, 교환, 임대차 등)
합동행위 (사단법인의 설립행위)	방향을 같이하는 두 개 이상의 의사표시의 합치로써 성립하는 법률행위
요식행위와 불요식행위	의사표시에 서면, 기타의 일정한 방식을 필요로 하는가에 따른 분류
채권행위	채권·채무의 발생을 목적으로 하는 법률행위(매매, 임대차 등)로 민법에는 15가지의 전형계약을 규정하고 있음
물권행위	• 물권의 변동(득실변경)을 목적으로 하는 법률행위(소유권의 이전, 지상권 또는 저당권의 설정 등) • 물권행위는 직접 물권의 변동이 일어나기 때문에 채권행위처럼 채무의 이행 문제는 발생하지 않음
준물권행위	물권 이외의 권리의 변동(발생, 변경, 소멸)을 목적으로 하는 법률행위(채권양도, 채무면제 등)

3. 법률행위의 요건★★

성립요건	일반적 성립요건	• 당사자 : 권리능력이 있을 것 • 목적 : 확정성, 실현가능성, 적법성, 사회적 타당성 • 의사표시 : 의사와 표시에 불일치가 없을 것
	특별 성립요건	개개의 법률행위에 대하여 법률이 특별히 추가하는 요건(예 대물변제·질권설정계약에서의 인도, 혼인에서의 신고, 유언의 방식 등)
효력발생 요건	일반적 효력발생요건	• 당사자가 능력(권리능력, 의사능력, 행위능력)을 가지고 있을 것 • 법률행위의 목적이 가능·적법하며 사회적으로 타당하고 확정될 수 있을 것 • 의사와 표시가 일치하며 의사표시에 하자가 없을 것
	특별 효력발생요건	개개의 법률행위의 특별한 효력발생요건(예 조건·기한부 법률행위에서 조건의 성취·기한의 도래, 대리행위에서 대리권의 존재, 유언에 있어 유언자의 사망 등)

4. 법률행위의 목적

법률행위의 목적은 행위자가 그의 법률행위로 하여금 달성하고자 하는 내용에 의해 정해진다. 행위자의 의사표시 내용을 실현하려면 법률행위 목적의 확정·가능·적법·사회적 타당성이라는 4가지 요건이 필요하다.

① 목적의 확정성 : 목적을 확정할 수 없는 법률행위는 무효이다. 법률행위의 목적은 법률행위 성립 당시에 명확하게 확정되어 있어야 하는 것은 아니고 목적이 실현될 시점까지 확정할 수 있는 정도이면 족하다.★

② 목적의 가능성 : 법률행위는 그 실현이 가능하여야 한다. 가능 여부의 표준은 그 당시 사회관념에 의해 결정된다.

③ 목적의 적법성 : 법률행위의 목적은 강행법규에 위반하는 것이어서는 안된다.

④ 목적의 사회적 타당성

㉠ 의의 : 법률행위의 목적이 개개의 강행법규에 위반하지는 않더라도 '선량한 풍속 기타 사회질서'에 위반하는 경우에는 그 법률행위는 무효가 된다.

㉡ 행위의 유형★

정의관념에 반하는 행위	• 밀수입을 위한 자금의 대차나 출자 • 경매나 입찰에 있어서의 담합행위 • 부동산의 이중매매에 있어서 매도인의 배임행위에 제2매수인이 적극 가담한 경우
인륜에 반하는 행위	• 첩계약(단, 불륜관계를 단절하면서 첩에게 생활비나 양육비를 지급하는 계약은 유효) • 현재의 처와 이혼하고 혼인하기로 하는 계약 • 자식이 부모와 동거하지 않겠다고 하는 계약

개인의 자유를 심하게 제한하는 행위	• 개인의 행위의 자유(경제적 자유)를 침해하는 경우 • 소위 속박계약으로서 연예인이나 스포츠선수에 대하여 과도하게 장기간의 전속계약을 체결하거나 과도한 위약금의 약정
사행성이 심한 행위	• 도박계약(단, 주택복권・경마 등 국가에서 승인한 것은 반사회성이 조각되어 유효)
생존의 기초가 되는 재산의 처분행위	• 자신이 장차 취득하게 될 전 재산을 양도하기로 하는 계약 • 사찰이 그 존립에 필요불가결한 재산인 임야를 증여하는 계약

㉢ 불공정한 법률행위(폭리행위) : 상대방의 궁박・경솔・무경험을 이용하여 현저하게 공정을 잃은 반대급부를 하게 하여 부당한 재산적 이익을 얻는 행위는 무효이다.

▸ 기출 O× 지문정리

[금융감독원]

1. 민법 제104조 불공정한 법률행위는 증여나 기부행위와 같이 대가관계 없이 일방적인 급부를 하는 행위에 대해서는 적용되지 않는다. ( )

정답 1. ○

㉣ 효과 : 사회질서에 반하는 법률행위는 무효로서 이행을 하기 전이면 이행할 필요가 없고, 이미 이행하였으면 반환을 청구하지 못한다.★

5. 의사표시

① 의의 : 일정한 법률효과를 발생시키려고 하는 권리주체의 의사를 표시하는 행위로서 의사표시를 함에는 행위능력과 의사능력이 필요하다. 의사표시는 상대방에게 도달한 때 효력이 발생한다(도달주의 원칙).★

THE 알아두기 ✓

의사표시의 효력발생시기

표백주의	표의자가 의사표시를 완성하여 외형적인 존재를 갖춘 때에 효력이 발생한다는 것이다. 지나치게 표의자 중심이다.
발신주의	의사표시가 표의자의 지배를 떠나서 상대방을 향하여 보내진 때 효력이 발생한다는 것이다. 우리 민법은 이 주의를 예외적으로 인정한다.
도달주의	의사표시가 상대방에 도달한 때에 효력이 발생한다는 것이다. 이를 수신(受信)주의라고도 하는데 우리 민법은 이 주의를 원칙으로 하고 있다.
요지주의	의사표시의 내용을 상대방이 이해하여 안 때에 효력이 발생한다는 것이다. 지나치게 상대방 중심적이다.

② 종류 : 의사표시는 법률효과를 발생하게 하려는 내심의 의사와 그것을 외부에 표시하는 표시행위로 이루어지는데, 양자가 일치하지 않는 불완전한 의사표시의 효력에 관해 민법은 다음과 같이 규정하고 있다.

구분	내용
비진의의사표시	표의자인 본인이 내심의 의사와 표시상의 의사가 일치하지 않음을 알면서 행한 경우로서 표시한 대로 효과가 발생한다(민법 제107조 제1항 본문).
통정한 허위의 의사표시	상대방과 통정한 허위의 의사표시는 무효로 한다. 다만, 선의의 제3자에게 그 무효를 주장하지는 못한다(민법 제108조).
착오로 인한 의사표시	법률행위 내용의 중요한 부분에 착오가 있을 때에는 취소할 수 있다. 그러나 표의자의 고의 또는 중대한 과실로 인한 때에는 취소하지 못한다. 그것을 알지 못하는 제3자에 대해서는 취소의 효과를 주장할 수가 없다(민법 제109조). 화해계약은 착오를 이유로 하여 취소하지 못한다(민법 제733조).
하자 있는 의사표시 (사기, 강박에 의한 의사표시)	사기(사람을 기망하여 착오에 빠지게 하는 행위) 또는 강박(공포심을 일으키게 하는 행위)에 의한 의사표시는 취소할 수 있다(민법 제110조 제1항). 상대방이 있는 의사표시에 관하여 제3자가 사기나 강박을 행한 경우에는 상대방이 그 사실을 알았거나 알 수 있었을 경우에 한하여 그 의사표시를 취소할 수 있다(민법 제110조 제2항).

▸ **기출 O× 지문정리**

[한국보훈복지의료공단]

1. 표의자가 진의 아님을 알고 한 것이라면 원칙적으로 그 의사표시는 무효이다. ( )
   ➜ 의사표시는 표의자가 진의 아님을 알고 한 것이라도 그 효력이 있다(민법 제107조 제1항).
2. 사기・강박에 의한 의사표시는 의사와 표시가 불일치 하는 경우이다. ( )
   ➜ 의사표시는 일치하지만 의사결정의 자유가 침해되어 하자 있는 의사표시이다.
3. 2천만 원을 주지 않으면 불륜현장을 담은 사진을 회사에 알리겠다고 위협하는 바람에 그 돈을 준 경우 돈을 돌려받을 수 없다. ( )
   ➜ 강박에 의한 의사표시로서 취소할 수 있고 돈을 되돌려 받을 수 있다.

정답 1. × 2. × 3. ×

③ 의사표시와 구분해야 하는 개념*

의사의 통지	의사의 통지는 의사를 외부에 표시하는 점에서는 의사표시와 같으나 그 의사가 법률효과에 향해진 효과의사가 아닌 점에서 의사표시와 다른 것을 말한다. 최고・거절이 이에 속한다.
관념의 통지	관념의 통지는 사실의 통지라고도 하며, 표시된 의식내용이 그 무엇을 의욕하는 의사가 아니라 어떤 객관적 사실에 관한 관념 또는 표상에 지나지 않는 것이다. 예를 들어 채권양도, 채무승인, 사원총회소집통지, 대리권을 수여한 뜻의 통지가 이에 속한다.
감정의 표시	감정의 표시에는 민법 제556조, 제841조에서의 용서가 이에 속한다.

④ 의사표시의 적용 범위** : 의사표시에 관한 민법의 규정은 원칙적으로 가족법상의 행위, 공법행위, 소송행위, 단체법상의 행위에는 적용되지 않는다. 또한 주식인수의 청약・어음행위에도 원칙적으로 적용되지 않는다.

6. 대리***

① 의의 : 타인(대리인)이 본인의 이름으로 법률행위를 하거나 또는 의사표시를 수령함으로써 그 법률효과가 직접 본인에게 발생하게 하는 제도를 말한다. 이는 의사능력이나 행위능력이 없는 자에게 대리인에 의한 거래의 길을 열어줌으로써 사적자치를 확장・보충하여 주는 사회적 기능을 가지고 있다.

THE 알아두기

대리와 구별되어야 하는 것

간접대리	위탁매매와 같이 타인의 계산으로 자기의 이름으로 법률행위를 하고 그 효과는 자신에게 생기고 후에 다시 그 취득한 권리를 타인에게 이전하는 관계를 말한다. 간접대리는 대리인이 자기의 이름으로 행위하고 효과도 자기가 받는다는 점에서 직접대리, 즉 보통 말하는 대리와 다르다.
사자	본인의 의사표시를 전달하거나, 결정한 내심의 의사를 표시하는 심부름꾼을 사자라고 한다. 사실행위에도 사자는 허용된다.★
대표	• 법인실재설에 의하면 법인의 대표기관은 법인의 본체이므로 법인의 대표자는 법인의 대리인이 아니다. • 대표는 사실행위, 불법행위에도 인정된다.★

② 종류

법정대리	법률에 의해 대리권이 발생하고 대리인의 자격 및 대리권의 범위도 법률의 규정에 의해 정해진다.
임의대리	본인의 수권행위에 의해 대리권이 발생하고 본인의 의사에 따라 대리권의 범위가 결정되는 것을 말한다.
무권대리	대리권이 없는 자가 행한 대리
능동대리	대리인이 제3자(상대방)에 대하여 의사표시를 하는 대리
수동대리	대리인이 제3자의 의사표시를 수령하는 대리

③ 대리권의 발생원인

㉠ 법정대리권의 발생원인 : 법률의 규정(친권자, 후견인), 지정권자의 지정행위(지정후견인, 지정유언집행자), 법원의 선임행위(부재자 재산관리인 등)★

㉡ 임의대리권의 발생원인 : 수권행위

④ 대리권의 소멸

㉠ 공통의 소멸원인 : 본인의 사망, 대리인의 사망, 대리인의 성년후견의 개시 또는 파산

㉡ 임의대리에 특유한 소멸원인 : 원인된 법률관계의 종료, 수권행위의 철회

㉢ 법정대리에 특유한 소멸원인 : 법원에 의한 대리인의 개임·대리권 상실선고

⑤ 대리권의 제한

㉠ 자기계약·쌍방대리의 금지 : 대리인은 본인의 허락이 없으면 본인을 위하여 자기와 법률행위를 하거나 동일한 법률행위에 관하여 당사자 쌍방을 대리하지 못한다. 그러나 채무의 이행은 할 수 있다.

㉡ 공동대리의 경우에는 다수의 대리인이 공동으로만 법률행위를 할 수 있다.

㉢ 대리인이 수인일 때는 각자대리가 원칙이고, 대리인은 의사능력만 있으면 족하며 행위능력자임을 요하지 않는다.★

THE 알아두기

대리권이 인정되지 않는 행위

신분법상 행위, 불법행위, 사실행위(가공 등), 준법률행위(의사의 통지와 관념의 통지에는 대리를 유추 적용), 대리와 친하지 않는 행위(혼인, 인지, 유언 등), 자기계약, 쌍방대리

⑥ 대리행위

㉠ 대리인이 대리행위를 함에 있어서 본인을 위한 것임을 표시하고 의사표시를 하여야 한다(민법 제114조 제1항).

㉡ 수동대리의 경우에는 상대방이 대리인에 대하여 본인을 위한 것임을 표시하여야 한다(민법 제114조 제2항).

㉢ 공동대리의 경우에는 대리인이 공동하여 법률행위를 하여야 하며, 자기계약이나 쌍방대리는 본인의 허락이 없으면 할 수 없다. 그러나 채무의 이행은 할 수 있다.★

㉣ 대리인은 의사능력만 있으면 족하고, 행위능력자임을 요하지 않는다(민법 제117조).

▸ 기출 O× 지문정리

[한국남부발전]

1. 행위무능력자는 대리행위를 할 수 없다. ( )

➜ 대리인은 행위무능력자임을 요하지 않는다.

정답 1. ×

⑦ **대리행위의 효과** : 대리인이 대리권의 범위 내에서 한 대리행위에 의한 법률효과는 모두 직접 본인에게 귀속된다(민법 제114조).

⑧ **대리행위의 하자** : 의사표시의 효력이 의사의 흠결, 사기, 강박 또는 어느 사정을 알았거나 과실로 알지 못한 것으로 인하여 영향을 받을 경우에 그 사실의 유무는 대리인을 표준으로 하여 결정한다(민법 제116조 제1항).★★

⑨ **대리권의 범위** : 권한을 정하지 않은 대리인은 보존행위나 대리의 목적인 물건이나 권리의 성질을 변하지 아니하는 범위에서 그 이용 또는 개량하는 행위만 할 수 있고(민법 제118조), 처분행위는 할 수 없다.★

⑩ **복대리★** : 대리인이 자기의 이름으로 선임한 자에게 자기가 가지는 권한 내에서 대리행위를 시키는 관계이다.

㉠ 복대리인의 법적 성질 : 대리인이 선임한 본인의 대리인(대리인의 보조자나 사용자가 아님)으로서 대리인의 복임권 행사는 대리행위가 아니다. 복대리인의 선임 후에도 대리인은 여전히 대리권을 가진다. 또한 대리권이 소멸하면 복대리권도 함께 소멸한다.★★★

▸ 기출 O× 지문정리

[한국원자력환경공단]

1. 복대리인은 대리인의 대리인이다. ( )

➜ 복대리인은 본인의 대리인이다.

정답 1. ×

㉡ 복임권 : 대리인이 복대리인을 선임할 수 있는 권한★

- 임의대리인은 원칙적으로 복임권이 없으나, 본인의 승낙이 있거나 부득이한 사유가 있을 때는 복임권을 갖는다(선임·감독에 관한 책임).
- 법정대리인은 그 책임으로 복대리인을 선임할 수 있다(복대리인의 행위에 관하여 전적인 책임).

⑪ 무권대리

㉠ 의의 : 무권대리란 대리권 없이 행한 대리행위 또는 대리권의 범위를 넘어 한 대리행위를 말한다. 무권대리행위는 그 대리권 행사의 효력이 본인에게 돌아갈 수 없어 원칙적으로 무효여야 하나 우리 민법은 무권대리를 무조건 무효로 하지 아니하고 대리제도, 본인, 상대방을 조화롭게 보호할 수 있는 방법을 추구하고 있다.

㉡ 표현대리 : 표현대리란 본인과 무권대리인 사이에 실제로는 대리권이 없음에도 불구하고 대리인이 마치 대리권이 있는 것처럼 외형을 갖추고, 또 본인으로서도 그런 외형을 갖추는데 일정한 원인을 기여한 경우에 그 무권대리행위의 책임을 본인에게 부담하게 하는 제도이다. 민법은 다음의 3가지 경우에 표현대리를 인정하고 있다.

• 본인이 특정한 자에게 대리권을 부여하였음을 표시한 때(민법 제125조)
• 다소의 범위의 대리권 있는 자가 그 권한 외의 행위를 한 경우에 상대방이 권한 내의 행위라고 믿을만한 정당한 이유가 존재할 때(민법 제126조)
• 대리인이 대리권이 소멸한 이후에 대리인으로서 행위를 한 경우에 상대방이 과실 없이 대리권의 소멸을 알지 못했을 때(민법 제129조)

▸ **기출 O× 지문정리**

[대한무역투자진흥공사]

1. 표현대리가 성립하는 경우 본인이 그 행위에 대하여 책임을 지므로 표현대리는 무권대리가 아니다. ( )
   → 표현대리의 본질은 무권대리이다. 무권대리이지만 거래의 안전을 위하여 무권대리 중 특별히 본인이 책임을 지도록 법률을 정한 것이 표현대리 제도이다.

[한국전력공사]

2. 표현대리가 성립하는 경우 본인은 표현대리행위에 대해 책임을 져야 하나 상대방에게 과실이 있는 경우라면 과실상계의 법리를 유추적용하여 본인의 책임을 경감할 수 있다. ( )
   → 표현대리책임은 법률행위 자체의 효과가 귀속된다는 의미이므로 본인은 표현대리 행위에 대해 전적으로 책임을 져야 하고 과실상계의 법리를 원용할 수 없다.

정답 1. × 2. ×

㉢ 무권대리의 효과 : 표현대리의 요건을 갖추지 않은 경우로서, 이때의 법률행위는 본인이 추인하지 않는 한 무권대리인 자신의 책임이 된다. 계약의 경우와 단독행위의 경우로 나누어진다.

계약의 경우
• 본인과 상대방 사이 – 상대방은 본인에 대하여 무권대리행위에 대한 효과와 그에 따른 책임을 주장할 수 없음(민법 제130조)★ – 본인은 추인에 의하여 무권대리행위를 유효인 것으로 할 수 있고, 추인거절에 의하여 무권대리행위를 무효인 것으로 할 수도 있음 – 상대방은 본인에 대하여 추인여부의 확답을 최고할 수 있고(민법 제131조 전문), 무권대리인과 체결한 계약을 철회할 수 있음(민법 제134조 본문)★ • 상대방과 무권대리인 사이 : 상대방은 행위능력자인 무권대리인에 대하여 계약의 이행 또는 손해배상을 청구할 수 있음(민법 제135조 제1항)★ • 본인과 무권대리인 사이★ – 무권대리행위를 본인이 추인하면 사무관리가 됨 – 무권대리행위로 본인의 이익이 침해되면 불법행위가 성립 – 무권대리인이 부당하게 이득을 얻으면 부당이득이 성립
단독행위의 경우
• 상대방 없는 단독행위는 언제나 무효이며, 본인의 추인도 인정되지 않음★★ • 상대방 있는 단독행위도 원칙적으로 무효이지만, 예외적으로 그 행위 당시에 상대방이 대리인이라 칭하는 자의 대리권 없는 행위에 동의하거나 그 대리권을 다투지 아니한 때 또는 대리권 없는 자에 대하여 그 동의를 얻어 단독행위를 한 때에는 계약의 경우와 같게 취급됨

7. 무효와 취소

① 무효

㉠ 의의 : 법률행위가 성립한 당초부터 법률상 당연히 그 효력이 생기지 아니하는 것을 말한다[민법 제107조 제1항 단서의 비진의표시(심리유보), 통정허위표시, 강행법규에 반하는 법률행위 등]. 민법상 선량한 풍속 기타 사회질서에 위반한 사항을 내용으로 하는 법률행위는 무효로 한다.★

㉡ 무효의 효과

- 법률행위의 일부무효 : 법률행위의 일부분이 무효인 때에는 그 전부를 무효로 한다. 그러나 그 무효부분이 없더라도 법률행위를 하였을 것이라고 인정될 때에는 나머지 부분은 무효가 되지 않는다(민법 제137조).
- 무효행위의 추인 : 무효인 법률행위를 유효로 인정하는 당사자의 의사표시를 말한다. 민법은 당사자가 그 행위가 무효임을 알고서 이를 추인한 때에는 '새로운 법률행위'를 한 것으로 간주한다(민법 제139조 단서). 따라서 무효였던 법률행위는 새로운 별개의 법률행위로서 장래를 향하여 유효로 되고 소급적으로 처음부터 유효로 되지는 않는다.

THE 알아두기

법정추인의 의미

법정추인이란 추인권자의 명시적 의사표시가 없더라도 추인으로 인정될만한 일정한 사항이 있을 때에는 추인한 것으로 법률이 인정하는 것을 말한다. 단, 이의를 보류한 때에는 그러하지 아니하다(민법 제145조 단서).

법정추인의 요건(민법 제145조)

1. 전부나 일부의 이행
2. 이행의 청구
3. 경개
4. 담보의 제공
5. 취소할 수 있는 행위로 취득한 권리의 전부나 일부의 양도
6. 강제집행

법정추인의 효과

법정추인이 인정되면 추인한 것으로 보아, 취소권을 다시는 행사할 수 없는 효과가 생긴다.★

- 무효행위의 전환 : 무효행위의 전환이란 A라는 법률행위로는 무효인데 그것이 B라는 법률행위로는 유효요건을 갖추고 있는 경우에 A를 B로 인정하는 것이다(민법 제138조). 예컨대 전세계약이 무효인데 임대차계약으로는 유효인 경우 등이다.★

▸ 기출 O× 지문정리

[한국중부발전]

1. 법률행위의 일부분이 무효인 때에는 그 전부를 무효로 본다. ( )
2. 취소된 법률행위는 전부를 무효인 것으로 본다. ( )

정답 1. ○ 2. ○

② 취소

㉠ 취소할 수 있는 법률행위란 취소권자가 취소를 하기 전에는 일단 법률효과가 발생하나 취소의 의사를 표시하면 처음부터 소급하여 법률효과가 소멸되는 것을 말한다(사기, 강박 등). 취소된 법률행위는 처음부터 무효인 것으로 본다.

㉡ 취소권자 : 제한능력자, 하자 있는 의사표시를 한 자와 그 대리인 및 승계인

THE 알아두기 ✓

무효와 취소의 차이★★

구분	무효	취소
기본적 효과	절대적 무효가 원칙	상대적 취소가 원칙
주장권자	누구라도 주장 가능	취소권자에 한하여 가능
기간의 제한	제한이 없음	제척기간(3년, 10년)
시간경과에 따른 효력	효력변동 없음	제척기간 도과시 취소권 소멸, 유효한 것으로 확정됨
추인	• 효력변동 없음 • 당사자가 무효임을 알고 추인한 때에는 새로운 법률행위로 봄(민법 제139조 단서)	추인으로 확정적 유효가 됨
발생사유	• 반사회적 법률행위(민법 제103조) • 불공정한 법률행위(민법 제104조) • 비진의표시 단서 규정(민법 제107조 제1항 단서) • 통정허위표시(민법 제108조 제1항)	• 행위무능력(민법 제5조 제2항) • 착오(민법 제109조 제1항 본문) • 사기 · 강박(민법 제110조 제1항)

▸ 기출 ○× 지문정리

[한국가스공사]

1. 취소권은 추인할 수 있는 날로부터 3년 이내에 법률행위를 한 날로부터 7년 이내에 행사하여야 한다. ( )

➜ 취소권은 추인할 수 있는 날로부터 3년 이내에 법률행위를 한 날로부터 10년 내에 행사하여야 한다(민법 제146조).

정답 1. ×

8. 조건

① 의의 : 법률행위의 효과의 발생 또는 소멸을 장래의 도래가 불확실한 사실의 성부에 의존시키는 법률행위의 부관이다.

② 종류

정지조건과 해제조건	
정지조건	법률행위의 효력의 발생을 장래의 불확실한 사실에 의존시키는 조건(예 입학시험에 합격하면 시계를 사주겠다)★
해제조건	법률행위의 효력의 소멸을 장래의 불확정한 사실에 의존시키는 조건(예 지금 학비를 주고 있지만 낙제하면 지급을 중지하겠다)

적극조건과 소극조건	
적극조건	조건이 성취되기 위하여 조건이 되는 사실의 현상이 변경되는 조건(예 내일 비가 온다면 우산을 사주겠다)
소극조건	조건이 성취되기 위하여 조건이 되는 사실의 현상이 변경되지 않는 조건(예 내일 비가 오지 않는다면 운동화를 사주겠다)
가장조건	
형식적으로는 조건이지만 실질적으로는 조건으로 인정받지 못하는 것이다.★★	
기성조건	이미 이루어진 조건으로, 기성조건을 정지조건으로 한 경우에는 조건 없는 법률행위가 되고, 해제조건으로 하게 되면 무효가 된다(민법 제151조 제2항).
불능조건	실현 불가능한 사실을 내용으로 하는 조건으로, 불능조건이 해제 조건이면 조건 없는 법률행위에 해당하고, 정지조건이면 무효가 된다(민법 제151조 제3항).
법정조건	법률행위의 효력발생을 위해 법률이 명문으로 요구하는 조건이다.
불법조건	선량한 풍속 기타 사회질서에 위반하는 조건으로, 불법조건이 붙은 법률행위는 법률행위 전체가 무효이다(민법 제151조 제1항).
수의조건	
순수 수의조건	당사자의 일방적인 의사에 따라 조건의 성취가 결정되는 조건으로 항상 무효이다(예 내 마음이 내키면 시계를 사주겠다).
단순 수의조건	"내가 미국에 여행을 가면 시계를 사주겠다."와 같이 당사자의 일방적 의사로 결정되기는 하지만 '미국여행'이라는 의사결정에 기인한 사실상태의 성립도 요건으로 하는 조건으로 이는 유효하다.
비수의조건	
우성조건	당사자의 의사와 관계없이 자연적 사실에 의한 조건(예 내일 비가 온다면 우산을 사주겠다)
혼성조건	당사자의 일방의 의사뿐만 아니라 제3자의 의사에도 의해서 성부가 결정되는 조건(예 당신이 갑녀와 결혼한다면 집을 한 채 사주겠다)★

③ 조건을 붙일 수 없는 법률행위(조건과 친하지 않는 법률행위)★★

㉠ 법률행위가 그 효과가 확정적으로 발생될 것이 요구되는 것(예 어음 및 수표행위와 혼인·입양·인지·상속의 승인 및 포기 등과 같은 신분행위)에는 조건을 붙일 수 없다.

㉡ 조건을 붙이면 상대방의 지위를 현저하게 불안정·불리하게 하는 경우(예 단독행위 중에서 상계·취소·철회 등)에는 원칙적으로 조건을 붙일 수 없다.

㉢ 단독행위라도 '상대방의 동의가 있거나' 또는 '상대방에게 이익만을 주는 경우'(예 채무면제, 유증 등)에는 조건을 붙이더라도 무방하다.

㉣ 효과 : 조건과 친하지 아니한 법률행위에 조건을 붙이는 경우 특별한 규정이나 약정이 없는 한 '일부무효의 법리'가 적용된다고 할 것이다. 따라서 당사자의 반대의사를 인정할 만한 사정이 없는 경우에는 이러한 조건이 붙은 법률행위는 그 법률행위 자체가 전부무효로 된다고 할 것이다.

④ 조건의 효력★

㉠ 정지조건이 있는 법률행위는 조건이 성취한 때로부터 그 효력이 생긴다(민법 제147조 제1항).

㉡ 조건 있는 법률행위의 당사자는 조건의 성부가 미정한 동안에 조건의 성취로 인하여 생길 상대방의 이익을 해하지 못한다(민법 제148조).

㉢ 조건의 성취가 미정한 권리의무는 일반규정에 의하여 처분, 상속, 보존 또는 담보로 할 수 있다(민법 제149조).

9. 기한

① 법률행위의 효력의 발생·소멸 또는 채무의 이행을 도래할 것이 확실한 장래의 사실발생에 의존시키는 법률행위의 부관으로, 확정기한, 불확정기한이 있다. 수표·어음행위에는 조건은 붙일 수 없으나, 기한(始期)은 붙일 수 있다.★
  ㉠ 확정기한은 기한의 내용이 되는 사실이 발생하는 시기가 확정되어 있는 기한이다(예 내년 10월 3일에 금시계를 준다).
  ㉡ 불확정기한은 기한의 내용이 되는 사실이 발생하는 시기가 확정되어 있지 않은 기한이다(예 내년 봄비가 처음 오는 날에 우산을 사준다).

② 기한의 이익은 포기할 수 있지만 상대방의 이익을 해하지 못하며(민법 제153조 제2항), 소급효가 없으므로 장래에 향해서만 효력이 있다.★

③ 기한 이익의 상실(민법 제388조, 채무자회생법 제425조)★
  ㉠ 채무자가 담보를 손상하거나 감소 또는 멸실하게 한 때
  ㉡ 채무자가 담보제공의무를 이행하지 아니한 때
  ㉢ 채무자가 파산선고를 받은 때

Ⅶ 기간

1. 의의

기간이란 어느 시점으로부터 어느 시점까지의 계속된 시간의 구분을 말한다.

2. 자연적 계산법

기간을 시, 분, 초로 정한 때에는 즉시로부터 기산한다(민법 제156조).

3. 역법적 계산법

역법적 계산법이란 기간을 역법상의 단위 즉, 일, 주, 월, 연에 따라 계산하는 방법으로 자연적 계산방법에 대립한다. 민법은 기간이 일 이상 단위로 정해질 때에는 역법적 계산방법에 따르도록 규정하고 있다.

① **기간의 기산점** : 기간을 일, 주, 월 또는 연으로 정한 때에는 기간의 초일은 산입하지 아니한다. 그러나 그 기간이 오전 영시로부터 시작하는 때에는 그러하지 아니하다(민법 제157조).

② **연령의 기산점** : 연령의 계산에는 출생일을 산입한다(민법 제158조).

③ **기간의 만료점** : 기간을 일, 주, 월 또는 연으로 정한 때에는 기간말일의 종료로 기간이 만료한다(민법 제159조).

④ **역에 의한 계산**
  ㉠ 기간을 주, 월 또는 연으로 정한 때에는 역에 의하여 계산한다(민법 제160조 제1항).
  ㉡ 주, 월 또는 연의 처음으로부터 기간을 기산하지 아니하는 때에는 최후의 주, 월 또는 연에서 그 기산일에 해당한 날의 전일로 기간이 만료한다(민법 제160조 제2항).
  ㉢ 월 또는 연으로 정한 경우에 최종의 월에 해당일이 없는 때에는 그 월의 말일로 기간이 만료한다(민법 제160조 제3항).

⑤ **공휴일 등과 기간의 만료점** : 기간의 말일이 토요일 또는 공휴일에 해당한 때에는 기간은 그 익일로 만료한다(민법 제161조).

Ⅷ 소멸시효

1. 서설

① 시효의 의의 : 특정한 사실상태가 일정기간 이상 계속되는 경우 그 상태가 진실한 권리관계에 합치하는지 여부를 묻지 않고 그 사실 상태를 존중하여 그대로 권리관계를 인정하는 법률상의 제도이다.★

② 시효제도의 존재이유

㉠ 오랫동안 계속 되어온 일정한 사실상태에 대한 신뢰를 보호하여 거래의 안전과 사회질서의 안정을 유지하기 위함이다.

㉡ 시간의 경과로 인한 정당한 권리관계에 대한 증명의 어려움이 있기 때문이다.

㉢ 오랫동안 자신의 권리를 행사하지 않은 '권리 위에 잠자는 자'는 보호가치가 없기 때문이다.

③ 시효의 분류

취득시효	권리행사의 외형인 점유·준점유가 일정기간 계속됨으로써 권리취득의 효과가 생기는 시효 예 20년간 소유의 의사로 평온·공연하게 부동산을 점유하는 자는 등기함으로써 그 소유권을 취득한다(민법 제245조 제1항).
소멸시효	자기의 권리를 일정기간 사용하지 않음으로 인하여 권리를 상실하게 되는 시효 예 채권은 10년간 사용하지 아니하면 소멸시효가 완성한다(민법 제162조 제1항).

④ 소멸시효의 대상성★★

채권	채권은 10년의 소멸시효에 걸린다(민법 제162조 제1항). 그러나 법률행위로 인한 등기청구권은 목적물을 인도받아 사용·수익하고 있는 동안 소멸시효에 걸리지 아니한다. 점유취득시효에 기한 등기청구권도 점유를 상실하지 않는 한 소멸시효에 걸리지 아니한다.
소유권	소유권의 절대성과 항구성에 의해 소멸시효에 걸리지 아니한다.
점유·유치권	점유를 기반으로 하는 성질상 별도로 소멸시효에 걸리지 아니한다.
질권·저당권	피담보채권이 존속하는 한 독립하여 소멸시효에 걸리지 아니한다.
상린관계상의 권리 및 공유물분할청구권	기초가 되는 법률관계가 존속하는 한 소멸시효에 걸리지 아니한다.
지상권과 전세권	견해 대립이 있으나, 지상권은 소멸시효의 대상이 된다는 내용으로 출제되었다.
지역권	소멸시효의 대상이 된다.
형성권	소멸시효가 아닌 제척기간의 적용을 받는다.

2. 소멸시효의 요건

① 소멸시효의 요건★

㉠ 권리가 그 성질상 시효로 소멸할 수 있는 것이어야 한다.

㉡ 권리자가 법률상 그의 권리를 행사할 수 있어야 한다.

㉢ 권리자가 일정한 기간 계속하여 권리를 행사하지 않아야 한다.

② 소멸시효의 기산점★★

권리	기산점
확정기한부 채권★	기한이 도래한 때
불확정기한부 채권★	기한이 객관적으로 도래한 때
기한을 정하지 않은 채권★	채권 성립 시
조건부 권리	조건 성취 시

선택채권★	선택권을 행사할 수 있는 때
채무불이행에 의한 손해배상청구권	채무불이행시
불법행위에 의한 손해배상청구권	채권 성립 시
부당이득반환청구권	채권 성립 시
하자 있는 행정처분에 의한 부당이득반환청구권	취소 : 행정처분을 취소하는 판결이 확정된 때 무효 : 무효인 행정처분이 있은 때
부작위채권	위반행위를 한 때
구상권★	보증인 : 행사할 수 있는 때 공동불법행위자 : 피해자에게 현실로 손해배상금을 지급한 때
물권	권리가 발생한 때
동시이행항변권이 붙어 있는 채권	이행기

③ 소멸시효기간★

20년	채권 및 소유권 이외의 재산권★
10년	보통의 채권, 판결・파산절차・재판상 화해・기타 판결과 동일한 효력이 있는 것에 의하여 확정된 채권
5년	상법상의 채권★
3년	이자, 부양료, 근로기준법상 임금채권 등
1년	여관, 음식점, 오락장의 숙박료 등
3년 또는 10년	불법행위로 인한 손해배상청구권

3. 소멸시효의 중단

① 소멸시효 중단의 의의 : 시효기간의 경과 중에 권리의 불행사라는 소멸시효의 바탕이 되는 사실 상태와 상반되는 사실이 발생할 경우 이미 진행한 시효기간은 무효로 하고 처음부터 다시 진행한다.

② 중단사유 : 청구, 압류・가압류・가처분, 승인

▸ 기출 O× 지문정리

[한국중부발전]

1. 파산절차참가는 채권자가 이를 취소한 때에는 시효중단의 효력이 없다. ( )
2. 재판상 청구는 소송의 각하, 기각 또는 취하의 경우에는 6월 이내에 재판상의 청구, 파산절차의 참가, 압류 또는 가압류, 가처분을 하지 않는 한 시효중단의 효력이 없다. ( )
3. 압류, 가압류, 가처분은 권리자의 청구에 의해 취소된 때에는 시효중단의 효력이 없다. ( )
4. 소멸시효는 청구, 압류, 가압류, 가처분, 양도, 승인으로 중단된다. ( )
   ➜ 양도는 소멸시효중단 사유가 아니다.
5. 최고는 3월 이내에 재판상의 청구, 파산절차의 참가, 화해를 위한 소환, 임의출석, 압류 또는 가압류, 가처분을 하지 아니하면 시효중단의 효력이 없다. ( )
   ➜ 최고는 6개월 이내에 재판상의 청구, 파산절차의 참가, 화해를 위한 소환, 임의출석, 압류 또는 가압류, 가처분을 하지 아니하면 시효중단의 효력이 없다.

정답 1. ○ 2. ○ 3. ○ 4. × 5. ×

4. 소멸시효의 정지

① **의의** : 시효기간 만료시 시효를 중단시키기 곤란한 사정이 있는 경우 시효의 완성을 일정기간 유예시키는 제도이다.
② **정지사유** : 제한능력자를 위한 정지(민법 제179조·제180조 제1항), 혼인관계의 종료에 의한 정지(민법 제180조 제2항), 상속재산에 관한 정지(민법 제181조), 천재 기타 사변에 의한 정지(민법 제182조)

5. 소멸시효의 효력

① **소멸시효와 소급효** : 소멸시효는 그 기산일에 소급하여 효력이 생긴다(민법 제167조).★
② **소멸시효 이익의 포기**
㉠ 소멸시효의 이익의 포기는 시효완성 후에만 가능하다. 따라서 완성 전에는 포기할 수 없다(민법 제184조 제1항).★
㉡ 시효기간을 단축하거나, 시효요건을 경감하는 당사자의 특약은 유효하다(민법 제184조 제2항).★
㉢ 시효이익의 포기는 상대방 있는 단독행위이며 처분권능·처분권한이 있어야 한다.★
㉣ 시효이익의 포기는 상대적 효력을 가지기에 주채무자의 시효이익의 포기는 보증인에게는 효력이 미치지 아니한다(민법 제169조).★
㉤ 포기의 대상이 주(主)된 권리인 때에는 그 포기의 효력은 종(從)된 권리에도 미친다. 따라서 주된 권리를 포기하면 종된 권리도 자동으로 포기한 것이 된다(민법 제183조).

Ⅸ 물권법

1. 물권의 의의

특정한 물건을 직접 지배하여 그로부터 이익을 얻는 것을 내용으로 하는 배타적 권리를 물권이라 한다.

THE 알아두기

물권과 채권

구분	대상	공시	성질	종류
물권	물건	• 필요 • 부동산 : 등기 • 동산 : 인도	• 직접성·절대성 • 절대권	법률, 관습법에 따라 결정
채권	사람의 행위	불요	• 간접성·상대성 • 청구권	당사자 사이의 계약에 의해 결정

1. 물권의 종류

① 관습법에 의해 인정되는 물권
㉠ 분묘기지권
㉡ 관습법상 법정지상권
㉢ 동산양도담보

② 물권설정대상★

㉠ 토지와 같은 부동산에는 질권을 설정할 수 없다.

㉡ 전세권에 저당권을 설정할 수 있다.

㉢ 토지에 지상권을 설정할 수 있다.

㉣ 건물에 유치권을 행사할 수 있다.

③ 민법이 인정하는 물권★★★

점유권		물건을 사실상 지배하는 권리
소유권		물건을 사용·수익·처분하는 권리
용익물권	지상권	타인의 토지에 건물이나 수목 등을 설치하여 사용하는 물권
	지역권	타인의 토지를 자기 토지의 편익을 위하여 이용하는 물권
	전세권	전세금을 지급하고 타인의 토지 또는 건물을 사용·수익하는 물권
담보물권	유치권	타인의 물건(민법상 동산 및 부동산)이나 유가증권을 점유한 자가 그 물건이나 유가증권에 관하여 생긴 채권이 있는 경우에 변제받을 때까지 그 물건이나 유가증권을 유치할 수 있는 담보물권 예 甲이 전파상에 고장 난 라디오의 수리를 의뢰한 경우 전파상 주인이 수리대금을 받을 때까지 甲에게 라디오의 반환을 거부할 수 있다.
	질권	채권자가 그의 채권을 담보하기 위하여 채무의 변제기까지 채무자로부터 인도받은 동산을 점유·유치하기로 채무자와 약정하고, 채무의 변제가 없는 경우에는 그 동산의 매각대금으로부터 우선변제를 받을 수 있는 담보물권(동산질권) 예 甲이 乙에게 10만 원을 빌리면서 금반지를 담보로 맡긴 경우 乙은 빌려간 돈을 갚을 때까지 그 반지를 가지고 있을 수 있고, 만약 甲이 갚지 않을 경우 우선적으로 그 목적물을 처분하여 변제받을 수 있다.
	저당권	채권자가 채무자 또는 제3자(물상보증인)로부터 점유를 옮기지 않고 그 채권의 담보로 제공된 목적물(부동산)에 대하여 우선변제를 받을 수 있는 담보물권

THE 알아두기

유치권

- 유치권자는 채권전부의 변제를 받을 때까지 유치물 전부에 대하여 그 권리를 행사할 수 있다(민법 제321조).★
- 유치권자는 채권의 변제를 받기 위하여 유치물을 경매할 수 있다(민법 제322조 제1항).★
- 유치권의 행사는 채권의 소멸시효의 진행에 영향을 미치지 아니한다(민법 제326조).★
- 유치권은 점유의 상실로 인하여 소멸한다(민법 제328조).★

질권

- 질권의 설정은 질권자에게 목적물을 인도함으로써 그 효력이 생긴다.
- 질권설정자는 질권자의 동의 없이 질권의 목적된 권리를 소멸하게 하거나 질권자의 이익을 해하는 변경을 할 수 없다.

THE 알아두기

특수지역권(민법 제302조)

어느 지역의 주민이 집합체의 관계로 각자가 타인의 토지에서 초목, 야생물 및 토사의 채취, 방목 기타의 수익을 하는 권리가 있는 경우에는 관습에 의하는 외에 지역권에 관한 규정을 준용한다.

[한국남부발전]

1. 특수지역권은 한 개인에게 속하는 것이 아니라 어느 지역의 주민 전체에게 귀속된다. ( )
2. 이때 주민 전체는 권리능력 없는 사단의 성질을 갖고 그 권리는 토지수익권의 준 총유로서의 성질을 갖는다. ( )
3. 특수지역권은 지역의 주민이 편익을 받는 것으로서 인역권의 성질을 갖는다. ( )

[한국보훈복지의료공단]

4. 유치권, 근저당권, 전세권, 근보증은 담보물권이 될 수 있다. ( )
   ➜ 전세권은 존속기간이 만료하면 담보물권의 기능을 하지만 근보증은 채권이다.
5. 정기예금통장을 이용하여 담보권을 설정할 수 있는 것은 권리질권이다. ( )

[부산신용보증재단]

6. 저당권은 원칙적으로 유치적 효력이 인정된다. ( )
   ➜ 저당권은 전형적인 담보물권으로서 본질적으로 저당권 설정자의 사용·수익을 제한하는 것이 아니기 때문에 유치적 효력을 인정할 이유가 없다.
7. 저당권에는 우선변제적 효력이 인정된다. ( )
8. 저당권은 전형적인 담보물권이다. ( )
9. 저당권은 부동산과 등기, 등록의 대상인 물건 등을 객체로 한다. ( )

정답 1. ○ 2. ○ 3. ○ 4. × 5. ○ 6. × 7. ○ 8. ○ 9. ○

2. 물권의 특성

① 물권은 객체를 직접 지배하는 성질이 있다.
② 물권은 객체를 배타적으로 지배하는 성질이 있다.
③ 물권의 효력은 누구에게나 주장할 수 있는 절대적 성질이 있다.
④ 물권은 강한 양도성이 있는 권리이다.

THE 알아두기 ✓

물권의 효력

1. 물권 상호 간의 효력 : 시간적으로 먼저 성립한 물권은 뒤에 성립한 물권에 우선한다.
2. 물권과 채권 간의 효력
   ㉠ 원칙 : 물권과 채권 간에는 성립시기를 불문하고 물권이 우선한다.
   ㉡ 예외 : 법률이 정한 특정한 경우에는 채권이 물권에 우선한다(예 근로기준법상의 임금우선특권, 주택임대차보호법상의 소액보증금우선특권).★

3. 동산 물권변동

① 법률행위에 의한 동산 물권변동 : 인도에 의해 동산 물권변동의 효력이 생긴다.
② 선의취득 : 평온・공연하게 동산을 양수한 자가 선의이며 과실 없이 그 동산을 점유한 경우에는 양도인이 정당한 소유자가 아닌 때에도 즉시 그 동산의 소유권을 취득한다.★

4. 부동산 물권변동

① 원칙 : 법률행위에 의한 부동산 물권변동은 등기하여야 그 효력이 생긴다(민법 제186조).★
② 예외 : 상속, 공용징수, 판결, 경매 기타 법률의 규정에 의한 부동산 물권취득은 등기를 요하지 아니한다. 그러나 등기를 하지 아니하면 이를 처분하지 못한다(민법 제187조).★

THE 알아두기 ⊙

부동산물권변동의 효력(민법 제186조)
부동산에 관한 법률행위로 인한 물권의 득실변경은 등기하여야 그 효력이 생긴다.

등기를 요하지 아니하는 부동산물권취득(민법 제187조)
상속, 공용징수, 판결, 경매 기타 법률의 규정에 의한 부동산에 관한 물권의 취득은 등기를 요하지 아니한다. 그러나 등기를 하지 아니하면 이를 처분하지 못한다.

동산물권양도의 효력, 간이인도(민법 제188조)
① 동산에 관한 물권의 양도는 그 동산을 인도하여야 효력이 생긴다.
② 양수인이 이미 그 동산을 점유한 때에는 당사자의 의사표시만으로 그 효력이 생긴다.

5. 소유권

① 개념 : 소유권이란 물건을 전면적・포괄적으로 지배하는 권리이다.
② 취득시효에 의한 소유권의 취득

구분	내용
부동산의 시효취득	20년간 소유의 의사로 평온・공연하게 부동산을 점유한 자가 등기한 경우 또는 부동산의 소유자로 등기한 자가 10년간 소유의 의사로 평온・공연하게 선의・무과실로 부동산을 점유한 경우에는 그 소유권을 취득한다(민법 제245조).
동산의 시효취득	10년간 소유의 의사로 평온・공연하게 동산을 점유한 자는 그 소유권을 취득한다. 이러한 점유가 선의・무과실로 개시된 경우에는 5년이 지나면 그 소유권을 취득한다(민법 제246조).

③ 소유권의 취득시기
㉠ 아파트를 분양받는 경우 소유권이전등기를 해야 비로소 소유권을 갖게 된다.
㉡ 단독주택을 상속받은 경우 상속등기를 하지 않더라도 그 단독주택은 상속인들이 소유권을 갖게 된다.
㉢ 승용차를 구입하는 경우 차량에 대한 소유권 등록을 해야 비로소 소유권을 갖게 된다.★

④ 공동소유★★

내용	공유 (예 공동상속)	합유 (예 조합)	총유 (예 권리능력 없는 사단)
지분의 유무	有	有	無
지분 처분	자유	전원의 동의로 가능 (민법 제273조 제1항 반대해석)	지분이 없으므로 불가
분할청구	자유	존속하는 동안 분할청구 불가 (민법 제273조 제2항), 해산 시 가능	불가
보존행위	각자 단독으로 가능	각자 단독으로 가능 (민법 제272조 단서)	총회결의를 얻어야 가능
관리행위	지분의 과반수로 가능 (민법 제265조 본문)	조합원의 과반수로 가능 (민법 제265조 본문 유추적용)	총회결의로 가능
처분·변경	전원 동의로 가능	전원 동의로 가능	총회결의로 가능
사용·수익	지분비율로 전부 사용 가능	지분비율로 전부 사용 가능 단, 조합계약으로 달리 정할 수 있다.	정관 기타 규약에 좇아 각자 사용·수익 가능
등기	공유자 전원 명의	합유자 전원 명의	비법인사단 명의
종료사유	공유물 양도, 공유물 분할	합유물 양도, 조합해산	총유물 양도, 사원지위 상실

X 채권법

1. 보증채무와 연대채무

① 보증채무

㉠ 의의 : 보증채무란 채권자와 보증인 사이에 체결된 보증계약에 의하여 성립하는 채무로서, 주된 채무와 동일한 내용의 급부를 할 것을 내용으로 하여 주채무자가 급부를 이행하지 않을 경우에는 보증인이 이를 이행하여야 하는 채무이다.★

㉡ 특성★★

독립성	보증채무는 주채무와 독립한 별개의 채무
부종성	주채무가 성립하지 않으면 보증채무도 성립하지 아니하며, 주채무의 소멸시 보증채무도 따라서 소멸
보충성	보증인은 주채무자가 이행하지 않는 경우 이행의 책임을 지며, 채권자가 주채무자에게 이행을 청구하지 않고 보증인에게 이행을 청구하는 경우에는 먼저 주채무자에게 청구할 것과 그 재산에 대하여 집행할 것을 항변할 수 있음

▸ 기출 ○× 지문정리

[한국자산관리공사]

1. 채권자는 채무자와 보증인 중 임의로 선택하여 채무의 전부 이행을 청구할 수 있다. ( )

➜ 보증인은 주채무자의 변제자력이 있는 사실 및 그 집행이 용이할 것을 먼저 주채무자에게 청구할 것과 그 재산에 대하여 집행할 것을 항변할 수 있다.

[한국원자력환경공단]

2. 주채무가 불가분인 경우, 연대보증, 보증연대는 분별의 이익이 있는 보증채무에 해당한다. ( )

➜ 공동보증의 분별의 이익이란 수인의 보증인이 각자의 행위로 부증채무를 부담한 경우에도 분할채권관계에 관한 규정을 준용하는 것을 말한다. 주채무가 불가분인 경우, 연대보증, 보증연대의 경우는 분별의 이익이 없다.

정답 1. × 2. ×

② 연대채무

㉠ 의의 : 수인의 채무자가 채무 전부를 각자 이행할 의무가 있고, 채무자 1인의 이행으로 다른 채무자도 그 의무를 면하게 되는 채무로서, 채권자는 연대채무자 중 1인을 임의로 선택하여 채무 전부의 이행을 청구할 수 있다. 연대채무자는 최고・검색의 항변권이 없다.★

㉡ 연대채무자 1인에게 생긴 사유의 효력

절대적 효력	변제・대물변제・공탁, 상계, 채권자지체, 이행의 청구, 경개, 면제, 혼동, 시효의 완성
상대적 효력	시효의 중단・정지, 이행지체・이행불능(단, 채권자의 청구에 의한 지체는 절대적 효력), 채무자 한 사람에게 내려진 판결

▸ 기출 ○× 지문정리

[경기신용보증재단]

1. 상계, 경개, 이행의 청구, 확정판결, 소멸시효의 완성은 연대채무에 있어 절대적 효력이 있다. ( )

➜ 연대채무에 있어 확정판결은 상대적 효력이 있다.

정답 1. ×

2. 채무불이행★

① 이행지체

㉠ 개념 : 이행기에 채무의 이행이 가능함에도 불구하고 채무자의 책임 있는 사유에 의하여 이행을 하지 않는 것이다. 이행이 가능하다는 점에서 이행불능과 다르며, 이행행위가 없다는 점에서 불완전이행과 다르다.

㉡ 효과 : 강제이행청구권(민법 제389조), 손해배상청구권(민법 제390조), 책임의 가중(민법 제392조), 계약해제권(민법 제544조)이 발생한다.★

② 이행불능

㉠ 개념 : 채무가 성립할 당시에는 이행이 가능하였으나 그 후 채무자의 귀책사유에 의해 이행이 불가능하게 된 경우

㉡ 효과 : 손해배상청구권(민법 제390조), 계약해제권(민법 제546조), 대상청구권이 발생한다.★

③ 불완전이행 : 채무자가 이행을 했지만 그 이행이 채무의 내용에 좇은 완전한 것이 아닌 경우

3. 채권자대위권과 채권자취소권★★

구분	채권자대위권 (민법 제404조 · 제405조)	채권자취소권 (민법 제406조 · 제407조)
정의	채권자가 자기의 채권을 보전하기 위하여 채무자의 권리(일신에 전속한 권리는 제외)를 행사할 수 있는 권리	채권자를 해함을 알면서 채무자가 행한 법률행위를 취소하고 채무자의 재산을 원상회복할 수 있는 권리
권리자	채권자	채권자
목적	책임재산의 보전	책임재산의 보전
권리내용	채무자의 재산 보전조치를 대행	재산 감소행위의 취소 또는 원상회복
행사방법	• 재판상 및 재판 외 행사가능★ • 기한이 도래하기 전에는 법원의 허가 없이 행사 불가(단, 보전행위는 가능)★	반드시 재판상 행사
행사의 상대방	제3채무자	수익자 또는 전득자(단, 행위 또는 전득 당시에 채권자를 해함을 알지 못한 경우에는 행사 불가)★
행사의 효력	• 대위권 행사의 효과는 당연히 채무자에게 귀속하여 채무자의 일반재산에 편입됨 • 대위소송의 기판력은 소송사실을 인지한 채무자에게 미침	• 취소권행사의 효력은 소송상 피고에 한정됨★ • 소송당사자가 아닌 채무자, 채무자와 수익자, 수익자와 전득자 사이의 법률관계는 영향이 없음★

▸ 기출 O× 지문정리

[한국원자력환경공단]

1. 채권자대위권의 행사기간은 채권자가 원인을 안 날로부터 1년, 법률행위가 있는 날로부터 5년 내에 제기하여야 한다. ( )

➜ 채권자대위권의 행사기간에는 제한이 없다. 채권자취소권은 채권자가 취소 원인을 안 날로부터 1년, 법률행위가 있은 날로부터 5년 이내에 제기하여야 한다.

2. 채권자취소권을 행사하기 위해서는 행사 당사의 채무자의 무자력은 요하지 않는다. ( )

➜ 채권자취소권을 행사하기 위해서는 채무자가 채권자를 해함을 알고 재산권을 목적으로 한 법률행위를 한 경우인데 채권자를 해한다는 것은 사해행위 당시 채무자가 채무를 변제하기에 충분한 자산을 가지고 있지 않아서 공동담보에 부족이 생긴 상태일 것(무자력)을 요한다.

정답 1. × 2. ×

4. 계약의 성립

① 청약과 승낙에 의한 계약의 성립

㉠ 청약 : 청약이란 승낙과 결합하여 일정한 계약을 성립시킬 것을 목적으로 하는 일방적 · 확정적 의사표시이다. 청약은 원칙적으로 상대방에게 도달해야 효력이 발생한다.

㉡ 승낙 : 승낙이란 청약의 상대방이 청약에 응하여 계약을 성립시킬 목적으로 하는 의사표시를 말한다. 승낙은 청약자라는 특정인을 대상으로 해야 하며 청약의 내용과 일치하는 내용이어야 한다.

② 청약 · 승낙 이외의 방법에 의한 계약의 성립

㉠ 교차청약에 의한 계약성립 : 당사자가 같은 내용을 서로 엇갈려 청약함으로써 성립하는 것(민법 제533조)으로, 양청약이 상대방에게 도달한 때 계약이 성립한다.

㉡ 의사실현에 의한 계약성립 : 청약자의 특별한 의사표시나 관습에 의하여 승낙의 통지를 필요로 하지 않는 경우에는 승낙의 의사표시로 인정되는 사실이 있는 때에 계약이 성립한다(민법 제532조).

▸기출 OX 지문정리

[도로교통공단]

1. 승낙은 특정의 청약에 대하여 행하여지는 것이며, 청약의 내용과 일치하여야 하는바, 승낙자가 청약의 내용을 변경해서 승낙한 경우에는 청약자가 이를 승낙한 경우에도 계약은 성립하지 않는다. ( )

➜ 승낙자가 청약에 대하여 조건을 붙이거나 변경을 가하여 승낙한 때에는 그 청약의 거절과 동시에 새로 청약한 것으로 본다. 변경을 가한 승낙에 청약자가 승낙하면 새로운 청약에 대한 승낙이 있는 것이므로 계약이 성립한다.

정답 1. ×

5. 민법상 계약의 종류★★★

① 민법상 15개 전형계약

증여	당사자 일방이 무상으로 재산을 상대방에 수여하는 의사를 표시하고 상대방이 이를 승낙함으로써 효력 발생(민법 제554조 내지 제562조)
매매	당사자 일방이 재산권을 상대방에게 이전할 것을 약정하고 상대방이 그 대금을 지급할 것을 약정함으로써 효력 발생(민법 제563조 내지 제595조)
교환	당사자 쌍방이 금전 이외의 재산권을 상호이전할 것을 약정함으로써 효력 발생(민법 제596조 내지 제597조)
소비대차	당사자 일방이 금전 기타 대체물의 소유권을 상대방에게 이전할 것을 약정하고 상대방은 그와 같은 종류, 품질 및 수량으로 반환할 것을 약정함으로써 효력 발생(민법 제598조 내지 제608조)★
사용대차	당사자 일방이 상대방에게 무상으로 사용, 수익하게 하기 위하여 목적물을 인도할 것을 약정하고 상대방은 이를 사용, 수익한 후 그 물건을 반환할 것을 약정함으로써 효력 발생(민법 제609조 내지 제617조)
임대차	당사자 일방이 상대방에게 목적물을 사용, 수익하게 할 것을 약정하고 상대방이 이에 대하여 차임을 지급할 것을 약정함으로써 효력 발생(민법 제618조 내지 제654조)
고용	당사자 일방이 상대방에 대하여 노무를 제공할 것을 약정하고 상대방이 이에 대하여 보수를 지급 할 것을 약정함으로써 효력 발생(민법 제655조 내지 제663조)
도급	당사자 일방이 어느 일을 완성할 것을 약정하고 상대방이 그 일의 효과에 대하여 보수를 지급할 것을 약정함으로써 효력 발생(민법 제664조 내지 제674조)
여행계약	당사자 한쪽이 상대방에게 운송, 숙박, 관광 또는 그 밖의 여행 관련 용역을 결합하여 제공하기로 약정하고 상대방이 그 대금을 지급하기로 약정함으로써 효력 발생(민법 제674조의2 내지 제674조의9)
현상광고	광고자가 어느 행위를 한 자에게 일정한 보수를 지급할 의사를 표시하고 이에 응한 자가 그 광고에 정한 행위를 완료함으로써 효력 발생(민법 제675조 내지 제679조)★
위임	당사자 일방이 상대방에 대하여 사무의 처리를 위탁하고 상대방이 이를 승낙함으로써 효력 발생(민법 제680조 내지 제692조)★
임치	당사자 일방이 상대방에 대하여 금전이나 유가증권 또는 기타 물건의 보관을 위탁하고 상대방이 이를 승낙함으로써 효력 발생(민법 제693조 내지 제702조)★

조합	2인 이상이 상호출자하여 공동사업을 경영할 것을 약정함으로써 효력 발생(민법 제703조 내지 제724조)
종신정기금	당사자 일방이 자기, 상대방 또는 제3자의 종신까지 정기로 금전 기타의 물건을 상대방 또는 제3자에게 지급할 것을 약정함으로써 효력 발생(민법 제725조 내지 제730조)
화해	당사자가 상호양보하여 당사자 간의 분쟁을 종지할 것을 약정함으로써 효력 발생(민법 제731조 내지 제733조)

② **쌍무계약과 편무계약★** : 계약의 쌍방당사자가 서로 대가적 채무를 부담하는지 여부에 따른 계약의 분류이다.

구분	종류
쌍무계약	매매, 교환, 유상소비대차, 임대차, 고용, 도급, 여행계약, 유상위임, 유상임치, 조합, 화해
편무계약	증여, 무상소비대차, 사용대차, 현상광고, 무상위임, 무상임치

③ **유상계약과 무상계약★** : 계약의 쌍방당사자가 서로 대가적 의미를 가지는 출연 내지 출재를 하는지 여부에 따른 구분이다.

구분	종류
유상계약	매매, 교환, 유상소비대차, 임대차, 고용, 도급, 여행계약, 현상광고, 유상위임, 유상임치, 조합, 유상종신정기금, 화해
무상계약	증여, 무상소비대차, 사용대차, 무상위임, 무상임치, 무상종신정기금

④ **낙성계약과 요물계약★** : 계약의 쌍방당사자의 합의만으로 성립하는 계약을 낙성계약, 그 합의 이외에 일방이 물건의 인도 등 일정한 급부를 하여야만 성립하는 계약을 요물계약이라고 한다.

구분	종류
낙성계약	현상광고를 제외한 14개 전형계약
요물계약	현상광고

6. 채권성립의 원인★

① **계약(契約)** : 서로 대립하는 두 개 이상의 의사표시의 합치로써 성립하는 법률행위이다.

② **사무관리(事務管理)(민법 제734조 내지 제740조)** : 법률상 또는 계약상의 의무 없이 타인을 위하여 사무를 처리함으로써 법정채권관계가 성립한다. 관리자는 본인의 사무처리에 대하여 선량한 관리자의 주의의무를 부담하며, 이를 위반할 경우에는 손해배상의무를 지게 된다. 본인은 관리자에 대해 보수지급의무를 부담하지 않게 된다.

③ **부당이득(不當利得)(민법 제741조 내지 제749조)** : 법률상 원인 없이 타인의 재산 또는 노무로 인하여 이익을 얻고 이로 인해 타인에게 손해를 가하는 것으로, 손해를 가한 자에게 그 이득의 반환을 요구할 수 있다.

THE 알아두기 ✓

부당이득의 요건

부당이득의 요건으로는 ① 실질적인 이득의 취득, ② 손해(손실)의 발생, ③ 인과관계의 존재, ④ 법률상 원인의 결여가 있어야 한다.

부당이득의 내용이 물건인 때에는 그 받은 물건 자체를 반환해야 함이 원칙이며 다만 원물반환이 불가능한 경우에는 그 가액을 반환하여야 한다(제747조). 선의의 수익자는 받은 이득이 현존하는 한도에서 반환책임을 부담하며(제748조 제1항) 악의의 수익자는 그가 받은 이득의 전부 및 이에 대한 이자를 반환해야 하며 손실자에게 손해가 있는 때에는 그 손해도 아울러 배상하여야 한다(제748조 제2항).

④ 불법행위(不法行爲)(민법 제750조 내지 제766조) : 고의 또는 과실로 인한 위법행위로 타인에게 손해를 가한 경우에는 그 손해를 배상할 책임이 발생한다. 불법행위는 법률행위가 아닌 법률의 규정에 의하여 채권관계가 성립되므로 법정채권관계이며 손해배상청구권의 법률요건이다.

THE 알아두기 ✓

일반적인 불법행위 요건

일반적인 불법행위의 성립요건에는 ① 행위자의 고의·과실, ② 행위자의 책임능력, ③ 행위의 위법성, ④ 가해행위에 의한 손해발생 등이 있다.

THE 알아두기 ✓

특수불법행위

구분		내용
친권자의 감독자책임		• 미성년자로서 책임을 변식할 지능이 없는 자 또는 심신상실 중인 자는 타인에게 가한 손해를 배상할 책임이 없고 이 경우 책임 없는 자를 감독할 법정의무가 있는 자 또는 감독의무자를 갈음하여 책임 없는 사람을 감독하는 자는 책임 없는 자가 제3자에게 기한 손해를 배상할 책임이 있다(제755조). • 감독자가 감독의무를 게을리 하지 않은 경우 면책된다(제755소 제1항 단서).
사용자의 배상책임		• 사용자가 그의 사무 또는 영업에 피용자를 사용하여 사업을 수행하던 중 그 피용자가 제3자에게 손해를 발생시킨 때에는 피해자에 대해서 손해배상책임을 부담한다(제756조 제1항). • 사용자와 피용자의 관계는 반드시 유용한 고용관계에 한하지 않고 사실상 일시적으로 어떤 사람이 다른 사람을 위하여 실제적으로 지휘·감독 아래 그 의사에 따라 사무를 집행하는 관계로 족하다.
도급인의 배상책임		• 원칙 : 도급인은 수급인이 그 일에 관하여 제3자에게 가한 손해를 배상할 책임이 없다(제757조 본문). • 예외 : 도급 또는 지시에 관하여 도급인에게 중대한 과실이 있으며 도급인은 제3자에게 책임을 부담한다(제757조 단서). • 도급인이 수급인에 대해 작업에 관한 실질적인 지휘·감독을 하는 경우 사용관계가 성립되어 도급인은 사용자 책임을 지게 된다.
공동불법행위 책임	수인의 공동불법행위	• 협의의 공동불법행위(제760조 제1항)라고 하며 가해자 상호간에 일반불법행위의 성립요건 외에 '관련공동성'이 있어야 한다. • 수인이 공동의 불법행위로 타인에게 손해를 가한 때, 공동 아닌 수인의 행위 중 어느 자의 행위가 그 손해를 가한 것인지 알 수 없는 경우 연대하여 그 손해를 배상할 책임이 있다. 교사자나 방조자는 공동행위자로 본다.
	가해자 불명의 공동행위	공동 아닌 수인의 행위 중 어느 자의 행위가 손해를 야기한 것인지 알 수 없는 경우 공동불법행위로 추정한다(제760조 제2항).
	교사·방조자의 불법행위	교사자나 방조자는 공동불법행위자로 간주된다(제760조 제3항).

THE 알아두기

불법행위의 효과

1. 손해배상청구권의 발생

손해배상의 방법		• 당사자의 합의 등 특별한 사정이 없는 한 원칙적으로 금전배상을 원칙으로 한다(제763조, 제394조). • 타인의 명예를 훼손한 자에 대하여 법원은 피해자의 청구에 의하여 손해배상에 갈음하거나 손해배상과 함께 명예회복에 적당한 처분을 명할 수 있다(제764조).
손해배상의 범위		적극적 손해, 소극적 손해, 정신적 손해로 구분한다.
손해배상의 산정	과실상계	• 피해자에게 과실이 있는 경우 법원은 배상액산정에 있어 반드시 참작하여야 한다. • 피해자 측 과실이 있는 경우 그 주장이 없더라도 직권으로 이를 심리판단해야 한다.
	손익상계	불법행위의 피해자 또는 상속인이 불법행위로 불이익을 받음과 동시에 그로 인하여 이득을 얻은 경우 이득 상당액은 배상액에서 공제되어야 한다.

2. 손해배상청구권의 기간 : 불법행위로 인한 손해배상청구권은 피해자나 그 법정대리인이 그 손해 및 가해자를 안 날로부터 3년간 이를 행사하지 않거나(제766조 제1항), 불법행위를 한 날로부터 10년이 경과한 때(제766조 제2항)에는 시효로 소멸한다. 이는 모두 소멸시효기간이다.

THE 알아두기

민사책임과 형사책임

구분	민사책임	형사책임
결과발생 여부	결과(손해)가 발생하지 않은 미수는 책임이 없음	결과가 발생하지 않은 경우에도 위험성이 있는 경우 처벌 가능
고의 · 과실	• 고의과 과실은 차이가 없음 • 과실범이 주로 문제됨	• 고의범만 처벌하는 것이 원칙 • 과실범은 예외적으로 처벌

XI 가족법

1. 친족과 가족

① 친족(親族)(민법 제767조)★

㉠ 배우자

㉡ 혈족(血族)(민법 제768조)

- 자기의 직계존속과 직계비속을 직계혈족이라 한다.
- 자기의 형제자매와 형제자매의 직계비속, 직계존속의 형제자매 및 그 형제자매의 직계비속을 방계혈족이라 한다.

㉢ 인척 : 혈족의 배우자, 배우자의 혈족, 배우자의 혈족의 배우자(민법 제769조)

② 친족의 범위★

㉠ 8촌 이내의 혈족, 4촌 이내의 인척 및 배우자가 친족의 범위에 속한다(민법 제777조).★

㉡ 친족관계 : 입양으로 인한 친족관계는 입양의 취소 또는 파양으로 인하여 종료한다(민법 제776조).★

③ 가족의 범위(민법 제779조)
㉠ 배우자, 직계혈족 및 형제자매
㉡ 생계를 같이하고 있는 직계혈족의 배우자, 배우자의 직계혈족 및 배우자의 형제자매

2. 혼인과 약혼

① 18세가 된 사람은 부모나 미성년후견인의 동의를 받아 약혼할 수 있다(민법 제801조).
② 피성년후견인은 부모나 성년후견인의 동의를 받아 약혼할 수 있다(민법 제802조 전문).
③ 약혼은 강제이행을 청구하지 못하여 다음의 어느 하나에 해당하는 사유가 있는 경우에는 상대방은 약혼을 해제할 수 있다(민법 제804조).
㉠ 약혼 후 자격정지 이상의 형을 선고받은 경우(제1호)
㉡ 약혼 후 성년후견개시나 한정후견개시의 심판을 받은 경우(제2호)
㉢ 성병, 불치의 정신병, 그 밖의 불치의 병질(病疾)이 있는 경우(제3호)
㉣ 약혼 후 다른 사람과 약혼이나 혼인을 한 경우(제4호)
㉤ 약혼 후 다른 사람과 간음(姦淫)한 경우(제5호)
㉥ 약혼 후 1년 이상 생사(生死)가 불명한 경우(제6호)
㉦ 정당한 이유 없이 혼인을 거절하거나 그 시기를 늦추는 경우(제7호)
㉧ 그 밖에 중대한 사유가 있는 경우(제8호)
④ 만 18세가 된 사람은 혼인할 수 있다(민법 제807조).
⑤ 미성년자가 혼인을 한 때에는 성년자로 본다(성년의제)(민법 제826조의2).

3. 이혼

① 부부는 협의에 의하여 이혼할 수 있다(민법 제834조).
② 재판상 이혼사유(민법 제840조)★
㉠ 배우자에 부정한 행위가 있었을 때(제1호)
㉡ 배우자가 악의로 다른 일방을 유기한 때(제2호)
㉢ 배우자 또는 그 직계존속으로부터 심히 부당한 대우를 받았을 때(제3호)
㉣ 자기의 직계존속이 배우자로부터 심히 부당한 대우를 받았을 때(제4호)
㉤ 배우자의 생사가 3년 이상 분명하지 아니한 때(제5호)
㉥ 기타 혼인을 계속하기 어려운 중대한 사유가 있을 때(제6호)

4. 사망과 상속

① 상속의 의미와 승인
㉠ 상속의 의미 : 상속이란 피상속인의 사망(상속의 개시조건)으로 인해 그가 가지고 있던 재산이 상속인에게 승계되는 과정을 말한다.
㉡ 상속의 승인 : 적극재산·소극재산의 구분이 없이 모든 권리와 의무를 상속인이 포괄적으로 승계받는 단순승인과 적극 재산의 범위 내에서 소극재산을 책임지는 한정승인이 있다.
㉢ 상속의 포기 : 상속인은 상속개시있음을 안 날로부터 3개월 이내(가정법원에 신고)에 단순승인이나 한정승인 또는 포기를 할 수 있다(민법 제1019조 제1항 본문).★

② 유언(遺言)★

㉠ 유언의 의미 : 유언이란 유언자가 유언능력을 갖추고 법적사항에 대해 엄격한 방식에 따라 하는 행위를 말한다.

㉡ 유언의 효력발생 요건 : 의사능력, 만 17세 이상(민법 제1061조), 법정 형식 준수(요식주의)(민법 제1060조)

㉢ 유언의 방식(민법 제1065조 내지 제1072조)★

자필증서	가장 간단한 방식으로, 유언자가 그 전문과 연월일, 주소, 성명을 자서하고 날인하는 것으로 증인이 필요 없는 유언방식(민법 제1066조)
녹음	유언자가 유언의 취지, 그 성명과 연월일을 구술하고 이에 참여한 증인이 유언의 정확함과 그 성명을 구술하는 유언방식(민법 제1067조)
공정증서	유언자가 증인 2인이 참여한 공증인의 면전에서 유언의 취지를 구수하고 공증인이 이를 필기·낭독하여 유언자와 증인이 그 정확함을 승인한 후 각자 서명 또는 기명날인하는 유언방식(민법 제1068조)
비밀증서	유언자가 필자의 성명을 기입한 증서를 엄봉날인하고 이를 2인 이상의 증인의 면전에 제출하여 자기의 유언서임을 표시한 후 그 봉서표면에 제출 연월일을 기재하고 유언자와 증인이 각자 서명 또는 기명날인하는 유언방식(민법 제1069조)
구수증서	질병 기타 급박한 사유로 인하여 전4조의 방식에 의할 수 없는 경우에 유언자가 2인 이상의 증인의 참여로 그 1인에게 유언의 취지를 구수하고 그 구수를 받은 자가 이를 필기·낭독하여 유언자의 증인이 그 정확함을 승인한 후 각자 서명 또는 기명날인하는 유언방식(민법 제1070조)

③ 유류분 제도(민법 제1112조 내지 제1118조)★ : 피상속인의 유언과 상관없이 상속인에게 보장되는 상속비율로 유언의 효력을 제한하는 성격을 지닌다.

㉠ 피상속인의 직계비속 또는 배우자 : 법정상속분의 1/2(민법 제1112조 제1호·제2호)

㉡ 피상속인의 직계존속 또는 형제자매 : 법정상속분의 1/3(민법 제1112조 제3호·제4호)

④ 법정상속순위(민법 제1000조 제1항, 제1003조 제1항)

1순위	2순위	3순위	4순위
직계비속 + 배우자	직계존속 + 배우자	형제자매	4촌 이내 방계혈족

⑤ 상속분

구분	내용
수인의 동순위의 상속인	균분
배우자	직계비속이나 직계존속의 상속분의 5할 가산

▸ **기출 O× 지문정리**

[한국원자력공단]

1. 상속에 관한 비용은 상속재산 중에서 지급한다. ( )
2. 상속인은 상속재산에 대하여 상속인 자신의 고유재산과 동일한 주의의무로 관리하여야 한다. ( )
3. 공동상속인은 각자의 상속분에 응하여 피상속인의 권리의무를 승계한다. ( )
4. 상속인이 수인인 때에는 상속재산은 그 합유로 한다. ( )

➜ 상속인이 수인인 때에는 상속재산은 그 공유로 한다(민법 제1006조).

정답 1. ○ 2. ○ 3. ○ 4. ×

제2절 민사소송법 일반

I 민사소송제도

1. 민사소송제도의 개념

① 의의 : 사법적 법률관계에 관한 분쟁을 국가의 재판권에 의해 강제적으로 해결하는 재판절차이다.

② 법원 : 성문법전인 민사소송법과 민사집행법이 있다.

③ 목적 : 민사소송제도의 목적이 사권의 보호에 있는지 또는 사법질서의 유지에 있는지에 대해 논쟁이 있었으나, 오늘날에는 사권보호를 위해 분쟁을 해결하면서 자연히 사법질서도 유지되는 것이라고 보는 것이 통설이다.

④ 소송절차 : 당사자의 변론을 중심으로 하는 소송활동과 증거조사를 중심으로 하는 입증활동으로 구성되며, 실체의 진실이 명백하게 드러나면 법원은 법률적용을 통하여 권리의 유무에 따라 승소 또는 패소시키는 판결을 내리고, 그에 따른 권리실현을 이루게 함으로써 종결된다.

THE 알아두기 ✓

비송사건과 소송절차

비송사건	소송절차
편면적 구조	대립당사자 구조
직권주의	당사자주의
필요적 변론 원칙 배제	필요적 변론의 원칙
행정작용	사법작용
비공개주의	공개주의
소 제기 없이 개시 가능	소 제기 필요
결정	판결선고
기판력 부존재	기판력 부재
항고를 통해 불복	상소를 통해 불복

2. 민사소송제도의 4대 이상(민사소송법 제1조 제1항)★★

① 적정이상

㉠ 의의 : 내용상 사실인정에 있어서 정확성을 기하여 실체적 진실을 발견하고, 인정된 사실에 타당한 법률적용을 통하여 사회정의를 실현하는 것이다. 즉, 권리 있는 자는 승소하고 권리 없는 자는 패소한다는 결과를 확보하는 이상이다.

㉡ 적정이상을 실현하기 위한 제도 : 구술주의, 석명권행사, 교호신문제도, 법관의 자격제한과 신분보장, 직접주의, 직권증거조사주의, 불복신청제도 등이 보장되어야 한다.★

② 공평이상

㉠ 의의 : 재판의 적정성을 기하기 위해서는 법관의 중립성, 무기평등의 원칙 등에 의해서 소송심리시에 당사자를 공평하게 취급하여야 한다.

㉡ 공평이상을 실현하기 위한 제도 : 심리의 공개, 법원직원에 대한 제척・기피・회피제도, 당사자평등주의, 변론주의, 소송절차의 중단・중지, 제3자의 소송참가제도 등이 있다.★

③ **신속이상** : 신속한 재판이 이루어져야 한다는 것이다.

④ **경제이상** : 소송을 수행함에 있어서 소송관계인의 시간을 단축하여 비용과 노력의 최소화가 이루어져야 한다는 것이다.

3. 민사소송법과 민사집행법

① **민사소송** : 사법적 법률관계에 관한 분쟁을 국가의 재판권에 의해 강제적으로 해결하는 재판절차이며, 이에 대한 법규범의 총체가 민사소송법과 민사집행법이다. 민사집행법은 기존의 민사소송법상의 강제집행절차와 담보권 실행을 위한 경매, 민법, 상법, 그 밖의 법률의 규정에 의한 경매, 부수절차의 하나인 보전처분의 절차를 분리하여 제정된 법이다. 따라서 민사소송의 성문법원 중 가장 중요한 것은 민사소송법과 민사집행법이다. 민사소송법과 민사집행법은 공법이며 실체사법(민법, 상법 등)과 합하여 민사법이라고 한다.★

② 민사소송법의 기본원리★★

㉠ 민사소송을 지배하고 있는 원리는 형식적 진실주의이다.★

㉡ 당사자가 신청한 범위 내에서만 판결하는 처분권주의가 원칙이다.

㉢ 민사소송은 공개심리주의가 원칙이다.

㉣ 소송진행 중이라도 청구의 포기나 인락을 통해 소송을 종료할 수 있다.

㉤ 이미 사건이 계속되어 있을 때는 그와 동일한 사건에 대하여 당사자는 다시 소를 제기하지 못한다(중복제소의 금지, 예 A가 B를 상대로 대여금반환청구의 소를 서울지방법원에 제기한 뒤 이 소송의 계속 중 동일한 소를 부산지방법원에 제기하면 중복제소의 금지 원칙에 저촉된다).

Ⅱ 민사소송절차의 종류

1. 보통소송절차

① 판결절차

㉠ 원고의 소제기에 의하여 개시되며, 변론을 거쳐 심리하고, 종국판결에 의하여 종료된다. 즉, 분쟁을 관념적으로 해결함을 목적으로 하는 절차이다.

㉡ 판결절차는 제1심, 항소심, 상고심의 3심 구조로 되어 있으며, 고유의 의미의 민사소송이라고 하면 판결 절차를 말한다.★

㉢ 3,000만 원 이하의 소액사건은 소액사건심판법의 절차에 의한다.★★

② 강제집행절차(민사집행법)

㉠ 판결절차에 의하여 확정된 사법상의 청구권에 기하여 강제집행절차를 전개하는 것으로 채권자의 신청에 의하여 국가의 집행기관이 채무자에 대하여 강제력을 행사함으로써 채무명의에 표시된 이행청구권의 실행을 도모하는 절차이다.

㉡ 강제집행절차는 판결절차의 부수적 내지 보조적 수단이 아님을 주의한다.★★

2. 부수절차

판결절차나 강제집행절차에 부수하여 이들 절차의 기능을 돕는 절차를 말한다.

① **증거보전절차(민사소송법 제375조 내지 제384조)** : 판결절차에서 정식의 증거조사의 시기까지의 사이에 어떤 증거의 이용이 불가능하거나 곤란하게 될 수 있는 경우에 미리 그 증거를 조사하여 그 결과를 보전하기 위한 절차이다.

② **집행보전절차(민사집행법)★** : 현상을 방치하면 장래의 강제집행이 불가능하거나 현저히 곤란하게 될 염려가 있는 경우에 그 현상의 변경을 금하는 절차로 가압류와 가처분이 있다.

③ **기타 파생절차** : 판결절차에 부수하는 소송비용액 확정절차와 강제집행절차에 부수하는 집행문 부여절차(민사집행법)가 있다.

3. 특별소송절차

보통소송절차 외에 사건의 특수한 성질이나 가액에 따른 특수 민사사건에 대하여 적용되는 소송절차이다.

① **소액사건심판절차(소액사건심판법)★**

㉠ 소송물 가액이 3,000만 원을 초과하지 아니하는 제1심의 민사사건에 관하여 소송의 신속하고 경제적인 해결을 도모하기 위해서 간이절차에 따라 재판이 진행될 수 있도록 특례를 인정한 절차이다.★

㉡ 구술 또는 당사자 쌍방의 임의출석에 의한 소제기가 인정되고 당사자와 일정한 범위 내의 친족은 소송대리를 할 수 있으며, 가능한 한 1회의 변론기일로 심리를 종결한다.★

② **독촉절차★**

㉠ 독촉절차는 정식의 일반소송절차를 경유할 수 있음을 조건으로 하여 일반 민사소송원칙의 일부를 생략한 것이다.

㉡ 채권자의 일방적 신청에 의해 채무자에게 지급을 명하는 지급명령을 발하고, 채무자가 2주 이내에 이의 신청을 하지 아니하면 확정되어 채무명의가 된다.★

㉢ 금전, 기타 대체물 또는 유가증권의 일정한 수량의 지급을 목적으로 하는 청구권에 관하여 인정되는 절차이다.

③ **파산절차(채무자 회생 및 파산에 관한 법률)**

㉠ 파산절차는 채무자의 자력이 불충분하여 총채권자에게 채권의 만족을 주지 못할 상태에 이른 경우에 채권자들의 개별적인 소송이나 강제집행을 배제하고 강제적으로 채무자의 전 재산을 관리·환가하여 총채권자의 채권비율에 따라 공평한 금전적 배당을 할 것을 목적으로 행하는 재판상의 절차이다.

㉡ 강제집행을 개별집행이라고 함에 대하여, 파산절차는 일반집행이라고도 한다.★

㉢ 장점 : 채무초과의 경우에 채무자의 재산을 공평하게 분배하는 장점이 있다.

㉣ 단점 : 청산절차가 너무 오래 걸리고, 채권자가 큰 만족을 얻기도 어려우며, 채무자의 갱생이 어렵다.

④ **개인회생절차(채무자 회생 및 파산에 관한 법률)** : 개인회생제도는 재정적 어려움으로 인하여 파탄에 직면하고 있는 개인채무자로서 장래 계속적으로 또는 반복하여 수입을 얻을 가능성이 있는 자에 대하여 채권자 등 이해관계인의 법률관계를 조정함으로써 채무자의 효율적 회생과 채권자의 이익을 도모하기 위하여 마련된 절차로서(채무자 회생 및 파산에 관한 법률 제1조 참고), 2004.9.23.부터 시행되었다. 즉, 개인회생제도란 총 채무액이 무담보채무의 경우에는 10억 원, 담보부채무의 경우에는 15억 원 이하인 개인채무자로서 장래 계속적으로 또는 반복하여 수입을 얻을 가능성이 있는 자가 3년간(채무자 회생 및 파산에 관한 법률 제611조 제5항 단서의 경우 5년) 일정한 금액을 변제하면 나머지 채무의 면제를 받을 수 있는 절차이다(채무자 회생 및 파산에 관한 법률 제579조 제1호, 제611조 제5항).★

⑤ **공탁절차**

㉠ 공탁이란 법령의 규정에 따른 원인에 기하여 금전·유가증권·기타의 물품을 국가기관(법원의 공탁소)에 맡김으로써 일정한 법률상의 목적을 달성하려고 하는 제도이다.

㉡ 법령에 '공탁하여야 한다' 또는 '공탁할 수 있다'라고 규정하거나 그 공탁근거규정을 준용 또는 담보제공 방법으로서 공탁을 규정한 경우에 한하여 공탁할 수 있으며 그러한 규정이 없는 경우에는 공탁할 수 없다.

Ⅲ 민사소송의 종류

1. 이행의 소

① 국가의 공권력을 빌어 강제집행을 가능하게 하는 이행판결을 목적으로 하는 소송형태이다.★
② 원고가 사법상 청구권의 존재를 기초로 하여 이행청구권의 확정과 피고에게 일정한 이행명령을 선고함을 목적으로 하는 소송형태이다.
③ 이행의 소에 본안인용판결 중에 이행판결을 청구하는 것이 일반적이며, 이를 급부의 소 또는 급부의 판결이라고도 한다.
④ 이행의 소를 기각한 판결은 이행청구권의 부존재를 확인하는 소극적 확인판결이다.★

2. 형성의 소

① 형성의 소는 형성판결에 의하여 형성요건의 존재를 확정하는 동시에 새로운 법률관계를 발생하게 하거나, 기존의 법률관계를 변경 또는 소멸시키는 창설적 효과를 갖는다.★
② 법률상태의 변동을 목적으로 하는 소송이며, 창설의 소 또는 권리변경의 소라고도 한다.★
③ 법률의 근거가 없는 형성의 소는 인정하지 아니한다.★

3. 확인의 소

① 당사자 간의 법률적 불안을 제거하기 위하여 실체법상의 권리 또는 법률관계의 존부나 법률관계를 증명하는 서면의 진부확인을 목적으로 하는 소송이다.★
② 권리관계의 존부를 확정하기 위한 것을 적극적 확인의 소, 부존재의 확정을 목적으로 하는 것을 소극적 확인의 소라고 한다. 또한 소송 도중에 선결이 되는 사항에 대한 확인을 구하는 중간확인의 소가 있다.★
③ 확인의 소가 제기되어 원고승소의 확정판결이 내려지면, 원고가 주장한 법률관계의 존부가 확정되지만, 집행력은 발생하지 아니하므로 다툼 있는 권리관계를 개념적으로 확정함으로써 분쟁이 해결되는 경우에 이용되는 소송형태이다.

Ⅳ 민사소송의 주체

1. 법원

① **법원의 관할** : 각 법원에 대한 재판권의 배분으로서 특정법원이 특정사건을 재판할 수 있는 권한을 말한다.
② **보통재판적**★
㉠ 사람의 보통재판적은 원칙적으로 그의 주소에 따라 정한다.
㉡ 법인의 보통재판적은 그의 주된 사무소 또는 영업소가 있는 곳에 따라 정하고, 사무소와 영업소가 없는 경우에는 주된 업무담당자의 주소에 따라 정한다.
㉢ 국가의 보통재판적은 그 소송에서 국가를 대표하는 관청 또는 대법원이 있는 곳으로 한다.
㉣ 소는 피고의 보통재판적이 있는 곳의 법원이 관할한다.

▸ 기출 ○× 지문정리

[예금보험공사]

1. 피고가 제1심 법원에서 관할위반이라고 항변하지 아니하고 본안에 대하여 변론하거나 변론준비기일에서 진술하면 그 법원은 관할권을 가진다. [변론관할] ( )
2. 불법행위에 관한 소를 제기하는 경우에는 행위지의 법원에 제기할 수 있다. [불법행위지의 특별재판적] ( )
3. 당사자는 합의로 사실심 및 법률심에 대하여 관할법원을 정할 수 없다. ( )
   ➜ 당사자는 합의로 제1심(사실심) 관할법원을 정할 수 있다.
4. 법원은 관할에 관한 사항을 직권으로 조사할 수 없다. ( )
   ➜ 법원은 관할에 관한 사항을 직권으로 조사할 수 있다.

정답 1. ○ 2. ○ 3. × 4. ×

2. 당사자

① **당사자능력** : 소송의 주체(원·피고)가 될 수 있는 능력으로서 소송법상의 권리능력이라고 할 수 있다. 법인이 아닌 사단이나 재단은 대표자 또는 관리인이 있는 경우에는 그 사단이나 재단의 이름으로 당사자가 될 수 있다(민사소송법 제52조).

② **소송능력** : 법정대리인의 동의 없이 유효하게 스스로 소송행위를 하거나 소송행위를 받을 수 있는 능력으로 소송법상의 행위능력이라 할 수 있다. 제한능력자는 법정대리인에 의해서만 소송행위를 할 수 있다. 단, 제한능력자가 독립하여 법률행위를 할 수 있는 경우에는 그러하지 아니하다(민사소송법 제55조).★

③ **변론능력** : 법정에서 유효하게 소송행위를 하기 위하여 사실을 진술하거나 법률적 의견을 진술할 수 있는 능력을 말한다. 법률에 따라 재판상 행위를 할 수 있는 대리인 외에는 변호사나 소송대리인이 될 수 없으므로, 변호사자격이 없는 자는 원칙적으로 타인의 소송대리인으로서의 변론능력이 없다(민사소송법 제87조).

▸ 기출 ○× 지문정리

[도로교통공단]

1. 법인 아닌 사단은 대표자가 있더라도 그 사단의 이름으로 당사자가 될 수 없다. ( )
2. 미성년자는 원칙적으로 법정대리인에 의해서만 소송행위를 할 수 있다. ( )
3. 외국인은 그의 본국법에 따르면 소송능력이 없는 경우라도 대한민국의 법률에 따라 소송능력이 있는 경우에는 소송능력이 있는 것으로 본다. ( )
4. 소송능력 또는 소송행위에 필요한 권한의 수여에 흠이 있는 경우에는 원칙적으로 법원은 기간을 정하여 이를 보정하도록 명하여야 한다. ( )

정답 1. × 2. ○ 3. ○ 4. ○

THE 알아두기

소송대리권의 범위(민사소송법 제90조)

1. 소송대리인은 위임을 받은 사건에 대하여 반소(反訴)·참가·강제집행·가압류·가처분에 관한 소송행위 등 일체의 소송행위와 변제(辨濟)의 영수를 할 수 있다.
2. 소송대리인은 다음 각호의 사항에 대하여는 특별한 권한을 따로 받아야 한다.
   ① 반소의 제기
   ② 소의 취하, 화해, 청구의 포기·인낙 또는 제80조의 규정에 따른 탈퇴
   ③ 상소의 제기 또는 취하
   ④ 대리인의 선임

V 심리의 제원칙★

1. 변론주의

① 의의 : 소송자료, 즉 사실과 증거의 수집·제출의 책임을 당사자에게 맡기고 당사자가 수집하여 변론에서 제출한 소송자료만을 재판의 기초로 삼아야 한다는 심리원칙을 말한다.★

② 변론주의의 내용

주장책임	주요사실(요건사실)은 당사자가 변론에서 주장하지 않으면 판결의 기초로 삼을 수 없고, 그 사실은 없는 것으로 취급되어 불이익한 판단을 받게 된다는 것이다.
자백의 구속력	당사자 간에 다툼이 없는 사실은 그대로 판결의 기초로 삼아야 한다.
증거신청	다툼이 있는 사실의 인정에 쓰이는 증거자료는 당사자가 신청한 증거방법으로부터 얻어야 하고, 당사자가 제출하지 않는 증거는 원칙적으로 법원이 직권조사할 수 없다는 것이다.

2. 처분권주의

① 의의 : 법원은 당사자가 신청하지 아니한 사항에 대하여는 판결하지 못한다(민사소송법 제203조).★ 즉, 소송의 개시, 재판의 대상 및 범위, 그리고 소송의 종결에 대하여 당사자의 주도권을 인정하는 주의이다.

② 내용 : 심판의 대상과 범위는 당사자가 자유로이 결정할 수 있으며 법원은 이에 구속된다. 법원은 당사자가 신청하지 아니한 사항에 대하여 판결할 수 없으므로 당사자가 신청한 것과 다른 사항이나 신청한 범위를 넘어서 판결할 수 없다(처분권주의에 위배된 판결의 효력은 당연무효가 아니고 항소 또는 상고에 의하여 불복함으로써 그 취소를 구할 수 있을 뿐이다).★

3. 구술심리주의

① 의의 : 구술심리주의란 심리에 있어 당사자 및 법원의 소송행위, 특히 변론과 증거조사를 구술로 행하도록 하는 절차상 원칙을 말한다. 즉, 법원의 재판은 구술변론을 기초로 하여야 한다는 것이다.

② 구술심리주의의 내용

㉠ 민사소송법은 구술주의를 원칙으로, 서면심리주의를 보충적으로 병용한다. 판결절차에 있어서는 원칙적으로 구술심리의 형식으로 변론을 열어야 하며, 변론에 관여한 법관만이 판결할 수 있다.★

㉡ 증거조사도 넓은 의미의 변론에 속하므로 구술에 의하는 것이 원칙이다. 따라서 변론, 증거조사, 재판과 준비절차에서는 원칙적으로 구술주의가 채택된다. 다만, 준비절차의 결과는 변론에서 진술하여야 한다.

㉢ 결정으로 완결할 사건, 소송판결, 상고심판결, 기록 자체에 의하여 기각할 수 있는 소액사건에 관하여는 변론을 거칠 필요가 없으므로 서면심리에 의할 수 있다.

㉣ 단독사건과 소액사건의 특례 : 단독사건과 소액사건에 대하여는 특례규정을 두어 서면심리주의의 적용을 제한하고 있는데, 단독사건의 변론은 서면으로 준비하지 아니할 수 있고(민사소송법 제272조 제2항), 소액사건의 소제기는 말로 할 수 있다(소액사건심판법 제4조 제1항).

4. 직접심리주의

① 의의 : 직접심리주의란 당사자의 변론 및 증거조사를 수소법원의 면전에서 직접 실시하는 주의를 말하는데 이는 수명법관이나 수탁판사의 면전에서 시행하고 그 심리결과를 수소법원이 재판의 기초로 채용하는 주의인 간접심리주의에 대립된다.

② 직접심리주의의 내용

㉠ 민사소송법에서 판결은 그 기본이 되는 변론에 관여한 법관이 하도록 하여 직접주의를 원칙으로 하고 있다(민사소송법 제204조 제1항).

㉡ 법관이 바뀐 경우에 당사자는 종전의 변론의 결과를 진술하여야 한다(민사소송법 제204조 제2항).

㉢ 단독사건의 판사가 바뀐 경우에 종전에 신문한 증인에 대하여 당사자가 다시 신문을 신청한 때에는 법원은 그 신문을 하여야 한다. 합의부의 법관의 반수 이상이 바뀐 경우에도 또한 같다(민사소송법 제204조 제3항).

㉣ 변론에 관여한 법관이 바뀐 경우에 처음부터 심리를 되풀이하는 것은 소송경제에 반하기 때문에 당사자가 새로 심리에 관여한 법관의 면전에서 종전의 변론결과를 진술하는 것으로 충분하다고 규정하고 있으므로(민사소송법 제204조 제2항), 이 한도에서 직접심리주의가 완화되었다.

㉤ 원격지나 외국에서의 증거조사는 수명법관 또는 수탁판사에게 촉탁하여 실시하게 하고 그 결과를 기재한 조서를 판결의 자료로 삼는 등 간접심리주의를 병용하고 있다.

5. 공개심리주의

① 의의 : 공개주의 또는 공개심리주의란 재판의 심리와 판결선고를 일반인이 방청할 수 있는 상태에서 행해야 한다는 절차원리이다.

② 공개심리주의의 내용

㉠ 재판의 심리와 판결은 공개한다(재판공개의 원칙). 다만, 심리가 국가의 안전보장 또는 안녕질서를 방해하거나 선량한 풍속을 해할 염려가 있을 때는 법원의 결정으로 이를 공개하지 아니할 수 있다고 규정하고 있다(헌법 제109조).

㉡ 국민은 공개재판을 받을 권리가 있으며(헌법 제27조 제3항 전문), 재판의 심리와 판결은 공개하여야 하며, 변론의 공개 여부는 변론조서의 필요적 기재사항이다(민사소송법 제153조 제6호).★

㉢ 공개재판을 위반한 채 내려진 판결은 상고심에서 취소사유가 된다(민사소송법 제424조 제1항 제5호).★

㉣ 재판의 공개는 변론절차와 판결선고절차의 경우이므로 공개의 대상은 소송에 한한다. 그러므로 재판의 합의, 준비절차, 비송 또는 중재, 조정, 그리고 변론 없이 결정으로 완결하는 절차에는 공개주의가 적용되지 아니한다.★

6. 쌍방심리주의(당사자 평등의 원칙)

① 의의 : 사건심리에 있어서 당사자 쌍방을 평등하게 대우하여 공격·방어의 방법을 제출할 수 있는 기회를 평등하게 부여하는 입장을 쌍방심리주의 또는 당사자 대등의 원칙이라고 한다.

② 쌍방심리주의의 내용

㉠ 민사소송법은 판결절차에서 당사자를 대석시켜 변론과 증거조사를 하는 필요적 변론을 거치게 함으로써 쌍방심리주의를 기본으로 하고 있다.★

㉡ 결정·명령절차에 있어서는 임의적 변론에 의하므로 쌍방심리주의를 관철하지 아니하며, 강제집행절차나 독촉절차 또는 가압류절차에서는 당사자 대등이나 쌍방심리의 필요가 없으므로 일방심리주의가 적용된다.★

㉢ 독촉절차, 가압류절차에서는 채무자의 이의나 취소의 신청이 있는 경우에 한하여 쌍방심리를 구할 기회를 부여한다.★

7. 적시제출주의

① 의의 : 적시제출주의란 당사자가 소송을 지연시키지 않도록 소송의 정도에 따라 공격방어방법을 적시에 제출하여야 한다는 주의이다. 본래 수시제출주의를 채택하고 있었으나, 소송촉진과 집중심리를 위하여 2002년 개정되어 적용되고 있다(민사소송법 제146조).

② 적시제출주의의 내용

㉠ 재정기간 제도 : 재판장은 당사자의 의견을 들어 한쪽 또는 양쪽 당사자에 대하여 특정한 사항에 관하여 주장을 제출하거나 증거를 신청할 기간을 정할 수 있고, 이 기간을 넘긴 때에는 정당한 사유가 있음을 소명한 경우를 제외하고는 주장을 제출하거나 증거를 신청할 수 없도록 하고 있다(민사소송법 제147조).

㉡ 실기한 공격방어방법의 각하 : 적시제출주의에 위반하여 고의 또는 중대한 과실로 공격방어방법을 뒤늦게 제출함으로써 소송의 완결을 지연시키게 하는 것으로 인정할 때에는 법원은 직권으로 또는 상대방의 신청에 따라 결정으로 이를 각하할 수 있다(민사소송법 제149조 제1항).

㉢ 석명에 불응하는 공격방어방법의 각하 : 당사자가 제출한 공격방어방법의 취지가 분명하지 아니한 경우에, 당사자가 필요한 설명을 하지 아니하거나 설명할 기일에 출석하지 아니한 때에는 법원은 직권으로 또는 상대방의 신청에 따라 결정으로 이를 각하할 수 있다(민사소송법 제149조 제2항).

㉣ 변론준비기일을 거친 경우의 새로운 주장의 제한(민사소송법 제285조)

㉤ 중간판결의 내용과 저촉되는 주장의 제한(중간판결의 기속력)

㉥ 상고이유서 제출기간 도과 후의 새로운 상고이유 주장의 제한(민사소송법 제427조, 제429조)

㉦ 본안에 관한 변론(준비)기일에서의 진술 후의 제한

Ⅵ 종국판결과 중간판결

1. 종국판결

① 법원은 소송의 심리를 완료한 때에는 종국판결을 한다(민사소송법 제198조).

② 종국판결이란 소 또는 상소에 의하여 계속되어 있는 사건의 전부나 일부에 대하여 당해 심급에서 완결하는 판결을 말한다. 종국판결의 예로는 본안판결, 소각하판결, 소송종료선언, 환송판결이나 이송판결 등이 있다.

2. 중간판결

① 중간판결이란 종국판결을 하기에 앞서 소송심리 중에 문제가 된 실체상 또는 소송상 개개의 쟁점을 정리·해결하는 재판이다.★

② 중간판결이 내려지면 당해 심급의 법원은 중간판결의 주문에 표시된 판단에 기속되고, 종국판결을 함에는 중간판결의 판단을 기초로 하여야 한다.

③ 중간판결이 내려진 때에는 그 변론 이후에 생긴 새로운 사유가 아닌 한 원인을 부정하는 항변을 제출할 수 없다.★
④ 중간판결에 대하여는 독립하여 상소할 수 없고, 종국판결이 내려진 다음에 이에 대한 상소와 함께 상소심의 판단을 받아야 한다.★

Ⅶ 항소

1. 항소의 개념

하급법원의 제1심 판결에 불복하여 그 판결의 파기·변경을 상급법원인 고등법원 또는 지방법원 합의부에 신청하는 것을 말한다.★

2. 항소의 대상 및 절차, 취하

① 대상 : 항소는 제1심 법원이 선고한 종국판결에 대하여 할 수 있다. 단, 종국판결 뒤 양 당사자가 상고할 권리를 유보하고 항소하지 아니하기로 합의한 때에는 그렇지 아니하다(민사소송법 제390조). 소송비용 및 가집행에 관한 재판에 관하여는 독립하여 항소할 수 없다(민사소송법 제391조).★
② 절차 : 항소는 판결서가 송달된 날로부터 2주 이내에 하여야 한다. 단, 판결서 송달 전에도 항소할 수 있다(민사소송법 제396조 제1항). 항소장의 부본은 피항소인에게 송달하여야 한다(민사소송법 제401조).★
③ 취하 : 항소는 항소심의 종국판결이 있기 전에 취하할 수 있다(민사소송법 제393조 제1항).

THE 알아두기 ✓

부대항소
항소를 당한 피항소인이 항소인의 항소에 의하여 개시된 항소심절차에 편승하여 자기에게 유리하게 항소심 심판의 범위를 확장시키는 제도

제1절 민법

01 다음 민법상의 원칙들 중 공공복리의 원리와 거리가 가장 먼 것은?

확인 Check!
○
△
×

① 계약자유의 원칙
② 신의성실의 원칙
③ 반사회질서행위금지의 원칙
④ 권리남용금지의 원칙

쏙쏙해설

근대민법의 3대 원칙이 개인의 자유와 평등을 실현하기 위한 원리였다면, 이에 대한 부작용을 반성하고 공공복리를 바탕으로 등장한 것이 현대민법의 구성원리이다. ①은 근대민법의 원칙이고, ②·③·④는 현대민법의 구성원리와 관련이 있다.

답 ❶

핵심만 콕

현대민법의 구성원리★

원리	내용
소유권공공의 원칙 (소유권절대의 원칙의 수정)	소유권은 오늘에 와서는 소유자를 위한 절대적인 것이 아니라, 사회 전체의 이익을 위하여 제한을 받아야 하며, 따라서 권리자는 그 권리를 남용해서는 안 된다는 원칙이다. 우리 헌법 제23조의 제1항 전반에서 "모든 국민의 재산권은 보장된다."고 하면서도 제2항에서 "재산권의 행사는 공공복리에 적합하도록 하여야 한다."고 규정한 것이나, 민법 제2조 제2항에 "권리는 남용하지 못한다."고 규정한 것은 모두 무제한의 자유에 대한 수정의 원리를 표명한 것이다.
계약공정의 원칙 (계약자유의 원칙의 수정)	사회질서에 반하는 계약뿐만 아니라 심히 공정성을 잃은 계약은 보호받을 수 없다는 원칙이다. 공서양속에 반하는 법률행위를 무효로 한 것이나, 민법 제104조에서 "불공정한 법률행위는 무효로 한다."는 것이나, 동법 제2조에서 "권리의 행사와 의무의 이행은 신의에 좇아 성실히 하여야 한다."고 규정한 것 등은 계약자유의 원칙에 대한 제한이라 할 수 있다.
무과실책임의 원칙 (과실책임의 원칙의 수정)	손해의 발생에 관하여 고의·과실이 없더라도 그 배상책임을 진다는 원칙이다. 근로기준법에서는 노동자의 업무상의 재해에 관하여 사용자의 무과실책임을 인정하고 있지만 민법에서는 아직 일반원칙으로서 규정하지는 않고 있다.

02 민법의 해석에 관한 다음 설명 중 바르게 해석한 것이 아닌 것은?

확인 Check!
○
△
×

① 민법해석이란 법의 의미・내용을 명확히 하는 것으로 법률문제라 볼 수 있다.
② 민법해석의 사명은 일반적 확실성과 실체적 타당성의 조화에 있다.
③ 반대해석은 일반적 확실성의 유지에 적합하다.
④ 반대해석은 구체적 타당성 확보에 적합하다.

쏙쏙해설

법해석의 목적은 일반적 확실성과 구체적 타당성의 조화를 위한 것으로, 일반적 확실성에 적합한 법해석으로는 문리해석・반대해석・형식적 논리해석이 있고, 구체적 타당성에 적합한 해석에는 유추해석과 목적적 논리해석이 있다.★★

답 ❹

03 다음 민법에서 사용하는 법률용어의 설명 중 바르지 않은 것은?

확인 Check!
○
△
×

① 제3자는 원칙적으로 당사자 이외의 모든 자를 가리키나 때로는 그 범위가 제한될 수도 있다.
② 선의라 함은 어떤 사정을 알지 못하는 것이고, 악의는 이를 알고 있는 것이다.
③ 대항하지 못한다는 뜻은 법률행위의 당사자가 제3자에 대하여 법률 행위의 효력을 주장하지는 못하나 제3자가 그 효력을 인정하는 것은 무관하다는 것이다.
④ 간주는 반대의 증거가 제출되면 규정의 적용을 면할 수 있는 것이며 민법은 간주조항을 '…으로 본다.'고 표현한다.

쏙쏙해설

간주는 법규에 의한 의제를 말하고, 반증을 들어서 번복하지 못한다는 의미에서 추정과 구별된다.

답 ❹

04 다음 중 권리의 주체에 대한 설명으로 틀린 것은?

① 행위능력은 모든 자연인에게 인정되고 있다.
② 자연인은 생존한 동안 권리와 의무의 주체가 된다.
③ 실종선고를 받은 자는 실종기간이 만료하면 사망한 것으로 본다.
④ 민법은 원칙적으로 권리능력자로서 자연인과 법인만을 인정하고 있다.

쏙쏙해설

모든 자연인은 권리능력의 주체가 될 수 있다. 그러나 건전한 판단력을 갖지 못한 자의 행위는 유효하지 못하다. 단독으로 유효한 법률행위를 할 수 있는 자를 행위능력자라고 부르고 이러한 능력이 없는 자를 제한능력자라 한다. 우리 민법은 자연인 중 미성년자, 피성년 후견인, 피한정후견인을 제한능력자로 규정하고 있다.

답 ❶

05 권리의 주체와 권리능력에 관한 설명으로 맞지 않는 것은?

① 법인이 아닌 사단도 권리의 주체이다.
② 모든 자연인은 평등한 권리능력을 가진다.
③ 태아도 예외적으로 특정의 권리에 관해서는 권리능력이 있는 것과 마찬가지로 취급된다.
④ 외국인도 법령 또는 조약에 의하여 특히 금지되어 있지 않은 한 내국인과 같은 권리능력을 가진다.

쏙쏙해설

자연인과 법인이 아니면 원칙적으로 권리의무의 주체가 될 수 없다. 즉, 설립 중인 법인, 법인격 없는 사단 등은 권리능력이 없다.★★

답 ❶

06 권리와 의무는 서로 대응하는 것이 보통이나, 권리만 있고 그에 대응하는 의무가 없는 경우도 있다. 이와 같은 권리에는 무엇이 있는가?

확인 Check! ○ △ ×

① 친권　　② 특허권
③ 채권　　④ 취소권

▌쏙쏙해설

취소권, 추인권, 해제권과 같은 이른바 형성권에 있어서는 권리만 있고 그에 대응하는 의무는 존재하지 않는다.

답 ❹

07 민법상 권리능력에 관한 설명으로 옳은 것은?

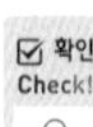

① 권리능력에 관한 규정은 임의규정이다.
② 설립등기는 법인의 성립요건이다.
③ 실종선고는 실종자의 권리능력을 박탈하는 제도이다.
④ 태아는 채무불이행에 기한 손해배상청구권을 갖는다.

▌쏙쏙해설

법인은 그 주된 사무소의 소재지에서 설립등기를 함으로써 성립한다(민법 제33조).

답 ❷

▌핵심만 콕

- 권리능력에 관한 규정은 인간평등정신의 구현이며 또한 법질서 전체에 미치는 영향이 크기 때문에 강행규정이다.
- 실종선고는 실종자의 권리능력을 소멸하게 하는 것은 아니고, 실종된 장소를 중심으로 하는 법률관계에서 사망을 의제하는 것에 불과하다.
- 우리 민법은 ㉠ 불법행위에 기한 손해배상청구권, ㉡ 상속, ㉢ 유증 등의 경우에 한하여 태아를 이미 출생한 것으로 보아 예외적으로 권리능력을 인정한다. 다만, 이러한 경우에도 이들 권리는 태아가 최소한 살아서 출생하는 것을 전제로 한다.

08 민법상 법인에 관한 설명으로 옳지 않은 것은?

확인 Check! ○ △ ×

① 법인은 법률의 규정에 의함이 아니면 성립하지 못한다.
② 영리 아닌 사업을 목적으로 하는 사단은 주무관청의 허가를 얻어 이를 법인으로 할 수 있다.
③ 법인은 그 주된 사무소의 소재지에서 설립등기를 함으로써 성립한다.
④ 법인의 대표자가 그 직무에 관하여 타인에게 가한 손해에 대해 법인은 배상할 책임이 없다.

쏙쏙해설

법인은 이사 기타 대표자가 그 직무에 관하여 타인에게 가한 손해를 배상할 책임이 있다(민법 제35조 제1항 전문). 이를 법인의 불법행위책임이라고 한다.

답 ❹

핵심만 콕

① 법인은 법률의 규정에 의함이 아니면 성립하지 못하는데(민법 제31조), 이를 준칙주의라고 한다.
② 학술, 종교, 자선, 기예, 사교 기타 영리 아닌 사업을 목적으로 하는 사단 또는 재단은 주무관청의 허가를 얻어 이를 법인으로 할 수 있다(민법 제32조).
③ 민법 제33조

09 민법상 법인의 기관에 관한 설명으로 옳지 않은 것은?

① 법인은 이사를 두어야 한다.
② 이사는 선량한 관리자의 주의로 그 직무를 행하여야 한다.
③ 법인은 2인 이상의 감사를 두어야 한다.
④ 사단법인의 이사는 매년 1회 이상 통상총회를 소집하여야 한다.

쏙쏙해설

비영리법인에서의 감사는 필수기관은 아니며 임의기관에 해당한다(민법 제66조).

답 ❸

핵심만 콕

① 이사는 사단법인과 재단법인 모두의 필수적 기관이다(민법 제57조).
② 법인과 이사와의 임면 관계는 민법상 위임에 관한 규정을 준용한다. 따라서 이사는 선량한 관리자의 주의로 그 직무를 수행하여야 한다.
④ 민법 제69조

10 미성년자가 단독으로 유효하게 할 수 없는 행위는?

확인 Check!
○
△
×

① 부담 없는 증여를 받는 것
② 채무의 변제를 받는 것
③ 근로계약과 임금청구
④ 허락된 재산의 처분행위

▌쏙쏙해설

미성년자가 단순히 채무의 면제를 받는 행위는 법정대리인의 동의를 요하지 않는다. 그러나 채무의 변제를 받는 것은 이익을 얻는 동시에 채권을 상실하므로, 민법 제5조 제1항 단서에 해당하지 않은 것으로 통설은 해석한다. 따라서 미성년자에 대한 변제는 그의 법정대리인의 동의가 없는 한 그 효력이 없다.

답 ❷

▌핵심만 콕

미성년자의 행위능력

원칙	법정대리인의 동의를 요하고 이를 위반한 행위는 취소할 수 있다.
예외 (단독으로 할 수 있는 행위)	두 **단·처·영·근·대·유** • 단순히 권리만을 얻거나 또는 의무만을 면하는 행위 • 처분이 허락된 재산의 처분행위 • 허락된 영업에 관한 미성년자의 행위 • 혼인을 한 미성년자의 행위(성년의제) • 대리행위 • 유언행위 • 법정대리인의 허락을 얻어 회사의 무한책임사원이 된 미성년자가 사원자격에 기해서 한 행위(상법 제7조) • 근로계약과 임금의 청구(근로기준법 제67조 · 제68조)

11 다음 중 권리능력이 없는 것은?

☑ 확인 Check! ○ △ ×

① 합명회사
② 주식회사
③ 민법상의 조합
④ 특별법에 의하여 성립된 조합

▌쏙쏙해설

대법원은 「한국원호복지공단법(1984.8.2. 법률 제3742호로 한국보훈복지공단법으로 개정됨) 부칙 제8조 제2항에 의하여 설립된 원호대상자광주목공조합은 민법상의 조합의 실체를 가지고 있으므로 소송상 당사자능력이 없다(대판 1991.6.25. 88다카6358)」고 판시하였다.

답 ❸

12 법인이 아닌 사단의 사원이 집합체로서 물건을 소유할 때의 소유 형태는?

○ △ ×

① 단독소유
② 공유
③ 합유
④ 총유

▌쏙쏙해설

비법인사단은 사단으로서 실질을 갖추고 있으나 법인등기를 하지 아니하여 법인격을 취득하지 못한 사단을 말한다. 대표적인 예로 종중, 교회, 채권자로 이루어진 청산위원회, 주택조합, 아파트부녀회 등이 있으며, 재산의 귀속형태는 사원의 총유 또는 준총유이다.

답 ❹

13 민법상 과실(果實)에 해당하지 않는 것은?

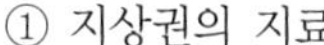
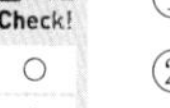
○ △ ×

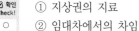

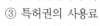

① 지상권의 지료
② 임대차에서의 차임
③ 특허권의 사용료
④ 젖소로부터 짜낸 우유

▌쏙쏙해설

법정과실은 반드시 물건의 사용대가로서 받는 금전 기타의 물건이어야 하므로 사용에 제공되는 것이 물건이 아닌 근로의 임금・특허권의 사용료, 사용대가가 아닌 매매의 대금・교환의 대가, 받는 것이 물건이 아닌 공작물의 임대료청구권 등은 법정과실이 아니다. ①・②는 법정과실, ④는 천연과실에 해당한다.

답 ❸

14 의사표시의 효력발생에 관한 설명 중 틀린 것은?

① 격지자 간의 계약은 승낙의 통지를 발한 때에 성립한다.
② 우리 민법은 도달주의를 원칙으로 하고 예외적으로 발신주의를 택하고 있다.
③ 의사표시의 부도착(不到着)의 불이익은 표의자가 입는다.
④ 표의자가 그 통지를 발한 후 도달하기 전에 사망하면 그 의사표시는 무효이다.

쏙쏙해설

④ 발신 후 도달 전에 표의자가 사망하거나 행위능력을 상실해도 의사표시의 효력에는 영향이 없다(민법 제111조 제2항).
① 민법 제531조
② 민법 제111조 제1항(도달주의), 제531조(발신주의) 등
③ 도달주의를 취하는 결과, 의사표시의 불착·연착은 모두 표의자의 불이익으로 돌아간다.

답 ❹

15 다음 계약 중 유효한 것은?

① 처가 있는 남자가 체결한 다른 여자와의 사실혼관계의 계약
② 담합입찰을 내용으로 하는 계약
③ 앞으로 3년간 동종 영업을 하지 않겠다는 계약
④ 상대방의 무경험을 이용하여 부동산을 현저하게 싸게 매수한 계약

쏙쏙해설

인륜·도의에 반하는 행위, 정의관념에 반하는 행위, 개인의 자유를 극도로 제한하는 행위, 성 도덕질서에 반하는 행위, 도박·사행행위 등의 법률행위, 공서양속에 반하는 법률행위와 같은 불공정한 법률행위는 원칙적으로 무효이다.

답 ❸

16 민법상 대리에 관한 설명으로 옳지 않은 것은?

① 대리인은 행위능력자임을 요하지 아니한다.
② 복대리인은 그 권한 내에서 대리인을 대리한다.
③ 임의대리인은 본인의 승낙이 있거나 부득이한 사유가 있는 경우, 복대리인을 선임할 수 있다.
④ 대리인이 그 권한 내에서 본인을 위한 것임을 표시한 의사표시는 직접 본인에게 대하여 효력이 생긴다.

쏙쏙해설

② 복대리인은 대리인이 선임한 본인의 대리인이다(민법 제123조 제1항 참고).
① 민법 제117조
③ 민법 제120조 반대해석상
④ 민법 제114조 제1항

답 ❷

17 권한을 넘은 표현대리에 관한 다음 기술 중 틀린 것은?

① 권한을 넘은 표현대리규정에서 제3자라 함은 대리행위의 상대방만을 의미한다.
② 본인은 대리인의 행위에 대하여 책임을 져야 한다.
③ 본조의 일정한 행위에 대하여 대리권이 있어야 한다.
④ 대리권이 없는 자가 위임장을 위조하여 대리행위를 한 경우에도 본조의 적용을 받는다.

쏙쏙해설

민법 제126조는 대리권이 전혀 없는 자의 행위에 관하여는 그 적용이 없다.★

답 ❹

18 다음 중 무효가 아닌 것은?

① 의사무능력자의 법률행위
② 불공정한 법률행위
③ 통정허위표시
④ 법률행위의 내용의 중요 부분에 착오가 있는 의사표시

쏙쏙해설

④ 법률행위 내용의 중요 부분에 착오가 있을 때에는 취소할 수 있다. 그러나 표의자의 중대한 과실로 인한 때에는 취소하지 못한다(민법 제109조 제1항). → 그것을 알지 못하는 제3자에 대해서는 취소의 효과를 주장할 수가 없다.★

①·②·③ 무효 : 법률행위가 성립한 당초부터 법률상 당연히 그 효력이 생기지 아니하는 것 → 민법 제107조 제1항 단서의 비진의표시, 통정허위표시, 강행법규에 반하는 법률행위 등이 그 예이다.

답 ❹

19 법률행위의 취소와 추인에 관한 설명이다. 가장 옳지 않은 것은?

① 취소할 수 있는 법률행위는 제한능력자, 착오로 인하거나 사기·강박에 의하여 의사표시를 한 자, 그의 대리인 또는 승계인만이 취소할 수 있다.

② 취소할 수 있는 법률행위의 추인은 무권대리행위의 추인과는 달리 추인의 소급효는 문제되지 않는다.

③ 추인은 취소의 원인이 종료한 후에 하여야 효력이 있는데, 다만 법정대리인이 추인하는 경우에는 그렇지 않다.

④ 취소권자가 전부나 일부의 이행, 이행의 청구, 담보의 제공 등을 한 경우에는 취소의 원인이 종료되기 전에 한 것이라도 추인한 것으로 보아야 한다.

쏙쏙해설

④ 법정추인사유는 취소의 원인이 종료한 후에 발생하여야 한다(민법 제144조 제1항).★★

① 민법 제140조

② 무권대리의 추인은 소급효가 있다(민법 제133조 본문). 그러나 취소할 수 있는 법률행위의 추인은 소급효 자체가 무의미하다. 이미 유효이기 때문이다. 즉, 추인은 확정적 유효의 의사표시이다.★★

③ 민법 제144조★

답 ④

20 민법상 기한의 이익에 관한 설명으로 옳은 것은?

① 무상임치의 경우 채무자만이 기한의 이익을 가진다.

② 기한의 이익을 가지는 자는 그 이익을 포기할 수 없다.

③ 채무자가 담보제공의 의무를 이행하지 아니하는 때에는 기한의 이익을 상실한다.

④ 당사자 사이에 체결한 기한이익의 상실에 관한 특약은 효력이 없다.

쏙쏙해설

채무자는 담보를 손상, 감소 또는 멸실하게 한 때, 담보제공의 의무를 이행하지 아니한 때에는 기한의 이익을 주장하지 못한다(민법 제388조).

답 ③

핵심만 콕

① 무상임치란 당사자 일방이 무상으로 상대방에게 물건의 보관을 위탁하고 상대방이 이를 승낙함으로써 효력이 발생하는 전형계약으로, 기한의 이익은 오직 채권자(임치인)에게만 있다.

② 기한의 이익은 이를 포기할 수 있다. 그러나 상대방의 이익을 해하지 못한다(민법 제153조 제2항). 즉, 제한이 있을 뿐 그 포기는 가능하다.

④ 대법원은 「기한이익 상실의 특약은 그 내용에 의하여 일정한 사유가 발생하면 채권자의 청구 등을 요함이 없이 당연히 기한의 이익이 상실되어 이행기가 도래하는 것으로 하는 정지조건부 기한이익 상실의 특약과 일정한 사유가 발생한 후 채권자의 통지나 청구 등 채권자의 의사행위를 기다려 비로소 이행기가 도래하는 것으로 하는 형성권적 기한이익 상실의 특약의 두가지로 대별할 수 있고, 기한이익 상실의 특약이 위의 양자 중 어느 것에 해당하느냐는 당사자의 의사해석의 문제이지만 일반적으로 기한이익 상실의 특약이 채권자를 위하여 둔 것인 점에 비추어 명백히 정지조건부 기한이익 상실의 특약이라고 볼 만한 특별한 사정이 없는 이상 형성권적 기한이익 상실의 특약으로 추정하는 것이 타당하다(대판 2002.9.4. 2002다28340)」고 판시하여 기한이익의 상실에 관한 특약의 유효성을 인정하고 있다.

21 민법상 소멸시효제도에 관한 설명으로 옳은 것은?

○ △ ×

① 지상권은 소멸시효의 대상이 된다.
② 소멸시효의 이익은 미리 포기할 수 있다.
③ 소멸시효 완성의 효력은 소급되지 않는다.
④ 소멸시효는 법률행위에 의하여 이를 연장할 수 있다.

▌쏙쏙해설

① 지상권은 일반적으로 20년간 행사하지 않으면 소멸시효가 완성된다(민법 제162조 제2항).
② 소멸시효의 이익은 미리 포기하지 못한다(민법 제184조 제1항).
③ 소멸시효는 그 기산일에 소급하여 효력이 생긴다(민법 제167조).
④ 소멸시효는 법률행위에 의하여 이를 배제, 연장 또는 가중할 수 없으나 이를 단축 또는 경감할 수 있다(민법 제184조 제2항).

22 甲이 과수가 식재된 乙소유의 토지 위에 권원 없이 건물을 신축하고 있는 경우에 乙이 甲을 상대로 행사할 수 있는 권리가 아닌 것은?

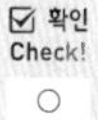
○ △ ×

① 토지매수청구권
② 공사중지청구권
③ 손해배상청구권
④ 소유권에 기한 방해제거청구권

▌쏙쏙해설

甲이 권원 없이 乙소유의 토지를 불법점유하고 있는 경우에 해당하므로, 乙은 그 소유권에 기하여 물권적 청구권으로서 방해제거청구권 및 공사중지청구권을 행사할 수 있다. 또한 손해가 있을 경우에는 불법행위에 기한 손해배상청구권도 행사할 수 있다(민법 제214조, 제750조).

답 ❶

23 민법상 합유에 관한 설명으로 옳은 것은?

○ △ ×

① 합유는 조합계약에 의하여만 성립한다.
② 합유물의 보존행위는 합유자 각자가 할 수 없다.
③ 합유자 전원의 동의 없이 합유물에 대한 지분을 처분하지 못한다.
④ 합유가 종료하기 전이라도 합유물의 분할을 청구할 수 있다.

▌쏙쏙해설

③ 민법 제273조 제1항
① 합유가 성립하기 위해서는 그 전제로서 조합체의 존재가 필요하며, 조합체의 성립원인에는 계약과 법률 규정이 있다(민법 제271조 제1항 전문).
② 합유물의 보존행위는 각자가 할 수 있다(민법 제272조 단서).
④ 합유자는 조합이 존속하고 있는 한 합유물의 분할을 청구할 수 없다(민법 제273조 제2항).

답 ❸

▌핵심만 콕

공동소유

내용	공유 (예 공동상속)	합유 (예 조합)	총유 (예 권리능력 없는 사단)
지분의 유무	有	有	無
지분 처분	자유	전원의 동의로 가능 (민법 제273조 제1항 반대해석)	지분이 없으므로 불가
분할청구	자유	존속하는 동안 분할청구 불가 (민법 제273조 제2항), 해산 시 가능	불가
보존행위	각자 단독으로 가능	각자 단독으로 가능 (민법 제272조 단서)	총회결의를 얻어야 가능
관리행위	지분의 과반수로 가능 (민법 제265조 본문)	조합원의 과반수로 가능 (민법 제265조 본문 유추적용)	총회결의로 가능
처분・변경	전원 동의로 가능	전원 동의로 가능	총회결의로 가능
사용・수익	지분비율로 전부 사용 가능	지분비율로 전부 사용 가능 단, 조합계약으로 달리 정할 수 있다.	정관 기타 규약에 좇아 각자 사용・수익 가능
등기	공유자 전원 명의	합유자 전원 명의	비법인사단 명의
종료사유	공유물 양도, 공유물 분할	합유물 양도, 조합해산	총유물 양도, 사원지위 상실

24 민법상 당사자 일방이 금전 기타 대체물의 소유권을 상대방에게 이전할 것을 약정하고 상대방은 그와 같은 종류, 품질 및 수량으로 반환할 것을 약정함으로써 그 효력이 생기는 전형계약은?

확인 Check! ○ △ ×

① 소비대차　　② 사용대차
③ 임대차　　④ 위임

▌쏙쏙해설

설문은 민법 제598조 내지 제608조의 소비대차계약에 대한 설명이다.

답 ❶

▌핵심만 콕

② 사용대차 : 당사자 일방이 상대방에게 무상으로 사용, 수익하게 하기 위하여 목적물을 인도할 것을 약정하고 상대방은 이를 사용, 수익한 후 그 물건을 반환할 것을 약정함으로써 효력이 발생하는 계약이다(민법 제609조 내지 제617조).
③ 임대차 : 당사자 일방이 상대방에게 목적물을 사용, 수익하게 할 것을 약정하고 상대방이 이에 대하여 차임을 지급할 것을 약정함으로써 효력이 발생하는 계약이다(민법 제618조 내지 제654조).
④ 위임 : 당사자 일방이 상대방에 대하여 사무의 처리를 위탁하고 상대방이 이를 승낙함으로써 효력이 발생하는 계약이다(민법 제680조 내지 제692조).

25 민법상 물권에 관한 설명으로 옳은 것은?

① 점유권은 소유권이 있어야만 인정되는 물권이다.
② 하나의 물건 위에 둘 이상의 소유권을 인정할 수 있다.
③ 용익물권은 물건의 교환가치를 파악하여 특정한 물건을 채권의 담보로 제공하는 것을 목적으로 한다.
④ 유치권은 법정담보물권이다.

▌쏙쏙해설

④ 유치권은 법정질권, 법정저당권과 더불어 법정담보물권에 해당한다.
① 점유권은 사실상의 권리란 점에서 관념적 권리인 소유권과 차이가 있다.
② 일물일권주의 원칙상 불가능하다.
③ 담보물권에 대한 설명이다.

답 ❹

26 민법상 타인의 토지에 건물 기타 공작물이나 수목을 소유하기 위하여 그 토지를 사용할 수 있는 물권은?

확인 Check! ○ △ ×

① 지역권 ② 지상권
③ 유치권 ④ 저당권

❙ 쏙쏙해설

타인의 토지에 건물 기타 공작물이나 수목을 소유하기 위하여 그 토지를 사용할 수 있는 권리는 지상권이다(민법 제279조).

답 ❷

❙ 핵심만 콕

① 지역권 : 지역권자가 일정한 목적을 위하여 타인의 토지를 자기토지의 편익에 이용할 수 있는 권리이다(민법 제291조).
③ 유치권 : 타인의 물건 또는 유가증권을 점유한 자가 그 물건이나 유가증권에 관하여 생긴 채권이 변제기에 있는 경우에 변제를 받을 때까지 그 물건 또는 유가증권을 유치할 수 있는 권리이다(민법 제320조 제1항).
④ 저당권 : 저당권자는 채무자 또는 제3자가 점유를 이전하지 아니하고 채무의 담보로 제공한 부동산에 대하여 다른 채권자보다 자기채권의 우선변제를 받을 수 있는 권리이다(민법 제356조).

27 민법상 동산과 부동산 모두에 성립할 수 있는 물권은?

① 질권 ② 유치권
③ 지역권 ④ 지상권

❙ 쏙쏙해설

질권은 동산 또는 양도할 수 있는 권리에, 지역권과 지상권은 타인의 토지, 즉 부동산에 성립한다.

답 ❷

28 다음 중 용익물권에 속하는 것이 <u>아닌</u> 것은?

① 지역권 ② 임차권
③ 구분지상권 ④ 분묘기지권

❙ 쏙쏙해설

용익물권이란 타인의 물건을 일정한 목적을 위하여 사용·수익할 수 있는 물권을 말한다. 민법상의 용익물권에는 지상권·지역권·전세권이 있으며, 분묘기지권은 관습법상 인정되는 지상권의 일종이라고 볼 수 있다. 반면, 임차권은 임대차계약에 의하여 임차인이 임차물을 사용·수익할 수 있는 권리로서 채권에 해당한다.

답 ❷

29 민법상 담보물권이 아닌 것은?

① 지상권 ② 유치권
③ 질권 ④ 저당권

▌쏙쏙해설

담보물권이란 일정한 물건을 채권의 담보로 제공하는 것을 목적으로 하는 물권으로 유치권, 질권, 저당권 등이 있다. 지상권은 타인의 토지에 건물이나 수목 등을 설치하고, 그것을 소유하기 위하여 타인의 토지를 사용하는 물권으로서 지역권, 전세권과 더불어 용익물권에 해당한다.

답 ❶

▌핵심만 콕

민법상 물권의 종류

구분		의의
점유권		물건을 사실상 지배하는 권리
소유권		물건을 사용·수익·처분하는 권리
용익물권	지상권	타인의 토지에 건물이나 수목 등을 설치하고 그것을 소유하기 위하여 타인의 토지를 사용하는 물권
	지역권	타인의 토지를 자기 토지의 편익을 위하여 사용하는 물권
	전세권	전세금을 지급하고 타인의 토지 또는 건물을 사용·수익하는 물권
담보물권	유치권	타인의 물건(민법상 동산 및 부동산)이나 유가증권을 점유한 자가 그 물건이나 유가증권에 관하여 생긴 채권이 있는 경우에 변제받을 때까지 그 물건이나 유가증권을 유치할 수 있는 담보물권 예 甲이 전파상에 고장 난 라디오의 수리를 의뢰한 경우, 전파상 주인은 수리대금을 받을 때까지 甲에게 라디오의 반환을 거부할 수 있다.
	질권 (동산·권리질권)	채권자가 그의 채권을 담보하기 위하여 채무의 변제기까지 채무자로부터 인도받은 동산을 점유·유치하기로 채무자와 약정하고, 채무의 변제가 없는 경우에는 그 동산의 매각대금으로부터 우선변제를 받을 수 있는 담보물권(동산질권) 예 甲이 乙에게 10만 원을 빌리면서 금반지를 담보로 맡긴 경우, 乙은 빌려간 돈을 갚을 때까지 그 반지를 가지고 있을 수 있고, 만약 甲이 갚지 않을 경우에는 그 반지를 처분하여 우선변제받을 수 있다.
	저당권	채권자가 채무자 또는 제3자(물상보증인)로부터 점유를 옮기지 아니하고, 그 채권의 담보로 제공된 목적물(부동산)에 대하여 우선변제받을 수 있는 담보물권

30 확인 Check! ○ △ ×

A는 자신의 소유인 甲건물을 B에게 2억 원에 매도하는 계약을 체결하였다. 그런데 이웃 건물에 화재가 나서 甲건물이 전소(全燒)되었다. 다음 설명 중 옳은 것은?

① A는 전소된 甲건물을 인도하고, 매매대금 중 일부만을 청구할 수 있다.
② A는 甲건물을 인도할 의무는 없지만, B에게 손해배상을 해주어야 한다.
③ A는 甲건물을 인도할 의무가 없으며, B에게 매매대금을 청구할 수 없다.
④ A는 전소된 甲건물을 인도하고, B에게 매매대금 전액을 청구할 수 있다.

▌쏙쏙해설

甲건물을 매수하기로 하고 계약을 체결하였으나 그 건물을 명도받기 전에 이웃에서 불이 나서 그 집이 불타버려 없어진 경우처럼 A나 B의 책임 없는 사유로 매매의 목적물이 없어져서 인도할 수 없게 되었을 때는 A는 B에게 잔금을 청구할 수 없고 동시에 B에게 집을 명도해 줄 의무도 없어진다. 그러므로 A는 B에게 나머지 매매대금을 달라고 할 수 없고, 반대로 B는 A에 대하여 이미 지급한 계약금의 반환을 청구할 수 있다(채무자위험부담주의 ; 민법 제537조).

답 ❸

31 확인 Check! ○ △ ×

여러 채무자가 같은 내용의 급부에 관하여 각각 독립해서 전부의 급부를 하여야 할 채무를 부담하고 그 중 한 채무자가 전부의 급부를 하면 모든 채무자의 채무가 소멸하게 되는 다수 당사자의 채무관계는?

① 분할채권관계
② 연대채무
③ 보증채무
④ 양도담보

▌쏙쏙해설

설문은 연대채무에 대한 내용이다. 연대채무란 수인의 채무자가 채무 전부를 각자 이행할 의무가 있고 채무자 1인의 이행으로 다른 채무자도 그 의무를 면하게 되는 다수 당사자 채무관계이다(민법 제413조).

답 ❷

▌핵심만 콕

- 분할채권 : 같은 채권에 2인 이상의 채권자 또는 채무자가 있을 때 분할할 수 있는 채권을 말한다. 이런 채권을 가분채권(분할채권)이라고도 한다. 예 甲·乙·丙 세 사람이 丁에 대하여 3만 원의 채권을 가지고 있을 때, 각각 1만 원씩의 채권으로 분할할 수 있는 경우에 그 3만 원의 채권은 분할채권이 된다(丁의 입장을 기본으로 한다면 가분채무 또는 분할채무가 된다). 민법에는 채권자 또는 채무자가 수인인 경우에 특별한 의사표시가 없으면 각 채권자 또는 채무자는 균등한 비율로 권리가 있고 의무가 있다고 규정하여 분할채권관계를 원칙으로 하고 있다(민법 제408조).★
- 보증채무 : 채권자와 보증인 사이에 체결된 보증계약에 의하여 성립하는 채무로서, 주채무자가 그 채무를 이행하지 않는 경우에 보증인이 이를 보충적으로 이행하여야 하는 채무를 말한다. 예 매수인이 매도인과 매매계약을 체결하고 매수인이 매도인에게 매매대금을 선급하였는데 매도인이 이행기일이 되어도 목적물을 인도하지 않을 때 목적물 인도채무에 관해 보증인이 있었다면 보증인은 보증채무를 지게 되는 것이다.
- 양도담보 : 채권담보의 목적으로 일정한 재산을 양도하고, 채무자가 채무를 이행하지 않는 경우에 채권자는 목적물로부터 우선변제를 받게 되나, 채무자가 이행을 하는 경우에는 목적물을 채무자에게 반환하는 방법에 의한 담보를 말한다.

32 민법상 이행지체에 따른 효과가 아닌 것은?

☑ 확인 Check!
○
△
×

① 계약해제권
② 대상(代償)청구권
③ 손해배상청구권
④ 강제이행청구권

▌쏙쏙해설

이행지체가 발생한 경우 여전히 이행이 가능하므로 채권자는 본래의 급부를 청구할 수 있다. 만일 채무자가 이에 불응하면 강제이행을 법원에 청구할 수 있으며(민법 제389조), 이행지체에 의하여 손해가 발생한 경우라면 원칙적으로 지연배상을 청구할 수도 있다(민법 제390조).
그리고 민법 제544조, 제545조 소정의 요건을 충족한 경우 계약을 해제할 수도 있다. 대상청구권은 이행불능의 경우에 한하여 인정된다는 점에서 이행지체의 효과로 볼 수 없다.

답 ❷

33 손해배상에 관한 설명으로 옳지 않은 것은?

☑ 확인 Check!
○
△
×

① 민법상의 손해배상은 금전배상을 원칙으로 한다.
② 불법행위로 인한 손해배상채무는 불법행위가 있었던 때부터 발생한다.
③ 불법행위로 인하여 피해자가 손해를 입음과 동시에 이익을 얻은 경우에는 배상액에 그 이익을 공제하여야 하며 이를 과실상계라 한다.
④ 여러 명이 공동으로 불법행위를 한 때에는 각자가 연대하여 손해배상책임을 진다.

▌쏙쏙해설

③은 손익상계에 대한 설명이다. 불법행위의 성립 또는 손해발생의 확대에 피해자의 유책행위가 존재하는 경우에 손해배상책임의 유무 또는 그 범위를 결정하는데 그것을 참작하는 제도를 과실상계라고 한다(민법 제396조).

답 ❸

34 민법상 불법행위로 인한 손해배상을 설명한 것으로 옳은 것은?

① 태아는 불법행위에 대한 손해배상청구에 있어서는 이미 출생한 것으로 본다.
② 피해자가 수인의 공동불법행위로 인하여 손해를 입은 경우 가해자 각자의 기여도에 대해서만 그 손해의 배상을 청구할 수 있다.
③ 고의 또는 과실로 심신상실을 초래하였더라도 심신상실의 상태에서 행해진 것이라면, 배상책임이 인정되지 않는다.
④ 미성년자가 타인에게 손해를 가한 경우에 그 행위의 책임을 변식할 지능이 없는 경우에도 배상책임이 있다.

▌쏙쏙해설

① 민법 제762조
② 공동불법행위의 경우에는 부진정연대채무를 부담한다(민법 제760조 제1항).
③ 고의 또는 과실로 심신상실을 초래하였으므로 배상책임이 인정된다(민법 제754조 단서).
④ 책임능력이 없는 미성년자의 경우 배상책임이 없고, 그의 감독자 책임만이 문제된다(민법 제755조).

답 ❶

35 불법행위로 인한 손해배상책임의 성립요건으로 타당하지 <u>않은</u> 것은?

① 고의 또는 과실에 의한 행위일 것
② 위법행위
③ 중대한 과실에 의한 행위일 것
④ 손해의 발생

▌쏙쏙해설

민법상 불법행위책임인지 국가배상법상 손해배상책임인지 분명하지 않으나, 양자 모두 고의 또는 과실을 요구하고 있고, 중대한 과실을 요건으로 하지 않는다.

답 ❸

36 甲과 乙은 丙의 귀금속 상점에 침입하여 재물을 절도하였다. 이에 관한 설명으로 옳지 않은 것은?

☑ 확인 Check! ○ △ ×

① 甲과 乙은 丙의 손해에 대해 연대하여 배상할 책임이 있다.
② 甲과 乙은 丙의 손해에 대해 공동불법행위자로서의 책임을 진다.
③ 甲과 乙의 손해배상 범위는 원칙적으로 상당인과관계에 있는 모든 손해이다.
④ 甲과 乙의 절도행위를 丁이 교사(敎唆)한 경우에 丁은 甲·乙과 연대책임을 지지 않는다.

▌쏙쏙해설

④ 교사자인 丁도 공동불법행위자로 간주되므로(민법 제760조 제3항), 丁은 甲·乙과 연대책임을 지게 된다.
①·② 민법 제760조 제1항
③ 민법 제763조, 제393조

답 ❹

▌핵심만 콕

손해배상의 범위(민법 제393조)
① 채무불이행으로 인한 손해배상은 통상의 손해를 그 한도로 한다.
② 특별한 사정으로 인한 손해는 채무자가 그 사정을 알았거나 알 수 있었을 때에 한하여 배상의 책임이 있다.

공동불법행위자의 책임(민법 제760조)
① 수인이 공동의 불법행위로 타인에게 손해를 가한 때에는 연대하여 그 손해를 배상할 책임이 있다.
② 공동 아닌 수인의 행위 중 어느 자의 행위가 그 손해를 가한 것인지를 알 수 없는 때에도 전항과 같다.
③ 교사자나 방조자는 공동행위자로 본다.

준용규정(민법 제763조)
제393조(손해배상의 범위), 제394조(손해배상의 방법), 제396조(과실상계), 제399조(손해배상자의 대위)의 규정은 불법행위로 인한 손해배상에 준용한다.

37 다음 중 무과실책임에 해당하는 것을 모두 고른 것은?

☑ 확인 Check! ○ △ ×

㉠ 사용자책임	㉡ 의료사고에 대한 책임
㉢ 변호인의 불법행위책임	㉣ 금전채무불이행에 대한 책임

① ㉠, ㉢
② ㉠, ㉣
③ ㉡, ㉢
④ ㉡, ㉣

▌쏙쏙해설

민법상 무과실책임으로는 금전채무불이행에 대한 책임(민법 제397조 제2항), 매도인의 하자담보책임(민법 제569조 내지 제584조 등)이 있다. 사용자책임의 경우 제756조 제1항에 따르면 사용자면책조항도 규정되어 있으나 판례상 사용자의 면책사유를 거의 인정하지 않기 때문에 실제상 무과실책임으로 운영되고 있다. 그 외에 의료사고에 대한 책임이나 변호인의 불법행위책임은 모두 과실책임에 해당한다.

답 ❷

제2절 민사소송법 일반

01 민사소송에서 재판 이외의 분쟁해결방법이 아닌 것은?

☑ 확인 Check! ○ △ ×

① 화해
② 조정
③ 중재
④ 송달

쏙쏙해설

송달은 소송법상 당사자 기타 이해관계인에게 소송관계 서류의 내용을 알리기 위하여 법원이 법률이 정한 절차에 따라서 서면을 보내는 형식적 행위를 말한다. 따라서 송달이 재판 이외의 분쟁해결방법이라 할 수 없다.

답 ❹

02 민사소송법의 기본원리에 관한 설명으로 옳지 않은 것은?

☑ 확인 Check! ○ △ ×

① 민사소송을 지배하고 있는 원리는 실체적 진실주의이다.
② 당사자가 신청한 범위 내에서만 판결하는 처분권주의가 원칙이다.
③ 민사소송은 공개심리주의가 원칙이다.
④ 소송진행 중이라도 청구의 포기나 인락을 통해 소송을 종료할 수 있다.

쏙쏙해설

형사소송이 실체적 진실주의를 이념으로 삼고 있는데 반하여 민사소송은 4대 이념으로 적정, 공평, 신속, 경제를 들고 있다. 즉, 민사소송에서는 실체적 진실의 발견보다는 재판의 신속, 경제 등을 그 이념으로 삼고 있는 까닭에 형식적 진실주의의 원리가 적용된다.

답 ❶

03 A가 B를 상대로 대여금반환청구의 소를 서울지방법원에 제기한 뒤 이 소송의 계속 중 동일한 소를 부산지방법원에 제기한 경우 저촉되는 민사소송법상의 원리는?

☑ 확인 Check!
○
△
×

① 변론주의
② 당사자주의
③ 재소의 금지
④ 중복제소의 금지

▌쏙쏙해설

이미 법원에 사건이 계속되어 있는 경우에는 그와 동일한 사건에 대하여 당사자는 다시 소를 제기하지 못한다(민사소송법 제259조). 이를 중복된 소제기의 금지 또는 이중소송의 금지원칙이라고 한다. 그 취지는 동일한 사건에 대하여 다시 소제기를 허용하는 것은 소송제도의 남용으로서, 법원이나 당사자에게 시간, 노력, 비용을 이중으로 낭비하게 하는 것이어서 소송경제상 좋지 않고, 판결이 서로 모순 및 저촉될 우려가 있기 때문이다.

답 ❹

04 고객 乙이 경비회사 甲을 상대로 손해배상을 원인으로 민사소송을 제기하였을 때, 다음 중 옳지 않은 것은?

① 乙은 강제집행을 보전하기 위하여 가압류 절차를 밟을 수 있다.
② 이 소송목적의 값이 5,000만 원 이하라면 소액사건심판법의 절차에 의한다.
③ 항소는 판결서가 송달된 날부터 2주 이내에 하여야 하나, 판결서 송달 전에도 할 수 있다.
④ 乙이 미성년자라도 독립하여 법률행위를 할 수 있는 경우에는 소송을 제기할 수 있다.

▌쏙쏙해설

3,000만 원을 초과하지 아니하는 소액사건은 소액사건심판법의 절차에 의한다(소액사건심판규칙 제1조의2). 즉, 3,000만 원 이하의 소액사건은 소액사건심판법의 절차에 의하나, 3,001만원 이상의 소액사건은 소액사건심판법의 절차에 의할 수 없다.★

답 ❷

05 금전채권이나 금전으로 환수할 수 있는 채권에 대하여 후일 동산 또는 부동산에 대한 강제집행을 보전하는 절차는?

☑ 확인 Check! ○ △ ×

① 가압류
② 가처분
③ 소액사건심판
④ 파산절차

▌쏙쏙해설

가압류는 금전채권이나 금전으로 환산할 수 있는 채권에 대하여 후일 동산 또는 부동산에 대한 강제집행을 보전하는 절차이다. 가처분은 금전채권 이외의 특정한 이행을 목적으로 하는 청구권을 보전하기 위하거나, 쟁의있는 권리관계에 관하여 임시의 지위를 정함을 목적으로 하는 재판이다.★

답 ❶

06 甲은 계약 위반을 이유로 고객 乙에게 손해배상청구소송을 제기하여 승소하였다. 이후 乙이 판결내용에 따른 이행을 하지 않는 경우, 甲이 국가기관의 강제력에 의하여 판결 내용을 실현하기 위한 절차는?

☑ 확인 Check! ○ △ ×

① 독촉절차
② 강제집행절차
③ 집행보전절차
④ 소액사건심판절차

▌쏙쏙해설

민사집행법상의 강제집행절차는 판결절차에 의하여 확정된 사법상의 청구권에 기하여 강제집행절차를 전개하는 것으로 채권자의 신청에 의하여 국가의 집행기관이 채무자에 대하여 강제력을 행사함으로써 채무명의에 표시된 이행청구권의 실행을 도모하는 절차이다.

답 ❷

07 민사소송제도의 이상 중 적정이상을 구현하기 위한 제도가 아닌 것은?

☑ 확인 Check! ○ △ ×

① 재심제도
② 법관의 신분보장제도
③ 전속관할제도
④ 소액사건심판제도

▌쏙쏙해설

적정이상을 구현하기 위한 제도에는 변호사대리의 원칙, 심급제도 및 재심제도, 직권증거조사, 전속관할제도, 법관의 자격과 신분보장제도 등이 있다.★

답 ❹

08 채무자의 자력이 불충분하여 총채권자에게 채권의 만족을 주지 못할 상태에 이른 경우에 채권자들의 개별적인 소송이나 강제집행을 배제하고 강제적으로 채무자의 전 재산을 관리·환가하여 총채권자의 채권비율에 따라 공평한 금전적 배당을 할 것을 목적으로 행하는 재판상의 절차는?

확인 Check! ○ △ ×

① 소액사건심판절차
② 독촉절차
③ 파산절차
④ 개인회생절차

쏙쏙해설

파산절차에 대한 설명이다.

답 ❸

09 개인회생절차의 내용이다. ㄱ, ㄴ, ㄷ에 알맞은 것은?

개인회생제도란 총 채무액이 무담보채무의 경우에는 (ㄱ), 담보부채무의 경우에는 (ㄴ) 이하인 개인채무자로서 장래 계속적으로 또는 반복하여 수입을 얻을 가능성이 있는 자가 3년 또는 (ㄷ)간 일정한 금액을 변제하면 나머지 채무의 면제를 받을 수 있는 절차이다.

① ㄱ : 10억 원, ㄴ : 15억 원, ㄷ : 5년
② ㄱ : 3억 원, ㄴ : 5억 원, ㄷ : 5년
③ ㄱ : 5억 원, ㄴ : 8억 원, ㄷ : 8년
④ ㄱ : 10억 원, ㄴ : 15억 원, ㄷ : 15년

쏙쏙해설

ㄱ에는 10억 원, ㄴ에는 15억 원, ㄷ에는 5년이 각각 들어가야 한다.

답 ❶

10 **새로운 법률관계를 발생시키거나 기존 법률관계를 변경·소멸하게 하는 소송의 종류는?**

☑ 확인 Check! ○ △ ×

① 형성의 소 ② 이행의 소
③ 확인의 소 ④ 재심의 소

▌쏙쏙해설

형성의 소는 법률상태의 변동을 목적으로 하는 소송이므로 형성판결에 의하여 형성요건의 존재를 확정하는 동시에 새로운 법률관계를 발생하게 하거나 기존 법률관계를 변경 또는 소멸하게 하는 창설적 효과를 가지며 명문의 규정으로 허용되는 경우에만 인정하는 것이 원칙이다.

답 ❶

11 **다음 중 당사자 간 다툼 있는 법률관계를 관념적으로 확정하여 법률적 불안을 제거하려는 목적으로 제기되는 소는 어느 것인가?**

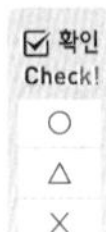

① 확인의 소 ② 이행의 소
③ 존재의 소 ④ 형성의 소

▌쏙쏙해설

확인의 소란 권리 또는 법률관계의 존부나 법률관계를 증명하는 서면의 진부확인을 요구하는 소를 말한다.

답 ❶

12 민사소송에 관한 다음 내용 중 옳지 않은 것은?

① 이행의 소는 국가의 공권력을 빌어 강제집행을 가능하게 하는 이행판결을 목적으로 하는 소송형태이다.
② 법률의 근거가 없는 형성의 소는 인정하지 아니한다.
③ 권리관계의 부존재의 확정을 목적으로 하는 것을 적극적 확인의 소, 권리관계의 존부를 확정하기 위한 것을 소극적 확인의 소라고 한다.
④ 확인의 소가 제기되어 원고승소의 확정판결이 내려지면, 원고가 주장한 법률관계의 존부가 확정되지만, 집행력은 발생하지 않는다.

▌쏙쏙해설

권리관계의 존부를 확정하기 위한 것을 적극적 확인의 소, 부존재의 확정을 목적으로 하는 것을 소극적 확인의 소라고 한다.

답 ❸

13 민사소송의 주체에 관한 다음 설명 중 옳은 것은?

① 보통재판적은 원칙적으로 원고의 주소지이므로, 일단 원고의 주소지의 관할 지방법원에 소를 제기하면 토지관할을 갖추게 된다.
② 민사소송을 제기할 수 있는 자격 또는 지위를 당사자능력이라고 하며, 이는 민법상 권리능력과 동일하다.
③ 소송대리인은 변호사가 아니라도 원칙적으로 무방하다.
④ 미성년자는 소송능력이 없으므로 그 법정대리인이 소송행위를 대리한다.

▌쏙쏙해설

미성년자는 소송능력이 없으므로 그 법정대리인이 소송행위를 대리한다.

답 ❹

▌핵심만 콕

- 소(訴)는 피고의 보통재판적이 있는 곳의 법원이 관할한다(민사소송법 제2조).
- 민사소송법상 당사자능력이란 원고·피고 또는 참가인으로서 자기의 명의로 소송을 하고 소송상의 법률효과를 받을 수 있는 자격, 즉 소송법상의 권리능력이다. 당사자능력은 민법상의 이른바 권리능력에 대응하는 개념이며, 권리능력을 가진 자는 당사자능력을 가지지만, 당사자능력을 가진 자가 반드시 권리능력이 있는 것은 아니다.★
- 소송위임에 기한 소송대리인은 특정의 사건에 관하여 소송의 수행을 위임받아 이를 위한 대리권을 부여받은 대리인으로 원칙상 변호사이어야 하나(민사소송법 제87조), 법원의 허가가 있으면 변호사가 아니라도 될 수 있다(민사소송법 제88조).

14 다음 중 판결의 기초가 되는 소송자료의 수집과 제출의 책임을 당사자에게 맡기고 그 소송자료만을 재판의 기초로 삼는다는 원칙을 무엇이라 하는가?

① 변론주의
② 직권주의
③ 공개심리주의
④ 직접심리주의

▌쏙쏙해설

변론주의는 소송자료의 수집・제출 책임을 당사자에게 일임하고 법원은 그것에 의거하여 재판하는 민사소송법상의 원칙을 말한다.

답 ❶

15 공익성을 갖는 특정사항에 관하여 당사자의 변론에 구속되지 아니하고 소송자료의 수집책임과 증거조사를 법원에 일임하는 입장으로 변론주의에 반대되는 원칙을 무엇이라 하는가?

① 직권진행주의
② 직권주의
③ 직권탐지주의
④ 직권조사주의

▌쏙쏙해설

직권탐지주의는 특정사항에 관하여 당사자의 변론에 구속되지 아니하고 소송자료의 수집책임과 증거조사를 법원에 일임하는 입장으로 변론주의에 반대되는 입장이다.★

답 ❸

16 민사소송에서 자백으로 간주할 수 있는 경우가 아닌 것은?

① 상대방이 주장하는 사실을 명백히 다투지 아니한 경우
② 상대방이 주장하는 사실에 대하여 알지 못한다고 진술한 경우
③ 한쪽 당사자가 변론기일에 출석하지 아니한 경우
④ 피고가 소장 부본을 송달받고 30일 이내에 답변서를 제출하지 아니한 경우

쏙쏙해설

② 상대방이 주장한 사실에 대하여 알지 못한다고 진술한 때에는 그 사실을 다툰 것으로 추정한다(민사소송법 제150조 제2항).★

④ 피고가 원고의 청구를 다투는 경우에는 소장의 부본을 송달받은 날부터 30일 이내에 답변서를 제출하여야 하는데(민사소송법 제256조 제1항 본문), 이를 제출하지 아니한 때에는 청구의 원인이 된 사실을 자백한 것으로 보고 변론 없이 판결할 수 있다(민사소송법 제257조 제1항 본문).

답 ❷

17 원고가 3명의 피고에 대하여 각각 100만 원씩 지급하라고 청구한 경우 법원이 300만 원에 관하여 연대하여 지급하라는 판결을 할 수 없다는 소송법상의 원칙은 무엇인가?

① 변론주의
② 처분권주의
③ 불이익변경의 원칙
④ 사적자치의 원칙

쏙쏙해설

처분권주의는 당사자의 소송물에 대한 처분의 자유를 규정한 것이다.

답 ❷

18 직접심리주의에 대한 내용으로 옳지 않은 것은?

확인 Check! ○ △ ×

① 민사소송법에서 판결은 그 기본이 되는 변론에 관여한 법관이 하도록 하여 직접주의를 원칙으로 하고 있다.
② 변론에 관여한 법관이 바뀐 경우에는 다시 처음부터 심리를 하여야 한다.
③ 합의부의 법관의 반수 이상이 바뀐 경우에 종전에 신문한 증인에 대하여 당사자가 다시 신문을 신청한 때에는 법원은 그 신문을 하여야 한다.
④ 원격지나 외국에서의 증거조사는 수명법관 또는 수탁판사에게 촉탁하여 실시하게 한다.

쏙쏙해설

변론에 관여한 법관이 바뀐 경우에 처음부터 심리를 되풀이하는 것은 소송경제에 반하기 때문에 당사자가 새로 심리에 관여한 법관의 면전에서 종전의 변론결과를 진술하는 것으로 충분하다고 규정하고 있다(민사소송법 제204조 제2항).

답 ❷

19 민사소송법상 심리의 원칙이 아닌 것은?

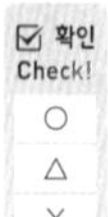

① 변론주의 ② 당사자주의
③ 처분권주의 ④ 동시제출주의

쏙쏙해설

동시제출주의가 아닌 적시제출주의를 택하고 있다.

답 ❹

핵심만 콕

민사소송법상 심리에 관한 제 원칙★★

- 공개심리주의
- 쌍방심리주의
- 구술심리주의
- 직접심리주의
- 처분권주의
- 변론주의
- 적시제출주의
- 집중심리주의
- 직권진행주의
- 당사자주의

20 다음은 판결의 종류를 설명한 것이다. 그 설명이 틀린 것은?

① 원고의 청구권을 인정하고 피고에게 의무이행을 명하는 것을 내용으로 하는 판결을 이행판결이라 한다.
② 권리·법률관계의 존재나 부존재를 확정하는 것을 내용으로 하는 판결을 확인판결이라 한다.
③ 종국판결은 소송사건의 심리가 다 끝난 뒤에 선고하여 그 심급을 종결시키는 판결로서, 일반적으로 판결이라 하면 이를 말한다.
④ 원고의 청구가 이유 없다고 배척하는 판결, 즉 원고를 패소시키는 판결을 각하판결이라 한다.

▌쏙쏙해설

④는 기각판결에 대한 내용으로 소송요건에 대한 판결인 소송판결에 대응한다.

답 ❹

▌핵심만 콕

법원은 소(訴)의 제기가 있으면 먼저 소송요건을 판단하여 소송판결을 한다. 소가 소송요건을 갖추지 못한 경우에는 각하판결을 하며, 소송요건을 갖춘 경우에는 본안에 관하여 심리를 하여 본안판결을 한다. 본안판결에는 청구 또는 주장이 정당하다고 인정하는 인용판결, 정당하지 않다고(이유 없다고) 인정하는 기각판결, 인용판결과 기각판결이 결합된 일부승소판결 등이 있다. 인용판결은 소의 형태에 따라 확인판결, 형성판결, 이행판결로 나누어지며, 기각판결은 언제나 확인판결의 성질을 가진다. 소송요건의 흠결을 간과한 본안판결은 위법하다고 본다.

21 민사소송법상 항소에 관한 설명으로 옳지 않은 것은?

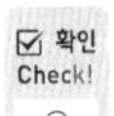

① 항소장의 부본은 피항소인에게 송달하여야 한다.
② 항소는 판결서 송달 전에는 할 수 없고, 판결서가 송달된 날로부터 2주 후에 할 수 있다.
③ 항소는 항소심의 종국판결이 있기 전에 취하할 수 있다.
④ 소송비용 및 가집행에 관한 재판에 대하여는 독립하여 항소를 하지 못한다.

▌쏙쏙해설

② 항소는 판결서가 송달된 날부터 2주 이내에 하여야 한다. 다만, 판결서 송달 전에도 할 수 있다(민사소송법 제396조 제1항).
① 민사소송법 제401조
③ 민사소송법 제393조 제1항
④ 민사소송법 제391조

답 ❷

CHAPTER 03 민사법

제1절 민법

01 민법의 법원이란 민법의 존재형식을 말하며, 성문법원과 불문법원이 있다. 우리나라 민법은 성문법주의를 취함과 동시에 관습법과 조리의 법원성도 인정하고 있다. ( )

02 민사에 관하여 법률에 규정이 없으면 조리에 의하고, 조리가 없으면 관습법에 의한다. ( )

03 판례는 동산의 양도담보, 사실혼, 수목의 집단이나 미분리과실의 소유권이전에 관한 명인방법의 관습법을 인정하지 않는다. ( )

04 근대민법의 기본원리에는 소유권 상대의 원칙, 계약자유의 원칙, 과실책임의 원칙이 있다. ( )

05 권리남용금지의 원칙의 파생원칙에는 사정변경의 원칙, 실효의 원리, 금반언의 원칙(외형주의)이 있다. ( )

06 권리남용이 불법행위가 되어 발생한 손해배상청구권은 1년의 단기소멸시효가 적용된다. ( )

07 확정판결에 따른 강제집행도 특별한 사정이 있으면 권리남용이 될 수 있다. ( )

O | X

01 O 민법의 법원이란 민법의 존재형식을 말하며, 성문법원과 불문법원이 있다. 우리나라 민법은 성문법주의를 취함과 동시에 관습법과 조리의 법원성도 인정하고 있다.

02 X 민사에 관하여 법률에 규정이 없으면 관습법에 의하고, 관습법이 없으면 조리에 의한다.

03 X 판례상 인정된 관습법으로 분묘기지권, 관습법상의 법정지상권, 동산의 양도담보, 사실혼, 수목의 집단이나 미분리과실의 소유권이전에 관한 명인방법 등이 있다.

04 X 근대민법의 기본원리에는 소유권 절대의 원칙, 계약자유의 원칙, 과실책임의 원칙이 있다.

05 X 사정변경의 원칙, 실효의 원리, 금반언의 원칙(외형주의)은 신의칙(신의성실의 원칙)의 파생원칙이다.

06 X 권리남용이 불법행위가 되어 발생한 손해배상청구권은 1년의 단기 소멸시효가 적용되지 않는다.

07 O

08 토지소유자의 건물 철거 청구가 권리남용으로 인정되는 경우라도 토지 소유자는 그 건물의 소유자에 대해 그 토지의 사용대가를 부당이득으로 반환청구할 수 있다. ( )

09 상시 정신병자에게는 권리능력이 없다. ( )

10 권리능력은 사망 시 소멸하는데 실종선고를 받은 경우는 예외적으로 권리능력을 상실하는 것으로 간주한다. ( )

11 동시사망의 추정은 사실상의 추정이 아니라 법률상의 추정이다. ( )

12 외국인에 대하여는 원칙적으로 내국인과 동일한 일반권리능력을 인정하며 토지에 관한 권리, 한국선박 등의 취득에 관해서도 마찬가지이다. ( )

13 행위능력은 개개의 법률행위를 함에 있어서 그 행위의 결과를 합리적으로 판단할 수 있는 능력을 말한다. ( )

14 제한능력자제도는 행위능력의 유무의 입증곤란을 해결하기 위해 의사능력을 판단하는 객관적이고 획일적인 기준을 두어서 제한능력자를 보호하고 제한능력자의 상대방도 이에 대처할 수 있도록 하는 제도이다. ( )

15 미성년자가 법률행위를 함에는 법정대리인의 동의를 얻어야 하며 단독으로 유효한 법률행위를 할 수 없다. 즉, 미성년자가 법정대리인의 동의 없이 행한 법률행위는 무효이다. ( )

O | X

08 O

09 X 민법 제3조는 사람은 생존한 동안 권리와 의무의 주체가 된다고 규정하고 있다.

10 X 권리능력은 사망 시 소멸한다. 통설은 심장과 호흡이 영구적으로 정지한 때를 사망 시로 보고 있으며(심장박동정지설), 실종선고를 받은 경우 사망으로 간주되지만(민법 제28조) 권리능력을 상실하는 것은 아니다.★

11 X 민법 제30조의 동시사망의 추정은 2인 이상이 동일한 위난으로 사망한 경우에는 동시에 사망한 것으로 추정하며 이는 2인 이상이 사망한 경우 누가 먼저 사망했느냐에 따라 상속에 있어 차이가 있을 수 있는데 그 사망의 선후가 불분명한 경우 동시에 사망한 것으로 일단 추정한 후 반증이 있을 경우 번복될 수 있는 제도이다.

12 X 외국인에 대하여는 원칙적으로 내국인과 동일한 일반권리능력을 인정하나 예외적으로 토지에 관한 권리, 한국선박 등의 취득에 있어서는 제한이 있다(외국인토지법 제5조, 선박법 제2조).

13 X 의사능력은 개개의 법률행위를 함에 있어서 그 행위의 결과를 합리적으로 판단할 수 있는 능력을 말한다.

14 X 제한능력자제도는 의사능력의 유무의 입증곤란을 해결하기 위해 행위능력을 판단하는 객관적이고 획일적인 기준을 두어서 제한능력자를 보호하고 제한능력자의 상대방도 이에 대처할 수 있도록 하는 제도이다.

15 X 미성년자가 법률행위를 함에는 법정대리인의 동의를 얻어야 하며 단독으로 유효한 법률행위를 할 수 없다. 즉, 미성년자가 법정대리인의 동의 없이 행한 법률행위는 취소할 수 있다(민법 제5조 제2항).

16 부담부 증여나 유리한 매매계약의 체결은 미성년자가 예외적으로 법정대리인의 동의 없이 할 수 있는 행위에 해당한다. ( )

17 혼인을 한 미성년자는 미성년자보호법의 적용을 받지 않는다. ( )

18 혼인으로 성년자가 된 자는 유언집행자가 될 수 있고 소송능력도 갖는다. ( )

19 피성년후견인은 질병, 장애, 노령, 그 밖의 사유로 인한 정신적 제약으로 사무를 처리할 능력이 간헐적으로 결여된 사람으로서 가정법원에 의해 성년후견개시의 심판을 받은 사람을 말한다. ( )

20 지방자치단체의 장은 성년후견개시의 신청을 할 수 없다. ( )

21 가정법원은 성년후견개시의 심판을 할 때 본인의 의사를 고려해서는 안 된다. ( )

22 피성년후견인의 법률행위는 무효가 원칙이다. ( )

23 피한정후견인은 질병, 장애, 노령, 그 밖의 사유로 인한 정신적 제약으로 사무를 처리할 능력이 없는 사람으로서 가정법원에 의해 한정후견개시의 심판을 받은 사람이다. ( )

O | X

16 ☒ 권리만을 얻거나 의무만을 면하는 행위는 미성년자가 예외적으로 법정대리인의 동의 없이 할 수 있는 행위에 해당하지만 부담부 증여나 유리한 매매계약의 체결, 상속을 승인하는 행위 등은 의무도 함께 부담하는 행위이므로 단독으로 할 수 없다.

17 ☒ 성년의제의 효과는 사법관계에 관한 것으로 볼 것이고 공법 기타의 법규에는 미치지 않는다.

18 ⊡ 혼인으로 성년자가 된 자는 유언의 증인이나 유언집행자가 될 수 있으며 소송능력도 갖는다. 양자를 할 수 있는 능력에 대해서는 견해가 갈리나 미성년자를 성년자로 보는 이상 양자를 할 수 있는 능력도 있다고 볼 것이다.

19 ☒ 질병, 장애, 노령, 그 밖의 사유로 인한 정신적 제약으로 사무를 처리할 능력이 지속적으로 결여된 사람으로서 가정법원에 의해 성년후견개시의 심판을 받은 사람을 말한다.

20 ☒ 본인, 배우자, 4촌 이내의 친족, 미성년후견인, 미성년후견감독인, 한정후견인, 한정후견감독인, 특정후견인, 특정후견감독인, 검사 또는 지방자치단체의 장의 청구에 의하여 성년후견개시의 심판을 한다(민법 제9조 제1항).

21 ☒ 가정법원은 성년후견개시의 심판을 할 때 본인의 의사를 고려하여야 한다(민법 제9조 제2항).★

22 ☒ 피성년후견인의 법률행위는 취소할 수 있다(민법 제10조 제1항). 단, 가정법원은 취소할 수 없는 피성년후견인의 법률행위의 범위를 정할 수 있다(민법 제10조 제2항).

23 ☒ 피한정후견인은 질병, 장애, 노령, 그 밖의 사유로 인한 정신적 제약으로 사무를 처리할 능력이 부족한 사람으로서 가정법원에 의해 한정후견개시의 심판을 받은 사람을 말한다.

24 피특정후견인은 질병, 장애, 노령, 그 밖의 사유로 인한 정신적 제약으로 일시적 후원 또는 특정한 사무에 관한 후원이 필요하여 가정법원에 의해 특정후견의 심판을 받은 사람을 말한다. ( )

25 특정후견은 피특정후견인의 행위능력을 제한한다. ( )

26 제한능력자의 상대방은 제한능력자가 능력자가 된 후에 3개월 이상의 기간을 정하여 취소할 수 있는 행위를 추인할 것인지의 여부의 확답을 촉구할 수 있다. ( )

27 능력자로 된 사람이 상대방의 추인여부에 대한 최고 기간 내에 확답을 발송하지 않으면 그 행위를 거절한 것으로 본다. ( )

28 제한능력자가 아직 능력자가 되지 못한 경우 추인여부에 대한 최고를 법정대리인에게 할 수 있으며 법정대리인이 그 정하여진 기간 내에 확답을 발송하지 않은 경우에는 그 행위를 거절한 것으로 본다. ( )

29 제한능력자의 상대방이 최고한 추인여부에 대해 특별한 절차가 필요한 행위는 정하여진 기간 내에 그 절차를 밟은 확답을 발송하지 아니하면 승인한 것으로 본다. ( )

30 미성년자・피한정후견인이 속임수로써 법정대리인의 동의가 있는 것으로 믿게 한 경우에는 그 행위를 취소할 수 없지만 제한능력자가 속임수로써 자신을 능력자로 믿게 한 경우에는 취소할 수 있다. ( )

O | X

24 ⓞ

25 ⊠ 특정후견은 피특정후견인에 대한 후원만을 내용으로 하므로, 피특정후견인의 행위능력을 제한하지 않는다. 따라서 특정후견이 개시되어도 피특정후견인은 완전한 행위능력을 보유한다.

26 ⊠ 제한능력자의 상대방은 제한능력자가 능력자가 된 후에 1개월 이상의 기간을 정하여 취소할 수 있는 행위를 추인할 것인지의 여부의 확답을 촉구할 수 있다.

27 ⊠ 능력자로 된 사람이 그 기간 내에 확답을 발송하지 않으면 그 행위를 추인한 것으로 본다(민법 제15조 제1항).

28 ⊠ 제한능력자가 아직 능력자가 되지 못한 경우에는 그의 법정대리인에게 위의 촉구를 할 수 있고, 법정대리인이 그 정하여진 기간 내에 확답을 발송하지 않은 경우에는 그 행위를 추인한 것으로 본다(민법 제15조 제2항).

29 ⊠ 특별한 절차가 필요한 행위는 정하여진 기간 내에 그 절차를 밟은 확답을 발송하지 아니하면 취소한 것으로 본다(민법 제15조 제3항).

30 ⊠ 제한능력자가 속임수로써 자신을 능력자로 믿게 하거나, 미성년자・피한정후견인이 속임수로써 법정대리인의 동의가 있는 것으로 믿게 한 경우에는 그 행위를 취소할 수 없다(민법 제17조).★

31 미성년자가 자신은 "성년자로서 이미 군대를 다녀왔다."고 말하고 법률행위를 한 경우라면 그 법률행위는 사술(속임수)을 쓴 경우에 해당하여 취소할 수 없다. ( )

32 민법은 주소를 정함에 있어 주거의 의사와 주거의 사실 모두 종합하여 판정한다. ( )

33 가정법원은 이해관계인의 청구와 무관하게 재산관리인을 선임할 수 있다. ( )

34 부재자의 재산관리제도는 거래의 안전보호를 위한 제도이다. ( )

35 부재자가 재산관리인을 정한 경우 부재자의 생사가 분명하지 아니하게 되어 이해관계인이 청구를 하더라도 법원은 그 재산관리인을 개임할 수 없다. ( )

36 보통실종의 실종기간은 3년이며 기산점은 부재자가 살아 있다는 것을 증명할 수 있는 최후의 시기로 한다. ( )

37 실종선고를 받은 자는 실종선고시 사망한 것으로 간주한다. ( )

38 실종선고의 효력은 종래의 주소를 중심으로 하는 공법, 사법관계에서 모두 사망한 것으로 본다. ( )

O | X

31 ☒ 판례에 따르면 '사술'이란 상대방으로 하여금 그가 능력자임을 믿게 하기 위하여 적극적으로 쓴 사기수단을 말하는 것으로 단순히 자기가 능력자라 칭한 것만으로는 사술에 해당하지 않는다(4287민상77판결).

32 ☒ 주소를 정함에 있어 주관적 요소(주거의 의사)를 요건으로 하지 않고 객관적 요소(주거의 사실)만에 의하여 주소를 정한다.

33 ☒ 가정법원은 이해관계인의 청구에 의하여 재산관리인을 선임할 수 있다. 재산관리인은 법정대리인이며 부재자 재산의 보존행위를 할 권한을 가진다.

34 ☒ 부재자의 재산관리제도는 권리자 본인을 위한 제도에 가깝다.

35 ☒ 부재자가 재산관리인을 정한 경우에 부재자의 생사가 분명하지 않은 때에는 법원은 재산관리인, 이해관계인 또는 검사의 청구에 의하여 재산관리인을 개임할 수 있다.

36 ☒ 보통실종의 실종기간은 5년, 기산점은 부재자가 살아 있다는 것을 증명할 수 있는 최후의 시기로 한다.

37 ☒ 실종선고를 받은 자는 실종기간이 만료한 때 사망한 것으로 본다(민법 제28조). 실종선고시 사망으로 보는 시기까지는 생존한 것으로 본다. 추정이 아니라 간주이므로 반증에 의하여 사망의 효력을 깰 수 없다.

38 ☒ 종래의 주소를 중심으로 하는 사법관계에서만 사망한 것으로 본다. 실종선고를 받은 자가 종전의 주소지와 다른 곳에서 생존하면서 형성한 법률관계나 종래의 주소에 귀래하여 새로운 법률관계를 형성하는 것에 대하여는 영향을 미치지 않는다.

39 동일한 위난으로 수인이 사망한 경우 그들은 동시에 사망한 것으로 간주한다. ( )

40 목적, 명칭, 자산에 관한 규정, 이사의 임면에 관한 규정 재단법인 정관의 필요적 기재사항이나 사무소의 소재지는 임의적 기재사항이다. ( )

41 재단법인 출연재산이 부동산인 경우에 출연자와 법인 사이에서 법인의 성립 이외에 출연 부동산의 등기가 필요하다. ( )

42 재단법인은 주무관청에 설립신고 후 법인의 주된 사무소의 소재지에서 설립등기를 함으로써 법인이 성립한다. ( )

43 민법상 사단법인은 영리사업을 목적으로 설립할 수 있다. ( )

44 법인 설립등기는 성립요건이 아닌 대항요건이다. ( )

45 결사의 자유는 헌법상의 기본권이므로 주무관청의 허가가 없더라도 누구라도 비영리사단법인을 설립할 수 있다. ( )

O | X

39 ☒ 동일한 위난으로 수인이 사망한 경우 그들은 동시에 사망한 것으로 추정한다(민법 제30조). 사망의 선후를 증명하는 어려움을 구제하기 위한 제도이며, 다수의 사람이 동일한 위난으로 사망한 경우에는 그 사망시기가 불분명한 경우에 그들은 동시에 사망한 것으로 추정하여 사망한 사람들 사이에는 상속이나 대습상속 그리고 유증이 발생하지 않게 된다.

40 ☒ 목적, 명칭, 사무소의 소재지, 자산에 관한 규정, 이사의 임면에 관한 규정은 정관의 필요적 기재사항이다(민법 제43조).

41 ☒ 판례는 출연재산이 부동산인 경우에 출연자와 법인 사이에서는 법인의 성립 이외에 부동산의 등기를 필요로 하는 것은 아니지만, 제3자에게 출연재산의 법인에의 귀속을 주장하기 위해서는 등기를 필요로 한다고 한다(민법 제48조).

42 ☒ 재단법인은 주무관청의 설립허가를 받아 법인의 주된 사무소의 소재지에서 설립등기를 함으로써 법인이 성립한다(민법 제33조).

43 ☒ 민법상 사단법인은 학술·종교·자선·기예·사교 기타 영리가 아닌 사업을 목적으로 하여야 한다.

44 ☒ 법인은 그 주된 사무소의 소재지에서 설립등기를 함으로써 성립한다(민법 제33조). 법인의 설립 등기는 법인격을 취득하기 위한 '성립요건'으로 되어 있다.★

45 ☒ 비영리사단법인을 설립하기 위해서는 주무관청의 허가를 얻어야 한다.

46 법인은 해산으로 소멸한다. ( )

47 법인의 목적달성 또는 목적달성의 불가능, 설립허가의 취소, 총회의 임의해산결의가 있을 때는 사단법인과 재단법인의 공통 해산사유에 해당한다. ( )

48 법인은 이사 기타 대표자가 그 직무에 관하여 타인에게 가한 손해를 배상 할 책임이 있고 법인의 배상이 이루어진 경우에는 이사 기타 대표자는 이로 인하여 자기의 손해배상책임을 면한다. ( )

49 법인의 직무와 관련이 없는 경우에도 대표기관의 행위라면 표현책임의 법리상 법인의 불법행위가 성립한다. ( )

50 조합은 정관작성 → 주무관청허가 → 설립등기를 통해 성립한다. ( )

51 사단과 조합은 인적결합체라는 면에서 동일하나 사단은 구성원의 개성이 강하며 조합은 단체성이 강하다. ( )

52 이사의 인원수는 정관으로 정할 수 있으며, 이사는 반드시 자연인이어야 한다. ( )

53 이사의 임면 방법은 정관의 필요적 기재사항이며, 법인과 이사와의 임면 관계는 민법상 대리에 관한 규정을 준용한다. ( )

O | X

46 ☒ 법인의 소멸은 해산과 청산을 거쳐서 행해지는데, 해산만으로는 소멸하지 않으며 청산이 사실상 종료됨으로써 소멸한다.★

47 ☒ 사원이 1인도 없게 된 때, 총회의 임의해산결의가 있을 때는 사단법인에만 있는 해산사유에 해당한다.

48 ☒ 법인은 이사 기타 대표자가 그 직무에 관하여 타인에게 가한 손해를 배상 할 책임이 있는데, 이사 기타 대표자는 이로 인하여 자기의 손해배상책임을 면하지 못한다(민법 제35조 제1항).

49 ☒ 대표기관의 행위라도 법인의 직무와 관련이 없는 경우에는 법인의 불법행위가 성립하지 않고 행위자가 개인적으로 책임을 지며, 법인의 목적 범위 외의 행위로 인하여 타인에게 손해를 가한 때에는 그 사항의 의결에 찬성하거나 그 의결을 집행한 사원·이사 및 기타 대표자가 연대하여 배상하여야 한다(민법 제35조 제2항).

50 ☒ 사단법인은 정관작성 → 주무관청허가 → 설립등기를 통해 성립하며 조합은 조합원들 사이의 계약을 통해 성립한다.

51 ☒ 조합은 구성원의 개성이 강하나 사단은 단체성이 강하다.

52 ⓞ

53 ☒ 이사의 임면 방법은 정관의 필요적 기재사항이며, 법인과 이사와의 임면 관계는 민법상 위임에 관한 규정을 준용한다.

54 이사가 2인 이상 있는 경우 이사는 공동으로 대표할 수 있는 것이 원칙이다. ( )

55 이사의 대표권은 정관으로 제한할 수 있을 뿐 사원총회의 의결로는 제한할 수 없다. ( )

56 임시이사는 법인과 이사의 이익이 상반하는 사항에 관하여 선임되는 법인의 기관이다. ( )

57 감사는 사단법인 · 재단법인의 이사에 대한 감독기관으로 비영리법인에서의 감사는 필수기관이다. ( )

58 통상총회는 매 분기 1회 이상 일정한 시기에 소집되는 총회이다. ( )

59 임시총회는 이사가 필요하다고 인정하는 때, 총사원의 4분의 1 이상이 요구하는 때, 감사가 소집하는 때 열리는 총회이다. ( )

60 사원의 4분의 1 이상의 요구에도 이사가 1주일 내에 총회소집절차를 밟지 아니하는 경우에는 청구한 사원은 법원의 허가를 얻어 스스로 총회를 소집할 수 있다. ( )

61 어떤 사유로 이사가 전혀 없게 되거나 정관에서 정한 이사의 수에 결원이 생겨 손해가 생길 염려가 있는 때에는 법원은 이해관계인이나 검사의 청구에 의하여 임시이사를 선임할 수 있다. ( )

O | X

54 ☒ 수인의 이사는 법인의 사무에 관하여 각자 법인을 대표한다(민법 제59조 제1항 본문). 이사가 2인 이상 있어도 각 이사는 단독으로 대표할 수 있는 것이 원칙이다.

55 ☒ 이사의 대표권은 정관 · 사원총회의 의결로 제한될 수 있다(민법 제59조 제1항 단서). 정관에 의한 제한은 정관에 기재하여야 효력이 있고, 이를 등기하지 않은 한 선 · 악의를 불문하고 제3자에 대항할 수 없다(민법 제60조). ★★

56 ☒ 임시이사는 정식이사가 선임될 때까지의 한시적 기관으로 이사와 동일한 권한을 갖는 법인의 기관으로 법인과 이사의 이익이 상반하는 사항에 관하여는 이사는 대표권이 없는데 이 경우에는 특별대리인을 선임하여야 한다.

57 ☒ 감사는 사단법인 · 재단법인의 이사에 대한 감독기관이다. 비영리법인에서의 감사는 필수는 아니며 임의기관이다(민법 제66조).

58 ☒ 통상총회는 매년 1회 이상 일정한 시기에 소집되는 총회이다(민법 제69조).

59 ☒ 임시총회는 이사가 필요하다고 인정하는 때, 총사원의 5분의 1 이상이 요구하는 때, 감사가 소집하는 때 열리는 총회이다.

60 ☒ 사원의 5분의 1 이상의 요구에도 이사가 2주일 내에 총회소집절차를 밟지 아니하는 경우에는 청구한 사원은 법원의 허가를 얻어 스스로 총회를 소집할 수 있다(민법 제70조).

61 ☒ 어떤 사유로 이사가 전혀 없게 되거나 정관에서 정한 이사의 수에 결원이 생겨 손해가 생길 염려가 있는 때에는 법원은 이해관계인이나 검사의 청구에 의하여 임시이사를 선임하여야 한다(민법 제63조).

62 특별대리인은 법인과 이사 간에 이익이 상반하는 사항이 있는 경우 그 이사에 갈음하여 법인을 대표하는 기관으로 법원이 관계자의 청구 없이 직권으로 선임하는 임시기관이다. ( )

63 부동산이란 토지 및 그 정착물을 말하며, 부동산 이외의 물건은 모두 동산이다. ( )

64 종물은 사회통념상 계속해서 주물의 경제적 효용을 높이는 물건을 말하는데 주물과 종물은 동일 소유자의 물건일 필요는 없다. ( )

65 종물은 주물의 처분에 따른다는 규정은 강행규정이다. ( )

66 천연과실이 분리된 때 그 천연과실이 누구의 것이 되느냐 하는 것이 귀속에 관한 문제이다. 이에 대해 생산주의와 원물주의가 있는데, 우리 민법은 생산주의에 의한다. ( )

67 법률행위는 원칙적으로 자유로이 할 수 있으나 강행규정이나 선량한 풍속, 기타 사회질서에 반하는 법률행위는 취소할 수 있다. ( )

O | X

62 ☒ 특별대리인은 법인과 이사 간에 이익이 상반하는 사항이 있는 경우 그 이사에 갈음하여 법인을 대표하는 기관으로 이해관계인·검사의 청구에 의하여 법원이 선임하는 임시기관이다(민법 제64조).

63 ⓞ

64 ☒ 동일 소유자의 물건으로 사회통념상 계속해서 주물의 경제적 효용을 높이는 물건을 종물이라고 하고 종물이 이바지해주는 물건을 주물이라고 한다(민법 제100조 제1항). 따라서 주물과 종물은 원칙적으로 소유자가 같은 사람이어야 하고 장소적으로도 밀접한 관계에 있어야 한다.

65 ☒ 종물은 주물의 처분에 따른다는 규정은 강행규정이 아니고 당사자의 의사에 따라 달리 정할 수 있는 임의규정이다. 종물은 주물의 처분에 수반된다는 민법 제100조 제2항은 임의규정이므로, 당사자는 주물을 처분할 때에 특약으로 종물을 제외할 수 있고 종물만을 별도로 처분할 수도 있다(대판 2012.1.26. 2009다76546).

66 ☒ 우리 민법은 원물주의에 의한다. 따라서 원물 소유자가 천연과실의 수취권을 가지는 것이 보통이지만 선의 점유자, 지상권자, 전세권자, 매도인 등이 수취권자가 될 수도 있다.

67 ☒ 법률행위는 일정한 법률효과의 발생을 목적으로 하여, 한 개 또는 수 개의 의사표시를 불가결의 요소(법률사실)로 하는 법률 요건이다. 법률행위는 원칙적으로 자유로이 할 수 있으나 강행규정이나 선량한 풍속, 기타 사회질서에 반하는 법률행위는 무효이다.

68 보험계약자가 다수의 보험계약을 통하여 보험금을 부정 취득할 목적으로 체결한 보험계약은 무효이며 이와 같이 보험계약자가 타인을 보험수익자로 하여 체결한 생명보험이나 상해보험 계약이 무효인 경우 보험자는 보험수익자를 상대로 그가 이미 지급한 보험금의 반환을 구할 수는 없다. ( )

69 법률행위의 목적이 가능 · 적법하며 사회적으로 타당하고 확정될 수 있을 것은 법률행위의 특별 효력발생요건에 해당한다. ( )

70 민법 제104조 불공정한 법률행위는 증여나 기부행위와 같이 대가관계 없이 일방적인 급부를 하는 행위에 대해서는 적용되지 않는다. ( )

71 대리인에 의하여 법률행위가 이루어진 경우 그 법률행위가 민법 제104조의 불공정한 법률행위에 해당하는지 여부를 판단함에 있어서는 경솔과 무경험은 본인을 기준으로 하여 판단하고 궁박은 대리인의 입장에서 판단하여야 한다. ( )

72 사회질서에 반하는 법률행위는 무효로서 이행을 하기 전이면 이행할 필요가 없으나 이행했다면 무효를 이유로 반환청구를 할 수 있다. ( )

73 상대방과 통정한 허위의 의사표시는 무효로 하며 제3자에게도 제3자의 선의 악의를 불문하고 그 무효를 주장할 수 있다. ( )

O | X

68 ☒ 보험계약자가 타인의 생활상의 부양이나 경제적 지원을 목적으로 보험자와 사이에 타인을 보험수익자로 하는 생명보험이나 상해보험 계약을 체결하여 보험수익자가 보험금 청구권을 취득한 경우, 보험자의 보험수익자에 대한 급부는 보험수익자에 대한 보험자 자신의 고유한 채무를 이행한 것이다. 따라서 보험자는 보험계약이 무효이거나 해제되었다는 것을 이유로 보험수익자를 상대로 하여 그가 이미 보험수익자에게 급부한 것의 반환을 구할 수 있고, 이는 타인을 위한 생명보험이나 상해보험이 제3자를 위한 계약의 성질을 가지고 있다고 하더라도 달리 볼 수 없다(대판 2018.9.13. 2016다255125).

69 ☒ 특별효력발생요건은 조건 · 기한부 법률행위에서 조건의 성취 · 기한의 도래, 대리행위에서 대리권의 존재, 유언에 있어 유언자의 사망 등과 같이 개개의 법률행위의 특별한 효력발생요건을 말하며 법률행위의 목적이 가능 · 적법하며 사회적으로 타당하고 확정될 수 있을 것은 일반적 효력발생요건을 말한다.

70 ◯ 불공정한 법률행위(폭리행위)는 상대방의 궁박 · 경솔 · 무경험을 이용하여 현저하게 공정을 잃은 반대급부를 하게 하여 부당한 재산적 이익을 얻는 행위는 무효이다.

71 ☒ 대리인에 의해 법률행위가 이루어진 경우 그 법률행위가 민법 제104조의 불공정한 법률행위에 해당하는지 여부를 판단함에 있어서는 경솔과 무경험은 대리인을 기준으로 판단하고 궁박은 본인의 입장에서 판단하여야 한다.

72 ☒ 사회질서에 반하는 법률행위는 무효로서 이행을 하기 전이면 이행할 필요가 없고, 이미 이행하였으면 반환을 청구하지 못한다.

73 ☒ 상대방과 통정한 허위의 의사표시는 무효로 한다. 다만, 선의의 제3자에게 그 무효를 주장하지는 못한다(민법 제108조).

74 법률행위 내용의 중요한 부분에 착오가 있을 때에는 그 법률행위는 무효이다. ( )

75 상대방이 있는 의사표시에 관하여 제3자가 사기나 강박을 행한 경우에는 상대방이 그 사실을 알았을 때 한하여 그 의사표시를 취소할 수 있다. ( )

76 표의자가 진의 아님을 알고 한 것이라면 원칙적으로 그 의사표시는 무효이다. ( )

77 의사표시의 효력발생시기에 관하여 우리 민법은 발신주의를 원칙으로 하고, 격지자 간의 계약의 승낙 등 특별한 경우에 한하여 도달주의를 예외적으로 취하고 있다. ( )

78 의사의 통지는 사실의 통지라고도 하며 의사를 외부에 표시하는 점에서는 의사표시와 같으나 그 의사가 법률효과에 향해진 효과의사가 아닌 점에서 의사표시와 다른 것을 말한다. ( )

79 의사표시에 관한 민법의 규정은 원칙적으로 가족법상의 행위, 공법행위, 소송행위, 단체법상의 행위에도 적용된다. ( )

80 위탁매매와 같이 타인의 계산으로 자기의 이름으로 법률행위를 하고 그 효과는 자신에게 생기고 후에 다시 그 취득한 권리를 타인에게 이전하는 관계를 대리라고 한다. ( )

O | X

74 ☒ 법률행위 내용의 중요한 부분에 착오가 있을 때에는 취소할 수 있다. 그러나 표의자의 고의 또는 중대한 과실로 인한 때에는 취소하지 못한다. 그것을 알지 못하는 제3자에 대해서는 취소의 효과를 주장할 수가 없다(민법 제109조). 화해계약은 착오를 이유로 하여 취소하지 못한다(민법 제733조).

75 ☒ 상대방이 있는 의사표시에 관하여 제3자가 사기나 강박을 행한 경우에는 상대방이 그 사실을 알았거나 알 수 있었을 경우에 한하여 그 의사표시를 취소할 수 있다(민법 제110조 제2항).

76 ☒ 의사표시는 표의자가 진의 아님을 알고 한 것이라도 그 효력이 있다(민법 제107조 제1항).

77 ☒ 의사표시의 효력발생시기에 관하여 우리 민법은 도달주의를 원칙으로 하고(민법 제111조 제1항), 격지자 간의 계약의 승낙 등 특별한 경우에 한하여 발신주의를 예외적으로 취하고 있다.

78 ☒ 관념의 통지는 사실의 통지라고도 하며, 표시된 의식내용이 그 무엇을 의욕하는 의사가 아니라 어떤 객관적 사실에 관한 관념 또는 표상에 지나지 않는 것이다.

79 ☒ 의사표시에 관한 민법의 규정은 원칙적으로 가족법상의 행위, 공법행위, 소송행위, 단체법상의 행위에는 적용되지 않는다. 또한 주식인수의 청약・어음행위에도 원칙적으로 적용되지 않는다.

80 ☒ 간접대리에 관한 내용이다. 간접대리는 대리인이 자기의 이름으로 행위하고 효과도 자기가 받는다는 점에서 직접대리, 즉 보통 말하는 대리와 다르다.

81 대리인은 본인의 허락이 없으면 본인을 위하여 자기와 법률행위를 하거나 동일한 법률행위에 관하여 당사자 쌍방을 대리하지 못하며 채무의 이행도 할 수 없다. ( )

82 대리인이 수인일 때는 각자대리가 원칙이고, 대리인은 의사능력과 행위능력이 있어야 한다. ( )

83 행위무능력자는 대리행위를 할 수 없다. ( )

84 의사표시의 효력이 의사의 흠결, 사기, 강박 또는 어느 사정을 알았거나 과실로 알지 못한 것으로 인하여 영향을 받을 경우에 그 사실의 유무는 본인과 대리인을 표준으로 하여 결정한다. ( )

85 복대리인은 대리인이 선임한 본인의 대리인으로서 대리인의 복임권 행사도 대리행위에 해당한다. ( )

86 법정대리인이 부득이한 사유로 복대리인을 선임한 경우에는 본인에 대하여 선임·감독상의 책임만 있다. ( )

87 임의대리인 법정대리인 모두 그 책임으로 복대리인을 선임할 수 있다. ( )

O | X

81 ☒ 대리인은 본인의 허락이 없으면 본인을 위하여 자기와 법률행위를 하거나 동일한 법률행위에 관하여 당사자 쌍방을 대리하지 못한다. 그러나 채무의 이행은 할 수 있다.

82 ☒ 대리인이 수인일 때는 각자대리가 원칙이고, 대리인은 의사능력만 있으면 족하며 행위능력자임을 요하지 않는다.

83 ☒ 대리인은 행위능력자임을 요하지 않는다.

84 ☒ 의사표시의 효력이 의사의 흠결, 사기, 강박 또는 어느 사정을 알았거나 과실로 알지 못한 것으로 인하여 영향을 받을 경우에 그 사실의 유무는 대리인을 표준으로 하여 결정한다(민법 제116조 제1항). ★★

85 ☒ 복대리인은 대리인이 선임한 본인의 대리인(대리인의 보조자나 사용자가 아님)으로서 대리인의 복임권 행사는 대리행위가 아니다. 복대리인의 선임 후에도 대리인은 여전히 대리권을 가진다. 또한 대리권이 소멸하면 복대리권도 함께 소멸한다.

86 ◯ 법정대리인은 자유롭게 복대리인 선임권이 있고 무과실책임을 진다. 다만, 부득이하게 복대리인을 선임한 경우에는 선임·감독상의 과실책임만을 진다(제122조).

87 ☒ 임의대리인은 원칙적으로 복임권이 없으나, 본인의 승낙이 있거나 부득이한 사유가 있을 때는 복임권을 갖는다. 법정대리인은 그 책임으로 복대리인을 선임할 수 있다.

88 등기신청권을 기본대리권으로 하여 사법상의 법률행위를 한 경우에도 권한을 넘은 표현대리가 성립할 수 있다. ( )

89 복대리인의 법률행위에 대해서는 표현대리의 법리가 적용되지 않는다. ( )

90 표현대리가 성립하는 경우 본인은 표현대리행위에 대해 책임을 져야 하나 상대방에게 과실이 있는 경우라면 과실상계의 법리를 유추적용하여 본인의 책임을 경감할 수 있다. ( )

91 계약의 경우 무권대리의 상대방은 본인에 대하여 무권대리행위에 대한 효과와 그에 따른 책임을 주장할 수 있다. ( )

92 단독행위의 경우 상대방 있는 단독행위도 원칙적으로 무효이지만, 예외적으로 그 행위 당시에 상대방이 대리인이라 칭하는 자의 대리권 없는 행위에 동의하거나 그 대리권을 다투지 아니한 때 또는 대리권 없는 자에 대하여 그 동의를 얻어 단독행위를 한 때에는 계약의 경우와 같게 취급된다. ( )

93 민법상 선량한 풍속 기타 사회질서에 위반한 사항을 내용으로 하는 법률행위는 취소가능한 법률행위이다. ( )

94 법률행위의 일부분이 무효인 때에는 그 일부분만 무효로 한다. ( )

O | X

88 Ⓞ 판례는 자기명의의 영업허가 신청행위를 부탁하거나 등기신청행위를 부탁하면서 인감도장을 교부하였는데 인감을 사용하여 신용대부를 한 경우에 이러한 공법행위의 대리권을 기본대리권으로 볼 수 있다고 하였다.

89 ☒ 대리인이 복대리인을 통하여 권한 외 법률행위를 한 경우라도 제126조의 표현대리를 인정한다.

90 ☒ 표현대리책임은 법률행위 자체의 효과가 귀속된다는 의미이므로 본인은 표현대리 행위에 대해 전적으로 책임을 져야 하고 과실상계의 법리를 원용할 수 없다.

91 ☒ 계약의 경우 무권대리의 상대방은 본인에 대하여 무권대리행위에 대한 효과와 그에 따른 책임을 주장할 수 없다.

92 Ⓞ

93 ☒ 민법상 선량한 풍속 기타 사회질서에 위반한 사항을 내용으로 하는 법률행위는 무효로 한다.

94 ☒ 법률행위의 일부분이 무효인 때에는 그 전부를 무효로 한다. 그러나 그 무효부분이 없더라도 법률행위를 하였을 것이라고 인정될 때에는 나머지 부분은 무효가 되지 않는다(민법 제137조).

95 의사무능력자가 체결한 주택의 매매계약은 무효이다. ( )

96 무효행위의 추인이란 무효인 법률행위를 유효로 인정하는 당사자의 의사표시를 말하며 당사자가 그 행위가 무효임을 알고서 이를 추인한 때에는 무효였던 법률행위는 소급하여 처음부터 유효인 법률행위가 된다. ( )

97 취소할 수 있는 법률행위란 취소권자가 취소를 하기 전에는 일단 법률효과가 발생하나 취소의 의사를 표시하면 그 때부터 법률효과가 소멸되는 것을 말한다. ( )

98 취소권은 추인할 수 있는 날로부터 3년 이내에 법률행위를 한날로부터 7년 이내에 행사하여야 한다. ( )

99 "입학시험에 합격하면 시계를 사주겠다."는 해제조건에 해당한다. ( )

O | X

95 O

무효와 취소

구분	무효	취소
개념	처음부터 무효	일단 유효
주장자	이해관계인 모두	당사자, 대리인, 승계인
상대방	이해관계인 모두	취소가능한 법률행위의 의사표시 수령인
행사기간	특별한 제한 없음	추인가능한 날부터 3년, 법률행위가 있은 날부터 10년
효력	원상회복의무 발생	부당이득반환의무 발생
예	• 의사무능력자의 법률행위 • 불능한 법률행위 • 강행규정 위반행위 • 반사회질서 법률행위 • 불공정한 법률행위 • 비진의 의사표시의 예외 • 통정허위표시	• 행위무능력자의 법률행위 • 착오로 인한 의사표시 • 사기에 의한 의사표시 • 강박에 의한 의사표시

96 X 무효인 법률행위를 유효로 인정하는 당사자의 의사표시를 말한다. 민법은 당사자가 그 행위가 무효임을 알고서 이를 추인한 때에는 '새로운 법률행위'를 한 것으로 간주한다(민법 제139조 단서). 따라서 무효였던 법률행위는 새로운 별개의 법률행위로서 장래를 향하여 유효로 되고 소급적으로 처음부터 유효로 되지는 않는다.

97 X 취소할 수 있는 법률행위란 취소권자가 취소를 하기 전에는 일단 법률효과가 발생하나 취소의 의사를 표시하면 처음부터 소급하여 법률효과가 소멸되는 것을 말한다.

98 X 취소권은 추인할 수 있는 날로부터 3년내에 법률행위를 한 날로부터 10년 내에 행사하여야 한다(민법 제146조).

99 X 정지조건에 해당한다. 정지조건은 법률행위의 효력의 발생을 장래의 불확실한 사실에 의존시키는 조건을 말한다.

100 "지금 학비를 주고 있지만 낙제하면 지급을 중지하겠다."는 정지조건에 해당한다. ( )

101 실현 불가능한 사실을 내용으로 하는 조건으로, 불능조건이 해제 조건이면 무효가 되고 정지조건이면 조건 없는 법률행위에 해당한다. ( )

102 불법조건은 선량한 풍속 기타 사회질서에 위반하는 조건으로, 불법조건이 붙은 법률행위는 그 조건만 무효로 한다. ( )

103 "내일 비가 온다면 우산을 사주겠다."는 혼성조건에 해당한다. ( )

104 어음 및 수표행위에도 조건을 붙일 수 있다. ( )

105 조건과 친하지 아니한 법률행위에 조건을 붙이는 경우 특별한 규정이나 약정이 없는 한 '일부무효의 법리'가 적용된다고 할 것이다. 따라서 당사자의 반대의사를 인정할 만한 사정이 없는 경우에는 이러한 조건이 붙은 법률행위는 그 법률행위 중 조건부분이 무효로 된다. ( )

106 수표·어음행위에 조건과 기한을 붙일 수 있다. ( )

O | X

100 ☒ 해제조건에 해당한다. 해제조건은 법률행위의 효력의 소멸을 장래의 불확정한 사실에 의존시키는 조건을 말한다.

101 ☒ 실현 불가능한 사실을 내용으로 하는 조건으로, 불능조건이 해제 조건이면 조건 없는 법률행위에 해당하고, 정지조건이면 무효가 된다.

102 ☒ 선량한 풍속 기타 사회질서에 위반하는 조건으로, 불법조건이 붙은 법률행위는 법률행위 전체가 무효이다.

103 ☒ 당사자의 의사와 관계없이 자연적 사실에 의한 조건인 우성조건에 해당한다. 혼성조건은 당사자의 일방의 의사뿐만 아니라 제3자의 의사에도 성부가 결정되는 조건을 말한다.

104 ☒ 법률행위가 그 효과가 확정적으로 발생될 것이 요구되는 것(예 어음 및 수표행위와 혼인·입양·인지·상속의 승인 및 포기 등과 같은 신분행위)에는 조건을 붙일 수 없다.

105 ☒ 조건과 친하지 아니한 법률행위에 조건을 붙이는 경우 특별한 규정이나 약정이 없는 한 '일부무효의 법리'가 적용된다고 할 것이다. 따라서 당사자의 반대의사를 인정할 만한 사정이 없는 경우에는 이러한 조건이 붙은 법률행위는 그 법률행위 자체가 전부무효로 된다고 할 것이다.

106 ☒ 법률행위의 효력의 발생·소멸 또는 채무의 이행을 도래할 것이 확실한 장래의 사실발생에 의존시키는 법률행위의 부관으로, 확정기한, 불확정기한이 있다. 수표·어음행위에는 조건은 붙일 수 없으나, 기한(始期)은 붙일 수 있다.★

107 기한의 이익은 포기할 수 있지만 상대방의 이익을 해하지 못하며 소급효가 있다. ( )

108 기간을 일, 주, 월 또는 연으로 정한 때에는 기간의 초일은 산입한다. ( )

109 주, 월 또는 연의 처음으로부터 기간을 기산하지 아니하는 때에는 최후의 주, 월 또는 연에서 그 기산일에 해당한 날 기간이 만료한다. ( )

110 기간의 말일이 토요일 또는 공휴일에 해당한 때에는 기간은 그 날로 만료한다. ( )

111 10년간 소유의 의사로 평온 · 공연하게 부동산을 점유하는 자는 등기함으로써 그 소유권을 취득한다. ( )

112 점유취득시효에 기한 등기청구권은 10년의 소멸시효에 걸린다. ( )

113 소유권은 점유를 기반으로 하는 성질상 별도로 소멸시효에 걸리지 아니한다. ( )

114 기한을 정하지 않은 채권의 소멸시효기산점은 조건 성취 시이다. ( )

O | X

107 ☒ 기한의 이익은 포기할 수 있지만 상대방의 이익을 해하지 못하며(민법 제153조 제2항), 소급효가 없으므로 장래에 향해서만 효력이 있다.

108 ☒ 기간을 일, 주, 월 또는 연으로 정한 때에는 기간의 초일은 산입하지 아니한다. 그러나 그 기간이 오전 영시로부터 시작하는 때에는 그러하지 아니하다(민법 제157조).

109 ☒ 주, 월 또는 연의 처음으로부터 기간을 기산하지 아니하는 때에는 최후의 주, 월 또는 연에서 그 기산일에 해당한 날의 전일로 기간이 만료한다(민법 제160조 제2항).

110 ☒ 기간의 말일이 토요일 또는 공휴일에 해당한 때에는 기간은 그 익일로 만료한다(민법 제161조).

111 ☒ 20년간 소유의 의사로 평온 · 공연하게 부동산을 점유하는 자는 등기함으로써 그 소유권을 취득한다(민법 제245조 제1항).

112 ☒ 채권은 10년의 소멸시효에 걸린다(민법 제162조 제1항). 그러나 법률행위로 인한 등기청구권은 목적물을 인도받아 사용 · 수익하고 있는 동안 소멸시효에 걸리지 아니한다. 점유취득시효에 기한 등기청구권도 점유를 상실하지 않는 한 소멸시효에 걸리지 아니한다.

113 ☒ 소유권은 소유권의 절대성과 항구성에 의해 소멸시효에 걸리지 아니한다.

114 ☒ 기한을 정하지 않은 채권의 소멸시효기산점은 채권 성립 시이다.

115 채무불이행에 의한 손해배상청구권의 소멸시효기산점은 채권 성립 시이다. ( )

116 보통의 채권, 판결 · 파산절차 · 재판상 화해 · 기타 판결과 동일한 효력이 있는 것에 의하여 확정된 채권의 소멸시효기간은 5년이다. ( )

117 상법상의 채권의 소멸시효기간은 7년이다. ( )

118 이자, 부양료, 근로기준법상 임금채권의 소멸시효기간은 1년이다. ( )

O | X

115 ☒ 채무불이행에 의한 손해배상청구권의 소멸시효기산점은 채무불이행 시이다.

소멸시효의 기산점

권리	기산점
확정기한부 채권★	기한이 도래한 때
불확정기한부 채권★	기한이 객관적으로 도래한 때
기한을 정하지 않은 채권★	채권 성립 시
조건부 권리	조건 성취 시
선택채권★	선택권을 행사할 수 있는 때
채무불이행에 의한 손해배상청구권	채무불이행 시
불법행위에 의한 손해배상청구권	채권 성립 시
부당이득반환청구권	채권 성립 시
하자 있는 행정처분에 의한 부당이득반환청구권	취소 : 행정처분을 취소하는 판결이 확정된 때 무효 : 무효인 행정처분이 있은 때
부작위채권	위반행위를 한 때
구상권★	보증인 : 행사할 수 있는 때 공동불법행위자 : 피해자에게 현실로 손해배상금을 지급한 때
물권	권리가 발생한 때
동시이행항변권이 붙어 있는 채권	이행기

116 ☒ 보통의 채권, 판결 · 파산절차 · 재판상 화해 · 기타 판결과 동일한 효력이 있는 것에 의하여 확정된 채권의 소멸시효기간은 10년이다.

117 ☒ 상법상의 채권의 소멸시효기간은 5년이다.

118 ☒ 이자, 부양료, 근로기준법상 임금채권의 소멸시효기간은 3년이다.

119 최고는 3월 이내에 재판상의 청구, 파산절차의 참가, 화해를 위한 소환, 임의출석, 압류 또는 가압류, 가처분을 하지 아니하면 시효중단의 효력이 없다. ( )

120 소멸시효는 그 기산일에 소급하여 효력이 생긴다. ( )

121 소멸시효의 이익의 포기는 시효완성 전에도 포기할 수 있다. ( )

122 시효기간을 단축하거나, 시효요건을 경감하는 당사자의 특약은 무효이다. ( )

123 주(主)된 권리를 포기했다 하여 종(縱)된 권리까지 자동으로 포기한 것이 되는 것은 아니다. ( )

124 관습상의 사도통행권의 인정은 물권법정주의에 위배되지 않는다. ( )

125 토지소유권을 방해하는 건물을 타인에게 양도한 자는 물권적 청구권의 상대방이 아니다. ( )

126 물권적 청구권은 불법행위에 기한 손해배상청구권과도 병존할 수 있다. ( )

127 타인의 기망행위로 물건을 인도한 사람은 인도받은 사람에 대해 점유물 반환청구권을 행사할 수 있다. ( )

O | X

119 ☒ 최고는 6개월 이내에 재판상의 청구, 파산절차의 참가, 화해를 위한 소환, 임의출석, 압류 또는 가압류, 가처분을 하지 아니하면 시효중단의 효력이 없다.

120 Ⓞ

121 ☒ 소멸시효의 이익의 포기는 시효완성 후에만 가능하다. 따라서 완성 전에는 포기할 수 없다(민법 제184조 제1항).

122 ☒ 시효기간을 단축하거나, 시효요건을 경감하는 당사자의 특약은 유효하다(민법 제184조 제2항).

123 ☒ 포기의 대상이 주된 권리인 때에는 그 포기의 효력은 종된 권리에도 미친다. 따라서 주된 권리를 포기하면 종된 권리도 자동으로 포기한 것이 된다(민법 제183조).

124 ☒ 관습상의 사도통행권의 인정은 물권법정주의에 위배된다. 판례는 사도통행권을 관습상의 물권으로 인정하지 않았다.

125 Ⓞ

126 Ⓞ

127 ☒ 침탈행위인 경우에는 점유물 반환청구권을 행사할 수 있지만 기망행위의 경우에는 소유물 반환청구권을 행사할 수 있다.

128 소유물방해제거청구권은 방해가 있는 날로부터 1년 이내에 행사하여야 하며 이 기간은 출소기간이다. (   )

129 물권적 청구권은 물권침해자의 귀책사유(고의, 과실)가 있는 경우에만 인정된다. (   )

130 점유권은 물건을 사용 · 수익 · 처분하는 권리이다. (   )

131 점유자는 누구든지 소유의 의사로 점유한 것으로 추정하여 보호된다. (   )

132 악의의 점유자는 수취한 과실을 반환하여야 하지만, 과실로 인하여 수취하지 못한 경우에는 책임을 지지 않는다. (   )

133 점유자는 방해제거청구권 이외에 손해배상청구권을 가진다. 특히 손해배상청구권은 방해자의 고의, 과실을 요하지 않으며 방해제거청구권에 대한 1년의 제척기간은 성질상 손해배상청구권에 대하여 적용될 뿐이다. (   )

134 20년간 소유의 의사로 평온, 공연하게 부동산을 점유한 자는 등기 없이도 소유권을 취득하지만 등기를 하지 아니하면 이를 처분하지 못한다. (   )

135 표현대리제도, 채권의 준점유자에 대한 변제(선의 · 무과실), 영수증소지자에 대한 변제(선의 · 무과실) 및 지시채권소지인에 대한 변제(선의 · 무중과실) 등은 공시의 원칙이 현행법상 구체화된 제도이다. (   )

O | X

128 ☒ 제척기간에 해당한다.

129 ☒ 물권적 청구권은 침해자의 귀책사유를 요하지 않는다.

130 ☒ 점유권은 물건을 사실상 지배하는 권리이고 소유권은 물건을 사용 · 수익 · 처분하는 권리이다.

131 ⓞ 점유자는 소유의 의사로 선의, 평온 및 공연하게 계속, 적법하게 점유한 것으로 추정된다.

132 ☒ 악의의 점유자는 과실로 인한 경우에는 그 과실의 대가를 보상하여야 한다.

133 ☒ 점유물에 대한 방해에는 방해자의 고의 과실 등의 귀책사유가 필요하지 않으나 이를 이유로 하는 손해배상청구에는 불법행위가 성립되어야 하므로 귀책사유인 고의 · 과실이 필요하다.

134 ☒ 20년간 소유의 의사로 평온, 공연하게 부동산을 점유하는 자는 등기함으로써 그 소유권을 취득한다.

135 ☒ 공신의 원칙이 반영된 현행법상의 제도이다.

136 소유권에 기한 물권적 청구권의 상대방에 대해서는 언제나 불법행위를 이유로 한 손해배상청구권을 행사할 수 있다. ( )

137 지상권이 소멸한 때에 지상권자가 지상물을 수거하고자 하는 경우 지상권설정자는 상당한 가액을 제공하고 그 지상물의 매수를 청구할 수 있다. ( )

138 지역권은 요역지로부터 분리하여 양도할 수 없으며 지역권의 침해가 있는 경우 지역권자는 승역지 반환청구권을 갖는다. ( )

139 전세권 소멸시 전세권자는 목적물의 관리에 든 필요비의 상환을 전세권설정자에게 청구할 수 있다. ( )

140 채권자가 그의 채권을 담보하기 위하여 채무의 변제기까지 채무자로부터 인도받은 동산을 점유·유치하기로 채무자와 약정하고, 채무의 변제가 없는 경우에는 그 동산의 매각대금으로부터 우선변제를 받을 수 있는 담보물권을 유치권이라 한다. ( )

141 유치권자는 채권전부의 변제를 받을 때까지 유치물 전부에 대하여 그 권리를 행사할 수 있다. ( )

142 유치권의 행사는 채권의 소멸시효의 진행에 영향을 미치지 아니하며 유치권은 점유의 상실로 인하여 소멸하지 않는다. ( )

O | X

136 ☒ 물권침해가 불법행위의 요건을 충족하면 물권적 청구권과 불법행위로 인한 손해배상청구권이 경합하는데 불법행위가 성립하려면 침해의 현실성과 손해발생 및 인과관계 고의 또는 과실, 위법성 등이 인정되어야 한다.

137 ◯

138 ☒ 지역권은 점유하는 권리가 아니므로 지역권 침탈시 반환청구권은 없다.

139 ☒ 전세권자는 물권자로서 목적물의 현상을 유지하고 그 통상의 관리에 속한 수선을 해야 할 의무를 부담하므로 필요비상환청구권이 없다.

140 ☒ 질권에 관한 내용이다. 유치권은 타인의 물건(민법상 동산 및 부동산)이나 유가증권을 점유한 자가 그 물건이나 유가증권에 관하여 생긴 채권이 있는 경우에 변제받을 때까지 그 물건이나 유가증권을 유치할 수 있는 담보물권을 말한다.

141 ◯

142 ☒ 유치권의 행사는 채권의 소멸시효의 진행에 영향을 미치지 아니하며(민법 제326조) 유치권은 점유의 상실로 인하여 소멸한다(민법 제328조).★

143 유치권, 근저당권, 전세권, 근보증은 담보물권이 될 수 있다. ( )

144 저당권은 원칙적으로 유치적 효력이 인정된다. ( )

145 용익물권에는 지상권, 지역권, 질권이 있다. ( )

146 물권 상호 간에는 먼저 성립한 물권이 우선한다. ( )

147 물권과 채권 간에는 성립시기가 빠른 권리가 우선한다. ( )

148 채권이 물권에 우선하는 경우는 없다. ( )

149 평온 · 공연하게 동산을 양수한 자가 선의이며 과실 없이 그 동산을 점유한 경우에는 양도인이 정당한 소유자인 경우에 한해 즉시 그 동산의 소유권을 취득한다. ( )

150 법률행위에 의한 동산 물권변동은 의사표시에 의해 동산 물권변동의 효력이 생긴다. ( )

O | X

143 ☒ 전세권은 존속기간이 만료하면 담보물권의 기능을 하지만 근보증은 채권이다.

144 ☒ 저당권은 전형적인 담보물권으로서 본질적으로 저당권 설정자의 사용 · 수익을 제한하는 것이 아니기 때문에 유치적 효력을 인정할 이유가 없다.

145 ☒ 용익물권에는 지상권, 지역권, 전세권이 있고, 담보물권에는 유치권, 질권, 저당권이 있다.

146 ◎ 시간적으로 먼저 성립한 물권은 뒤에 성립한 물권에 우선한다.

147 ☒ 물권과 채권 간에는 성립시기를 불문하고 물권이 우선한다.

148 ☒ 근로기준법상의 임금우선특권, 주택임대차보호법상의 소액보증금우선특권처럼 법률이 정한 특정한 경우에는 채권이 물권에 우선한다.

149 ☒ 평온 · 공연하게 동산을 양수한 자가 선의이며 과실 없이 그 동산을 점유한 경우에는 양도인이 정당한 소유자가 아닌 때에도 즉시 그 동산의 소유권을 취득한다.★

150 ☒ 법률행위에 의한 동산 물권변동은 인도에 의해 동산 물권변동의 효력이 생긴다.

151 법률행위에 의한 부동산 물권변동은 점유하여야 그 효력이 생긴다. ( )

152 상속, 공용징수, 판결, 경매 기타 법률의 규정에 의한 부동산 물권취득은 등기를 하여야 그 효력이 생긴다. ( )

153 20년간 소유의 의사로 평온 · 공연하게 부동산을 점유한 자가 등기한 경우 또는 부동산의 소유자로 등기한 자가 10년간 소유의 의사로 평온 · 공연하게 선의 · 무과실로 부동산을 점유한 경우에는 그 소유권을 취득한다. ( )

154 10년간 소유의 의사로 평온 · 공연하게 동산을 점유한 자는 그 소유권을 취득한다. 이러한 점유가 선의 · 무과실로 개시된 경우에는 3년이 지나면 그 소유권을 취득한다. ( )

155 공유, 합유, 총유는 모두 지분이 있다. ( )

156 공유와 합유는 자유로이 그 지분을 처분할 수 있다. ( )

157 공유와 총유는 보존행위를 각자 단독으로 가능하나 합유는 불가능하다. ( )

O | X

151 ☒ 법률행위에 의한 부동산 물권변동은 등기하여야 그 효력이 생긴다(민법 제186조).

152 ☒ 상속, 공용징수, 판결, 경매 기타 법률의 규정에 의한 부동산 물권취득은 등기를 요하지 아니한다. 그러나 등기를 하지 아니하면 이를 처분하지 못한다(민법 제187조).

153 ◎

154 ☒ 10년간 소유의 의사로 평온 · 공연하게 동산을 점유한 자는 그 소유권을 취득한다. 이러한 점유가 선의 · 무과실로 개시된 경우에는 5년이 지나면 그 소유권을 취득한다.

155 ☒ 공유, 합유는 지분이 있지만 총유는 지분이 없다.

156 ☒ 공유는 지분을 자유로이 처분할 수 있고 합유는 지분을 처분하려면 전원의 동의가 있어야 가능하다.

157 ☒ 공유의 보존행위는 각자 단독으로 가능하고 총유는 총회의 동의를 얻어야 보존행위가 가능하다. 합유는 각자 단독으로 보존행위를 할 수 있다.

158 채권자는 채무자와 보증인 중 임의로 선택하여 채무의 전부 이행을 청구할 수 있다. ( )

159 주채무가 불가분인 경우, 연대보증, 보증연대는 분별의 이익이 있는 보증채무에 해당한다. ( )

160 연대채무의 채권자는 연대채무자 중 1인을 임의로 선택하여 채무 전부의 이행을 청구할 수 있으며 이때 연대채무자는 최고 · 검색의 항변권이 있다. ( )

161 연대채무에서 채권자지체, 이행의 청구는 상대적 효력이 있다. ( )

162 상계, 경개, 이행의 청구, 확정판결, 소멸시효의 완성은 연대채무에 있어 절대적 효력이 있다. ( )

163 이행지체의 효과로 손해배상청구권(민법 제390조), 계약해제권(민법 제546조), 대상청구권이 발생한다. ( )

O | X

158 ☒ 보증인은 주채무자의 변제자력이 있는 사실 및 그 집행이 용이할 것을 먼저 주채무자에게 청구할 것과 그 재산에 대하여 집행할 것을 항변할 수 있다.

159 ☒ 공동보증의 분별의 이익이란 수인의 보증인이 각자의 행위로 보증채무를 부담한 경우에도 분할채권관계에 관한 규정을 준용하는 것을 말한다. 주채무가 불가분인 경우, 연대보증, 보증연대의 경우는 분별의 이익이 없다.

160 ☒ 연대채무에서 채권자는 연대채무자 중 1인을 임의로 선택하여 채무 전부의 이행을 청구할 수 있고 연대채무자는 최고 · 검색의 항변권이 없다.

161 ☒ 채권자지체, 이행의 청구는 절대적 효력이 있다.

연대채무자 1인에게 생긴 사유의 효력

구분	내용
절대적 효력	변제 · 대물변제 · 공탁, 상계, 채권자지체, 이행의 청구, 경개, 면제, 혼동, 시효의 완성
상대적 효력	시효의 중단 · 정지, 이행지체 · 이행불능(단, 채권자의 청구에 의한 지체는 절대적 효력), 채무자 한 사람에게 내려진 판결

162 ☒ 연대채무에 있어 확정판결은 상대적 효력이 있다.

163 ☒ 이행지체의 효과로 강제이행청구권(민법 제389조), 손해배상청구권(민법 제390조), 책임의 가중(민법 제392조), 계약해제권(민법 제544조)이 발생한다.

164 채권자를 해함을 알면서 채무자가 행한 법률행위를 취소하고 채무자의 재산을 원상회복할 수 있는 권리를 채권자대위권이라 한다. ( )

165 채권자대위권은 반드시 재판상 행사하여야 한다. ( )

166 채권자대위권행사는 소송당사자가 아닌 채무자, 채무자와 수익자, 수익자와 전득자 사이의 법률관계는 영향이 없다. ( )

167 채권자대위권의 행사기간은 채권자가 원인을 안 날로부터 1년, 법률행위가 있는 날로부터 5년 내에 제기하여야 한다. ( )

168 청약은 원칙적으로 상대방이 인식해야 그 효과가 발생한다. ( )

169 당사자가 같은 내용을 서로 엇갈려 청약한 경우 승낙이 없었으므로 계약은 성립하지 않는다. ( )

170 승낙은 특정의 청약에 대하여 행하여지는 것이며, 청약의 내용과 일치하여야 하는바, 승낙자가 청약의 내용을 변경해서 승낙한 경우에는 청약자가 이를 승낙한 경우에도 계약은 성립하지 않는다. ( )

O | X

164 ☒ 채권자취소권에 대한 내용이다. 채권자대위권은 채권자가 자기의 채권을 보전하기 위하여 채무자의 권리(일신에 전속한 권리는 제외)를 행사할 수 있는 권리를 말한다.

165 ☒ 채권자대위권은 재판상 및 재판 외 행사가능하며 채권자취소권은 재판상 행사하여야 한다.

166 ☒ 채권자취소권의 행사는 소송당사자가 아닌 채무자, 채무자와 수익자, 수익자와 전득자 사이의 법률관계는 영향이 없다.

167 ☒ 채권자대위권의 행사기간에는 제한이 없다. 채권자취소권은 채권자가 취소 원인을 안 날로부터 1년, 법률행위가 있은 날로부터 5년 이내에 제기하여야 한다.

168 ☒ 청약이란 승낙과 결합하여 일정한 계약을 성립시킬 것을 목적으로 하는 일방적 · 확정적 의사표시이다. 청약은 원칙적으로 상대방에게 도달해야 효력이 발생한다.

169 ☒ 교차청약에 의한 계약성립은 당사자가 같은 내용을 서로 엇갈려 청약함으로써 성립하는 것(민법 제533조)으로, 청약이 상대방에게 도달한 때 계약이 성립한다.

170 ☒ 승낙자가 청약에 대하여 조건을 붙이거나 변경을 가하여 승낙한 때에는 그 청약의 거절과 동시에 새로 청약한 것으로 본다. 변경을 가한 승낙에 청약자가 승낙하면 새로운 청약에 대한 승낙이 있는 것이므로 계약이 성립한다.

171 증여계약은 당사자 일방이 무상으로 재산을 상대방에 수여하는 의사를 표시를 하면 성립한다. ( )

172 소비대차계약은 당사자 일방이 상대방에게 무상으로 사용, 수익하게 하기 위하여 목적물을 인도할 것을 약정하고 상대방은 이를 사용, 수익한 후 그 물건을 반환할 것을 약정함으로써 효력 발생한다. ( )

173 증여, 사용대차, 현상광고는 쌍무계약에 해당한다. ( )

174 현상광고는 낙성계약이다. ( )

175 자기의 직계존속과 직계비속을 직계혈족이라 한다. ( )

176 자기의 형제자매와 형제자매의 직계비속, 직계존속의 형제자매 및 그 형제자매의 직계비속을 방계혈족이라 한다. ( )

177 혈족의 배우자, 혈족의 배우자의 혈족, 배우자의 혈족, 배우자의 혈족의 배우자를 인척이라 한다. ( )

O | X

171 ☒ 증여계약은 당사자 일방이 무상으로 재산을 상대방에 수여하는 의사를 표시하고 상대방이 이를 승낙함으로써 효력 발생한다(민법 제554조 내지 제562조).

172 ☒ 사용대차계약에 대한 내용이다. 소비대차는 당사자 일방이 금전 기타 대체물의 소유권을 상대방에게 이전할 것을 약정하고 상대방은 그와 같은 종류, 품질 및 수량으로 반환할 것을 약정함으로써 효력이 발생한다(민법 제598조 내지 제608조).

173 ☒ 편무계약에 해당한다.

유상계약과 무상계약

구분	종류
유상계약	매매, 교환, 유상소비대차, 임대차, 고용, 도급, 여행계약, 현상광고, 유상위임, 유상임치, 조합, 유상종신정기금, 화해
무상계약	증여, 무상소비대차, 사용대차, 무상위임, 무상임치, 무상종신정기금

174 ☒ 계약의 쌍방당사자의 합의만으로 성립하는 계약을 낙성계약, 그 합의 이외에 일방이 물건의 인도 등 일정한 급부를 하여야만 성립하는 계약을 요물계약이라고 하는데 현상광고는 요물계약이다.

175 ◯

176 ◯

177 ☒ 혈족의 배우자, 배우자의 혈족, 배우자의 혈족의 배우자를 인척이라 한다(민법 제769조).

178 6촌 이내의 혈족, 4촌 이내의 인척 및 배우자가 친족의 범위에 속한다. ( )

179 16세가 된 사람은 부모나 미성년후견인의 동의를 받아 약혼할 수 있다. ( )

180 약혼 후 6개월 이상 생사(生死)가 불명한 경우, 약혼 후 성년후견개시나 한정후견개시의 심판을 받은 경우, 약혼 후 자격정지 이상의 형을 선고받은 경우 상대방은 약혼을 해제할 수 있다. ( )

181 배우자의 생사가 1년 이상 분명하지 아니한 때는 재판상 이혼사유에 해당한다. ( )

182 상속인은 상속개시있음을 안 날로부터 6개월 이내(가정법원에 신고)에 단순승인이나 한정승인 또는 포기를 할 수 있다. ( )

183 의사능력이 있는 만 16세인 자는 유언을 할 수 있다. ( )

184 자필증서에 의한 유언은 가장 간단한 방식으로, 증인의 입회하에 유언자가 그 전문과 연월일, 주소, 성명을 자서하고 날인하는 것을 말한다. ( )

O | X

178 ☒ 8촌 이내의 혈족, 4촌 이내의 인척 및 배우자가 친족의 범위에 속한다(민법 제777조).

179 ☒ 18세가 된 사람은 부모나 미성년후견인의 동의를 받아 약혼할 수 있다(민법 제801조).

180 ☒ 약혼 후 1년 이상 생사가 불명한 경우에 상대방은 약혼을 해제할 수 있다.

181 ☒ 배우자의 생사가 3년 이상 분명하지 아니한 때 재판상 이혼사유에 해당한다.

182 ☒ 상속인은 상속개시있음을 안 날로부터 3개월 이내(가정법원에 신고)에 단순승인이나 한정승인 또는 포기를 할 수 있다(민법 제1019조 제1항 본문).

183 ☒ 의사능력이 있는 만 17세인 자는 유언을 할 수 있다.

184 ☒ 자필증서에 의한 유언은 증인이 필요 없는 유언방식(민법 제1066조)이다.

185 공정증서에 의한 유언은 유언자가 증인 1인이 참여한 공증인의 면전에서 유언의 취지를 구수하고 공증인이 이를 필기 · 낭독하여 유언자와 증인이 그 정확함을 승인한 후 각자 서명 또는 기명날인하는 유언방식을 말한다. ( )

186 피상속인의 직계비속 또는 배우자의 유류분은 법정상속분의 1/3이다. ( )

187 피상속인의 직계존속 또는 형제자매의 유류분은 법정상속분의 1/4이다. ( )

188 형제자매는 4순위 상속권자이다. ( )

189 상속인이 수인인 때에는 상속재산은 그 합유로 한다. ( )

O | X

185 ☒ 공정증서에 의한 유언은 유언자가 증인 2인이 참여한 공증인의 면전에서 유언의 취지를 구수하고 공증인이 이를 필기 · 낭독하여 유언자와 증인이 그 정확함을 승인한 후 각자 서명 또는 기명날인하는 유언방식을 말한다(민법 제1068조).

186 ☒ 피상속인의 직계비속 또는 배우자 : 법정상속분의 1/2이다.

187 ☒ 피상속인의 직계존속 또는 형제자매의 유류분은 법정상속분의 1/3이다.

188 ☒ 민법상 형제자매는 3순위 상속권자이며 4촌 이내의 방계혈족은 4순위 상속권자이다.

1순위	2순위	3순위	4순위
직계비속 + 배우자	직계존속 + 배우자	형제자매	4촌 이내 방계혈족

189 ☒ 상속인이 수인인 때에는 상속재산은 그 공유로 한다(민법 제1006조).

제2절 민사소송법 일반

01 구술주의, 석명권행사, 교호신문제도, 법관의 자격제한과 신분보장, 직접주의는 민사소송의 공평이상을 실현하기 위한 제도이다. ( )

02 민사소송을 지배하고 있는 원리는 실체적 진실주의이며 민사소송은 당사자가 신청한 범위 내에서만 판결하는 처분권주의가 원칙이다. ( )

03 5,000만 원 이하의 소액사건은 소액사건심판법의 절차에 의한다. ( )

04 강제집행절차는 판결절차에 의하여 확정된 사법상의 청구권에 기하여 전개하는 것으로 채권자의 신청에 의하여 국가의 집행기관이 채무자에 대하여 강제력을 행사함으로써 채무명의에 표시된 이행청구권의 실행을 도모하는 절차로 판결절차의 부수적 내지 보조적 수단에 해당한다. ( )

05 소액사건심판절차는 소송물 가액이 2,000만 원을 초과하지 아니하는 제1심의 민사사건에 관하여 소송의 신속하고 경제적인 해결을 도모하기 위해서 간이절차에 따라 재판이 진행될 수 있도록 특례를 인정한 절차이다. ( )

06 파산절차는 일반집행이라고도 하며 채무자의 자력이 불충분하여 총채권자에게 채권의 만족을 주지 못할 상태에 이른 경우에 채권자들의 개별적인 소송이나 강제집행을 배제하고 강제적으로 채무자의 전 재산을 관리·환가하여 총채권자의 채권비율에 따라 공평한 금전적 배당을 할 것을 목적으로 행하는 재판상의 절차이다. ( )

O | X

01 ☒ 적정이상을 실현하기 위한 제도이다. 공평이상을 실현하기 위한 제도는 심리의 공개, 법원직원에 대한 제척·기피·회피제도, 당사자평등주의, 변론주의, 소송절차의 중단·중지, 제3자의 소송참가제도 등이 있다.

02 ☒ 민사소송을 지배하고 있는 원리에는 형식적 진실주의, 처분권주의, 공개심리주의가 있다.

03 ☒ 3,000만 원 이하의 소액사건은 소액사건심판법의 절차에 의한다.

04 ☒ 민사집행법상 강제집행절차는 판결절차에 의하여 확정된 사법상의 청구권에 기하여 강제집행절차를 전개하는 것으로 채권자의 신청에 의하여 국가의 집행기관이 채무자에 대하여 강제력을 행사함으로써 채무명의에 표시된 이행청구권의 실행을 도모하는 절차로 판결절차의 부수적 내지 보조적 수단이 아님을 주의한다.

05 ☒ 소액사건심판법상 소액사건심판절차는 소송물 가액이 3,000만 원을 초과하지 아니하는 제1심의 민사사건에 관하여 소송의 신속하고 경제적인 해결을 도모하기 위해서 간이절차에 따라 재판이 진행될 수 있도록 특례를 인정한 절차이다.

06 ☒ 강제집행을 개별집행이라고 하며 파산절차는 일반집행이라고 한다.

07 개인회생제도란 총 채무액이 무담보채무의 경우에는 10억 원, 담보부채무의 경우에는 15억 원 이하인 개인채무자로서 장래 계속적으로 또는 반복하여 수입을 얻을 가능성이 있는 자가 3년간 일정한 금액을 변제하면 나머지 채무의 면제를 받을 수 있는 절차를 말한다. ( )

08 이행의 소는 법률상태의 변동을 목적으로 하는 소송이며, 창설의 소 또는 권리변경의 소라고도 한다. ( )

09 확인의 소가 제기되어 원고승소의 확정판결이 내려지면, 원고가 주장한 법률관계의 존부가 확정되고 집행력이 발생한다. ( )

10 법인의 보통재판적은 그의 주된 사무소 또는 영업소가 있는 곳에 따라 정하고, 사무소와 영업소가 없는 경우에는 주된 업무담당자의 주소에 따라 정한다. ( )

11 국가의 보통재판적은 그 소송에서 국가를 대표하는 관청 또는 대법원이 있는 곳으로 한다. ( )

12 당사자는 합의로 사실심 및 법률심에 대하여 관할법원을 정할 수 없다. ( )

13 법원은 관할에 관한 사항을 직권으로 조사할 수 없다. ( )

14 소송능력은 소송의 주체(원 · 피고)가 될 수 있는 능력으로서 소송법상의 권리능력이라고 할 수 있다. 법인이 아닌 사단이나 재단은 대표자 또는 관리인이 있는 경우에는 그 사단이나 재단의 이름으로 소송의 주체가 될 수 있다. ( )

15 당사자 간에 다툼이 없는 사실은 그대로 판결의 기초로 삼아야 한다. ( )

O | X

07 ⓞ

08 ⊠ 형성의 소에 대한 내용이다. 형성의 소는 형성판결에 의하여 형성요건의 존재를 확정하는 동시에 새로운 법률관계를 발생하게 하거나, 기존의 법률관계를 변경 또는 소멸시키는 창설적 효과를 갖는다.

09 ⊠ 확인의 소가 제기되어 원고승소의 확정판결이 내려지면, 원고가 주장한 법률관계의 존부가 확정되지만, 집행력은 발생하지 아니하므로 다툼 있는 권리관계를 개념적으로 확정함으로써 분쟁이 해결되는 경우에 이용되는 소송형태이다.

10 ⓞ

11 ⓞ

12 ⊠ 당사자는 합의로 제1심(사실심) 관할법원을 정할 수 있다.

13 ⊠ 법원은 관할에 관한 사항을 직권으로 조사할 수 있다.

14 ⊠ 당사자능력에 관한 내용이다. 소송능력은 법정대리인의 동의 없이 유효하게 스스로 소송행위를 하거나 소송행위를 받을 수 있는 능력으로 소송법상의 행위능력이라 할 수 있다.

15 ⓞ

16 민사소송에서 처분권주의에 위배된 판결의 효력은 당연무효이다. ( )

17 재판의 판결은 공개하나 심리는 비공개로 함이 원칙이다. ( )

18 결정·명령절차에 있어서는 임의적 변론에 의하므로 쌍방심리주의를 관철하지 아니하며, 강제집행절차나 독촉절차 또는 가압류절차에서는 당사자 대등이나 쌍방심리의 필요가 없으므로 일방심리주의가 적용된다. ( )

19 종국판결의 예로는 본안판결, 소각하판결, 소송종료선언이 있으며 환송판결이나 이송판결은 종국판결이 아니다. ( )

20 중간판결에 대하여는 독립하여 상소할 수 있다. ( )

21 소송비용 및 가집행에 관한 재판에 관하여도 독립하여 항소할 수 있다. ( )

22 항소는 판결서가 송달된 날로부터 1주 이내에 하여야 한다. 단, 판결서 송달 전에도 항소할 수 있다. ( )

23 부대항소는 항소를 당한 피항소인이 항소인의 항소에 의하여 개시된 항소심절차에 편승하여 자기에게 유리하게 항소심 심판의 범위를 확장시키는 제도를 말한다. ( )

O | X

16 ☒ 처분권주의에 위배된 판결의 효력은 당연무효가 아니고 항소 또는 상고에 의하여 불복함으로써 그 취소를 구할 수 있을 뿐이다.

17 ☒ 재판의 심리와 판결은 공개한다(재판공개의 원칙). 다만, 심리가 국가의 안전보장 또는 안녕질서를 방해하거나 선량한 풍속을 해할 염려가 있을 때는 법원의 결정으로 이를 공개하지 아니할 수 있다고 규정하고 있다(헌법 제109조).

18 ◯

19 ☒ 종국판결이란 소 또는 상소에 의하여 계속되어 있는 사건의 전부나 일부에 대하여 당해 심급에서 완결하는 판결을 말한다. 종국판결의 예로는 본안판결, 소각하판결, 소송종료선언, 환송판결이나 이송판결 등이 있다.

20 ☒ 중간판결에 대하여는 독립하여 상소할 수 없고, 종국판결이 내려진 다음에 이에 대한 상소와 함께 상소심의 판단을 받아야 한다.★

21 ☒ 소송비용 및 가집행에 관한 재판에 관하여는 독립하여 항소할 수 없다(민사소송법 제391조).

22 ☒ 항소는 판결서가 송달된 날로부터 2주 이내에 하여야 한다. 단, 판결서 송달 전에도 항소할 수 있다(민사소송법 제396조 제1항).

23 ◯

CHAPTER 04

2023 COMPACT 공기업 전공필기 단기합격 법학

형사법

CHAPTER 04 형사법

제1절 형법

A. 형법 총론

1 총론

I 형법의 기본개념

1. 형법의 의의

형법이란 일정한 행위를 범죄로 하고 이에 대한 법적 효과로서 형벌이라는 국가적 제재를 과하게 되는 법규범의 총체를 의미한다.

구분	개념
형식적 의미의 형법	1953년에 제정된 대한민국의 형법전 그 자체를 말함
실질적 의미의 형법	범죄가 성립하기 위한 법적인 구성요건과 그에 대한 형사제재를 규율한 법을 말함

THE 알아두기

형법의 기본원칙

- 죄형법정주의
- 형벌불소급의 원칙
- 유추해석금지의 원칙
- 일사부재리의 원칙

2. 형법의 성격*

① 법적 성격 : 국내법, 공법, 사법(司法)법, 형사법, 실체법

② 규범적 성격 : 가설적 규범, 평가규범, 의사결정규범, 행위규범, 재판규범(예 "사람을 살해한 자는 사형・무기 또는 5년 이상의 징역에 처한다.")

► 기출 ○× 지문정리

[법률구조공단]

1. 형법의 기본원칙에는 죄형법정주의, 형벌불소급의 원칙, 유추해석금지의 원칙, 일사부재리의 원칙이 있다. ( )

2. 형법은 행위규범 내지 재판규범으로서 일반국민과 사법 관계자들을 규제하는 기능을 하는데 이를 사회보전적 기능이라 한다. ( )

➜ 규제적 기능이라 한다. 사회보전적 기능은 형벌수단을 통하여 범죄행위를 방지함으로써 범죄자로부터 사회질서를 유지·보호하는 기능을 말한다.

정답 1. ○ 2. ×

3. 형법의 기능

① **보장적 기능** : 국가형벌권의 발동한계를 명확히 하여 국가형벌권의 자의적인 행사로부터 국민의 자유와 권리를 보장하는 기능을 한다.★

② **보호적 기능** : 사회질서의 근본적 가치, 즉 법익과 사회윤리적 행위가치를 보호하는 형법의 기능을 말한다.★

③ **규제적 기능** : 행위규범 내지 재판규범으로서 일반국민과 사법 관계자들을 규제하는 기능을 한다.★

④ **사회보전적 기능** : 형벌수단을 통하여 범죄행위를 방지함으로써 범죄자로부터 사회질서를 유지·보호하는 기능을 한다.

Ⅱ 형법의 이론

구분		구파	신파
사상적 배경		개인주의, 자유주의, 계몽주의, 합리주의, 자연법 사상	실증주의, 전체주의
인간상		의사자유주의	의사결정론
범죄론		객관주의(침해 중시)	주관주의(인격 중시)
책임론		도의적 책임론	사회적 책임론
형벌론	본질·목적	응보형주의	교육형(목적형)주의
	기능	일반예방주의	특별예방주의
형벌과 보안처분		2원론	1원론

Ⅲ 죄형법정주의

1. 의의

일정한 행위를 범죄로 하고 형벌을 과하기 위해서는 반드시 성문의 법규를 필요로 한다는 원칙으로 근대 형법의 가장 중요한 기본원리이다. "법률이 없으면 범죄도, 형벌도 없다."로 표현된다.

2. 연혁과 사상적 기초

① 연혁 : 포이에르바하에 의해 처음으로 사용되었고 영국의 대헌장(마그나카르타)에 기원을 두고 있으며 미국의 독립선언, 프랑스 인권선언 등에 규정하고 있다.

② 죄형법정주의의 파생원칙★★

㉠ 관습형법금지의 원칙 : 관습법은 형법의 법원이 될 수 없다는 원칙이다. 그러나 법률해석상 관습법을 통하여 형벌을 완화하거나 제거하는 것은 인정될 수 있다.★

㉡ 소급효금지의 원칙 : 형법은 그 실시 이후의 행위만 규율할 뿐, 그 이전의 행위에는 효력이 미치지 않는다는 원칙이다. 그러나 인권침해의 염려가 없을 때에는 예외적으로 소급효가 인정된다.

㉢ 유추해석금지의 원칙 : 형법은 문서에 좇아 엄격히 해석되어야 하며(문리해석), 법문의 의미를 넘는 유추해석은 허용되지 않는다는 원칙이다. 다만 피고인에게 유리한 유추해석은 예외적으로 허용된다.

㉣ 명확성의 원칙 : 범죄의 구성요건과 형사제재에 관한 규정을 구체적으로 명확하게 규정하여야 한다는 원칙이다. 여기에는 절대적 부정기형 금지의 원칙이 포함된다.

㉤ 적정성의 원칙 : 행위자가 어떠한 범죄를 범했을 때 이를 형벌로 적정하게 처벌해야 한다는 원칙이다.

THE 알아두기

절대적 부정기형 금지 원칙

형기를 전혀 정하지 않은 절대적 부정기형은 금지된다는 원칙으로, 형벌권의 자의적인 행사를 예방하기 위한 목적이다. 그러나 교육형주의에 따라 상대적 부정기형은 죄형법정주의에 반하지 않는 것으로 해석되고 있다.

Ⅳ 형법의 효력

1. 시간적 효력

① 원칙 : 행위시법주의(형벌불소급의 원칙)

형법은 그 실시 이후의 행위에만 적용되고 실시 이전의 행위에 소급하여 적용되지 아니한다(형법 제1조 제1항).

② 예외 : 재판시법주의★

㉠ 범죄 후 법률이 변경되어 그 행위가 범죄를 구성하지 아니하게 되거나 형이 구법보다 가벼워진 경우에는 신법에 따른다(형법 제1조 제2항).

㉡ 재판이 확정된 후 법률이 변경되어 그 행위가 범죄를 구성하지 아니하게 된 경우에는 형의 집행을 면제한다(형법 제1조 제3항).

THE 알아두기

한시법(限時法)

1. 개념 : 폐지 전에 미리 유효기간을 예정하여 그 기간이 지나면 당연히 실효되도록 하는 형벌 법규★
2. 법적 문제 : 한시법을 위반하는 행위가 있고 나서 한시법의 유효기간이 경과하여 폐지된 경우, 그 행위를 처벌할 수 있느냐의 여부가 문제된다. 행위시법주의를 취하면 처벌할 수 있으나, 재판시법주의를 취하면 처벌할 수 없고 이 경우에는 국민들이 한시법을 무시하고 위반하는 사례가 많아지게 될 것이다.
3. 판례의 입장 : 판례는 동기설을 취하여 단순한 사실관계의 변화로 법률을 변경하는 경우에는 처벌할 수 있지만 법적 견해의 변경으로 인해 법률을 변경한 경우에는 처벌할 수 없다고 한다.

[한국가스공사]

1. 한시법을 위반하는 행위가 있고 나서 한시법의 유효기간이 경과하여 폐지된 경우, 그 행위를 처벌할 수 있느냐에 대해 판례는 법적 견해의 변경으로 인한 변경의 경우 처벌할 수 있다고 한다. ( )

➜ 판례는 동기설을 취하여 단순한 사실관계의 변화로 법률을 변경하는 경우에는 처벌할 수 있지만 법적 견해의 변경으로 인해 법률을 변경한 경우에는 처벌할 수 없다고 한다.

정답 1. ×

2. 장소적 효력★★★

① 속지주의 : 자국 영토 내의 범죄는 자국의 형법을 적용한다(범죄가 행해진 국가의 이익 및 범인의 이익보호)(형법 제2조). 기국주의도 속지주의의 하나이다.★

② 속인주의 : 자국민의 범죄에 대하여는 자국의 형법을 적용한다(자국민의 이익을 보호, 예 우리나라 사람이 프랑스에서 프랑스 국민을 살해한 경우 우리 형법이 적용된다)(형법 제3조).

③ 기국주의 : 공해상의 선박·항공기는 국적을 가진 국가의 배타적 관할에 속한다(예 미국 항구에 정박 중이던 우리나라 선박에서 선적작업을 하던 일본인 선원이 미국인을 살해한 경우 우리 형법이 적용된다)(형법 제4조).

④ 보호주의 : 외국에서의 범죄라도 자국 또는 자국민의 이익이 침해되는 경우에는 자국의 형법을 적용한다(예 일본인이 독일 내 공원에서 대한민국 국민을 살해한 경우 대한민국 형법을 적용할 수 있다)(형법 제5조, 제6조).

⑤ 세계주의 : 반인도적 범죄행위에 대하여는 세계적 공통의 연대성을 가지고 각국이 자국의 형법을 적용한다(형법 제296조의2).

3. 대인적 효력

시간적·장소적 효력이 미치는 범위 내에서는 원칙적으로 모든 사람의 범죄에 적용(예외 : 대통령의 형사상 특권, 국회의원의 면책특권, 외국의 원수와 외교관의 치외법권)

2 범죄론

I 범죄의 개념

1. 범죄의 의의

형법상의 형벌을 과할 수 있는 구성요건에 해당하는 위법하고 책임 있는 행위를 의미한다(형식적 의미의 범죄).

2. 범죄의 성립요건

어떤 행위가 형법상의 범죄가 되기 위해서는 범죄성립요건으로 구성요건해당성, 위법성, 책임(유책성)을 모두 갖추어야 한다.

① **구성요건해당성** : 구체적인 범죄사실이 형법 각 본조에 규정하는 추상적 구성요건에 해당하면 구성요건해당성이 인정된다.
② **위법성** : 구성요건에 해당하는 행위가 법률상 허용되지 않는 성질을 말한다.
③ **책임** : 당해 행위를 한 주체인 행위자에 대한 비난가능성을 말한다. 즉, 책임능력자의 고의 또는 과실이 있어야 범죄가 성립한다.

3. 범죄의 처벌조건*

범죄의 처벌조건이란 일단 성립된 범죄의 가벌성만을 좌우하는 조건을 말한다. 처벌조건은 형벌권의 발생을 좌우하는 실체법적 조건이다.

① **객관적 처벌조건** : 범죄가 성립된 경우에도 다시 형벌권을 발생시키는 데 필요한 외부적·객관적 사유를 말한다(예 형법 제129조 제2항의 사전수뢰죄에서 공무원 또는 중재인이 된 사실).
② **인적 처벌조각사유** : 이미 성립한 범죄에 대하여 행위당시에 존재하는 행위자의 특수한 신분관계로 인하여 형벌권의 발생을 저지하는 인적 사정을 말한다(예 친족상도례에서 직계혈족·배우자·동거친족 등의 신분).

4. 범죄의 소추조건*

① 범죄의 소추조건이란 범죄가 성립하고 형벌권이 발생하는 경우라도 그 범죄를 소추하기 위하여, 즉 공소를 제기하기 위하여 소송법상 필요한 조건을 말한다.
② 소추조건(소송조건)이 흠결된 경우에는 공소기각 등 형식재판으로 소송을 종결한다.
③ 형법이 규정하는 소추조건에는 친고죄와 반의사불벌죄가 있다.**

구분	친고죄		반의사불벌죄
의의	공소제기를 위하여 피해자 기타 고소권자의 고소가 있을 것을 요하는 범죄		피해자의 의사에 관계없이 공소를 제기할 수 있으나, 피해자의 명시한 의사에 반하여 처벌할 수 없는 범죄
종류	절대적 친고죄	• 모욕죄 • 비밀침해죄 • 업무상비밀누설죄 • 사자명예훼손죄	• 외국원수 및 외국사절에 대한 폭행, 협박, 모욕죄 • 외국국기, 국장모독죄 • 폭행, 존속폭행죄 • 협박, 존속협박죄 • 명예훼손죄* • 출판물 등에 의한 명예훼손죄* • 과실치상죄*
	상대적 친고죄 (친족상도례규정)	절도, 사기, 공갈, 횡령, 배임, 장물, 권리행사방해죄의 일부	

*성폭력범죄(강제추행, 강간)에서의 친고죄 규정은 폐지되었다(2013.6.19. 시행).

▸ **기출 OX 지문정리**

[근로복지공단]

1. 어떤 행위가 형법상의 범죄가 되기 위해서는 범죄성립요건으로 구성요건해당성, 위법성, 책임(유책성)을 모두 갖추어야 한다. ( )
2. 친족상도례에서 직계혈족·배우자·동거친족 등의 신분은 객관적 처벌조건에 해당한다. ( )
   ➜ 친족상도례에서 직계혈족·배우자·동거친족 등의 신분은 인적 처벌조각사유에 해당한다.

정답 1. ○ 2. ×

5. 범죄의 유형

① 실질범과 형식범★

㉠ 실질범 : 결과의 발생을 구성요건의 내용으로 하는 범죄(결과범 : 살인죄, 강도죄 등)

㉡ 형식범 : 행위만으로 구성요건의 내용으로 규정된 범죄(거동범 : 주거침입죄, 위증죄 등)

② 침해범과 위험범★

㉠ 침해범 : 법익의 현실적 침해를 요하는 범죄(살인죄, 상해죄 등)

㉡ 위험범 : 법익침해의 위험발생만을 구성요건의 내용으로 하는 범죄이다. 위험범은 다시 현실적 위험의 발생을 요건으로 하는 구체적 위험범(자기소유건조물방화죄 등)과 법익침해의 일반적 위험이 있으면 구성요건을 충족하는 추상적 위험범(현주건조물방화죄, 명예훼손죄, 위증죄, 업무방해죄 등)으로 구분된다.

③ 즉시범과 계속범★

㉠ 즉시범 : 결과의 발생과 동시에 범죄도 완성되는 범죄(상태범 : 살인죄, 상해죄 등)

㉡ 계속범 : 범죄의 완성 후에도 위법상태가 계속되는 범죄(체포감금죄, 주거침입죄 등)

④ 일반범 · 신분범 · 자수범

㉠ 일반범 : 누구나 행위자가 될 수 있는 범죄

㉡ 신분범 : 구성요건이 행위의 주체에 일정한 신분을 요하는 범죄★

구분	내용	종류
진정신분범	일정한 신분이 있는 자에 의하여만 범죄가 성립	위증죄, 횡령죄, 배임죄, 수뢰죄, 유기죄
부진정신분범	신분 없는 자에 의하여도 범죄가 성립할 수 있지만, 신분 있는 자가 죄를 범한 때에는 형이 가중되거나 감경되는 범죄	존속살해죄, 업무상횡령죄, 유아살해죄, 업무상낙태죄

㉢ 자수범 : 행위자 자신이 직접 실행해야 범할 수 있는 범죄로, 자수범의 경우에는 간접정범이 성립하지 않는다(위증죄, 업무상비밀누설죄 등).★

⑤ 목적범 : 구성요건의 객관적 요소의 범위를 초과하는 일정한 주관적 목적이 구성요건상 전제로 되어 있는 범죄[준강도죄(재물의 탈환에 항거하거나 체포를 면탈할 목적), 문서위조죄(행사할 목적) 등]

▸ **기출 ○× 지문정리**

[한국중부발전]

1. 체포감금죄, 주거침입죄는 즉시범에 해당한다. ( )

➜ 체포감금죄, 주거침입죄는 계속범에 해당한다. 즉시범이란 결과의 발생과 동시에 범죄도 완성되는 범죄를 말하며 살인죄, 상해죄 등이 있다.

정답 1. ×

Ⅱ 구성요건해당성

1. 구성요건의 의의

형벌을 과하는 근거가 되는 행위 유형을 추상적으로 기술한 것으로, 개개의 행위가 구성요건에 합치되는 것을 구성요건해당성이라 한다.

2. 구성요건의 충족요소(행위, 행위의 주체·객체·상황)

행위(범죄)의 주체	모든 사람은 행위의 주체가 될 수 있다. 법인의 범죄능력은 부정하는 것이 통설이다.
행위(범죄)의 객체	범죄의 대상으로 각 구성요건에 명시된다(살인죄에서의 사람, 절도죄에 있어서의 타인의 재물 등).
보호의 객체	구성요건에 의하여 보호되는 법익(살인죄의 보호법익은 타인의 생명, 절도죄의 보호법익은 타인의 소유권)
충족요소의 유무	보호법익이 없는 범죄는 없지만, 행위의 객체가 없는 범죄는 있을 수 있다(다중불해산죄, 단순도주죄, 퇴거불응죄 등).

3. 작위범과 부작위범

① 작위범 : 작위를 구성요건의 내용으로 규정한 범죄를 작위범이라 한다.

② 부작위범 : 부작위범은 법규범이 요구하는 의무 있는 행위를 이행하지 않음으로써 성립한다(형법 제18조). 부작위범의 종류에는 부작위를 구성요건으로 하는 진정부작위범과 작위를 구성요건으로 하는 범죄를 부작위로 실현하는 부진정부작위범이 있다.

㉠ 진정부작위범 : 형법규정에서 부작위에 의해 범할 것을 내용으로 하는 범죄로 퇴거불응죄(예 경비원이 퇴거를 요구했을 때 이에 불복한 경우), 집합명령위반죄, 다중불해산죄 등이 있다.

㉡ 부진정부작위범 : 형법규정에서 작위에 의해 범할 것을 내용으로 하는 범죄를 부작위에 의해 범하는 범죄(예 산모가 젖을 주지 않아 영아를 굶겨 죽인 경우)이다.

㉢ 작위의무의 근거

법령에 의한 경우	민법상의 친권자 보호의무, 친족간의 부양의무, 의료법상 의사의 진료와 응급조치 의무 등
계약에 의한 경우	고용계약에 의한 근로자 보호의무, 간호사의 환자 간호의무 등
조리에 의한 경우	관리자의 위험발생방지의무
선행행위에 의한 경우	자동차로 타인을 친 경우 운전자의 구호의무

4. 인과관계

① 의의 : 결과범에 있어서는 그 행위와 결과 사이에 인과관계가 있어야 한다(형법 제17조).★

② 관련 학설

㉠ 조건설 : 행위와 결과 사이에 조건적 관계만 있으면 인과관계를 인정하는 학설

㉡ 원인설 : 결과에 기여한 여러 조건 중에서 어떤 하나를 선택하여 그것만을 결과에 대한 원인이라고 하여 조건설의 한계를 정하려는 학설

㉢ 상당인과관계설 : 사회경험상 특정 행위로부터 그 결과가 발생하는 것이 상당하다고 인정될 때 인과관계를 긍정하는 학설(통설·판례)

[법률구조공단]

1. 甲이 좌회전금지구역에서 좌회전하는데 50여 미터 후방에서 따라오던 후행차량이 중앙선을 넘어 甲운전차량의 좌측으로 돌진하여 사고가 발생한 경우 甲의 좌회전금지구역에서 좌회전한 행위와 사고발생 사이에는 인과관계가 인정된다. ( )

➜ 피고인이 좌회전금지구역에서 좌회전한 것은 잘못이나 이러한 경우에도 피고인으로서는 50여 미터후방에서 따라오던 후행차량이 중앙선을 넘어 피고인 운전차량의 좌측으로 돌진하는 등 극히 비정상적인 방법으로 진행할 것까지를 예상하여 사고발생 방지조치를 취하여야 할 업무상주의의무가 있다고 할 수는 없고, 따라서 좌회전 금지구역에서 좌회전한 행위와 사고발생 사이에 상당인과관계가 인정되지 아니한다(대판 1996.5.28. 95도1200).

정답 1. ×

5. 고의

① 의의 : 행위자가 일정한 범죄사실을 인식하면서 그러한 위법행위로 나오는 행위자의 의사태도를 말한다(형법 제13조).

② 고의의 구성요소★

㉠ 지적요소 : 사실의 인식과 의미의 인식

의미의 인식이 전혀 없는 경우	사실의 착오
의미를 잘못 인식한 경우	금지착오(포섭의 착오), 구성요건에 해당하지 않는다고 오인한 경우

㉡ 의지적 요소 : 행위의사는 무조건적·확정적이어야 한다(적극적 의욕은 반드시 요하는 것은 아니고 미필적 고의로 충분).

㉢ 착오와의 구별

사실의 착오(형법 제15조)	구성요건에 해당하는 객관적 사실에 대한 착오(구성요건적 착오)
법률의 착오(형법 제16조)	행위가 법적으로 허용되지 않는 점에 대한 착오(금지착오)

③ 고의의 종류

㉠ 확정적 고의 : 적극적으로 범죄의 실현을 행위자가 인식 또는 예견한 경우(직접적 고의)

㉡ 불확정적 고의★★

미필적 고의	행위자가 결과의 가능성을 예견하고 그의 행위로 인하여 구성요건이 실현되는 것을 묵인한 경우 예 회사업무로 과속을 하면서 혹시 사람을 칠 수 있다고 생각했지만, 사람을 치어도 어쩔 수 없다고 생각하고 과속하는 경우
택일적 고의	결과발생은 확실하나 객체가 택일적이어서 둘 가운데 하나의 결과만 일어난 경우 예 총을 쏘면서 甲이나 乙 둘 중에서 누가 죽어도 좋다고 생각하는 경우
개괄적 고의	객체가 너무 많아서 무엇에 그 결과가 일어날 것인가가 확정되지 않은 경우 예 아무나 죽일 생각으로 인파가 붐비는 광장 안으로 차를 돌진한 경우

[한국가스공사]

1. 범죄자 자신이 14세 이상이라는 사실은 고의의 인식대상에 해당한다. ( )

➜ 책임과 관련된 사실은 고의의 인식 대상이 아니다.

2. 무고죄에 있어서 범의는 반드시 확정적 고의임을 요하지 아니하고 미필적 고의로 족하므로 무고죄는 그 신고사실이 허위라는 것을 확신함을 필요로 하지 않는다. ( )

정답 1. × 2. ○

6. 과실

① 의의 : 정상적으로 기울여야 할 주의를 게을리하여 범죄사실을 인식하지 못하고 범죄를 발생시킨 경우(형법 제14조)로 업무상 과실, 중과실, 인식 있는 과실, 인식 없는 과실 등이 있다.

㉠ 업무상과실 : 업무종사자가 당해 업무의 성격상 또는 그 업무의 지위상 특별히 요구되는 주의의무를 게을리 한 경우의 과실을 말한다(예 의사가 주의의무 태만으로 의료사고를 일으킨 경우).*

㉡ 중과실 : 요구되는 주의에 대하여 행위자의 주의가 현저하게 결여되어 있는 경우의 과실을 말한다(예 가스통 옆에서 담배를 피우다 폭발사고를 일으킨 경우).*

㉢ 인식있는 과실 : 구성요건이 실현될 수 있다는 것을 인식했지만, 주의의무에 위반하여 이것이 실현되지 않을 것으로 신뢰하다 구성요건사실을 실현한 것이다(예 사냥터에서 앞에 사람과 사슴이 있을 때, 사람을 맞히지 않을 거라 믿고 사격을 하다가 사람을 맞혀 부상을 입힌 경우).*

㉣ 인식없는 과실 : 행위자가 주의의무 위반으로 구성요건이 실현될 가능성을 인식하지 못한 경우의 과실을 말한다(예 총에 총알이 장전된 줄 모르고 장난으로 방아쇠를 당겨 상대방을 사망하게 한 경우).*

② 처벌*

㉠ 형법상 범죄의 성립은 고의범이 원칙이고 과실범은 법률에 특별한 규정이 있는 경우만 처벌한다(형법 제14조).

㉡ 실화(형법 제170조, 제171조), 과실치사상(형법 제266조 내지 제268조).

THE 알아두기 ✓

과실치상죄의 법정형

과실로 인하여 사람의 신체를 상해에 이르게 한 자는 500만 원 이하의 벌금, 구류 또는 과료에 처한다(형법 제266조 제1항).*

7. 결과적 가중범*

① 의의 : 고의에 의한 기본범죄에 의하여 행위자가 예견하지 않았던 중한 결과가 발생한 때에 형이 가중되는 범죄이다.

② 종류

㉠ 진정 결과적 가중범 : 고의에 의한 기본범죄에 기하여 과실로 중한 결과를 발생케 한 경우에 성립하는 범죄(예 상해치사죄 등)

㉡ 부진정 결과적 가중범 : 중한 결과를 과실로 야기한 경우뿐만 아니라 고의에 의하여 발생케 한 경우에도 성립하는 범죄(예 교통방해치상죄, 현주건조물방화치상죄, 중상해죄 등)

Ⅲ 위법성

1. 의의

법적 견지에서 허용되지 않는 것, 즉 법적 무가치성을 의미하며 구성요건에 해당하는 행위는 원칙적으로 위법성이 추정된다.

2. 위법성조각사유

비록 행위가 구성요건에 해당하더라도 법질서 전체의 입장에서 볼 때 위법한 것으로 볼 수 없어 범죄로 되지 않는 경우가 있다. 현행 형법은 위법성조각사유로서 다음의 5가지를 규정하고 있다.

① 정당행위(형법 제20조)★
   ㉠ 법령에 의한 행위 : 공무원의 직무집행행위(교도관이 사형을 집행하는 경우), 징계권자의 징계행위, 현행범의 체포행위, 모자보건법상의 낙태행위, 노동쟁의행위 등
   ㉡ 업무로 인한 행위 : 의사의 치료행위 등★
   ㉢ 사회상규에 위배되지 않는 행위 : 전투 중인 군인의 살상행위, 권투 등 스포츠행위 등

② 정당방위(형법 제21조)★ : 현재의 부당한 침해로부터 자기 또는 타인의 법익(法益)을 방위하기 위하여 한 행위는 상당한 이유가 있는 경우에는 벌하지 아니한다(제1항).
   ㉠ 과잉방위 : 방위행위가 그 정도를 초과한 경우에는 정황에 따라 그 형을 감경하거나 면제할 수 있다. 야간이나 그 밖의 불안한 상태에서 공포를 느끼거나 경악(驚愕)하거나 흥분하거나 당황하였기 때문에 그 행위를 하였을 때에는 벌하지 아니한다(제2항・제3항).
   ㉡ 오상방위 : 정당방위의 요건이 되는 사실, 즉 자기나 타인의 법익에 대한 현재의 부당한 침해가 없는데도 그것이 있다고 잘못 생각하여 행한 방위행위로, 오상방위는 위법성조각사유의 전제사실에 대한 착오에 해당한다. 다수설(법효과제한적 책임설)은 고의(구성요건적 고의, 불법고의)를 인정하나 책임고의가 조각되어 과실범 처벌이 가능하다는 입장이다. 반면, 판례는 착오에 정당한 이유가 있으면 정당방위로 취급하여 위법성을 조각시킨다.★
   예 길을 묻기 위해서 뒤에서 다가와 어깨를 건드렸는데 강도의 공격으로 오인하여 폭행을 가한 경우

▸ 기출 O× 지문정리

[대구신용보증재단]

1. 甲소유의 밤나무 단지에서 乙이 밤 18개를 부대에 주워 담는 것을 본 甲이 그 부대를 빼앗으려다가 반항하는 乙의 뺨과 팔목을 때려 상처를 입힌 경우 甲의 그러한 행위는 乙의 절취행위를 방지하기 위한 것으로서 정당방위가 성립한다. ( )
   ➜ 상당성을 결여하여 정당방위라고 할 수 없다(대판 1984.9.25. 84도1611).

정답 1. ×

③ 긴급피난(형법 제22조)★ : 자기 또는 타인의 법익에 대한 현재의 위난을 피하기 위한 행위는 상당한 이유가 있는 때에는 벌하지 아니한다(제1항).
   예 • A건물에서 대형화재가 난 후 B건물로 그 불이 옮겨 붙고 다시 C건물로 불이 옮겨 붙으려고 하자, C건물 주인이 B건물을 손괴함으로써 C건물로 불이 옮겨 붙지 않도록 한 경우
   • 달려오는 광견을 피하기 위하여 남의 집에 뛰어들어 값비싼 도자기를 망가뜨린 경우

④ **자구행위(형법 제23조)★** : 법률에서 정한 절차에 따라서는 청구권을 보전(保全)할 수 없는 경우에 그 청구권의 실행이 불가능해지거나 현저히 곤란해지는 상황을 피하기 위하여 한 행위는 상당한 이유가 있는 때에는 벌하지 아니한다(제1항).

㉠ 과잉자구행위 : 행위가 그 정도를 초과한 경우에는 정황에 의하여 형을 감경 또는 면제할 수 있다(제2항).

㉡ 오상자구행위 : 객관적으로 자구행위의 요건이 구비되지 않았는데도 주관적으로 이것이 있다고 오신하여 자구행위를 한 경우로, 오상방위와 동일하게 위법성조각사유의 전제사실의 착오로 취급한다.

▸ 기출 ○× 지문정리

[한국보훈복지의료공단]

1. 자구행위에 의하여 보호되는 청구권은 보전할 수 있는 권리임을 요하므로, 명예와 같은 원상회복이 불가능한 권리는 자구행위의 청구권에 포함되지 않는다. ( )

➜ 자구행위는 보전이 가능한 권리만을 대상으로 한다.

정답 1. ○

⑤ **피해자의 승낙(형법 제24조)★** : 처분할 수 있는 자의 승낙에 의하여 그 법익을 훼손한 행위는 법률에 특별한 규정이 없는 한 벌하지 아니한다.

⑥ **의무의 충돌**

㉠ 두 개 이상의 작위의무 중 하나만 이행함으로써 다른 의무를 이행하지 못했을 경우를 말한다(예 1명의 구조대원이 물에 빠진 2명 중 1명만 구할 수 있는 상황에서 1명만 구조한 경우).

㉡ 두 의무 중 상위가치 보호의무 이행시는 위법성이 조각되고, 동등가치 보호의무 이행시에는 위법성조각설과 책임조각설이 대립되며, 하위가치 보호의무 이행시는 위법성은 조각되지 않지만 책임이, 이익형량이 불가능한 경우에는 위법성이 조각된다.★

Ⅳ 책임성

1. 의의

책임이란 적법한 행위를 할 수 있었음에도 불구하고 위법한 행위를 한 행위자에 가해지는 비난가능성을 의미한다.

2. 책임능력★

법이 요구하는 공동생활상의 규범에 합치할 수 있도록 의사결정을 할 수 있는 능력으로 일정한 행위가 구성요건에 해당하고 위법성을 갖추었더라도 책임성이 결여되면 범죄로 성립하지 아니한다.

① **책임무능력자** : 형사미성년자(14세 미만인 자)(형법 제9조), 심신상실자(형법 제10조 제1항)의 행위는 벌하지 않는다.

② **한정책임능력자**

㉠ 심신미약자(형법 제10조 제2항)의 행위는 형을 감경할 수 있다.

㉡ 청각 및 언어 장애인(형법 제11조)의 행위는 형을 감경한다.

[근로복지공단]

1. 10세인 형사미성년자에 대해서는 좁은 의미의 형벌뿐만 아니라 보안처분도 부과할 수 없다. ( )

➜ 촉법소년과 우범소년에게는 소년법상 보호처분의 부과가 가능하다(소년법 제4조 제1항 참조).

정답 1. ×

3. 위법성의 인식

① **의의** : 행위자의 행위가 공동사회의 질서에 반하고 법적으로 금지되어 있다는 것을 인식하는 것을 말하며, 이는 책임비난의 핵심이 된다.

② **의미상 특징★**

㉠ 위법성의 인식은 법적 인식이므로 반윤리성에 대한 인식과 다르다.

㉡ 자연범의 경우에는 대부분 위법성의 인식이 추론된다.

㉢ 법정범의 경우에는 위법성에 대한 구체적인 인식이 필요하다.

㉣ 위법성의 인식은 자기의 행위가 현실적으로 실정법체계 내에서 허용되지 않음을 인식하면 족하고 실정법의 정당성에 대한 평가는 별론으로 한다.

4. 법률의 착오(금지착오)★

① **의의** : 행위자에게 그 행위사실의 인식은 있으나 행위의 위법성에 대한 인식은 없는 경우로서 직접적 착오와 간접적 착오로 나뉜다.

② **직접적 착오★**

법률의 부지	행위자가 금지규범을 인식하지 못한 경우
효력의 착오	금지규범은 인식하였으나 그 규범의 효력이 없다고 오인한 경우
포섭의 착오	규범을 잘못 해석하여 그 행위에 대하여는 적용되지 않는다고 오인한 경우

③ **간접적 착오★** : 행위자가 금지된 것을 인식하였으나 구체적인 경우에 위법성조각사유의 법적 한계를 오해하였거나 위법성 조각사유가 존재하는 것으로 오인한 경우이다.

5. 기대가능성

① **의의★** : 기대가능성이란 행위 당시의 구체적 사정으로 미루어 보아 범죄행위 대신 적법행위를 기대할 수 있는 가능성을 말한다. 기대가능성이 없는 행위는 책임이 조각된다.

② **형법상 책임조각사유** : 친족간의 범인은닉죄(형법 제151조 제2항), 친족간의 증거인멸죄(형법 제155조 제4항), 강요된 행위(형법 제12조), 과잉방위의 특수한 경우(형법 제21조 제3항), 과잉피난의 특수한 경우(형법 제22조 제3항)

③ **초법규적 책임조각사유** : 통설과 판례는 형법에 규정이 없는 일정한 경우에도 기대불가능성을 이유로 책임을 조각하고 있다.

④ **강요된 행위** : 저항할 수 없는 폭력이나 자기 또는 친족의 생명・신체에 대한 위해를 방어할 방법이 없는 협박에 의하여 강요된 행위는 벌하지 아니한다(형법 제12조). 피강요자는 기대가능성이 없어 책임이 조각되며, 강요자는 간접정범으로 처벌된다.★

[대구신용보증재단]

1. 행위자가 강제상태를 자초한 경우에는 적법행위에 대한 기대가능성이 없다고 할 수 없으므로 강요된 행위에 해당하지 않는다. ( )

➜ 강제상태를 자초한 경우 기대가능성이 없다고 할 수 없다.

2. 형법 제12조 '강요된 행위'에서의 '저항할 수 없는 폭력'이란 사람을 저항할 수 없도록 만드는 절대적 · 물리적인 유형력의 행사를 의미한다. ( )

➜ 절대적 폭력은 형법 제12조의 폭력의 개념에 포함되지 아니한다.

정답 1. ○ 2. ×

6. 초법규적 책임조각사유*

① **면책적 긴급피난** : 동가치적 법익 사이에서 행하여진 긴급피난(예 타이타닉 침몰 후 피난보트의 침몰을 막기 위해 한 사람을 물에 빠뜨려 숨지게 한 경우)

② **면책적 의무충돌** : 동가치 사이의 의무충돌 또는 다른 가치의 의무충돌에서 하위가치의 의무를 수행한 경우(예 1명의 구조대원이 물에 빠진 2명 중 1명만 구할 수 있는 상황에서 1명만 구조한 경우).

③ **상관의 위법한 명령에 의한 행위** : 상관의 위법한 명령이 구속력이 있는 경우로서 적법행위에 대한 기대가능성이 없다면 책임이 조각된다는 견해(통설)(예 직속상관의 명령에 의해 쿠데타에 참여한 경우)

V 미수범과 불능범*

1. 미수범

① 의의 : 범죄의 실행에 착수하여 행위를 종료하지 못하였거나 결과가 발생하지 아니한 때 성립한다(형법 제25조 제1항).

② 미수범의 유형

㉠ 장애미수 : 행위자의 의사에 반하여 범죄를 완성하지 못하는 미수로 착수미수와 실행미수로 구분되며 미수범의 형은 기수범보다 감경할 수 있다(임의적 감경).

착수미수	착수는 했으나 실행이 미종료한 경우(절도를 하기 위해 차량운전석 손잡이를 잡고 당기다 경찰에 붙잡힌 경우)
실행미수	실행은 종료했으나 결과가 미발생한 경우(총알을 발사했으나 빗나간 경우)

㉡ 중지미수 : 실행은 했으나 자의로 중지 또는 결과의 발생을 방지한 경우로 착수중지와 실행중지로 구분되며 미수범의 형을 감경 또는 면제한다(필요적 감면).

착수중지	범죄 실행에 착수한 자가 범죄 완성 전 자기 의사로 행위를 중지한 경우(절도를 위해 재물을 물색하다가 아내의 생일이라 중지한 경우)
실행중지	실행은 종료했으나 자의로 결과의 발생을 방지한 경우(살해하려고 독극물을 먹인 후 바로 후회하여 해독제를 먹여 살린 경우)

㉢ 불능미수 : 범죄의 실행에 착수하였으나 그 행위의 성질 또는 행위 대상인 객체의 성질상 범죄결과의 발생가능성(위험성)이 없어 미수범으로서도 처벌할 수 없는 경우로, 위험성의 유무가 불능미수범과 불능범을 구별하는 기준이 된다. 범죄결과의 발생이 불가능하고 위험성이 없는 불능범은 벌하지 않지만, 범죄결과의 발생이 불가능하더라도 위험성이 있으면 미수범으로 처벌하되, 다만 보통미수와는 달리 형의 감경뿐만 아니라 면제까지도 할 수 있도록 하였다(임의적 감면).

▸ 기출 O× 지문정리

[법률구조공단]

1. 격분하여 사람을 살해하려고 밖으로 나가 낫을 들고 피해자에게 다가서려고 하였으나 제3자가 제지하자 그 틈을 타서 피해자가 도망간 경우 살인죄의 실행에 착수하지 않은 것이다. ( )

➜ 낫을 들고 피해자에게 접근함으로써 실행행위에 착수한 것이다(대판 1986.2.25. 85도2773).

2. 공동정범자 중 한 사람이 자의로 다른 공동정범자 전원의 실행을 중지시키거나 결과의 발생을 방지한 경우, 중지미수의 효과는 다른 공동정범에게 미치지 아니한다. ( )

➜ 자의로 중지한 자는 중지미수, 다른 가담자는 장애미수의 죄책을 지게 된다.

정답 1. × 2. ○

Ⅵ 예비 · 음모★

범죄의 음모 또는 예비행위가 실행의 착수에 이르지 아니한 때에는 법률에 특별한 규정이 없는 한 벌하지 아니한다(형법 제28조). 형법은 강도죄의 경우 예비·음모한 자에 대한 처벌규정이 있다(형법 제343조).

Ⅶ 공범

1. 의의

두 사람 이상이 협력·가공하여 실현하는 범죄로서, 공동정범·교사범·종범·간접정범이 있다. 구성요건상 처음부터 다수인의 공동을 필요로 하는 필요적 공범과는 구별된다.

THE 알아두기 ✓

필요적 공범

공범과 구별되는 개념으로 구성요건상 범죄가 성립하기 위해서는 처음부터 다수인의 공동을 필요로 하는 경우이다.★★

집합범	다수인이 동일한 방향에서 같은 목표를 향하여 공동으로 작용하는 범죄(예 소요죄, 다중불해산죄, 내란죄 등)
대향범	2인 이상의 대향적 협력에 의하여 성립하는 범죄 • 대향자 쌍방의 법정형이 같은 경우(아동혹사죄) • 대향자 사이의 법정형이 다른 경우(뇌물죄에 있어서 수뢰죄와 증뢰죄) • 대향자의 일방만을 처벌하는 경우(범인은닉죄)

2. 공동정범

2인 이상이 공동하여 죄를 범한 때에는 각자를 그 죄의 정범으로 처벌한다(형법 제30조).★

3. 간접정범★

① 개념 : 타인을 도구로 이용하여 간접적으로 범죄를 실현하는 것을 말한다.
   ㉠ 정신병자를 교사하여 살인을 하도록 하는 것
   ㉡ 의사 甲이 그 사정을 전혀 알지 못하는 간호사를 이용하여 환자 乙에게 치료약 대신 독극물을 복용하게 하여 乙이 사망에 이른 경우
   ㉢ 甲이 초등학교 5학년인 만 11세 乙을 사주하여 丙을 살해하게 한 경우
② 처벌 : 어느 행위로 인하여 처벌되지 아니하는 자 또는 과실범으로 처벌되는 자를 교사 또는 방조하여 범죄행위의 결과를 발생시킨 자는 교사 또는 방조의 경우와 같이 처벌한다(형법 제34조 제1항).

▸ 기출 ○× 지문정리

[한국가스공사]

1. 실행행위가 종료함과 동시에 범죄가 기수에 이르는 이른바 '즉시범'에서는 범죄가 기수에 이르기 이전에 가담하는 경우에만 공동정범이 성립하고 범죄가 기수에 이른 이후에는 공동정범이 성립될 수 없다. ( )
   ➜ 즉시범은 기수기까지 공동정범의 성립이 가능하다.

정답 1. ○

4. 교사범

타인을 교사하여 죄를 범하게 한 자, 죄를 실행한 자와 동일한 형으로 처벌한다(형법 제31조 제1항).
① 미수의 교사 : 미수에 그칠 것이라고 인식하고 교사한 경우(불가벌)
② 교사의 미수

협의의 교사의 미수		• 피교사자가 실행에 착수했으나 미수에 그친 경우 • 미수범처벌 규정이 있으면 미수죄의 교사범으로 처벌
기도된 교사	실패한 교사	• 피교사자가 응하지 않거나 교사 전에 이미 결의하고 있는 경우 • 교사자는 예비·음모에 준하여 처벌
	효과 없는 교사	• 피교사자가 승낙하였으나 실행의 착수에 이르지 아니한 경우 • 교사자와 피교사자를 모두 예비·음모에 준하여 처벌

▸ 기출 ○× 지문정리

[한국보훈복지의료공단]

1. 자신의 형사사건에 관한 증거은닉 행위는 피고인의 방어권을 인정하는 취지와 상충하여 처벌의 대상이 되지 아니하므로 자신의 형사사건에 관한 증거은닉을 위하여 타인에게 도움을 요청하는 행위는 언제나 증거은닉교사죄로 처벌되지 아니한다. ( )
   ➜ 방어권의 남용이라고 볼 수 있을 때는 증거은닉교사죄로 처벌할 수 있다(대판 2016.7.29. 2016도5596).

정답 1. ×

5. 종범

타인의 범죄를 방조한 자로 처벌은 정범의 형보다 감경한다(형법 제32조).

Ⅷ 죄수론

1. 일죄

① **의의** : 범죄의 수가 한 개인 것을 일죄라 한다. 법조경합과 포괄일죄로 구분할 수 있다.

② **법조경합** : 한 개 또는 수 개의 행위가 외관상 수 개의 형벌법규에 해당하는 것 같이 보이지만 형벌법규의 성질상 하나의 법규만 적용되고 다른 법규는 배척되는 것을 말한다.★

특별관계	어느 구성요건이 다른 구성요건의 모든 요소를 포함하고, 그 이외의 다른 요소를 구비해야 성립하는 경우(존속살인죄와 살인죄, 강도죄와 폭행죄 등의 경우)
보충관계	어떤 형벌법규가 다른 형벌법규의 적용이 없을 때에 보충적으로 적용되는 것(예비와 기수, 과실범과 고의범)
흡수관계	어떤 구성요건에 해당되는 행위의 불법과 책임내용이 다른 구성요건에 흡수되는 경우(살인에 수반된 의복 손상행위 또는 절도범이 훔친 재물을 손괴하는 것과 같은 불가벌적 사후행위)
택일관계	절도죄와 횡령죄, 강도죄와 공갈죄와 같이 양립되지 않는 2개의 구성요건 사이에 그 일방만이 적용되는 관계

③ **포괄일죄** : 수 개의 행위가 포괄적으로 한 개의 구성요건에 해당하여 일죄를 구성하는 경우를 말한다.

결합범	개별적으로 독립된 범죄의 구성요건에 해당하는 수 개의 행위가 결합하여 한 개의 범죄를 구성하는 경우(강도죄와 강도살인죄)
계속범	범죄행위가 완료된 후에도 위법상태가 유지되는 범죄(주거침입죄, 감금죄 등)
접속범	단독에 의하여도 구성요건의 충족이 가능한 경우에 수 개의 행위가 동일한 기회에 동일한 장소에서 불가분하게 결합되어 구성요건적 결과가 발생한 경우(동일기회에 같은 부녀를 수회 강간한 경우)
연속범	연속된 수 개의 행위가 동종의 범죄에 해당하는 경우(매일 밤 동일한 창고에서 쌀 한 가마니씩 훔친 경우)
집합범	다수의 동종의 행위가 동일한 의사에 의하여 반복되지만 일괄하여 일죄를 구성하는 경우(영업범, 직업범, 상습범 등)

▸ 기출 O× 지문정리

[한국가스공사]

1. 상공회의소 회장이 경리부장에게 지시하여 약 70일 사이에 4회에 걸쳐 상공회의소의 공금을 개인용도로 유용한 후 다시 반환하는 행위를 반복한 경우, 불가벌적 사후행위에 해당한다. ( )

➜ 피고인이 횡령한 금원을 반환한 후 다시 횡령하는 행위를 반복하였다고 하여 포괄일죄의 성립에 지장이 있다고 볼 수 없다(대판 2006.6.2. 2005도3431).

정답 1. ×

2. 수죄*

① **상상적 경합범(광의)*** : 한 개의 행위가 여러 개의 죄에 해당하는 경우에는 가장 무거운 죄에 대하여 정한 형으로 처벌한다(형법 제40조).

㉠ 건물에 폭발물을 설치한 다음 원격조종으로 폭발케 하여 1인이 사망하고 다수인이 상해를 입고 해당 건물이 전파한 경우

㉡ 공무집행을 방해할 의사로 공무집행 중인 공무원을 살해한 경우

㉢ 甲이 사제폭탄을 제조, 丁소유의 가옥에 투척하여 乙을 살해하고 丙에게 상해를 입혔으며 丁소유의 가옥은 파손된 경우

㉣ 고층 건물 안에서 탄환 한 개를 발사하여 동시에 수인을 살해한 경우

② **실체적 경합범(협의)**

㉠ 경합범이란 판결이 확정되지 아니한 수 개의 죄(동시적 경합범) 또는 판결이 확정된 죄와 그 판결이 확정되기 전에 범한 죄(사후적 경합범)를 말한다(형법 제37조).

- 경합범에 의한 판결의 선고를 받은 자가 경합범 중의 어떤 죄에 대하여 사면 또는 형의 집행이 면제된 때에는 다른 죄에 대하여 다시 형을 정한다(형법 제39조 제3항).
- 1월에 절도죄를 범하고 이어서 2월에 횡령죄를 범하여 각각의 범죄를 3월에 동시에 재판하는 경우

㉡ 동시적 경합범의 처분(형법 제38조)

흡수주의	가장 무거운 죄에 대하여 정한 형이 사형, 무기징역, 무기금고인 경우에는 가장 무거운 죄에 대하여 정한 형으로 처벌한다(제1항 제1호).
가중주의	각 죄에 대하여 정한 형이 사형, 무기징역, 무기금고 외의 같은 종류의 형인 경우에는 가장 무거운 죄에 대하여 정한 형의 장기 또는 다액(多額)에 그 2분의 1까지 가중하되 각 죄에 대하여 정한 형의 장기 또는 다액을 합산한 형기 또는 액수를 초과할 수 없다. 다만, 과료와 과료, 몰수와 몰수는 병과(倂科)할 수 있다(제1항 제2호).
병과주의	각 죄에 대하여 정한 형이 무기징역, 무기금고 외의 다른 종류의 형인 경우에는 병과한다(제1항 제3호).

㉢ 사후적 경합범의 처분 : 경합범 중 판결을 받지 아니한 죄가 있는 때에는 그 죄와 판결이 확정된 죄를 동시에 판결할 경우와 형평을 고려하여 그 죄에 대하여 형을 선고한다. 이 경우 그 형을 감경 또는 면제할 수 있다(형법 제39조 제1항).

3 형벌론

I 형벌의 의의와 종류

1. 형벌의 의의

국가가 범죄에 대한 법률상의 효과로서 범죄자에 대하여 과하는 법익의 박탈(제재)을(를) 의미한다. 현대사회에서는 국가에서 형벌권을 독점하고 있으므로 형벌은 곧 공형벌(公刑罰)만을 뜻한다. 형벌의 종류로 사형, 징역, 금고, 자격상실, 자격정지, 벌금, 구류, 과료, 몰수의 9가지를 규정하고 있으며, 형의 경중도 이 순서에 의한다.

2. 형벌의 종류★★★

① 생명형 : 범인의 생명을 박탈하는 사형이 이에 속한다.

② 자유형

㉠ 종류

징역	수형자를 교도소 내에 구치하여 정역에 복무 → 자유형 가운데 가장 무거운 형벌
금고	수형자를 교도소 내에 구치하여 자유 박탈 → 정역에 복무하지 않음
구류	수형자를 교도소 내에 구치하여 정역에 복무시키지 않는 금고와 같으나 기간이 1~30일 미만(형법 제46조)★

㉡ 징역 또는 금고의 기간(형법 제42조) : 징역 또는 금고는 무기 또는 유기로 하고 유기는 1개월 이상 30년 이하로 한다. 단, 유기징역 또는 유기금고에 대하여 형을 가중하는 때에는 50년까지로 한다.★

③ 재산형

벌금	일정 금액의 지불의무를 강제로 부과하는 것으로 금액은 50,000원 이상이며 재산형 중에서 가장 무거운 형벌
과료	벌금형과 동일하나 2,000원 이상 50,000원 미만(형법 제47조)
몰수	범죄행위와 관련이 있는 재산을 강제적으로 국가에 귀속시키는 것으로 부가형(형법 제49조)

④ 명예형

자격정지	일정한 자격의 전부 또는 일부를 일정 기간 정지시키는 것
자격상실	일정한 형의 선고가 있으면 그 형의 효력으로서 당연히 일정한 자격이 상실되는 것

Ⅱ 형의 양정

1. 의의

법관이 구체적인 행위자에 대하여 선고할 형을 정하는 것을 형의 양정 또는 형의 적용이라고 한다.

2. 방법

① 사형 및 무기징역 등의 감경★

㉠ 사형을 감경할 때에는 무기 또는 20년 이상 50년 이하의 징역 또는 금고로 한다(형법 제55조 제1항 제1호).

㉡ 무기징역 또는 무기금고를 감경할 때에는 10년 이상 50년 이하의 징역 또는 금고로 한다(형법 제55조 제1항 제2호).

② 형의 가중사유 : 경합범가중, 누범가중, 특수교사・방조가중

③ 형의 감경사유★

㉠ 법률상 감경

필요적 감경	청각 및 언어 장애인(형법 제11조), 종범(형법 제32조 제2항), 외국에서 받은 형의 집행으로 인한 감경(형법 제7조)
임의적 감경	심신미약(형법 제10조 제2항), 장애미수(형법 제25조 제2항)

필요적 감경 또는 면제	중지범(형법 제26조)
임의적 감경 또는 면제	불능미수(형법 제27조), 과잉방위(형법 제21조 제2항), 과잉피난(형법 제22조 제3항), 과잉자구행위(형법 제23조 제2항), 자수 또는 자복(형법 제52조)

㉡ 재판상 감경 : 법원의 정상참작에 의한 감경(작량감경)

④ 형의 가중·감경의 순서(형법 제56조) : 형을 가중·감경할 사유가 경합하는 경우에는 다음 순서에 따른다.

두 각·특·누·법·경·작

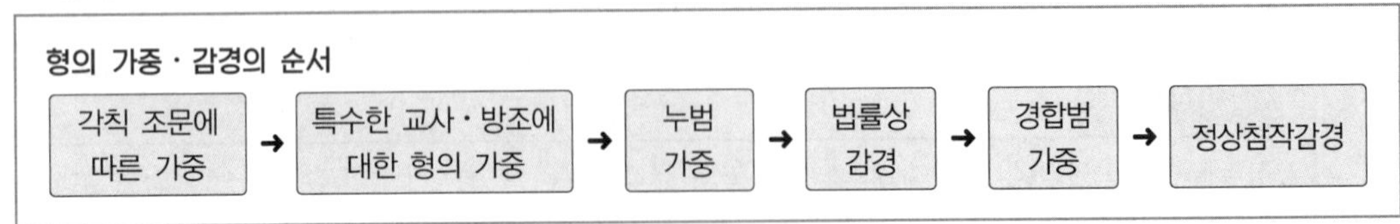

▸기출 OX 지문정리

[근로복지공단]

1. "벌금을 감경할 때에는 그 다액의 2분의 1로 한다."는 규정은 그 상한액만 2분의 1로 내려간다고 해석하여야 한다. ( )

➜ "벌금을 감경할 때에는 그 다액의 2분의 1로 한다."는 규정은 그 상한액만 2분의 1로 내려간다는 것이 아니라 하한까지도 함께 내려간다고 해석하여야 한다.

정답 1. ×

⑤ 형의 양형 : 법정형에서 법률상의 가중·감경 또는 작량감경을 한 처단형의 범위에서 구체적으로 선고할 형을 정하는 것을 말하며, 형법에서는 법관에게 양형에 대한 넓은 자유재량을 인정하면서도, 양형의 표준에 관한 일반적 지침을 제시하고 있다. 법관은 형의 결정시 다음의 사항들을 참작하여야 한다(형법 제51조).

㉠ 범인의 연령, 성행, 지능과 환경(제1호)

㉡ 피해자에 대한 관계(제2호)

㉢ 범행의 동기, 수단과 결과(제3호)

㉣ 범행 후의 정황(제4호)

3. 누범

① 금고 이상의 형을 선고받아 그 집행이 종료되거나 면제된 후 3년 내에 금고 이상에 해당하는 죄를 지은 사람을 말한다(형법 제35조 제1항).★

② 누범의 형은 그 죄에 대하여 정한 형의 장기의 2배까지 가중한다(형법 제35조 제2항).★

▸기출 OX 지문정리

[한국중부발전]

1. 누범이 성립하기 위해서는 누범에 해당하는 전과사실과 새로이 범한 범죄 사이에 일정한 상관관계가 있을 것이 요구된다. ( )

➜ 누범에 해당하는 전과사실과 새로이 범한 범죄 사이에 일정한 상관관계가 있다고 인정되는 경우에 한하여 적용되는 것으로 제한하여 해석하여야 할 아무런 이유나 근거가 없다(대판 2008.12.24. 2006도1427).

정답 1. ×

4. 상습범

① 어느 기본적 구성요건에 해당하는 행위를 한 자가 범죄행위를 반복하여 저지르는 습벽, 즉 상습성이라는 행위자적 속성을 갖추었다고 인정되는 경우에 이를 가중처벌 사유로 삼고 있는 범죄 유형이다.★
② 대한민국 형법에선 그 형을 가중하여 처벌하고 있다.
③ 상습으로 죄를 범한 자는 그 죄에 정한 형의 2분의 1까지 가중한다.★

Ⅲ 형벌의 적용

1. 선고유예★

① **의의** : 형의 선고 자체를 유예하는 제도이다. 범죄의 정도가 가벼운 자에 대하여 일정 기간 형의 선고를 유예하고, 그 유예기간 중 특정한 사고 없이 지내면 형의 선고를 면해 준다. 이 경우에 재범방지를 위하여 지도 및 원호가 필요한 때에는 보호관찰을 받을 것을 명할 수 있으며, 그 기간은 1년으로 한다(형법 제59조의2).★
② **요건** : 1년 이하의 징역, 금고, 자격정지 또는 벌금의 형을 선고할 경우, 제51조(양형의 조건)의 사항을 고려하여 뉘우치는 정상이 뚜렷하고 자격정지 이상의 형을 받은 전과가 없어야 한다(형법 제59조 제1항).★
③ **효과** : 선고를 받은 날로부터 2년을 무사히 경과하면 면소된 것으로 본다(형법 제60조). 형의 선고유예를 받은 자가 유예기간 중 자격정지 이상의 형에 처한 판결이 확정되거나 자격정지 이상의 형에 처한 전과가 발견된 때에는 유예한 형을 선고한다(형법 제61조 제1항).

2. 집행유예

① **의의** : 형의 선고는 하되 집행을 보류하는 제도이다. 형을 선고하면서도 정상(情狀)을 참작하여 형의 집행을 일정기간 유예하고 그 기간이 무사히 경과되면 형벌효과가 소멸된다.
② **요건** : 3년 이하의 징역이나 금고 또는 500만 원 이하의 벌금의 형을 선고할 경우에 그 정상을 참작하여 1년 이상 5년 이하의 기간 동안 집행을 유예한다. 다만, 금고 이상의 형을 선고한 판결이 확정된 때부터 그 집행을 종료하거나 면제된 후 3년까지의 기간에 범한 죄에 대하여 형을 선고하는 경우에는 그러하지 아니하다(형법 제62조 제1항).★
③ **효과** : 선고가 실효 또는 취소됨이 없이 유예기간을 경과한 때에는 형의 선고는 효력을 잃는다(형법 제65조).★

▸ **기출 ○× 지문정리**

[한국보훈복지의료공단]

1. 집행유예의 요건 중 '3년 이하의 징역 또는 금고의 형'이라 함은 법정형이 아닌 선고형을 의미한다. ( )

정답 1. ○

3. 가석방

① **의의** : 징역이나 금고의 집행 중에 있는 사람을 형기 완료 전에 행정처분으로 가석방을 하는 제도이다.
② **요건** : 행상이 양호하여 뉘우침이 뚜렷한 때에는 무기형은 20년, 유기형은 형기의 3분의 1이 지난 후 행정처분으로 가석방을 할 수 있다. 벌금이나 과료가 병과되어 있는 때에는 그 금액을 완납하여야 한다(형법 제72조).
③ **효과** : 가석방 처분을 받은 후 그 처분이 실효 또는 취소되지 아니하고 가석방기간을 경과한 때에는 형의 집행을 종료한 것으로 본다(형법 제76조 제1항).

4. 형의 집행

① **사형** : 사형은 교정시설 안에서 교수(絞首)하여 집행한다(형법 제66조).

② **징역** : 징역은 교정시설에 수용하여 집행하며, 정해진 노역(勞役)에 복무하게 한다(형법 제67조).

③ **금고와 구류** : 금고와 구류는 교정시설에 수용하여 집행한다(형법 제68조).

④ **벌금과 과료**

㉠ 벌금과 과료는 판결확정일로부터 30일 내에 납입하여야 한다. 단, 벌금을 선고할 때에는 동시에 그 금액을 완납할 때까지 노역장에 유치할 것을 명할 수 있다(형법 제69조 제1항).★

㉡ 벌금을 납입하지 아니한 자는 1일 이상 3년 이하, 과료를 납입하지 아니한 자는 1일 이상 30일 미만의 기간 노역장에 유치하여 작업에 복무하게 한다(형법 제69조 제2항).★

⑤ **노역장 유치(형법 제70조)**

㉠ 벌금이나 과료를 선고할 때에는 이를 납입하지 아니하는 경우의 노역장 유치기간을 정하여 동시에 선고하여야 한다.★

㉡ 선고하는 벌금이 1억 원 이상 5억 원 미만인 경우에는 300일 이상, 5억 원 이상 50억 원 미만인 경우에는 500일 이상, 50억 원 이상인 경우에는 1천일 이상의 노역장 유치기간을 정하여야 한다.

⑥ **유치일수의 공제** : 벌금이나 과료의 선고를 받은 사람이 그 금액의 일부를 납입한 경우에는 벌금 또는 과료액과 노역장 유치기간의 일수(日數)에 비례하여 납입금액에 해당하는 일수를 뺀다(형법 제71조).

5. 형의 시효

형을 선고받은 사람이 재판이 확정된 후, 그 형의 집행을 받지 않고 일정한 기간을 경과한 때 집행이 면제되는 것을 말한다(형법 제77조).

THE 알아두기 ✓

형의 시효의 기간(형법 제78조)

시효는 형을 선고하는 재판이 확정된 후 그 집행을 받지 아니하고 다음 각호의 구분에 따른 기간이 지나면 완성된다.

1. 사형 : 30년
2. 무기의 징역 또는 금고 : 20년
3. 10년 이상의 징역 또는 금고 : 15년
4. 3년 이상의 징역이나 금고 또는 10년 이상의 자격정지 : 10년
5. 3년 미만의 징역이나 금고 또는 5년 이상의 자격정지 : 7년
6. 5년 미만의 자격정지, 벌금, 몰수 또는 추징 : 5년
7. 구류 또는 과료 : 1년

▸ **기출 OX 지문정리**

[한국중부발전]

1. 사형의 시효는 사형을 선고하는 재판이 확정된 후 그 집행을 받음이 없이 50년을 경과함으로 인하여 완성된다. ( )

➜ 재판이 확정된 후 그 집행을 받지 아니하고 30년이 지나면 완성된다(형법 제78조).

정답 1. ×

B. 형법 각론

I 국가적 법익에 관한 죄★★

1. 국가의 존립에 대한 죄

① 내란의 죄 : 대한민국 영토의 전부 또는 일부에서 국가권력을 배제하거나 국헌을 문란하게 할 목적으로 폭동, 살해 등을 하여 국가의 존립을 위태롭게 하는 범죄로, 내란죄, 내란목적 살인죄, 내란예비·음모죄 등이 있다.
② 외환의 죄 : 국가의 존립을 외부로부터 위태롭게 하는 범죄로, 외환유치죄, 여적죄, 이적죄, 간첩죄 등이 있다.

2. 국가의 권위 및 기능에 대한 죄

① 국가의 권위를 해하는 죄
㉠ 국기에 관한 죄 : 국기·국장의 모독죄, 국기·국장의 비방죄
㉡ 국교에 관한 죄 : 외국원수·외국사절에 대한 폭행죄, 외국의 국기·국장 모독죄(→ 반의사불벌죄) 등
② 국가의 기능을 해하는 죄
㉠ 공무원의 직무에 관한 죄 : 공무의 공정을 해하고 국가의 권위를 해하는 것을 본질로 하는 죄, 직무유기의 죄, 공무상기밀누설죄, 선거방해죄, 뇌물에 관한 죄 등
㉡ 공무방해에 관한 죄 : 공무집행방해죄, 직무·사직강요죄, 위계에 의한 공무집행방해죄, 법정 또는 국회의장모욕죄 등
㉢ 도주와 범인은닉죄 : 도주죄, 집합명령위반죄, 특수도주죄, 도주원조죄 등
㉣ 위증과 증거인멸의 죄 : 법률에 의하여 선서한 증인이 허위의 진술을 하거나 타인의 형사사건·징계사건에 관한 증거를 인멸하는 죄★
㉤ 무고의 죄 : 타인으로 하여금 형사처분·징계처분을 받게 할 목적으로 공무소 또는 공무원에 대하여 허위의 사실을 신고하는 죄

THE 알아두기

반의사불벌죄(反意思不罰罪)
피해자의 의사에 관계없이 공소를 제기할 수 있으나, 피해자의 명시한 의사에 반하여 처벌할 수 없는 범죄로 우리나라 형법상 반의사불벌죄로 규정된 범죄로는 외국원수에 대한 폭행·협박 등의 죄, 외국사절에 대한 폭행·협박 등의 죄, 외국의 국기·국장 모독죄, 명예훼손죄 및 출판물 등에 의한 명예훼손죄 등이 있다.

▸ **기출 OX 지문정리**

[법률구조공단]

1. 뇌물죄는 직무에 관한 청탁이나 부정한 행위를 필요로 하므로 수수된 금품의 뇌물성을 인정하는 데 특별한 청탁이 있어야만 한다. ( )

→ 뇌물성은 의무위반 행위나 청탁의 유무 및 금품수수 시기와 직무집행 행위의 전후를 가리지 아니한다(대판 2013.11.28. 2013도9003).

2. 신고사실이 진실하더라도 형사책임을 부담할 자를 잘못 신고한 경우 무고죄에 해당한다. ( )

→ 허위사실을 신고한 것이 아닌 이상 그 신고된 사실에 대한 형사책임을 부담할 자를 잘못 택하였다고 해도 무고죄는 성립하지 아니한다(대판 1982.4.27. 81도2341).

정답 1. × 2. ×

Ⅱ 사회적 법익에 관한 죄

1. 공공의 안전에 대한 죄

① 공안을 해하는 죄 : 범죄단체조직죄, 소요죄, 다중불해산죄, 공무원자격 사칭죄 등★

② 폭발물에 관한 죄 : 폭발물사용죄, 전시폭발물제조 등의 죄 등

③ 방화와 실화의 죄 : 고의로 불을 놓거나 과실로 현주건조물, 공용건조물, 일반건조물 또는 일반물건을 불태우는 죄★

④ 일수와 수리에 관한 죄 : 수해를 일으켜 공공의 안전을 해하는 죄

⑤ 교통방해의 죄 : 교통방해치사상죄, 과실교통방해죄 등

2. 공공의 신용에 대한 죄

① 통화에 관한 죄 : 행사의 목적으로 통화를 위조·변조하는 죄★

② 유가증권·우표와 인지에 관한 죄 : 행사할 목적으로 유가증권을 위조·변조·허위 작성하는 죄

③ 문서에 관한 죄 : 공문서 등의 위조·변조죄, 자격모용에 의한 공문서 등의 작성죄, 허위공문서 등의 작성죄 등★

④ 공인 등의 위조·부정사용죄 등의 인장에 관한 죄 등

3. 공중위생에 대한 죄

① 먹는 물에 관한 죄 : 먹는 물의 사용방해죄, 수돗물의 사용방해죄, 먹는 물 혼독치사상죄, 수도불통죄 등

② 아편에 관한 죄 : 아편 등의 제조 등 죄, 아편흡식기의 제조 등 죄

4. 사회도덕에 대한 죄

① 풍속을 해하는 죄 : 공연음란죄, 음행매개죄 등★

② 도박과 복표에 관한 죄 : 국민의 건전한 근로관념과 공공의 미풍양속을 보호함을 목적으로 하는 죄

③ 기타 신앙에 관한 죄 : 시체 등의 오욕죄, 분묘발굴죄, 시체 등의 유기 등 죄, 변사체 검시 방해죄(형법 제163조)

[한국중부발전]

1. 방화죄의 주된 보호법익은 공공의 안전으로서 방화죄의 기본적 성격은 공공위험죄이지만, 부차적으로는 개인의 재산도 보호법익에 포함된다. ( )
2. 대리인이 대리권을 단순히 남용하여 사문서를 작성한 경우에도 자격모용에 의한 사문서작성죄가 성립한다. ( )

   → 타인의 대표자 또는 대리자가 그 대표 또는 대리명의로 문서를 작성할 권한을 가지는 경우에 그 지위를 남용하여 단순히 자기 또는 제3자의 이익을 도모할 목적으로 문서를 작성하였다 하더라도 자격모용 사문서작성죄는 성립하지 아니한다(대판 2007.10.11. 2007도5838).
3. 편면적 도박, 즉 사기도박의 경우에 사기행위자에게는 사기죄가, 그 상대방에게는 도박죄가 성립한다. ( )

   → 사기도박과 같이 도박당사자의 일방이 사기의 수단으로써 승패의 수를 지배하는 경우에는 도박에서의 우연성이 결여되어 사기죄만 성립하고 도박죄는 성립하지 아니한다(대판 2011.1.13. 2010도9330).

정답 1. ○ 2. × 3. ×

Ⅲ 개인적 법익에 관한 죄**

1. 생명・신체에 대한 죄

① 살인죄 : 객체는 사람이며 보호법익은 생명(사망시기 : 맥박종지설이 통설)으로 살인죄, 존속살인죄, 영아살인죄 등
② 상해와 폭행의 죄 : 고의로 사람의 신체를 상해・폭행한 죄(폭행죄 → 반의사불벌죄)
③ 과실치사상의 죄 : 과실치상죄, 과실치사죄, 업무상과실치사상죄 등
④ 낙태죄, 유기죄 등

2. 자유에 대한 죄

① 체포・감금죄 : 사람의 신체의 자유 또는 신체적 활동의 자유를 보호법익으로 하는 죄

THE 알아두기

감금죄가 성립하는 경우
경비원이 현행범인을 체포한 후 즉시 경찰관서에 인도하지 않고 장기간 구속한 경우에 성립한다.

② 협박죄 : 사람을 협박하여 의사결정의 자유를 침해하는 죄
③ 약취・유인죄 : 영리・추행・간음을 위한 약취・유인죄(형법 제288조 제1항), 국외이송죄 등
④ 강간과 추행의 죄

3. 명예 · 신용 및 업무에 대한 죄

① 명예에 관한 죄 : 사실의 적시 여부로 명예훼손죄와 모욕죄로 구분, 진실, 공공의 이익을 위한 목적일 경우 위법성조각★
② 신용 · 업무와 경매에 관한 죄 등 : 신용훼손죄, 업무방해죄, 경매 · 입찰방해죄

4. 사생활의 평온에 대한 죄

① 비밀침해의 죄 : 개인의 비밀을 침해, 친고죄
② 주거침입의 죄 등 : 주거침입죄, 퇴거불응죄 등★

5. 재산에 대한 죄★★★

① 절도죄, 강도죄
- ㉠ 절도죄 : 타인의 재물을 절취, 타인의 소유권을 침해, 단순절도죄, 야간주거침입절도죄 등
- ㉡ 강도죄 : 폭행 · 협박으로 타인의 재물을 강취 또는 기타 재산상의 이익을 취득하거나 제3자로 하여금 취득하게 하는 죄, 단순강도죄, 특수강도죄 등

② 사기죄, 공갈죄
- ㉠ 사기죄 : 기망의 수단을 사용, 타인의 재산상 손해 발생을 요건
- ㉡ 공갈죄 : 공갈의 수단을 사용, 상대방의 하자 있는 의사표시로 재산상 이득을 발생

③ 횡령죄, 배임죄★
- ㉠ 횡령죄 : 자기가 보관하는 타인의 재물을 횡령 또는 반환의 거부
- ㉡ 배임죄 : 타인의 사무를 처리하는 자가 이로 인하여 재산상의 이익을 취득

④ 컴퓨터 등 사용사기죄 : 컴퓨터 등 정보처리장치에 허위의 정보 또는 부정한 명령을 입력하거나 권한 없이 정보를 입력 · 변경하여 정보처리를 하게 하여 재산상의 이익을 취득하는 죄★

⑤ 손괴죄 : 손괴죄란 타인의 재물, 문서 또는 전자기록 등 특수매체기록을 손괴 또는 은닉 기타 방법으로 그 효용을 해하는 죄★

THE 알아두기

재물손괴 등(형법 제366조)
타인의 재물, 문서 또는 전자기록등 특수매체기록을 손괴 또는 은닉 기타 방법으로 기 효용을 해한 자는 3년 이하의 징역 또는 700만 원 이하의 벌금에 처한다.

⑥ 장물에 관한 죄 : 장물을 취득, 양도, 운반 또는 보관하는 죄(형법 제362조 내지 제365조)

THE 알아두기

법익에 관한 죄 정리★★

개인적 법익에 관한 죄	
생명과 신체에 대한 죄	살인죄, 상해와 폭행의 죄, 과실치사상의 죄, 낙태의 죄, 유기 · 학대의 죄
자유에 대한 죄	협박의 죄, 강요의 죄, 체포와 감금의 죄, 약취 · 유인 및 인신매매죄, 강간과 추행의 죄
명예와 신용에 대한 죄	명예에 관한 죄, 신용 · 업무와 경매에 관한 죄

사생활의 평온에 대한 죄	비밀침해의 죄, 주거침입의 죄
재산에 대한 죄	절도의 죄, 강도의 죄, 사기의 죄, 공갈의 죄, 횡령의 죄, 배임의 죄, 장물의 죄, 손괴의 죄, 권리행사를 방해하는 죄
사회적 법익에 관한 죄	
공공의 안전과 평온에 대한 죄	공안을 해하는 죄, 폭발물에 관한 죄, 방화와 실화의 죄, 일수와 수리에 관한 죄, 교통방해의 죄
공공의 신용에 대한 죄	통화에 관한 죄, 유가증권·인지와 우표에 관한 죄, 문서에 관한 죄, 인장에 관한 죄
공중의 건강에 대한 죄	먹는 물에 관한 죄, 아편에 관한 죄
사회의 도덕에 대한 죄	성풍속에 관한 죄, 도박과 복표에 관한 죄, 신앙에 관한 죄
국가적 법익에 관한 죄	
국가의 존립과 권위에 대한 죄	내란의 죄, 외환의 죄, 국기에 관한 죄, 국교(國交)에 관한 죄
국가의 기능에 대한 죄	공무원의 직무에 관한 죄(뇌물관련범죄 등), 공무방해에 관한 죄, 도주와 범인 은닉의 죄, 위증과 증거인멸의 죄, 무고의 죄

▸ **기출 OX 지문정리**

[한국가스공사]

1. 인체급소를 잘 알고 있는 무술교관출신이 무술의 방법으로 울대(성대)를 가격하여 사망하게 한 경우, 살인의 고의가 인정된다. ( )
2. 상해죄와 폭행죄는 피해자의 명시한 의사에 반하여 공소를 제기할 수 없다. ( )
   → 폭행죄와는 달리 상해죄는 반의사불벌죄가 아니다.
3. "앞으로 수박이 없어지면 네 책임으로 한다."는 말은 정당한 훈계의 범위를 벗어났으므로 해악의 고지에 해당하여 협박죄가 성립한다. ( )
   → 정당한 훈계의 범위를 벗어나는 것이 아니어서 사회상규에 위배되지 아니하므로 위법성이 없다(대판 1995.9.29. 94도2187).
4. 고속도로 통행요금징수 기계화시스템의 성능에 대한 한국도로공사의 현장평가 시에 각종 소형화물차 16대의 타이어공기압을 낮추어 접지면을 증가시킨 후 톨게이트를 통과시킨 경우, 위계에 의한 업무방해죄가 성립한다. ( )
5. 피고인이 절취한 타인의 신용카드를 이용하여 현금지급기에서 자신의 계좌로 돈을 이체한 후 현금지급기에서 피고인 자신의 신용카드나 현금카드를 이용하여 현금을 인출한 행위는 절도죄를 구성한다. ( )
   → 계좌이체 후 현금지급기에서 현금을 인출한 행위는 이러한 현금인출이 현금지급기 관리자의 의사에 반한다고 볼 수 없어 절취행위에 해당하지 않으므로 절도죄를 구성하지 않는다(대판 2008.6.12. 2008도2440).

정답 1. ○ 2. × 3. × 4. ○ 5. ×

제2절 형사소송법

I 총칙

1. 형사소송법의 의의★★★

① 의의 : 국가형벌권 행사의 전 과정을 형사소송이라 하고, 소송의 절차를 규율하는 법을 형사소송법이라 한다. 형사소송법은 공판절차뿐만 아니라 수사절차, 형집행절차에 대해서도 규정하고 있다.★

② 성격 : 형법의 적용·실현을 목적으로 하는 절차법이며 사법법(司法法), 공법, 성문법★

③ 법원 : 형사소송법, 법원조직법, 검찰청법, 변호사법, 소년법, 경찰관 직무집행법, 형사소송비용 등에 관한 법률, 형사보상법, 형의 집행 및 수용자의 처우에 관한 법률 등

④ 형사소송법의 이념★★

실체적 진실주의	재판의 기초가 되는 사실의 진상을 규명하여 객관적 진실을 추구한다.
적정절차의 원칙	공정한 법정절차에 의하여 형사절차가 진행되어야 한다.
신속한 재판의 원칙	형사재판절차가 가능한 신속히 적정한 기간 내에 종료되어야 한다.

2. 형사소송법의 기본구조★★★

① 탄핵주의와 규문주의

㉠ 탄핵주의 : 재판기관인 법원이 재판기관 이외의 자(검사)의 소추에 의하여 재판절차를 개시하는 주의로, 우리나라 형사소송법은 탄핵주의를 채택하고 있다. → 불고불리의 원칙 : 검사가 공소를 제기하지 아니하면 심판을 할 수 없다는 원칙★

㉡ 규문주의 : 소추기관의 소추를 기다리지 않고 법원이 직권으로 심판을 개시할 수 있는 주의이다(절차는 법원의 직권으로 함).★

② 직권주의와 당사자주의

㉠ 직권주의 : 당사자, 기타 소송관계인의 의사 여하를 불문하고 법원의 직권에 의하여 소송을 진행시키고 심판하는 주의이다(대륙법체계에서의 기본원리).★

THE 알아두기 ⊘

현행 형사소송법의 직권주의적 요소

• 직권증거조사제도
• 법원의 증인신문제도
• 법원의 공소장변경요구권

㉡ 당사자주의 : 소송이 당사자의 공격·방어에 의하여 진행되는 방식으로 법원은 제3자의 위치에 있다(영미법체계에서는 철저한 당사자주의가 지배).★

③ 실체적 진실주의와 형식적 진실주의

㉠ 실체적 진실주의 : 법원이 실질적으로 진상을 규명하여 진실한 사실을 인정하자는 주의이다.★

㉡ 형식적 진실주의 : 법원이 당사자의 사실상의 주장, 사실의 부인 또는 제출한 증거에 구속되어 이를 기초로 하여 사실의 진부를 인정하는 주의이다.★

3. 우리나라 형사소송법의 기본구조★★

① **탄핵주의 소송구조** : 국가소추주의, 기소독점주의(불고불리의 원칙)
② **당사자주의와 직권주의 절충** : 당사자주의를 기본적인 소송구조로 삼고 형벌권의 적정・신속을 위하여 직권주의도 아울러 채택하여 당사자주의의 결함을 수정하고 있다.
③ **증거재판주의** : 공소범죄사실의 인정은 적법한 증거에 의하고, 증거에 대한 가치판단은 법관의 자유재량에 맡기는 자유심증주의를 채택 → 증거법정주의의 예외 인정
④ **공개중심주의** : 공판주의, 구두변론주의, 직접심리주의, 계속심리주의

▸ 기출 O× 지문정리

[대한석탄공사]

1. 선서하지 아니한 증인의 증언과 선서한 증인의 증언이 서로 배치될 때, 법관은 선서한 증인의 증언을 채택하여야 한다. ( )
   ➜ 자유심증주의에 의해 선서하지 아니한 증인의 증언에 대하여 사실의 인정을 할 수 있고 선서한 증인의 증언을 배척할 수 있다.

정답 1. ×

Ⅱ 소송의 주체★★

1. 법원

① 의의 : 광의의 법원은 재판권을 행사하는 국가기관을 총칭하며, 협의의 법원은 법관으로 구성되는 재판기관인 합의부와 단독판사를 말한다. 소송법상의 법원은 협의의 법원을 의미한다.
② 관할
㉠ 사물관할 : 사건의 경중・성질에 따라 동일 지방법원・지방법원 지원의 단독판사와 합의부간의 제1심 관할의 분배의 표준이 된다.★
㉡ 토지관할 : 사건의 토지적 관계에 의한 동등법원 간에 있어서의 제1심 관할의 분배로 토지관할은 범죄지, 피고인의 주소, 거소 또는 현재지로 본다.★
㉢ 재정관할 : 법원의 재판에 의해 정해지는 관할로, 관할의 지정, 관할의 이전이 있다.
㉣ 심급관할 : 상소란 미확정의 재판에 대해 상급법원에 구제를 구하는 불복신청제도로 심급관할은 상소관계에 있어서의 관할을 말한다. 상소에는 항소・상고 및 항고가 있다. 항소는 제1심판결에 대한 상소이며, 상고는 제2심판결에 대한 상소이다. 법원의 결정과 명령에 대한 상소를 항고라고 한다. 항소사건은 고등법원에서, 상고사건은 대법원에서, 항고사건은 고등법원에서 각각 관할한다.

▸ 기출 O× 지문정리

[한국원자력환경공단]

1. 사물관할을 달리하는 수 개의 사건이 관련된 때에는 법원의 단독판사가 병합관할한다. ( )
   ➜ 사물관할을 달리하는 수 개의 사건이 관련된 때에는 법원합의부는 병합관할한다. 단, 결정으로 관할권 있는 법원단독판사에게 이송할 수 있다.

2. 소송행위는 관할위반인 경우에도 그 효력에 영향이 없다. ( )
3. 토지관할은 범죄지, 피고인의 주소, 거소 또는 현재지로 한다. ( )

정답 1. × 2. ○ 3. ○

③ 법관의 제척 · 기피 · 회피★★

㉠ 제척(除斥) : 법관이 불공정한 재판을 할 현저한 법정의 이유가 있을 때 그 법관을 배제하는 제도(법률에 명시)

㉡ 기피(忌避) : 제척사유가 있는 법관이 재판에 관여하거나, 기타 불공정한 재판을 할 우려가 있을 때 당사자의 신청에 의해 그 법관을 배제하는 제도★

㉢ 회피(回避) : 법관이 기피의 사유가 있다고 생각하여 스스로 직무집행에서 탈퇴하는 제도★

④ 법원사무관 등에 대한 제척 · 기피 · 회피

㉠ 법원직원의 제척, 기피, 회피 규정은 제17조 제7호의 규정을 제한 외에는 법원서기관 · 법원사무관 · 법원주사 또는 법원주사보(법원사무관 등)와 통역인에 준용한다.

㉡ 법원사무관 등과 통역인에 대한 기피재판은 그 소속법원이 결정으로 하여야 한다. 단, 제20조 제1항의 결정은 기피당한 자의 소속법관이 한다.

▸ 기출 ○× 지문정리

[대한법률구조공단]

1. 법관의 제척 · 기피 · 회피는 재판의 공정성을 실현하기 위한 것이다. ( )
2. 법관의 기피는 당사자의 신청에 의해 재판으로 한다. ( )
3. 법관의 제척은 특정의 법관이 구체적인 사건에 관하여 법률로 정해둔 특별한 관계에 있을 때 직무집행에서 배제시키는 것이다. ( )
4. 법관의 회피는 당사자만이 신청할 수 있다. ( )
   ➜ 법관의 회피는 당사자가 아니라 법관 자신이 신청하여야 한다. 당사자가 신청하는 것은 기피이다.

정답 1. ○ 2. ○ 3. ○ 4. ×

2. 검사

형사소송에서 원고로서 검찰권을 행사하는 국가기관으로 검사는 법무부에 속하는 단독제의 행정관청이다.

① **직무** : 형사에 관한 공익의 대표자로서 범죄수사, 공소제기와 그 유지에 필요한 행위, 사법경찰관리의 지휘 · 감독, 법원에 법령의 정당한 청구 및 재판집행의 지휘 · 감독

② **검사동일체의 원칙★** : 모든 검사가 검찰총장을 정점으로 하여 피라미드형의 계층적 조직체를 형성하고 일체불가분의 유기적 통일체로 활동하는 것. 2003년 (구) 검찰청법 제7조는 '검사동일체의 원칙'으로 규정되어 있었지만 2004년 개정된 검찰청법 제7조는 '검찰사무에 관한 지휘 · 감독'으로 규정하여 '검사동일체의 원칙'은 검찰청법에서는 폐지되었다. 하지만 여전히 검찰청과 검사(법조인)들끼리는 암묵적으로 현재도 이 원칙을 암암리에 유지하고 있다.

3. 피고인★

① 의의 : 형사사건에서 형사책임을 져야 할 자로 검사에 의해 공소가 제기된 자나 공소가 제기된 것으로 의제된 자로서 신고 · 출석 · 재정 · 복종 · 수락의무를 지닌다.

② 권리 : 변호인선임권, 증거보전청구권, 진술거부권, 법관기피신청권, 방어권, 소송절차참여권 등이 있다.

THE 알아두기

소송주체 및 피의자

1. 소송주체 : 형사소송에서는 법원과 검사 및 피고인을 말하며, 민사소송에서는 법원과 소송당사자이다.
2. 피의자 : 죄를 범한 혐의로 수사기관의 수사대상이 되어 있는 자로서 아직 공소가 제기되지 않은 자. 공소가 제기되지 않았다는 점이 피고인과의 차이점이다.

4. 변호인★

① 의의 : 피고인의 방어력을 보충하기 위하여 선임된 제3자인 보조자로서 형사소송상 피고인의 정당한 이익 옹호를 임무로 하는 자이며, 소송주체에 해당하지는 않는다.

▸ 기출 O× 지문정리

[한국보훈복지의료공단]

1. 변호인은 변호사 중에서 선임하여야 하지만, 대법원은 특별한 사정이 있으면 변호사 아닌 자를 변호인으로 선임함을 허가할 수 있다. ( )

➜ 변호인은 변호사 중에서 선임하여야 한다. 단, 대법원 이외의 법원은 특별한 사정이 있으면 변호사 아닌 자를 변호인으로 선임함을 허가할 수 있다. (형사소송법 제31조)

정답 1. ×

② 권한 : 피고인과의 접견교통권, 피고인 및 증인심문권, 증거조사의 신청권 및 기록열람권, 상소심에서의 변론권, 구속의 취소, 보석의 청구, 증거보전의 청구 등

③ 의무 : 비밀엄수의무, 진실의무, 직무수행의 의무

④ 국선변호인을 선임하는 경우★★

법원이 직권으로 선정	• 피고인이 구속된 때 • 피고인이 미성년자인 때★ • 피고인이 70세 이상인 때★ • 피고인이 듣거나 말하는 데 모두 장애가 있는 사람인 때 • 피고인이 심신장애가 있는 것으로 의심되는 때 • 피고인이 사형, 무기 또는 단기 3년 이상의 징역이나 금고에 해당하는 사건으로 기소된 때
피고인의 청구에 의한 선정	• 피고인이 빈곤이나 그 밖의 사유로 변호인을 선임할 수 없는 경우

[한국원자력환경공단]
1. 국선변호인제도는 공정한 재판을 실현하기 위한 제도적 장치이다. ( )
2. 법원은 변호인 없는 피고인이 미성년자인 때에는 변호인을 신청하여야 한다. ( )
3. 법원은 피고인이 빈곤 그 밖의 사유로 변호인을 선임할 수 없는 경우에 피고인의 청구가 있는 때에는 변호인을 선정하여야 한다. ( )
4. 국선변호인제도는 피고인의 권익을 보호하기 위한 제도로 피의자에게는 인정할 수 없다. ( )
➜ 피의자 역시 체포·구속적부심, 구속 전 피의자심문 등의 경우 국선변호인의 조력을 받을 수 있다.

정답 1. ○ 2. ○ 3. ○ 4. ×

Ⅲ 수사

1. 의의

① **수사** : 형사사건에 관하여 공소를 제기하고 이를 유지·수행하기 위한 준비로서 범죄사실을 조사, 범인 및 증거를 발견하고 수집하는 수사기관의 활동

② **수사기관** : 검사, 사법경찰관리

THE 알아두기 ✓

수사의 일반원칙
- 임의수사의 원칙
- 영장주의 원칙
- 강제수사 법정주의 원칙
- 수사비례의 원칙
- 수사 비공개의 원칙 등

2. 수사의 개시

① **수사의 단서★** : 수사개시의 원인이 되는 수사기관의 주관적 혐의를 단서라고 한다. 수사의 단서로는 현행범 체포, 변사자 검시, 불심검문, 다른 사건 수사 중의 범죄 발견, 기사, 풍설, 고소, 고발, 자수, 진정, 범죄신고 등이 있다.

② **고소와 고발★★★** : 고소는 범죄의 피해자 기타 고소권자가 범죄사실을 수사기관에 신고하여 그 소추를 구하는 것이고, 고발은 범인 또는 고소권자 이외의 자(누구든지)가 수사기관에 범죄사실을 신고하는 것이다. 고소와 고발은 서면 또는 구술로써 검사 또는 사법경찰관에게 해야 한다(형사소송법 제237조 제1항).

고소	고발
고소권자(범죄로 인한 피해자 및 피해자의 법정대리인 등)만이 고소 가능	범죄를 인지한 자는 누구든지 고발 가능
• 고소를 취하한 자는 다시 고소할 수 없음 • 1심 판결 선고 전까지 고소를 취하할 수 있음	고발을 취소한 경우에도 다시 고발 가능
친고죄의 경우 범인을 알게 된 날로부터 6개월 내에 고소하여야 함	기간 제한 없음
대리가 허용됨	대리가 허용되지 않음

[한국중부발전]

1. 형사소송법상 고소권자와 범인 이외의 제3자가 수사기관에 범죄사실을 신고하여 범인의 소추를 구하는 의사표시를 고소라고 한다. ( )

➜ 고발에 대한 내용이다. 고소는 범죄의 피해자 또는 그와 일정한 관계가 있는 고소권자가 수사기관에 대하여 범죄사실을 신고하여 범인의 처벌을 구하는 의사표시이다.

2. 고소의 취소는 대리가 허용되지 않는다. ( )

➜ 고소의 취소는 대리인으로 하여금 하게 할 수 있다.

[법률구조공단]

3. 고소는 제1심 판결선고 전까지 취소할 수 있으며 고소를 취소한 자는 동일한 사건에 대하여 다시 고소하지 못한다. ( )

4. 고소와 고발은 서면 또는 구술로써 검사 또는 사법경찰관에게 해야 하는데 피해자가 아니면 고발할 수 없다. ( )

➜ 누구든지 범죄가 있다고 사료하는 때에는 고발할 수 있다.

[한국가스공사]

5. 친고죄의 공범 중 그 1인에 대한 고소는 다른 공범자에 대하여도 효력이 있다. ( )

6. 고소의 취소는 대법원 확정판결 전까지 가능하다. ( )

➜ 고소는 제1심 판결선고 전까지 취소할 수 있다.

정답 1. × 2. × 3. ○ 4. × 5. ○ 6. ×

③ 수사의 개시 : 수사는 검사와 사법경찰관(경무관, 총경, 경정, 경감, 경위)이 주관적으로 범죄의 혐의가 있다고 판단하는 때에는 객관적 혐의가 없을 경우에도 개시할 수 있다.

3. 수사의 방법★

임의수사가 원칙이고, 강제수사는 예외적으로 법의 규정이 있을 때 가능하다.

① 임의수사★

의의	강제력을 행사하지 않고 당사자의 승낙을 얻어서 행하는 수사
방법	출석요구, 참고인진술 청취, 통역·번역·감정의 위촉, 피의자 신문, 사실조회 등

② 강제수사★★

영장 없는 수사	현행범 체포, 특수한 경우의 압수, 수색, 검증 및 공무소에의 조회 등
영장에 의한 수사	구속, 압수, 수색 등
수사기관의 청구에 의해서 법관이 하는 것	증거보전 등

③ 수사의 종결 : 사법경찰관은 범죄를 수사한 후 신속히 관계서류와 증거물을 검사에게 송부하고, 검사는 사건의 기소 또는 불기소, 기타의 처분으로 수사를 종결한다.★

④ 검사의 처분 : 타관송치, 기소처분(공판청구, 약식명령청구), 불기소처분(혐의 없음, 공소권 없음, 기소유예, 공소보류, 죄가 아님)

THE 알아두기

검 · 경 수사권 조정에 따른 형사소송법 개정(2022.1.1. 시행)★★

1. 개정이유 : 2018년 6월 21일 법무부장관과 행정안전부장관이 발표한 「검 · 경 수사권 조정 합의문」의 취지에 따라 검찰과 경찰로 하여금 국민의 안전과 인권 수호를 위하여 서로 협력하게 하고, 수사권이 국민을 위해 민주적이고 효율적으로 행사되도록 하려는 것임
2. 주요내용
   ① 검사와 사법경찰관은 수사, 공소제기 및 공소유지에 관하여 서로 협력하도록 함(제195조 신설)
   ② 경무관, 총경, 경정, 경감, 경위가 하는 모든 수사에 관하여 검사의 지휘를 받도록 하는 규정 등을 삭제하고, 경무관, 총경 등은 범죄의 혐의가 있다고 사료하는 때에 범인, 범인사실과 증거를 수사하도록 함(제196조)
   ③ 검사는 송치사건의 공소제기 여부 결정 또는 공소의 유지에 관하여 필요한 경우 등에 해당하면 사법경찰관에게 보완수사를 요구할 수 있고, 사법경찰관은 정당한 이유가 없는 한 지체 없이 이를 이행하도록 함(제197조의2 신설)
   ④ 검사는 사법경찰관리의 수사과정에서 법령위반, 인권침해 또는 현저한 수사권 남용이 의심되는 사실의 신고가 있거나 그러한 사실을 인식하게 된 경우에는 사법경찰관에게 사건기록 등본의 송부를 요구할 수 있고, 송부를 받은 검사는 필요한 경우 사법경찰관에게 시정조치를 요구할 수 있으며, 검사는 시정조치 요구가 정당한 이유 없이 이행되지 않은 경우에 사법경찰관에게 사건을 송치할 것을 요구할 수 있도록 함(제197조의3 신설)
   ⑤ 검사는 사법경찰관과 동일한 범죄사실을 수사하게 된 때에는 사법경찰관에게 사건을 송치할 것을 요구할 수 있고, 요구를 받은 사법경찰관은 지체 없이 검사에게 사건을 송치하도록 하되, 검사가 영장을 청구하기 전에 동일한 범죄사실에 관하여 사법경찰관이 영장을 신청한 경우에는 해당 영장에 기재된 범죄사실을 계속 수사할 수 있도록 함(제197조의4 신설)
   ⑥ 검사가 사법경찰관이 신청한 영장을 정당한 이유 없이 판사에게 청구하지 아니한 경우 사법경찰관은 관할 고등검찰청에 영장 청구 여부에 대한 심의를 신청할 수 있고, 이를 심의하기 위하여 각 고등검찰청에 외부 위원으로 구성된 영장심의위원회를 둠(제221조의5 신설)
   ⑦ 사법경찰관은 범죄를 수사한 때에는 범죄의 혐의가 인정되면 검사에게 사건을 송치하고, 그 밖의 경우에는 그 이유를 명시한 서면과 함께 관계 서류와 증거물을 검사에게 송부하도록 함(제245조의5 신설)
   ⑧ 사법경찰관은 사건을 검사에게 송치하지 아니한 경우에는 서면으로 고소인 · 고발인 · 피해자 또는 그 법정대리인에게 사건을 검사에게 송치하지 아니하는 취지와 그 이유를 통지하도록 함(제245조의6 신설)
   ⑨ 사법경찰관으로부터 사건을 검사에게 송치하지 아니하는 취지와 그 이유를 통지받은 사람은 해당 사법경찰관의 소속 관서의 장에게 이의를 신청할 수 있고, 사법경찰관은 이의신청이 있는 때에는 지체 없이 검사에게 사건을 송치하도록 함(제245조의7 신설)
   ⑩ 검사는 사법경찰관이 사건을 송치하지 아니한 것이 위법 또는 부당한 때에는 그 이유를 문서로 명시하여 사법경찰관에게 재수사를 요청할 수 있도록 하고, 사법경찰관은 요청이 있으면 사건을 재수사하도록 함(제245조의8 신설)
   ⑪ 특별사법경찰관은 모든 수사에 관하여 검사의 지휘를 받음(제245조의10 신설)
   ⑫ 검사가 작성한 피의자신문조서는 공판준비 또는 공판기일에 그 피의자였던 피고인 또는 변호인이 그 내용을 인정할 때에 한하여 증거로 할 수 있음(제312조)

Ⅳ 체포와 구속

1. 영장에 의한 체포

① **영장 발부 요건** : 피의자가 죄를 범하였다고 의심할 만한 상당한 이유가 있고, 정당한 이유 없이 수사기관의 출석에 응하지 아니하거나 응하지 아니할 우려가 있을 것을 요한다.★

② **체포 후의 조치** : 피의자를 체포한 후 구속을 계속하기 위해서는 48시간 내에 구속영장을 청구하여야 하며, 기간 내에 영장을 청구하지 않았거나 청구가 기각된 때에는 즉시 석방하여야 한다.

2. 영장 없이 체포가능한 경우*

① **현행범 체포** : 현행범은 누구든지 영장 없이 체포할 수 있다. 체포된 현행범에 대하여 구속을 계속하려면 48시간 이내에 구속영장을 청구하여야 한다.*

▸ **기출 OX 지문정리**

[한국원자력환경공단]

1. 범죄를 실행 중이거나 실행의 즉후인 자를 현행범이라 한다. ( )
2. 범인으로 호창되어 추적되고 있는 자는 준현행범에 해당한다. ( )
3. 현행범에 대해 사인은 긴급한 때가 아니면 체포할 수 없다. ( )
   ➜ 현행범은 누구든지 영장 없이 체포할 수 있다.

정답 1. ○ 2. ○ 3. ×

② **긴급체포요건** : 사형 · 무기 또는 장기 3년 이상의 징역이나 금고에 해당하는 죄를 범하였다고 의심할 만한 상당한 이유가 있고, 도망 또는 도망칠 우려가 있는 경우 또는 증거인멸의 염려가 있는 경우일 것

▸ **기출 OX 지문정리**

[대한법률구조공단]

1. 사형 · 무기 또는 장기 3년 이상의 징역이나 금고에 해당하는 죄를 범하였다고 의심할 만한 상당한 이유가 있고 피의자에게 일정한 주거가 없을 때 긴급체포할 수 있다. ( )
   ➜ 일정한 주거가 있는 경우에도 긴급체포할 수 있다.
2. 사법경찰관은 검사로부터 사전에 수사지휘를 받지 않고도 피의자를 긴급체포할 수 있다. ( )
3. 긴급체포 후 구속영장을 발부받지 못하여 석방된 자는 영장 없이 동일한 범죄사실에 관하여 체포하지 못한다. ( )

정답 1. × 2. ○ 3. ○

3. 구속

① **구속요건** : 피의자가 죄를 범하였다고 의심할 만한 상당한 이유가 있으면서, 일정한 주거가 없는 경우 · 증거인멸의 우려가 있는 경우 · 도망하거나 도망할 염려가 있는 경우 중 하나에 해당할 때

② **구속기간**

㉠ 사법경찰관과 검사는 10일의 범위 내에서 피의자를 구속할 수 있으며, 검사는 10일의 범위 내에서 1차에 한하여 지방법원판사의 허가를 받아 연장할 수 있다.*

㉡ 사법경찰관이 피의자를 구속한 때에는 10일 이내에 피의자를 검사에게 인치하지 아니하면 석방하여야 하며, 검사가 피의자를 구속한 때 또는 사법경찰관으로부터 피의자의 인치 받은 때에는 10일 이내에 공소를 제기하지 아니하면 석방하여야 한다.

Ⅴ 수사의 종결

1. 의의

수사의 단서로 개시된 수사절차가 공소제기·불기소처분 또는 타관송치에 의하여 종료되는 것을 말한다.

2. 불기소처분의 형태*

협의의 불기소 처분 (검찰사건사무규칙 제115조)	공소권 없음 처분 (동조 제3항 제4호)	피의자의 사망·사면, 친고죄의 고소가 없는 경우, 반의사불벌죄에서 피해자가 처벌을 원하지 않는 경우 등 소추조건이 구비되지 않은 경우
	죄가 안 됨 처분 (동조 제3항 제3호)	범죄행위에는 해당하나 긴급피난, 심신상실, 정당방위 등의 사유로 위법성이나 책임이 조각되는 경우
	혐의 없음 처분 (동조 제3항 제2호)	증거가 불충분하거나 범죄가 인정되지 않는 경우
	각하 (동조 제3항 제5호)	고소·고발 사건에서 혐의 없음·죄가 안 됨·공소권 없음 사유가 있음이 명백한 경우 등
	기소유예 (동조 제3항 제1호)	피의사실이 인정되나 범인의 연령, 성행, 지능과 환경, 피해자에 대한 관계, 범행의 동기, 수단과 결과, 범행 후의 정황 등을 참작하여 소추를 필요로 하지 아니하는 경우
기소중지 (검찰사건사무규칙 제120조)	피의자나 참고인의 행방을 알 수 없는 경우 등 실질적으로 수사를 종결할 수 없는 경우 일시적으로 수사를 중지하는 것	

Ⅵ 공소제기

1. 의의

검사가 특정범죄에 관한 형벌권의 존부 및 범위를 확정하는 것을 목적으로 법원에 대하여 그 심판을 구하는 의사표시로 공소제기의 기본원칙은 다음과 같다.

① **국가소추주의** : 사인소추를 인정하지 않고 국가기관만이 소추를 행할 수 있는 것
② **기소독점주의** : 국가기관 중에서도 검사만이 소송제기의 권한을 갖는 것
③ **기소편의주의** : 검사에게 기소·불기소에 관한 재량의 여지를 인정하는 것
④ **기소변경주의** : 공소취소를 인정하는 제도로 공소의 취소는 검사만이 할 수 있고 공소취소의 사유에는 법률상 제한이 없다.

2. 공소시효의 기간*

① 사형에 해당하는 범죄에는 25년
② 무기징역 또는 무기금고에 해당하는 범죄에는 15년
③ 장기 10년 이상의 징역 또는 금고에 해당하는 범죄에는 10년
④ 장기 10년 미만의 징역 또는 금고에 해당하는 범죄에는 7년

⑤ 장기 5년 미만의 징역 또는 금고, 장기 10년 이상의 자격정지 또는 벌금에 해당하는 범죄에는 5년
⑥ 장기 5년 이상의 자격정지에 해당하는 범죄에는 3년
⑦ 장기 5년 미만의 자격정지, 구류, 과료 또는 몰수에 해당하는 범죄에는 1년

*사람을 살해한 범죄(종범은 제외한다)로 사형에 해당하는 범죄에 대하여는 법에 규정된 공소시효를 적용하지 아니한다(형사소송법 제253조의2).

3. 소송요건★★

실체적 소송요건	형식적 소송요건
㉠ 공소시효의 만료 전일 것 ㉡ 확정판결이 없었을 것 ㉢ 사면이 없었을 것 ㉣ 범죄 후 법령개폐로 형이 폐지되지 않았을 것	㉠ 피고사건이 관할법원에 속할 것 ㉡ 공소기각의 판결·결정사유가 없을 것

▸ 기출 ○× 지문정리

[한국보훈복지의료공단]

1. 피고인의 방어권 보장상 공소제기 후에는 수사를 할 수 없으며 공소사실과 동일성이 인정되는 사실까지 공소제기의 효력이 미친다. ( )

➜ 수사결과 검사가 충분한 혐의를 인정하고 공소를 제기하면 수사는 원칙적으로 종결되나 공소제기 후에도 검사가 공소유지를 위하여 수사를 계속할 필요가 있는 때에는 임의수사는 원칙적으로 허용된다. 공소제기의 효력은 공소사실과 동일성이 인정되는 사실까지 미친다.

정답 1. ×

Ⅶ 공판절차

1. 의의와 기본원칙

① 의의 : 공소가 제기되어 소송절차가 종결되기까지의 단계적 절차로서 형사소송의 중심이 된다.
㉠ 공판준비절차 : 공판기일에 있어서의 심리를 충분히 능률적으로 행하기 위한 준비로서 수소법원에 의하여 행하여지는 절차를 말한다.
㉡ 간이공판절차 : 피고인이 공판정에서 자백한 사건에 대하여 증거능력의 제한을 완화하는 등의 방법으로 심리를 신속하게 진행하기 위하여 인정되는 절차를 말한다.

② 기본원칙★ : 공판중심주의, 제1심 중심주의, 공개주의, 구두변론주의, 직접심리주의, 계속심리주의

2. 공판절차의 순서

① 모두절차 : 피고인의 진술거부권 고지 → 인정신문 → 검사의 진술 → 피고인의 진술 → 쟁점정리
② 사실심리절차 : 증거조사(검사, 피고인, 직권) → 피고인 신문 → 최후변론(검사, 피고인, 변호인)
③ 판결선고절차 : 판결선고 - 변론종결기일 및 공개

3. 증거

① 의의 : 형사소송법상 법원에서 사실의 존부에 관한 확신을 주기 위한 자료를 말한다.

② 증거의 기본원칙★★

㉠ 증거재판주의 : 사실의 인정은 증거에 의하여야 한다.

㉡ 자유심증주의 : 증거의 증명력은 법관의 자유판단에 의한다.

㉢ 위법수집증거배제원칙 : 적법한 절차에 따르지 아니하고 수집한 증거는 증거로 할 수 없다.★★

㉣ 자백의 증거능력 : 피고인의 자백이 고문, 폭행, 협박, 신체구속의 부당한 장기화 또는 기망 기타의 방법에 의한 것으로 임의에 의한 진술이 아니라고 의심할만한 이유가 있는 때에는 이를 유죄의 증거로 하지 못한다.★★

㉤ 불이익한 자백의 증거능력 : 피고인의 자백이 그에게 불이익한 유일한 증거인 때에는 이를 유죄의 증거로 하지 못한다.★★

㉥ 전문증거의 증거능력 제한 : 전문증거란 사실인정의 기초가 되는 사실을 체험자 자신이 직접 진술하지 않고 타인의 증언이나 진술 등으로 간접적으로 법원에 보고하는 것으로, 전문증거는 증거능력을 인정받지 못한다.★★

4. 재판의 확정★

① **상고법원의 판결** : 원칙적으로 선고와 동시에 확정된다.

② **제1·2심 재판** : 상소기간 중 상소를 제기함이 없이 상소기간을 경과하거나 상소의 포기 또는 취하에 의하여 확정된다.

③ **일사부재리(一事不再理)의 원칙** : 판결이 확정되면 기판력이 발생하여 동일한 범죄사실에 대하여 다시 공소를 제기하거나 심판을 할 수 없다.

5. 특별형사소송절차★

① **약식절차** : 공판절차 없이 서면심리만으로 피고인에게 벌금, 과료, 몰수를 과하는 간이 형사절차로, 검사가 청구한다.

㉠ 청구대상 : 지방법원 관할사건으로 벌금·과료 또는 몰수에 처할 수 있는 사건, 단독판사 또는 합의부 관할 불문

㉡ 효력 : 정식재판의 청구기간이 경과하거나 그 청구의 취하 또는 청구기각의 결정이 확정된 때에는 확정판결과 동일한 효력발생

㉢ 정식재판의 청구 : 약식명령을 고지받은 날로부터 7일 이내에 명령을 한 법원에 서면으로 청구

▸ **기출 ○× 지문정리**

[한국가스공사]

1. 약식명령으로 징역형을 선고할 수 없다. ( )
2. 약식명령의 청구는 검사가 한다. ( )
3. 검사 또는 피고인은 약식명령의 고지를 받은 날로부터 7일 이내에 정식재판을 청구할 수 있다. ( )

[한국남부발전]

4. 피고인은 정식재판의 청구를 포기할 수 없다. ( )
5. 피고인이 정식재판을 청구하는 경우 징역형을 선고할 수 있다. ( )
   → 피고인이 정식재판을 청구한 사건에 대하여는 약식명령의 형보다 중한 종류의 형을 선고하지 못한다.

정답 1. ○ 2. ○ 3. ○ 4. ○ 5. ×

② 즉결심판절차

㉠ 청구권자 : 관할 경찰서장 또는 관할 해양경찰서장

㉡ 대상 : 20만 원 이하의 벌금 또는 구류나 과료에 처하는 경미한 범죄사건

㉢ 효력 : 즉결심판이 확정되면 확정판결과 동일한 효력이 있고, 그 형의 집행은 경찰서장이 한다.

Ⅷ 법원의 재판

1. 재판의 의의와 종류

공소제기 후 법원이 행하는 재판에는 그 형식에 따라 판결(判決)·결정(決定)·명령(命令)으로 나누어지고 내용적으로 사건의 실체에 대한 판단을 하는가의 여부에 따라 실체적 재판과 형식적 재판으로 분류된다. 또한 기능상 소송계속의 종결 여부에 따라 종국적 재판과 종국 전의 재판으로 분류된다.

① 재판의 형식에 의한 분류

판결(判決)	수소법원에 의한 종국재판의 원칙적 형식을 말하는 것으로 실체적 재판인 유죄·무죄판결과 형식적 재판 중 관할위반·공소기각·면소판결이 있다.
결정(決定)	수소법원에 의한 종국 전 재판의 원칙적 형식을 말한다. 종국 전 재판인 중간재판으로 보석허가결정, 증거신청에 대한 결정, 공소장변경허가결정이 이에 속하며. 종국재판으로 공소기각결정, 상소기각결정, 이송결정이 있다.
명령(命令)	법관(재판장·수명법관·수탁판사)이 하는 재판을 말하며, 명령은 모두 종국 전 재판이자 형식재판이다. 공판기일의 지정, 퇴정명령 등을 예로 들 수 있다(↔ 약식명령 ×)★

② 재판의 내용에 의한 분류 : 사건의 실체에 관하여 법률관계를 판단하는 실체적 재판, 사건의 실체에 관해서는 심리하지 않으며 절차적, 형식적 법률관계를 판단하는 형식적 재판으로 분류한다.

③ 재판의 기능에 의한 분류 : 종국재판에 이르기까지의 절차에 관한 종국 전 재판(중간재판), 소송을 그 심급에서 종결하도록 하는 종국재판으로 분류한다.

2. 종국재판★★★

유죄판결	• 사건의 실체에 관하여 피고인 범죄 사실의 증명이 있는 때
무죄판결	• 피고사건이 범죄로 되지 아니하는 때(구성요건해당성이 없거나 또는 위법성조각사유나 책임조각사유가 존재한다는 것이 밝혀진 경우를 말함) • 범죄사실의 증명이 없는 때
관할위반의 판결	• 피고사건이 법원의 관할에 속하지 아니하는 때
공소기각의 결정	두 공·취·사·소 / 수·법·계·관·경 / 범·사·포·아 • 공소가 취소되었을 때(제1호) • 피고인이 사망 또는 법인이 소멸한 때(제2호) • 동일사건이 사물관할을 달리하는 수 개의 법원에 계속되거나 관할이 경합하는 경우(제12조 또는 제13조)의 규정과 관련하여 재판할 수 없는 때(제3호) • 공소장에 범죄가 될만한 사실이 포함되지 아니할 때(제4호)

공소기각의 판결 (형사소송법 제327조)	두 재·절·무 / 위반 공소 / 친·반 • 피고인에 대하여 재판권이 없는 경우(제1호) • 공소제기 절차가 법률의 규정에 위반하여 무효인 때(제2호) • 공소가 제기된 사건에 대하여 다시 공소가 제기된 경우(제3호) • 공소취소와 재기소(제329조)의 규정에 위반하여 공소가 제기되었을 때(제4호) • 친고죄에서 고소의 취소가 있는 때(제5호) • 반의사불벌죄에서 처벌을 희망하지 않는 의사표시가 있는 경우이거나 처벌을 희망하는 의사표시가 철회되었을 때(제6호)
면소판결	두 확·사·시·폐 • 확정판결이 있은 때(제1호) • 사면이 있는 경우(제2호) • 공소시효가 완성된 경우(제3호) • 범죄 후 법령개폐로 형이 폐지된 경우(제4호)

IX 상소제도와 비상구제절차

1. 상소제도★★★

① 의의 : 상소라 함은 미확정 재판에 대하여 상급법원에 구제적 재판을 구하는 불복신청의 제도를 말한다. 상소할 수 있는 자에는 검사와 피고인 및 피고인의 법정대리인이 있다.

② 특징★

㉠ 상소는 재판의 일부에 대하여 할 수 있다.

㉡ 피고인의 법정대리인은 피고인을 위하여 상소할 수 있다.

㉢ 상소(항소·상고)의 제기기간은 7일로 한다. 단, 항고와 관련하여 보통항고의 시기는 즉시항고(제기기간은 7일) 외에는 언제든지 할 수 있는 것이 원칙이다.

㉣ 상소장(항소장·상고장·항고장)은 원심법원에 제출하여야 한다.

③ 상소제도의 필요성 : 오판의 시정, 원심재판으로 인한 피고인의 불이익을 구제한다.

④ 상소의 종류★

항소	제1심 판결에 대한 상소를 말한다. 단독판사의 제1심 판결은 지방법원 합의부에 항소하고, 지방법원 합의부의 제1심 판결은 고등법원에 항소한다.
상고	제2심 판결에 대한 상소를 말한다. 예외적으로 제1심 판결에 대해서도 상고가 허용된다. 원칙적으로 법률심이며, 관할 법원은 대법원, 상고심의 판결에 대해서는 상소가 허용되지 아니하고, 다만 오류 정정신청제도를 두고 있다.
항고	법원의 결정에 대한 상소이다. 특별항고와 재항고사건은 대법원 관할이다.

⑤ 3심제(심급제도)★

㉠ 민·형사사건 중 단독사건 : 지방법원(지원) 단독판사 → 지방법원 본원 합의부(항소부) → 대법원

㉡ 민·형사사건 중 합의사건 : 지방법원(지원) 합의부 → 고등법원 → 대법원

㉢ 군사재판 : 보통군사법원 → 고등군사법원 → 대법원

㉣ 행정소송 : 행정법원 → 고등법원 → 대법원

⑥ 불이익변경금지의 원칙

㉠ 불이익변경금지의 원칙은 피고인이 상소한 사건 또는 피고인을 위하여 상소한 사건에 대하여 원심판결의 형보다 무거운 형을 선고할 수 없다는 원칙이다.★

㉡ 검사 단독으로 상소한 사건에는 원심의 형보다 무거운 형의 선고도 가능하다.★

[법률구조공단]

1. 자유형을 벌금형으로 변경한 경우 그 벌금형에 대한 환형으로서 노역장 유치기간이 길어졌을 경우는, 형의 불이익변경에 해당한다는 것이 판례의 입장이다. ( )

→ 벌금형의 집행방법에 해당하는 것이지 형의 선고가 아니므로 불이익변경금지원칙의 적용대상이 아니다.

2. 불이익변경금지 원칙에서 금지되는 대상은 형의 선고이다. ( )
3. 금고형, 징역형을 줄이면서 집행유예를 박탈하는 경우는 불이익변경에 해당한다. ( )
4. 자유형에 대한 집행유예판결을 벌금형으로 변경하는 것은 불이익변경이 될 수 없다. ( )

정답 1. × 2. ○ 3. ○ 4. ○

2. 비상구제절차★★★

① 재심

㉠ 의의 : 유죄의 확정판결에 대하여 주로 사실인정의 부당을 시정하기 위하여 인정되는 절차로 확정판결에 있어서의 사실인정의 과오를 시정함으로써 그 확정판결에 의해서 불이익을 받는 피고인을 구제할 수 있다.

㉡ 대상 : 재심은 원칙적으로 유죄의 확정판결에 대해서만 인정되지만 항소 또는 상고를 기각한 판결에 대해서도 인정된다.

㉢ 내용

재심의 사유(형사소송법 제420조)
• 원판결의 증거가 된 서류 또는 증거물이 확정판결에 의하여 위조되거나 변조된 것임이 증명된 때(제1호) • 원판결의 증거가 된 증언, 감정, 통역 또는 번역이 확정판결에 의하여 허위임이 증명된 때(제2호) • 무고(誣告)로 인하여 유죄를 선고받은 경우에 그 무고의 죄가 확정판결에 의하여 증명된 때(제3호) • 원판결의 증거가 된 재판이 확정재판에 의하여 변경된 때(제4호) • 유죄를 선고받은 자에 대하여 무죄 또는 면소를, 형의 선고를 받은 자에 대하여 형의 면제 또는 원판결이 인정한 죄보다 가벼운 죄를 인정할 명백한 증거가 새로 발견된 때(제5호) • 저작권, 특허권, 실용신안권, 디자인권 또는 상표권을 침해한 죄로 유죄의 선고를 받은 사건에 관하여 그 권리에 대한 무효의 심결 또는 무효의 판결이 확정된 때(제6호) • 원판결, 전심판결 또는 그 판결의 기초가 된 조사에 관여한 법관, 공소의 제기 또는 그 공소의 기초가 된 수사에 관여한 검사나 사법경찰관이 그 직무에 관한 죄를 지은 것이 확정판결에 의하여 증명된 때. 다만, 원판결의 선고 전에 법관, 검사 또는 사법경찰관에 대하여 공소가 제기되었을 경우에는 원판결의 법원이 그 사유를 알지 못한 때로 한정한다(제7호). ※ 상소기각 판결에 대해서는 전조 제1호, 제2호, 제7호만 재심사유에 해당한다(형사소송법 제421조 제1항).

재심의 재판
• 재심심판절차도 일반 공판절차에 관한 규정이 그대로 적용된다. • 재심에는 원판결의 형보다 무거운 형을 선고하지 못한다[불이익변경의 금지]. • 재심에서 무죄의 선고를 한 때에는 그 판결을 관보와 그 법원소재지의 신문지에 기재하여 공고하여야 한다[무죄판결의 공시]. • 재심의 청구는 원판결의 법원이 관할한다. • 재심의 청구는 형의 집행을 종료하거나 형의 집행을 받지 아니하게 된 때에도 할 수 있다. • 재심의 청구는 형의 집행을 정지하는 효력이 없다. 단 관할법원에 대응한 검찰청검사는 재심청구에 대한 재판이 있을 때까지 형의 집행을 정지할 수 있다. • 재심의 청구를 취하한 자는 동일한 이유로써 다시 재심을 청구하지 못한다. • 재심의 청구가 법률상의 방식에 위반하거나 청구권의 소멸 후인 것이 명백한 때에는 결정으로 기각하여야 한다.

② 비상상고★

㉠ 의의 : 확정판결에 대하여 그 심판의 법령위반을 이유로 하여 인정되는 비상구제절차로서 신청권자가 검찰총장에 국한되고 관할법원이 대법원이며, 법령의 해석·적용의 과오를 시정하는 데에 목적이 있어 판결의 효력이 피고인에게 미치지 아니한다는 점에서 재심과 구별된다.★

㉡ 절차

- 비상상고의 신청은 검찰총장의 재량으로 대법원에 대하여 행할 수 있다.
- 비상상고를 함에는 이유를 기재한 신청서를 대법원에 제출하여야 한다.
- 비상상고의 신청에 대하여는 기간의 제한이 없다.★
- 형의 시효, 공소시효에 구애되지 않고 신청을 할 수 있고, 판결확정 후 언제든지 할 수 있다.
- 비상상고의 취하에 대하여는 명문상 규정은 없으나 검찰총장이 필요하다고 판단하는 경우에는 비상상고의 판결이 있을 때까지 취하할 수 있다.★
- 공판기일에는 검사가 출석을 하여야 하며, 검사는 신청서에 의하여 진술하여야 한다. 공판기일에 피고인의 출석은 요하지 않는다.★
- 피고인이 변호인을 선임하여 공판기일에 의견을 진술할 수 있는가에 대하여 법률적 의견을 개진할 기회가 부여되어야 한다.
- 대법원은 신청서에 포함된 이유에 한하여 조사하여야 한다. 따라서 직권조사가 이뤄질 수 없다. 다만, 법원의 관할, 공소의 수리와 소송절차에 관하여는 사실조사를 할 수 있다.
- 비상상고가 이유 없다고 인정한 때에는 판결로써 이를 기각하여야 한다(형사소송법 제445조). 또 이유 있다고 인정한 때에도 원칙적으로 원판결의 법령위반의 부분 또는 법령위반의 원심소송절차(原審訴訟節次)를 파기하는데 그친다.★

㉢ 비상상고의 필요성 : 법령의 해석·적용에 통일을 기할 수 있다.

㉣ 비상상고에 의한 판결의 효력 : 비상상고의 판결은 원판결이 피고인에게 불이익하여 파기자판하는 경우를 제외하고는 그 효력이 피고인에게 미치지 않는다. 즉, 부분파기하는 경우에 원판결의 판결주문은 그대로 효력을 가지며, 따라서 판결은 원칙적으로 이론적 효력이 있을 뿐이다.★

CHAPTER 04 형사법

제1절 형법

01 형법에 규정된 범죄가 아닌 것은?

확인 Check! ○ △ ×

① 컴퓨터 등 사용사기죄
② 과실손괴죄
③ 직권남용죄
④ 인신매매죄

쏙쏙해설

② 형법상 손괴죄는 고의범만을 처벌하고, 과실범은 처벌하지 못한다.
① 형법 제347조의2
③ 형법 제123조
④ 형법 제289조

답 ❷

02 형법의 내용에 관한 설명으로 옳지 않은 것은?

확인 Check! ○ △ ×

① 형법상으로는 사람이지만, 민법상으로는 사람에 해당되지 않는 경우가 있다.
② 구성요건에 해당하지 않는 행위라도 위법하고 책임이 있는 때에는 범죄로 되는 경우가 있다.
③ 고의범을 원칙적으로 처벌하며, 과실범은 형법에 특별히 규정되어 있는 경우에만 처벌한다.
④ 범죄의 성립요건을 갖춘 행위에는 형벌이 가해지는 것이 원칙이다.

쏙쏙해설

형법상 범죄가 성립하기 위해서는 구성요건에 해당하고 위법하며 책임이 인정되어야 한다. 구성요건에 해당하지 않는 행위는 위법 여부를 판단할 필요 없이 형법적 규율의 적용제외 대상이 된다. 따라서 구성요건에 해당하지 않는 행위의 경우에는 위법성과 책임의 판단대상에서 제외된다.

답 ❷

03 형법상 친고죄에 해당하지 않는 것은?

☑ 확인 Check!
○
△
×

① 업무상비밀누설죄
② 모욕죄
③ 명예훼손죄
④ 사자명예훼손죄

▌쏙쏙해설

명예훼손죄는 반의사불벌죄이다. 즉, 피해자가 가해자의 처벌을 원하지 않는다는 의사를 표시하면 처벌할 수 없는 범죄이다.

답 ❸

04 (　　)에 들어갈 것으로 옳은 것은?

☑ 확인 Check!
○
△
×

> 한 국가의 법은 국적을 묻지 않고 그 영토 내에 있는 모든 사람에게 적용된다는 주의를 (　　)라고 한다.

① 속지주의　　② 보호주의
③ 세계주의　　④ 속인주의

▌쏙쏙해설

속지주의는 자국 영토 내의 범죄에 대해 자국의 형법을 적용하는 주의이다.

답 ❶

▌핵심만 콕

형법의 장소적 적용범위★

- 속지주의(제2조) : 본법은 대한민국 영역 내에서 죄를 범한 내국인과 외국인에게 적용한다.
- 속인주의(제3조) : 본법은 대한민국 영역 외에서 죄를 범한 내국인에게 적용한다.
- 기국주의(제4조) : 본법은 대한민국 영역 외에 있는 대한민국의 선박 또는 항공기 내에서 죄를 범한 외국인에게 적용한다.
- 보호주의(제5조) : 본법은 대한민국 영역 외에서 다음에 기재한 죄를 범한 외국인에게 적용한다.
  1. 내란의 죄
  2. 외환의 죄
  3. 국기에 관한 죄
  4. 통화에 관한 죄
  5. 유가증권, 우표와 인지에 관한 죄
  6. 문서에 관한 죄 중 공문서관련 죄
  7. 인장에 관한 죄 중 공인 등의 위조, 부정사용
- 보호주의(제6조) : 본법은 대한민국영역 외에서 대한민국 또는 대한민국 국민에 대하여 전조에 기재한 이외의 죄를 범한 외국인에게 적용한다. 단, 행위자의 법률에 의하여 범죄를 구성하지 아니하거나 소추 또는 형의 집행을 면제할 경우에는 예외로 한다.
- 세계주의 : 총칙에는 이에 대한 규정이 없으나, 각칙에서는 세계주의를 인정하고 있다(제296조의2).

05 형법상 甲의 행위는?

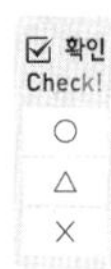

> 甲은 어두운 골목길을 지나다가 강도를 만나 그를 피해 乙의 집에 무단으로 침입하였다.

① 정당방위
② 자구행위
③ 긴급피난
④ 정당행위

쏙쏙해설

甲이 부득이하게 乙의 집에 무단으로 침입한 것은, 자기의 법익에 대한 현재의 위난(강도)을 피하기 위한 행위이므로, 형법 제22조 제1항의 긴급피난에 해당하여 처벌받지 아니한다.

답 ❸

핵심만 콕

정당행위(형법 제20조)

법령에 의한 행위 또는 업무로 인한 행위 기타 사회상규에 위배되지 아니하는 행위는 벌하지 아니한다.

정당방위(형법 제21조)

① 현재의 부당한 침해로부터 자기 또는 타인의 법익(法益)을 방위하기 위하여 한 행위는 상당한 이유가 있는 경우에는 벌하지 아니한다.
② 방위행위가 그 정도를 초과한 경우에는 정황(情況)에 따라 그 형을 감경하거나 면제할 수 있다.
③ 제2항의 경우에 야간이나 그 밖의 불안한 상태에서 공포를 느끼거나 경악(驚愕)하거나 흥분하거나 당황하였기 때문에 그 행위를 하였을 때에는 벌하지 아니한다.

긴급피난(형법 제22조)

① 자기 또는 타인의 법익에 대한 현재의 위난을 피하기 위한 행위는 상당한 이유가 있는 때에는 벌하지 아니한다.
② 위난을 피하지 못할 책임이 있는 자에 대하여는 전항의 규정을 적용하지 아니한다.
③ 전조 제2항과 제3항의 규정은 본조에 준용한다.

자구행위(형법 제23조)

① 법률에서 정한 절차에 따라서는 청구권을 보전(保全)할 수 없는 경우에 그 청구권의 실행이 불가능해지거나 현저히 곤란해지는 상황을 피하기 위하여 한 행위는 상당한 이유가 있는 때에는 벌하지 아니한다.
② 제1항의 행위가 그 정도를 초과한 경우에는 정황에 따라 그 형을 감경하거나 면제할 수 있다.

06 다음 중 A 건물에서 대형화재가 난 후, B 건물로 그 불이 옮겨 붙고 다시 C 건물로 불이 옮겨 붙으려고 하여, C 건물 주인이 B 건물을 손괴하여 C 건물로 불이 옮겨 붙지 않게 했다면, 이때의 위법성 조각사유는 어느 것인가?

확인 Check! ○ △ ×

① 자구행위　　② 긴급피난
③ 정당방위　　④ 과잉방위

▍쏙쏙해설

설문은 긴급피난에 해당한다. 즉, 현재의 위난에 처한 자가 그 위난을 피하기 위하여 부득이 정당한 제3자의 법익을 침해한 경우에는 긴급피난에 해당하여 벌하지 아니한다(형법 제22조 제1항).

답 ❷

07 의사가 환자를 치료하기 위해서 환자의 배를 절개하는 행위를 무엇이라고 하는가?

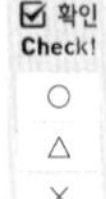

① 업무상 정당행위
② 피해자의 승낙
③ 자구행위
④ 법령상 정당행위

▍쏙쏙해설

설문은 위법성조각사유 중 하나인 정당행위 중 업무상 정당행위에 대한 내용이다.

답 ❶

▍핵심만 콕

정당행위

사회상규에 위배되지 아니하여 국가적·사회적으로 정당시되는 행위로 법령에 의한 행위 또는 업무로 인한 행위 기타 사회상규에 위배되지 아니하는 행위는 벌하지 아니한다.

법령에 의한 행위	공무원의 직무집행행위, 징계행위, 사인의 현행범 체포행위, 노동쟁의행위 등
업무로 인한 행위	의사의 치료행위, 안락사, 변호사·성직자의 직무수행행위 등
사회상규에 위배되지 아니하는 행위	소극적 저항행위, 징계권 없는 자의 징계행위, 권리실행행위 등

08 형법상 책임이 조각되는 사유가 아닌 것은?

☑ 확인 Check!
○
△
×

① 심신상실자의 행위
② 14세 미만자의 행위
③ 피해자의 승낙에 의한 행위
④ 강요된 행위

▌쏙쏙해설

피해자의 승낙에 의한 행위는 위법성이 조각되는 사유이다.

답 ❸

09 형법상 미수범 등에 관한 설명으로 옳지 않은 것은?

☑ 확인 Check!
○
△
×

① 미수범의 형은 기수범보다 감경하여야 한다.
② 범인이 자의로 실행에 착수한 행위를 중지한 때에는 형을 감경 또는 면제한다.
③ 범죄의 음모가 실행의 착수에 이르지 아니한 때에는 법률에 특별한 규정이 있어야 처벌할 수 있다.
④ 실행 수단의 착오로 인하여 결과발생이 불가능하더라도 위험성이 있는 때에는 처벌하되, 형을 감경 또는 면제할 수 있다.

▌쏙쏙해설

미수범은 형법 각 조에 규정이 있을 때에만 처벌되며, 그 형도 기수범에 비해 가볍게 처벌할 수 있다(임의적 감경, 형법 제25조 제2항).

답 ❶

▌핵심만 콕

② 범인이 자의로 실행에 착수한 행위를 중지한 것을 중지미수라고 하며, 형을 필요적으로 감경 또는 면제한다(형법 제26조).
③ 형법 제28조 반대해석
④ 형법 제27조(불능범)

10 미수범에 관한 설명 중 틀린 것은?

☑ 확인 Check! ○ △ ×

① 예비 · 음모는 실행의 착수 이전의 행위다.
② 미수는 범죄의 실행에 착수하였으나 그 범죄의 완성에 이르지 못한 경우이다.
③ 미수는 형법 각 본조에 처벌규정이 있을 때에만 처벌된다.
④ 미수범을 처벌하는 것은 객관주의 입장이라고 할 수 있다.

▌쏙쏙해설

주관주의(신파)는 행위자의 반사회적 성격에 중점을 둔다. 따라서 미수의 처벌은 주관주의의 입장이라고 할 수 있으며, 다만 임의적 감경사유로 한 것은 객관주의의 색채가 가미된 것이라고 할 수 있다.★

답 ❹

11 甲과 乙은 각각 독립된 범죄의사로 동시에 丙에게 발포하였고, 丙은 이 중의 한 발을 맞고 사망하였다. 그러나 누가 쏜 탄환에 맞았는지 밝혀지지 않은 경우, 甲과 乙의 죄책은?

☑ 확인 Check! ○ △ ×

① 살인죄
② 살인미수죄
③ 상해치사죄
④ 상해죄

▌쏙쏙해설

甲과 乙은 각각 살인의 고의로 상호 간의 의사의 연락 없이 丙에게 발포하였다. 형법은 제19조에서 동시 또는 이시의 독립행위가 경합한 경우에 그 결과 발생의 원인된 행위가 판명되지 아니한 때에는 각 행위를 미수범으로 처벌한다고 규정하고 있다. 따라서 비록 丙의 사망이라는 결과가 발생하였으나 그 결과를 甲 또는 乙에게 귀속시킬 수 없기 때문에 甲, 乙은 살인미수의 죄책을 진다.★

답 ❷

12 다음 중 필요적 공범만으로 된 항목은?

☑ 확인 Check! ○ △ ×

① 상해죄, 절도죄
② 횡령죄, 배임죄
③ 내란죄, 도박죄
④ 살인죄, 주거침입죄

▌쏙쏙해설

①·②·④는 모두 혼자서도 범죄가 가능하지만, ③은 반드시 2인 이상이 필요하므로 필요적 공범이다.

답 ❸

13 교사범에 관한 설명 중 틀린 것은?

① 특정된 타인이 교사자의 지휘·감독을 받는 자인 경우에는 특수교사로 된다.
② 교사자에게 교사의 고의가 있고, 피교사자의 범죄결의가 있어야 한다.
③ 범죄를 교사했으나 실패한 교사범은 당해 범죄의 예비와 음모에 준하여 처벌한다.
④ 절도를 교사 받고 강도를 한 경우 교사자는 교사의 책임을 지지 않는다.

쏙쏙해설

④의 경우 교사한 범위 내에서 책임을 진다는 것이 학설·판례이다(법정적 부합설).
① 형법 제34조 제2항
② 형법 제34조 제1항
③ 형법 제31조 제3항

답 ❹

14 공무집행을 방해할 의사로 공무집행 중인 공무원을 상해한 경우는 다음 중 어느 것에 해당하는가?

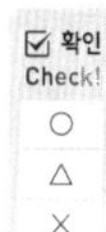

① 법조경합
② 포괄적 일죄
③ 상상적 경합
④ 실체적 경합

쏙쏙해설

공무집행방해죄의 행위가 단순히 폭행·협박에 그쳤을 경우에는 폭행죄·협박죄는 공무집행방해죄에 흡수되지만, 단순폭행의 정도를 넘어 체포·감금·살인·상해·준강도·강도치사상·소요 등의 죄를 범한 경우에는 공무집행방해죄와 상상적 경합이 된다.

답 ❸

15 형법상 선고유예의 규정 내용이 아닌 것은?

① 선고유예기간 중 벌금형 이상의 판결이 확정된 때에는 유예한 형을 선고한다.
② 형을 병과할 경우에도 형의 전부 또는 일부에 대하여 그 선고를 유예할 수 있다.
③ 형의 선고를 유예하는 경우에 보호관찰을 명할 수 있다.
④ 형의 선고유예를 받은 날로부터 2년을 경과한 때에는 면소된 것으로 간주한다.

쏙쏙해설

형의 선고유예를 받은 자가 유예기간 중 자격정지 이상의 형에 처한 판결이 확정되거나 자격정지 이상의 형에 처한 전과가 발견된 때에는 유예한 형을 선고한다(형법 제61조 제1항).★★

답 ❶

16 형법상 국가적 법익에 관한 죄가 아닌 것은?

확인 Check! ○ △ ×

① 소요죄　　② 도주죄
③ 위증죄　　④ 직무유기죄

쏙쏙해설

소요죄는 사회적 법익에 관한 죄 중 공공의 안전과 평온에 대한 죄에 해당한다. 구체적으로는 공안을 해하는 죄에 해당한다. 도주죄, 위증죄, 직무유기죄는 국가적 법익에 관한 죄 중 국가의 기능에 대한 죄에 해당한다.

답 ❶

핵심만 콕

법익에 따른 범죄의 분류★★

개인적 법익에 관한 죄	
생명과 신체에 대한 죄	살인죄, 상해와 폭행의 죄, 과실치사상의 죄, 낙태의 죄, 유기·학대의 죄
자유에 대한 죄	협박의 죄, 강요의 죄, 체포와 감금의 죄, 약취·유인 및 인신매매죄, 강간과 추행의 죄
명예와 신용에 대한 죄	명예에 관한 죄, 신용·업무와 경매에 관한 죄
사생활의 평온에 대한 죄	비밀침해의 죄, 주거침입의 죄
재산에 대한 죄	절도의 죄, 강도의 죄, 사기의 죄, 공갈의 죄, 횡령의 죄, 배임의 죄, 장물의 죄, 손괴의 죄, 권리행사를 방해하는 죄
사회적 법익에 관한 죄	
공공의 안전과 평온에 대한 죄	공안을 해하는 죄, 폭발물에 관한 죄, 방화와 실화의 죄, 일수와 수리에 관한 죄, 교통방해의 죄
공공의 신용에 대한 죄	통화에 관한 죄, 유가증권·인지와 우표에 관한 죄, 문서에 관한 죄, 인장에 관한 죄
공중의 건강에 대한 죄	먹는 물에 관한 죄, 아편에 관한 죄
사회의 도덕에 대한 죄	성풍속에 관한 죄, 도박과 복표에 관한 죄, 신앙에 관한 죄
국가적 법익에 관한 죄	
국가의 존립과 권위에 대한 죄	내란의 죄, 외환의 죄, 국기에 관한 죄, 국교(國交)에 관한 죄
국가의 기능에 대한 죄	공무원의 직무에 관한 죄(뇌물관련범죄 등), 공무방해에 관한 죄, 도주와 범인 은닉의 죄, 위증과 증거인멸의 죄, 무고의 죄

17 **명예훼손죄와 모욕죄의 구별 표준은?**

확인 Check! ○ △ ×

① 공연성의 여부
② 사실적시의 여부
③ 진실성의 여부
④ 허위성의 여부

▌쏙쏙해설

모욕죄는 사실의 적시가 없어도 성립되는 범죄로, 양 죄의 구별기준은 사실의 적시 여부이다(통설 · 판례).★

답 ❷

18 **다음 중 불가벌적 사후행위가 성립되는 범죄는?**

① 절도죄
② 상해죄
③ 주거침입죄
④ 살인죄

▌쏙쏙해설

불가벌적 사후행위란 범죄에 의하여 획득한 재물이나 이익을 사용 · 처분하는 사후행위가 별도의 구성요건에 해당하더라도 이미 주된 범죄에 의하여 완전히 평가되었기 때문에 별도의 범죄행위를 구성하지 않는 행위를 말한다. 절도죄가 대표적이다.

답 ❶

19 **甲은 아버지의 돈을 몰래 훔쳐 유흥비로 소비하였다. 甲의 죄책에 대한 다음 설명 중 타당한 것은?**

① 甲은 절도죄가 성립하지 않는다.
② 甲은 절도죄는 성립하지만 형이 면제된다.
③ 甲은 아버지의 고소가 있어야만 처벌된다.
④ 甲은 아버지의 불처벌의사가 명확하지 않은 경우에는 처벌될 수 있다.

▌쏙쏙해설

직계혈족, 배우자, 동거친족, 동거가족 또는 그 배우자간의 절도죄는 그 형을 면제한다(형법 제344조 참고).★

답 ❷

20 주거에 침입한 강도죄에 있어서 실행에 착수한 시기로 옳은 것은?

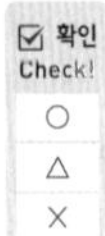

① 타인의 주거에 침입한 때
② 재물을 강취한 때
③ 폭행, 협박을 가한 때
④ 도주한 때

▌쏙쏙해설

주간에 주거에 침입한 강도죄에 있어서 실행에 착수한 시기는 타인의 주거에 침입한 때가 아니라 폭행 또는 협박이 개시된 때이며, 주거침입죄와 강도죄의 경합범에 해당된다. 만약 여기에 야간이라는 시간적 상황이 제시된다면 특수강도죄(형법 제334조 제1항)가 성립하여 학설 및 판례의 대립이 있게 된다.★

답 ❸

21 형법상 재산범죄에 관한 설명으로 옳지 않은 것은?

① 친족상도례는 모든 재산범죄에 적용된다.
② 절도죄는 타인의 재물을 절취함으로써 성립한다.
③ 강도죄는 예비·음모한 자에 대한 처벌규정이 있다.
④ 준강도는 목적범이며, 행위주체는 절도범이다.

▌쏙쏙해설

재산죄 중 강도죄와 손괴죄는 친족상도례가 적용되지 않는다.

답 ❶

▌핵심만 콕

② 타인의 재물을 절취한 자는 6년 이하의 징역 또는 1천만 원 이하의 벌금에 처한다(형법 제329조).
③ 강도할 목적으로 예비 또는 음모한 자는 7년 이하의 징역에 처한다(형법 제343조).
④ 절도가 재물의 탈환에 항거하거나 체포를 면탈하거나 범죄의 흔적을 인멸할 목적으로 폭행 또는 협박한 때에는 제333조(강도) 및 제334조(특수강도)의 예에 따른다(형법 제335조). 따라서 준강도죄의 행위주체는 절도범이며, 이는 목적범에 해당한다.

22. 재물만을 객체로 하는 재산범죄는?

☑ 확인 Check! ○ △ ×

① 장물죄 ② 사기죄
③ 강도죄 ④ 공갈죄

쏙쏙해설

장물죄가 재물만을 객체로 하는 재산범죄이고, ②·③·④는 재물, 재산상 이익을 객체로 한다.

답 ❶

핵심만 콕

객체에 의한 재산죄의 분류★

- 재물죄 : 재물을 객체로 하는 범죄(절도죄, 횡령죄, 장물죄, 손괴죄)
- 이득죄 : 재산상 이익을 객체로 하는 범죄(배임죄, 컴퓨터 사용사기죄)
- 재물죄 + 이득죄 : 재물 및 재산상 이익을 객체로 하는 범죄(강도죄, 사기죄, 공갈죄)

23 다음 중 문서위조죄의 문서에 해당하지 않는 것은?

① 의사의 진단서
② 주민등록증
③ 실재하지 않는 공무소 명의의 문서
④ 명의인은 없으나 법률상 중요한 문서

쏙쏙해설

문서는 의견표시이므로 작성명의인이 있어야 하며 명의인이 없는 문서는 문서에 관한 죄의 객체가 될 수 없다.★★

답 ❹

24 형법상 과실치상죄의 법정형이 아닌 것은?

① 징역 ② 벌금
③ 구류 ④ 과료

▌쏙쏙해설

과실로 인하여 사람의 신체를 상해에 이르게 한 자는 500만 원 이하의 벌금, 구류 또는 과료에 처한다(형법 제266조 제1항).★

답 ❶

25 형법상 '죄를 범한 사람이 약취 · 유인한 자를 안전한 장소로 풀어 준 때에는 그 형을 감경할 수 있다.'는 별도의 감경규정이 없는 범죄는?

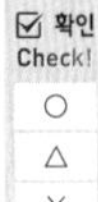

① 인질강요죄
② 인질강도죄
③ 인신매매죄
④ 미성년자 약취 · 유인죄

▌쏙쏙해설

지문 중 형법상 해방감경규정이 없는 범죄는 인질강도죄(형법 제336조)이다.

답 ❷

▌핵심만 콕

① 형법 제324조의6(형의 감경) – 형법 제324조의2(인질강요)
③ 형법 제295조의2(형의 감경) – 형법 제289조(인신매매)
④ 형법 제295조의2(형의 감경) – 형법 제287조(미성년자의 약취, 유인)

제2절 형사소송법

01 형사소송법에 관한 설명으로 옳지 않은 것은?

○ △ ×

① 규문주의가 기본 소송구조이다.
② 국가소추주의를 규정하고 있다.
③ 형법을 적용·실현하기 위한 절차를 규정하는 법률이다.
④ 실체적 진실주의, 적법절차의 원칙, 신속한 재판의 원칙을 지도이념으로 한다.

쏙쏙해설

우리나라 형사소송법은 재판기관인 법원이 재판기관 이외의 자(검사)의 소추에 의하여 재판절차를 개시하는 탄핵주의를 채택하고 있다. 규문주의는 소추기관의 소추를 기다리지 않고 법원이 직권으로 심판을 개시할 수 있는 주의이다.

답 ❶

02 형사소송법상 신속한 재판을 위한 제도로 옳지 않은 것은?

○ △ ×

① 궐석재판
② 집중심리
③ 불필요한 변론의 제한
④ 피고인의 진술거부권

쏙쏙해설

피고인의 진술거부권은 피고인 또는 피의자가 공판절차나 수사절차에서 법원 또는 수사기관의 신문에 대하여 형사상 자신에게 불리한 진술을 거부할 수 있는 권리로 묵비권이라고도 하는데(헌재결 2001.11.29. 2001헌바41), 이는 인권보장과 무기평등원칙을 실현하기 위한 수단으로서 의미가 있다(헌재결 1997.3.27. 96헌가11).

답 ❹

핵심만 콕

① 궐석재판이란 피고인이 출정하지 아니한 상태에서 피고인의 출석 없이 재판을 진행함으로써 신속한 재판을 실현하기 위한 제도이다. 참고로 형사소송법상 궐석재판은 구속피고인이 출석을 거부한 경우와, 약식명령에 대하여 정식재판을 청구한 피고인이 공판기일에 2회 불출석한 경우에 인정된다.
② 집중심리주의(계속심리주의)는 심리기간의 단축으로써 신속한 재판을 실현하기 위한 제도이다.
③ 불필요한 변론의 제한은 재판장이 자신의 소송지휘권을 적절히 행사함으로써 신속한 재판을 실현하기 위한 제도이다.

03 형사소송법상 법관이 불공정한 재판을 할 염려가 있는 경우에 검사 또는 피고인의 신청에 의하여 그 법관을 직무에서 탈퇴하게 하는 제도는?

① 제척
② 기피
③ 회피
④ 진정

▌쏙쏙해설

설문이 설명하는 내용은 기피제도이다. 즉, 기피(忌避)란 제척사유가 있는 법관이 재판에 관여하거나, 기타 불공정한 재판을 할 우려가 있을 때 당사자의 신청에 의해 그 법관을 배제하는 제도이다.

답 ❷

▌핵심만 콕

① 제척(除斥)이란 법관이 불공정한 재판을 할 현저한 법정의 이유가 있을 때 그 법관을 직무집행에서 배제하는 제도이다.
③ 회피(回避)란 법관이 기피의 사유가 있다고 생각하여 스스로 직무집행에서 탈퇴하는 제도이다.
④ 진정(陳情)이란 국가 또는 지방공공단체에 사정을 진술하고 어떤 조치를 희망하는 행위를 뜻한다.

04 형사소송에서 피고인에 관한 설명으로 옳지 않은 것은?

① 피고인은 진술거부권을 가진다.
② 피고인은 당사자로서 검사와 대등한 지위를 가진다.
③ 검사에 의하여 공소가 제기된 자는 피고인이다.
④ 피고인은 소환, 구속, 압수, 수색 등의 강제처분의 주체가 된다.

▌쏙쏙해설

피고인은 소환(형사소송법 제68조), 구속(형사소송법 제69조), 압수(형사소송법 제106조 제1항), 수색(형사소송법 제109조 제1항) 등의 강제처분의 객체가 된다. 검사에 의하여 공소가 제기된 자가 피고인이며, 피고인은 진술거부권을 가지고(형사소송법 제283조의2 제1항), 당사자로서 검사와 대등한 지위를 가진다(형사소송법 제275조 제3항).

답 ❹

▌핵심만 콕

피의자

죄를 범한 혐의로 수사기관의 수사대상이 되어 있는 자로서, 아직 공소가 제기되지 않은 자이다. 아직 공소가 제기되지 않았다는 점에서 피고인과 구별된다.

05 형사소송법상 변호인에 관한 설명으로 옳지 않은 것은?

☑ 확인 Check! ○ △ ×

① 변호인은 원칙적으로 변호사 중에서 선임하여야 한다.
② 변호인 선임은 당해 심급에 한하여 효력이 있다.
③ 피고인 또는 피의자는 변호인을 선임할 수 있다.
④ 공소제기 전에 선임된 변호인은 제1심의 변호인이 될 수 없다.

쏙쏙해설

공소제기 전의 변호인 선임은 제1심에도 그 효력이 있다(형사소송법 제32조 제2항). 따라서 공소제기 전에 선임된 변호인은 제1심의 변호인이 될 수 있다.

답 ❹

핵심만 콕

① 변호인은 변호사 중에서 선임하여야 한다. 단, 대법원 이외의 법원은 특별한 사정이 있으면 변호사 아닌 자를 변호인으로 선임함을 허가할 수 있다(형사소송법 제31조).
② 변호인의 선임은 심급마다 변호인과 연명날인한 서면으로 제출하여야 한다(형사소송법 제32조 제1항). 따라서 변호인 선임은 당해 심급에 한하여 효력이 있다.
③ 피고인 또는 피의자는 변호인을 선임할 수 있다(형사소송법 제30조 제1항).

06 형사소송법상 형사피고인이 변호인이 없는 때에 법원이 직권으로 국선변호인을 선정해야 하는 경우가 아닌 것은?

☑ 확인 Check! ○ △ ×

① 피고인이 구속된 때
② 피고인이 미성년자인 때
③ 피고인이 심신장애의 의심이 있는 때
④ 피고인이 단기 2년의 금고에 해당하는 사건으로 기소된 때

쏙쏙해설

피고인이 사형, 무기 또는 단기 3년 이상의 징역이나 금고에 해당하는 사건으로 기소된 때가 변호인이 없을 때 법원이 직권으로 변호인을 선정하여야 하는 경우에 해당한다(형사소송법 제33조 제1항 제6호).

답 ❹

07 수사상 신체구속에 관한 설명으로 잘못된 것은?

☑ 확인 Check! ○ △ ×

① 구속은 구인과 구금을 포함한다.
② 피고인 또는 피의자의 신체의 자유를 제한하는 대인적 강제처분이다.
③ 체포영장에 의한 체포, 긴급체포, 현행범체포, 구속영장에 의한 구속이 있다.
④ 긴급체포한 피의자에 대해서는 검사가 72시간 이내에 판사에게 구속영장을 청구하면 된다.

▌쏙쏙해설

검사는 체포한 때로부터 48시간 이내에 구속영장을 청구하여야 한다(형사소송법 제200조의4 제1항).

답 ❹

08 다음 중 형사소송법상의 구속적 요건으로 법원이 피고인을 구속할 수 있는 사유로 볼 수 없는 것은?

☑ 확인 Check! ○ △ ×

① 사형, 무기, 단기 1년 이상의 징역에 처할 범죄를 범하였을 때
② 일정한 주거가 없는 때
③ 증거를 인멸할 염려가 있는 때
④ 도망하거나 도망할 염려가 있는 때

▌쏙쏙해설

법원의 구속의 사유에는 ②·③·④가 있다(형사소송법 제70조).

답 ❶

▌핵심만 콕

구속의 사유(형사소송법 제70조)

① 법원은 피고인이 죄를 범하였다고 의심할 만한 상당한 이유가 있고 다음 각호의 1에 해당하는 사유가 있는 경우에는 피고인을 구속할 수 있다.
   1. 피고인이 일정한 주거가 없는 때
   2. 피고인이 증거를 인멸할 염려가 있는 때
   3. 피고인이 도망하거나 도망할 염려가 있는 때
② 법원은 제1항의 구속사유를 심사함에 있어서 범죄의 중대성, 재범의 위험성, 피해자 및 중요 참고인 등에 대한 위해 우려 등을 고려하여야 한다.
③ 다액 50만 원 이하의 벌금, 구류 또는 과료에 해당하는 사건에 관하여는 제1항 제1호의 경우를 제한 외에는 구속할 수 없다.

09 형사소송법상 임의수사에 해당하는 경우를 모두 고른 것은?

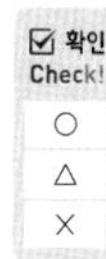

ㄱ. 검증	ㄴ. 피의자신문
ㄷ. 사실조회	ㄹ. 수색

① ㄱ, ㄴ ② ㄱ, ㄷ
③ ㄴ, ㄷ ④ ㄴ, ㄹ

▌쏙쏙해설

임의수사란 강제력을 행사하지 않고 당사자의 승낙을 얻어서 하는 수사를 말하며, 피의자신문, 사실조회, 출석요구, 참고인 진술 청취 등의 방법이 있다. 검증, 공무소에의 조회, 증거보전 등은 강제수사에 해당한다.★

답 ❸

10 수사와 공소에 관한 설명으로 옳은 것은?

① 강제수사가 원칙이고, 예외적으로 임의수사가 허용된다.
② 공소제기 후에는 수사를 할 수 없다.
③ 공소사실과 동일성이 인정되는 사실까지 공소제기의 효력이 미친다.
④ 공소장에는 피고인과 공소사실만 기재하면 족하다.

▌쏙쏙해설

공소제기의 효력은 공소사실과 동일성이 인정되는 사실까지 미친다.

답 ❸

▌핵심만 콕

① 임의수사가 원칙이고 강제수사는 예외적으로 법의 규정이 있을 때 가능하다. 이를 임의수사의 원칙이라 한다(형사소송법 제199조 제1항).
② 수사결과 검사가 충분한 혐의를 인정하고 공소를 제기하면 수사는 원칙적으로 종결되나 공소제기 후에도 검사가 공소유지를 위하여 수사를 계속할 필요가 있는 때에는 임의수사는 원칙적으로 허용된다.★
④ 공소장에는 필요적 기재사항과 임의적 기재사항을 기재해야 한다. 필요적 기재사항은 피고인의 성명 기타 특정사항・죄명・공소사실・적용법조이며(형사소송법 제254조 제3항), 피고인의 구속 여부도 기재해야 한다(형사소송규칙 제117조 제1항 제2호).★

11 ( )에 들어갈 말로 옳은 것은?

> 형사소송법상 고소권자와 범인 이외의 제3자가 수사기관에 범죄사실을 신고하여 범인의 소추를 구하는 의사표시를 ( )(이)라고 한다.

① 고발 ② 고소
③ 자수 ④ 자백

▌쏙쏙해설

제시된 내용의 ( )안에 들어갈 말은 고발이다.

답 ❶

▌핵심만 콕

② 고소는 범죄의 피해자 또는 그와 일정한 관계가 있는 고소권자가 수사기관에 대하여 범죄사실을 신고하여 범인의 처벌을 구하는 의사표시이다.
③ 자수는 범인이 스스로 수사책임이 있는 관서에 자기의 범행을 고하고 그 처분을 구하는 의사표시이다.
④ 자백은 수사기관의 직무상 질문 또는 조사에 응하여 범죄사실을 인정하는 진술을 하는 것을 말한다.

12 형사소송법상 고소에 관한 설명으로 옳지 <u>않은</u> 것은?

① 고소의 취소는 대리가 허용되지 않는다.
② 고소는 제1심 판결선고 전까지 취소할 수 있다.
③ 고소를 취소한 자는 동일한 사건에 대하여 다시 고소할 수 없다.
④ 친고죄의 고소기간은 원칙적으로 범인을 알게 된 날로부터 6월이다.

▌쏙쏙해설

① 고소의 취소는 대리인으로 하여금 하게 할 수 있다(형사소송법 제236조).
② 형사소송법 제232조 제1항
③ 형사소송법 제232조 제2항
④ 친고죄에 대하여는 범인을 알게 된 날로부터 6월을 경과하면 고소하지 못한다(형사소송법 제230조 제1항 본문).

답 ❶

13 형사소송법상 고소·고발에 관한 설명으로 옳은 것은?

☑ 확인 Check! ○ △ ×

① 고소를 취소한 자는 다시 고소할 수 있다.
② 고소의 취소는 대법원 확정판결 전까지 가능하다.
③ 피해자의 법정대리인은 피해자의 동의 없이는 독립하여 고소할 수 없다.
④ 친고죄의 공범 중 그 1인에 대한 고소는 다른 공범자에 대하여도 효력이 있다.

▌쏙쏙해설

형사소송법 제233조(고소의 불가분)에 대한 설명으로 옳다.

답 ❹

▌핵심만 콕

① 고소를 취소한 자는 다시 고소할 수 없다(형사소송법 제232조 제2항).
② 고소는 제1심 판결선고 전까지 취소할 수 있다(형사소송법 제232조 제1항).
③ 피해자의 법정대리인은 독립하여 고소할 수 있다(형사소송법 제225조 제1항).

14 형사소송법상 증거에 관한 설명으로 옳지 <u>않은</u> 것은?

① 공소범죄사실에 대한 거증책임은 원칙적으로 검사에게 있다.
② 피고인의 자백이 그 피고인에게 불이익한 유일의 증거인 경우 이를 유죄의 증거로 한다.
③ 증거란 사실인정의 근거가 되는 자료이다.
④ 적법절차에 따르지 아니하고 수집한 자료는 증거로 할 수 없다.

▌쏙쏙해설

피고인의 자백이 그 피고인에게 불이익한 유일의 증거인 때에는 이를 유죄의 증거로 하지 못한다(형사소송법 제310조).

답 ❷

▌핵심만 콕

① 거증책임과 관련하여 증명불능으로 인한 불이익을 누구에게 부담시킬 것인지가 문제되는데, 형사소송법의 기본원칙은 무죄추정이고, 의심스러울 때는 피고인의 이익으로 판단하여야 하므로, 거증책임은 원칙적으로 검사가 부담한다.
③ 증거란 사실인정의 근거가 되는 자료로, 증거방법과 증거자료 2가지 의미를 포함한다. 증거방법은 사실인정의 근거가 되는 유형물 자체를 의미하고[증인·감정인·당사자(본인)·문서·검증물], 증거자료는 증거방법을 조사하는 과정에서 알게 된 내용을 의미한다(증언·감정결과·당사자신문결과·문서내용·검증의 결과).
④ 적법한 절차에 따르지 아니하고 수집한 증거는 증거로 할 수 없는데(형사소송법 제308조의2), 이를 위법수집증거배제원칙이라 한다.

15 형사소송에서 '사실인정의 기초가 되는 경험적 사실을 경험자 자신이 직접 법원에 진술하지 않고, 타인의 진술 등의 방법으로 간접적으로 법원에 보고하는 형태의 증거는 원칙적으로 증거능력이 인정되지 않는다'는 원칙은?

확인 Check! ○ △ ×

① 전문법칙
② 자백배제법칙
③ 자백의 보강법칙
④ 위법수집증거배제원칙

▌쏙쏙해설

설문이 설명하는 내용은 전문법칙이다. 즉, 전문법칙이란 전문증거의 증거능력을 제한하는 원칙이다. 여기서 전문증거(傳聞證據, hearsay)는 원진술자가 공판기일 또는 심문기일에 행한 진술 이외의 진술로서 그 주장사실이 진실임을 입증하기 위하여 제출된 것으로, 전문진술과 진술서, 자술서, 진술녹취서 등 전문서류를 말하며, 형사소송법 제310조의2는 동법 제311조 내지 제316조에 규정한 것 이외에는 증거능력을 부정하고 있다.

답 ❶

▌핵심만 콕

② 자백배제법칙이란 임의성이 의심되는 자백은 증거능력을 배제하는 원칙이다(형사소송법 제309조).
③ 자백의 보강법칙이란 피고인이 임의로 한 증거능력이 있고, 신용성이 있는 자백에 의하여 법관이 유죄의 심증을 얻었다고 하더라도 그 자백에 대한 다른 보강증거가 없으면 유죄를 인정할 수 없다는 원칙이다(형사소송법 제310조).
④ 위법수집증거배제원칙이란 적법한 절차에 따르지 아니하고 수집한 증거는 증거로 할 수 없다는 원칙이다(형사소송법 제308조의2).

16 형사소송법상 무기징역에 해당하는 범죄의 공소시효기간은?

① 7년
② 10년
③ 15년
④ 20년

▌쏙쏙해설

무기징역 또는 무기금고에 해당하는 범죄의 공소시효는 15년이다(형사소송법 제249조 제1항 제2호).

답 ❸

▌핵심만 콕

공소시효의 기간(형사소송법 제249조)

① 공소시효는 다음 기간의 경과로 완성한다.
   1. 사형에 해당하는 범죄에는 25년
   2. 무기징역 또는 무기금고에 해당하는 범죄에는 15년
   3. 장기 10년 이상의 징역 또는 금고에 해당하는 범죄에는 10년
   4. 장기 10년 미만의 징역 또는 금고에 해당하는 범죄에는 7년
   5. 장기 5년 미만의 징역 또는 금고, 장기 10년 이상의 자격정지 또는 벌금에 해당하는 범죄에는 5년
   6. 장기 5년 이상의 자격정지에 해당하는 범죄에는 3년
   7. 장기 5년 미만의 자격정지, 구류, 과료 또는 몰수에 해당하는 범죄에는 1년
② 공소가 제기된 범죄는 판결의 확정이 없이 공소를 제기한 때로부터 25년을 경과하면 공소시효가 완성한 것으로 간주한다.

17 형사소송법상 면소판결의 선고를 해야 하는 경우는?

○ △ ×

① 피고인에 대한 재판권이 없는 때
② 친고죄 사건에서 고소의 취소가 있은 때
③ 공소의 시효가 완성되었을 때
④ 공소가 제기된 사건에 대하여 다시 공소가 제기되었을 때

▌쏙쏙해설

형사소송법 제326조 제3호의 면소판결 사유에 해당한다.

답 ❸

▌핵심만 콕

종국재판의 종류 및 구체적 사유

구분	사유
유죄판결	• 사건의 실체에 관하여 피고인 범죄 사실의 증명이 있는 때
무죄판결 (형사소송법 제325조)	• 피고사건이 범죄로 되지 아니하는 때(구성요건해당성이 없거나 또는 위법성조각사유나 책임조각사유가 존재한다는 것이 밝혀진 경우를 말함) • 범죄사실의 증명이 없는 때
관할위반의 판결 (형사소송법 제319조)	• 피고사건이 법원의 관할에 속하지 아니하는 때
공소기각의 결정 (형사소송법 제328조 제1항)	두 공 · 취 · 사 · 소 / 수 · 법 · 계 · 관 · 경 / 범 · 사 · 포 · 아 • 공소가 취소되었을 때(제1호) • 피고인이 사망 또는 법인이 소멸한 때(제2호) • 동일사건이 사물관할을 달리하는 수 개의 법원에 계속되거나 관할이 경합하는 경우(제12조 또는 제13조)의 규정과 관련하여 재판할 수 없는 때(제3호) • 공소장에 범죄가 될만한 사실이 포함되지 아니할 때(제4호)
공소기각의 판결 (형사소송법 제327조)	두 재 · 절 · 무 / 위반 공소 / 친 · 반 • 피고인에 대하여 재판권이 없는 경우(제1호) • 공소제기 절차가 법률의 규정에 위반하여 무효인 때(제2호) • 공소가 제기된 사건에 대하여 다시 공소가 제기된 경우(제3호) • 공소취소와 재기소(제329조)의 규정에 위반하여 공소가 제기되었을 때(제4호) • 친고죄에서 고소의 취소가 있는 때(제5호) • 반의사불벌죄에서 처벌을 희망하지 않는 의사표시가 있는 경우이거나 처벌을 희망하는 의사표시가 철회되었을 때(제6호)
면소판결 (형사소송법 제326조)	두 확 · 사 · 시 · 폐 • 확정판결이 있은 때(제1호) • 사면이 있는 경우(제2호) • 공소시효가 완성된 경우(제3호) • 범죄 후 법령개폐로 형이 폐지된 경우(제4호)

18 형사소송법상 재심청구에 관한 설명으로 옳지 않은 것은?

① 재심의 청구는 원판결의 법원이 관할한다.
② 재심의 청구로 형의 집행은 정지된다.
③ 재심의 청구가 청구권의 소멸 후인 것이 명백한 때에는 결정으로 기각하여야 한다.
④ 재심의 청구는 형의 집행을 받지 아니하게 된 때에도 할 수 있다.

쏙쏙해설

② 재심의 청구는 형의 집행을 정지하는 효력이 없다(형사소송법 제428조 본문).
① 형사소송법 제423조
③ 형사소송법 제433조
④ 형사소송법 제427조

답 ❷

19 다음 공판절차 중 가장 먼저 이루어지는 것은?

① 인정신문
② 진술거부권의 고지
③ 피고인 신문
④ 판결의 선고

쏙쏙해설

공판절차 : 진술거부권 고지 – 인정신문 – 검사의 모두진술 – 피고인의 모두진술 – 증거조사 – 피고인 신문★

답 ❷

20 우리나라 소송에 관한 설명으로 옳지 않은 것은?

① 사실의 인정은 증거에 의하여야 한다.
② 사실확정에 있어서 추정은 반증에 의해 그 효과가 부인될 수 있다.
③ 증인신문은 원칙적으로 법원의 신문 후에 당사자에 의한 교호신문(交互訊問)의 형태로 진행된다.
④ 형사소송에서 피고인의 자백이 그 피고인에게 불이익한 유일한 증거인 때에는 이를 유죄의 증거로 하지 못한다.

쏙쏙해설

③ 증인신문은 당사자에 의한 교호신문이 끝난 뒤에 재판장이 신문할 수 있다(형사소송법 제161조의2 제1항·제2항).
① 형사소송법 제307조 제1항
② 추정된 사실과 다른 주장을 하는 자는 반증을 들어 추정의 효과를 뒤집을 수 있다.
④ 형사소송법 제310조

답 ❸

21 형사소송법상 증거의 일반원칙에 관한 설명으로 옳지 않은 것은?

☑ 확인 Check!
○
△
×

① 사실의 인정은 증거에 의하여야 한다.
② 피고인의 자백이 그 피고인에게 불이익한 유일의 증거인 때에는 이를 유죄의 증거로 하지 못한다.
③ 피고인의 자백이 임의로 진술한 것이 아니라고 의심할만한 이유가 있을 때에는 유죄의 증거로 할 수 없다.
④ 피의자에 대하여 진술거부권을 고지하지 않은 상태에서 수집한 증거의 증거능력은 인정된다.

▌쏙쏙해설

형사소송법이 보장하는 피의자의 진술거부권은 헌법이 보장하는 형사상 자기에 불리한 진술을 강요당하지 않는 자기부죄거부의 권리에 터 잡은 것이므로 수사기관이 피의자를 신문함에 있어서 피의자에게 미리 진술거부권을 고지하지 않은 때에는 그 피의자의 진술은 위법하게 수집된 증거로서 진술의 임의성이 인정되는 경우라도 증거능력이 부인되어야 한다(대판 2011.11.10. 2010도8294).★

답 ❹

22 형사소송법상 제1심 판결에 불복하여 제2심 법원에 제기하는 상소는?

☑ 확인 Check!
○
△
×

① 항고
② 상고
③ 항소
④ 재심

▌쏙쏙해설

항소는 제1심 판결에 대한 상소를 말하는데, 단독판사의 제1심 판결은 지방법원 합의부에, 지방법원 합의부의 제1심 판결은 고등법원에 항소한다.

답 ❸

▌핵심만 콕

① 항고는 법원의 결정·명령에 대한 간이한 상소를 말하는데, 법률이 정한 것 이외에는 항고할 수 없다.
② 상고는 제2심 판결에 대한 상소를 말하는데, 예외적으로 제1심 판결에 대한 상고도 허용될 수 있다.
④ 재심은 형사상 유죄의 확정판결에 중대한 사실오인이 있는 경우, 이를 이유로 한 당사자의 신청으로써 그 판결의 부당함을 시정하는 비상구제절차이다(형사소송법 제420조 내지 제440조).

23 형사소송법상 상소에 관한 설명으로 옳지 <u>않은</u> 것은?

☑ 확인 Check! ○ △ ×

① 상소의 제기기간은 7일이다.
② 상소장은 원심법원에 제출하여야 한다.
③ 법원의 결정에 대해 불복하는 상소는 상고이다.
④ 검사는 피고인의 이익을 위하여 상소할 수 있다.

❙ 쏙쏙해설

③ 법원의 결정에 불복하는 상소는 항고이다.
① 형사소송법 제358조, 제374조, 제405조.
② 형사소송법 제359조, 제375조, 제406조
④ 검사는 피고인과 대립하는 당사자이기도 하지만 공익의 대표자로서 법원에 대해 법령의 정당한 적용을 청구할 직무와 권한이 있으므로 피고인의 이익을 위한 상소도 할 수 있다는 입장이 일반적이다.

답 ❸

24 국민의 형사재판 참여에 관한 법률의 내용으로 옳지 <u>않은</u> 것은?

① 피고인이 국민참여재판을 원하지 않는 경우에는 국민참여재판을 할 수 없다.
② 국민참여재판은 필요적 변호사건이다.
③ 배심원은 만 18세 이상의 대한민국 국민 중에서 선정된다.
④ 배심원의 평결결과와 다른 판결을 선고할 수 있다.

❙ 쏙쏙해설

배심원은 만 20세 이상의 대한민국 국민 중에서 이 법으로 정하는 바에 따라 선정된다(국민의 형사재판 참여에 관한 법률 제16조).★

답 ❸

❙ 핵심만 콕

① 국민의 형사재판 참여에 관한 법률 제9조 제1항 제2호
② 국민의 형사재판 참여에 관한 법률 제7조
④ 국민의 형사재판 참여에 관한 법률 제48조 제4항, 제49조 제2항

CHAPTER 04 형사법

제1절 형법

01 형법의 기본원칙에는 죄형법정주의, 형벌불소급의 원칙, 유추해석금지의 원칙, 일사부재리의 원칙이 있다. ( )

02 형법은 행위규범 내지 재판규범으로서 일반국민과 사법 관계자들을 규제하는 기능을 하는데 이를 사회보전적 기능이라 한다. ( )

03 죄형법정주의는 포이에르바하에 의해 처음으로 사용되었고 영국의 대헌장(마그나카르타)에 기원을 두고 있으며 미국의 독립선언, 프랑스 인권선언 등에 규정하고 있다. ( )

04 유추해석금지의 원칙상 피고인에게 유리한 유추해석도 금지된다. ( )

05 범죄 후 법률이 변경되어 그 행위가 범죄를 구성하지 아니하게 되거나 형이 구법보다 가벼워진 경우에도 행위시법주의의 원칙상 구법에 따른다. ( )

06 폐지 전에 미리 유효기간을 예정하여 그 기간이 지나면 당연히 실효되도록 하는 형벌 법규를 한시법이라 한다. ( )

O | X

01 ⓞ

02 ⊠ 규제적 기능이라 한다. 사회보전적 기능은 형벌수단을 통하여 범죄행위를 방지함으로써 범죄자로부터 사회질서를 유지 · 보호하는 기능을 말한다.

03 ⓞ

04 ⊠ 유추해석금지의 원칙 : 형법은 문서에 좇아 엄격히 해석되어야 하며(문리해석), 법문의 의미를 넘는 유추해석은 허용되지 않는다는 원칙이다. 다만 피고인에게 유리한 유추해석은 예외적으로 허용된다.

05 ⊠ 범죄 후 법률이 변경되어 그 행위가 범죄를 구성하지 아니하게 되거나 형이 구법보다 가벼워진 경우에는 신법에 따른다(형법 제1조 제2항).

06 ⓞ

07 한시법을 위반하는 행위가 있고 나서 한시법의 유효기간이 경과하여 폐지된 경우, 그 행위를 처벌할 수 있느냐에 대해 판례는 법적 견해의 변경으로 인한 변경의 경우 처벌할 수 있다고 한다. ( )

08 공해상에 정박 중이던 우리나라 선박에서 선적작업을 하던 일본인 선원이 미국인을 살해한 경우 미국 형법이 적용된다. ( )

09 어떤 행위가 형법상의 범죄가 되기 위해서는 범죄성립요건으로 구성요건해당성, 위법성, 책임(유책성)을 모두 갖추어야 한다. ( )

10 친족상도례에서 직계혈족·배우자·동거친족 등의 신분은 객관적 처벌조건에 해당한다. ( )

11 폭행죄, 협박죄, 명예훼손죄는 친고죄에 해당한다. ( )

12 체포감금죄, 주거침입죄는 즉시범에 해당한다. ( )

O | X

07 ☒ 판례는 동기설을 취하여 단순한 사실관계의 변화로 법률을 변경하는 경우에는 처벌할 수 있지만 법적 견해의 변경으로 인해 법률을 변경한 경우에는 처벌할 수 없다고 한다.

08 ☒ 기국주의의 원칙상 공해상의 선박·항공기는 국적을 가진 국가의 배타적 관할에 속한다. 따라서 한국 형법이 적용된다.

09 O

10 ☒ 친족상도례에서 직계혈족·배우자·동거친족 등의 신분은 인적 처벌조각사유에 해당한다.

11 ☒ 폭행죄, 협박죄, 명예훼손죄는 반의사불벌죄에 해당한다.

친고죄와 반의사불벌죄

<table>
<tr><th>구분</th><th colspan="2">친고죄</th><th>반의사불벌죄</th></tr>
<tr><td>의의</td><td colspan="2">공소제기를 위하여 피해자 기타 고소권자의 고소가 있을 것을 요하는 범죄</td><td>피해자의 의사에 관계없이 공소를 제기할 수 있으나, 피해자의 명시한 의사에 반하여 처벌할 수 없는 범죄</td></tr>
<tr><td rowspan="2">종류</td><td>절대적 친고죄</td><td>• 모욕죄
• 비밀침해죄
• 업무상비밀누설죄
• 사자명예훼손죄</td><td rowspan="2">• 외국원수 및 외국사절에 대한 폭행, 협박, 모욕죄
• 외국국기, 국장모독죄
• 폭행, 존속폭행죄
• 협박, 존속협박죄
• 명예훼손죄★
• 출판물 등에 의한 명예훼손죄★
• 과실치상죄★</td></tr>
<tr><td>상대적 친고죄
(친족상도례규정)</td><td>절도, 사기, 공갈, 횡령, 배임, 장물, 권리행사방해죄의 일부</td></tr>
</table>

12 ☒ 체포감금죄, 주거침입죄는 계속범에 해당한다. 즉시범이란 결과의 발생과 동시에 범죄도 완성되는 범죄를 말하며 살인죄, 상해죄 등이 있다.

13 모든 사람은 범죄 행위의 주체가 될 수 있다. 법인의 범죄능력을 인정하는 것이 통설이다. ( )

14 자동차로 타인을 친 경우 운전자의 구호의무는 조리에 의해 발생한다. ( )

15 보호법익이 없는 범죄는 없고 행위의 객체가 없는 범죄도 없다. ( )

16 甲이 좌회전금지구역에서 좌회전하는데 50여 미터 후방에서 따라오던 후행차량이 중앙선을 넘어 甲운전차량의 좌측으로 돌진하여 사고가 발생한 경우 甲의 좌회전금지구역에서 좌회전한 행위와 사고발생 사이에는 인과관계가 인정된다. ( )

17 강간을 당한 피해자가 집에 돌아가 음독자살하기에 이르른 원인이 강간을 당함으로 인하여 생긴 수치심과 장래에 대한 절망감 등에 있었다면 그 자살행위가 바로 강간행위로 인하여 생긴 당연의 결과라고 볼 수 있으므로 강간행위와 피해자의 자살행위 사이에 인과관계를 인정할 수 있다. ( )

18 범죄자 자신이 14세 이상이라는 사실은 고의의 인식대상에 해당한다. ( )

O | X

13 ☒ 법인의 범죄능력을 부정하는 것이 통설이다.

14 ☒ 선행행위에 의해 작위의무가 발생한다.

작위의무의 근거

법령에 의한 경우	민법상의 친권자 보호의무, 친족간의 부양의무, 의료법상 의사의 진료와 응급조치 의무 등
계약에 의한 경우	고용계약에 의한 근로자 보호의무, 간호사의 환자 간호의무 등
조리에 의한 경우	관리자의 위험발생방지의무
선행행위에 의한 경우	자동차로 타인을 친 경우 운전자의 구호의무

15 ☒ 보호법익이 없는 범죄는 없지만, 행위의 객체가 없는 범죄는 있을 수 있다(예 다중불해산죄, 단순도주죄, 퇴거불응죄 등).

16 ☒ 피고인이 좌회전금지구역에서 좌회전한 것은 잘못이나 이러한 경우에도 피고인으로서는 50여 미터후방에서 따라오던 후행차량이 중앙선을 넘어 피고인 운전차량의 좌측으로 돌진하는 등 극히 비정상적인 방법으로 진행할 것까지를 예상하여 사고발생 방지조치를 취하여야 할 업무상주의의무가 있다고 할 수는 없고, 따라서 좌회전 금지구역에서 좌회전한 행위와 사고발생 사이에 상당인과관계가 인정되지 아니한다(대판 1996.5.28. 95도1200).

17 ☒ 강간을 당한 피해자가 집에 돌아가 음독자살하기에 이르른 원인이 강간을 당함으로 인하여 생긴 수치심과 장래에 대한 절망감 등에 있었다 하더라도 그 자살행위가 바로 강간행위로 인하여 생긴 당연의 결과라고 볼 수는 없으므로 강간행위와 피해자의 자살행위 사이에 인과관계를 인정할 수는 없다(대판 1982.11.23. 82도1446).

18 ☒ 책임과 관련된 사실은 고의의 인식 대상이 아니다.

19 무고죄에 있어서 범의는 반드시 확정적 고의임을 요하지 아니하고 미필적 고의로 족하므로 무고죄는 그 신고사실이 허위라는 것을 확신함을 필요로 하지 않는다. ( )

20 행정상의 단속을 주안으로 하는 법규라 하더라도 '명문규정이 있거나 해석상 과실범도 벌할 뜻이 명확한 경우'를 제외하고는 형법의 원칙에 따라 '고의'가 있어야 벌할 수 있다. ( )

21 고의의 종류로는 구성요건적 결과의 발생 자체와 결과 발생의 대상을 확실하게 인식하고 의욕한 확정적 고의와, 결과발생의 대상은 확정적으로 인식했으나 결과발생 자체를 확실히 의욕하지는 않고 부득이한 것으로 인용되는 미필적 고의가 있다. ( )

22 甲은 잠을 자던 B를 폭력조직원 A로 잘못 알고 죽이기 위해 마구 때려 사망하게 한 경우, B에 대한 살인의 고의가 인정된다. ( )

23 사회통념상 용인되는 정도를 넘어선 폭행 또는 협박을 행사하여 재산상 이익을 취득한 경우에도 채권추심을 위한 것이라면 공갈죄는 성립하지 않고 폭행죄 또는 협박죄만 성립한다. ( )

24 甲소유의 밤나무 단지에서 乙이 밤 18개를 부대에 주워 담는 것을 본 甲이 그 부대를 빼앗으려다가 반항하는 乙의 뺨과 팔목을 때려 상처를 입힌 경우 甲의 그러한 행위는 乙의 절취행위를 방지하기 위한 것으로서 정당방위가 성립한다. ( )

25 특정 후보자에 대한 공직선거법에 의한 선거운동 제한규정을 위반한 낙선운동은 시민불복종운동이므로 긴급피난의 요건을 갖춘 행위로 볼 수 있다. ( )

26 어떠한 물건을 점유자의 의사에 반하여 취거하는 행위가 결과적으로 소유자의 이익으로 된다는 사정 또는 소유자의 추정적 승낙이 있다고 볼 만한 사정이 있는 경우, 불법영득의 의사가 부정된다. ( )

O | X

19 O

20 O

21 O

22 O

23 X 공갈죄가 성립한다(대판 1996.9.24. 96도2151).

24 X 상당성을 결여하여 정당방위라고 할 수 없다(대판 1984.9.25. 84도1611).

25 X 피고인들의 위 각 행위가 시민불복종운동으로서 정당행위 또는 긴급피난의 요건을 갖춘 행위로 볼 수는 없다(대판 2004.4.27. 2002도315).

26 X 다른 특별한 사정이 없는 한 그러한 사유만으로 불법영득의 의사가 없다고 할 수는 없다(대판 2014.2.21. 2013도14139).

27 甲과 자신의 남편과의 불륜을 의심하게 된 乙이 아들과 함께 서로 합세하여 甲을 구타하기 시작하였고, 甲은 이를 벗어나기 위하여 손을 휘저으며 발버둥치는 과정에서 乙 등에게 상해를 가한 경우, 甲의 행위는 위법성이 조각되지 아니한다. ( )

28 자구행위에 의하여 보호되는 청구권은 보전할 수 있는 권리임을 요하므로, 명예와 같은 원상회복이 불가능한 권리는 자구행위의 청구권에 포함되지 않는다. ( )

29 정당방위는 자기 또는 타인의 법익에 대한 현재의 부당한 침해를 방어하기 위한 것으로서 상당성이 있어야 하므로, 정당한 침해에 대한 정당방위는 인정되지 않는다. ( )

30 10세인 형사미성년자에 대해서는 좁은 의미의 형벌뿐만 아니라 보안처분도 부과할 수 없다. ( )

31 형사미성년자의 책임능력은 생물학적 · 심리적 혼합방법으로 판단한다. ( )

32 자의로 심신장애를 야기하였다면 언제나 원인에 있어서 자유로운 행위에 해당한다. ( )

33 甲이 변호사에게 문의하여 자문을 받고 압류물을 집행관의 승인 없이 관할구역 밖으로 옮기는 행위가 허용되는 행위로 생각하고 이와 같은 행위를 하였다면, 甲의 오인에는 정당한 이유가 인정된다. ( )

34 행위자가 강제상태를 자초한 경우에는 적법행위에 대한 기대가능성이 없다고 할 수 없으므로 강요된 행위에 해당하지 않는다. ( )

35 형법 제12조 '강요된 행위'에서의 '저항할 수 없는 폭력'이란 사람을 저항할 수 없도록 만드는 절대적 · 물리적인 유형력의 행사를 의미한다. ( )

O | X

27 ⊠ 사회관념상 상당성 있는 방어행위로서 위법성이 조각된다(대판 2010.2.11. 2009도12958).

28 ⊡ 자구행위는 보전이 가능한 권리만을 대상으로 한다.

29 ⊡ 적법한 침해에 대하여는 긴급피난만 가능하다.

30 ⊠ 촉법소년과 우범소년에게는 소년법상 보호처분의 부과가 가능하다(소년법 제4조 제1항 참조).

31 ⊠ 형사미성년자는 생물학적 방법을 취하고 있다.

32 ⊠ 형법 제10조 제3항에 해당하려면 첫째 행위자가 위험의 발생을 예견하여야 하고, 둘째 심신장애 상태를 자의로 야기하여야 한다.

33 ⊠ 자문을 받았다는 사정만으로는 정당한 이유가 있다고 할 수 없다(대판 1992.5.26. 91도894).

34 ⊡ 강제상태를 자초한 경우 기대가능성이 없다고 할 수 없다.

35 ⊠ 절대적 폭력은 형법 제12조의 폭력의 개념에 포함되지 아니한다.

36 격분하여 사람을 살해하려고 밖으로 나가 낫을 들고 피해자에게 다가서려고 하였으나 제3자가 제지하자 그 틈을 타서 피해자가 도망간 경우 살인죄의 실행에 착수하지 않은 것이다. ( )

37 공동정범자 중 한 사람이 자의로 다른 공동정범자 전원의 실행을 중지시키거나 결과의 발생을 방지한 경우, 중지미수의 효과는 다른 공동정범에게 미치지 아니한다. ( )

38 히로뽕 제조를 시도하였으나 그 약품배합 미숙으로 완제품을 만들지 못한 경우에는 불가벌적 불능범이 성립한다. ( )

39 보험사기를 준비하기 위한 타인의 보험계약체결과정에서 甲이 피보험자를 가장하는 등으로 이를 도운 행위는 그 사기범행을 위한 예비행위에 대한 방조의 여지가 있을 뿐이라 할 것이고, 甲의 행위는 그 후 정범이 실행행위에 나아갔다고 하여도 정범에 대한 방조가 되는 것은 아니다. ( )

40 오로지 공무원을 함정에 빠뜨릴 의사로 직무와 관련되었다는 형식을 빌려 그 공무원에게 금품을 공여한 경우 공무원이 그 금품을 직무와 관련하여 수수한다는 의사를 가지고 수수하더라도 뇌물수수죄가 성립하지 아니한다. ( )

41 정치자금을 기부하는 자의 범죄가 성립하지 않으면 정치자금을 기부받는 자가 정치자금법이 정하지 않은 방법으로 정치자금을 제공받는다는 의사를 가지고 받더라도 정치자금부정수수죄가 성립하지 아니한다. ( )

42 출판물에 의한 명예훼손죄는 간접정범에 의하여 범하여질 수도 있으므로 타인을 비방할 목적으로 허위의 기사 재료를 그 정을 모르는 기자에게 제공하여 신문 등에 보도되게 한 경우에도 성립할 수 있다. ( )

43 실행행위가 종료함과 동시에 범죄가 기수에 이르는 이른바 '즉시범'에서는 범죄가 기수에 이르기 이전에 가담하는 경우에만 공동정범이 성립하고 범죄가 기수에 이른 이후에는 공동정범이 성립될 수 없다. ( )

O | X

36 ☒ 낫을 들고 피해자에게 접근함으로써 실행행위에 착수한 것이다(대판 1986.2.25. 85도2773).

37 ⓞ 자의로 중지한 자는 중지미수, 다른 가담자는 장애미수의 죄책을 지게 된다.

38 ☒ 결과발생의 위험성이 있다고 할 것이므로 이를 습관성 의약품 제조미수범으로 처단한 것은 정당하다(대판 1985.3.26. 85도206).

39 ☒ 종범은 정범의 실행의 착수 이전에 장래의 실행행위를 미필적으로나마 예상하고 이를 용이하게 하기 위하여 방조한 경우에도 그 후 정범이 실행행위에 나아갔다면 성립할 수 있다(대판 2013.11.14. 2013도7494).

40 ☒ 필요적 공범의 성립에는 반드시 협력자 전부가 책임이 있음을 요하지 않는다(대판 2008.3.13. 2007도10804).

41 ☒ 정치자금을 기부받는 자가 정치자금 법이 정하지 않은 방법으로 정치자금을 제공받는다는 의사를 가지고 받으면 정치자금부정수수죄가 성립한다(대판 2017.11.14. 2017도3449).

42 ⓞ

43 ⓞ 즉시범은 기수기까지 공동정범의 성립이 가능하다.

44 독립행위가 경합하여 상해의 결과를 발생하게 한 경우에 있어서 원인된 행위가 판명되지 아니한 때에는 각 행위자를 미수범으로 처벌한다. ( )

45 독립한 과실행위와 과실행위가 경합하여 화재가 발생한 경우 그 원인된 행위가 판명되지 않았더라도 모두 실화죄로 처벌된다. ( )

46 판례는 "2인 이상이 합동하여" 범죄를 행하는 합동범의 성립요건에 대하여 주관적 요건으로서의 공모와 객관적 요건으로서의 범행현장에서의 범행의 실행의 분담을 요구하므로, 합동하여 범행하기로 공모하였으나 현장에 가지 않은 자는 합동범의 공동정범이 될 수 없다. ( )

47 자신의 형사사건에 관한 증거은닉 행위는 피고인의 방어권을 인정하는 취지와 상충하여 처벌의 대상이 되지 아니하므로 자신의 형사사건에 관한 증거은닉을 위하여 타인에게 도움을 요청하는 행위는 언제나 증거은닉교사죄로 처벌되지 아니한다. ( )

48 과실에 의한 방조는 불가능하나 과실범에 대한 방조는 간접정범으로 처벌될 수 있다. ( )

49 甲이 자신의 아버지인 줄 모르고 아버지 A를 친구 乙과 함께 살해하였을 경우, 甲은 존속살인죄로 처벌되나 乙은 보통살인죄로 처벌된다. ( )

50 甲은 여당의 유력 정치가인 乙이 기업인들로부터 뇌물을 수수하기 전에 乙과 기업인들의 면담을 주선하였고, 그 후 乙이 기업인들로부터 뇌물을 받았다면 甲은 수뢰죄의 종범에 해당한다. ( )

51 경찰관이 검사로부터 범인을 검거하라는 지시를 받고서도 적절한 조치를 취하지 아니하고 오히려 범인에게 전화로 도피하라고 권유하여 그를 도피케 하였다면 작위범인 범인도피죄뿐만 아니라 부작위범인 직무유기죄도 성립한다. ( )

O | X

44 ☒ 공동정범의 예에 의한다(형법 제263조).

45 ☒ 형법 제19조가 적용되어 미수가 되지만 실화죄는 과실범으로 미수범처벌규정이 없으므로 불가벌이다.

46 ☒ 현장에서 절도의 실행행위를 직접분담하지 아니한 다른 범인에 대하여도 합동절도의 공동정범의 성립을 부정할 이유가 없다(대판 1998.5.21. 98도321[전합]).

47 ☒ 방어권의 남용이라고 볼 수 있을 때는 증거은닉교사죄로 처벌할 수 있다(대판 2016.7.29. 2016도5596).

48 ◎ 과실에 의한 방조는 고의가 없으므로 방조가 될 수 없고 정범의 행위는 고의범이어야 하므로 과실범에 대한 방조는 간접정범이 문제될 뿐이다.

49 ☒ 甲에게는 형법 제15조 제1항에 의하여 보통살인죄가 성립하고 乙은 A의 직계비속이라는 신분이 없으므로 형법 제33조 단서에 의하여 보통살인죄로 처벌된다.

50 ◎

51 ☒ 부작위범인 직무유기죄는 따로 성립하지 아니한다(대판 1996.5.10. 96도51).

52 법무사가 아닌 사람이 법무사로 소개되거나 호칭되는 데에도 자신이 법무사가 아니라는 사실을 밝히지 않은 채 법무사 행세를 계속하면서 근저당권설정계약서를 작성하였다면, 부작위에 의한 법무사법위반죄에 해당한다. ( )

53 과실범의 주의의무의 판단기준에 대한 객관설에서는 행위자의 특별한 지식과 경험은 주의의무 위반의 판단에서 고려하지 않는다. ( )

54 동료 사이에 말다툼을 하던 중 피고인의 삿대질을 피하려고 뒷걸음치던 피해자가 장애물에 걸려 넘어져 두개골 골절로 사망한 경우 폭행치사죄가 성립한다. ( )

55 상공회의소 회장이 경리부장에게 지시하여 약 70일 사이에 4회에 걸쳐 상공회의소의 공금을 개인용도로 유용한 후 다시 반환하는 행위를 반복한 경우, 불가벌적 사후행위에 해당한다. ( )

56 "벌금을 감경할 때에는 그 다액의 2분의 1로 한다."는 규정은 그 상한액만 2분의 1로 내려간다고 해석하여야 한다. ( )

57 밀항단속법상의 몰수와 추징은 징벌적 제재의 성격을 띠고 있으므로, 여러 사람이 공모하여 죄를 범하고도 몰수 대상인 수수 또는 약속한 보수를 몰수할 수 없을 때에는 공범자 전원에 대하여 그 보수액 전부를 추징한다. ( )

58 자기 또는 타인의 법익에 대한 현재의 부당한 침해에 대한 방위행위가 그 정도를 초과한 때에는 그 형을 감경할 수 있을 뿐, 면제할 수는 없다. ( )

59 범죄의 실행에 착수하여 행위를 종료하지 못하였거나 결과가 발생하지 아니한 때에는 미수범으로서 그 형을 기수범보다 감경하지만, 자의로 실행에 착수한 행위를 중지하거나 그 행위로 인한 결과의 발생을 방지한 때에는 형을 감경 또는 면제한다. ( )

O | X

52 O

53 X 행위자의 특별한 능력은 고려하지 아니하지만 특별한 지식과 경험은 고려된다.

54 X 통상적으로 일반인이 예견하기 어려운 결과라고 하지 않을 수 없으므로 피고인에게 폭행치사죄의 책임을 물을 수 없다(대판 1990.9.25. 90도1596).

55 X 피고인이 횡령한 금원을 반환한 후 다시 횡령하는 행위를 반복하였다고 하여 포괄일죄의 성립에 지장이 있다고 볼 수 없다(대판 2006.6.2. 2005도3431).

56 X "벌금을 감경할 때에는 그 다액의 2분의 1로 한다."는 규정은 그 상한액만 2분의 1로 내려간다는 것이 아니라 하한까지도 함께 내려간다고 해석하여야 한다.

57 O

58 X 정황(情況)에 따라 그 형을 감경하거나 면제할 수 있다(형법 제21조 제2항).

59 X 장애미수범의 형은 기수범보다 감경할 수 있다(형법 제25조 제2항).

60 자수라 함은 범인이 스스로 수사책임이 있는 관서에 자기의 범행을 고하고 그 처분을 구하는 의사표시를 하는 것을 말하므로, 수사기관의 직무상의 질문 또는 조사에 응하여 범죄사실을 진술한 경우는 자수로 평가할 수 있다. ( )

61 누범이 성립하기 위해서는 누범에 해당하는 전과사실과 새로이 범한 범죄 사이에 일정한 상관관계가 있을 것이 요구된다. ( )

62 집행유예 선고를 받은 자가 유예기간 중 고의로 범한 죄로 금고 이상의 실형을 선고받아 그 판결이 확정된 때에는 집행유예의 선고를 취소할 수 있다. ( )

63 집행유예의 요건 중 '3년 이하의 징역 또는 금고의 형'이라 함은 법정형이 아닌 선고형을 의미한다. ( )

64 무죄의 판결을 선고하는 경우, 피고인이 무죄판결공시취지의 선고에 동의하지 아니하거나 피고인의 동의를 받을 수 없는 경우를 제외하고 무죄판결공시의 취지를 선고하여야 한다. ( )

65 사형의 시효는 사형을 선고하는 재판이 확정된 후 그 집행을 받음이 없이 50년을 경과함으로 인하여 완성된다. ( )

66 조산원이 분만이 개시된 후 분만 중인 태아를 질식사에 이르게 한 경우에는 업무상과실치사죄가 성립한다. ( )

67 인체급소를 잘 알고 있는 무술교관출신이 무술의 방법으로 울대(성대)를 가격하여 사망하게 한 경우, 살인의 고의가 인정된다. ( )

O | X

60 ☒ 질문 또는 조사에 응하여 범죄사실을 진술하는 것은 자백일 뿐 자수로는 되지 않는다(대판 1982.9.28. 82도1965).

61 ☒ 누범에 해당하는 전과사실과 새로이 범한 범죄 사이에 일정한 상관관계가 있다고 인정되는 경우에 한하여 적용되는 것으로 제한하여 해석하여야 할 아무런 이유나 근거가 없다(대판 2008.12.24. 2006도1427).

62 ☒ 집행유예의 선고는 효력을 잃는다(형법 제63조).

63 ◯

64 ◯

65 ☒ 재판이 확정된 후 그 집행을 받지 아니하고 30년이 지나면 완성된다(형법 제78조).

66 ◯

67 ◯

68 산모가 자기가 분만한 적출영아를 사생아로 오인하고 치욕을 은폐하기 위하여 분만 직후 살해한 경우는 보통살인죄로 처벌된다. ( )

69 특수폭행죄에서 다중의 위력을 보인다는 것은 위력을 상대방에게 인식시키는 것을 말하고 상대방의 의사가 현실적으로 제압될 것을 요하지 않으며 상대방의 의사를 제압할 만한 세력을 인식시킬 정도에 이르지 않아도 족하다. ( )

70 상해죄와 폭행죄는 피해자의 명시한 의사에 반하여 공소를 제기할 수 없다. ( )

71 속칭 '생일빵'을 한다는 명목으로 甲이 A를 폭행하였다면 폭행죄에 해당하나, '생일빵'은 사회상규에 위배되지 아니하는 정당행위에 해당하므로, 폭행죄에 대한 위법성이 조각된다. ( )

72 학대죄는 자기의 보호 또는 감독을 받는 사람에게 육체적으로 고통을 주거나 정신적으로 차별대우를 하는 행위가 있음과 동시에 범죄가 완성되는 상태범 또는 즉시범이다. ( )

73 자기의 보호 또는 감독을 받는 16세 미만의 자를 그 생명 또는 신체에 위험한 업무에 사용할 영업자 또는 그 종업자에게 인도한 자는 형법 제274조 아동혹사죄에 해당한다. ( )

74 계약상 부수의무로서의 민사적 부조의무 또는 보호의무가 인정되는 경우 형법상 유기죄의 '계약상 보호할 의무'는 당연히 긍정된다고 할 것이다. ( )

O | X

68 ☒ 영아살해죄의 동기는 특별한 책임표지이므로 이에 대한 착오는 행위자의 주관에 의하여 판단한다. 따라서 사생아로 오인하고 치욕을 은폐하기 위하여 영아를 살해한 경우는 영아살해죄가 성립한다.

69 ☒ 상대방의 의사를 제압할 만한 세력을 인식시킬 정도는 되어야 한다(대판 2006.2.10. 2005도174).

70 ☒ 폭행죄와는 달리 상해죄는 반의사불벌죄가 아니다.

71 ☒ 사회상규에 위배되지 아니하는 정당행위에 해당하지 않는다(대판 2010.5.27. 2010도2680).

72 O

73 O

74 ☒ 유기죄의 경우에는 단지 상대방의 신체 또는 생명에 대하여 주의와 배려를 한다는 부수의무로서의 민사적 부조의무 또는 보호의무가 인정된다고 해서 형법 제271조 소정의 '계약상 보호할 의무'가 당연히 긍정된다고는 말할 수 없고, 당해 계약관계의 성질과 내용, 계약당사자 기타 관련자들 사이의 관계 및 그 전개양상, 그들의 경제적·사회적 지위, 부조가 필요하기에 이른 전후의 경위, 필요로 하는 부조의 대체가능성을 포함하여 그 부조의 종류와 내용, 달리 부조를 제공할 사람 또는 설비가 있는지 여부 기타 제반 사정을 고려하여 위 '계약상의 부조의무'의 유무를 신중하게 판단하여야 한다(대판 2011.11.24. 2011도12302).

75 "앞으로 수박이 없어지면 네 책임으로 한다"는 말은 정당한 훈계의 범위를 벗어났으므로 해악의 고지에 해당하여 협박죄가 성립한다. ( )

76 골프시설의 운영자가 골프회원에게 불리하게 변경된 내용의 회칙에 대하여 동의한다는 내용의 등록신청서를 제출하지 아니하면 회원으로 대우하지 아니하겠다고 통지한 것이 강요죄에 해당한다. ( )

77 강요죄의 수단인 협박은 일반적으로 사람으로 하여금 공포심을 일으키게 하는 정도의 해악을 고지하는 것으로 그 방법은 통상 언어에 의하는 것이나 경우에 따라서 한마디 말도 없이 거동에 의하여서도 할 수 있다. ( )

78 피해자가 만약 도피하는 경우에는 생명, 신체에 심한 해를 당할지도 모른다는 공포감에서 도피하기를 단념하고 있는 상태 하에서 호텔로 데리고 가서 함께 유숙한 후 함께 항공기로 국외에 나간 행위는 감금죄를 구성한다. ( )

79 15세 된 가출소녀를 유혹하여 단란주점에 팔 생각으로 피해자에게 접근하여 취직자리를 찾아 주겠다고 속여 자신의 원룸 아파트에 유인하였다가 단란주점 주인과 약속장소로 가는 도중에 검거되었다면 미성년자유인죄의 미수에 해당한다. ( )

80 2012.12.18. 형법개정으로 강간죄, 강제추행죄, 준강간죄, 준강제추행죄의 친고죄 규정 및 혼인빙자간음죄가 폐지되었다. ( )

81 사실혼 부부 사이에도 강간죄는 성립한다. ( )

82 피고인들이 대한상이군경회원 80여 명과 공동으로 호텔출입문을 봉쇄하며 피해자들의 출입을 방해하였다면 감금죄에 해당한다. ( )

O | X

75 ☒ 정당한 훈계의 범위를 벗어나는 것이 아니어서 사회상규에 위배되지 아니하므로 위법성이 없다(대판 1995.9.29. 94도2187).

76 ⊡

77 ⊡

78 ⊡

79 ☒ 단란주점에 팔 생각으로 유인하였다면 목적달성 여부와는 관계없이 영리목적유인죄(형법 제288조 제1항)는 기수에 이르게 된다.

80 ⊡ 2012.12.18. 형법개정으로 형법 제306조(고소)와 제304조(혼인빙자간음죄)규정이 삭제되었다.

81 ⊡ 법률상의 처도 강간죄의 객체가 될 수 있으므로 사실혼 부부 사이에도 당연히 강간죄가 성립한다.

82 ⊡

83 지방의회 선거를 앞두고 현역 시의회 의원이 후보자가 되려는 자에 대해서 특별한 친분관계도 없는 한 사람 한 사람에게 비방의 말을 한 경우라면 공연성이 없다. ( )

84 명예훼손죄에 있어서의 사실의 적시는 가치판단이나 평가를 내용으로 하는 의견표현에 대치되는 개념이 아니다. ( )

85 신문기자에게 경쟁자의 명예를 훼손하는 내용의 사실을 알려주었으나 신문기자는 기사거리가 넘쳐 이를 기사화하지 않은 경우 출판물에 의한 명예훼손죄의 미수범이 성립한다. ( )

86 재단법인 이사장 A가 전임 이사장 B에 대하여 재임 기간 중 재단법인의 재산을 횡령하였다고 고소하였다가 무고죄로 유죄판결을 받자 甲이 A의 퇴진을 요구하는 시위를 하면서 A가 유죄판결 받은 사실을 적시한 경우에 甲의 행위는 위법성이 조각되지 않는다. ( )

87 대학교 시간강사 임용과 관련하여 허위의 학력이 기재된 이력서만을 제출하여, 임용심사 업무 담당자가 불충분한 심사로 인하여 허위 학력이 기재된 이력서를 믿은 경우, 위계에 의한 업무방해죄가 성립한다. ( )

88 고속도로 통행요금징수 기계화시스템의 성능에 대한 한국도로공사의 현장평가 시에 각종 소형화물차 16대의 타이어공기압을 낮추어 접지면을 증가시킨 후 톨게이트를 통과시킨 경우, 위계에 의한 업무방해죄가 성립한다. ( )

89 주거침입죄에 있어서 주거 또는 건조물이라 함은 단순히 가옥만을 말하는 것이 아니고 그 위요지를 포함한다 할 것이나, 사찰의 정문에 설치된 철조망을 걷어내고 무단으로 사찰의 경내로 진입한 행위만으로는 주거침입죄를 구성한다고 볼 수 없다. ( )

90 대리시험을 보기 위해 진실한 응시자인 것같이 가장하여 시험관리자의 승낙을 얻어 시험장에 들어간 경우 주거침입죄가 성립하지 않는다. ( )

O | X

83 ☒ 피고인의 판시 범행은 행위 당시에 이미 공연성을 갖추었다고 보는 것이 타당하다(대판 1996.7.12. 96도1007).

84 ☒ 가치판단이나 평가를 내용으로 하는 의견표현에 대치되는 개념이다(대판 1998.3.24. 97도2956).

85 ☒ 명예훼손죄는 미수범을 처벌하지 아니한다.

86 ☒ 공공의 이익에 관한 것으로 위법성이 조각된다고 볼 여지가 충분하다(대판 2017.6.15. 2016도8557).

87 ☒ 업무담당자의 불충분한 심사에 기인한 것으로서 신청인의 위계가 업무 방해의 위험성을 발생시켰다고 할 수 없어 위계에 의한 업무방해죄를 구성하지 아니한다(대판 2009.1.30. 2008도6950).

88 ⓞ

89 ☒ 전임 주지측의 사찰경내에 대한 사실상 점유의 평온을 침해한 것으로 주거침입죄가 성립한다(대판 1983.3.8. 82도1363).

90 ⓞ 이와 같은 침입을 교사한 이상 주거침입교사죄가 성립된다(대판 1967.12.19. 67도1281).

91 동업자, 조합원, 부부 사이와 같이 수인이 대등하게 재물을 점유하는 공유물, 합유물 그리고 총유물의 경우에도 공동점유자 상호 간에 점유의 타인성이 인정되므로 그중 1인이 다른 공동점유자의 점유를 배제하고 단독점유로 옮긴 때에는 절도죄가 성립한다. ( )

92 타인의 신용카드를 무단 사용하여 현금자동지급기에서 현금을 인출한 후 바로 반환한 경우 그 신용카드에 대한 절도죄가 성립한다. ( )

93 피고인이 피해자의 컴퓨터에 저장된 정보를 출력하여 생성한 문서를 가지고 간 행위를 들어 피해자 소유의 문서를 절취한 것으로 볼 수는 없다. ( )

94 물건의 운반을 의뢰받은 짐꾼이 그 물건을 의뢰인에게 운반해 주지 않고 용달차에 싣고 가서 처분한 경우에는 절도죄를 구성한다. ( )

95 피고인이 절취한 타인의 신용카드를 이용하여 현금지급기에서 자신의 계좌로 돈을 이체한 후 현금지급기에서 피고인 자신의 신용카드나 현금카드를 이용하여 현금을 인출한 행위는 절도죄를 구성한다. ( )

96 피고인들이 합동하여 재물을 절취하기 위해 주간에 아파트출입문 잠금장치를 손괴하다가 발각되어 도주하였다면, 아직 절취할 물건의 물색행위를 시작하기 전이라 하더라도 형법 제331조 제2항의 특수절도죄의 실행의 착수를 인정할 수 있다. ( )

97 형법 제336조(인질강도)의 죄를 범한 자가 인질을 안전한 장소로 풀어준 경우 형법 각칙에 해방감경 규정이 있다. ( )

O | X

91 ☒ 공동점유자 상호 간에 점유의 타인성이 인정되기 때문이다(대판 1982.4.27. 81도2956).

92 ☒ 신용카드 자체가 가지는 경제적 가치가 인출된 예금액만큼 소모되었다고 할 수 없으므로, 이를 일시 사용하고 곧 반환한 경우에는 불법영득의 의사가 없다(대판 1999.7.9. 선고 99도857).

93 ◯

94 ☒ 피고인의 위 운반을 위한 소지 관계는 피해자의 위탁에 의한 보관관계에 있다고 할 것이므로 이를 영득한 행위는 절도죄가 아니라 횡령죄를 구성한다(대판 1982.11.23. 82도2394).

95 ☒ 계좌이체 후 현금지급기에서 현금을 인출한 행위는 이러한 현금인출이 현금지급기 관리자의 의사에 반한다고 볼 수 없어 절취행위에 해당하지 않으므로 절도죄를 구성하지 않는다(대판 2008.6.12. 2008도2440).

96 ☒ 주간에 절도의 목적으로 타인의 주거에 침입하였다 하여도 아직 절취할 물건의 물색행위를 시작하기 전이라면 특수절도죄의 실행에는 착수한 것으로 볼 수 없다(대판 2009.12.24. 2009도9667).

97 ☒ 인질강도죄에는 인질강요죄와는 달리 해방감경 규정이 적용되지 아니한다.

98 피고인이 강도하기로 모의를 한 후 남성피해자의 금품을 빼앗고, 그 기회에 이어서 여성피해자를 강간하였다면 강도죄와 강간죄의 경합범이 성립한다. ( )

99 신용보증기금의 신용보증서 발급이 피고인의 기망행위에 의하여 이루어진 이상 그로써 곧 사기죄는 성립하고, 그로 인하여 피고인이 취득한 재산상 이익은 신용보증금액 상당액이다. ( )

100 편취한 약속어음을 그와 같은 사실을 모르는 제3자에게 편취 사실을 숨기고 할인받은 행위는 당초의 어음 편취와는 별개로 새로운 사기죄를 구성한다. ( )

101 채무자가 강제집행을 승낙한 취지의 기재가 있는 약속어음 공정증서에 있어서 그 약속어음의 원인관계가 소멸하였음에도 불구하고 약속어음 공정증서 정본을 소지하고 있음을 기화로 이를 근거로 하여 강제집행을 한 경우 사기죄가 성립하지 않는다. ( )

102 조상천도제를 지내지 아니하면 좋지 않은 일이 생긴다는 취지의 해악의 고지는 협박으로 평가될 수 있어 공갈죄가 성립한다. ( )

103 횡령죄는 다른 사람의 재물에 관한 소유권 등 본권을 보호법익으로 하고 법익침해의 위험이 있으면 침해의 결과가 발생되지 아니 하더라도 성립하는 위험범이다. ( )

104 지사에 근무하는 직원들이 본사를 위하여 보관 중이던 돈의 일부를 접대비 명목으로 임의로 나누어 사용하려고 비자금을 조성한 경우 횡령죄가 성립한다. ( )

O | X

98 ⊠ 피고인이 강도하기로 모의를 한 후 피해자 甲남으로부터 금품을 빼앗고 이어서 피해자 乙녀를 강간하였다면 강도강간죄를 구성한다(대판 1991.11.12. 91도2241).

99 Ⓞ

100 Ⓞ

101 ⊠ 약속어음 공정증서 정본을 소지하고 있음을 기화로 이를 근거로 하여 강제집행을 하였다면 사기죄를 구성한다(대판 1999.12.10. 99도2213).

102 ⊠ 조상천도제를 지내지 아니하면 좋지 않은 일이 생긴다는 취지의 해악의 고지는 길흉화복이나 천재지변의 예고로서 행위자에 의하여 직접, 간접적으로 좌우될 수 없는 것이고 가해자가 현실적으로 특정되어 있지도 않으며 해악의 발생 가능성이 합리적으로 예견될 수 있는 것이 아니므로 협박으로 평가될 수 없다(대판 2002.2.8. 2000도3245).

103 Ⓞ

104 Ⓞ

105 보험을 유치하면서 특별이익 제공과는 무관한 통상적인 실적급여로서의 시책비를 지급받아 그중 일부를 개인적인 용도로 사용한 경우 횡령죄가 성립하지 않는다. ( )

106 대학병원 의사인 피고인이, 의약품 등을 지속적으로 납품할 수 있도록 해달라는 부탁 또는 의약품 등을 사용해 준 대가로 제약회사 등으로부터 명절 선물이나 골프접대 등 향응을 제공받았다면 배임수재죄가 성립한다. ( )

107 배임수재죄가 성립되기 위해서는 타인의 사무를 처리하는 자가 그 임무에 관하여 부정한 청탁을 받고 재물 또는 재산상 이익을 취득하는 것만으로는 부족하고 그 부정한 청탁에 상응하는 부정행위 내지 배임행위에 나아갈 것이 요구된다. ( )

108 장물죄는 재산범인 본범이 영득한 재물에 사후적으로 관여하는 사후종범적 성격을 가지고 있으므로 절도죄보다 법정형을 가볍게 규정하고 있다. ( )

109 손괴죄의 재물은 반드시 경제적 교환가치를 가진 것임을 요하지 않으며 이용가치나 효용을 가진 것으로 족하다. ( )

110 장난감 권총을 생산·판매하는 甲은 경영난에 봉착하자 경리사원 乙과 함께 이중장부를 만들어 세무공무원을 기망하여 조세를 면탈한 경우 甲에게 사기죄는 성립하지 않는다. ( )

111 방화죄의 주된 보호법익은 공공의 안전으로서 방화죄의 기본적 성격은 공공위험죄이지만, 부차적으로는 개인의 재산도 보호법익에 포함된다. ( )

112 성냥불로 담배를 붙인 다음 그 성냥불이 꺼진 것을 확인하지 아니한 채 휴지가 들어 있는 플라스틱 휴지통에 던졌다면 중실화죄에 있어 중대한 과실에 해당하지 않는다. ( )

O | X

105 O 피고인들이 소비한 금전은 모두 통상적인 실적급여로서의 성격을 가진 시책비에 해당하여 그 목적이나 용도가 특정되어 위탁된 금전이라고 보기 어렵다고 할 것이다(대판 2006.3.9. 2003도6733).

106 O

107 X 배임수재죄의 성립을 위하여는 배임행위에 나아갈 것을 요하지 아니하므로 배임행위까지 한 경우에는 배임수재죄와 배임죄의 실체적 경합범이 성립한다.

108 X 장물범은 재산죄의 실행을 유발한다는 특수한 위험성이 있어 형법은 장물죄를 절도죄보다 무겁게 처벌하고 있다.

109 O

110 O 기망행위에 의하여 조세를 포탈하거나 조세의 환급·공제를 받은 경우에는 조세범처벌법 위반죄가 성립함은 별론으로 하고, 형법상 사기죄는 성립하지 않는다(대판 2008.11.27. 2008도7303).

111 O

112 X 중대한 과실에 해당한다(대판 1993.7.27. 93도135).

113 진정한 통화라고 하여 위조통화를 다른 사람에게 증여하는 경우에도 위조통화행사죄가 성립한다. ( )

114 甲이 경력증명서 양식에 실재하지 않는 A한의원의 이름을 적고 임의로 만든 A한의원의 직인을 날인하여 작성한 경우 마치 명의인의 권한 내에서 작성된 문서라고 믿게 할 만한 형식과 외관의 경력증명서를 작성하였다면 사문서위조죄가 성립한다. ( )

115 대리인이 대리권을 단순히 남용하여 사문서를 작성한 경우에도 자격모용에 의한 사문서작성죄가 성립한다. ( )

116 음행의 상습이 있는 미성년자를 영리의 목적으로 매개하여 간음하게 한 경우에는 형법 제242조의 음행매개죄가 성립한다. ( )

117 도박죄의 객체에는 재물뿐만 아니라 재산상의 이익도 포함된다. ( )

118 편면적 도박, 즉 사기도박의 경우에 사기행위자에게는 사기죄가, 그 상대방에게는 도박죄가 성립한다. ( )

119 예배방해죄는 예배 중이거나 예배와 시간적으로 밀접불가분의 관계에 있는 준비단계에서 이를 방해하는 경우에만 성립한다. ( )

120 내란죄는 대한민국 영토의 전부 또는 일부에서 국가권력을 배제하거나 국헌을 문란하게 할 목적으로 폭동을 일으키는 행위로서, 그 목적이 달성되었을 때 내란죄의 기수가 된다. ( )

O | X

113 O

114 O

115 X 타인의 대표자 또는 대리자가 그 대표 또는 대리명의로 문서를 작성할 권한을 가지는 경우에 그 지위를 남용하여 단순히 자기 또는 제3자의 이익을 도모할 목적으로 문서를 작성하였다 하더라도 자격모용 사문서작성죄는 성립하지 아니한다(대판 2007.10.11. 2007도5838).

116 O

117 O 도박죄의 객체는 제한이 없으므로 재물뿐만 아니라 재산상 이익도 이에 포함된다.

118 X 사기도박과 같이 도박당사자의 일방이 사기의 수단으로써 승패의 수를 지배하는 경우에는 도박에서의 우연성이 결여되어 사기죄만 성립하고 도박죄는 성립하지 아니한다(대판 2011.1.13. 2010도9330).

119 O

120 X 내란죄는 대한민국 영토의 전부 또는 일부에서 국가권력을 배제하거나 국헌을 문란하게 할 목적으로 폭동을 일으키는 행위로서, 다수인이 결합하여 위와 같은 목적으로 한 지방의 평온을 해할 정도의 폭행・협박행위를 하면 기수가 되고, 그 목적의 달성 여부는 이와 무관하다(대판 1997.4.17. 96도3376[전합]).

121 뇌물죄에 있어서 금품을 수수한 장소가 공개된 장소이고, 금품을 수수한 공무원이 이를 개인적 용도가 아닌 회식비나 직원들의 휴가비로 소비하였을 뿐 자신의 사리를 취한 바 없다 하더라도 뇌물죄가 성립한다. ( )

122 뇌물죄는 직무에 관한 청탁이나 부정한 행위를 필요로 하므로 수수된 금품의 뇌물성을 인정하는 데 특별한 청탁이 있어야만 한다. ( )

123 경찰청 정보과에 근무하는 甲이 乙로부터 그가 경영하는 회사가 외국인산업연수생에 대한 국내관리업체로 선정되도록 중소기업협동조합중앙회 회장인 丙에게 힘써 달라는 부탁을 받고 각종 향응을 받은 경우 수뢰죄가 성립한다. ( )

124 검문 중이던 경찰관들이 자전거를 이용한 날치기 사건범인과 흡사한 인상착의의 피고인이 자전거를 타고 다가오는 것을 발견, 정지를 요구하였으나 멈추지 않아, 앞을 가로막고 소속과 성명을 고지한 후 검문에 협조해 달라는 취지로 말하였음에도 불응하고 그대로 전진하자 따라가서 재차 앞을 막고 검문에 응하라고 요구한 경우, 앞을 가로막고 제지한 행위는 불심검문의 한계를 벗어나 위법하므로 적법성을 전제로 하는 공무집행방해죄는 성립하지 않는다. ( )

125 모해위증의 죄를 범한 자가 그 공술한 사건의 재판 또는 징계처분이 확정되기 전에 자백 또는 자수한 때에는 그 형을 감경 또는 면제한다. ( )

126 신고사실이 진실하더라도 형사책임을 부담할 자를 잘못 신고한 경우 무고죄에 해당한다. ( )

127 피고인이 최초에 작성한 허위내용의 고소장을 경찰관에게 제출한 이상 그 후에 그 고소장을 되돌려 받았다 하더라도 무고죄의 성립에 영향이 없다. ( )

O | X

121 O

122 X 뇌물성은 의무위반 행위나 청탁의 유무 및 금품수수 시기와 직무집행 행위의 전후를 가리지 아니한다(대판 2013.11.28. 2013도9003).

123 X 경찰청 정보과 근무 경찰관의 직무와 중소기업협동조합중앙회장의 외국인산업연수생에 대한 국내 관리업체 선정업무는 직무관련성이 없다(대판 1999.6.11. 99도275).

124 X 경찰관들은 목적 달성에 필요한 최소한의 범위 내에서 사회통념상 용인될 수 있는 상당한 방법을 통하여 경찰관직무집행법 제3조 제1항에 규정된 자에 대해 의심되는 사항을 질문하기 위하여 정지시킨 것으로 보아야 하므로 공무집행방해죄가 성립한다(대판 2012.9.13. 2010도6203).

125 O

126 X 허위사실을 신고한 것이 아닌 이상 그 신고된 사실에 대한 형사책임을 부담할 자를 잘못 택하였다고 해도 무고죄는 성립하지 아니한다(대판 1982.4.27. 81도2341).

127 O

제2절 형사소송법

01 궐석재판, 집중심리, 불필요한 변론의 제한, 피고인의 진술거부권은 신속한 재판을 위한 제도이다. ( )

02 우리 형사소송법은 규문주의가 기본 소송구조이다. ( )

03 우리 형사소송법은 국가소추주의를 규정하고 있으며 형법을 적용·실현하기 위한 절차를 규정하는 법률이다. ( )

04 우리 형사소송법에는 불고불리의 원칙이 적용되며 당사자주의를 도입하였고 직권주의적 요소는 배제하였다. ( )

05 법관이 제척사유가 있는데도 불구하고 재판에 관여하는 경우 당사자의 신청에 의하여 그 법관을 직무집행에서 탈퇴시키는 제도를 회피라 한다. ( )

06 형사사건으로 국가기관의 수사를 받는 자를 피고인이라 하며, 확정판결을 받은 수형자와 구별된다. ( )

07 수사기관은 주관적으로 범죄의 혐의가 있다고 판단하는 때에는 객관적 혐의가 없을 경우에도 수사를 개시할 수 있다. ( )

O | X

01 ☒ 피고인의 진술거부권은 피고인 또는 피의자가 공판절차나 수사절차에서 법원 또는 수사기관의 신문에 대하여 형사상 자신에게 불리한 진술을 거부할 수 있는 권리로 묵비권이라고도 하는데(헌재결 2001.11.29. 2001헌바41), 이는 인권보장과 무기평등원칙을 실현하기 위한 수단으로서 의미가 있다(헌재결 1997.3.27. 96헌가11).

02 ☒ 우리나라 형사소송법은 재판기관인 법원이 재판기관 이외의 자(검사)의 소추에 의하여 재판절차를 개시하는 탄핵주의를 채택하고 있다. 규문주의는 소추기관의 소추를 기다리지 않고 법원이직권으로 심판을 개시할 수 있는 주의이다.

03 ⊙

04 ☒ 불고불리의 원칙은 검사가 공소를 제기하지 않으면 법원은 심판을 개시할 수 없으며, 검사가 공소장에 적시한 피고인과 범죄사실에 한해서만 심판할 수 있는 원칙(국가소추주의, 기소독점주의, 탄핵주의)을 말한다. 우리 형사소송법은 당사자주의를 기본적인 소송구조로 삼고 형벌권의 적정·신속을 위하여 직권주의도 아울러 채택하여 직권주의와 당사자주의를 혼합하고 있다.

05 ☒ 기피에 관한 설명이다(형사소송법 제18조). 회피란 법관 스스로 기피의 원인이 있다고 판단할 때 자발적으로 직무집행에서 탈퇴하는 제도이다(형사소송법 제24조).★

06 ☒ 공소제기 전에 수사기관에 의하여 수사의 대상이 되는 자는 피의자이고, 공소가 제기된 자는 피고인이다.

07 ⊙ 수사는 수사기관(검사, 사법경찰관)이 범죄의 혐의가 있다고 판단하는 때에 개시되며 범죄혐의는 수사기관의 주관적 혐의를 의미한다.★

08 제척이란 법관이 기피의 사유가 있다고 생각하여 스스로 직무집행에서 탈퇴하는 제도이다. ( )

09 피고인의 증거신청권은 직권주의적 요소에 해당한다. ( )

10 민사소송이 실체적 진실주의를 추구하는 반면, 형사소송은 형식적 진실주의를 추구한다. ( )

11 형사소송법은 법률에 다른 규정이 없으면 구두변론에 의거하여야 한다고 하여 구두변론주의를 원칙으로 하고 있다. ( )

12 피고인은 소환, 구속, 압수, 수색 등의 강제처분의 주체가 된다. ( )

13 구속적부심사청구권, 증거보전청구권, 진술거부권, 법관기피신청권은 피고인의 권리이다. ( )

14 공소제기 전에 선임된 변호인은 제1심의 변호인이 될 수 없다. ( )

15 피고인이 단기 2년의 금고에 해당하는 사건으로 기소된 경우 형사피고인이 변호인이 없는 때에 법원이 직권으로 국선변호인을 선정해야 한다. ( )

O | X

08 ☒ 회피에 대한 내용이다. 제척(除斥)이란 법관이 불공정한 재판을 할 현저한 법정의 이유가 있을 때 그 법관을 직무집행에서 배제하는 제도이다.

09 ☒ 당사자주의란 소송이 당사자의 공격·방어에 의하여 진행되는 방식으로 피고인의 증거신청권은 형사소송법상 당사자주의가 반영된 규정이다.

10 ☒ 민사소송은 당사자의 의사에 의하여 진실로서 주장하는 것(형식적 진실)을 재판의 기초로 하고 있는 반면, 형사소송은 실체적인 진실을 기초로 하여 공정한 재판을 내리는 것을 중요시한다.

11 Ⓞ

12 ☒ 피고인은 소환, 구속, 압수, 수색 등의 강제처분의 객체가 된다.

13 ☒ 구속적부심사청구권은 피의자의 권리이고 피고인은 청구권이 없다(형사소송법 제214조의2 제1항). 다만, 보석에 대한 청구권이 있다. 피고인에게는 그 외에도 변호인선임권, 접견교통권, 방어권, 소송절차참여권 등이 있다.★

14 ☒ 공소제기 전의 변호인 선임은 제1심에도 그 효력이 있다(형사소송법 제32조 제2항). 따라서 공소제기 전에 선임된 변호인은 제1심의 변호인이 될 수 있다.

15 ☒ 피고인이 사형, 무기 또는 단기 3년 이상의 징역이나 금고에 해당하는 사건으로 기소된 때가 변호인이 없을 때 법원이 직권으로 변호인을 선정하여야 하는 경우에 해당한다.

16 피고인이 구속된 때, 미성년자인 때, 60세 이상인 때에는 법원이 직권으로 국선변호인을 선임하여야 한다. ( )

17 수사기관은 24시간 이내에 구속영장을 청구하지 않은 경우 피의자를 즉시 석방해야 한다. ( )

18 현행범인을 체포한 후 구속영장을 청구하지 아니하는 때 즉시 피의자를 석방하여야 하는 법정허용시간은 72기간이다. ( )

19 사형, 무기, 단기 1년 이상의 징역에 처할 범죄를 범하였을 때 법원은 피고인을 구속할 수 있다. ( )

20 긴급체포한 피의자에 대해서는 검사가 72시간 이내에 판사에게 구속영장을 청구하면 된다. ( )

21 수사상 신체구속에는 체포영장에 의한 체포, 긴급체포, 현행범체포, 구속영장에 의한 구속이 있다. ( )

22 피의자신문, 검증, 사실조회는 임의수사에 해당한다. ( )

O | X

16 ☒ 피고인이 구속된 때, 미성년자인 때, 70세 이상인 때, 듣거나 말하는 데 모두 장애가 있는 사람인 때, 심신장애가 있는 것으로 의심되는 때, 사형, 무기 또는 단기 3년 이상의 징역이나 금고에 해당하는 사건으로 기소된 때에는 법원이 직권으로 국선변호인을 선임하여야 한다.

17 ☒ 수사기관이 피의자를 영장 없이 긴급체포한 경우 체포한 때로부터 48시간 이내에 관할 지방법원판사에게 구속영장을 청구하여야 하며, 구속영장을 청구하지 아니하거나 발부받지 못한 때에는 피의자를 즉시 석방하여야 한다.

18 ☒ 검사 또는 사법경찰관이 현행 범인을 긴급체포한 경우 피의자를 구속하고자 할 때에는 체포한 때로부터 48시간 이내에 검사는 관할지방법원판사에게 구속영장을 청구하여야 하고 사법경찰관은 검사에게 신청하여 검사의 청구로 관할지방법원판사에게 청구하여야 한다. 신청 후 구속영장을 발급받지 못하였을 때에는 피의자를 즉시 석방하여야 한다.

19 ☒ 법원은 피고인이 죄를 범하였다고 의심할 만한 상당한 이유가 있고 피고인인 일정한 주거가 없거나, 증거를 인멸할 염려가 있는 경우, 피고인이 도망하거나 도망할 염려가 있는 때에는 피고인을 구속할 수 있다.

20 ☒ 검사는 체포한 때로부터 48시간 이내에 구속영장을 청구하여야 한다(형사소송법 제200조의4 제1항 후문).

21 ○

22 ☒ 임의수사란 강제력을 행사하지 않고 당사자의 승낙을 얻어서 하는 수사를 말하며, 피의자신문, 사실조회, 출석요구, 참고인진술 청취 등의 방법이 있다. 검증, 공무소에의 조회, 증거보전 등은 강제수사에 해당한다.★

23 피고인의 방어권 보장상 공소제기 후에는 수사를 할 수 없으며 공소사실과 동일성이 인정되는 사실까지 공소제기의 효력이 미친다. ( )

24 형사소송법상 고소권자와 범인 이외의 제3자가 수사기관에 범죄사실을 신고하여 범인의 소추를 구하는 의사표시를 고소라고 한다. ( )

25 고소의 취소는 대리가 허용되지 않는다. ( )

26 고소는 제1심 판결선고 전까지 취소할 수 있으며 고소를 취소한 자는 동일한 사건에 대하여 다시 고소하지 못한다. ( )

27 고소와 고발은 서면 또는 구술로써 검사 또는 사법경찰관에게 해야 하는데 피해자가 아니면 고발할 수 없다. ( )

28 친고죄의 공범 중 그 1인에 대한 고소는 다른 공범자에 대하여도 효력이 있다. ( )

29 고소의 취소는 대법원 확정판결 전까지 가능하다. ( )

30 피고인의 자백이 그 피고인에게 불이익한 유일의 증거인 경우 이를 유죄의 증거로 한다. ( )

31 거증책임과 관련하여 증명불능으로 인한 불이익을 누구에게 부담시킬 것인지가 문제되는데, 형사소송법의 기본원칙은 무죄추정이고, 의심스러울 때는 피고인의 이익으로 판단하여야 하므로, 거증책임은 원칙적으로 검사가 부담한다. ( )

O | X

23 ☒ 수사결과 검사가 충분한 혐의를 인정하고 공소를 제기하면 수사는 원칙적으로 종결되나 공소제기 후에도 검사가 공소유지를 위하여 수사를 계속할 필요가 있는 때에는 임의수사는 원칙적으로 허용된다. 공소제기의 효력은 공소사실과 동일성이 인정되는 사실까지 미친다.

24 ☒ 고발에 대한 내용이다. 고소는 범죄의 피해자 또는 그와 일정한 관계가 있는 고소권자가 수사기관에 대하여 범죄사실을 신고하여 범인의 처벌을 구하는 의사표시이다.

25 ☒ 고소의 취소는 대리인으로 하여금 하게 할 수 있다.

26 ⓞ

27 ☒ 누구든지 범죄가 있다고 사료하는 때에는 고발할 수 있다.

28 ⓞ

29 ☒ 고소는 제1심 판결선고 전까지 취소할 수 있다.

30 ☒ 피고인의 자백이 그 피고인에게 불이익한 유일의 증거인 때에는 이를 유죄의 증거로 하지 못한다(형사소송법 제310조).

31 ⓞ

32 증거란 사실인정의 근거가 되는 자료로, 증거방법과 증거자료 2가지 의미를 포함한다. 증거방법은 사실인정의 근거가 되는 유형물 자체를 의미하고[증인 · 감정인 · 당사자(본인) · 문서 · 검증물], 증거자료는 증거방법을 조사하는 과정에서 알게 된 내용을 의미한다(증언 · 감정결과 · 당사자신문결과 · 문서내용 · 검증의 결과). ( )

33 '사실인정의 기초가 되는 경험적 사실을 경험자 자신이 직접 법원에 진술하지 않고, 타인의 진술 등의 방법으로 간접적으로 법원에 보고하는 형태의 증거는 원칙적으로 증거능력이 인정되지 않는다.'는 원칙을 전문법칙이라 한다. ( )

34 피고인이 임의로 한 증거능력이 있고, 신용성이 있는 자백에 의하여 법관이 유죄의 심증을 얻었다고 하더라도 그 자백에 대한 다른 보강증거가 없으면 유죄를 인정할 수 없다는 원칙을 자백배제법칙이라 한다. ( )

35 무기징역 또는 무기금고에 해당하는 범죄의 공소시효는 20년이다. ( )

36 비상상고란 고소인 또는 고발인이 검사의 불기소처분에 대하여 이의가 있을 때 법원에 제기할 수 있다. ( )

O | X

32 O

33 O

34 X 자백보강법칙에 대한 내용이다. 자백배제법칙이란 임의성이 의심되는 자백은 증거능력을 배제하는 원칙이다.

35 X 무기징역 또는 무기금고에 해당하는 범죄의 공소시효는 15년이다.

> **공소시효의 기간(형사소송법 제249조)**
> ① 공소시효는 다음 기간의 경과로 완성한다.
> 1. 사형에 해당하는 범죄에는 25년
> 2. 무기징역 또는 무기금고에 해당하는 범죄에는 15년
> 3. 장기 10년 이상의 징역 또는 금고에 해당하는 범죄에는 10년
> 4. 장기 10년 미만의 징역 또는 금고에 해당하는 범죄에는 7년
> 5. 장기 5년 미만의 징역 또는 금고, 장기 10년 이상의 자격정지 또는 벌금에 해당하는 범죄에는 5년
> 6. 장기 5년 이상의 자격정지에 해당하는 범죄에는 3년
> 7. 장기 5년 미만의 자격정지, 구류, 과료 또는 몰수에 해당하는 범죄에는 1년
>
> ② 공소가 제기된 범죄는 판결의 확정이 없이 공소를 제기한 때로부터 25년을 경과하면 공소시효가 완성한 것으로 간주한다.

36 X 재정신청이란 고소(대상범죄 제한 없음) 또는 고발(공무원의 직권남용죄)에 대한 불기소처분에 불복하는 고소 · 고발인의 법원에 대한 신청을 말한다(형사소송법 제260조 제1항).

37 친고죄 사건에서 고소의 취소가 있은 때는 면소판결을 선고해야 한다. ( )

38 공소가 취소되었을 때에는 공소기각의 판결을 해야 한다. ( )

39 피고인에 대하여 재판권이 없는 때, 친고죄 사건에 대하여 고소의 취소가 있는 때, 공소제기의 절차가 법률의 규정에 위반하여 무효일 때는 공소기각의 판결을 한다. ( )

O | X

37 ☒ 친고죄 사건에서 고소의 취소가 있은 때는 공소기각의 판결을 한다.

종국재판의 종류 및 구체적 사유

구분	사유
유죄판결	• 사건의 실체에 관하여 피고인 범죄 사실의 증명이 있는 때
무죄판결 (형사소송법 제325조)	• 피고사건이 범죄로 되지 아니하는 때(구성요건해당성이 없거나 또는 위법성조각사유나 책임조각사유가 존재한다는 것이 밝혀진 경우를 말함) • 범죄사실의 증명이 없는 때
관할위반의 판결 (형사소송법 제319조)	• 피고사건이 법원의 관할에 속하지 아니하는 때
공소기각의 결정 (형사소송법 제328조 제1항)	두 공·취·사·소 / 수·법·계·관·경 / 범·사·포·아 • 공소가 취소되었을 때(제1호) • 피고인이 사망 또는 법인이 소멸한 때(제2호) • 동일사건이 사물관할을 달리하는 수 개의 법원에 계속되거나 관할이 경합하는 경우(제12조 또는 제13조)의 규정과 관련하여 재판할 수 없는 때(제3호) • 공소장에 범죄가 될만한 사실이 포함되지 아니할 때(제4호)
공소기각의 판결 (형사소송법 제327조)	두 재·절·무 / 위반 공소 / 친·반 • 피고인에 대하여 재판권이 없는 경우(제1호) • 공소제기 절차가 법률의 규정에 위반하여 무효인 때(제2호) • 공소가 제기된 사건에 대하여 다시 공소가 제기된 경우(제3호) • 공소취소와 재기소(제329조)의 규정에 위반하여 공소가 제기되었을 때(제4호) • 친고죄에서 고소의 취소가 있는 때(제5호) • 반의사불벌죄에서 처벌을 희망하지 않는 의사표시가 있는 경우이거나 처벌을 희망하는 의사표시가 철회되었을 때(제6호)
면소판결 (형사소송법 제326조)	두 확·사·시·폐 • 확정판결이 있은 때(제1호) • 사면이 있는 경우(제2호) • 공소시효가 완성된 경우(제3호) • 범죄 후 법령개폐로 형이 폐지된 경우(제4호)

38 ☒ '공소가 취소되었을 때'는 공소기각의 결정을 해야 하는 경우이다(형사소송법 제328조 제1항).

39 ⓞ

40 재심의 청구로 형의 집행은 정지된다. ( )

41 피고사건이 법원의 관할에 속할 것은 실체적 소송요건에 해당한다. ( )

42 공소시효의 만료 전일 것, 확정판결이 없었을 것, 사면이 없었을 것은 실체적 소송요건에 해당한다. ( )

43 형사재판에 있어서의 거증책임은 피고인에게 있다. ( )

44 증인신문은 원칙적으로 법원의 신문 후에 당사자에 의한 교호신문(交互訊問)의 형태로 진행된다. ( )

45 사실의 인정은 증거에 의하여야 하며 사실확정에 있어서 추정은 반증에 의해 그 효과가 부인될 수 있다. ( )

46 형사소송에서 피고인의 자백이 그 피고인에게 불이익한 유일한 증거인 때에는 이를 유죄의 증거로 하지 못한다. ( )

47 피의자에 대하여 진술거부권을 고지하지 않은 상태에서 수집한 증거의 증거능력도 인정된다. ( )

48 피고인의 자백이 임의로 진술한 것이 아니라고 의심할만한 이유가 있을 때에는 유죄의 증거로 할 수 없다. ( )

O | X

40 ☒ 재심의 청구는 형의 집행을 정지하는 효력이 없다(형사소송법 제428조 본문).

41 ☒ 피고사건이 관할 법원에 속할 것, 공소기각의 판결·결정사유가 없을 것 등은 형식적 요건에 속한다.

42 ◎

43 ☒ 거증책임의 원칙이란 증명불능으로 인한 불이익을 누구에게 부담시킬 것인가를 정하는 문제이다. 무죄추정은 형사소송법의 기본원칙이며, 의심스러울 때는 피고인의 이익으로 판단하여야 하므로 거증책임은 원칙적으로 검사가 부담한다.

44 ☒ 증인신문은 당사자에 의한 교호신문이 끝난 뒤에 재판장이 신문할 수 있다.

45 ◎

46 ◎

47 ☒ 형사소송법이 보장하는 피의자의 진술거부권은 헌법이 보장하는 형사상 자기에 불리한 진술을 강요당하지 않는 자기부죄거부의 권리에 터 잡은 것이므로 수사기관이 피의자를 신문함에 있어서 피의자에게 미리 진술거부권을 고지하지 않은 때에는 그 피의자의 진술은 위법하게 수집된 증거로서 진술의 임의성이 인정되는 경우라도 증거능력이 부인되어야 한다(대판 2011.11.10. 2010도8294).★

48 ◎

49 형사소송법상 제1심 판결에 불복하여 제2심 법원에 제기하는 상소를 항고라 한다. ( )

50 상고는 제2심 판결에 대한 상소를 말하는데, 예외적으로 제1심 판결에 대한 상고도 허용될 수 있다. ( )

51 상소의 제기기간은 7일이며 상소장은 상소법원에 제출하여야 한다. ( )

52 상소는 재판의 일부에 대하여 할 수 있고 피고인의 법정대리인은 피고인을 위하여 상소할 수 있다. ( )

53 피고인이 국민참여재판을 원하지 않는 경우에는 국민참여재판을 할 수 없다. ( )

54 국민참여재판의 배심원은 만 18세 이상의 대한민국 국민 중에서 선정된다. ( )

55 국민참여재판시 판사는 배심원의 평결결과와 다른 판결을 선고할 수 있다. ( )

O | X

49 ☒ 항소에 대한 내용이다. 항고는 법원의 결정・명령에 대한 간이한 상소를 말하는데, 법률이 정한 것 이외에는 항고할 수 없다.

50 ◯

51 ☒ 상소의 제기기간은 7일이며 상소장은 원심법원에 제출하여야 한다. 검사는 피고인의 이익을 위하여 상소할 수 있다.

52 ◯

53 ◯

54 ☒ 배심원은 만 20세 이상의 대한민국 국민 중에서 이 법으로 정하는 바에 따라 선정된다.

55 ◯

2023 COMPACT 공기업 전공필기 단기합격 법학

상법 일반

제1절 상법의 개요

제2절 회사법

제3절 보험법

필수개념문제

O× 기출 · 예상지문 확인체크

CHAPTER 05 상법 일반

제1절 상법의 개요

I 상법의 개념

1. 상법의 특색★★

영리성	영리성은 자본주의사회에서 기업활동의 본질이고, 상법상의 기본 개념인 상인, 상행위, 회사 등은 이 영리성을 기초로 성립한다.
집단성 · 반복성	경제사회가 대규모화됨에 따라서 거래가 집단적 · 반복적으로 행하여지고, 기업은 인적으로나 물적으로나 조직화되어 노력의 보충과 자본집중의 촉진을 꾀할 것을 필요로 하게 되었다.
획일성 · 정형성	집단적으로 반복하여 이루어지는 기업활동에 있어서는 상사거래의 정형화가 요청된다.
공시주의	기업활동에 있어 거래의 안전을 보호하기 위해 상업등기나 회사의 중요사항에 대한 등기 및 공고제도 등이 발달하게 된다.
기업책임의 가중과 경감	기업의 신용유지 및 거래상대방의 보호를 위한 상사연대책임 · 무과실책임을 규정하고, 한편 기업 자체의 보호를 위해 주주의 인적 유한책임 등과 같이 기업의 책임을 경감한다.
기업의 유지 강화	기업의 유지를 도모하고 기업의 해체에서 오는 손실을 방지하기 위하여 자본의 집중(회사의 합병 · 설립), 위험의 분산(보험제도), 기업의 독립성 확보(독립법인으로서의 회사제도) 등을 규정하고 있다.
기술성 · 진보성	• 상법은 기업법으로서 기업생활의 합리적 규제를 목적으로 하는 것이므로 전체로서 기술적 · 전문적인 성격을 띠게 된다. • 기업생활관계에서 나타나는 기술은 자본주의의 합리적 정신에 기한 경제적 수요에 따라 진보 · 발전하게 되는데, 여기서 상법은 민법에 비하여 진보적이고 유동적인 경향을 띠게 된다.
세계성 · 통일성	상법은 세계적 · 통일적인 경향을 가장 많이 보인다고 할 수 있다. 예컨대 선박충돌 및 해난구조에 관한 조약, 선하증권통일조약, 어음법통일조약, 수표법통일조약 등이 그 예이다.

▸ 기출 OX 지문정리

[예금보험공사]

1. 유가증권법은 '상법'이라는 고유명칭에 해당하는 상법전에 편성되어 있다. ( )
   → 유가증권법은 어음법, 수표법이라는 명칭 하에 독립된 법률로 제정되어 있다.
2. 상법은 국가의 경제성장과 국민의 복지에 일차적 목적이 있다. ( )
   → 상법은 사법(私法)으로서 상인의 상거래행위 자체를 규율하기 위한 법으로서 국가적 · 공익적 목적이 일차적 목적이라고 할 수 없다.

정답 1. × 2. ×

2. 상법의 법원

상법 제1조는 "상사에 관하여 본법에 규정이 없으면 상관습법에 의하고 상관습법이 없으면 민법의 규정에 의한다."고 규정하여 상법과 상관습법이 없는 경우 민법은 보충적으로 적용된다.

상사제정법	상법전, 상사특별법령, 상사관계조약과 국제법규 등이 있다.
상관습법	기업에 관한 관행이 일반의 법적 확신에 의해 확립된 것으로 성문법의 보충적 효력을 갖는 법원이 된다.
상사자치법	회사의 정관 등의 자치법규도 법원이 된다(단, 반대설도 있음).

THE 알아두기

상사에 관한 법규의 적용순서 [한국보훈복지의료공단]

상사자치법 → 상사특별법 및 상사조약 → 상법전 → 상관습법 → 민사자치법 →민사특별법령 및 민사조약 → 민법전 → 민사관습법

▸ **기출 ○× 지문정리**

[한국중부발전]

1. 회사법은 상법전의 특별법이다. ( )

→ 회사법은 상법전 제3편에 편성되어 있으므로 상법의 특별법이 아니다. 증권거래법, 여신전문금융업법, 보험업법은 상법의 특별법에 해당한다.

정답 1. ×

Ⅱ 상법총칙

1. 상인 · 상업사용인의 용어 정의

익명조합	당사자의 일방이 상대방의 영업을 위하여 출자하고 상대방은 그 영업으로 인한 이익을 분배할 것을 약정함으로써 그 효력이 생긴다(상법 제78조).
합자조합	조합의 업무집행자로서 조합의 채무에 대하여 무한책임을 지는 조합원과 출자가액을 한도로 하여 유한책임을 지는 조합원이 상호출자하여 공동사업을 경영할 것을 약정함으로써 그 효력이 생긴다(상법 제86조의2).
대리상	일정한 상인을 위하여 상업사용인이 아니면서 상시 그 영업부류에 속하는 거래의 대리 또는 중개를 영업으로 하는 자를 말한다(상법 제87조).
중개인	타인 간의 상행위의 중개를 영업으로 하는 자를 말한다(상법 제93조).
위탁매매인	자기명의로써 타인의 계산으로 물건 또는 유가증권의 매매를 영업으로 하는 자를 말한다(상법 제101조).
운송주선인	자기의 명의로 물건운송의 주선을 영업으로 하는 자를 말한다(상법 제114조).
운송인	육상 또는 호천, 항만에서 물건 또는 여객의 운송을 영업으로 하는 자를 말한다(상법 제125조).

2. 상인★★

상인은 기업활동에 있어서 권리의무가 귀속되는 기업의 주체로 상인의 행위는 영업을 위하여 하는 것으로 추정한다(상법 제47조 제2항).

① 상인의 종류

㉠ 당연상인(고유상인) : 자기명의로 상행위를 하는 자이다(상법 제4조). 기본적 상행위뿐만 아니라 타인의 영업을 대리하는 경우, 타인의 계산으로 타인의 영업수단을 이용하는 경우, 타인의 명의로 신고·납세하는 경우도 포함한다.

㉡ 의제상인 : 점포 기타 유사한 설비에 의하여 상인적 방법으로 영업을 하는 자와 회사는 상행위를 하지 아니하더라도 상인으로 본다(상법 제5조).

㉢ 소상인 : 소규모 상인으로서 자본금이 1,000만 원 미만으로 회사가 아닌 자를 말한다(상법 시행령 제2조). 이러한 소상인에 대하여는 지배인, 상호, 상업장부와 상업등기에 관한 규정의 적용을 받지 않는다(상법 제9조).

② 상인자격의 취득과 상실

구분	취득	상실
회사	설립등기	청산종결
회사 외의 법인·자연인	영업준비행위의 객관적 인정	기업활동의 사실상 종결

3. 상업사용인(영업보조자)

상인에 종속하여 기업상의 활동을 보조하는 자를 상업사용인이라 하는데, 대리권의 범위를 기준으로 하여 지배인, 부분적 포괄대리권을 가진 사용인, 물건판매점포의 사용인 등으로 나눌 수 있다.

① 지배인★

㉠ 의의 : 상인인 영업주에 갈음하여 그 영업에 관한 재판상 또는 재판 외의 모든 행위를 할 수 있는 경영보조자이다(상법 제11조 제1항). 보통 지점장, 지사장 등이 이에 속한다. 이사는 지배인이 될 수 있으나 감사는 불가능하다.

㉡ 지배인의 선임과 종임

- 소상인·청산회사·파산회사는 지배인의 선임이 불가능하고 금치산·영업폐지·회사해산 등의 사유로 종임된다.★
- 선임과 종임은 등기사항(상법 제13조)으로 총지배인은 영업소 단위로 등기한다.

㉢ 지배인의 권한

- 정형성·포괄성, 영업에 관한 재판상 또는 재판 외의 모든 행위를 할 권한(상법 제11조 제1항)
- 지배인이 아닌 사용인 선임 가능(상법 제11조 제2항), 지배인의 선임에 관한 대리권을 수여받은 경우는 지배인도 선임 가능
- 대리권의 제한은 명칭 여하에 불구하고 선의의 제3자에게 대항할 수 없다(상법 제11조 제3항).

㉣ 행위의 판단 : 지배인의 행위가 영업주의 영업에 관한 것인가의 여부는 지배인의 행위 당시의 주관적인 의사와는 관계없이 객관적 성질에 따라 추상적으로 판단하여야 한다.★

㉤ 공동지배인과 표현지배인

공동지배인	능동대리는 공동으로, 수동대리는 단독으로 한다. 수인의 지배인과는 구별된다(상법 제12조).
표현지배인	사용인의 조건을 충족하고 지배인의 명칭을 사용하며 재판 외의 행위, 영업소의 실체, 거래의 직접 상대방이다. 지배인의 개인적 행위는 표현지배인의 대상이 아니다. 영업주가 그 사용인이 한 행위에 대하여 책임을 부담한다(상법 제14조).

[한국자산관리공사]

1. 표현지배인은 재판상 · 재판 외의 모든 행위에 대해서 본인을 대리할 권한이 있는 것으로 본다. ( )
   → 본점 또는 지점의 본부장, 지점장, 그 밖에 지배인으로 인정될 만한 명칭을 사용하는 자는 본점 또는 지점의 지배인들과 동일한 권한이 있는 것으로 본다. 다만, 재판상 행위에 관해서는 그러하지 아니하다.
2. 회사의 기관은 상업사용인이 아니다. ( )
3. 단순한 직공은 상업사용인이 아니다. ( )
4. 상업사용인은 경업피지의무를 부담한다. ( )

정답 1. × 2. ○ 3. ○ 4. ○

ⓗ 회사별 지배인 선임방법★★

합명회사	총사원 과반수의 결의(업무집행사원이 있는 경우에도, 상법 제203조)
합자회사	무한책임사원 과반수의 결의(업무집행사원이 있는 경우에도, 상법 제274조)
주식회사	이사회 결의(상법 제393조 제1항)
유한회사	이사 과반수 결의 또는 사원총회의 보통결의(상법 제564조 제1항 · 제2항)

② **부분적 포괄대리권을 가진 사용인** : 영업의 특정한 종류 또는 특정한 사항(예 판매, 구입, 대부, 출납 등)에 대한 위임을 받은 사용인을 말하며, 이에 관한 재판 외의 모든 행위를 할 수 있다(상법 제15조 제1항). 지배인과 달리 등기사항은 아니다.

③ **물건판매점포의 사용인** : 원칙적으로 대리권이 없으나 법은 판매에 관한 모든 권한이 있는 것으로 본다(상법 제16조 제1항). 외관이 중요함 → 점포를 떠난 판매외무사원은 제외된다.

④ **상업사용인의 의무(경업회피의무)(상법 제17조)**

㉠ 의의 : 상업사용인은 영업주의 허락 없이 자기 또는 제3자의 계산으로 영업주의 영업부류에 속한 거래를 하거나 회사의 무한책임사원, 이사 또는 다른 상인의 사용인이 되지 못한다(제1항).

㉡ 효과 : 거래행위 자체는 유효하나 영업주는 손해배상청구권, 해임권(제3항), 개입권의 행사가 가능하다(제4항).

㉢ 영업주의 개입권 : 상업사용인이 얻은 이득을 영업주에게 귀속시킬 수 있는 권리(상업사용인이 자기의 계산으로 한 경우는 경제적 효과를 귀속시킬 수 있고 타인의 계산으로 한 경우는 상업사용인이 얻은 이득의 양도를 청구할 수 있음)(상법 제17조 제2항)이며, 개입권 행사 후에도 손해배상청구 및 해임이 가능하다(상법 제17조 제3항). 단, 다른 회사의 무한책임사원 · 이사 또는 다른 상인의 상업사용인이 된 경우에는 개입권은 행사할 수 없다.

4. 상호

① **의의** : 상인이 영업상 자기를 표시하기 위해 사용하는 명칭(영업의 통일성을 위해)이다. 상인은 원칙적으로 상호를 선정하여 사용할 권리를 가진다(상호자유주의)(상법 제18조).

② **상호의 선정** : 상호자유주의 + 약간의 제한(회사라는 명칭, 회사의 종류)(상법 제19조), 상호단일주의(수개의 영업에 하나의 상호 가능, 회사는 항상 1개의 상호, 지점은 본점과의 종속관계 표시)(상법 제21조)

③ **상호권**★

㉠ 상호사용권 : 적극적 권리, 적법하게(타인의 상호사용권을 침해하지 않고) 선정 및 사용할 수 있는 권리를 말한다.

㉡ 상호전용권 : 소극적 권리, 타인이 부정목적으로 동일 또는 유사한 상호의 사용을 배제하는 권리이다.

㉢ 등기의 효력 : 동종영업 상호로 등기 불가하고(상법 제22조), 등기상호의 사용시 부정목적이 추정(→ 입증책임의 전환으로 상호전용권의 강화)된다.★

④ 의무

㉠ 회사의 상호에는 그 종류에 따라 합명회사, 합자회사, 유한책임회사, 주식회사 또는 유한회사의 문자를 사용하여야 한다(상법 제19조).★

㉡ 회사가 아니면 상호에 회사임을 표시하는 문자를 사용하지 못한다. 회사의 영업을 양수한 경우에도 같다(상법 제20조).★

㉢ 동일한 영업에는 단일상호를 사용하여야 한다(상법 제21조 제1항).

⑤ 상호의 양도

㉠ 상호는 영업을 폐지하거나 영업과 함께 하는 경우에 한하여 이를 양도할 수 있다(상법 제25조 제1항).★

㉡ 상호의 양도는 등기하지 아니하면 제3자에게 대항하지 못한다(상법 제25조 제2항).★

⑥ **상호불사용의 효과** : 상호를 등기한 자가 정당한 사유 없이 2년간 상호를 사용하지 아니하는 때에는 이를 폐지한 것으로 본다(상법 제26조).

5. 상업장부

① 상인이 그 기업의 재산 상태를 명백히 하기 위하여 상법상의 의무로서 작성하는 장부를 상업장부라 한다.

② 상업장부에는 영업상의 재산 및 손익의 상황을 명백히 하기 위하여 작성하는 회계장부와 대차대조표(재무상태표)가 있다(상법 제29조 제1항 참고).★

③ 상인은 10년간 상업장부와 영업에 관한 중요서류를 보존하여야 한다. 다만, 전표 또는 이와 유사한 서류는 5년간 이를 보존하여야 한다(상법 제33조 제1항).★

6. 상업등기

① 의의

㉠ 영업에 관한 중요한 사항을 상법의 규정에 의하여 상업등기부에 등기하는 것을 상업등기라 한다.

㉡ 상업등기부에는 상호, 미성년자, 법정대리인, 지배인, 합자조합, 합명회사, 합자회사, 유한책임회사, 주식회사, 유한회사, 외국회사에 관한 11종이 있다(상업등기법 제11조 제1항).

② 효력★

㉠ 일반적 효력 : 등기·공고 전에는 선의의 제3자에게 대항하지 못하고(등기의 소극적 공시의 원칙), 등기·공고 후에는 선의의 제3자에게도 대항 가능하다(등기의 적극적 공시의 원칙)(상법 제37조 제1항).

㉡ 특수한 효력

- 창설적(확정적) 효력 : 회사의 설립·합병·분할등기로 효력 발생
- 보완적 효력 : 하자의 치유, 설립시 또는 증자시 주식인수인의 인수 취소불가
- 부수적(해제적) 효력 : 설립등기로 주권발행 및 주식양도, 인적회사사원의 책임소멸시효의 기산일 → 상호양도 등기

7. 영업의 양도

① 의의 : 영업의 양도란 기업의 동일성을 유지하면서 포괄적 일체인 영업 자체를 양도하여 소유와 경영의 법적 관계에 변동을 가져오는 것을 말한다. 동일성이 유지되면 일부 양도도 가능하다.★

② 영업양도의 효과

㉠ 대내적 효과 : 영업재산의 이전(개별적인 이전 절차), 제3자에 대한 대항요건구비, 경업피지의무, 동일·인접 행정구역에서 동종의 영업행위를 할 수 없다. 기간의 무약정시에는 10년, 약정시에는 20년 내에서 유효하다(상법 제41조).★

㉡ 대외적 효과 : 선의 변제자의 면책, 양수인은 원칙적으로 상호 사용 시에는 책임이 있으나 상호불사용시에는 책임이 없다(상법 제42조 제1항).★

㉢ 소멸 : 영업양수인이 변제의 책임이 있는 경우에는 양도인의 제3자에 대한 채무는 영업양도 또는 광고 후 2년이 경과하면 소멸한다(상법 제45조).★

Ⅲ 상행위

1. 의의 및 종류, 내용

① '상행위'란 실질적으로는 영리에 관한 행위이며 형식적으로는 상법과 특별법에서 상행위로서 규정한 행위를 말한다.

② 대부분의 상행위는 상인이 영리를 목적으로 하는 영업행위를 말하며, 영업적 상행위 또는 기본적 상행위라고도 한다. 그리고 이 기본적 상행위 이외에 영업을 위하여 하는 행위를 보조적 상행위 또는 부속적 상행위라고 한다.★

③ 상인이 그 영업에 관하여 수여한 대리권은 본인의 사망으로 소멸하지 아니한다.

④ 상행위로 인한 채무의 법정이율은 연 6분으로 한다.

⑤ 상행위로 인한 채권은 상법에 다른 규정이 없는 한 5년간 행사하지 아니하면 소멸한다. 다른 법령에 단기의 시효의 규정이 있는 경우에는 그 규정에 의한다.

THE 알아두기 ✓

기본적 상행위(상법 제46조)

영업으로 하는 다음의 행위를 상행위라 한다. 그러나 오로지 임금을 받을 목적으로 물건을 제조하거나 노무에 종사하는 자의 행위는 그러하지 아니하다.

1. 동산, 부동산, 유가증권 기타의 재산의 매매
2. 동산, 부동산, 유가증권 기타의 재산의 임대차
3. 제조, 가공 또는 수선에 관한 행위
4. 전기, 전파, 가스 또는 물의 공급에 관한 행위
5. 작업 또는 노무의 도급의 인수
6. 출판, 인쇄 또는 촬영에 관한 행위
7. 광고, 통신 또는 정보에 관한 행위
8. 수신・여신・환 기타의 금융거래
9. 공중(公衆)이 이용하는 시설에 의한 거래
10. 상행위의 대리의 인수
11. 중개에 관한 행위
12. 위탁매매 기타의 주선에 관한 행위
13. 운송의 인수
14. 임치의 인수
15. 신탁의 인수
16. 상호부금 기타 이와 유사한 행위
17. 보험
18. 광물 또는 토석의 채취에 관한 행위
19. 기계, 시설, 그 밖의 재산의 금융리스에 관한 행위
20. 상호・상표 등의 사용허락에 의한 영업에 관한 행위
21. 영업상 채권의 매입・회수 등에 관한 행위
22. 신용카드, 전자화폐 등을 이용한 지급결제 업무의 인수

2. 상행위의 총칙적 규정

① **상행위 일반에 관한 특칙** : 상행위는 영리를 목적으로 하는 상인의 행위로서 반복・계속되는 것이므로, 그 거래의 신속・원활을 기하기 위해서 민법에 대한 특칙을 규정하고 있다.

② **매매에 관한 특칙** : 상인간의 매매에 있어 매수인이 그 영수한 목적물을 즉시 살피고 이의가 없는 한 매도인은 후일에 제기되는 이의에 응하지 아니하는 등 약간의 특칙을 규정하고 있다.

③ **상호계산** : 상인 상호간 또는 상인과 비상인간에 이루어지는 계속적 거래관계에서 일정한 기간의 거래로 인한 채권・채무의 총액을 상계하고 그 잔액을 지불할 것을 계약하는 대차결제방법이다(상법 제72조). 당사자가 상계할 기간을 정하지 않은 때에는 그 기간은 6월로 한다.

④ **익명조합** : 상인이 그 영업을 위하여 타인으로부터 재산의 출자를 받고 이에 대하여 영업이익을 분배할 것을 약속하는 계약관계이다(상법 제78조). 이 익명조합은 경제적으로는 공동기업의 한 형태이나 법적으로는 영업자의 단독기업이다. 따라서 익명조합원은 출자의 의무와 이익배당의 권리가 있으며 제3자와는 아무런 법률관계가 없다.★

3. 어음법상 행위

배서	어음상의 권리를 양도하기 위한 방법으로 어음소지인이 어음에 일정한 사항을 기재하고 기명날인하여 교부하는 것을 뜻한다.★
지급	채무를 변제하기 위하여 금전이나 어음 등을 채권자에게 주는 것으로, 확정일출급, 발행일자 후 정기출급 또는 일람 후 정기출급의 환어음 소지인은 지급을 할 날 또는 그날 이후의 2거래일 내에 지급을 받기 위한 제시를 하여야 한다.
양도	물권의 주체가 법률행위에 의하여 그 물건을 타인에게 이전하는 것을 말한다.
인수	지급인이 환어음상의 기재내용대로 어음대금을 지급하겠다는 의사를 밝히는 절차로서 지급의 승낙이다. 환어음의 소지인 또는 단순한 점유자는 만기에 이르기까지 인수를 위하여 지급인에게 그 주소에서 어음을 제시할 수 있다.★

제2절 회사법

I 회사의 개념과 종류

1. 회사의 개념

① 상법상 회사라 함은 상행위, 기타 영리를 목적으로 하는 사단법인으로서 상법상 회사편의 규정에 따라 설립된 것을 말한다(상법 제169조).

② 회사는 사원의 단체인 점에서 재산의 집합체인 재단과 구별되며 영리사업으로 얻은 이익을 각 구성원에게 분배하는 영리법인인 점에서 민법상 비영리법인과 구별된다.★

2. 회사의 권리능력

① 회사는 유증(遺贈)을 받을 수 있다.

② 회사는 상표권을 취득할 수 있다.

③ 회사는 명예권과 같은 인격권의 주체가 될 수 있다.★
④ 회사는 다른 회사의 무한책임사원이 되지 못한다(상법 제173조).★

3. 회사의 종류★★★

상법상의 회사에는 합명회사, 합자회사, 주식회사, 유한회사, 유한책임회사의 다섯 가지가 있다(상법 제170조). 사원의 인적 신용이 회사신용의 기초가 되는 회사를 인적 회사(예 개인주의적 회사, 합명회사 · 합자회사)라 하고, 회사재산이 회사신용의 기초가 되는 회사를 물적 회사(예 단체주의적 회사, 주식회사 · 유한회사)라 한다.

① 합명회사★

㉠ 합명회사는 2인 이상의 무한책임사원으로 조직된 회사이다(상법 제178조).★
㉡ 무한책임사원이라 함은 회사에 대하여 출자의무와 회사채무에 대한 직접 · 연대 · 무한의 책임을 부담하는 사원을 말한다(상법 제212조 제1항).
㉢ 각 사원은 정관에 특별한 규정이 없는 한, 회사의 업무를 직접 집행하고 회사를 대표할 권한을 가지고 있다(상법 제207조 본문).
㉣ 인적 신뢰도가 기초가 되는 조직으로 사원이 소수임이 보통이고 형식적으로는 사단이지만 실질적으로는 조합에 가까운 성격을 띠고 있다.★
㉤ 내부관계에 있어서도 정관 또는 상법에 특별한 규정이 없는 한, 민법상의 조합의 규정이 준용된다(상법 제195조).★
㉥ 사원의 출자는 금전, 현물, 노무, 신용 어느 것으로도 출자할 수 있고, 사원의 수가 1인이 된 때 회사는 해산하나 다른 사원을 가입시켜 회사를 계속할 수 있다(상법 제227조 제3호).★

▸ 기출 O× 지문정리

[예금보험공사]

1. 상법상 합명회사의 설립의 무효는 그 사원에 대하여, 설립의 취소는 그 취소권 있는 자에 한하여 회사성립의 날로부터 1년 이내 소만으로 이를 주장할 수 있다. ( )

➜ 회사설립의 무효는 그 사원에 대하여, 설립의 취소는 그 취소권 있는 자에 한하여 회사성립의 날로부터 2년 이내 소만으로 이를 주장할 수 있다.

정답 1. ×

② 합자회사

㉠ 합자회사는 무한책임사원과 유한책임사원으로 조직된 이원적 회사이다(상법 제268조).★
㉡ 무한책임사원은 합명회사의 경우와 같이 직접 · 연대 · 무한의 책임을 지지만, 유한책임사원은 출자가액의 한도 내에서 책임을 진다.★
㉢ 사원이 출자함에 있어서 무한책임사원의 경우에는 그 목적의 제한이 없지만, 유한책임사원은 재산(금전 · 현물)으로만 출자할 수 있다(상법 제272조).★
㉣ 회사 경영이나 대표권은 무한책임사원만 맡을 수 있고, 유한책임사원의 경우에는 업무집행이나 회사대표의 권한은 없지만(상법 제278조), 감시권은 있다(상법 제277조).

③ 유한회사

㉠ 유한회사는 지분을 가진 사원으로 구성되는 사단법인이며 사원 전원이 회사에 대하여 원칙적으로 출자액을 한도로 유한책임을 지는 회사이다.
㉡ 유한회사는 사원이 출자금액을 한도로 간접 · 유한의 책임을 지는 점(상법 제553조)에서 주식회사와 같으나, 지분의 양도가 자유스럽지 못한 점에서 주식회사와 다르다(상법 제556조). 출자의 종류는 재산출자에 한한다.★

㉢ 의사를 결정하는 최고 기관으로 사원총회가 있고, 업무집행기관으로 이사가 있으며, 임의기관으로 감사가 있다.★
㉣ 인적 회사의 성격이 가미되어 있어 주식회사보다는 소규모적 · 폐쇄적 · 비공개적인 회사이다.★

▸기출 OX 지문정리

[금융감독원]

1. 유한회사의 자본총액은 5천만 원 이상이어야 한다. ( )
→ 2011년 상법 개정으로 종래 1천만 원이던 유한책임회사의 최저자본금이 폐지되었다.

2. 상법상 회사의 종류에는 합명회사, 합자회사, 주식회사, 조합, 유한회사가 있다. ( )
→ 조합은 민법상 전형계약의 일종이다. 상법상의 회사에는 합명회사, 합자회사, 유한책임회사, 주식회사와 유한회사 5종이 있다.

3. 회사는 다른 회사의 무한책임사원이 될 수 있다. ( )
→ 회사는 다른 회사의 무한책임사원이 될 수 없다(상법 제173조).

정답 1. × 2. × 3. ×

④ 유한책임회사
㉠ 2011년 개정된 상법에 도입된 회사의 형태로서, 주식회사보다 유연하고 탄력적인 지배구조를 가지고 있으며, 주주에게 법적책임이 없는 주식회사와 달리 주주들이 자신의 투자액 범위 내에서 회사채권자들에 대하여 법적인 책임을 부담하는 회사이다(상법 제287조의7).★
㉡ 유한책임회사는 주식회사에 비해 지분양도 · 양수가 자유롭지 못하다(상법 제287조의8, 제287조의9). 따라서 작은 규모의 폐쇄적인 회사에 적합한 형태의 법인이다.★

⑤ 주식회사★★★
㉠ 개념
- 주식회사의 구성원인 사원을 주주라 하며 주주가 될 자는 회사에 대하여 출자를 하고 회사로부터 주권의 교부를 받는다.
- 주주는 그 주식의 인수가액을 한도로 하는 출자의무를 부담할 뿐이며 회사채무에 관하여는 아무런 책임을 부담하지 않고 회사 재산만으로 책임을 지는 회사이다.★

㉡ 설립 : 주식회사의 설립에는 발기설립과 모집설립의 두 가지가 있다.★

구분	내용
발기설립	1인 이상의 발기인이 설립시에 발행하는 주식을 전부 인수하고 일반으로부터는 공모하지 않는 경우이다(상법 제295조 제1항).
모집설립	발기인이 발행주식의 일부만을 인수하고 나머지 주식에 대하여는 주주를 모집하여 이를 인수시키는 경우이다(상법 제301조).

㉢ 자본금의 구성★
- 회사는 정관으로 정한 경우에는 주식의 전부를 무액면주식으로 발행할 수 있다. 다만, 무액면주식을 발행하는 경우에는 액면주식을 발행할 수 없다(상법 제329조 제1항).★
- 액면주식의 금액은 균일하여야 한다(상법 제329조 제2항).
- 액면주식 1주의 금액은 100원 이상으로 하여야 한다(상법 제329조 제3항).★
- 회사는 정관으로 정하는 바에 따라 발행된 액면주식을 무액면주식으로 전환하거나 무액면주식을 액면주식으로 전환할 수 있다(상법 제329조 제4항).

㉣ 회사의 기관 : 주식회사에는 기본적 사항에 관한 최고의사결정기관인 주주총회, 업무집행에 관한 의결기관인 이사회, 업무집행을 담당하고 회사를 대표하는 대표이사, 감독기관인 감사가 법률상 필수기관이다.

THE 알아두기

의결권(상법 제369조)

① 의결권은 1주마다 1개로 한다.
② 회사가 가진 자기주식은 의결권이 없다.
③ 회사, 모회사 및 자회사 또는 자회사가 다른 회사의 발행주식의 총수의 10분의 1을 초과하는 주식을 가지고 있는 경우 그 다른 회사가 가지고 있는 회사 또는 모회사의 주식은 의결권이 없다.

THE 알아두기

주식회사의 기관 [한국원자력환경공단]

1. 주주총회의 소집은 원칙적으로 이사회가 결정한다(상법 제362조).
2. 자본금 총액이 10억 원 미만인 회사는 주주 전원의 동의가 있을 경우에는 소집 절차 없이 주주총회를 개최할 수 있고, 서면에 의한 결의로써 주주총회의 결의를 갈음할 수 있다(상법 제363조).
3. 정기총회는 매년 1회 일정한 시기에 이를 소집하여야 한다(상법 제365조).
4. 이사는 법령과 정관의 규정에 따라 회사를 위하여 그 직무를 충실하게 수행하여야 한다.

주주총회

1. 총회의 의장은 정관에서 정함이 없는 경우에는 총회에서 선임한다.
2. 총회는 정관에 다른 정함이 없으면 본점소재지 또는 이에 인접한 지에 소집하여야 한다.
3. 연 2회 이상의 결산기를 정한 회사는 매기에 총회를 정하여야 한다.
4. 주주는 정관에 정한 바에 따라 총회에 출석하지 아니하고 서면에 의해 의결권을 행사할 수 있다.

감사

1. 상법상 감사위원회는 3명 이상의 이사로 구성한다. 다만, 사외이사가 위원의 3분의 2 이상이어야 한다.
2. 감사의 임기는 취임 후 3년 내의 최종의 결산기에 관한 정기총회의 종결시까지로 한다.

ⓜ 이사

- 이사는 주주총회에서 선임한다(상법 제382조 제1항).
- 이사는 법령과 정관의 규정에 따라 회사를 위하여 그 직무를 충실하게 수행하여야 하고(충실의무)(상법 제382조의3), 재임 중 뿐만 아니라 퇴임 후에도 직무상 알게 된 회사의 영업상 비밀을 누설하여서는 아니 된다(비밀유지의무)(상법 제382조의4). 이사가 임무수행시 법령을 위반한 행위를 한 때에는 경영판단의 원칙이 적용되지 않는다(대판 2011.4.14. 2008다14633).
- 이사회의 승인이 없으면 자기 또는 제3자의 계산으로 회사의 영업부류에 속한 거래를 하거나 동종영업을 목적으로 하는 다른 회사의 무한책임사원이나 이사가 되지 못한다(경업금지)(상법 제397조 제1항).

ⓑ 특징

- 상법에 의하여 유한책임을 지는 다수의 주주가 출자하여 설립된 물적 회사이다.★
- 소유와 경영이 분리되어 있다.★
- 주식과 회사채를 발행하여 불특정다수인으로부터 대자본을 조달할 수 있다.★
- 설립시에 현물출자는 발기인에 한정되지 않고 제3자도 가능하다.★
- 발기인이 받은 특별이익은 주식과 분리하여 양도할 수 있다.★
- 법원의 허가를 얻어야 납입은행을 변경할 수 있다(상법 제306조).★

- 회사는 합병 또는 다른 회사의 영업전부를 양수한 때, 회사의 권리를 실행함에 있어 그 목적을 달성하기 위하여 필요한 경우, 단주(端株)의 처리를 위하여 필요한 경우, 주주가 주식매수청구권을 행사한 경우에는 제341조에도 불구하고 자기의 주식을 취득할 수 있다(상법 제341조의2).
- 상법상 주식은 원칙적으로 타인에게 이를 양도할 수 있다(상법 제335조 제1항 본문).★
- 주주는 그가 가지는 주식의 수에 비례하여 회사에 대하여 평등한 권리・의무를 갖는다.★
- 주식은 자본의 균등한 구성단위로서의 의미뿐만 아니라 사원으로서의 지위라는 의미도 가지고 있다.★

ⓢ 정관★

정관의 절대적 기재사항 (상법 제289조 제1항)	정관의 상대적 기재사항 (= 변태설립사항, 상법 제290조)
발기인은 정관을 작성하여 다음의 사항을 적고 각 발기인이 기명날인 또는 서명하여야 한다. • 목적 • 상호 • 회사가 발행할 주식의 총수 • 액면주식을 발행하는 경우 1주의 금액 • 회사의 설립시에 발행하는 주식의 수 • 본점의 소재지 • 회사가 공고를 하는 방법 • 발기인의 성명・주민등록번호 및 주소	다음의 사항은 정관에 기재함으로써 그 효력이 있다. • 발기인이 받을 특별이익과 이를 받을 자의 성명 • 현물출자를 하는 자의 성명과 그 목적인 재산의 종류, 수량, 가격과 이에 대하여 부여할 주식의 종류와 수 • 회사성립 후에 양수할 것을 약정한 재산의 종류, 수량, 가격과 그 양도인의 성명 • 회사가 부담할 설립비용과 발기인이 받을 보수액

▸ 기출 ○× 지문정리

[한국보훈복지의료공단]

1. 본점 및 지점의 소재지는 주식회사 정관의 절대적 기재사항이 아니다. ( )
2. 발기인의 성명과 주소는 주식회사 정관의 변태설립사항이다. ( )

➜ 발기인의 성명・주민등록번호 및 주소는 정관의 절대적 기재사항이다.

정답 1. ○ 2. ×

ⓞ 설립등기 기재사항(상법 제317조 제2항)★

- 목적
- 상호
- 회사가 발행할 주식의 총수
- 액면주식을 발행하는 경우 1주의 금액
- 본점 및 지점의 소재지
- 회사가 공고를 하는 방법
- 자본금의 액
- 발행주식의 총수, 그 종류와 각종 주식의 내용과 수
- 주식의 양도에 관하여 이사회의 승인을 얻도록 정한 때에는 그 규정
- 주식매수선택권을 부여하도록 정한 때에는 그 규정
- 회사의 존립기간 또는 해산사유를 정한 때에는 그 기간 또는 사유
- 주주에게 배당할 이익으로 주식을 소각할 것을 정한 때에는 그 규정
- 전환주식을 발행하는 경우에는 주식을 다른 종류의 주식으로 전환할 수 있다는 뜻, 전환의 조건, 전환으로 인하여 발행할 주식의 내용, 전환청구기간 또는 전환의 기간

- 사내이사, 사외이사, 그 밖에 상무에 종사하지 아니하는 이사, 감사 및 집행임원의 성명과 주민등록번호
- 회사를 대표할 이사 또는 집행임원의 성명·주민등록번호 및 주소
- 둘 이상의 대표이사 또는 대표집행임원이 공동으로 회사를 대표할 것을 정한 경우에는 그 규정
- 명의개서대리인을 둔 때에는 그 상호 및 본점소재지
- 감사위원회를 설치한 때는 감사위원회 위원의 성명 및 주민등록번호

Ⅱ 회사의 설립, 합병·해산 등

1. 회사의 설립

① 의의 : 회사의 설립이란 회사라는 하나의 단체를 형성하여 그것이 법률상의 인격자로서 존재하기에 이르는 절차를 말하며, 본점소재지에서 설립등기를 함으로써 성립한다(상법 제172조).

THE 알아두기 ⊘

회사설립의 무효와 취소★
회사설립의 무효는 그 사원에 한하여, 설립의 취소는 그 취소권 있는 자에 한하여 회사성립의 날로부터 2년 내에 소만으로 이를 주장할 수 있다(상법 제184조 제1항).

② **회사설립에 관한 입법주의** : 회사의 설립에는 자유설립주의, 면허주의(허가주의), 인가주의, 준칙주의, 특허주의가 있으며, 우리나라 상법은 준칙주의를 채택하고 있다. 즉, 법률로써 일정한 요건을 정하고 그 요건을 구비하면 법인격을 취득하게 하는 것이다.

③ 회사의 능력

㉠ 회사는 권리의무의 주체가 되며, 의사능력·행위능력·불법행위능력을 갖는다.★

㉡ 회사의 능력은 성질상·법령상 제한이 있으며, 회사는 성질상 법인이기 때문에 자연인에게 특유한 권리 의무인 신체·생명에 관한 권리 등은 가질 수 없다. 법령상 제한으로는 상법 제173조에 의해 회사는 다른 회사의 무한책임사원이 되지 못하는 것 등이다.★

2. 회사의 합병과 조직변경

① 합병

㉠ 회사는 경영의 합리화, 사업의 확장, 무익한 경쟁의 회피 등을 위하여 합병을 할 수 있다.

㉡ 합병은 같은 종류의 다른 회사와 할 수 있을 뿐 아니라, 다른 종류의 회사와도 합병할 수 있다. 다만 일정한 제한이 있다.★

㉢ 흡수합병은 합병으로 인하여 당사회사 중의 1회사가 존속하고 다른 회사가 소멸하는 경우이며, 신설합병은 당사회사의 전부가 소멸하고 새로운 하나의 회사가 설립되는 것이다.

② 조직변경

㉠ 회사의 조직변경이란 회사가 그 인격의 동일성을 유지하면서 법률상의 조직을 변경하여 다른 종류의 회사로 되는 것을 말한다.★

㉡ 상법상 회사의 조직변경은 합명회사와 합자회사의 상호간(상법 제242조), 주식회사와 유한회사의 상호간(상법 제287조의43, 제287조의44)에만 인정된다. 따라서 인적회사와 물적회사 상호간의 조직변경은 인정되지 않는다.★★

3. 회사의 해산과 청산

① **회사의 해산** : 회사의 법인격을 소멸시키는 원인이 되는 법률사실을 말한다.

② **회사의 청산** : 해산 후 재산관계를 정리하고 법인격을 소멸시키는 절차를 말한다.

③ **회사의 해산사유**

㉠ 회사의 공통된 해산사유(합자회사 제외)

- 존립기간의 만료 기타 정관으로 정한 사유의 발생, 합병, 파산, 법원의 명령 또는 판결

㉡ 상법상 각 회사의 개별사유

- 합명회사는 총사원의 동의, 사원이 1인으로 된 때(상법 제227조 제2호・제3호)
- 합자회사는 무한책임사원 또는 유한책임사원 한쪽의 전원 퇴사(상법 제285조 제1항)
- 유한회사는 사원총회의 특별결의(상법 제609조 제1항 제2호)
- 주식회사는 주주총회의 특별결의 및 회사의 분할 또는 분할합병(상법 제517조 제1호의2・제2호)
- 유한책임회사는 총사원의 동의, 사원이 없게 된 경우(상법 제287조의38 제1호・제2호)

> 분할 또는 분할합병으로 회사분할의 효력이 발생하는 시기는 분할 또는 분할합병의 등기시이다.★

④ **회사 해산시 권리능력** : 영업능력은 없게 되나 청산의 목적범위 내에서는 권리능력이 인정되고 청산절차가 끝나면 법인격은 소멸된다(상법 제245조).

THE 알아두기 ✓

주식회사의 주식분할 [예금보험공사]

회사는 이사회의 결의만으로는 주식을 분할 할 수 없고 주주총회의 결의로 주식을 분할 할 수 있다. 주식분할 후의 1주의 금액은 100원 미만으로 할 수 없고 주식의 병합은 주권제출기간이 만료한 때 그 효력이 생긴다.

제3절 보험법

I 보험의 개념

1. 보험의 의의

① **의의** : 우발적 사고나 재해에 대하여 경제생활의 불안을 제거 또는 경감하기 위하여 동질적인 종류의 경제상의 위험에 놓여 있는 다수인(보험계약자)이 사회적 위험단체를 만들어 일정률의 금액(보험료)을 분담하고, 특정인(피보험자)에게 발생한 우연한 사고(보험사고)에 대해서 일정한 금액(보험금)을 지급하는 제도이다.

② **보험의 기능** : 우발적 사고나 위험에 의하여 생긴 손해의 전보 또는 재산상의 수요의 충족을 목적으로 하는 것으로서 이 같은 손해의 전보, 수요의 충족을 다수인이 분담하여 위험을 분산시키는 제도이다.

③ **보험의 종류** : 보험에는 여러 가지 종류가 있으나 보험의 목적이 사람인가 물건인가에 따라 손해보험과 인보험이 있다.★

THE 알아두기

상법상 보험

- 소급보험 : 보험계약은 그 계약 전의 어느 시기를 보험기간의 시기로 할 수 있다는 것(상법 제643조)
- 일부보험 : 보험금액이 보험가액에 달하지 않는 경우(상법 제674조)
- 단체보험 : 단체보험이란 일정한 단체에 소속되어 있는 사람 전체를 대상으로 보험계약을 맺고, 그 소속원이면 당연히 포괄적으로 피보험자가 되는 보험(상법 제735조의3)
- 중복보험 : 수인의 보험자가 동일한 피보험이익에 대하여 보험사고가 같고 보험기간을 공통으로 하는 복수의 손해보험을 각자 체결하는 경우(상법 제672조)

2. 보험계약

① 보험계약의 의의(상법 제638조) : 보험계약은 당사자 일방이 약정한 보험료를 지급하고 재산 또는 생명이나 신체에 불확정한 사고가 발생할 경우에 상대방이 일정한 보험금이나 그 밖의 급여를 지급할 것을 약정함으로써 효력이 생긴다.

② 보험계약의 특성 : 유상·쌍무·낙성·불요식계약, 사행계약이며, 영업적 상행위이고, 부합계약인 점을 들 수 있다.

㉠ 유상·쌍무계약 : 보험계약은 보험사고의 발생을 전제로 보험계약자의 보험료지급에 대하여 보험자는 일정한 보험금액, 기타의 급여를 지급할 것을 약정하므로 유상계약이고, 보험계약의 보험료지급채무와 보험자의 위험부담채무가 보험계약과 동시에 채무로서 이행되어야 하므로 대가관계에 있는 쌍무계약이다.

㉡ 불요식·낙성계약 : 보험계약은 청약과 승낙이라는 당사자 쌍방의 의사표시의 합치만으로 성립하고 아무런 급여를 요하지 않으므로 낙성계약이며, 또 그 의사표시에는 특별한 방식이 없으므로 법률상 불요식 계약이다.★★

㉢ 사행계약 : 계약당사자가 이행하여야 할 급여의무 또는 급여내용의 전부 또는 일부가 계약성립의 처음부터 불확실성에 의존하여 있는 계약을 말한다. 보험계약은 우연한 사고의 발생으로 인하여 보험금액의 액수가 정해지므로 이른바 사행계약이다.★★

㉣ 영업적 상행위 : 보험의 인수는 영업으로 해야 하며 기본적 상행위이다. 영업과 관계없이 개별적으로 체결하거나, 영업에 부수하여 체결하는 계약은 그 내용이 보험의 성격을 가진다 하더라도 보험계약이 될 수 없다.

㉤ 부합계약 : 보험계약은 성질상 다수의 가입자를 상대로 대량적으로 처리하므로 그 내용을 정형화해야 한다는 기술적 요청으로 보험자가 미리 작성한 보통보험약관에 의하여 계약을 체결하므로 부합계약성을 가진다.★★

▸ **기출 ○× 지문정리**

[경기신용보증재단]

1. 보험계약은 유상, 쌍무, 사행, 요식계약이다. ( )

   ➜ 보험계약은 불요식계약이다.

2. 보험계약은 보험계약자가 약정한 보험료를 지급하고 재산 또는 생명이나 신체에 불확정한 사고가 발생한 경우에 보험자가 일정한 보험료나 그 밖의 급여를 지급할 것을 약정함으로써 효력이 생긴다. ( )

정답 1. × 2. ○

③ 보험계약의 관계자★★ : 보험자, 보험계약자, 피보험자, 보험수익자, 보험자의 보조자 등이 있다.

보험자	보험료를 받는 대신에 보험사고가 발생하는 경우에 보험금 지급의무를 지는 보험회사를 말한다.★
보험계약자	자신의 이름으로 보험자와 보험계약을 체결하여 보험료를 지불하는 의무를 진 사람이다.
피보험자	• 손해보험에서는 피보험이익의 주체로서 보험사고가 발생함으로써 손해를 입는 자, 즉 손해배상의 보험금을 받을 입장에 있는 자를 말한다.★ • 인보험에서는 사람의 생명 또는 신체에 관하여 보험이 붙여진 자를 말한다.★
보험수익자	• 인보험계약을 체결한 후 피보험자의 보험사고시 보험금을 지급받게 되는 사람이다. • 인보험에서만 존재한다.★

▸ 기출 ○× 지문정리

[한국보훈복지의료공단]

1. 보험료 반환의무는 보험계약자가 부담한다. ( )
   ➜ 보험계약의 전부 또는 일부가 무효인 경우에 보험계약자와 피보험자가 중대한 과실이 없는 때에는 보험자에 대하여 보험료의 전부 또는 일부의 반환을 청구할 수 있다.
2. 보험금의 지급자는 보험자이다. ( )
3. 보험수익자는 인보험에서만 존재한다. ( )
4. 생명보험의 보험계약자는 보험수익자를 지정 또는 변경할 권리가 있다. ( )

정답 1. × 2. ○ 3. ○ 4. ○

④ 보험계약의 유효조건 : 보험계약의 당사자, 보험의 목적, 보험사고, 보험기간, 보험료와 보험금액 등의 요소를 갖추어야 한다.

THE 알아두기 ✓

보험약관의 교부 · 설명의무(상법 제638조의3)★

• 보험자는 보험계약을 체결할 때에 보험계약자에게 보험약관을 교부하고 그 약관의 중요한 내용을 설명하여야 한다(제1항).
• 보험자가 제1항을 위반한 경우 보험계약자는 보험계약이 성립한 날부터 3개월 이내에 그 계약을 취소할 수 있다(제2항).

보험의 소멸시효(상법 제662조)★

보험금청구권은 3년간, 보험료 또는 적립금의 반환청구권은 3년간, 보험료청구권은 2년간 행사하지 아니하면 시효의 완성으로 소멸한다.

보험자의 파산선고와 계약해지(상법 제654조)★

• 보험자가 파산의 선고를 받은 때에는 보험계약자는 계약을 해지할 수 있다(제1항).
• 제1항의 규정에 의하여 해지하지 아니한 보험계약은 파산선고 후 3월을 경과한 때에는 그 효력을 잃는다(제2항).

⑤ 보험계약의 효과★

㉠ 보험자 : 보험증권교부의무(상법 제640조 제1항), 보험금지급의무, 보험료반환의무, 이익배당의무 등을 진다.

㉡ 보험계약자, 피보험자, 보험수익자 : 보험료지급의무, 중요사항에 관한 고지의무, 위험변경증가 통지의무(보험자는 통지의무가 없다), 위험유지의무 등을 진다.★

Ⅱ 손해보험

1. 손해보험의 개념

① 손해보험은 당사자의 일방(보험자)이 우연한 사고로 인하여 발생하게 되는 재산상의 손해를 보상할 것을 약정하고, 상대방(보험계약자)이 이에 대하여 보험료를 지급하는 보험이다(상법 제665조 내지 제726조의7).★

THE 알아두기

피보험이익

피보험이익이란 보험계약의 목적(경제적 이해관계)을 말하며, 보험사고가 발생하면 손해를 입게 될 염려가 있는 이익으로 적법하고 금전으로 산정할 수 있는 이익이어야 한다. 피보험이익의 주체를 피보험자라 하며, 피보험이익은 손해보험 특유의 개념으로 인보험(생명보험)에는 인정할 여지가 없는 개념이다.★★

② 상법은 보험계약자와 피보험자에게 손해방지의무를 과하고 있으며(상법 제680조 제1항), 보험자에게 잔존물대위(상법 제681조)와 청구권대위(상법 제682조)를 인정하고 있다.★

2. 손해보험의 목적대상

① **경제상의 재화** : 가옥, 건물, 운송물, 선박, 기계 등과 같은 구체적인 물건은 물론 채권과 같은 무체물, 피보험자의 책임도 포함된다.★

② **집합보험** : 피보험자의 가족과 사용인의 물건도 보험의 목적에 포함된다(상법 제686조).★

③ **총괄보험** : 보험의 목적에 속한 물건이 보험기간 중에 수시로 교체된 경우에도 보험사고의 발생시에 현존한 물건은 보험의 목적에 포함된다(상법 제687조).★

④ **영업책임** : 피보험자의 대리인 또는 그 사업감독자의 제3자에 대한 책임도 보험의 목적에 포함된다.

THE 알아두기

손해보험증권의 기재사항(상법 제666조)

1. 보험의 목적
2. 보험사고의 성질
3. 보험금액
4. 보험료와 그 지급방법
5. 보험기간을 정한 때에는 그 시기와 종기
6. 무효와 실권의 사유
7. 보험계약자의 주소와 성명 또는 상호

7의2. 피보험자의 주소, 성명 또는 상호

8. 보험계약의 연월일
9. 보험증권의 작성지와 그 작성년월일

3. 상법이 규정하는 손해보험의 종류★★

① 화재보험(상법 제683조 내지 제687조) : 화재로 인하여 발생하는 손해의 보상을 목적으로 하는 보험이며, 화재로 손해를 입을 우려가 있는 유체물이 보험의 목적물이 된다.

② 운송보험(상법 제688조 내지 제692조)★

㉠ 육상운송에 관한 사고로 인하여 생길 수 있는 손해의 보상을 목적으로 하는 보험이다.

㉡ 보험의 목적물은 운송물이며 여객은 운송의 대상은 될 수 있어도 운송보험의 목적물은 될 수 없다.

㉢ 육상운송에는 육지・호수・항만운송이 포함된다.

③ 해상보험(상법 제693조 내지 제718조)

㉠ 항해에 관한 사고로 인하여 생길 수 있는 손해의 보상을 목적으로 하며 보험의 목적물은 선박 또는 적하물이다.

㉡ 항해란 해상의 항해를 의미하며 호수나 항만은 포함되지 않는다.

④ 책임보험(상법 제719조 내지 제725조의2) : 피보험자가 보험기간 중에 발생한 사고로 인하여 제3자에게 손해배상책임을 지는 경우에 보험자가 이 손해를 보상해 주는 보험으로 소극적 보험에 속한다. 따라서 책임보험은 피보험자가 책임을 져야 하는 사고로 인하여 제3자에게 발생한 손해를 보상하는 것을 목적으로 하는 보험이다.

⑤ 재보험

㉠ 보험자는 보험사고로 인하여 부담할 책임에 대하여 다른 보험자와 재보험계약을 체결할 수 있다. 이 재보험계약은 원보험계약의 효력에 영향을 미치지 아니한다(상법 제661조).

㉡ 재보험에 관하여는 책임보험의 규정(상법 제719조부터 제725조의2까지)을 준용하므로(상법 제726조), 이를 손해보험의 범위에 포함한다.

⑥ 자동차보험(상법 제726조의2 내지 제726조의4)

㉠ 자동차보험계약의 보험자가 피보험자가 자동차를 소유, 사용 또는 관리하는 동안에 발생한 사고로 인하여 생긴 손해를 보상해주는 보험이다.

㉡ 피보험자가 보험기간 중에 자동차를 양도한 때에는 양수인은 보험자의 승낙을 얻은 경우에 한하여 보험계약으로 인하여 생긴 권리와 의무를 승계한다(상법 제726조의4 제1항). 보험자가 양수인으로부터 양수사실을 통지받은 때에는 지체 없이 낙부를 통지하여야 하고 통지받은 날부터 10일 이내에 낙부의 통지가 없을 때에는 승낙한 것으로 본다(상법 제726조의4 제2항).★

⑦ 보증보험(상법 제726조의5 내지 제726조의7)

㉠ 보증보험계약의 보험자가 보험계약자의 피보험자에 대한 계약상의 채무불이행 또는 법령상의 의무불이행으로 인한 손해를 보상해주는 보험이다(상법 제726조의5).

㉡ 보증보험계약에 관하여는 그 성질에 반하지 아니하는 범위에서 보증채무에 관한 「민법」의 규정을 준용한다(상법 제726조의7).

Ⅲ 인보험

1. 인보험의 개념

인보험(Personal Insurance)은 사람의 생명이나 신체에 관한 사고로 인하여 생기는 손해에 대하여 보험금액, 기타의 급여를 지급할 것을 목적으로 하는 보험이다(상법 제727조 제1항).★

2. 인보험의 목적대상

① **자연인** : 사람의 생명 또는 신체(상법 제727조 제1항)

② **사망보험** : 15세 미만자, 심신상실자 또는 심신박약자는 피보험자로 할 수 없다(상법 제732조 본문).★

③ **피보험자의 범위** : 피보험자가 하나인 개인보험과 단체의 구성원이 모두 피보험자가 되는 단체보험이 있다(상법 제735조의3).

> 인보험에서의 피보험자 : 자신의 생명이나 신체를 보험에 붙인 자연인

3. 인보험의 종류

생명보험과 상해보험 및 질병보험이 있으며, 제3자에 대한 보험대위는 금지된다(상법 제729조 본문).★

① **생명보험(상법 제730조 내지 제736조)** : 생명보험은 당사자의 일방이 상대방 또는 제3자의 생사에 관하여 일정한 금액을 지급할 것을 약정하고 상대방이 이에 대하여 보수(보험료)를 지급하는 보험으로, 정액보험이다.

사망보험	피보험자의 사망을 보험사고로 한다.
생존보험	일정한 시기에 있어서의 피보험자의 생존을 보험사고로 한다(예 교육보험).
생사혼합보험	일정한 시기에 있어서의 피보험자의 생존 및 그 시기까지의 피보험자의 사망의 쌍방을 보험사고로 한다.

② **상해보험(상법 제737조 내지 제739조)** : 상해보험은 보험자가 피보험자의 신체의 상해를 보험사고로 하여 보험금액, 기타의 급여를 지급할 것을 약정하고 보험계약자가 보험료를 지급하는 보험이다. 상해보험에는 상해의 종류에 따른 정액보험과 상해로 인한 치료의 실비를 부담하는 부정액보험이 있다.

③ **질병보험(상법 제739조의2 내지 제739조의3)**

㉠ 질병보험계약의 보험자가 피보험자의 질병에 관한 보험사고가 발생할 경우 보험금이나 그 밖의 급여를 지불하는 보험이다(상법 제739조의2).

㉡ 질병보험에 관하여는 그 성질에 반하지 아니하는 범위에서 생명보험 및 상해보험에 관한 규정을 준용한다(상법 제739조의3).

CHAPTER 05 상법 일반

필수개념문제

제1절 상법의 개요

01 다음 중 상법전에 편성되어 있지 않은 법은?

☑ 확인 Check! ○ △ ×

① 회사법
② 유가증권법
③ 해상법
④ 보험법

▌쏙쏙해설

유가증권법은 어음법, 수표법이라는 단행 법률로 제정되어 있다. 상법은 총칙, 상행위, 회사, 보험, 해상, 항공운송의 편제로 구성되어 있다.

답 ❷

02 상사에 관한 법규범의 적용순서로 옳은 것은?

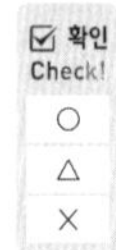

ㄱ. 상법
ㄴ. 상사자치법
ㄷ. 상관습법
ㄹ. 민법

① ㄱ - ㄴ - ㄷ - ㄹ
② ㄴ - ㄱ - ㄷ - ㄹ
③ ㄴ - ㄷ - ㄱ - ㄹ
④ ㄱ - ㄹ - ㄴ - ㄷ

▌쏙쏙해설

상법 제1조는 '상사에 관하여 상법에 규정이 없으면 상관습법에 의하고 상관습법이 없으면 민법의 규정에 의한다.'라고 하므로 ㄴ(상사자치법) - ㄱ(상법) - ㄷ(상관습법) - ㄹ(민법)의 순으로 적용된다.

답 ❷

03 상법상 상인에 관한 설명으로 옳지 않은 것은?

☑ 확인 Check!
○
△
×

① 자기명의로 상행위를 하는 자를 상인이라 한다.
② 회사는 상행위를 하지 않으면 상인으로 보지 않는다.
③ 점포 기타 유사한 설비에 의하여 상인적 방법으로 영업을 하는 자는 상행위를 하지 아니하더라도 상인으로 본다.
④ 미성년자가 법정대리인의 허락을 얻어 영업을 하는 때에는 등기를 하여야 한다.

▌쏙쏙해설

회사는 상행위를 하지 아니하더라도 상인으로 본다(상법 제5조 제2항).

답 ❷

04 다음 중 의제상인에 대한 설명으로 옳은 것은?

☑ 확인 Check!
○
△
×

① 점포 기타 유사한 설비에 의하여 상인적 방법으로 영업을 하는 자와 회사는 상행위를 하지 아니하더라도 상인으로 본다.
② 기업활동에 있어서 권리의무가 귀속되는 기업의 주체로 상인의 행위는 영업을 위하여 하는 것으로 추정한다.
③ 자기명의로 상행위를 하는 자이다.
④ 소규모 상인으로서 자본금이 1,000만 원 미만으로 회사가 아닌 자를 말한다.

▌쏙쏙해설

① 의제상인은 점포 기타 유사한 설비에 의하여 상인적 방법으로 영업을 하는 자와 상행위를 하지 않는 회사를 포함한다(상법 제5조).
②은 상인, ③은 당연상인, ④는 소상인에 대한 설명이다.

답 ❶

05 상법상 상업사용인에 관한 설명으로 옳지 않은 것은?

☑ 확인 Check!
○
△
×

① 지배인의 선임과 그 대리권의 소멸에 관한 사항은 등기사항이다.
② 영업의 특정한 종류 또는 특정한 사항에 대한 위임을 받은 사용인에 관한 사항은 등기사항이다.
③ 영업의 특정한 종류 또는 특정한 사항에 대한 위임을 받은 사용인은 이에 관한 재판 외의 모든 행위를 할 수 있다.
④ 지배인은 영업주에 갈음하여 그 영업에 관한 재판상 또는 재판 외의 모든 행위를 할 수 있다.

▌쏙쏙해설

② 영업의 특정한 종류 또는 특정한 사항에 대한 위임을 받은 사용인에 관한 사항은 등기사항이 아니라 대항요건에 해당한다(상법 제15조 제2항).
① 상법 제13조 전문
③ 상법 제15조 제1항
④ 상법 제11조 제1항

답 ❷

06 다음 중 상호에 관한 내용으로 틀린 것은?

① 동일한 영업에는 단일상호를 사용해야 한다.
② 상호는 영업을 폐지하거나 영업과 함께하는 경우에 한하여 이를 양도할 수 있다.
③ 상인은 그 성명 기타의 명칭으로 상호를 정할 수 있다.
④ 회사가 아닌 경우에도 상호에 회사임을 표시하는 문자의 사용은 가능하다.

쏙쏙해설

④ 회사가 아니면 상호에 회사임을 표시하는 문제를 사용하지 못한다(상법 제20조).
① 상법 제21조
② 상법 제25조
③ 상법 제20조

답 ④

07 다음 괄호 안에 들어갈 말로 옳은 것은?

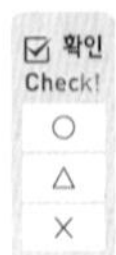

상호를 등기한 자가 정당한 사유 없이 (   )간 상호를 사용하지 않은 때에는 이를 폐지한 것으로 본다.

① 3년
② 2년
③ 5년
④ 10년

쏙쏙해설

상호를 등기한 자가 정당한 사유 없이 2년간 상호를 사용하지 아니한 때에는 이를 폐지한 것으로 본다(상법 제26조).

답 ②

제2절 회사법

01 상법상 합명회사에 관한 규정이다. 다음 (　　)에 들어간 숫자로 옳은 것은?

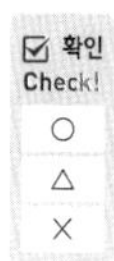

> 회사의 설립의 무효는 그 사원에 한하여, 설립의 취소는 그 취소권 있는 자에 한하여 회사성립의 날로부터 (　　)년 내에 소만으로 이를 주장할 수 있다.

① 1　　② 2
③ 3　　④ 4

쏙쏙해설

회사의 설립의 무효는 그 사원에 한하여, 설립의 취소는 그 취소권 있는 자에 한하여 회사성립의 날로부터 2년 내에 소만으로 이를 주장할 수 있다(상법 제184조 제1항).★

답 ❷

02 다음 중 주식회사의 설립등기의 기재사항으로 옳은 것을 골라 묶은 것은?

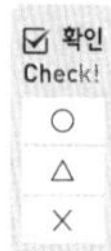

> ㉠ 상호
> ㉡ 회사가 공고를 하는 방법
> ㉢ 자본금의 액
> ㉣ 회사가 발행할 주식의 총수

① ㉠, ㉡　　② ㉡, ㉢
③ ㉡, ㉣　　④ ㉠, ㉡, ㉢, ㉣

쏙쏙해설

㉠, ㉡, ㉢, ㉣ 모두 설립등기의 기재사항이다(상법 제317조 제2항).

답 ❹

03 상법상 회사에 관한 설명으로 옳지 않은 것은?

확인 Check! ○ △ ×

① 회사는 다른 회사의 무한책임사원이 될 수 있다.
② 회사의 주소는 본점소재지에 있는 것으로 한다.
③ 회사는 본점소재지에서 설립등기를 함으로써 성립한다.
④ 회사는 합명회사, 합자회사, 유한책임회사, 주식회사와 유한회사로 분류된다.

쏙쏙해설

① 회사는 다른 회사의 무한책임사원이 되지 못한다(상법 제173조).
② 상법 제171조
③ 상법 제172조
④ 상법 제170조

답 ❶

04 상법상 회사의 종류가 아닌 것은?

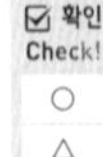

① 유한회사
② 유한책임회사
③ 합자회사
④ 조합회사

쏙쏙해설

상법상 인정되는 회사는 합명회사, 합자회사, 유한회사, 유한책임회사, 주식회사뿐이다(상법 제170조). 조합회사는 상법상 회사의 종류에 해당하지 아니한다.

답 ❹

핵심만 콕

회사의 종류★★

구분	유형	내용
인적 회사	합명회사	회사에 대한 출자의무와 회사채권자에 대한 직접・연대・무한의 책임을 지는 2인 이상의 무한책임사원만으로 구성된 회사
	합자회사	무한책임사원과 직접・연대・유한의 책임을 지는 유한책임사원으로 이루어진 회사로서 무한책임사원은 회사의 경영을, 유한책임사원은 자본의 제공을 담당하는데, 무한책임사원은 회사채권자와 직접 연대하여 무한책임을 지는 반면, 유한책임사원은 회사에 대해 일정한 출자의무를 부담할 뿐이므로, 그 출자가액에서 이미 이행한 부분을 공제한 가액의 한도 내에서 책임을 진다.
물적 회사	유한회사	물적 회사에 인적 회사의 요소를 가미한 중간형태로, 회사채권자에 대해 직접의 책임을 지지 않고, 자신의 출자금액을 한도로 간접・유한의 책임을 지는 1인 이상의 유한책임사원만으로 구성된 회사
	유한책임회사	회사채권자에 대해 출자금액을 한도로 간접・유한의 책임을 지는 1인 이상의 유한책임사원만으로 구성된 회사
	주식회사	회사채권자에 대해 직접의 책임을 지지 않고, 자신이 가진 주식의 인수가액을 한도로 간접・유한의 책임을 지는 1인 이상의 유한책임사원(주주)만으로 구성된 회사

05 주식회사에 관한 다음 설명 중 옳지 않은 것은?

☑ 확인 Check! ○ △ ×

① 상법상 주식은 원칙적으로 타인에게 이를 양도할 수 있다.
② 주주는 그가 가지는 주식의 수에 비례하여 회사에 대하여 평등한 권리・의무를 갖는다.
③ 주식은 자본의 균등한 구성단위로서의 의미뿐만 아니라 사원으로서의 지위라는 의미를 가지고 있다.
④ 회사는 자기의 계산으로 자기의 주식을 취득할 수 있다.

▌쏙쏙해설

회사는 합병 또는 다른 회사의 영업 전부의 양수로 인한 때에는 자기의 계산으로 자기주식을 취득할 수 있다. 그러나 회사는 자기의 계산으로 또는 무상으로 자기주식을 취득하지는 못한다(상법 제341조의2 제1호, 제341조 제1항 본문 제1호).★

답 ❹

06 상법상 주식회사의 기관이 아닌 것은?

☑ 확인 Check! ○ △ ×

① 주주총회
② 지배인
③ 대표이사
④ 이사회

▌쏙쏙해설

② 지배인은 상인인 영업주에 갈음하여 그 영업에 관한 재판상 또는 재판 외의 모든 행위를 할 수 있는 영업보조자(상법 제11조 제1항)로, 주식회사의 기관에 해당하지 아니한다. 상법상 주식회사의 기관으로는 주주총회, 이사회, 대표이사 및 감사가 있다.

답 ❷

▌핵심만 콕

① 주주총회는 주식회사의 최고의사결정기관이다.
③ 대표이사는 주식회사의 업무집행을 담당하고 회사를 대표한다.
④ 이사회는 주식회사의 업무집행에 관한 의결기관이다.

07 상법상 주식회사의 최고의결기관은?

☑ 확인 Check! ○ △ ×

① 대표이사　　② 이사회
③ 감사위원회　　④ 주주총회

▌쏙쏙해설

상법상 주식회사의 최고의사결정기관은 주주총회이다.

답 ❹

▌핵심만 콕

① 대표이사는 업무집행을 담당하고 회사를 대표한다.
② 이사회는 업무집행에 관한 의결기관이다.
③ 감사위원회는 감사에 갈음하여 회사가 정관이 정하는 바에 따라 설치할 수 있는 위원회이다. 따라서 감사위원회를 설치하는 경우에는 감사를 둘 수 없다(상법 제415조의2 제1항).

08 상법상 주주총회의 특별결의사항에 해당하지 않는 것은?

① 영업 전부의 양도
② 영업 전부의 임대
③ 타인과 영업의 손익 일부를 같이 하는 계약
④ 회사의 영업에 중대한 영향을 미치는 다른 회사의 영업 일부의 양수

▌쏙쏙해설

타인과 영업의 손익 전부를 같이 하는 계약이 상법상 주주총회의 특별결의사항에 해당한다.

답 ❸

▌핵심만 콕

영업양도, 양수, 임대 등(상법 제374조)

① 회사가 다음 각호의 어느 하나에 해당하는 행위를 할 때에는 제434조에 따른 결의가 있어야 한다.

> **정관변경의 특별결의(상법 제434조)**
> 제433조 제1항의 결의는 출석한 주주의 의결권의 3분의 2 이상의 수와 발행주식총수의 3분의 1 이상의 수로써 하여야 한다.

1. 영업의 전부 또는 중요한 일부의 양도
2. 영업 전부의 임대 또는 경영위임, 타인과 영업의 손익 전부를 같이 하는 계약, 그 밖에 이에 준하는 계약의 체결・변경 또는 해약
3. 회사의 영업에 중대한 영향을 미치는 다른 회사의 영업 전부 또는 일부의 양수

제3절 보험법

01 다음 중 보험계약의 특징에 해당하지 않는 것은?

① 부합계약이다.
② 쌍무계약이다.
③ 사행계약이다.
④ 요식계약이다.

쏙쏙해설

보험계약의 특성 : 유상·쌍무·낙성·불요식·사행계약이며, 영업적 상행위이고, 부합계약인 점을 들 수 있다.

답 ④

02 상법상 보험계약에 관한 설명으로 옳지 않은 것은?

① 보험금의 지급자는 보험자이다.
② 보험수익자는 인보험에서만 존재한다.
③ 보험료 반환의무는 보험계약자가 부담한다.
④ 생명보험의 보험계약자는 보험수익자를 지정 또는 변경할 권리가 있다.

쏙쏙해설

보험료 반환의무를 지는 자는 보험료를 수령하는 보험자가 부담하는 것이고, 보험계약자는 보험료 지불의무가 있는 자이다.

답 ③

핵심만 콕

보험계약의 관계자

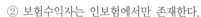

구분	내용
보험자	보험료를 받는 대신에 보험사고가 발생하는 경우에 보험금 지급의무를 지는 보험회사를 말한다.★
보험계약자	자신의 이름으로 보험자와 보험계약을 체결하여 보험료를 지불하는 의무를 진 사람이다.
피보험자	• 손해보험에서는 피보험이익의 주체로서 보험사고가 발생함으로써 손해를 입는 자, 즉 손해배상의 보험금을 받을 입장에 있는 자를 말한다.★ • 인보험에서는 사람의 생명 또는 신체에 관하여 보험이 붙여진 자를 말한다.★
보험수익자	인보험계약을 체결한 후 피보험자의 보험사고 시 보험금을 지급받게 되는 사람이다. 인보험에서만 존재한다.★

03 보험계약의 직접 당사자로서 보험사고가 발생한 경우에 보험금을 지급할 의무를 지는 자는?

☑ 확인 Check!
○
△
×

① 보험자　　② 피보험자
③ 보험계약자　　④ 보험수익자

▌쏙쏙해설

보험료를 받는 대신에 보험사고 발생 시 보험금 지급의무를 지는 보험회사를 보험자라고 한다.

답 ❶

04 상법상 보험계약 체결 시 약관의 설명의무에 관한 내용이다. (　　)에 들어갈 것을 순서대로 나열한 것은?

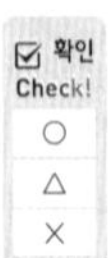

설명의무 위반 시 (　　)는 보험계약이 성립한 날부터 (　　)개월 이내에 그 계약을 취소할 수 있다.

① 보험계약자, 1
② 보험계약자, 3
③ 보험자, 1
④ 보험자, 3

▌쏙쏙해설

제시된 내용의 (　　)에 들어갈 것은 순서대로 보험계약자, 3이다.

답 ❷

▌핵심만 콕

보험약관의 교부ㆍ설명의무(상법 제638조의3)

① 보험자는 보험계약을 체결할 때에 보험계약자에게 보험약관을 교부하고 그 약관의 중요한 내용을 설명하여야 한다.
② 보험자가 제1항을 위반한 경우 보험계약자는 보험계약이 성립한 날부터 3개월 이내에 그 계약을 취소할 수 있다.

05 다음 ㄱ, ㄴ, ㄷ에 들어갈 내용이 알맞게 연결된 것은?

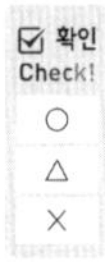

> 보험금청구권은 (ㄱ)간, 보험료 또는 적립금의 반환청구권은 (ㄴ)간, 보험료청구권은 (ㄷ)간 행사하지 아니하면 시효의 완성으로 소멸한다.

① ㄱ : 3년, ㄴ : 2년, ㄷ : 2년
② ㄱ : 2년, ㄴ : 2년, ㄷ : 2년
③ ㄱ : 3년, ㄴ : 3년, ㄷ : 2년
④ ㄱ : 2년, ㄴ : 3년, ㄷ : 2년

▌쏙쏙해설

보험금청구권은 3년간, 보험료 또는 적립금의 반환청구권은 3년간, 보험료청구권은 2년간 행사하지 아니하면 시효의 완성으로 소멸한다(상법 제662조).

답 ❸

06 상법상 손해보험증권의 필요적 기재사항이 아닌 것은?

① 보험사고의 성질
② 보험계약의 종류
③ 보험증권의 작성지
④ 보험금액

▌쏙쏙해설

손해보험증권의 필요적 기재사항으로 보험계약의 종류는 포함되지 않는다.★

답 ❷

▌핵심만 콕

손해보험증권(상법 제666조)

손해보험증권에는 다음의 사항을 기재하고 보험자가 기명날인 또는 서명하여야 한다.

1. 보험의 목적
2. 보험사고의 성질
3. 보험금액
4. 보험료와 그 지급방법
5. 보험기간을 정한 때에는 그 시기와 종기
6. 무효와 실권의 사유
7. 보험계약자의 주소와 성명 또는 상호

7의2. 피보험자의 주소, 성명 또는 상호

8. 보험계약의 연월일
9. 보험증권의 작성지와 그 작성년월일

07 상법상 유효하게 사망보험 계약을 체결할 수 있는 자는?

☑ 확인 Check!
○
△
×

① 15세 미만자
② 심신상실자
③ 70세 이상인 자
④ 의사능력 없는 심신박약자

쏙쏙해설

상법은 15세 미만자, 심실상실자 또는 심신박약자의 사망을 보험사고로 한 보험계약은 무효로 한다고 규정하고 있을 뿐이므로(상법 제732조 본문), 70세 이상인 자는 특별한 제한 없이 사망을 보험사고로 한 보험계약을 체결할 수 있다.

답 ❸

08 상법상 피보험자가 보험기간 중에 사고로 인하여 제3자에게 배상할 책임을 지는 경우에 이를 보상하는 보험은?

☑ 확인 Check!
○
△
×

① 보증보험
② 생명보험
③ 상해보험
④ 책임보험

쏙쏙해설

책임보험은 피보험자가 보험기간 중에 발생한 사고로 인하여 제3자에게 손해배상책임을 지는 경우에 보험자가 손해를 보상해주는 보험이다(상법 제719조 내지 제726조).

답 ❹

핵심만 콕

① 보증보험 : 보증보험계약의 보험자가 보험계약자의 피보험자에 대한 계약상의 채무불이행 또는 법령상의 의무불이행으로 인한 손해를 보상해주는 보험이다(상법 제726조의5).
② 생명보험 : 생명보험은 당사자의 일방이 상대방 또는 제3자의 생사에 관하여 일정한 금액을 지급할 것을 약정하고 상대방이 이에 대하여 보수(보험료)를 지급하는 보험으로, 정액보험이다(상법 제730조 내지 제736조).
③ 상해보험 : 상해보험은 보험자가 피보험자의 신체의 상해를 보험사고로 하여 보험금액, 기타의 급여를 지급할 것을 약정하고 보험계약자가 보험료를 지급하는 보험이다. 상해보험에는 상해의 종류에 따른 정액보험과 상해로 인한 치료의 실비를 부담하는 부정액보험이 있다(상법 제737조 내지 제739조).

09 상법상 인보험에 해당하는 것을 모두 고른 것은?

☑ 확인 Check! ○ △ ×

㉠ 해상보험	㉡ 생명보험
㉢ 운송보험	㉣ 상해보험

① ㉠, ㉡
② ㉠, ㉢
③ ㉡, ㉣
④ ㉢, ㉣

▌쏙쏙해설

인보험은 피보험자의 생명이나 신체에 관하여 보험사고가 발생한 경우에 보험계약으로 정하는 바에 따라 보험금이나 그 밖의 급여를 지급하는 것이다(상법 제727조 제1항). 따라서 생명보험과 상해보험 및 질병보험이 이에 해당한다.

답 ❸

10 상법상 손해보험의 종류가 아닌 것은?

☑ 확인 Check! ○ △ ×

① 생명보험
② 보증보험
③ 해상보험
④ 책임보험

▌쏙쏙해설

생명보험은 상해보험·질병보험과 더불어 인보험의 종류에 해당한다.

답 ❶

▌핵심만 콕

상법이 규정하는 손해보험의 종류	상법이 규정하는 인보험의 종류
• 화재보험(상법 제683조 내지 제687조) • 운송보험(상법 제688조 내지 제692조) • 해상보험(상법 제693조 내지 제718조) • 책임보험(상법 제719조 내지 제726조) • 자동차보험(상법 제726조의2 내지 제726조의4) • 보증보험(상법 제726조의5 내지 제726조의7)	• 생명보험(상법 제730조 내지 제736조) • 상해보험(상법 제737조 내지 제739조) • 질병보험(상법 제739조의2 내지 제739의3)

11 다음에서 상법상 손해보험만으로 묶인 것은?

☑ 확인 Check!
○
△
×

㉠ 운송보험	㉡ 생명보험
㉢ 상해보험	㉣ 화재보험
㉤ 해상보험	㉥ 실업보험

① ㉠, ㉢, ㉥
② ㉠, ㉣, ㉤
③ ㉠, ㉡, ㉤
④ ㉣, ㉤, ㉥

▌쏙쏙해설

㉡, ㉢은 인보험, ㉥은 사회보장법을 분류할 때 사회보험에 각각 해당한다.

답 ❷

CHAPTER 05

상법 일반

01 상법 제1조는 "상사에 관하여 본법에 규정이 없으면 상관습법에 의하고 상관습법이 없으면 민법의 규정에 의한다."고 규정하여 상법과 상관습법이 없는 경우 민법은 보충적으로 적용된다. ( )

02 유가증권법은 '상법'이라는 고유명칭에 해당하는 상법전에 편성되어 있다. ( )

03 증권거래법, 보험업법, 여신전문금융업법, 회사법은 상법전의 특별법에 해당한다. ( )

04 중개인은 일정한 상인을 위하여 상업사용인이 아니면서 상시 그 영업부류에 속하는 거래의 대리 또는 중개를 영업으로 하는 자를 말한다. ( )

05 위탁매매인은 타인 간의 상행위의 중개를 영업으로 하는 자를 말한다. ( )

06 상인은 기업활동에 있어서 권리의무가 귀속되는 기업의 주체로 상인의 행위는 영업을 위하여 하는 것으로 간주한다. ( )

O | X

01 ○ 상사에 관한 법규의 적용순서는 '상사자치법 → 상사특별법 및 상사조약 → 상법전 → 상관습법 → 민사자치법 → 민사특별법령 및 민사조약 → 민법전 → 민사관습법'이다.

02 × 상법은 제1편 총칙, 제2편 상행위, 제3편 회사, 제4편 보험, 제5편 해상, 제6편 항공운송의 편제로 구성되어 있으며 유가증권에 관한 법률은 '어음 · 수표법'에 규정되어 있다.

03 × 회사법은 상법전 제3편에 편성되어 있다.

04 × 대리상은 일정한 상인을 위하여 상업사용인이 아니면서 상시 그 영업부류에 속하는 거래의 대리 또는 중개를 영업으로 하는 자를 말한다.

05 × 위탁매매인은 자기명의로써 타인의 계산으로 물건 또는 유가증권의 매매를 영업으로 하는 자를 말한다.

06 × 상인은 기업활동에 있어서 권리의무가 귀속되는 기업의 주체로 상인의 행위는 영업을 위하여 하는 것으로 추정한다.

07 당연상인은 자기명의로 상행위를 하는 자로 기본적 상행위뿐만 아니라 타인의 영업을 대리하는 경우, 타인의 계산으로 타인의 영업수단을 이용하는 경우도 포함되나 타인의 명의로 신고·납세하는 경우는 제외된다. ( )

08 소상인은 소규모 상인으로서 자본금이 2,000만 원 미만으로 회사가 아닌 자를 말한다. ( )

09 상인과 독립하여 기업상의 활동을 하는 자를 상업사용인이라 하는데, 대리권의 범위를 기준으로 하여 지배인, 부분적 포괄대리권을 가진 사용인, 물건판매점포의 사용인 등으로 나눌 수 있다. ( )

10 이사와 감사는 지배인이 될 수 있다. ( )

11 지배인은 영업에 관한 재판상 또는 재판 외의 모든 행위를 할 권한이 있고 소상인·청산회사·파산회사도 지배인의 선임이 가능하다. ( )

12 지배인의 대리권의 제한은 명칭 여하에 불구하고 제3자에게 대항할 수 없다. ( )

13 지배인의 행위가 영업주의 영업에 관한 것인가의 여부는 지배인의 행위 당시의 주관적인 의사는 물론 객관적 성질을 고려하여 종합적으로 판단하여야 한다. ( )

O | X

07 ☒ 당연상인(고유상인)은 기본적 상행위뿐만 아니라 타인의 영업을 대리하는 경우, 타인의 계산으로 타인의 영업수단을 이용하는 경우, 타인의 명의로 신고·납세하는 경우도 포함한다.

08 ☒ 소상인은 소규모 상인으로서 자본금이 1,000만 원 미만으로 회사가 아닌 자를 말한다(상법 시행령 제2조). 이러한 소상인에 대하여는 지배인, 상호, 상업장부와 상업등기에 관한 규정의 적용을 받지 않는다(상법 제9조).

09 ☒ 상업사용인(영업보조자)은 상인에 종속하여 기업상의 활동을 보조하는 자를 말한다.

10 ☒ 지배인은 상인인 영업주에 갈음하여 그 영업에 관한 재판상 또는 재판 외의 모든 행위를 할 수 있는 경영보조자이다(상법 제11조 제1항). 보통 지점장, 지사장 등이 이에 속한다. 이사는 지배인이 될 수 있으나 감사는 불가능하다.

11 ☒ 소상인·청산회사·파산회사는 지배인의 선임이 불가능하고 금치산·영업폐지·회사해산 등의 사유로 종임된다. 선임과 종임은 등기사항(상법 제13조)으로 총지배인은 영업소 단위로 등기한다.

12 ☒ 대리권의 제한은 명칭 여하에 불구하고 선의의 제3자에게 대항할 수 없다(상법 제11조 제3항). 따라서 악의의 제3자에 대해서는 지배인의 대리권 제한을 사유로 대항 가능하다.

13 ☒ 지배인의 행위가 영업주의 영업에 관한 것인가의 여부는 지배인의 행위 당시의 주관적인 의사와는 관계없이 객관적 성질에 따라 추상적으로 판단하여야 한다.

14 합명회사는 총사원 과반수의 결의로, 주식회사는 이사회의 결의로, 합자회사는 무한책임사원 과반수의 결의로 지배인을 선임한다. ( )

15 부분적 포괄대리권을 가진 사용인은 포괄대리권을 가지므로 재판을 포함한 행위를 대리 할 수 있다. ( )

16 상업사용인은 영업주의 허락 없이 자기 또는 제3자의 계산으로 영업주의 영업부류에 속한 거래를 할 수 없다. 다만, 회사의 무한책임사원, 이사 또는 다른 상인의 사용인은 될 수 있다. ( )

17 영업주는 상업사용인이 얻은 이득을 영업주에게 귀속시킬 수 있는 권리가 있는데 상업사용인이 자기의 계산으로 한 경우 및 타인의 계산으로 한 경우에도 경제적 효과를 귀속시킬 수 있다. ( )

18 영업주가 개입권을 행사한 경우에는 손해배상청구 및 해임이 불가능하다. ( )

19 회사가 아니면 상호에 회사임을 표시하는 문자를 사용하지 못하고 동일한 영업에는 단일상호를 사용하여야 한다. ( )

O | X

14 O

회사별 지배인 선임방법★★

회사	선임방법
합명회사	총사원 과반수의 결의(업무집행사원이 있는 경우에도, 상법 제203조)
합자회사	무한책임사원 과반수의 결의(업무집행사원이 있는 경우에도, 상법 제274조)
주식회사	이사회 결의(상법 제393조 제1항)
유한회사	이사 과반수 결의 또는 사원총회의 보통결의(상법 제564조 제1항·제2항)

15 X 부분적 포괄대리권을 가진 사용인은 영업의 특정한 종류 또는 특정한 사항(예 판매, 구입, 대부, 출납 등)에 대한 위임을 받은 사용인을 말하며, 이에 관한 재판 외의 모든 행위를 할 수 있다.

16 X 상업사용인은 영업주의 허락 없이 자기 또는 제3자의 계산으로 영업주의 영업부류에 속한 거래를 하거나 회사의 무한책임사원, 이사 또는 다른 상인의 사용인이 되지 못한다.

17 X 상업사용인이 자기의 계산으로 한 경우는 경제적 효과를 귀속시킬 수 있고 타인의 계산으로 한 경우는 상업사용인이 얻은 이득의 양도를 청구할 수 있다.

18 X 영업주가 개입권을 행사한 경우에는 손해배상청구 및 해임이 가능하다.

19 O 회사의 상호에는 그 종류에 따라 합명회사, 합자회사, 유한책임회사, 주식회사 또는 유한회사의 문자를 사용하여야 한다. 회사가 아니면 상호에 회사임을 표시하는 문자를 사용하지 못하며 회사의 영업을 양수한 경우에도 같다. 동일한 영업에는 단일상호를 사용하여야 하고 지점의 상호에는 본점과의 종속관계를 표시하여야 한다.

20 상호사용권은 타인이 부정목적으로 동일 또는 유사한 상호의 사용을 배제하는 권리이다. ( )

21 타인이 등기한 상호는 동종영업 상호로 등기 불가하나 등기상호 사용시 부정목적이 추정되는 것은 아니다. ( )

22 상호를 등기한 자가 정당한 사유 없이 1년간 상호를 사용하지 아니하는 때에는 이를 폐지한 것으로 본다. ( )

23 상인은 10년간 상업장부와 영업에 관한 중요서류를 보존하여야 한다. 다만, 전표 또는 이와 유사한 서류는 3년간 이를 보존하여야 한다. ( )

24 상업등기의 등기·공고 전에는 선의의 제3자에게 대항하지 못하나 등기·공고 후에는 선의의 제3자에게도 대항 가능하다. ( )

25 영업의 양도란 기업의 동일성을 유지하면서 포괄적 일체인 영업 자체를 양도하여 소유와 경영의 법적 관계에 변동을 가져오는 것을 말하며 동일성이 유지되어야 하므로 영업의 일부양도는 불가능하다. ( )

26 영업 양도시 동일·인접 행정구역에서 동종의 영업행위를 할 수 없으며 기간 무약정시에는 20년 내에서 유효하다. ( )

O | X

20 ☒ 상호사용권은 적법하게(타인의 상호사용권을 침해하지 않고) 선정 및 사용할 수 있는 권리를 말하며 상호전용권은 타인이 부정목적으로 동일 또는 유사한 상호의 사용을 배제하는 권리를 말한다.

21 ☒ 타인이 등기한 상호는 동일한 특별시·광역시·시·군에서 동종영업의 상호로 등기하지 못한다. 등기상호의 사용시 부정목적이 추정(→ 입증책임의 전환으로 상호전용권의 강화)된다.★

22 ☒ 상호를 등기한 자가 정당한 사유 없이 2년간 상호를 사용하지 아니하는 때에는 이를 폐지한 것으로 본다.

23 ☒ 상인은 10년간 상업장부와 영업에 관한 중요서류를 보존하여야 한다. 다만, 전표 또는 이와 유사한 서류는 5년간 이를 보존하여야 한다.

24 ⓞ 등기의 소극적 공시의 원칙은 상업등기의 등기·공고 전에는 선의의 제3자에게 대항하지 못하는 것을 말하고 등기의 적극적 공시의 원칙은 등기·공고 후에는 선의의 제3자에게도 대항 가능한 것을 말한다.

25 ☒ 영업의 양도란 기업의 동일성을 유지하면서 포괄적 일체인 영업 자체를 양도하여 소유와 경영의 법적 관계에 변동을 가져오는 것을 말한다. 동일성이 유지되면 일부 양도도 가능하다.

26 ☒ 영업재산의 이전(개별적인 이전 절차), 제3자에 대한 대항요건구비, 경업피지의무, 동일·인접 행정구역에서 동종의 영업행위를 할 수 없다. 기간의 무약정시에는 10년, 약정시에는 20년 내에서 유효하다(상법 제41조).

27 영업양수인이 변제의 책임이 있는 경우에는 양도인의 제3자에 대한 채무는 영업양도 또는 광고 후 1년이 경과하면 소멸한다. ( )

28 상행위는 상인이 영리를 목적으로 하는 영업행위를 말하며, 영업적 상행위 또는 기본적 상행위라고도 한다. 그리고 이 기본적 상행위 이외에 영업을 위하여 하는 행위를 보조적 상행위 또는 부속적 상행위라고 한다. ( )

29 상행위로 인한 채권은 상법에 다른 규정이 없는 한 3년간 행사하지 아니하면 소멸한다. ( )

30 상호계산시 당사자가 상계할 기간을 정하지 않은 때에는 그 기간은 1년으로 한다. ( )

31 익명조합은 경제적, 법적으로 공동기업의 한 형태이다. ( )

32 어음상의 권리를 양도하기 위한 방법으로 어음소지인이 어음에 일정한 사항을 기재하고 기명날인하여 교부하는 것을 인수라고 한다. ( )

O | X

27 ☒ 영업양수인이 변제의 책임이 있는 경우에는 양도인의 제3자에 대한 채무는 영업양도 또는 광고 후 2년이 경과하면 소멸한다.

28 ◎ '상행위'란 실질적으로는 영리에 관한 행위이며 형식적으로는 상법과 특별법에서 상행위로서 규정한 행위를 말한다.

29 ☒ 상행위로 인한 채권은 상법에 다른 규정이 없는 한 5년간 행사하지 아니하면 소멸한다. 다른 법령에 단기의 시효의 규정이 있는 경우에는 그 규정에 의한다.

30 ☒ 상호계산은 상인 상호 간 또는 상인과 비상인 간에 이루어지는 계속적 거래관계에서 일정한 기간의 거래로 인한 채권·채무의 총액을 상계하고 그 잔액을 지불할 것을 계약하는 대차결제방법이다. 당사자가 상계할 기간을 정하지 않은 때에는 그 기간은 6월로 한다.

31 ☒ 익명조합은 상인이 그 영업을 위하여 타인으로부터 재산의 출자를 받고 이에 대하여 영업이익을 분배할 것을 약속하는 계약관계이다(상법 제78조). 이 익명조합은 경제적으로는 공동기업의 한 형태이나 법적으로는 영업자의 단독기업이다. 따라서 익명조합원은 출자의 의무와 이익배당의 권리가 있으며 제3자와는 아무런 법률관계가 없다.★

32 ☒ 배서에 대한 설명이다. 인수는 지급인이 환어음상의 기재 내용대로 어음대금을 지급하겠다는 의사를 밝히는 절차로서 지급의 승낙이다. 환어음의 소지인 또는 단순한 점유자는 만기에 이르기까지 인수를 위하여 지급인에게 그 주소에서 어음을 제시할 수 있다.★

33 회사는 유증(遺贈)을 받을 수 있고 상표권을 취득할 수 있으나 명예권과 같은 인격권의 주체는 될 수 없다. ( )

34 합명회사는 3인 이상의 무한책임사원으로 조직된 회사이다. ( )

35 합명회사는 내부관계에 있어서도 정관 또는 상법에 특별한 규정이 없는 한, 민법상의 조합의 규정이 준용된다. ( )

36 합명회사는 사원의 출자는 금전, 현물, 노무, 신용 어느 것으로도 출자할 수 있고, 사원의 수가 0인이 된 때 회사는 해산하나 다른 사원을 가입시켜 회사를 계속할 수 있다. ( )

37 합자회사의 무한책임사원, 유한책임사원은 재산(금전·현물)으로만 출자할 수 있다. ( )

38 합자회사의 경영이나 대표권은 유한책임사원도 담당할 수 있다. ( )

39 유한회사는 사원이 출자금액을 한도로 직접·유한의 책임을 지는 점, 지분의 양도가 자유롭다는 점에서 주식회사와 같다. ( )

O | X

33 ☒

회사의 권리능력
① 회사는 유증을 받을 수 있다.
② 회사는 상표권을 취득할 수 있다.
③ 회사는 명예권과 같은 인격권의 주체가 될 수 있다.★
④ 회사는 다른 회사의 무한책임사원이 되지 못한다(상법 제173조).★

34 ☒ 무한책임사원이라 함은 회사에 대하여 출자의무와 회사채무에 대한 직접·연대·무한의 책임을 부담하는 사원을 말한다. 합명회사는 2인 이상의 무한책임사원으로 조직된 회사이다.

35 ◎ 합명회사는 인적 신뢰도가 기초가 되는 조직으로 사원이 소수임이 보통이고 형식적으로는 사단이지만 실질적으로는 조합에 가까운 성격을 띠고 있다.

36 ☒ 합명회사는 사원수가 1인이 될 때 해산한다.

37 ☒ 합자회사의 사원이 출자함에 있어서 무한책임사원의 경우에는 그 목적의 제한이 없지만, 유한책임사원은 재산(금전·현물)으로만 출자할 수 있다(상법 제272조).★

38 ☒ 회사 경영이나 대표권은 무한책임사원만 맡을 수 있고, 유한책임사원의 경우에는 업무집행이나 회사대표의 권한은 없지만(상법 제278조), 감시권은 있다(상법 제277조).

39 ☒ 유한회사는 사원이 출자금액을 한도로 간접·유한의 책임을 지는 점(상법 제553조)에서 주식회사와 같으나, 지분의 양도가 자유스럽지 못한 점에서 주식회사와 다르다(상법 제556조). 출자의 종류는 재산출자에 한한다.★

40 유한회사는 의사를 결정하는 최고 기관으로 사원총회가 있고, 업무집행기관으로 이사가 있으며, 필수기관으로 감사가 있다. ( )

41 유한회사의 자본총액은 5천만 원 이상이어야 한다. ( )

42 유한회사는 주식회사보다 유연하고 탄력적인 지배구조를 가지고 있으며, 주주에게 법적책임이 없는 주식회사와 달리 주주들이 자신의 투자액 범위 내에서 회사채권자들에 대하여 법적인 책임을 부담하는 회사이다.( )

43 주식회사의 주주는 인수가액을 한도로 하는 출자의무를 부담할 뿐이며 회사채무에 관하여는 아무런 책임을 부담하지 않고 회사 재산만으로 책임을 지는 회사이다. ( )

44 주식 회사는 정관으로 정한 경우에는 주식의 전부를 무액면주식으로 발행할 수 있으며 무액면주식을 발행하는 경우에 액면주식도 발행할 수 있다. ( )

45 액면주식의 금액은 균일하여야 하며 액면주식 1주의 금액은 100원 이상으로 하여야 한다. ( )

46 주식회사의 필수기관으로는 주주총회, 이사회, 대표이사 3가지가 있다. ( )

O | X

40 ☒ 유한회사의 감사는 필수기관이 아닌 임의기관이다.

41 ☒ 2011년 상법 개정으로 종래 1천만 원이던 유한책임회사의 최저자본금이 폐지되었다.

42 ☒ 2011년 상법개정으로 도입된 유한책임회사에 대한 내용이다. 유한책임회사는 주식회사에 비해 지분양도・양수가 자유롭지 못하다(상법 제287조의8, 제287조의9). 따라서 작은 규모의 폐쇄적인 회사에 적합한 형태의 법인이다.

43 ◎ 주식회사의 구성원인 사원을 주주라 하며 주주가 될 자는 회사에 대하여 출자를 하고 회사로부터 주권의 교부를 받는다. 주주는 그 주식의 인수가액을 한도로 하는 출자의무를 부담할 뿐이며 회사채무에 관하여는 아무런 책임을 부담하지 않고 회사 재산만으로 책임을 지는 회사이다.★

44 ☒ 주식회사는 정관으로 정한 경우에는 주식의 전부를 무액면주식으로 발행할 수 있다. 다만, 무액면주식을 발행하는 경우에는 액면주식을 발행할 수 없다.

45 ◎ 액면주식 1주의 금액은 100원 이상으로 하여야 하며, 액면주식의 금액은 균일하여야 한다. 회사는 정관으로 정하는 바에 따라 발행된 액면주식을 무액면주식으로 전환하거나 무액면주식을 액면주식으로 전환할 수 있다(상법 제329조).

46 ☒ 주식회사에는 기본적 사항에 관한 최고의사결정기관인 주주총회, 업무집행에 관한 의결기관인 이사회, 업무집행을 담당하고 회사를 대표하는 대표이사, 감독기관인 감사가 법률상 필수기관이다.

47 회사, 모회사 및 자회사 또는 자회사가 다른 회사의 발행주식의 총수의 5분의 1을 초과하는 주식을 가지고 있는 경우 그 다른 회사가 가지고 있는 회사 또는 모회사의 주식은 의결권이 없다. (　)

48 주식회사의 정기총회는 매분기 1회 일정한 시기에 이를 소집하여야 한다. (　)

49 연 2회 이상의 결산기를 정한 회사는 매기에 총회를 정하여야 한다. (　)

50 주식회사의 설립시에 현물출자는 발기인에 한정된다. (　)

51 목적, 상호, 회사가 발행할 주식의 총수 회사성립 후에 양수할 것을 약정한 재산의 종류, 수량, 가격과 그 양도인의 성명은 정관의 절대적 기재사항이다. (　)

O | X

47 ☒ 회사, 모회사 및 자회사 또는 자회사가 다른 회사의 발행주식의 총수의 10분의 1을 초과하는 주식을 가지고 있는 경우 그 다른 회사가 가지고 있는 회사 또는 모회사의 주식은 의결권이 없다.

48 ☒ 정기총회는 매년 1회 일정한 시기에 이를 소집하여야 한다.

49 ⓞ

> 총회의 소집(제365조)
> ① 정기총회는 매년 1회 일정한 시기에 이를 소집하여야 한다.
> ② 연 2회 이상의 결산기를 정한 회사는 매기에 총회를 소집하여야 한다.
> ③ 임시총회는 필요있는 경우에 수시 이를 소집한다.

50 ☒ 설립시에 현물출자는 발기인에 한정되지 않고 제3자도 가능하다.★

51 ☒ 회사성립 후에 양수할 것을 약정한 재산의 종류, 수량, 가격과 그 양도인의 성명은 정관의 상대적 기재사항이다.

정관의 절대적 기재사항 (상법 제289조 제1항)	정관의 상대적 기재사항 (= 변태설립사항, 상법 제290조)
발기인은 정관을 작성하여 다음의 사항을 적고 각 발기인이 기명날인 또는 서명하여야 한다. • 목적 • 상호 • 회사가 발행할 주식의 총수 • 액면주식을 발행하는 경우 1주의 금액 • 회사의 설립시에 발행하는 주식의 수 • 본점의 소재지 • 회사가 공고를 하는 방법 • 발기인의 성명 · 주민등록번호 및 주소	다음의 사항은 정관에 기재함으로써 그 효력이 있다. • 발기인이 받을 특별이익과 이를 받을 자의 성명 • 현물출자를 하는 자의 성명과 그 목적인 재산의 종류, 수량, 가격과 이에 대하여 부여할 주식의 종류와 수 • 회사성립 후에 양수할 것을 약정한 재산의 종류, 수량, 가격과 그 양도인의 성명 • 회사가 부담할 설립비용과 발기인이 받을 보수액

52 회사의 설립의 취소는 그 사원에 한하여, 설립의 무효는 그 취소권 있는 자에 한하여 회사성립의 날로부터 2년 내에 소만으로 이를 주장할 수 있다. ( )

53 회사의 설립에는 자유설립주의, 면허주의(허가주의), 인가주의, 준칙주의, 특허주의가 있으며, 우리나라 상법은 자유설립주의를 채택하고 있다. ( )

54 회사는 경영의 합리화, 사업의 확장, 무익한 경쟁의 회피 등을 위하여 합병을 할 수 있으며 합병은 같은 종류의 다른 회사와 할 수 있을 뿐 다른 종류의 회사와는 합병할 수 없다. ( )

55 상법상 인적회사와 물적회사 상호 간의 조직변경도 인정된다. ( )

56 합명회사는 총사원의 동의, 사원이 1인으로 된 때 해산한다. ( )

57 회사는 해산으로 인해 영업능력이 없게 되고 권리능력이 소멸한다. ( )

O | X

52 ⊠ 회사의 설립의 무효는 그 사원에 한하여, 설립의 취소는 그 취소권 있는 자에 한하여 회사성립의 날로부터 2년 내에 소만으로 이를 주장할 수 있다.

53 ⊠ 회사의 설립에는 자유설립주의, 면허주의(허가주의), 인가주의, 준칙주의, 특허주의가 있으며, 우리나라 상법은 준칙주의를 채택하고 있다.

54 ⊠ 회사는 경영의 합리화, 사업의 확장, 무익한 경쟁의 회피 등을 위하여 합병을 할 수 있다. 합병은 같은 종류의 다른 회사와 할 수 있을 뿐 아니라, 다른 종류의 회사와도 합병할 수 있다. 다만 일정한 제한이 있다.★

55 ⊠ 상법상 회사의 조직변경은 합명회사와 합자회사의 상호 간(상법 제242조), 주식회사와 유한회사의 상호 간(상법 제287조의43, 제287조의44)에만 인정된다. 따라서 인적회사와 물적회사 상호 간의 조직변경은 인정되지 않는다.★★

56 ◯

> 제227조(해산원인)
> 회사는 다음의 사유로 인하여 해산한다.
> 1. 존립기간의 만료 기타 정관으로 정한 사유의 발생
> 2. 총사원의 동의
> 3. 사원이 1인으로 된 때
> 4. 합병
> 5. 파산
> 6. 법원의 명령 또는 판결

57 ⊠ 영업능력은 없게 되나 청산의 목적 범위 내에서는 권리능력이 인정되고 청산절차가 끝나면 법인격은 소멸된다(상법 제245조).

58 보험계약은 유상 · 쌍무 · 낙성 · 요식의 계약이다. ( )

59 영업에 부수하여 체결하는 계약은 그 내용이 보험의 성격을 가진다면 보험계약이 될 수 있다. ( )

60 자신의 이름으로 보험자와 보험계약을 체결하여 보험료를 지불하는 의무를 진 사람을 피보험자라 한다. ( )

61 보험자가 보험약관의 교부 · 설명의무를 위반한 경우 보험계약자는 보험계약이 성립한 날부터 6개월 이내에 그 계약을 취소할 수 있다. ( )

62 보험금청구권은 3년간, 보험료 또는 적립금의 반환청구권은 3년간, 보험료청구권은 3년간 행사하지 아니하면 시효의 완성으로 소멸한다. ( )

63 피보험이익이란 보험계약의 목적(경제적 이해관계)을 말하며, 보험사고가 발생하면 손해를 입게 될 염려가 있는 이익으로 적법하고 금전으로 산정할 수 있는 이익이어야 한다. ( )

O | X

58 ☒ 보험계약의 특성으로 유상 · 쌍무 · 낙성 · 불요식계약, 사행계약이며, 영업적 상행위이고, 부합계약인 점을 들 수 있다.

59 ☒ 보험의 인수는 영업으로 해야 하며 기본적 상행위이다. 영업과 관계없이 개별적으로 체결하거나, 영업에 부수하여 체결하는 계약은 그 내용이 보험의 성격을 가진다 하더라도 보험계약이 될 수 없다.

60 ☒ 보험계약자에 대한 내용이다.

보험자	보험료를 받는 대신에 보험사고가 발생하는 경우에 보험금 지급의무를 지는 보험회사를 말한다.★
보험계약자	자신의 이름으로 보험자와 보험계약을 체결하여 보험료를 지불하는 의무를 진 사람이다.
피보험자	• 손해보험에서는 피보험이익의 주체로서 보험사고가 발생함으로써 손해를 입는 자, 즉 손해배상의 보험금을 받을 입장에 있는 자를 말한다.★ • 인보험에서는 사람의 생명 또는 신체에 관하여 보험이 붙여진 자를 말한다.★
보험수익자	• 인보험계약을 체결한 후 피보험자의 보험사고시 보험금을 지급받게 되는 사람이다. • 인보험에서만 존재한다.★

61 ☒ 보험계약자는 보험계약이 성립한 날부터 3개월 이내에 그 계약을 취소할 수 있다.

62 ☒ 보험금청구권은 3년간, 보험료 또는 적립금의 반환청구권은 3년간, 보험료청구권은 2년간 행사하지 아니하면 시효의 완성으로 소멸한다.

63 ⊙ 피보험이익의 주체를 피보험자라 하며, 피보험이익은 손해보험 특유의 개념으로 인보험(생명보험)에는 인정할 여지가 없는 개념이다.★★

64 해상보험은 항해에 관한 사고로 인하여 생길 수 있는 손해의 보상을 목적으로 하며 항해란 호수나 항만을 포함한 해상의 항해를 의미한다. ( )

65 책임보험이란 보험기간 중 피보험자에게 발생한 사고로 인한 손해를 배상하는 보험을 말한다. ( )

66 보험자는 보험사고로 인하여 부담할 책임에 대하여 다른 보험자와 재보험계약을 체결할 수 있으며 재보험계약체결시 원보험계약은 소멸한다. ( )

67 자동차보험에서 보험자가 양수인으로부터 양수사실을 통지받은 때에는 지체 없이 낙부를 통지하여야 하고 통지받은 날부터 5일 이내에 낙부의 통지가 없을 때에는 승낙한 것으로 본다. ( )

68 15세 미만자는 사망보험의 피보험자로 할 수 없다. ( )

69 생명보험은 당사자의 일방이 상대방 또는 제3자의 생사에 관하여 일정한 금액을 지급할 것을 약정하고 상대방이 이에 대하여 보수(보험료)를 지급하는 보험으로, 부정액보험이다. ( )

70 상법이 규정하는 인보험의 종류에는 생명보험과 상해보험 및 보증보험, 재보험이 있고 손해보험에는 화재보험, 운송보험, 해상보험, 책임보험, 자동차보험, 질병보험이 있다. ( )

O | X

64 ☒ 해상보험은 항해에 관한 사고로 인하여 생길 수 있는 손해의 보상을 목적으로 하며 보험의 목적물은 선박 또는 적하물이다. 항해란 해상의 항해를 의미하며 호수나 항만은 포함되지 않는다.

65 ☒ 책임보험은 피보험자가 보험기간 중에 발생한 사고로 인하여 제3자에게 손해배상책임을 지는 경우에 보험자가 이 손해를 보상해 주는 보험으로 소극적 보험에 속한다. 따라서 책임보험은 피보험자가 책임을 져야 하는 사고로 인하여 제3자에게 발생한 손해를 보상하는 것을 목적으로 하는 보험이다.

66 ☒ 재보험계약은 원보험계약의 효력에 영향을 미치지 아니한다.

67 ☒ 통지받은 날부터 10일 이내에 낙부의 통지가 없을 때에는 승낙한 것으로 본다.

68 ◎ 15세 미만자, 심신상실자 또는 심신박약자는 피보험자로 할 수 없다.

69 ☒ 생명보험은 정액보험이고 상해보험은 상해의 종류에 따른 정액보험과 상해로 인한 치료의 실비를 부담하는 부정액보험이 있다.

70 ☒ 상법이 규정하는 인보험의 종류에는 생명보험과 상해보험 및 질병보험이 있고, 손해보험에는 화재보험, 운송보험, 해상보험, 책임보험, 자동차보험, 보증보험, 재보험이 있다.★

CHAPTER 06

사회법 일반

CHAPTER 06 사회법 일반

제1절 사회법의 이해와 노동법

I 사회법의 개념

1. 사회법 등장의 배경★

근대 자본주의경제는 자유방임주의를 기반으로 하여 개인의 경제적 자유와 활동을 최대한 보장하고, 국가는 간섭을 최대한 축소함으로써 여러 가지 사회적 모순과 부조리가 발생하게 되었다. 이를 해결하기 위해 경제적 약자인 노동자를 보호하기 위한 노동법, 공정한 경쟁체제를 유지하기 위한 경제법, 모든 국민의 인간다운 최저생활 보장을 위한 사회보장법이 제정되었다. 사회법이란 자본주의사회에서 일어나는 사회적 부조리를 해결하려는 수정자본주의에 입각한 법질서이다. 즉, 자본주의사회에 있어서 경제적 약자와 강자와의 생활을 간섭・조정・보호하는 실정법질서이다.

2. 사회법의 의의 및 특질

① 사회법의 의의 : 사회법은 개인주의, 영리주의, 자유주의를 기초로 하였던 시민사회의 법인 시민법에 대하여 공동사회의 인정, 공동이익의 중시, 국가규제의 허용 등을 특색으로 하는 현대산업사회의 새로운 법체계이다.

② 사회법의 특질★

㉠ 종래 시민법에 대한 특색

시민법과의 공존	사회법은 시민법을 부정하는 것이 아니고, 시민법을 수정・보완함으로써 서로 독립적인 시민법과 사회법은 현대자본주의의 법체계 안에서 공존하였다.
국민경제발전의 목적	사회법은 독점자본주의가 야기한 각종 사회적・경제적 폐해를 시정하여 균형 있는 국민경제의 발전을 기하고 사회적・경제적 약자의 권익을 보호하여 국민복지의 균등실현을 도모함을 그 이념으로 채택하였다.
적극적 복지국가를 지향	사회법은 소유권의 자유나 계약의 자유를 기초로 하는 시장에서의 자유경쟁(보이지 않는 손)에 의해서가 아니라 국가의 규제를 수단 내지 도구로 하여 그 이념이나 목적을 실현하며, 적극적인 복지국가기능을 기본전제로 하였다.
공・사법의 혼합 경향	사회법에서는 종래 사법의 영역에 공권력이 개입함으로써 사법의 원리와 공법의 원리가 서로 교차하고 혼합하여 '사법의 공법화', '공법과 사법의 혼합 내지 침투', '공법에 의한 사법의 지배'의 법현상이 출현하였다.

㉡ 사회법의 공통된 일반적 법원리

약자 보호 (개별성 고려)	사회에서 권세자나 무력자의 현실적 지위를 배려
분배적 정의	보상적 정의가 아닌 분배적 정의
감시적・간섭적 기능	사회나 국가가 대존재자로서 감시적・간섭적 기능을 수행
조화	종래 법률형식과 현재 법현실을 새로운 차원에서 조화 및 적응 노력

THE 알아두기

사회법 [한국중부발전]

1. 사회법은 근대 시민법의 원리를 수정해야 할 사회적·경제적 필요성에 따라 그 수정원리에 입각해 형성된 법이다.
2. 사회법은 독점자본주의의 폐단을 합리적으로 해결하기 위해 등장한 것으로 자본주의 경제제도에 대한 일정한 제한을 가하는 법이다.
3. 공법과 사법의 중간 영역에 있는 제3의 법 영역에 해당한다.
4. 사회법은 사적 자치의 원칙에 충실하다.

Ⅱ 노동법

1. 노동법의 개념

① 노동법이란 자본주의사회에서 근로자가 인간다운 생활을 할 수 있도록 노동관계를 규율하는 법규범의 총체를 말한다.★

② 노동법은 노동관계, 즉 근로자의 노동력 제공에 관련된 생활관계를 규율하는 법이다. 이 경우 노동은 독립적 노동이 아니라 종속적 노동을 의미한다.

③ 노동법은 근로자의 인간다운 생활의 실현을 기본이념으로 하는 법이다. 그러나 인간다운 생활의 실현이라는 이념은 사유재산제, 시장경제, 개인의 자유 등 자본주의사회의 필수적 요소를 전제로 이와 조화를 이루면서 추구되는 이념이지 이를 부정·침해하면서 추구되는 것은 아니다.★

2. 노동법의 체계

① 개별적 노동관계법과 집단적 노동관계법

구분	내용
개별적 노동관계법 (근로계약법)	• 근로자 개인과 사용자 사이의 근로계약의 체결·전개·종료를 둘러싼 관계를 규율하는 법을 말한다. • 국가에 의한 근로자의 보호 내지 계약자유의 수정·제한을 지도이념으로 한다. 예 근로기준법, 직업안정법, 산업재해보상보험법 등
집단적 노동관계법 (노동단체법, 노사관계법)	• 근로자의 노동관계상의 이익을 대변하는 노동단체의 조직·운영 및 노동단체와 사용자 측 사이의 단체교섭을 중심으로 전개되는 관계(노동운동관계)를 규율하는 법을 말한다. • 국가로부터의 자유(단결활동의 자유) 내지 집단적 노사자치를 지도이념으로 한다. 예 노동조합 및 노동관계조정법, 노동위원회법, 근로자참여 및 협력증진에 관한 법률 등

▸ **기출 O× 지문정리**

[한국보훈복지의료공단]

1. 개별적 근로관계법은 집단적 노사관계법을 보강하는 기능을 한다. ( )
   ➜ 집단적 노사관계법이 개별적 근로관계법을 보강하는 기능을 한다.

정답 1. ×

② 노사관계법

㉠ 근로자의 경영참가 내지 노사협의회를 둘러싼 근로자와 사용자간의 관계를 규율하는 법

㉡ 노동시장에서의 근로자의 구직활동 등을 둘러싼 관계를 규율하는 법

㉢ 노동위원회제도(나라에 따라서는 노동소송법이 확립되어 있기도 하다) 등을 규율하는 법

3. 노동법의 법원

① 노동관계법령

구분	내용
노동단체법 부문	노동조합 및 노동관계조정법, 국가공무원법 중 노동운동에 관한 규정, 공무원직장협의회의 설립·운영에 관한 법률, 교원의 노동조합설립 및 운영 등에 관한 법률 등
근로계약법 부문	근로기준법, 최저임금법, 임금채권보장법, 근로자의 날 제정에 관한 법률, 남녀고용평등과 일·가정 양립 지원에 관한 법률, 산업안전보건법, 산업재해보상보험법, 선원법, 파견근로자보호 등에 관한 법률 등
특수부문	근로자참여 및 협력증진에 관한 법률, 노동위원회법, 고용정책기본법, 직업안정법, 건설근로자의 고용개선 등에 관한 법률, 근로자직업능력개발법, 고용보험법, 고용상 연령차별금지 및 고령자고용촉진에 관한 법률, 장애인고용촉진 및 직업재활법 등

② 일반법과 협약 등 : 헌법의 노동조항(제32조·제33조), 민법의 법인·법률행위·계약·고용·불법행위 등에 관한 법규, 우리나라가 비준·공포한 ILO 협약들, 단체협약·취업규칙·조합규약·근로계약

③ 노동관행

㉠ 취업규칙·단체협약·조합규약·근로계약 등으로 성문화되지 않은 채 노사관계의 현장에서 근로조건·직장규율·시설관리·조합활동 등에 관하여 장기간 반복·계속 행하여진 처리방법을 말한다.

㉡ 노동관행은 그 자체로서 특별한 법적 효력을 가지지 않지만, 근로조건에 관하여 일정한 취급이 이의 없이 계속하여 행하여져 온 경우에는 근로계약 당사자간에 묵시의 합의가 성립한 것으로 보거나 당사자가 '이 사실인 관습에 따를 것'을 인정한 것으로 보아 근로계약의 내용으로 되고 그 효력을 인정받는다.★

④ 노동법의 법원으로 인정되지 않는 것★★ : 판례, 고용노동부 등의 예규·질의회신, 지침 등 행정해석은 노동법의 법원으로 인정되지 않는다.

4. 법원의 적용순서★★

① 헌법 → 법률 → 명령 → 단체협약 → 취업규칙과 조합규약 → 근로계약★

② 상하위 규범들이 서로 충돌하는 경우에는 당연히 상위법 우선의 원칙에 따르지만, 하위규범이 근로자에게 더 유리할 때에는 하위규범이 우선 적용된다(유리한 조건 우선의 원칙).★

③ 동순위의 규범들이 서로 충돌하는 경우에는 신법 우선의 원칙과 특별법 우선의 원칙에 의하여 우선순위가 결정된다.★

Ⅲ 노동조합 및 노동관계조정법★

1. 목적과 용어의 정의

① 목적 : 이 법은 헌법에 의한 근로자의 단결권·단체교섭권 및 단체행동권을 보장하여 근로조건의 유지·개선과 근로자의 경제적·사회적 지위의 향상을 도모하고, 노동관계를 공정하게 조정하여 노동쟁의를 예방·해결함으로써 산업평화의 유지와 국민경제의 발전에 이바지함을 목적으로 한다.

② 용어의 정의(노동조합법 제2조)★★

㉠ 근로자 : 직업의 종류를 불문하고 임금・급료, 기타 이에 준하는 수입에 의하여 생활하는 자를 말한다(제1호).

THE 알아두기

노동조합법상 근로자

노동조합 및 노동관계조정법에서 말하는 '임금・급료 기타 이에 준하는 수입에 의하여 생활하는 자'에는 특정한 사용자에게 고용되어 현실적으로 취업하고 있는 자뿐만 아니라, 일시적으로 실업상태에 있는 자나 구직 중인 자도 노동3권을 보장할 필요성이 있는 한 그 범위에 포함된다고 할 것이다(서울행정법원 2001.1.16. 2000구30925).

㉡ 사용자 : 사업주, 사업의 경영담당자 또는 그 사업의 근로자에 관한 사항에 대하여 사업주를 위하여 행동하는 자를 말한다(제2호).

㉢ 사용자단체 : 노동관계에 관하여 그 구성원인 사용자에 대하여 조정 또는 규제할 수 있는 권한을 가진 사용자의 단체를 말한다(제3호).

㉣ 노동쟁의 : 노동조합과 사용자 또는 사용자단체(이하 '노동관계 당사자'라 한다)간에 임금・근로시간・복지・해고, 기타 대우 등 근로조건의 결정에 관한 주장의 불일치로 인하여 발생한 분쟁상태를 말한다. 이 경우 주장의 불일치라 함은 당사자간에 합의를 위한 노력을 계속하여도 더 이상 자주적 교섭에 의한 합의의 여지가 없는 경우를 말한다(제5호).★

㉤ 쟁의행위 : 파업・태업・직장폐쇄, 기타 노동관계 당사자가 그 주장을 관철할 목적으로 행하는 행위와 이에 대항하는 행위로서 업무의 정상적인 운영을 저해하는 행위를 말한다(제6호).

㉥ 정당행위 : 노동조합이 단체교섭・쟁의행위, 기타의 행위로서 노동조합의 목적을 달성하기 위하여 한 정당한 행위에 대하여 적용된다. 다만, 어떠한 경우에도 폭력이나 파괴행위는 정당한 행위로 해석되어서는 아니 된다.★

2. 노동조합

① 의의 : 근로자가 주체가 되어 자주적으로 단결하여 근로조건의 유지・개선, 기타 근로자의 경제적・사회적 지위의 향상을 도모함을 목적으로 조직하는 단체 또는 그 연합체를 말한다. 노동조합은 그 규약이 정하는 바에 의하여 법인으로 할 수 있다.

THE 알아두기

노동조합으로 보지 않는 경우(노동조합법 제2조 제4호 단서)

- 사용자 또는 항상 그의 이익을 대표하여 행동하는 자의 참가를 허용하는 경우(가목)
- 경비의 주된 부분을 사용자로부터 원조 받는 경우(나목)★
- 공제・수양 기타 복리사업만을 목적으로 하는 경우(다목)
- 근로자가 아닌 자의 가입을 허용하는 경우(라목)★
- 주로 정치운동을 목적으로 하는 경우(마목)★

② 노동조합의 보호요건 : 이 법에 의하여 설립된 노동조합이 아니면 노동위원회에 노동쟁의의 조정 및 부당노동행위의 구제를 신청할 수 없고, 노동조합이라는 명칭을 사용할 수 없다.★★

③ 조세의 면제 : 노동조합에 대하여는 그 사업체를 제외하고는 세법이 정하는 바에 따라 조세를 부과하지 아니한다.★

④ **차별대우의 금지** : 노동조합의 조합원은 어떠한 경우에도 인종, 종교, 성별, 연령, 신체적 조건, 고용형태, 정당 또는 신분에 의하여 차별대우를 받지 아니한다.

⑤ **노동조합의 설립** : 노동조합을 설립하고자 하는 자는 신고서에 규약을 첨부하여 연합단체인 노동조합과 2 이상의 특별시·광역시·특별자치시·도·특별자치도에 걸치는 단위노동조합은 고용노동부장관에게, 2 이상의 시·군·구에 걸치는 단위노동조합은 특별시장·광역시장·도지사에게, 그 외의 노동조합은 특별자치시장·특별자치도지사·시장·군수·구청장에게 제출하여야 한다.

⑥ **총회 및 임시총회** : 노동조합은 매년 1회 이상 총회를 개최하여야 하고, 대표자는 총회의 의장이 되며, 노동조합의 대표자는 필요하다고 인정할 때에는 임시총회 또는 임시대의원회를 소집할 수 있다.★

⑦ **대의원회** : 노동조합은 규약으로 총회에 갈음한 대의원회를 둘 수 있고, 대의원은 조합원의 직접·비밀·무기명투표에 의하여 선출되어야 하며, 임기는 규약으로 정하되 3년을 초과할 수 없다.★

3. 단체교섭 및 단체협약

① **교섭 및 체결권한** : 노동조합의 대표자는 그 노동조합 또는 조합원을 위하여 사용자나 사용자단체와 교섭하고 단체협약을 체결할 권한을 가진다.★

② 교섭 등의 원칙

㉠ 노동조합과 사용자 또는 사용자단체는 신의에 따라 성실히 교섭하고 단체협약을 체결하여야 하며 그 권한을 남용하여서는 아니 된다.

㉡ 정당한 이유없이 교섭 또는 단체협약의 체결을 거부하거나 해태하여서는 아니 된다.

㉢ 국가 및 지방자치단체는 기업·산업·지역별 교섭 등 다양한 교섭방식을 노동관계 당사자가 자율적으로 선택할 수 있도록 지원하고 이에 따른 단체교섭이 활성화될 수 있도록 노력하여야 한다.

③ **단체협약의 유효기간의 상한** : 단체협약의 유효기간은 3년을 초과하지 않는 범위에서 노사가 합의하여 정할 수 있다. 단체협약에 그 유효기간을 정하지 아니한 경우 또는 제1항의 기간을 초과하는 유효기간을 정한 경우에 그 유효기간은 3년으로 한다.★

④ **기준의 효력** : 단체협약에 정한 근로조건, 기타 근로자의 대우에 관한 기준에 위반하는 취업규칙 또는 근로계약의 부분은 무효로 한다.★

⑤ **일반적 구속력** : 하나의 사업 또는 사업장에 상시 사용되는 동종의 근로자 반수 이상이 하나의 단체협약의 적용을 받게 된 때에는 당해 사업 또는 사업장에 사용되는 다른 동종의 근로자에 대하여도 당해 단체협약이 적용된다.

4. 쟁의행위

① **쟁의행위의 기본원칙** : 쟁의행위는 그 목적·방법 및 절차에 있어서 법령, 기타 사회질서에 위반되어서는 아니 되고 조합원은 노동조합에 의하여 주도되지 아니한 쟁의행위를 하여서는 아니 된다(노동조합법 제37조 제1항·제2항). 또한 노동조합은 사용자의 점유를 배제하여 조업을 방해하는 형태로 쟁의행위를 해서는 아니 된다.

② 쟁의행위의 종류

동맹파업	조합원이 단결하여 노동을 거부하는 것
보이콧(Boycott)	노동자가 동맹하여 그 공장의 제품을 사지 않고 더 나아가 대중에게까지 불매를 호소하는 것
피켓팅(Picketing)	쟁의행위 참가자들이 당해 쟁의행위로 인하여 중단된 업무를 수행하려고 하는 자들에게 업무수행을 하지 말 것을 평화적으로 설득하거나 권고하는 것으로, 근로자들이 공장 근처나 사업장의 입구에서 파업의 방해자나 배신자를 감시하는 쟁의행위
태업	작업장에서 의도적으로 작업을 태만히 하거나, 불완전한 제품을 만듦으로써 사용자에게 대항하는 행위

③ 노동조합의 지도와 책임

㉠ 쟁의행위는 그 쟁의행위와 관계없는 자 또는 근로를 제공하고자 하는 자의 출입·조업, 기타 정상적인 업무를 방해하는 방법으로 행하여져서는 아니 되며, 쟁의행위의 참가를 호소하거나 설득하는 행위로서 폭행·협박을 사용하여서는 아니 된다(노동조합법 제38조 제1항).

㉡ 작업시설의 손상이나 원료·제품의 변질 또는 부패를 방지하기 위한 작업은 쟁의행위기간 중에도 정상적으로 수행되어야 한다.★

㉢ 노동조합은 쟁의행위가 적법하게 수행될 수 있도록 지도·관리·통제할 책임이 있다.

㉣ 근로자의 구속제한 : 근로자는 쟁의행위기간 중에는 현행범 외에는 이 법의 위반을 이유로 구속되지 아니한다.★

④ 쟁의행위의 제한과 금지

㉠ 노동조합의 쟁의행위는 그 조합원(제29조의2에 따라 교섭대표노동조합이 결정된 경우에는 그 절차에 참여한 노동조합의 전체 조합원)의 직접·비밀·무기명투표에 의한 조합원 과반수의 찬성으로 결정하지 아니하면 이를 행할 수 없다. 이 경우 조합원 수 산정은 종사근로자인 조합원을 기준으로 한다.

㉡ 방위사업법에 의하여 지정된 주요방위산업체에 종사하는 근로자 중 전력, 용수 및 주로 방산물자를 생산하는 업무에 종사하는 자는 쟁의행위를 할 수 없으며, 주로 방산물자를 생산하는 업무에 종사하는 자의 범위는 대통령령으로 정한다.

㉢ 쟁의행위는 폭력이나 파괴행위 또는 생산, 기타 주요업무에 관련되는 시설과 이에 준하는 시설로서 대통령령이 정하는 시설을 점거하는 형태로 이를 행할 수 없다.

㉣ 사업장의 안전보호시설에 대하여 정상적인 유지·운영을 정지·폐지 또는 방해하는 행위는 쟁의행위로서 이를 행할 수 없다.

㉤ 사용자는 쟁의행위기간 중 그 쟁의행위로 중단된 업무의 수행을 위하여 당해 사업과 관계없는 자를 채용 또는 대체할 수 없다.★

㉥ 사용자는 쟁의행위기간 중 그 쟁의행위로 중단된 업무를 도급 또는 하도급 줄 수 없다.★

5. 부당노동행위(사용자가 할 수 없는 부당노동행위)★

① 근로자가 노동조합에 가입 또는 가입하려고 하였거나, 노동조합을 조직하려고 하였거나, 기타 노동조합의 업무를 위한 정당한 행위를 한 것을 이유로 그 근로자를 해고하거나 그 근로자에게 불이익을 주는 행위

② 근로자가 어느 노동조합에 가입하지 아니할 것 또는 탈퇴할 것을 고용조건으로 하거나, 특정한 노동조합의 조합원이 될 것을 고용조건으로 하는 행위. 다만, 노동조합이 당해 사업장에 종사하는 근로자의 3분의 2 이상을 대표하고 있을 때에는 근로자가 그 노동조합의 조합원이 될 것을 고용조건으로 하는 단체협약의 체결은 예외로 하며[유니온숍(Union shop)], 이 경우 사용자는 근로자가 그 노동조합에서 제명된 것 또는 그 노동조합을 탈퇴하여 새로 노동조합을 조직하거나 다른 노동조합에 가입한 것을 이유로 신분상 불이익한 행위를 할 수 없다.★

③ 노동조합의 대표자 또는 노동조합으로부터 위임을 받은 자와의 단체협약체결, 기타의 단체교섭을 정당한 이유 없이 거부하거나 해태하는 행위

④ 근로자가 노동조합을 조직 또는 운영하는 것을 지배하거나 이에 개입하는 행위와 근로시간 면제한도를 초과하여 급여를 지급하거나 노동조합의 운영비를 원조하는 행위. 다만, 근로자가 근로시간 중에 제24조 제2항에 따른 활동을 하는 것을 사용자가 허용함은 무방하며, 또한 근로자의 후생자금 또는 경제상의 불행, 기타 재액의 방지와 구제 등을 위한 기금의 기부와 최소한의 규모의 노동조합사무소의 제공 및 그 밖에 이에 준하여 노동조합의 자주적인 운영 또는 활동을 침해할 위험이 없는 범위에서의 운영비 원조행위는 예외로 한다. 그리고 노동조합의 자주적 운영 또는 활동을 침해할 위험 여부를 판단할 때에는 운영비 원조의 목적과 경위, 원조된 운영비 횟수와 기간, 원조된 운영비 금액과 원조방법, 원조된 운영비가 노동조합의 총수입에서 차지하는 비율, 원조된 운영비의 관리방법 및 사용처 등을 고려하여야 한다.★

⑤ 근로자가 정당한 단체행위에 참가한 것을 이유로 하거나 또는 노동위원회에 대하여 사용자가 이 조의 규정에 위반한 것을 신고하거나 그에 관한 증언을 하거나 기타 행정관청에 증거를 제출한 것을 이유로 그 근로자를 해고하거나 그 근로자에게 불이익을 주는 행위

▸ 기출 OX 지문정리

[서울주택도시공사]

1. 법률이 정하는 주요방위사업체에 종사하는 근로자의 단체행동권은 법률이 정하는 바에 의하여 이를 제한하거나 인정하지 아니할 수 있다. ( )
2. 공무원인 근로자의 단체행동권은 법률이 정하는 바에 의하여 이를 제한하거나 인정하지 아니할 수 있지만 단결권과 단체교섭권은 그러하지 아니하다. ( )
   ➜ 공무원인 근로자는 법률이 정하는 자에 한하여 단결권·단체교섭권 및 단체행동권을 가진다.

정답 1. ○ 2. ×

Ⅳ 근로기준법★★★

1. 근로기준법의 목적과 기준 등

① 목적 : 헌법에 의하여 근로조건의 기준을 정함으로써 근로자의 기본적 생활을 보장·향상시키며 균형 있는 국민경제의 발전을 도모함을 목적으로 한다(근로기준법 제1조).

② 용어의 정의★

근로자	직업의 종류와 관계없이 임금을 목적으로 사업이나 사업장에 근로를 제공하는 사람
사용자	사업주 또는 사업 경영 담당자, 그 밖에 근로자에 관한 사항에 대하여 사업주를 위하여 행위하는 자
근로	정신노동과 육체노동
근로계약	근로자가 사용자에게 근로를 제공하고 사용자는 임금을 지급하는 것을 목적으로 체결된 계약
임금	사용자가 근로의 대가로 근로자에게 임금, 봉급, 그 밖에 어떠한 명칭으로든지 지급하는 모든 금품

③ 근로조건의 기준 : 근로조건은 최저기준이므로 근로관계 당사자는 이 기준을 이유로 근로조건을 낮출 수 없다.★★

④ 근로조건의 결정 : 근로조건은 근로자와 사용자가 동등한 지위에서 자유의사에 의하여 결정하여야 한다.★

⑤ 근로조건의 준수 : 근로자와 사용자는 각자가 단체협약, 취업규칙과 근로계약을 지키고 성실하게 이행할 의무가 있다.

⑥ 균등처우 : 사용자는 근로자에 대하여 남녀의 차별적 대우를 하지 못하며 국적, 신앙 또는 사회적 신분을 이유로 근로조건에 대한 차별적 처우를 하지 못한다.

⑦ 강제근로의 금지 : 사용자는 폭행, 협박, 감금, 기타 정신상 또는 신체상의 자유를 부당하게 구속하는 수단으로써 근로자의 자유의사에 반하는 근로를 강요하지 못한다.

⑧ 폭행의 금지 : 사용자는 사고의 발생이나 그 밖의 어떠한 이유로도 근로자에게 폭행을 하지 못한다.

⑨ 중간착취의 배제 : 누구든지 법률에 의하지 아니하고는 영리로 타인의 취업에 개입하거나 중간인으로서 이익을 취득하지 못한다.

⑩ 공민권행사의 보장 : 사용자는 근로자가 근로시간 중에 선거권, 기타 공민권의 행사 또는 공의 직무를 집행하기 위하여 필요한 시간을 청구하는 경우에는 거부하지 못한다. 다만, 그 권리행사 또는 공의 직무를 집행함에 지장이 없는 한 청구한 시간을 변경할 수 있다.

⑪ 적용범위

㉠ 상시 5인 이상의 근로자를 사용하는 모든 사업 또는 사업장에 적용한다. 다만, 동거의 친족만을 사용하는 사업 또는 사업장과 가사사용인에 대해서는 적용하지 아니한다.

㉡ 상시 4명 이하의 근로자를 사용하는 사업 또는 사업장에 대하여는 근로기준법의 일부 규정을 적용할 수 있다.

⑫ **적용의 제외** : 제4장(근로시간과 휴식)과 제5장(여성과 소년)에서 정한 근로시간, 휴게와 휴일에 관한 규정은 다음에 해당하는 근로자에 대하여는 적용하지 아니한다.

㉠ 토지의 경작·개간, 식물의 식재(植栽)·재배·채취 사업, 그 밖의 농림 산업

㉡ 동물의 사육, 수산 동식물의 채취·포획·양식 사업, 그 밖의 축산, 양잠, 수산 사업

㉢ 감시(監視) 또는 단속적(斷續的)으로 근로에 종사하는 사람으로서 사용자가 고용노동부장관의 승인을 받은 사람

㉣ 대통령령으로 정하는 업무에 종사하는 근로자

2. 근로계약

① **의의** : 근로자가 사용자에게 근로를 제공하고 사용자는 이에 대하여 임금을 지급함을 목적으로 체결된 계약으로서, 계약의 형식이나 명칭 불문하고 명시 및 묵시의 계약 체결도 가능하며 반드시 서면으로 할 필요는 없다.★

② **근로계약의 체결** : 근로계약의 체결이나 임금청구는 친권자나 후견인이 대리할 수 없고, 미성년자가 독자적으로 할 수 있다.

③ **계약기간** : 근로계약은 기간을 정하지 아니한 것과 일정한 사업의 완료에 필요한 기간을 정한 것 외에는 그 기간은 1년을 초과하지 못한다.

④ **근로조건의 명시★** : 사용자는 근로계약 체결시 근로자에 대하여 임금, 소정근로시간, 휴일, 연차유급휴가 그 밖에 대통령령에 정하는 근로조건을 명시하여야 한다. 이 경우 임금의 구성항목·계산방법·지급방법·소정근로시간·휴일 및 연차유급휴가의 사항이 명시된 서면을 근로자에게 교부하여야 한다. 다만, 본문에 따른 사항이 단체협약 또는 취업규칙의 변경 등 대통령령으로 정하는 사유로 인하여 변경되는 경우에는 근로자의 요구가 있으면 그 근로자에게 교부하여야 한다.

⑤ **금지사항**

㉠ 위약예정의 금지 : 사용자는 근로계약 불이행에 대한 위약금 또는 손해배상액을 예정하는 계약을 체결하지 못한다.★

㉡ 전차금 상계의 금지 : 사용자는 전차금이나 그 밖에 근로할 것을 조건으로 하는 전대채권과 임금을 상계하지 못한다.

㉢ 강제 저금의 금지 : 사용자는 근로계약에 덧붙여 강제 저축 또는 저축금의 관리를 규정하는 계약을 체결하지 못한다.

㉣ 해고 등의 제한 : 사용자는 근로자에게 정당한 이유 없이 해고, 휴직, 정직, 전직, 감봉, 그 밖의 징벌을 하지 못한다. 사용자가 경영상 이유에 의하여 근로자를 해고하려면 긴박한 경영상의 필요가 있어야 한다. 이 경우 경영 악화를 방지하기 위한 사업의 양도·인수·합병은 긴박한 경영상의 필요가 있는 것으로 본다.★

▶ **기출 ○× 지문정리**

[한국보훈복지의료공단]

1. 사용자는 근로자를 해고하려면 특별한 사정이 없는 한 적어도 30일 전에 예고를 하여야 하고, 30일 전에 예고를 하지 아니하였을 때에는 30일분 이상의 통상임금을 지급하여야 한다. ( )
2. 사용자는 근로자를 해고하려면 해고사유와 해고시기를 서면으로 통지하여야 한다. ( )

3. 사용자가 경영상 이유에 의하여 근로자를 해고하려면 긴박한 경영상의 필요가 있어야 하는데, 경영 악화를 방지하기 위한 사업의 양도·인수·합병은 긴박한 경영상의 필요가 있는 것으로 볼 수 없다. ( )

➜ 경영 악화를 방지하기 위한 사업의 양도·인수·합병은 긴박한 경영상의 필요가 있는 것으로 볼 수 있다.

4. 부당해고에 관한 구제신청은 부당해고가 있었던 날로부터 3개월 이내에 하여야 한다. ( )

정답 1. ○ 2. ○ 3. × 4. ○

⑥ 근로조건의 위반

㉠ 규정에 의하여 명시된 근로조건이 사실과 다를 경우에는 근로자는 근로조건 위반을 이유로 손해배상을 청구할 수 있으며, 즉시 근로계약을 해제할 수도 있다.★

㉡ 근로자가 손해배상을 청구할 경우에는 노동위원회에 신청할 수 있으며 근로계약이 해제되었을 경우에는 사용자는 취업을 목적으로 거주를 변경하는 근로자에게 귀향여비를 지급하여야 한다.★

⑦ **법위반의 근로계약** : 근로기준법에서 정하는 기준에 미치지 못하는 근로조건을 정한 근로계약은 그 부분에 한하여 무효로 하며, 무효로 된 부분은 근로기준법에서 정한 기준에 따른다.★

⑧ **해고의 예고**★★ : 사용자는 근로자를 해고(경영상 이유에 의한 해고를 포함한다)하고자 할 때에는 적어도 30일 전에 그 예고를 하여야 하며, 30일 전에 예고를 하지 아니한 때에는 30일분 이상의 통상임금을 지급하여야 한다. 다만, 다음의 어느 하나에 해당하는 경우에는 그러하지 아니하다.

㉠ 근로자가 계속 근로한 기간이 3개월 미만인 경우★

㉡ 천재·사변, 그 밖의 부득이한 사유로 사업을 계속하는 것이 불가능한 경우

㉢ 근로자가 고의로 사업에 막대한 지장을 초래하거나 재산상 손해를 끼친 경우로서 고용노동부령으로 정하는 사유에 해당하는 경우

⑨ **해고사유 등의 서면 통지** : 사용자는 근로자를 해고하려면 해고사유와 해고시기를 서면으로 통지하여야 한다.

⑩ **부당해고 등의 구제신청** : 사용자가 근로자에게 부당해고 등을 하면 근로자는 부당해고 등이 있었던 날로부터 3개월 이내에 노동위원회에 구제신청을 할 수 있다.

▸ **기출 ○× 지문정리**

[한국원자력환경공단]

1. 사용자는 근로자를 해고하려면 해고사유와 해고시기를 서면으로 통지해야 한다. ( )
2. 사용자는 근로계약의 불이행에 대한 위약금 또는 손해배상액을 예정하는 계약을 체결하지 못한다. ( )
3. 사용자로부터 부당해고를 당한 근로자는 노동위원회에 구제를 신청할 수 있다. ( )
4. 사용자가 지방노동위원회의 구제명령에 불복하여 중앙노동위원회에 재심신청을 한 경우 그 구제명령의 효력은 정지된다. ( )

➜ 노동위원회의 구제명령, 기각결정 또는 재심판정은 근로기준법 제31조에 따른 중앙노동위원회에 대한 재심심판이나 행정소송 제기에 의하여 그 효력이 정지되지 아니한다.

정답 1. ○ 2. ○ 3. ○ 4. ×

3. 통상임금*

① 의의 : 근로자에게 정기적이고 일률적으로 소정의 근로 또는 총 근로에 대하여 지급하기로 정한 시간급 금액, 일급금액, 주급 금액, 월급 금액 또는 도급 금액을 말한다.*

② 적용범위*

㉠ 평균임금의 최저한도 보장

㉡ 다음에 해당하는 수당 및 급여 산정의 기초

- 해고예고수당
- 연장 · 야간 · 휴일근로수당
- 연차유급휴가수당
- 출산전후휴가급여

THE 알아두기

평균임금(근로기준법 제2조 제6호) [부산신용보증재단]

'평균임금'이란 이를 산정하여야 할 사유가 발생한 날 이전 3개월 동안에 그 근로자에게 지급된 임금의 총액을 그 기간의 총일수로 나눈 금액을 말한다. 근로자가 취업한 후 3개월 미만인 경우도 이에 준한다.

4. 근로시간과 휴식

① 연장근로의 제한 : 당사자 간에 합의하면 1주간에 12시간을 한도로 근로시간을 연장할 수 있다.

② 휴게 : 사용자는 근로시간이 4시간인 경우에는 30분 이상, 8시간인 경우에는 1시간 이상의 휴게시간을 근로시간 도중에 주어야 한다.

③ 휴일 : 사용자는 근로자에게 1주일에 평균 1회 이상의 유급휴일을 주어야 한다.

④ 연장 · 야간 및 휴일근로 : 사용자는 연장근로와 야간근로에 대하여는 통상임금의 100분의 50 이상을 가산하여 근로자에게 지급하여야 한다. 반면에 휴일근로에 대해서는 8시간 이내의 경우에는 통상임금의 100분의 50 이상을, 8시간을 초과한 경우에는 통상임금의 100분의 100 이상을 가산하여 근로자에게 지급하여야 한다.

⑤ 유급휴가 : 사용자는 1년간 80퍼센트 이상 출근한 근로자에게 15일의 유급휴가를 주어야 한다.

THE 알아두기

3개월 이내의 탄력적 근로시간제(사업자 배려제도)*

2주 또는 3개월 이내의 일정한 단위기간을 평균하여 법정근로시간을 초과하지 않는 범위 내에서 특정한 날이나 특정한 주의 근로시간을 초과하여 근무할 수 있도록 운영하는 제도(근로기준법 제51조 제1항 · 제2항)

선택적 근로시간제(근로자 배려제도)

일정한 단위기간동안 미리 정해진 총근로시간의 범위 내에서 개별근로자가 출퇴근시간을 자유롭게 선택할 수 있도록 운영하는 제도(근로기준법 제52조)

5. 재해보상

① **요양보상** : 근로자가 업무상 부상 또는 질병에 걸린 경우에는 사용자는 그 비용으로 필요한 요양을 행하거나 또는 필요한 요양비를 부담하여야 한다.

② **휴업보상** : 요양 중에 있는 근로자에 대하여는 사용자는 근로자의 요양 중 평균임금의 100분의 60의 휴업보상을 행하여야 한다.★

③ **장해보상** : 근로자가 업무상 부상 또는 질병에 걸려 완치된 후 신체에 장해가 있는 경우에는 사용자는 그 장해정도에 따라 평균임금에 별표에 정한 일수를 곱하여 얻은 금액의 장해보상을 행하여야 한다.

④ **보상청구권** : 보상을 받을 권리는 퇴직으로 인하여 변경되지 아니하며 양도 또는 압류하지 못한다.

6. 취업규칙

① **취업규칙의 작성·신고** : 상시 10인 이상의 근로자를 사용하는 사용자는 취업규칙을 작성하여 고용노동부장관에게 신고하여야 한다. 이를 변경하는 경우에 있어서도 또한 같다.

② **규칙의 작성·변경의 절차** : 사용자는 취업규칙의 작성 또는 변경에 관하여 당해 사업 또는 사업장에 근로자의 과반수로 조직된 노동조합이 있는 경우에는 그 노동조합, 근로자의 과반수로 조직된 노동조합이 없는 경우에는 근로자의 과반수의 의견을 들어야 한다. 다만, 취업규칙을 근로자에게 불리하게 변경하는 경우에는 그 동의를 얻어야 한다.

③ **위반의 효력** : 취업규칙에 정한 기준에 미달하는 근로조건을 정한 근로계약은 그 부분에 관하여는 무효로 한다. 이 경우에 있어서 무효로 된 부분은 취업규칙에 정한 기준에 의한다.

THE 알아두기

퇴직금(근로기준법 제36조 금품청산) [대구신용보증재단], [한국보훈복지의료공단]

사용자는 근로자가 사망 또는 퇴직한 경우에는 그 지급 사유가 발생한 때부터 14일 이내에 임금, 보상금, 그 밖에 일체의 금품을 지급하여야 한다. 다만, 특별한 사정이 있을 경우에는 당사자 사이의 합의에 의하여 기일을 연장할 수 있다.

계약서류의 보존(근로기준법 제42조)

사용자는 근로자 명부와 대통령령으로 정하는 근로계약에 관한 중요한 서류를 3년간 보존하여야 한다.

임금

- 임금은 통화로 직접 근로자에게 그 전액을 지급하여야 한다(근로기준법 제43조).
- 사용자는 도급이나 그 밖에 이에 준하는 제도로 사용하는 근로자에게 근로시간에 따라 일정액의 임금을 보장하여야 한다(근로기준법 제47조).
- 근로기준법에 따른 임금채권은 3년간 행사하지 아니하면 시효로 소멸한다(근로기준법 제49조).
- 사용자는 근로자가 출산한 경우의 비용에 충당하기 위하여 임금 지급을 청구하면 지급기일 전이라도 이미 제공한 근로에 대한 임금을 지급하여야 한다(근로기준법 제45조).
- 사용자의 귀책사유로 휴업하는 경우에는 원칙적으로 사용자는 휴업기간 동안 그 근로자에게 평균임금의 100분의 70 이상의 수당을 지급하여야 한다(근로기준법 제46조).

V 노동위원회법

1. 노동위원회법의 목적과 종류

① **목적** : 노동위원회법은 노동관계에 있어서 판정 및 조정업무의 신속·공정한 수행을 위하여 노동위원회를 설치하고 그 운영에 관한 사항을 규정함으로써 노동관계의 안정과 발전에 이바지함을 목적으로 한다.

② **노동위원회의 구성** : 노동위원회는 근로자를 대표하는 위원(근로자위원)과 사용자를 대표하는 위원(사용자 위원) 및 공익을 대표하는 위원(공익위원)으로 구성한다.★

2. 노동위원회의 지위 등

① 노동위원회는 그 권한에 속하는 업무를 독립적으로 수행한다.★

② 중앙노동위원회 위원장은 중앙노동위원회 및 지방노동위원회의 예산·인사·교육훈련, 기타 행정사무를 총괄하며, 소속공무원을 지휘·감독한다.

③ 중앙노동위원회 위원장은 행정사무의 지휘·감독권의 일부를 대통령령이 정하는 바에 의하여 지방노동위원회 위원장에게 위임할 수 있다.

제2절 사회보장법

I 사회보장의 개념

1. 사회보장의 정의

① 일반적 정의

㉠ 사회보장은 사회정책의 일부로서 국민의 생활을 보장하기 위한 국가정책이다.

㉡ 사회보장은 소득재분배를 통해 전체 국민의 최저생활을 확보하는 조치의 총체이다.★

㉢ 사회보장은 일반적인 위기단계에 직면했을 때 자본주의 사회가 스스로 붕괴하는 것을 방지하기 위해 임금 재분배를 통해 사회적으로 국민의 최저생활을 보장하기 위한 제도이다.

THE 알아두기

사회보험제도

사회적 변화와 함께 발생이 예상되는 불안요소에 대처하여 사회구성원들의 생활을 보장하기 위한 방법으로, 일정한 조건에 해당하는 사람은 반드시 가입해야 한다. 사회보험의 보험납부비용은 당사자뿐만 아니라, 사회적 위험에 동일한 확률로 처해있는 모든 해당 국민 개개인을 공동체로 서로 결합시킨 후 그 부담을 국가, 사업주, 당사자에게 일정비율로 분산시킨다. 근대 최초의 사회보장법은 1601년 영국의 엘리자베스구빈법(공공부조법)이며, 사회보험법은 1883년 독일의 비스마르크에 의한 질병보험법이다.★

② 국제노동기구(ILO)의 개념(광의의 사회보장)
㉠ 사회보장은 사회와 그 사회구성원들이 부딪치게 되는 일정한 위험에 대비해서 사회가 적절한 여러 기관을 통해 부조를 제공하는 것이다.
㉡ 전국민의 최저생활보장 및 모든 위험과 사고로부터 보호해야 하며 공공기관을 통해서 보호・보장되어야 한다.
㉢ ILO의 사회보장계획 : 고용의 촉진 및 고용수준의 유지, 국민소득의 증대 및 균등 배분, 영양과 주택의 개선, 의료시설의 완비, 일반교육 및 취업교육 기회 확대

③ 베버리지보고서의 사회보장(협의의 사회보장)
㉠ 사회보장의 의미 : 질병・실업・재해 등에 의하여 소득이 중단된 경우 또는 퇴직이나 사망으로 인한 부양상실에 대비하며 더 나아가 출생 및 사망 등에 관련된 특수한 지출을 보충하기 위한 소득보장을 의미한다.
㉡ 사회보장실시의 전제조건 : 아동부양의 수당지급, 전면적 건강 및 요양급여, 대량실업방지를 위한 완전고용증대★

④ 사회보장기본법상의 용어의 정의(사회보장기본법 제3조)

용어	정의
사회보장	출산, 양육, 실업, 노령, 장애, 질병, 빈곤 및 사망 등의 사회적 위험으로부터 모든 국민을 보호하고 국민 삶의 질을 향상시키는데 필요한 소득・서비스를 보장하는 사회보험, 공공부조, 사회서비스를 말한다.
사회보험	국민에게 발생하는 사회적 위험을 보험의 방식으로 대처함으로써 국민의 건강과 소득을 보장하는 제도를 말한다.
공공부조(公共扶助)	국가와 지방자치단체의 책임하에 생활유지능력이 없거나 생활이 어려운 국민의 최저생활을 보장하고 자립을 지원하는 제도를 말한다.
사회서비스	국가・지방자치단체 및 민간부문의 도움이 필요한 모든 국민에게 복지, 보건의료, 교육, 고용, 주거, 문화, 환경 등의 분야에서 인간다운 생활을 보장하고 상담, 재활, 돌봄, 정보의 제공, 관련 시설의 이용, 역량 개발, 사회참여 지원 등을 통하여 국민의 삶의 질이 향상되도록 지원하는 제도를 말한다.
평생사회 안전망	생애주기에 걸쳐 보편적으로 충족되어야 하는 기본욕구와 특정한 사회위험에 의하여 발생하는 특수욕구를 동시에 고려하여 소득・서비스를 보장하는 맞춤형 사회보장제도를 말한다.
사회보장 행정데이터	국가, 지방자치단체, 공공기관 및 법인이 법령에 따라 생성 또는 취득하여 관리하고 있는 자료 또는 정보로서 사회보장 정책 수행에 필요한 자료 또는 정보를 말한다.

THE 알아두기

사회보장법 분야에 해당하지 않는 법률
- 근로기준법
- 노동조합법 및 노동관계조정법
- 독점규제 및 공정거래에 관한 법률
- 소비자기본법 등

사회보장법 관련 주요 법률★★★
- 사회보장기본법
- 사회보험법 : 국민연금법, 국민건강보험법, 산업재해보상보험법, 고용보험법 등
- 공공부조법 : 국민기초생활보장법, 의료보호법 등
- 사회복지사업법 : 국민기초생활보장법, 아동복지법, 노인복지법, 장애인복지법, 한부모가족지원법, 영유아보육법, 성매매방지 및 피해자보호 등에 관한 법률, 정신건강증진 및 정신질환자 복지서비스 지원에 관한 법률, 성폭력방지 및 피해자 보호 등에 관한 법률, 가정폭력방지 및 피해자보호 등에 관한 법률 등(사회복지사업법 제2조 제1항)

※ 국민기초생활보장법은 공공부조법이면서 동시에 사회복지사업법에 해당

2. 사회보장의 기본원리*

① 사회정책으로서 사회질서유지에 기본적 목적이 있다.
② 개인의 경제적 곤란에 대한 사회적 개입으로 최저수준의 보장이다.
③ 사회보장을 국가의 의무로 보고 있으며, 강제성을 띤다.
④ 사회연대의식(사회적 책임)을 강조한다.

THE 알아두기 ✓

사회보험법의 원칙
- 강제가입의 원칙
- 국가관리의 원칙
- 국고부담의 원칙

3. 사회보장의 기능*

① 정치적 기능(생활안정의 기능) : 자본주의제도가 갖는 모순을 극복할 수 있도록 돕는 수단으로 정치적 위기에 대한 대책으로 사용된다. 즉, 자본주의제도의 유지·존속과 사회질서를 유지시키기 위한 목적을 지닌다.
② 경제적 기능 : 소득재분배의 기능, 자본주의제도의 자동적인 안전장치, 건강한 노동력 공급 및 유지, 자본축적의 기능, 고용기회 창출, 구매력 촉진 등의 기능, 일반생활수준을 규정하는 기능을 한다.
③ 사회적 기능 : 최저생활보장의 기능과 사회적으로 소득재분배를 통하여 이해, 요구 등을 조정하는 이해조정의 기능을 한다.
④ 공적 기능 : 국민의 사회보장 권리의식을 일깨우고 국민의 정치참여 유도 기능으로 국민의식, 생활양식에 영향을 미친다(사회보장의 권리성).

Ⅱ 사회보장의 구성

1. 사회보험

① 사회구성원의 생활과 위험을 보험방식에 의해 보장함으로써 국민건강과 소득을 보장하고 생활보장을 실현시켜 주는 제도이다.
② 기여자는 피고용인 + 고용주 + 정부의 보조가 되며, 기여금은 개인의 소득에 따라 정도가 정해진다.
③ 급여는 개인의 욕구와 자산에 관계없이 주어지며, 각 개인의 기여금 정도에 따라 정해진다.
④ 사회보험은 주로 사회적 공평성을 강조하며, 연금보험·의료보험·산업재해보상보험·고용보험 등이 해당된다.*

2. 공공부조

① 국가 및 지방자치단체의 책임하에 생활유지능력이 없거나 생활이 어려운 국민에게 최저생활을 보장하고 자립을 지원하는 제도를 말한다.*
② 최저한의 수준보장으로 이들의 재정적 지원은 욕구를 조사한 후에 이루어지며, 재원은 일반 조세를 통해서 나오며 이 공공부조의 핵심은 빈곤을 해결하기 위한 것이다.*

③ 우리나라의 경우 국가 또는 지방단체의 책임하에 생활유지능력이 없거나 생활이 어려운 국민의 최저생활을 보장하는 복지제도로서 국민기초생활보장법, 의료급여법 등이 해당된다.★

④ 공공부조의 실시원칙★ : 직권 및 신청에 의한 보장의 원칙, 필요즉응의 원칙, 세대단위의 원칙, 기준 및 정도의 원칙

⑤ 공공부조의 기본원리
  ㉠ 국가책임의 원리
  ㉡ 최저생활보장의 원리
  ㉢ 보충성의 원리★
  ㉣ 자립조장의 원리
  ㉤ 무차별평등의 원리★
  ㉥ 국가부담의 원리
  ㉦ 인간다운 생활보장의 원리
  ㉧ 보장청구권의 원리

3. 사회서비스(사회복지사업)

① 국가・지방자치단체 및 민간부문의 도움이 필요한 모든 국민에게 복지, 보건의료, 교육, 고용, 주거, 문화, 환경 등의 분야에서 인간다운 생활을 보장하고 상담, 재활, 돌봄, 정보의 제공, 관련 시설의 이용, 역량개발, 사회참여 지원 등을 통하여 국민의 삶의 질이 향상되도록 지원하는 제도를 말한다.

② 영유아보육법, 아동복지법, 한부모가족지원법, 장애인복지법, 노인복지법 등이 해당된다.★

③ 사회적인 장애를 가진 사람에 대하여 개별적으로 급부를 하거나 서비스를 제공한다는 의미에서 공공부조, 사회보험과 구별되고, 금전적인 급부를 그 본래의 목적으로 하지 않는다는 특징이 있다.

④ 사회서비스는 입법적 측면, 제도운영적 측면에서 공공부조와 밀접하다.★

THE 알아두기

각 사회보장제도의 비교★

구분	사회보험	공공부조	사회서비스
주체	국가(보험자)	국가 및 지방자치단체	사회복지법인
객체	국민	빈민	요보호자
재원	기여, 각출금	조세	재정보조금, 헌금
내용	① 연금보험 ② 산재보험 ③ 국민건강보험 ④ 고용보험 ⑤ 가족수당(외국입법례) ⑥ 노인장기요양보험법	① 생계급여 ② 의료급여 ③ 교육급여 ④ 자활급여 ⑤ 주거급여 ⑥ 장제급여 ⑦ 해산급여	① 시설보호 ② 아동복지 ③ 노인복지 ④ 장애자복지 ⑤ 부녀자복지

Ⅲ 사회보장기본법

1. 목적

이 법은 사회보장에 관한 국민의 권리와 국가 및 지방자치단체의 책임을 정하고 사회보장정책의 수립・추진과 관련 제도에 관한 기본적인 사항을 규정함으로써 국민의 복지증진에 이바지하는 것을 목적으로 한다.

2. 기본이념

사회보장은 모든 국민이 다양한 사회적 위험으로부터 벗어나 행복하고 인간다운 생활을 향유할 수 있도록 자립을 지원하며, 사회참여・자아실현에 필요한 제도와 여건을 조성하여 사회통합과 행복한 복지사회를 실현하는 것을 기본이념으로 한다.

3. 주요 내용★

① 국가 및 지방자치단체의 책임
- ㉠ 국가와 지방자치단체는 모든 국민의 인간다운 생활을 유지・증진하는 책임을 가진다.
- ㉡ 국가와 지방자치단체는 사회보장에 관한 책임과 역할을 합리적으로 분담하여야 한다.★
- ㉢ 국가와 지방자치단체는 국가 발전수준에 부응하고 사회환경의 변화에 선제적으로 대응하며 지속가능한 사회보장제도를 확립하고 매년 이에 필요한 재원을 조달하여야 한다.★★
- ㉣ 국가는 사회보장제도의 안정적인 운영을 위하여 중장기 사회보장 재정추계를 격년으로 실시하고 이를 공표하여야 한다.★★

② 국민의 책임 규정
- ㉠ 모든 국민은 자신의 능력을 최대한 발휘하여 자립・자활할 수 있도록 노력하여야 한다.
- ㉡ 모든 국민은 경제적・사회적・문화적・정신적・신체적으로 보호가 필요하다고 인정되는 사람에게 지속적인 관심을 가지고 이들이 보다 나은 삶을 누릴 수 있는 사회환경 조성에 서로 협력하고 노력하여야 한다.
- ㉢ 모든 국민은 관계 법령에서 정하는 바에 따라 사회보장급여에 필요한 비용의 부담, 정보의 제공 등 국가의 사회보장 정책에 협력하여야 한다.

③ 사회보장을 받을 권리(사회보장수급권) : 모든 국민은 사회보장 관계 법령에서 정하는 바에 따라 사회보장급여를 받을 권리를 가진다.

④ 사회보장수급권의 보호 : 사회보장수급권은 관계 법령에서 정하는 바에 따라 다른 사람에게 양도하거나 담보로 제공할 수 없으며, 이를 압류할 수 없다.★★

THE 알아두기

사회보장수급권의 제한 등(사회보장기본법 제13조)★

① 사회보장수급권은 제한되거나 정지될 수 없다. 다만, 관계 법령에서 따로 정하고 있는 경우에는 그러하지 아니하다.
② 제1항 단서에 따라 사회보장수급권이 제한되거나 정지되는 경우에는 제한 또는 정지하는 목적에 필요한 최소한의 범위에 그쳐야 한다.

사회보장수급권의 포기(사회보장기본법 제14조)★

① 사회보장수급권은 정당한 권한이 있는 기관에 서면으로 통지하여 포기할 수 있다.
② 사회보장수급권의 포기는 취소할 수 있다.
③ 제1항에도 불구하고 사회보장수급권을 포기하는 것이 다른 사람에게 피해를 주거나 사회보장에 관한 관계 법령에 위반되는 경우에는 사회보장수급권을 포기할 수 없다.

⑤ 사회보장급여의 수준

㉠ 국가와 지방자치단체는 모든 국민이 건강하고 문화적인 생활을 유지할 수 있도록 사회보장급여의 수준 향상을 위하여 노력하여야 하며, 국가는 관계 법령에서 정하는 바에 따라 최저보장수준과 최저임금을 매년 공표하여야 한다.★

㉡ 국가와 지방자치단체는 최저보장수준과 최저임금 등을 고려하여 사회보장급여의 수준을 결정하여야 한다.★

THE 알아두기

사회보장법의 규정

사회보험 관련법	국민연금법, 산업재해보상보험법, 국민건강보험법 등
공공부조 관련법	국민기초생활보장법, 의료급여법 등
서비스(복지사업) 관련법	장애인복지법, 노인복지법, 아동복지법, 한부모가족지원법, 성매매방지 및 피해자보호 등에 관한 법률, 영유아보육법 등

▸ 기출 ○× 지문정리

[근로복지공단]

1. 모든 국민은 사회보장 관계 법령에서 정하는 바에 따라 사회보장급여를 받을 권리를 가진다. ( )
2. 사회보장에 관한 주요 시책을 심의·조정하기 위해 국무총리 소속으로 사회보장위원회를 둔다. ( )
3. 사회보장수급권은 포기할 수 있으나, 그 포기는 취소할 수 없다. ( )

➜ 사회보장수급권은 정당한 권한이 있는 기관에 서면으로 통지하여 포기할 수 있으며 사회보장수급권의 포기는 취소할 수 있다.

정답 1. ○ 2. ○ 3. ×

Ⅳ 사회보험제도

1. 사회보험의 개념

① 사회보험의 정의

㉠ 전 국민을 대상으로 하여 질병·장애·노령·실업·사망 등으로 인한 활동능력상실 및 감소가 발생하였을 때 보험방식에 의해 그것을 보상하는 제도이다.★

㉡ 국민에게 보험가입을 법으로 강제하여 사회적 위험에 대비하는 제도로서, 연금보험, 국민건강보험, 산업재해보상보험, 고용보험, 가족수당(외국의 입법례) 등이 있다.★

㉢ 보험기술을 이용하여 사회정책을 실현하려는 경제사회제도이다.

② 사회보험의 특성★

사회성	사회평등, 사회조화, 사회평화
보험성	공통위험에 대한 공통부담원칙
강제성	불균형 생활격차의 축소를 위하여 국가가 개입하여 재분배 실시
부양성	국가, 기업주, 고소득층 등의 부담에 의하여 저소득층 자금의 부담 경감

2. 사회보험과 사보험의 비교

① 사회보험과 사보험의 공통점 : 위험전가 및 확산, 가입·급부·재정조건의 유사, 급부와 갹출의 균형유지, 경제적 보상·욕구에 따른 사전 급부결정 불가

② 사회보험과 사보험의 차이점★

구분	사회보험	사보험
가입방법	강제가입	임의가입
보험료 부과방식	소득수준에 따른 차등 부과	위험 정도·급여수준에 따른 부과
보험급여	필요에 따른 균등 급여	보험료 수준에 따른 차등 급여
보험료 징수방식	법률에 따른 강제징수	사적 계약에 따른 징수
원리	사회적 적합성의 원리	개인적 공평성의 원리
보호	최저 수준	요구와 능력에 의한 결정
요소	복지요소로서 사회적 적합성·보장성 강조	보험요소로서 개인적 적합성·효율성 강조
자금	정부가 법으로 지급을 보장하므로 자금집중의 필요 없음	자금집중 필요

3. 사회보험과 공공부조의 비교

① 사회보험 : 노동능력자, 갹출금, 자산조사 불요, 모든 참여자가 피보험자이고 특정시점부터 일부만 수혜자가 된다.

② 공공부조 : 노동무능력자, 자산조사, 급여의 양의 예상 곤란, 일정 기준 해당자가 수혜자이다.

V 4대보험법의 주요 내용

1. 고용보험법

① 목적 : 고용보험법은 고용보험의 시행을 통하여 실업의 예방, 고용의 촉진 및 근로자 등의 직업능력의 개발과 향상을 꾀하고, 국가의 직업지도와 직업소개 기능을 강화하며, 근로자 등이 실업한 경우에 생활에 필요한 급여를 실시하여 근로자 등의 생활안정과 구직활동을 촉진함으로써 경제·사회 발전에 이바지하는 것을 목적으로 한다.

② 정의

피보험자	보험에 가입되거나 가입된 것으로 보는 근로자, 예술인 또는 노무제공자, 고용보험에 가입하거나 가입된 것으로 보는 자영업자를 말한다.★
이직(離職)	피보험자와 사업주 사이의 고용관계가 끝나게 되는 것(제77조의2 제1항에 따른 예술인 및 제77조의6 제1항에 따른 노무제공자의 경우에는 문화예술용역 관련 계약 또는 노무제공계약이 끝나는 것을 말한다)을 말한다.
실업	근로의 의사와 능력이 있음에도 불구하고 취업하지 못한 상태에 있는 것을 말한다.★
실업의 인정	직업안정기관의 장이 수급자격자가 실업한 상태에서 적극적으로 직업을 구하기 위하여 노력하고 있다고 인정하는 것을 말한다.
보수	근로소득에서 비과세 근로소득을 뺀 금액을 말한다. 다만, 휴직이나 그 밖에 이와 비슷한 상태에 있는 기간 중에 사업주 외의 자로부터 지급받는 금품 중 고용노동부장관이 정하여 고시하는 금품은 보수로 본다.
일용근로자	1개월 미만 동안 고용되는 자를 말한다.

③ **고용보험사업★** : 보험은 고용보험법의 목적을 이루기 위하여 고용보험사업으로 고용안정·직업능력개발 사업, 실업급여, 육아휴직 급여 및 출산전후휴가 급여 등을 실시한다.★

④ **실업급여의 종류** : 실업급여는 구직급여와 취업촉진 수당으로 구분하는데, 취업촉진 수당에는 조기(早期)재취업 수당, 직업능력개발 수당, 광역 구직활동비, 이주비 등이 있다.★

2. 국민연금법

① **목적** : 국민연금법은 국민의 노령, 장애 또는 사망에 대하여 연금급여를 실시함으로써 국민의 생활 안정과 복지증진에 이바지하는 것을 목적으로 한다.

THE 알아두기

법률상 국민연금의 특성
사회보험, 공적연금, 단일연금체계, 부분적립방식

② 정의

연금보험료	국민연금사업에 필요한 비용으로서 사업장가입자의 경우에는 부담금 및 기여금의 합계액을, 지역가입자·임의가입자 및 임의계속가입자의 경우에는 본인이 내는 금액을 말한다.★
부담금	사업장가입자의 사용자가 부담하는 금액을 말한다.★
기여금	사업장가입자가 부담하는 금액을 말한다.★
사업장가입자	사업장에 고용된 근로자 및 사용자로서 국민연금에 가입된 자를 말한다.

③ **가입 대상★★** : 국내에 거주하는 국민으로서 18세 이상 60세 미만인 자는 국민연금 가입 대상이 된다. 다만, 공무원, 군인, 교직원 및 별정우체국 직원, 그 밖에 대통령령으로 정하는 자는 제외한다.

④ 가입자의 종류★★

사업장가입자	사업장에 고용된 근로자 및 사용자로서 국민연금법 제8조에 따라 국민연금에 가입된 자를 말한다.
지역가입자	사업장가입자가 아닌 자로서 국민연금법 제9조에 따라 국민연금에 가입된 자를 말한다.
임의가입자	사업장가입자 및 지역가입자 외의 자로서 국민연금법 제10조에 따라 국민연금에 가입된 자를 말한다.
임의계속가입자	국민연금 가입자 또는 가입자였던 자가 국민연금법 제13조 제1항에 따라 가입자로 된 자를 말한다.

⑤ **임원의 임면** : 이사장은 보건복지부장관의 제청으로 대통령이 임면(任免)하고, 상임이사·이사(당연직 이사는 제외한다) 및 감사는 이사장의 제청으로 보건복지부장관이 임면한다.

⑥ **급여의 종류** : 국민연금법에 따른 급여의 종류는 노령연금, 장애연금, 유족연금, 반환일시금이 있다.★

⑦ **수급권 보호★** : 수급권은 양도·압류하거나 담보로 제공할 수 없다(국민연금법 제58조 제1항). 수급권자에게 지급된 급여로서 대통령령으로 정하는 금액 이하의 급여는 압류할 수 없다. 급여수급전용계좌에 입금 된 급여와 이에 관한 채권은 압류할 수 없다.

3. 산업재해보상보험법

① **목적** : 산업재해보상보험법은 산업재해보상보험 사업을 시행하여 근로자의 업무상의 재해를 신속하고 공정하게 보상하며, 재해근로자의 재활 및 사회복귀를 촉진하기 위하여 이에 필요한 보험시설을 설치·운영하고, 재해예방과 그 밖에 근로자의 복지증진을 위한 사업을 시행하여 근로자 보호에 이바지하는 것을 목적으로 한다.★

② **보험의 관장★** : 이 법에 따른 산업재해보상보험 사업은 고용노동부장관이 관장한다.

③ 정의

㉠ 업무상의 재해 : 업무상의 사유에 따른 근로자의 부상・질병・장해 또는 사망을 말한다.

㉡ 근로자・임금・평균임금・통상임금 : 각각 근로기준법에 따른 근로자・임금・평균임금・통상임금을 말한다. 다만, 근로기준법에 따라 임금 또는 평균임금을 결정하기 어렵다고 인정되면 고용노동부장관이 정하여 고시하는 금액을 해당 임금 또는 평균임금으로 한다.★

㉢ 유족 : 사망한 자의 배우자(사실상 혼인관계에 있는 자를 포함한다. 이하 같다)・자녀・부모・손자녀・조부모 또는 형제자매를 말한다.★

㉣ 치유 : 부상 또는 질병이 완치되거나 치료의 효과를 더 이상 기대할 수 없고 그 증상이 고정된 상태에 이르게 된 것을 말한다.★

㉤ 장해 : 부상 또는 질병이 치유되었으나 정신적 또는 육체적 훼손으로 인하여 노동능력이 상실되거나 감소된 상태를 말한다.★

㉥ 중증요양상태 : 업무상의 부상 또는 질병에 따른 정신적 또는 육체적 훼손으로 노동능력이 상실되거나 감소된 상태로서 그 부상 또는 질병이 치유되지 아니한 상태를 말한다.★

㉦ 진폐 : 분진을 흡입하여 폐에 생기는 섬유증식성 변화를 주된 증상으로 하는 질병을 말한다.★

㉧ 출퇴근 : 취업과 관련하여 주거와 취업장소 사이의 이동 또는 한 취업장소에서 다른 취업장소로의 이동을 말한다.

THE 알아두기 ✓

산업재해보상보험법상 보험급여의 종류(산업재해보상보험법 제36조 제1항)

1. 보험급여 : 요양급여, 휴업급여, 장해급여, 간병급여, 유족급여, 상병보상연금, 장례비, 직업재활급여
2. 진폐보험급여 : 요양급여, 간병급여, 장례비, 직업재활급여, 진폐보상연금, 진폐유족연금

④ **적용 범위** : 이 법은 근로자를 사용하는 모든 사업 또는 사업장에 적용한다. 다만, 위험률・규모 및 장소 등을 고려하여 다음의 경우에는 이 법을 적용하지 아니한다(산업재해보상보험법 제6조, 동법 시행령 제2조 제1항).

㉠ 공무원 재해보상법 또는 군인 재해보상법에 따라 재해보상이 되는 사업. 다만 공무원재해보상법 제60조에 따라 순직유족급여 또는 위험직무순직유족급여에 관한 규정을 적용받는 경우는 제외한다.

㉡ 선원법, 어선원 및 어선 재해보상보험법 또는 사립학교교직원 연금법에 따라 재해보상이 되는 사업

㉢ 가구 내 고용활동★

㉣ 농업, 임업(벌목업은 제외한다), 어업 및 수렵업 중 법인이 아닌 자의 사업으로서 상시근로자 수가 5명 미만인 사업

⑤ **업무상 재해의 인정기준★★** : 근로자가 다음에 해당하는 사유로 부상・질병 또는 장해가 발생하거나 사망하면 업무상의 재해로 본다. 다만, 업무와 재해 사이에 상당인과관계가 없는 경우에는 그러하지 아니하다.

㉠ 업무상 사고

- 근로자가 근로계약에 따른 업무나 그에 따르는 행위를 하던 중 발생한 사고
- 사업주가 제공한 시설물 등을 이용하던 중 그 시설물 등의 결함이나 관리소홀로 발생한 사고
- 사업주가 주관하거나 사업주의 지시에 따라 참여한 행사나 행사준비 중에 발생한 사고★
- 휴게시간 중 사업주의 지배관리하에 있다고 볼 수 있는 행위로 발생한 사고★
- 그 밖에 업무와 관련하여 발생한 사고★

㉡ 업무상 질병

- 업무수행 과정에서 물리적 인자, 화학물질, 분진, 병원체, 신체에 부담을 주는 업무 등 근로자의 건강에 장해를 일으킬 수 있는 요인을 취급하거나 그에 노출되어 발생한 질병
- 업무상 부상이 원인이 되어 발생한 질병★

- 「근로기준법」 제76조의2에 따라 직장 내 괴롭힘, 고객의 폭언 등으로 인한 업무상 정신적 스트레스가 원인이 되어 발생한 질병
- 그 밖에 업무와 관련하여 발생한 질병

ⓒ 출퇴근 재해
- 사업주가 제공한 교통수단이나 그에 준하는 교통수단을 이용하는 등 사업주의 지배관리하에서 출퇴근 하는 중 발생한 사고★
- 그 밖에 통상적인 경로와 방법으로 출퇴근하는 중 발생한 사고★

⑥ **유족보상연금 수급자격자의 자격 상실** : 유족보상연금 수급자격권자인 유족이 다음의 어느 하나에 해당하면 그 자격을 잃는다.

㉠ 사망한 경우
㉡ 재혼한 때(사망한 근로자의 배우자만 해당하며, 재혼에는 사실상 혼인 관계에 있는 경우를 포함한다)
㉢ 사망한 근로자와의 친족관계가 끝난 경우
㉣ 자녀가 25세가 된 때
㉤ 손자녀 또는 형제자매가 19세가 된 때
㉥ 장애인이었던 사람으로서 그 장애 상태가 해소된 경우
㉦ 근로자가 사망할 당시 대한민국 국민이었던 유족보상연금 수급자격자가 국적을 상실하고 외국에서 거주하고 있거나 외국에서 거주하기 위하여 출국하는 경우
㉧ 대한민국 국민이 아닌 유족보상연금 수급자격자가 외국에서 거주하기 위하여 출국하는 경우

▸ **기출 O× 지문정리**

[한국보훈복지의료공단]

1. 산업재해보상보험법은 사업주의 지배관리 하에 있지 않더라도 사업주가 제공한 교통수단을 이용하여 출퇴근 중에 발생한 사고를 업무상 재해로 본다. ( )

➜ 사업주가 제공한 교통수단이나 그에 준하는 교통수단을 이용하는 등 사업주의 지배관리 하에서 출퇴근 중 발생한 사고를 업무상재해로 본다.

정답 1. ×

4. 국민건강보험법

① **목적** : 국민건강보험법은 국민의 질병·부상에 대한 예방·진단·치료·재활과 출산·사망 및 건강증진에 대하여 보험급여를 실시함으로써 국민보건 향상과 사회보장 증진에 이바지함을 목적으로 한다.

② **적용대상 등**

㉠ 국내에 거주하는 모든 국민은 가입자 또는 피부양자가 된다. 다만, 의료급여 수급자 등은 제외된다.★
㉡ 피부양자 : 직장가입자에게 주로 생계를 의존하는 다음에 해당하는 사람으로서 소득 및 재산이 보건복지부령으로 정하는 기준 이하에 해당하는 사람
- 직장가입자의 배우자
- 직장가입자의 직계존속(배우자의 직계존속 포함)
- 직장가입자의 직계비속(배우자의 직계비속 포함)과 그 배우자
- 직장가입자의 형제·자매

③ 가입자의 종류★

직장가입자	원칙적으로 모든 사업장의 근로자 및 사용자와 공무원 및 교직원
지역가입자	직장가입자와 그 피부양자를 제외한 가입자

④ **보험자** : 국민건강보험공단

⑤ **요양급여** : 가입자와 피부양자의 질병, 부상, 출산 등에 대하여 다음의 요양급여를 실시한다.

㉠ 진찰・검사

㉡ 약제・치료재료의 지급

㉢ 처치・수술 및 그 밖의 치료

㉣ 예방・재활

㉤ 입원

㉥ 간호

㉦ 이송

⑥ **요양기관** : 의료기관, 약국, 한국희귀・필수의약품센터, 보건소・보건의료원 및 보건지소, 보건진료소

⑦ 보험료의 부담

THE 알아두기

보험료의 부담(국민건강보험법 제76조)

① 직장가입자의 보수월액보험료는 직장가입자와 다음 각호의 구분에 따른 자가 각각 보험료액의 100분의 50씩 부담한다. 다만, 직장가입자가 교직원으로서 사립학교에 근무하는 교원이면 보험료액은 그 직장가입자가 100분의 50을, 제3조 제2호 다목에 해당하는 사용자가 100분의 30을, 국가가 100분의 20을 각각 부담한다.

1. 직장가입자가 근로자인 경우에는 제3조 제2호 가목에 해당하는 사업주
2. 직장가입자가 공무원인 경우에는 그 공무원이 소속되어 있는 국가 또는 지방자치단체
3. 직장가입자가 교직원(사립학교에 근무하는 교원은 제외한다)인 경우에는 제3조 제2호 다목에 해당하는 사용자

② 직장가입자의 소득월액보험료는 직장가입자가 부담한다.

③ 지역가입자의 보험료는 그 가입자가 속한 세대의 지역가입자 전원이 연대하여 부담한다.

④ 직장가입자가 교직원인 경우 제3조 제2호 다목에 해당하는 사용자가 부담액 전부를 부담할 수 없으면 그 부족액을 학교에 속하는 회계에서 부담하게 할 수 있다.

사회법 일반

제1절 사회법의 이해와 노동법

01 근로기준법 제24조 제1항의 규정이다. (　　)에 각각 들어갈 용어로 옳지 않은 것은?

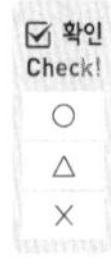

> 사용자가 경영상 이유에 의해 근로자를 해고하려면 긴박한 경영상의 필요가 있어야 한다. 이 경우 경영 악화를 방지하기 위한 사업의 (　　)·(　　)·(　　)은/는 긴박한 경영상의 필요가 있는 것으로 본다.

① 양도　　② 위탁
③ 인수　　④ 합병

쏙쏙해설

(　　) 안에 들어갈 용어는 양도·인수·합병이다.

답 ❷

핵심만 콕

경영상 이유에 의한 해고의 제한(근로기준법 제24조)

① 사용자가 경영상 이유에 의하여 근로자를 해고하려면 긴박한 경영상의 필요가 있어야 한다. 이 경우 경영 악화를 방지하기 위한 사업의 양도·인수·합병은 긴박한 경영상의 필요가 있는 것으로 본다.
② 제1항의 경우에 사용자는 해고를 피하기 위한 노력을 다하여야 하며, 합리적이고 공정한 해고의 기준을 정하고 이에 따라 그 대상자를 선정하여야 한다. 이 경우 남녀의 성을 이유로 차별하여서는 아니 된다.
③ 사용자는 제2항에 따른 해고를 피하기 위한 방법과 해고의 기준 등에 관하여 그 사업 또는 사업장에 근로자의 과반수로 조직된 노동조합이 있는 경우에는 그 노동조합(근로자의 과반수로 조직된 노동조합이 없는 경우에는 근로자의 과반수를 대표하는 자를 말한다)에 해고를 하려는 날의 50일 전까지 통보하고 성실하게 협의하여야 한다.
④ 사용자는 제1항에 따라 대통령령으로 정하는 일정한 규모 이상의 인원을 해고하려면 대통령령으로 정하는 바에 따라 고용노동부장관에게 신고하여야 한다.
⑤ 사용자가 제1항부터 제3항까지의 규정에 따른 요건을 갖추어 근로자를 해고한 경우에는 제23조 제1항에 따른 정당한 이유가 있는 해고를 한 것으로 본다.

02 근로기준법의 내용으로 옳지 않은 것은?

① 사용자는 근로자를 해고하려면 해고사유와 해고시기를 서면으로 통지해야 한다.
② 사용자는 근로계약 불이행에 대한 위약금 또는 손해배상액을 예정하는 계약을 체결하지 못한다.
③ 사용자로부터 부당해고를 당한 근로자는 노동위원회에 구제를 신청할 수 있다.
④ 사용자가 지방노동위원회의 구제명령에 불복하여 중앙노동위원회에 재심신청을 한 경우 그 구제명령의 효력은 정지된다.

쏙쏙해설

④ 노동위원회의 구제명령, 기각결정 또는 재심판정은 중앙노동위원회에 대한 재심 신청이나 행정소송 제기에 의하여 그 효력이 정지되지 아니한다(근로기준법 제32조).★
① 근로기준법 제27조 제1항
② 근로기준법 제20조
③ 근로기준법 제28조 제1항

 답 ❹

03 근로기준법에 관한 설명으로 옳지 않은 것은?

① 근로조건은 근로자와 사용자가 동등한 지위에서 자유의사에 의하여 결정되어야 한다.
② 근로자와 사용자는 각자가 단체협약, 취업규칙과 근로계약을 지키고 성실하게 이행할 의무가 있다.
③ 사용자는 중대한 사고발생을 방지하거나 국가안전보장을 위해 긴급한 필요가 있는 경우에 근로자를 폭행할 수 있다.
④ 사용자는 근로자가 근로시간 중에 선거권을 행사하기 위하여 필요한 시간을 청구하면 거부하지 못하지만 그 선거권을 행사하는 데에 지장이 없으면 청구한 시간을 변경할 수 있다.

쏙쏙해설

③ 사용자가 근로자를 폭행할 수 있는 경우는 없다(근로기준법 제8조). 폭행 시에는 형법상 폭행죄 등으로 처벌될 수 있다.
① 근로기준법 제4조
② 근로기준법 제5조
④ 근로기준법 제10조

 답 ❸

04 근로기준법상 근로조건에 관한 설명 중 틀린 것은?

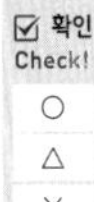

① 근로기준법에서 정하는 근로조건은 최저기준이므로 근로관계당사자는 이 기준을 이유로 근로조건을 저하시킬 수 없다.
② 근로조건은 근로자와 사용자가 동등한 지위에서 자유의사에 의하여 결정하여야 한다.
③ 사용자가 경영상 이유에 의하여 근로자를 해고하고자 하는 경우에는 긴박한 경영상의 필요가 있어야 한다. 경영악화를 방지하기 위한 사업의 양도・인수・합병은 긴박한 경영상의 필요에 해당하지 않는다.
④ 근로기준법에서 정한 기준에 미치지 못하는 근로조건을 정한 근로계약은 그 부분에 한하여 무효로 하며, 무효로 된 부분은 근로기준법에 정한 기준에 의한다.

▌쏙쏙해설

③ 사용자가 경영상 이유에 의하여 근로자를 해고하려면 긴박한 경영상의 필요가 있어야 한다. 이 경우 경영 악화를 방지하기 위한 사업의 양도・인수・합병은 긴박한 경영상의 필요가 있는 것으로 본다(근로기준법 제24조 제1항).★
① 근로기준법 제3조
② 근로기준법 제4조
④ 근로기준법 제15조

답 ❸

05 다음 중 근로기준법상 임금에 대한 설명으로 틀린 것은?

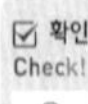

① 종속노동관계에서 근로의 대가로 지급되는 것인가의 여부가 중요한 기준이 된다.
② 법령, 단체협약, 취업규칙, 근로계약, 관행 등에 의해 사용자에게 지급의무가 지워져 있는 것을 말한다.
③ 은혜적・호의적으로 지급되는 금품은 임금에 포함되지 않는다.
④ 일체의 금품을 말하므로 출장소요경비의 지급도 임금에 포함된다.

▌쏙쏙해설

임금이란 사용자가 근로의 대가로 근로자에게 임금, 봉급, 그 밖에 어떠한 명칭으로든지 지급하는 일체의 금품을 말한다(근로기준법 제2조 제1항 제5호).

답 ❹

▌핵심만 콕

임금의 범위 '근로의 대가'뿐만 아니라 근로자로 하여금 근로의 제공을 원활히 하게 하거나, 근로의욕을 고취시키기 위한 것도 포함하지만, 의례적・임의적, 호의적・은혜적, 복지후생을 위한 시설이나 비용, 기업설비에 갈음하여 실비변상조로 지급되는 금품(출장소요경비 등)은 제외된다.★

06 근로기준법상 임금의 지급방법과 관련하여 다음 기술 중 타당하지 않은 것은?

☑ 확인 Check! ○ △ ×

① 근로자가 제3자에게 임금수령을 위임 또는 대리하게 하는 법률행위는 원칙적으로 무효이다.
② 임금의 일부공제는 법령 또는 단체협약에 특별한 규정이 있는 경우에 한하여 인정된다.
③ 임금은 매월 1회 이상 지급하면 되고 원칙적으로 일정한 기일을 지정하여 지급하지 않아도 무방하다.
④ 임금이 체불된 경우에는 별단의 합의가 없는 한, 근로자는 법정지연 이자분의 지급을 요구할 수 있다.

▌쏙쏙해설

임금은 매월 1회 이상 지급하되 원칙적으로 일정한 기일을 지정하여 지급하여야 한다(근로기준법 제43조 제2항본문).★

답 ③

07 근로기준법상 해고에 관한 내용이다. (　　)에 공통적으로 들어갈 숫자는?

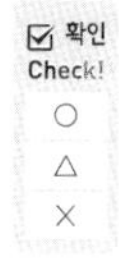

- 사용자가 근로자를 해고하려고 하는 경우, 근로자가 계속 근로한 기간이 (　　)개월 미만인 경우에는 해고의 예고를 하지 않을 수 있다.
- 사용자가 근로자에게 부당해고 등을 하면 근로자는 부당해고 등이 있었던 날로부터 (　　)개월 이내에 노동위원회에 구제신청을 할 수 있다.

① 1　　② 2
③ 3　　④ 4

▌쏙쏙해설

제시된 내용의 (　　)에 공통적으로 들어갈 숫자는 3이다.

답 ③

▌핵심만 콕

해고의 예고(근로기준법 제26조)

사용자는 근로자를 해고(경영상 이유에 의한 해고를 포함한다)하려면 적어도 30일 전에 예고를 하여야 하고, 30일 전에 예고를 하지 아니하였을 때에는 30일분 이상의 통상임금을 지급하여야 한다. 다만, 다음 각호의 어느 하나에 해당하는 경우에는 그러하지 아니하다.

1. 근로자가 계속 근로한 기간이 3개월 미만인 경우
2. 천재·사변, 그 밖의 부득이한 사유로 사업을 계속하는 것이 불가능한 경우
3. 근로자가 고의로 사업에 막대한 지장을 초래하거나 재산상 손해를 끼친 경우로서 고용노동부령으로 정하는 사유에 해당하는 경우

부당해고 등의 구제신청(근로기준법 제28조)

① 사용자가 근로자에게 부당해고 등을 하면 근로자는 노동위원회에 구제를 신청할 수 있다.
② 제1항에 따른 구제신청은 부당해고 등이 있었던 날부터 3개월 이내에 하여야 한다.

08 사용자가 근로자를 해고시키기 위해서는 '정당한 사유'가 있어야 하는바, 다음 중 정리해고의 정당성을 위한 요건이 아닌 것은?

확인 Check! ○ △ ×

① 해고를 하지 않으면 기업경영이 위태로울 정도의 급박한 경영상의 필요성이 존재할 것(급박한 경영상의 필요성)
② 경영방침이나 작업상식의 합리화, 신규채용의 금지, 일시휴직 및 희망퇴직의 활용 등 해고회피를 위한 노력을 다하였어야 할 것(해고회피의 노력)
③ 합리적이고 공정한 기준을 설정하여 이에 따라 해고대상자를 선별할 것(해고대상자 선별의 합리성・공정성)
④ 해고대상자의 신속한 재취업 및 조속한 사회복귀와 정서적 불안감의 해소를 고려하여 해고사유 지득 당일 해고를 통보할 것(신속한 해고 절차 유지)

▌쏙쏙해설

해고의 예고

사용자는 근로자를 해고(경영상 이유에 의한 해고를 포함)하려면 적어도 30일 전에 그 예고를 하여야 하고, 30일 전에 예고를 하지 아니하였을 때에는 30일분 이상의 통상 임금을 지급하여야 한다. 다만, 근로자가 계속 근로한 기간이 3개월 미만인 경우, 천재・사변, 기타 부득이한 사유로 사업 계속이 불가능한 경우 또는 근로자가 고의로 사업에 막대한 지장을 초래하거나 재산상 손해를 끼친 경우로서 고용 노동부령이 정하는 사유에 해당하는 경우에는 그러하지 아니하다(근로기준법 제26조).

답 ④

09 근로기준법상 미성년자의 근로에 관한 설명으로 옳은 것을 모두 고른 것은?

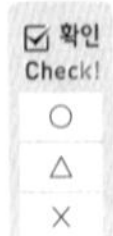

ㄱ. 미성년자는 독자적으로 임금을 청구할 수 있다. ㄴ. 친권자는 미성년자의 근로계약을 대리할 수 없다. ㄷ. 고용노동부장관은 근로계약이 미성년자에게 불리하다고 인정하는 경우에는 이를 해지할 수 있다.

① ㄱ, ㄴ
② ㄱ, ㄷ
③ ㄴ, ㄷ
④ ㄱ, ㄴ, ㄷ

▌쏙쏙해설

제시된 내용은 모두 근로기준법상 미성년자의 근로에 관한 설명으로 옳다.

답 ④

▌핵심만 콕

ㄱ (○) 미성년자는 독자적으로 임금을 청구할 수 있다(근로기준법 제68조).
ㄴ (○) 친권자나 후견인은 미성년자의 근로계약을 대리할 수 없다(근로기준법 제67조 제1항).
ㄷ (○) 친권자, 후견인 또는 고용노동부장관은 근로계약이 미성년자에게 불리하다고 인정하는 경우에는 이를 해지할 수 있다(근로기준법 제67조 제2항).

제2절 사회보장법

01 사회보장의 근거를 나타내는 헌법상의 규정은?

☑ 확인 Check!
○
△
×

① 모든 국민의 사생활은 보호된다.
② 모든 국민은 인간다운 생활을 할 권리가 있다.
③ 모든 국민은 행복을 추구할 권리를 가진다.
④ 모든 국민은 법률이 정하는 바에 의하여 국가기관에 문서로 청원할 권리가 있다.

쏙쏙해설

우리 헌법은 모든 국민의 인간다운 생활을 할 권리(헌법 제34조 제1항), 국가의 사회보장・사회복지의 증진에 노력할 의무(헌법 제34조 제2항), 생활능력이 없는 국민이 법률이 정하는 바에 의하여 국가의 보호를 받을 권리(헌법 제34조 제5항)를 정하고 있어 사회보장 제도의 기초를 마련하고 있다.

답 ❷

02 사회보장기본법에 관한 설명으로 옳지 않은 것은?

☑ 확인 Check!
○
△
×

① 모든 국민은 사회보장 관계 법령에서 정하는 바에 따라 사회보장급여를 받을 권리를 가진다.
② 사회보장수급권은 다른 사람에게 양도하거나 담보로 제공할 수 없다.
③ 사회보장수급권은 정당한 권한이 있는 기관에 서면으로 통지하여 압류할 수 있다.
④ 국가와 지방자치단체는 모든 국민의 인간다운 생활을 유지・증진하는 책임을 가진다.

쏙쏙해설

③ 사회보장수급권은 관계 법령에서 정하는 바에 따라 다른 사람에게 양도하거나 담보로 제공할 수 없으며, 이를 압류할 수 없다(사회보장기본법 제12조).
① 사회보장기본법 제9조
② 사회보장기본법 제12조
④ 사회보장기본법 제5조 제1항

답 ❸

03 **사회보장기본법상 사회보장수급권에 관한 설명으로 옳지 않은 것은?**

① 사회보장수급권은 관계 법령에서 정하는 바에 따라 사회보장급여를 받을 권리를 의미한다.
② 사회보장수급권은 포기할 수 없다.
③ 사회보장수급권은 관계 법령에서 정하는 바에 따라 다른 사람에게 양도할 수 없다.
④ 사회보장수급권이 제한되거나 정지되는 경우에는 제한 또는 정지하는 목적에 필요한 최소한의 범위에 그쳐야 한다.

▌쏙쏙해설

② 사회보장수급권은 정당한 권한이 있는 기관에 서면으로 통지하여 포기할 수 있다(사회보장기본법 제14조 제1항).
① 사회보장기본법 제9조
③ 사회보장기본법 제12조
④ 사회보장기본법 제13조 제2항

답 ❷

04 **생활이 어려운 사람에게 필요한 급여를 실시하여 이들의 최저생활을 보장하고 자활을 돕는 것을 목적으로 하는 법률은?**

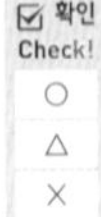

① 국민연금법
② 최저임금법
③ 국민기초생활보장법
④ 산업재해보상보험법

▌쏙쏙해설

국민기초생활보장법은 생활이 어려운 사람에게 필요한 급여를 실시하여 이들의 최저생활을 보장하고 자활을 돕는 것을 목적으로 한다(국민기초생활보장법 제1조).

답 ❸

▌핵심만 콕

① 국민연금법은 국민의 노령, 장애 또는 사망에 대하여 연금급여를 실시함으로써 국민의 생활 안정과 복지 증진에 이바지하는 것을 목적으로 한다(국민연금법 제1조).
② 최저임금법은 근로자에 대하여 임금의 최저수준을 보장하여 근로자의 생활안정과 노동력의 질적 향상을 꾀함으로써 국민경제의 건전한 발전에 이바지하는 것을 목적으로 한다(최저임금법 제1조).
④ 산업재해보상보험법은 산업재해보상보험 사업을 시행하여 근로자의 업무상의 재해를 신속하고 공정하게 보상하며, 재해 근로자의 재활 및 사회 복귀를 촉진하기 위하여 이에 필요한 보험시설을 설치·운영하고, 재해 예방과 그 밖에 근로자의 복지 증진을 위한 사업을 시행하여 근로자 보호에 이바지하는 것을 목적으로 한다(산업재해보상보험법 제1조).

05 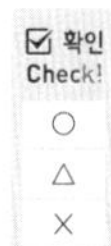 사회보장기본법상 생애주기에 걸쳐 보편적으로 충족되어야 하는 기본욕구와 특정한 사회위험에 의하여 발생하는 특수욕구를 동시에 고려하여 소득 · 서비스를 보장하는 맞춤형 사회보장제도는?

① 사회보험
② 공공부조
③ 사회서비스
④ 평생사회안전망

▌쏙쏙해설

설문은 평생사회안전망에 대한 내용이다(사회보장기본법 제3조 제5호).

답 ❹

▌핵심만 콕

사회보장기본법상의 용어의 정리(사회보장기본법 제3조)

용어	정의
사회보장	출산, 양육, 실업, 노령, 장애, 질병, 빈곤 및 사망 등의 사회적 위험으로부터 모든 국민을 보호하고 국민 삶의 질을 향상시키는데 필요한 소득 · 서비스를 보장하는 사회보험, 공공부조, 사회서비스를 말한다(제1호).
사회보험	국민에게 발생하는 사회적 위험을 보험의 방식으로 대처함으로써 국민의 건강과 소득을 보장하는 제도를 말한다(제2호).
공공부조(公共扶助)	국가와 지방자치단체의 책임하에 생활유지능력이 없거나 생활이 어려운 국민의 최저생활을 보장하고 자립을 지원하는 제도를 말한다(제3호).
사회서비스	국가 · 지방자치단체 및 민간부문의 도움이 필요한 모든 국민에게 복지, 보건의료, 교육, 고용, 주거, 문화, 환경 등의 분야에서 인간다운 생활을 보장하고 상담, 재활, 돌봄, 정보의 제공, 관련 시설의 이용, 역량 개발, 사회참여 지원 등을 통하여 국민의 삶의 질이 향상되도록 지원하는 제도를 말한다(제4호).
평생사회 안전망	생애주기에 걸쳐 보편적으로 충족되어야 하는 기본욕구와 특정한 사회위험에 의하여 발생하는 특수욕구를 동시에 고려하여 소득 · 서비스를 보장하는 맞춤형 사회보장제도를 말한다(제5호).
사회보장 행정데이터	국가, 지방자치단체, 공공기관 및 법인이 법령에 따라 생성 또는 취득하여 관리하고 있는 자료 또는 정보로서 사회보장 정책 수행에 필요한 자료 또는 정보를 말한다(제6호).

06

사회보장기본법상 국가와 지방자치단체의 책임하에 생활유지 능력이 없거나 생활이 어려운 국민의 최저생활을 보장하고 자립을 지원하는 제도는?

☑ 확인 Check! ○ △ ×

① 사회서비스
② 특별원호
③ 공공부조
④ 사회보험

▌쏙쏙해설

사회보장기본법 제3조 제3호에서 "공공부조란 국가와 지방자치단체의 책임하에 생활유지능력이 없거나 생활이 어려운 국민의 최저생활을 보장하고 자립을 지원하는 제도를 말한다."라고 정의하고 있다. 현재 공공부조와 관련해서는 '국민기초생활보장제도'가 실시되고 있다.

답 ❸

07

국민연금법상 국민연금가입자의 종류에 해당하는 것을 모두 고른 것은?

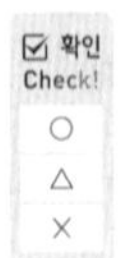

ㄱ. 지역가입자
ㄴ. 사업장가입자
ㄷ. 임의가입자
ㄹ. 임의계속가입자

① ㄱ, ㄷ
② ㄱ, ㄴ, ㄹ
③ ㄴ, ㄷ, ㄹ
④ ㄱ, ㄴ, ㄷ, ㄹ

▌쏙쏙해설

제시된 내용은 모두 국민연금법상 국민연금가입자의 종류에 해당한다.

답 ❹

▌핵심만 콕

국민연금가입자의 종류(국민연금법 제7조, 제3조)

구분	내용
사업장가입자	사업장에 고용된 근로자 및 사용자로서 국민연금법 제8조에 따라 국민연금에 가입된 자를 말한다.
지역가입자	사업장가입자가 아닌 자로서 국민연금법 제9조에 따라 국민연금에 가입된 자를 말한다.
임의가입자	사업장가입자 및 지역가입자 외의 자로서 국민연금법 제10조에 따라 국민연금에 가입된 자를 말한다.
임의계속가입자	국민연금 가입자 또는 가입자였던 자가 국민연금법 제13조 제1항에 따라 가입자로 된 자를 말한다.

08 사회보험에 관한 설명으로 옳은 것은?

☑ 확인 Check!
○
△
×

① 사회보험에 따른 비용은 국가가 그 전부를 부담하는 것이 원칙이다.
② 사회보험 및 사보험은 임의가입이 원칙이다.
③ 우리나라는 특수직역 종사자를 모두 포괄한 국민 단일연금체계로 운영하여 사회통합에 기여하고 있다.
④ 「국민연금법」상 수급권은 이를 압류하거나 담보로 제공할 수 없다.

▌쏙쏙해설

수급권은 양도·압류하거나 담보로 제공할 수 없다(국민연금법 제58조 제1항).

답 ❹

▌핵심만 콕

① 사회보험료는 사회적 위험(질병, 장애, 실업, 노령 등)에 공통적으로 노출되어 있는 모든 국민 개개인을 공동체로 결합시킨 후 그 부담을 국가·사용자·근로자에게 일정 비율로 분산시켜 책정한다.
② 사회보험은 강제가입, 사보험은 임의가입이 원칙이다.
③ 국민 단일연금체계로 운영하여 사회통합에 기여하는 것은 국민연금법상의 국민연금의 특성에 해당한다.

09 국민연금법에 관한 설명으로 옳은 것은?

☑ 확인 Check!
○
△
×

① 국민연금 수급권은 담보로 제공할 수 있다.
② 국민연금공단 이사장은 보건복지부장관이 임명한다.
③ 「국민연금법」에 따른 급여는 연금급여와 실업급여로 구분된다.
④ 국민연금 가입자는 사업장가입자, 지역가입자, 임의가입자 및 임의계속가입자로 구분한다.

▌쏙쏙해설

국민연금 가입자는 사업장가입자, 지역가입자, 임의가입자 및 임의계속가입자로 구분한다(국민연금법 제7조).

답 ❹

▌핵심만 콕

① 수급권은 양도·압류하거나 담보로 제공할 수 없다(국민연금법 제58조 제1항).
② 이사장은 보건복지부장관의 제청으로 대통령이 임면(任免)하고, 상임이사·이사(당연직 이사는 제외한다) 및 감사는 이사장의 제청으로 보건복지부장관이 임면한다(국민연금법 제30조 제2항).
③ 국민연금법에 따른 급여의 종류는 노령연금, 장애연금, 유족연금, 반환일시금이 있다(국민연금법 제49조).

10 산업재해보상보험법에 관한 설명으로 옳은 것은?

확인 Check! ○ △ ×

① 「산업재해보상보험법」은 가구 내 고용활동에는 적용되지 않는다.
② 「산업재해보상보험법」에 따른 산업재해보상보험 사업은 보건복지부장관이 관장한다.
③ 근로자의 업무와 상당인과관계가 없는 재해도 업무상 재해로 인정된다.
④ 사망한 자의 사실혼 관계에 있는 배우자는 유족급여 대상이 아니다.

▌쏙쏙해설

「산업재해보상보험법」은 가구 내 고용활동에는 적용되지 않는다(산업재해보상보험법 제6조, 동법 시행령 제2조 제1항 제4호).

▌핵심만 콕

② 산업재해보상보험법에 따른 산업재해보상보험 사업은 고용노동부장관이 관장한다(산업재해보상보험법 제2조 제1항).
③ 근로자의 업무와 상당인과관계가 없는 재해는 업무상 재해로 인정되지 않는다(산업재해보상보험법 제37조 제1항 단서).
④ 산업재해보상보험법 제64조 제1항 제2호의 반대해석상 사망한 자의 사실혼 관계에 있는 배우자는 재혼을 하지 않은 경우 유족보상연금 수급자격이 있으므로, 동법 제62조에 따라 유족급여의 대상이 된다.

11 산업재해보상보험법상 다음 설명에 해당하는 용어는?

확인 Check! ○ △ ×

> 부상 또는 질병이 치유되었으나 정신적 또는 육체적 훼손으로 인하여 노동능력이 상실되거나 감소된 상태를 말한다.

① 진폐
② 중증요양상태
③ 장해
④ 장애

▌쏙쏙해설

지문은 장해에 대한 설명이다.

답 ❸

▌핵심만 콕

치유	부상 또는 질병이 완치되거나 치료의 효과를 더 이상 기대할 수 없고 그 증상이 고정된 상태에 이르게 된 것
진폐	분진을 흡입하여 폐에 생기는 섬유증식성 변화를 주된 증상으로 하는 질병
중증요양상태	업무상의 부상 또는 질병에 따른 정신적 또는 육체적 훼손으로 노동능력이 상실되거나 감소된 상태로서 그 부상 또는 질병이 치유되지 아니한 상태
장해	부상 또는 질병이 치유되었으나 정신적 또는 육체적 훼손으로 인하여 노동능력이 상실되거나 감소된 상태

12 산업재해보상보험법상 진폐에 따른 보험급여의 종류에 해당하지 않는 것은?

확인 Check! ○ △ ×

① 장해급여 ② 요양급여
③ 간병급여 ④ 장례비

▌쏙쏙해설

장해급여는 진폐에 따른 보험급여의 종류에 해당하지 않는다.

답 ❶

13 산업재해보상보험법상 보험급여의 종류가 아닌 것은?

① 요양급여 ② 휴업급여
③ 생계급여 ④ 직업재활급여

▌쏙쏙해설

생계급여는 주거급여・의료급여・교육급여・해산급여・장제급여・자활급여와 더불어 국민기초생활 보장법상 급여의 종류에 해당한다(국민기초생활 보장법 제7조 제1항).

답 ❸

▌핵심만 콕

산업재해보상보험법상 보험급여의 종류(산업재해보상보험법 제36조 제1항)

1. 보험급여 : 요양급여, 휴업급여, 장해급여, 간병급여, 유족급여, 상병보상연금, 장례비, 직업재활급여
2. 진폐보험급여 : 요양급여, 간병급여, 장례비, 직업재활급여, 진폐보상연금, 진폐유족연금

CHAPTER 06

사회법 일반

○× 기출 · 예상지문 확인체크

01 근대 자본주의경제는 자유방임주의를 기반으로 하여 개인의 경제적 자유와 활동을 최대한 보장하고, 국가는 간섭을 최대한 축소함으로써 여러 가지 사회적 모순과 부조리가 발생하게 되었는데 이를 해결하기 위해 모든 국민의 인간다운 최저생활 보장을 위한 노동법이 제정되었다. ( )

02 사회법은 소유권의 자유나 계약의 자유를 기초로 하는 시장에서의 자유경쟁(보이지 않는 손)에 의해서 이념이나 목적을 실현하며, 적극적인 복지국가기능을 기본전제로 하였다. ( )

03 사회법의 공통된 일반적 법원리에는 약자보호, 보상적 정의, 조화 등을 들 수 있다. ( )

04 노동법은 노동관계, 즉 근로자의 노동력 제공에 관련된 생활관계를 규율하는 법이다. 이 경우 노동은 종속적 노동을 의미한다. ( )

O | X

01 ☒ 모든 국민의 인간다운 최저생활 보장을 위해 제정된 법은 사회보장법이며 노동법은 경제적 약자인 노동자를 보호하기 위한 법이고 경제법은 공정한 경쟁체제를 유지하기 위한 법이다.

02 ☒ 사회법은 소유권의 자유나 계약의 자유를 기초로 하는 시장에서의 자유경쟁(보이지 않는 손)에 의해서가 아니라 국가의 규제를 수단 내지 도구로 하여 그 이념이나 목적을 실현하며, 적극적인 복지국가기능을 기본전제로 하였다.

03 ☒ 사회법의 공통된 일반적 법원리에는 보상적 정의가 아닌 분배적 정의를 들 수 있다.

사회법의 공통된 일반적 법원리

구분	내용
약자 보호 (개별성 고려)	사회에서 권세자나 무력자의 현실적 지위를 배려
분배적 정의	보상적 정의가 아닌 분배적 정의
감시적 · 간섭적 기능	사회나 국가가 대존재자로서 감시적 · 간섭적 기능을 수행
조화	종래 법률형식과 현재 법현실을 새로운 차원에서 조화 및 적응 노력

04 ☒ 노동법은 노동관계, 즉 근로자의 노동력 제공에 관련된 생활관계를 규율하는 법이다. 이 경우 노동은 독립적 노동이 아니라 종속적 노동을 의미한다.

05 근로기준법, 직업안정법, 산업재해보상보험법은 집단적 노동관계법에 해당한다. ( )

06 노동조합 및 노동관계조정법, 국가공무원법 중 노동운동에 관한 규정, 공무원직장협의회의 설립 · 운영에 관한 법률, 교원의 노동조합설립 및 운영 등에 관한 법률은 근로계약법 부분의 법원이다. ( )

07 일반적으로 노동관행은 그 자체로서 특별한 법적 효력을 가지나 근로조건에 관해서는 일정한 취급이 이의 없이 계속하여 행하여져 온 경우라도 근로계약 당사자 간에 묵시의 합의가 성립한 것으로 볼 수 없다. ( )

O | X

05 ☒

개별적 노동관계법과 집단적 노동관계법

구분	내용
개별적 노동관계법 (근로계약법)	• 근로자 개인과 사용자 사이의 근로계약의 체결 · 전개 · 종료를 둘러싼 관계를 규율하는 법을 말한다. • 국가에 의한 근로자의 보호 내지 계약자유의 수정 · 제한을 지도이념으로 한다. 예 근로기준법, 직업안정법, 산업재해보상보험법 등
집단적 노동관계법 (노동단체법, 노사관계법)	• 근로자의 노동관계상의 이익을 대변하는 노동단체의 조직 · 운영 및 노동단체와 사용자 측 사이의 단체교섭을 중심으로 전개되는 관계(노동운동관계)를 규율하는 법을 말한다. • 국가로부터의 자유(단결활동의 자유) 내지 집단적 노사자치를 지도이념으로 한다. 예 노동조합 및 노동관계조정법, 노동위원회법, 근로자참여 및 협력증진에 관한 법률 등

06 ☒ 노동단체법 부문의 법원에 해당한다.

노동법의 법원

구분	내용
노동단체법 부문	노동조합 및 노동관계조정법, 국가공무원법 중 노동운동에 관한 규정, 공무원직장협의회의 설립 · 운영에 관한 법률, 교원의 노동조합설립 및 운영 등에 관한 법률 등
근로계약법 부문	근로기준법, 최저임금법, 임금채권보장법, 근로자의 날 제정에 관한 법률, 남녀고용평등과 일 · 가정 양립 지원에 관한 법률, 산업안전보건법, 산업재해보상보험법, 선원법, 파견근로자보호 등에 관한 법률 등
특수부문	근로자참여 및 협력증진에 관한 법률, 노동위원회법, 고용정책기본법, 직업안정법, 건설근로자의 고용개선 등에 관한 법률, 근로자직업능력개발법, 고용보험법, 고용상 연령차별금지 및 고령자고용촉진에 관한 법률, 장애인고용촉진 및 직업재활법 등

07 ☒ 노동관행은 그 자체로서 특별한 법적 효력을 가지지 않지만, 근로조건에 관하여 일정한 취급이 이의 없이 계속하여 행하여져 온 경우에는 근로계약 당사자 간에 묵시의 합의가 성립한 것으로 보거나 당사자가 '이 사실인 관습에 따를 것'을 인정한 것으로 보아 근로계약의 내용으로 되고 그 효력을 인정받는다.

08 판례, 고용노동부 등의 예규 · 질의회신, 지침 등 행정해석은 노동법의 법원으로 인정된다. ( )

09 법원의 적용순서로는 '헌법 → 법률 → 명령 → 근로계약 → 단체협약 → 취업규칙과 조합규약'의 순으로 적용된다. ( )

10 상하위 규범들이 서로 충돌하는 경우 상위법 우선의 원칙에 따르며, 하위규범이 근로자에게 더 유리할 때에도 상위규범이 우선 적용된다. ( )

11 노동조합 및 노동관계조정법에서 말하는 '임금 · 급료 기타 이에 준하는 수입에 의하여 생활하는 자'에 일시적으로 실업상태에 있는 자나 구직 중인 자는 제외된다. ( )

12 노동조합과 사용자 또는 사용자단체 간에 임금 · 근로시간 · 복지 · 해고, 기타 대우 등 근로조건의 결정에 관한 주장의 불일치로 인하여 발생한 분쟁상태를 쟁의행위라 한다. ( )

13 노동조합법에 의하여 설립된 노동조합이 아니면 노동위원회에 노동쟁의의 조정 및 부당노동행위의 구제를 신청할 수 없고, 노동조합이라는 명칭을 사용할 수 없다. ( )

14 노동조합에 대해서도 세법이 정하는 바에 따라 조세를 부과한다. ( )

O | X

08 ☒ 판례, 고용노동부 등의 예규 · 질의회신, 지침 등 행정해석은 노동법의 법원으로 인정되지 않는다.

09 ☒ 법원의 적용순서는 '헌법 → 법률 → 명령 → 단체협약 → 취업규칙과 조합규약 → 근로계약'순이다.

10 ☒ 상하위 규범들이 서로 충돌하는 경우에는 당연히 상위법 우선의 원칙에 따르지만, 하위규범이 근로자에게 더 유리할 때에는 하위규범이 우선 적용된다(유리한 조건 우선의 원칙).

11 ☒ 노동조합 및 노동관계조정법에서 말하는 '임금 · 급료 기타 이에 준하는 수입에 의하여 생활하는 자'에는 특정한 사용자에게 고용되어 현실적으로 취업하고 있는 자뿐만 아니라, 일시적으로 실업상태에 있는 자나 구직 중인 자도 노동3권을 보장할 필요성이 있는 한 그 범위에 포함된다고 할 것이다(서울행정법원 2001.1.16. 2000구30925).

12 ☒ 노동쟁의에 대한 설명이다. 이 경우 주장의 불일치라 함은 당사자간에 합의를 위한 노력을 계속하여도 더 이상 자주적 교섭에 의한 합의의 여지가 없는 경우를 말한다.

13 ⓞ

14 ☒ 노동조합에 대하여는 그 사업체를 제외하고는 세법이 정하는 바에 따라 조세를 부과하지 아니한다.

15 노동조합을 설립하고자 하는 자는 신고서에 규약을 첨부하여 연합단체인 노동조합과 2 이상의 시 · 군 · 구에 걸치는 단위노동조합은 고용노동부장관에게 제출하여야 한다. ( )

16 노동조합은 분기별 1회 이상 총회를 개최하여야 하고, 대표자는 총회의 의장이 된다. ( )

17 노동조합은 규약으로 총회에 갈음한 대의원회를 둘 수 있고, 대의원은 조합원의 직접 · 비밀 · 무기명투표에 의하여 선출되어야 하며, 임기는 규약으로 정하되 5년을 초과할 수 없다. ( )

18 단체협약의 유효기간은 5년을 초과하지 않는 범위에서 노사가 합의하여 정할 수 있다. ( )

19 작업장에서 의도적으로 작업을 태만히 하거나, 불완전한 제품을 만듦으로써 사용자에게 대항하는 행위를 동맹파업이라 한다. ( )

O | X

15 ☒ 노동조합을 설립하고자 하는 자는 신고서에 규약을 첨부하여 연합단체인 노동조합과 2 이상의 특별시 · 광역시 · 특별자치시 · 도 · 특별자치도에 걸치는 단위노동조합은 고용노동부장관에게, 2 이상의 시 · 군 · 구에 걸치는 단위노동조합은 특별시장 · 광역시장 · 도지사에게, 그 외의 노동조합은 특별자치시장 · 특별자치도지사 · 시장 · 군수 · 구청장에게 제출하여야 한다.

16 ☒ 노동조합은 매년 1회 이상 총회를 개최하여야 하고, 대표자는 총회의 의장이 되며, 노동조합의 대표자는 필요하다고 인정할 때에는 임시총회 또는 임시대의원회를 소집할 수 있다.

17 ☒ 노동조합은 규약으로 총회에 갈음한 대의원회를 둘 수 있고, 대의원은 조합원의 직접 · 비밀 · 무기명투표에 의하여 선출되어야 하며, 임기는 규약으로 정하되 3년을 초과할 수 없다.★

18 ☒ 단체협약의 유효기간은 3년을 초과하지 않는 범위에서 노사가 합의하여 정할 수 있다. 단체협약에 그 유효기간을 정하지 아니한 경우 또는 제1항의 기간을 초과하는 유효기간을 정한 경우에 그 유효기간은 3년으로 한다.

19 ☒ 태업에 해당한다.

쟁의행위의 종류

구분	내용
동맹파업	조합원이 단결하여 노동을 거부하는 것
보이콧(Boycott)	노동자가 동맹하여 그 공장의 제품을 사지 않고 더 나아가 대중에게까지 불매를 호소하는 것
피켓팅(Picketing)	쟁의행위 참가자들이 당해 쟁의행위로 인하여 중단된 업무를 수행하려고 하는 자들에게 업무수행을 하지 말 것을 평화적으로 설득하거나 권고하는 것으로, 근로자들이 공장 근처나 사업장의 입구에서 파업의 방해자나 배신자를 감시하는 쟁의행위
태업	작업장에서 의도적으로 작업을 태만히 하거나, 불완전한 제품을 만듦으로써 사용자에게 대항하는 행위

20 작업시설의 손상이나 원료 · 제품의 변질 또는 부패를 방지하기 위한 작업은 쟁의행위기간 중에도 정상적으로 수행되어야 한다. ( )

21 노동조합의 쟁의행위는 그 조합원(제29조의2에 따라 교섭대표노동조합이 결정된 경우에는 그 절차에 참여한 노동조합의 전체 조합원)의 직접 · 비밀 · 기명투표에 의한 조합원 2/3의 찬성으로 결정하지 아니하면 이를 행할 수 없다. ( )

22 사용자는 쟁의행위기간 중 그 쟁의행위로 중단된 업무의 수행을 위하여 당해 사업과 관계없는 자를 채용 또는 대체할 수 있다. ( )

23 근로자가 노동조합을 조직 또는 운영하는 것을 지배하거나 이에 개입하는 행위는 사용자가 할 수 없는 부당노동행위에 해당하나 근로시간 면제한도를 초과하여 급여를 지급하거나 노동조합의 운영비를 원조하는 행위는 원칙적으로 부당노동행위에 해당하지 않는다. ( )

24 근로기준법은 상시 5인 이상의 근로자를 사용하는 모든 사업 또는 사업장에 적용하며 동거의 친족만을 사용하는 사업 또는 사업장과 가사사용인에 대해서도 적용한다. ( )

25 상시 4명 이하의 근로자를 사용하는 사업 또는 사업장에 대해서는 근로기준법 적용이 면제된다. ( )

O | X

20 O

21 X 노동조합의 쟁의행위는 그 조합원(제29조의2에 따라 교섭대표노동조합이 결정된 경우에는 그 절차에 참여한 노동조합의 전체 조합원)의 직접 · 비밀 · 무기명투표에 의한 조합원 과반수의 찬성으로 결정하지 아니하면 이를 행할 수 없다.

22 X 사용자는 쟁의행위기간 중 그 쟁의행위로 중단된 업무의 수행을 위하여 당해 사업과 관계없는 자를 채용 또는 대체할 수 없다.

23 X 근로자가 노동조합을 조직 또는 운영하는 것을 지배하거나 이에 개입하는 행위와 근로시간 면제한도를 초과하여 급여를 지급하거나 노동조합의 운영비를 원조하는 행위는 사용자가 할 수 없는 부당노동행위에 해당한다.

24 X 근로기준법은 상시 5인 이상의 근로자를 사용하는 모든 사업 또는 사업장에 적용한다. 다만, 동거의 친족만을 사용하는 사업 또는 사업장과 가사사용인에 대해서는 적용하지 아니한다.

25 X 상시 4명 이하의 근로자를 사용하는 사업 또는 사업장에 대하여는 근로기준법의 일부 규정을 적용할 수 있다.

26 근로계약은 반드시 서면으로 체결하여야 한다. ( )

27 근로계약의 체결이나 임금청구는 친권자나 후견인이 대리할 수 있고 미성년자는 독자적으로 할 수 없다. ( )

28 사용자는 근로계약 불이행에 대한 위약금 또는 손해배상액을 예정하는 계약을 체결할 수 있다. ( )

29 사용자는 전차금이나 그 밖에 근로할 것을 조건으로 하는 전대채권과 임금을 상계할 수 있다. ( )

30 경영 악화를 방지하기 위한 사업의 양도·인수·합병은 경영상 이유에 의한 근로자를 해고하기 위한 긴박한 경영상의 필요가 있는 것으로 볼 수 없다. ( )

31 근로자는 근로조건 위반을 이유로 손해배상을 사용자에게 청구할 수 있으나 노동위원회에 신청할 수는 없다. ( )

32 근로기준법에서 정하는 기준에 미치지 못하는 근로조건을 정한 근로계약은 그 계약 전부를 무효로 한다. ( )

O | X

26 ☒ 근로자가 사용자에게 근로를 제공하고 사용자는 이에 대하여 임금을 지급함을 목적으로 체결된 계약으로서, 계약의 형식이나 명칭 불문하고 명시 및 묵시의 계약 체결도 가능하며 반드시 서면으로 할 필요는 없다.

27 ☒ 친권자나 후견인은 미성년자의 근로계약을 대리할 수 없다(근로기준법 제67조 제1항). 미성년자는 독자적으로 임금을 청구할 수 없다(근로기준법 제68조).

28 ☒ 사용자는 근로계약 불이행에 대한 위약금 또는 손해배상액을 예정하는 계약을 체결하지 못한다.

29 ☒ 사용자는 전차금이나 그 밖에 근로할 것을 조건으로 하는 전대채권과 임금을 상계하지 못한다.

30 ☒ 사용자는 근로자에게 정당한 이유 없이 해고, 휴직, 정직, 전직, 감봉, 그 밖의 징벌을 하지 못한다. 사용자가 경영상 이유에 의하여 근로자를 해고하려면 긴박한 경영상의 필요가 있어야 한다. 이 경우 경영 악화를 방지하기 위한 사업의 양도·인수·합병은 긴박한 경영상의 필요가 있는 것으로 본다.

31 ☒ 근로자가 손해배상을 청구할 경우에는 노동위원회에 신청할 수 있으며 근로계약이 해제되었을 경우에는 사용자는 취업을 목적으로 거주를 변경하는 근로자에게 귀향여비를 지급하여야 한다.

32 ☒ 근로기준법에서 정하는 기준에 미치지 못하는 근로조건을 정한 근로계약은 그 부분에 한하여 무효로 하며, 무효로 된 부분은 근로기준법에서 정한 기준에 따른다.

33 사용자는 근로자를 해고(경영상 이유에 의한 해고를 포함한다)하고자 할 때에는 적어도 60일 전에 그 예고를 하여야 하며, 60일 전에 예고를 하지 아니한 때에는 60일분 이상의 통상임금을 지급하여야 한다. ( )

34 사용자가 근로자에게 부당해고 등을 하면 근로자는 부당해고 등이 있었던 날로부터 6개월 이내에 노동위원회에 구제신청을 할 수 있다. ( )

35 당사자 간에 합의하면 1주간에 12시간을 한도로 근로시간을 연장할 수 있다. ( )

36 사용자는 근로시간이 4시간인 경우에는 30분 이상, 8시간인 경우에는 1시간 이상의 휴게시간을 근로시간 도중에 주어야 한다. ( )

37 사용자는 연장근로와 야간근로에 대하여는 통상임금의 100분의 30 이상을 가산하여 근로자에게 지급하여야 한다. ( )

38 사용자는 1년간 70퍼센트 이상 출근한 근로자에게 15일의 유급휴가를 주어야 한다. ( )

39 근로자가 업무상 부상 또는 질병에 걸린 경우에 요양 중에 있는 근로자에 대하여는 사용자는 근로자의 요양 중 평균임금의 100분의 50의 휴업보상을 행하여야 한다. ( )

O | X

33 ☒ 사용자는 근로자를 해고(경영상 이유에 의한 해고를 포함한다)하고자 할 때에는 적어도 30일 전에 그 예고를 하여야 하며, 30일 전에 예고를 하지 아니한 때에는 30일분 이상의 통상임금을 지급하여야 한다.

34 ☒ 사용자가 근로자에게 부당해고 등을 하면 근로자는 부당해고 등이 있었던 날로부터 3개월 이내에 노동위원회에 구제신청을 할 수 있다.

35 O

36 O

37 ☒ 사용자는 연장근로와 야간근로에 대하여는 통상임금의 100분의 50 이상을 가산하여 근로자에게 지급하여야 한다. 반면에 휴일근로에 대해서는 8시간 이내의 경우에는 통상임금의 100분의 50 이상을, 8시간을 초과한 경우에는 통상임금의 100분의 100 이상을 가산하여 근로자에게 지급하여야 한다.

38 ☒ 사용자는 1년간 80퍼센트 이상 출근한 근로자에게 15일의 유급휴가를 주어야 한다.

39 ☒ 요양 중에 있는 근로자에 대하여는 사용자는 근로자의 요양 중 평균임금의 100분의 60의 휴업보상을 행하여야 한다.

40 근로자가 재해 보상을 받을 권리는 퇴직으로 인하여 변경되지 아니하며 양도 또는 압류하지 못한다. (　)

41 상시 5인 이상의 근로자를 사용하는 사용자는 취업규칙을 작성하여 고용노동부장관에게 신고하여야 한다. (　)

42 사용자는 취업규칙을 근로자에게 불리하게 변경하는 경우 취업규칙의 작성 또는 변경에 관하여 당해 사업 또는 사업장에 근로자의 과반수로 조직된 노동조합이 있는 경우에는 그 노동조합, 근로자의 과반수로 조직된 노동조합이 없는 경우에는 근로자의 과반수의 의견을 들어야 한다. (　)

43 노동위원회는 근로자를 대표하는 위원(근로자위원)과 사용자를 대표하는 위원(사용자 위원)으로 구성한다. (　)

44 사회보장은 소득재분배를 통해 전체 국민의 최저생활을 확보하는 조치의 총체이다. (　)

45 근대 최초의 사회보장법은 1883년 독일의 비스마르크에 의한 질병보험법이다. (　)

46 출산, 양육, 실업, 노령, 장애, 질병, 빈곤 및 사망 등의 사회적 위험으로부터 모든 국민을 보호하고 국민 삶의 질을 향상시키는데 필요한 소득 · 서비스를 보장하는 사회보험, 공공부조, 사회서비스를 사회보험이라 한다. (　)

O | X

40 O

41 X 상시 10인 이상의 근로자를 사용하는 사용자는 취업규칙을 작성하여 고용노동부장관에게 신고하여야 한다. 이를 변경하는 경우에 있어서도 또한 같다.

42 X 취업규칙을 근로자에게 불리하게 변경하는 경우에는 사업장에 근로자의 과반수로 조직된 노동조합이 있는 경우에는 그 노동조합, 근로자의 과반수로 조직된 노동조합이 없는 경우에는 근로자의 과반수의 동의를 얻어야 한다.

43 X 노동위원회는 근로자를 대표하는 위원(근로자위원)과 사용자를 대표하는 위원(사용자 위원) 및 공익을 대표하는 위원(공익위원)으로 구성한다.

44 O

45 X 근대 최초의 사회보장법은 1601년 영국의 엘리자베스구빈법(공공부조법)이며, 사회보험법은 1883년 독일의 비스마르크에 의한 질병보험법이다.

46 X 사회보장에 대한 내용이다. 사회보험은 국민에게 발생하는 사회적 위험을 보험의 방식으로 대처함으로써 국민의 건강과 소득을 보장하는 제도를 말한다.

47 평생사회 안전망은 국가와 지방자치단체의 책임하에 생활유지능력이 없거나 생활이 어려운 국민의 최저생활을 보장하고 자립을 지원하는 제도를 말한다. ( )

48 근로기준법, 소비자기본법, 노동조합법 및 노동관계조정법은 사회보장법 분야에 해당하는 법률이다. ( )

49 국민연금법, 국민건강보험법, 산업재해보상보험법, 고용보험법은 공공부조법에 해당한다. ( )

50 사회보장의 기본원리는 개인의 경제적 곤란에 대한 사회적 개입으로 최저수준의 보장을 목표로 한다.( )

51 사회보험법의 원칙으로 강제가입의 원칙, 국가관리의 원칙, 국고부담의 원칙이 있다. ( )

52 사회보장제도의 소득재분배의 기능, 자본주의제도의 자동적인 안전장치, 건강한 노동력 공급 및 유지, 자본축적의 기능, 고용기회 창출, 구매력 촉진 등의 기능은 정치적 기능에 해당한다. ( )

53 사회보험은 국가 및 지방자치단체의 책임하에 생활유지능력이 없거나 생활이 어려운 국민에게 최저생활을 보장하고 자립을 지원하는 제도를 말한다. ( )

O | X

47 ☒ 공공부조에 대한 내용이다. 평생사회 안전망은 생애주기에 걸쳐 보편적으로 충족되어야 하는 기본욕구와 특정한 사회위험에 의하여 발생하는 특수욕구를 동시에 고려하여 소득・서비스를 보장하는 맞춤형 사회보장제도를 말한다.

48 ☒ 근로기준법, 노동조합법 및 노동관계조정법, 독점규제 및 공정거래에 관한 법률, 소비자기본법 등은 사회보장법 분야에 해당하지 않는 법률이다.

49 ☒ 사회보험법에 해당한다.

사회보험법	국민연금법, 국민건강보험법, 산업재해보상보험법, 고용보험법 등
공공부조법	국민기초생활보장법, 의료보호법 등

50 ⓞ

51 ⓞ

52 ☒ 경제적 기능에 해당한다. 정치적 기능(생활안정의 기능)은 자본주의제도가 갖는 모순을 극복할 수 있도록 돕는 수단으로 정치적 위기에 대한 대책으로 사용된다. 즉, 자본주의제도의 유지・존속과 사회질서를 유지시키기 위한 목적을 지닌다.

53 ☒ 공공부조에 관한 내용이다.

54 영유아보육법, 아동복지법, 한부모가족지원법, 장애인복지법, 노인복지법은 공공부조에 해당한다. ( )

55 국가는 사회보장제도의 안정적인 운영을 위하여 중장기 사회보장 재정추계를 매년 실시하고 이를 공표하여야 한다. ( )

56 국내에 거주하는 외국인은 국적을 불문하고 우리나라의 사회보장제도의 혜택을 받을 수 없다. ( )

57 사회보험의 보험납부비용은 모두 당사자가 부담한다. ( )

58 일용근로자란 3개월 미만 동안 고용되는 자를 말한다. ( )

59 보험은 고용보험법의 목적을 이루기 위하여 고용보험사업으로 고용안정 · 직업능력개발 사업, 실업급여, 육아휴직 급여 및 출산전후휴가 급여 등을 실시한다. ( )

O | X

54 ☒ 사회서비스(사회복지사업)에 해당한다. 사회서비스(사회복지사업)은 국가 · 지방자치단체 및 민간부문의 도움이 필요한 모든 국민에게 복지, 보건의료, 교육, 고용, 주거, 문화, 환경 등의 분야에서 인간다운 생활을 보장하고 상담, 재활, 돌봄, 정보의 제공, 관련 시설의 이용, 역량개발, 사회참여 지원 등을 통하여 국민의 삶의 질이 향상되도록 지원하는 제도를 말한다.

55 ☒ 국가는 사회보장제도의 안정적인 운영을 위하여 중장기 사회보장 재정추계를 격년으로 실시하고 이를 공표하여야 한다(사회보장기본법 제5조).

56 ☒ 국내에 거주하는 외국인에게 사회보장제도를 적용할 때에는 상호주의의 원칙에 따르되, 관계 법령에서 정하는 바에 따른다.

57 ☒ 사회보험의 보험납부비용은 당사자뿐만 아니라, 사회적 위험에 동일한 확률로 처해 있는 모든 해당 국민 개개인을 공동체로 서로 결합시킨 후 그 부담을 국가, 사업주, 당사자에게 일정비율로 분산시킨다.

58 ☒ 1개월 미만 동안 고용되는 자를 말한다.

59 ⓞ

60 실업급여는 구직급여와 취업촉진 수당으로 구분하는데, 취업촉진 수당에는 조기(早期)재취업 수당, 직업능력개발 수당, 광역 구직활동비, 이주비 등이 있다. ( )

61 국내에 거주하는 국민으로서 20세 이상 60세 미만인 자는 국민연금 가입 대상이 된다. 다만, 공무원, 군인, 교직원 및 별정우체국 직원, 그 밖에 대통령령으로 정하는 자는 제외한다. ( )

62 국민연금 이사장은 보건복지부장관의 제청으로 대통령이 임면(任免)하고, 상임이사 · 이사(당연직 이사는 제외한다) 및 감사는 이사장이 임면한다. ( )

63 사망한 자의 형제자매는 산업재해보상보험법상 유족의 범위에 포함되지 않는다. ( )

64 국민연금법상 기여금이란 직장가입자의 사용자가 부담하는 금액을 말한다. ( )

65 사망한 자의 사실혼 관계에 있는 배우자는 유족급여 대상이 아니다. ( )

O | X

60 ◯

61 ☒ 국내에 거주하는 국민으로서 18세 이상 60세 미만인 자는 국민연금 가입 대상이 된다. 다만, 공무원, 군인, 교직원 및 별정우체국 직원, 그 밖에 대통령령으로 정하는 자는 제외한다.

62 ☒ 이사장은 보건복지부장관의 제청으로 대통령이 임면하고, 상임이사 · 이사(당연직 이사는 제외한다) 및 감사는 이사장의 제청으로 보건복지부장관이 임면한다.

63 ☒ 산업재해보상보험법상 유족은 사망한 자의 배우자(사실상 혼인관계에 있는 자를 포함) · 자녀 · 부모 · 손자녀 · 조부모 또는 형제자매를 말한다.

64 ☒ 기여금이란 사업장가입자가 부담하는 금액을 말한다.

65 ☒ 산업재해보상보험법 제64조 제1항 제2호의 반대해석상 사망한 자의 사실혼 관계에 있는 배우자는 재혼을 하지 않은 경우 유족보상연금수급자격이 있으므로, 동법 제62조에 따라 유족급여의 대상이 된다.

CHAPTER 07

행정법 일반

CHAPTER 07 행정법 일반

제1절 행정법의 개요

I 행정법의 개념

1. 행정법의 기본원리

① 법치행정주의

㉠ 법치주의는 국가가 국민의 자유와 권리를 제한하거나 새로운 의무를 부과하려 하는 경우에는 국회가 제정한 법률에 의하거나 법률에 근거를 두어야 한다는 원리를 말하며, 현행 헌법은 헌법재판소에 의한 위헌법률심사제도를 두었으며 행정을 법률에 종속시키고, 행정소송의 관할권을 법원에 부여하였다.

㉡ 행정사건에 대한 재판청구권과 법원에 의한 행정처분심사권, 손실보상·국가배상(청구권), 청원권 등이 보장된다.

THE 알아두기

법치주의의 분류

- 형식적 법치주의 : 19세기 이후 독일 등 대륙법계 국가에서 확립된 것으로서, 법치국가의 개념을 형식적으로 파악하는 입장을 말한다. 이것은 법률의 법규창조력, 법률의 우위, 법률의 유보 등 3개 원칙을 그 내용으로 한다.
- 실질적 법치주의 : 법의 내용에서도 인권침해가 없도록 보장하려는 법의 지배 이론을 말한다. 이것은 제2차 세계대전 이후에 독일 등 대륙법계 국가에서 형식적 법치주의에 대한 반성에서 성립되었고, 영미법계 국가에서는 처음부터 '법의 지배원리'로 부터 성립·발전되었다.

② 민주행정주의 : 국가행정조직의 민주성은 행정조직법정주의로 국회가 이에 관여할 수 있게 되어 있고, 지방행정의 민주성은 헌법 제118조에서 지방자치제를 채택하여 보장하고 있다. 또한 행정작용은 국회의 탄핵소추·국민의 청원 등에 의하여 그 민주성이 보장되고 있다.

③ 복지행정의 원리 : 모든 국민의 최저한도의 인간다운 생활을 보장하는 복지행정주의를 천명하고 있다.

2. 행정법의 법원

행정법의 성문법원	헌법, 법률, 조약 및 국제법규, 명령, 자치법규
행정법의 불문법원	행정관습법, 판례법, 조리(법)

[한국중부발전]

1. 행정법은 통일된 법전이 없다. ( )
2. 행정법은 불문법의 법원성을 부정한다. ( )
   ➜ 행정절차법 제4조 제2항은 일반 행정에 있어서의 행정선례법의 존재를 명문으로 인정하고 있다. 즉 불문법 중 관습법은 그 법원성을 인정한다.
3. 행정법은 명령규정보다는 효력규정을 원칙으로 한다. ( )
   ➜ 행정법은 효력규정보다는 명령규정을 원칙으로 한다.

정답 1. ○ 2. × 3. ×

Ⅱ 행정법의 일반원칙★★★

1. 비례원칙★

① 의의 : 행정작용에 있어 목적 실현을 위한 수단과 목적관계에서 그 수단은 정당한 목적을 실현하는데 적합하고 최소 침해를 가져오는 것이어야 한다는 원칙

② 내용
- ㉠ 적합성의 원칙
- ㉡ 필요성의 원칙
- ㉢ 협의의 비례원칙

2. 신뢰보호의 원칙★★

① 의의 : 개인이 행정기관의 일정한 행위의 정당성 또는 존속성에 대해 신뢰하고 행동한 경우 그 신뢰가 보호할 가치가 있는 한 사인의 신뢰를 보호해 주어야 한다는 원칙

② 내용
- ㉠ 공적 견해의 표명 등 개인에게 신뢰를 주는 일정한 행정청의 선행조치가 있을 것
- ㉡ 개인의 신뢰는 보호가치 있는 신뢰일 것
- ㉢ 신뢰를 기초로 한 사인의 행위가 있을 것
- ㉣ 그 행위가 선행조치에 대한 사인의 신뢰와 행위 사이에 인과관계가 있을 것
- ㉤ 선행조치에 반하는 행정기관의 후행조치가 있고 이로 인해 상대방의 권익침해가 있을 것

3. 자기구속의 원칙★★

① 의의 : 행정기관은 동일한 사안의 경우 이전에 행한 결정과 동일한 결정을 상대방에게 해야 한다는 원칙

② 내용
- ㉠ 당해 사안이 행정청에게 재량권이 인정되는 법률관계에 대한 문제이고 현재 처분의 상대방에 대한 상황과 이전 상황이 법적으로 동일한 상황의 동일한 법 적용일 것
- ㉡ 이전 선례는 보호가치가 없는 불법한 선례가 아니고 이전 행정행위를 번복할 만한 중대한 사정변경이 존재하지 않을 것

4. 부당결부금지의 원칙★★

① 의의 : 행정주체가 행정작용을 함에 있어서 상대방에게 실질적인 관련이 없는 의무를 부과하거나 그 의무이행을 강제해서는 안 된다는 원칙

② 내용

㉠ 행정청의 공권력 행사가 있을 것

㉡ 행정청의 권한행사가 상대방의 반대급부와 결부되어 있을 것

㉢ 그 행정작용과 반대급부 사이에 상당인과관계나 행정의 특정한 목적을 달성하는데 정당한 관계 즉 실질적 관련성이 없을 것

► 기출 ○× 지문정리

[경기신용보증재단]

1. 행정청이 확약에 반하는 처분을 한 경우에는 상대방은 신뢰보호원칙의 위반을 주장할 수 있다. ( )
2. 비례원칙은 행정의 전 영역에 적용된다. ( )
3. 비례원칙은 경찰행정영역에서 발전한 것이다. ( )

[한국중부발전]

4. 행정의 자기구속의 원칙은 국회입법의 원칙에 충실하다. ( )
   ➜ 행정의 자기구속의 원칙은 행정청의 재량이 인정되는 영역에서의 문제인 점과 행정청이 스스로 이전의 선례에 기속되는 원칙이란 점에서 국회입법의 원칙과는 거리가 있다.
5. 행정의 자기구속의 원칙은 행정의 경직성을 초래한다는 비판이 있다. ( )

정답 1. ○ 2. ○ 3. ○ 4. × 5. ○

Ⅲ 행정법 관계

1. 의의

① **행정법관계** : 행정상의 법률관계 가운데에서 특히 행정법이 규율하는 법률관계를 말한다.

② **행정상의 법률관계** : 국가·지방자치단체와 같은 행정주체가 당사자로 되어 있는 모든 법률관계를 말한다.

③ 기타 제관계

㉠ 행정조직법적 관계와 행정작용법적 관계에서의 행정법관계만이 아니라 국고관계도 모두 포함된다.★

㉡ 행정법관계도 본질적으로는 사법관계에서와 같은 권리·의무의 관계에 불과하나, 다만 행정법이 가지는 사법에 대한 특수성에 따라 사법관계에서와는 다른 법원리가 지배한다.★

2. 성질

① 권력관계

㉠ 행정권의 주체에 대하여 우월한 지위를 인정하고, 그에 따르는 행위에 특수한 법적 효력이 인정되는 행정법관계이다.★

㉡ 특히 반대의 취지를 명백하게 규정하고 있지 않으면, 명문규정의 유무에 관계없이 원칙적으로 공법원리가 적용되며, 그에 대한 법적인 분쟁은 행정쟁송사항이 된다. 이를 본래적 공법관계라고도 한다.

② 관리관계

㉠ 법이 공공복리의 실현을 위한 행정목적을 효율적으로 달성시키기 위하여 특수한 법적 규율을 인정하고 있는 행정법관계이다.

㉡ 본질적으로는 사법관계와 차이가 없으며, 특히 공법원리를 적용하기 위해서는 일반 사경제적 관계와 구별될 만한 공공성을 입증할 수 있는 실정법상의 근거가 있어야 한다.

㉢ 특별한 규정이 없는 한 사법원리가 적용되고, 그에 대한 법적인 분쟁도 민사소송사항이다. 이를 전래적 공법관계라고도 한다.★

③ 구별실익 : 행정법관계를 위와 같이 권력관계와 관리관계로 구별하는 것은, 실정법을 해석·적용하는 경우에 중요한 의미를 가지기 때문이다.

3. 행정법관계의 특수성

① 국가의사의 공정력★★ : 행정법관계에 있어서의 행정주체의 행위는 당연무효인 경우를 제외하고는 설혹 하자가 있는 경우라도 일단은 효력을 발생하며, 취소권이 있는 기관이 취소할 때까지는 아무도 그 효력을 부정할 수 없다.

THE 알아두기

공정력

행정행위의 성립에 하자가 있는 경우에도 그것이 중대·명백하여 무효로 인정되는 경우를 제외하고는, 권한 있는 기관에 의하여 취소되기까지 유효한 것으로 통용되는 힘을 말한다.

불가변력

행정행위가 발해진 이후 그 행정행위가 위법하거나 공익에 적합하지 않을 때에는 행정청은 직권에 의하여 이를 취소하거나 철회할 수 있는 것이 원칙이다. 그러나 일정한 경우 행정청 자신도 직권으로 자유로이 이를 취소·변경·철회할 수 없는 바, 이를 불가변력 또는 실질적 존속력이라고 한다.

② 국가의사의 확정력(불가쟁력) : 행정주체의 행위는 설혹 다툴 수 있는 것이라도 그 공공성으로 인한 법적 안정을 위하여 일정한 기간이 경과된 후에는 그에 대하여 법적 분쟁을 할 수 없다.

THE 알아두기

불가쟁력

행정행위의 상대방 기타 이해관계인은 원칙적으로 일정한 불복신청 기간 내에 행정쟁송을 통하여 행정행위의 효력을 다툴 수 있으나 쟁송제기기간이 경과하거나 법적 구제수단을 포기 또는 쟁송수단을 다 거친 후에는 더 이상 그에 대하여 다툴 수 없게 하는 행정행위의 효력을 말한다.

③ 국가의사의 강제력 : 행정주체의 의사에 위배되는 행위에 대하여는 법원을 거치지 않고 일단 행정청이 일정한 제재를 과하거나 당해 행정청에 의한 강제집행이 허용되는 것을 말한다. 행정청에 의한 제재는 행정상 의무의 위배에 대한 행정형벌 또는 질서벌(과태료)을 의미한다. 의무불이행에 대한 강제집행은 대집행이나 강제징수 등의 방법에 의한다.★

④ 권리의무의 특수성 : 사법관계에 있어서의 권리·의무가 당사자의 상반되는 이해관계를 내용으로 하는데 반하여, 공법관계에서의 권리·의무는 공공복리나 사회질서의 유지라는 면에서 공통적이며 상대적이다. 따라서 그 이전이나 포기가 제한되거나 특별한 보호가 가하여진다.★

⑤ 권리구제절차의 특수성

㉠ 행정소송 : 행정소송의 관할은 민사소송과 같이 일반법원에 속하나, 임의적 행정심판전치주의가 선택되고, 행정법원이 제1심 법원이 되며, 소송절차 면에서도 많은 특례가 인정된다.★★

㉡ 행정상의 손실보전 : 행정주체의 적법한 공권력작용으로 인하여 개인에게 '특별한 희생'이 생긴 때에는 행정상의 적정한 손실보상이, 공무원의 직무상의 불법행위 또는 공공시설의 설치·관리상의 하자로 말미암아 타인에게 손해를 끼친 때에는 국가배상법에 의한 행정상의 손해배상을 하여야 한다.

▸기출 ○× 지문정리

[한국농어촌공사]

1. 헌법과 행정법은 협의의 공법이라 할 수 있다. ( )

2. 큰 정치적 변화가 있으면 헌법과 행정법은 동시에 변경된다. ( )

➜ 정치적 변화에 의해 헌법이 개정되는 경우라도 기술적 수단적 성격이 강한 행정법은 유지되는 경우가 많다.

정답 1. ○ 2. ×

4. 행정주체★★★

① 의의 : 행정법관계에서 행정권을 행사하고 그 법적 효과가 궁극적으로 귀속되는 당사자를 말한다.

② 종류★★

국가		고유의 행정주체
공공단체	지방자치단체	일정한 구역을 기초로 그 구역 내의 모든 주민에 대해 지배권을 행사하는 공공단체로, 보통지방자치단체(특별시, 광역시, 특별자치시, 도 및 특별자치도와 기초자치단체인 시·군·자치구)와 특별지방자치단체(지방자치단체조합)가 있다.
	공공조합(공사단)	특정한 국가목적을 위하여 설립된 인적결합체에 법인격이 부여된 것으로, 농업협동조합, 산림조합, 상공회의소, 변호사회 등이 있다.
	공재단	국가나 지방자치단체가 공공 목적을 위하여 출연한 재산을 관리하기 위하여 설립된 공법상의 재단법인으로, 한국학중앙연구원 등이 있다.
	영조물 법인	행정주체에 의하여 특정한 국가목적에 계속적으로 봉사하도록 정하여진 인적·물적결합체로, 각종의 공사, 국책은행, 서울대학교병원, 적십자병원, 한국과학기술원 등이 있다.
공무수탁사인		국가나 지방자치단체로부터 공권(공행정사무)을 부여받아 자신의 이름으로 공권력을 행사하는 사인이나 사법인으로, 사인인 사업시행자, 학위를 수여하는 사립대학 총장, 선박항해 중인 선장, 별정우체국장 등이 있다.

▸기출 ○× 지문정리

[한국중부발전]

1. 한국은행은 영조물법인으로서 행정주체에 해당한다. ( )

2. 행안부장관은 행정주체이다. ( )

➜ 행안부장관은 행정기관(독임제 행정기관)으로 행정주체에 해당하지 않는다.

3. 행정청은 행정주체의 의사를 결정하여 외부에 표시하는 권한을 가진 기관이다. ( )

➜ 행정청이란 행정에 관한 의사를 결정하여 표시하는 국가 또는 지방자치단체의 기관, 그 밖에 법령 또는 자치법규에 따라 행정권한을 가지고 있거나 위탁을 받은 공공단체나 그 기관 또는 사인을 말한다.

정답 1. ○ 2. × 3. ○

5. 공권과 공의무

공권	국가적 공권	행정주체가 우월한 지위에서 상대방인 개인 또는 단체에 대하여 가지는 권리로, 입법권, 경찰권, 형벌권, 재정권, 군정권, 공기업특권 등이 있다.
	개인적 공권	행정객체인 개인이 국가 등 행정주체에 대하여 직접 자기를 위하여 일정한 이익을 주장할 수 있는 법률상의 힘으로, 자유권, 수익권, 참정권, 무하자재량행사권, 행정개입청구권 등이 있다.
공의무	국가적 공의무	개인적 공권에 대응하여 국가 등 행정주체가 개인에 대하여 부담하는 의무로, 봉급지급의무, 국가배상지급의무, 손실보상지급의무 등이 있다.
	개인적 공의무	국가적 공권에 대응하여 개인이 국가 등 행정주체에 대하여 부담하는 의무로, 국방・납세・근로・교육의 의무 등이 있다.

Ⅳ 행정법상의 법률요건과 법률사실

1. 법률요건

① 행정법관계의 발생・변경・소멸이라는 법률효과를 일으키는 원인행위의 총체를 말한다.★
② 법률요건에는 법률행위, 준법률행위, 불법행위, 부당이득, 사무관리 등이 있다.

2. 법률사실

① 법률요건을 이루는 개개의 구성요소로서 사람의 정신작용에 의한 용태와 정신작용과 무관한 사건으로 구분된다.★
② 외부적 용태에는 사법행위(매매나 증여로 납세의무 발생), 적법행위(허가, 특허, 인가, 확인, 공증, 통지, 수리 등), 위법행위, 부당행위 등이 있다.
③ 내부적 용태에는 고의, 과실, 선의, 악의 등이 있다.

3. 공법상의 사건

① **의의** : 공법상의 사건이란 행정법관계의 변동을 가져오는 개개의 자연적인 사실을 말한다.
② **기간** : 한 시점에서 다른 시점까지의 시간적 간격이다. 행정상의 기간계산은 법령에 특별한 규정이 있는 외에는 민법상의 기간의 계산에 관한 규정(민법 제155조 내지 제161조)에 의한다.★
③ **시효** : 일정한 사실상태가 일정한 기간 동안 계속된 경우에 그 사실상태가 진실한 법률관계에 합치되는 것인지의 여부에 관계없이 그대로 그 상태를 존중함으로써 그것을 진실한 법률관계로 인정하는 태도이다. 법령에 특별한 규정이 없는 한 민법의 시효에 관한 규정(민법 제162조 내지 제184조)이 준용된다.★
④ **제척기간** : 일정한 권리에 대하여 법률이 정한 존속기간이다. 이는 법률관계의 신속한 확정의 요구로 중단사유가 인정되지 않는 점이 시효와 다르다.★
⑤ **주소와 거소** : 주소에 관하여는 다른 법률에 특별한 규정이 없는 한 주민등록법에 의한 주민등록지가 된다. 또 공법관계에서의 주소는 1개소에 한한다. 거소란 사람이 다소의 기간 동안 계속하여 거주하지만 그 장소와의 밀접도가 주소만 못한 곳이다.

4. 공법상의 사무관리와 부당이득

① 공법상의 사무관리
㉠ 행정법상 행정주체가 법률상 의무 없이 타인을 위하여 사무를 관리하는 것이다.
㉡ 행정기관이 법규나 조리상 합리적이라고 인정되는 범위에서 인정된다. 특별한 규정이 없는 한 민법의 규정(민법 제734조 이하)을 준용한다.

② 공법상의 부당이득
㉠ 공법상 원인 없이 타인의 재산 또는 노무로 인하여 이익을 얻고 그로 인하여 타인에게 손해를 가한 자에게 그 이득의 반환을 요구하는 제도이다.
㉡ 공법상 부당이득이 문제가 되는 때에는 이미 법률상의 원인 문제는 없어진 뒤이며, 경제적 견지에서의 이해조절제도 등을 이유로 사권으로 본다(판례).
㉢ 행정주체를 상대로 한 공법상의 부당이득반환청구권이 금전지급을 목적으로 하는 것이면 그 소멸시효는 5년이다.★

제2절 행정조직법

I 국가행정조직법

1. 의의

① 국가행정조직이란 국가의 행정을 담당하기 위하여 설치된 국가의 고유한 행정기관의 조직을 말하며, 넓게는 국가행정을 담당하는 모든 기관을, 좁게는 행정관청만을 국가행정기관이라 한다.
② 국가행정기관은 대통령을 정점으로 국무총리, 행정각부 및 그의 소속기관과 감사원 등으로 이루어져 있다.
③ 지역적 범위에 따라 중앙행정기관과 지방행정기관으로 구분된다.
④ 법률상의 지위, 권한, 주관사무의 종류와 내용 등을 표준으로 행정관청, 보조기관, 자문기관, 의결기관, 감사기관, 기업 및 공공시설기관으로 구분된다.

2. 지역적 범위에 따른 국가행정기관★★★

① 중앙행정조직
㉠ 국가의 중앙행정조직은 헌법에 기본적 규정이 있고(대통령, 국무총리, 국무회의, 행정각부 등), 국가행정 조직에 관한 일반법인 정부조직법 및 개개의 특별법에 의하여 규정되고 있다.
㉡ 특별법으로서는 감사원법, 국가안전보장회의법, 국가정보원법, 의무경찰대법(의무경찰대 설치 및 운영에 관한 법률), 검찰청법 등이 있다.

THE 알아두기 ✓

정부조직법의 주요사항
① 중앙행정기관의 설치와 조직 : 중앙행정기관의 설치와 직무범위는 법률로 정한다(정부조직법 제2조 제1항).
② 대통령의 행정감독권
㉠ 대통령은 정부의 수반으로서 법령에 따라 모든 중앙행정기관의 장을 지휘・감독한다(정부조직법 제11조 제1항).
㉡ 대통령은 국무총리와 중앙행정기관의 장의 명령이나 처분이 위법 또는 부당하다고 인정하면 이를 중지 또는 취소할 수 있다(정부조직법 제11조 제2항).★

③ 대통령경호처 : 대통령 등의 경호를 담당하기 위하여 대통령경호처를 둔다(정부조직법 제16조 제1항).
④ 국가정보원 : 국가안전보장에 관련되는 정보·보안 및 범죄수사에 관한 사무를 담당하기 위하여 대통령 소속으로 국가정보원을 둔다(정부조직법 제17조 제1항).★
⑤ 국가보훈처 : 국가유공자 및 그 유족에 대한 보훈, 제대군인의 보상·보호 및 보훈선양에 관한 사무를 관장하기 위하여 국무총리 소속으로 국가보훈처를 둔다(정부조직법 제22조의2 제1항).
⑥ 인사혁신처 : 공무원의 인사·윤리·복무 및 연금에 관한 사무를 관장하기 위하여 국무총리 소속으로 인사혁신처를 둔다(정부조직법 제22조의3 제1항).
⑦ 법제처 : 국무회의에 상정될 법령안·조약안과 총리령안 및 부령안의 심사와 그 밖에 법제에 관한 사무를 전문적으로 관장하기 위하여 국무총리 소속으로 법제처를 둔다(정부조직법 제23조 제1항).
⑧ 식품의약품안전처 : 식품 및 의약품의 안전에 관한 사무를 관장하기 위하여 국무총리 소속으로 식품의약품안전처를 둔다(정부조직법 제25조 제1항).

② 지방행정조직
㉠ 보통지방행정기관 : 지방자치단체의 장인 서울특별시장, 부산·인천·광주·대전·대구·울산광역시장, 도지사 및 시장, 군수 또는 그 하급기관인 구청장, 읍장, 면장 등에게 위임하여 행한다.
㉡ 특별지방행정기관 : 중앙행정기관이 그 소관사무를 분장하기 위하여 필요할 때에 특히 법률로 정한 경우를 제외하고는 대통령령으로 정하는 바에 따라 지방행정기관을 설치할 수 있다(정부조직법 제3조 제1항).

3. 법률상의 지위, 권한 등에 따른 국가행정기관★★★

① 행정관청
㉠ 행정관청이란 국가의사를 결정하여 이를 자기의 이름으로 외부에 표시하는 권한을 가진 행정기관을 말하며, 행정청은 국가뿐만 아니라 지방자치단체의 의사를 결정하여 자신의 이름으로 외부에 표시할 수 있는 권한을 가진 행정기관을 말한다.★★
㉡ 행정청은 구성원이 1인인 독임제 행정청(장관, 처장, 청장 및 지방자치단체의 장, 권한을 위임받은 행정기관)과 다수인인 합의제 행정청(선거관리위원회, 토지수용위원회, 도시계획위원회 등 각종 위원회)으로 구분할 수 있다.★
㉢ 행정관청은 국가의 의사를 결정하는 점에서 의결기관과 같으나, 그것을 외부에 표시할 수 있는 권한을 가진 점에서 의결기관과 다르다. 행정관청의 설치와 조직은 법으로 정한다.
② **보조기관** : 행정청에 소속되어 행정청의 권한행사를 보조하는 것을 임무로 하는 기관을 말한다(행정 각부의 차관, 차장, 실장, 국장, 과장 등). 보조기관의 설치 및 그 사무분장(分掌)은 법률로 정하여진 것을 제외하고는 대통령령으로 정한다(정부조직법 제2조 제4항 본문).★★
③ **보좌기관** : 행정청 또는 그 보조기관을 보좌하는 기관을 말한다. 대통령실, 국무총리실, 행정 각부의 차관보, 담당관 등이 이에 해당한다.
④ **자문기관** : 행정청에 전문적인 의견(자문)을 제시하는 것을 임무로 하는 기관을 말한다(각종의 심의회, 위원회 등). 자문기관의 설치는 헌법(국정자문회의[1989.3.29. 폐지], 국가안전보장회의, 민주평화통일자문회의 등)이나 법률(경제과학심의회의[1993. 폐지], 사회보장심의위원회[1996.7.13. 폐지], 도시계획위원회, 토지수용위원회 등)에 의하는 경우도 있으나, 대통령에 의하는 것이 보통이다.
⑤ **의결기관** : 행정주체의 의사를 결정하는 권한만을 가지고 이를 외부에 표시할 권한은 없는 기관을 말한다. 의사결정에만 그친다는 점에서 외부에 표시할 권한을 가지는 행정청과 다르고, 단순한 자문적 의사의 제공에 그치는 자문기관과는 행정청을 구속한다는 점에 차이점이 있다(감사위원회, 소청심사위원회, 각종의 징계위원회 등). 의결기관의 설치는 법률에 근거해야 한다.
⑥ **집행기관** : 실력을 행사하여 행정청의 의사를 집행하는 기관을 말한다(경찰, 소방, 세무공무원 등).

⑦ **감사기관** : 행정기관의 회계처리 및 사무집행을 감시하고 검사하는 권한을 가진 기관을 말한다(감사원).

⑧ **공기업기관** : 국가기업의 경영을 담당하는 기관을 말한다.

⑨ **공공시설기관(영조물기관)** : 공공시설(영조물)의 관리를 담당하는 기관을 말한다(국립병원, 국립대학, 국립 도서관 등).

THE 알아두기 ⊘

행정청의 권한의 대리 등★

• 권한의 대리란 행정청의 권한 전부나 일부를 다른 행정기관이 대리기관으로서 대신 행사하고, 그 법적 효과는 피대리청(행정청)의 행위로서 발생하는 것을 말한다.

• 권한의 위임이란 행정청이 법적 근거에 의하여 자신의 권한 일부를 다른 행정기관에 이전하면, 수임기관은 이전받은 권한을 자신의 권한으로서 행사하는 것을 말한다.

• 대결이란 행정청이나 기타 결재권자의 부재 또는 급박한 사고발생 시 그 직무를 대리하는 자가 대신 결재하고, 사후에 결재권자에게 보고하게 하는 것을 말한다.

• 위임전결(내부위임)이란 행정청이 보조기관 등에게 비교적 경미한 사무의 처리권한을 위임하여 보조기관 등이 행정청의 이름으로 그 권한을 행사하는 것을 말한다.

Ⅱ 자치행정조직법

1. 의의

① 국가가 행정을 그 스스로 행하는 외에 일정한 독립된 법인, 즉 공공단체로 하여금 공공의 행정을 행하게 하는 경우를 자치행정이라고 한다.

② 보통 지방자치행정이라고 하며 자치행정의 주체에는 공공단체 및 공법인이 있다.

2. 공공단체★

① 공공단체란 국가로부터 그 존립의 목적이 부여된 공법상의 법인이다.

② 공공단체는 목적이 법률에 규정되고 설립조직이 강제되며, 국가적 공권 등이 부여되거나, 국가의 특별감독을 받는다.

③ 지방자치단체, 공공조합, 영조물법인, 즉 특정한 행정목적을 계속적으로 수행하기 위하여 독립된 인격이 부여된 공법상의 재단법인(한국조폐공사, 한국토지주택공사, 한국방송공사, 한국은행 등)이 있다.

3. 지방자치단체

① **의의** : 지방자치를 헌법적으로 보장하고 있으며 보통지방자치단체와 특별지방자치단체(지방자치단체조합)가 있다.

② **지방자치단체의 주민의 자격** : 당해 지방자치단체의 구역에 주소를 가진 자는 그 지방자치단체의 주민이 된다.

③ **지방자치단체의 사무** : 지방자치단체는 관할 구역의 자치사무와 법령에 따라 지방자치단체에 속하는 사무를 처리한다.

④ **권한★** : 자치입법권, 자치조직권, 자치행정권, 자치재정권을 가진다.

⑤ **종류★** : 지방자치단체는 다음 두 가지 종류로 구분한다.

㉠ 특별시 · 광역시 · 특별자치시, 도 · 특별자치도(정부의 직할로 둠)

㉡ 시(도의 관할 구역 안에 둠) · 군(광역시, 특별자치시나 도의 관할 구역 안에 둠) · 자치구(특별시와 광역시, 특별자치시의 관할 구역 안에 둠)

⑥ 기관★ : 단체의사를 결정하는 의결기관인 지방의회와 그것을 집행하는 집행기관으로서 일반행정집행기관인 자치단체의 장과 교육·학예 등의 집행기관인 교육위원회·교육감이 있다. 또 특별기관으로서 선거관리위원회 등이 있다.

⑦ 지방자치단체에 대한 국가의 지도·감독

㉠ 지방자치법상 국가의 '감독'은 입법권·사법권에 의한 '합법성의 감독'으로서 국가의 일반적인 권력적·후견적 감독은 아니다. 그러나 수임사무의 처리에는 일반적인 지휘·감독권이 인정된다.★

㉡ 국가의 감독은 입법기관(법률제정과 국정조사권 등)에 의한 감독, 사법기관(재판에 의한 간접감독)에 의한 감독, 행정기관에 의한 감독, 행정상 쟁송의 재결 등의 방법에 의한 감독, 행정적 감독(사무감독, 보고, 승인, 명령·지정, 명령 처분의 취소·정지, 징계요구 등)이 있다.

4. 지방자치기관의 권한★

① 지방자치단체장의 권한 : 통할대표권, 사무관리 및 집행권, 국가사무의 위임, 행정의 지휘·감독권 및 소속직원의 임면권, 주민투표부의권, 규칙제정권 등이 있다.

② 지방의회의 권한 : 의결권, 출석답변요구권, 선거권, 자율권, 지방의회의원의 자격심사 및 제명권, 행정의 감사·조사권, 청원심사처리권, 조례제정권 등이 있다.

5. 주민의 권리와 의무

① 주민의 권리 : 소속재산 및 공공시설이용권, 균등한 행정혜택을 받을 권리, 선거권과 피선거권, 주민투표권, 지방의회에의 청원권, 행정쟁송권과 손해배상청구권, 손실보상청구권 등이 있다.

② 주민의 의무 : 주민은 법령으로 정하는 바에 따라 소속 지방자치단체의 비용을 분담하여야 하는 의무를 진다.

Ⅲ 공무원

1. 공무원의 개념

공무원법에서의 공무원	국가의 고용인(雇傭人)으로서 국가공무를 담당하는 자를 말한다.
최광의의 공무원	일체의 공무담당자이며, 국가배상법상의 공무원이 이에 해당한다.
광의의 공무원	국가 또는 자치단체와 공법상 근무관계를 맺고 공무를 담당하는 기관구성자이다.
협의의 공무원	국가 또는 자치단체와 특별권력관계를 맺고 공무를 담당하는 기관구성자이다.

2. 공무원의 권리★

① 신분상의 권리 : 공무원은 법령이 정하는 사유와 절차에 의하지 않고는 그 신분과 직위로부터 일방적으로 배제되거나 그 직위에 속하는 직무의 집행을 방해당하지 아니하는 권리를 가진다(신분보유권, 직위보유권, 직무집행권, 직명사용권, 제복착용권, 쟁송제기권 등).

② 재산상의 권리 : 봉급청구권, 연금청구권 및 실비변상청구권 등이 있다.

3. 공무원의 의무★

① **성실의무** : 공법상 근무관계의 기본적 특질이며 윤리성을 그 본질로 한다. 따라서 단순한 고용관계에 있어서의 노무급부의무와 구별된다.

② **직무상 의무**

㉠ 법령준수의무·복종의무 : 복종의무는 소속 상관에 대한 의무로서 그를 위반하면 징계사유가 된다. 그러나 직무명령이 법규는 아니므로 위법은 아니다. 직무명령이 중대하고 명백한 법령위반으로 절대무효라고 판단되는 경우 외에는, 즉 단순히 법령해석상의 차이에 불과한 경우나 직무명령이 다소 부당하다고 인정되어도 그에 기속되어야 한다. 직무명령이 상급상관끼리 경합되면 직근 상관의 명령에 복종하여야 한다.

㉡ 직무전념의무 : 직장이탈금지, 영리·겸직의 금지, 영예의 제한, 정치운동금지, 집단행위금지 등의 의무가 있다.

㉢ 기타 : 친절·공정의무, 비밀엄수의무 등이 있다.

③ **품위유지의무** : 특히 경제적 청렴의무를 포함한다. 그러나 단순한 공무원의 사생활까지는 미치지 아니한다.★

4. 우리나라 공무원제도의 기본원칙★

① 민주국가에서의 공무원은 자유롭게 국가에 고용된 근로자이며, 단순한 고용인이 아니라 국민 전체의 봉사자라는 윤리성도 지니고 있다.

② 우리나라 공무원제도는 민주적 공무원제도, 직업공무원제·정치적 중립성·성적주의를 근본으로 하고 있다.

5. 공무원의 결격사유★★

다음 각호의 어느 하나에 해당하는 자는 공무원으로 임용될 수 없다.

① 피성년후견인

② 파산선고를 받고 복권되지 아니한 자

③ 금고 이상의 실형을 선고받고 그 집행이 종료되거나 집행을 받지 아니하기로 확정된 후 5년이 지나지 아니한 자

④ 금고 이상의 형을 선고받고 그 집행유예 기간이 끝난 날부터 2년이 지나지 아니한 자

⑤ 금고 이상의 형의 선고유예를 받은 경우에 그 선고유예 기간 중에 있는 자

⑥ 법원의 판결 또는 다른 법률에 따라 자격이 상실되거나 정지된 자

⑦ 공무원으로 재직기간 중 직무와 관련하여 형법 제355조 및 제356조에 규정된 죄를 범한 자로서 300만 원 이상의 벌금형을 선고받고 그 형이 확정된 후 2년이 지나지 아니한 자

⑧ 「성폭력범죄의 처벌 등에 관한 특례법」 제2조에 규정된 죄를 범한 사람으로서 100만 원 이상의 벌금형을 선고받고 그 형이 확정된 후 3년이 지나지 아니한 사람

⑨ **미성년자에 대한 다음 각목의 어느 하나에 해당하는 죄를 저질러 파면·해임되거나 형 또는 치료감호가 확정된 사람(집행유예를 선고받은 후 그 집행유예 기간이 경과한 사람을 포함한다)**

㉠ 「성폭력범죄의 처벌 등에 관한 특례법」 제2조에 따른 성폭력범죄

㉡ 「아동·청소년의 성보호에 관한 법률」 제2조 제2호에 따른 아동·청소년 대상 성범죄

⑩ 징계로 파면처분을 받은 때부터 5년이 지나지 아니한 자

⑪ 징계로 해임처분을 받은 때부터 3년이 지나지 아니한 자

6. 공무원의 징계

① 징계사유
  ㉠ 국가공무원법 및 국가공무원법에 따른 명령을 위반한 경우
  ㉡ 직무상의 의무(다른 법령에서 공무원의 신분으로 인하여 부과된 의무를 포함한다)를 위반하거나 직무를 태만히 한 때
  ㉢ 직무의 내외를 불문하고 그 체면 또는 위신을 손상하는 행위를 한 때
② 징계의 종류★ : 파면, 해임, 강등, 정직, 감봉, 견책

제3절 행정작용법

I 행정입법

1. 행정입법의 개념

① 국가 또는 자치단체와 같은 행정주체가 일반적・추상적인 규범을 정립하는 작용이다.
② 행정입법에는 국가행정권에 의한 입법(대통령령, 총리령, 부령)과 자치입법이 있으며, 전자에는 법규의 성질을 가지는 법규명령과 그렇지 않은 행정규칙이 있고, 후자에는 제정주체에 따라 조례・규칙・교육규칙이 있다.

2. 법규명령

① 법규명령의 의의 : 행정권이 정립하는 명령으로서 법규의 성질을 가지는 것이다.
② 법규명령의 종류
  ㉠ 법률에 대한 관계를 기준 : 위임명령과 독립명령(헌법상 대통령의 긴급재정경제명령 및 긴급명령)
  ㉡ 수권의 근거를 기준 : 직권명령과 위임명령
  ㉢ 규정사항의 내용을 기준 : 위임명령과 집행명령
  ㉣ 권한의 소재를 기준 : 대통령령・총리령・부령, 기타 중앙선거관리위원회의 규칙 등

3. 행정규칙

① 의의 : 행정규칙이란 행정기관이 정립하는 일반적 규정으로서 법규적 성질을 갖지 않는 것을 말한다.
② 성질 : 법규로서의 성질이 없이 일면적 구속력만을 갖기 때문에 그에 위반하는 행위의 효과는 행정조직의 내부에만 미친다.
③ 근거 : 특별한 법률의 수권 없이도 행정권의 당연한 기능으로서 제정할 수 있다. 다만 특정의 고시・훈령 등 법규의 보충명령의 성질이 있는 것은 그 법규의 구체적인 위임이 필요하다.★
④ 종류 : 조직규칙(사무분장규정・처무규정 등), 근무규칙(훈령・통첩 등), 영조물규칙(국・공립대학교 학칙 등), 감독규칙(법관계의 내용에 따른 분류) 등이 있다.

4. 자치입법

행정입법의 한 종류로서 조례·규칙·교육규칙 등이 있다.

▸기출 ○× 지문정리

[한국원자력환경공단]

1. 법규명령은 항고소송의 대상이 될 여지가 없다. ( )

➜ 법규명령 중 처분적 법규명령은 항고소송의 대상이 될 수 있다.

2. 집행명령은 새롭게 국민의 권리, 의무에 관한 사항을 정할 수 없다. ( )
3. 법령보충적 행정규칙은 당해 법령의 위임한계를 벗어나지 않는 범위 내에서 그것과 결합하여 법규적 효력을 가진다. ( )

정답 1. × 2. ○ 3. ○

Ⅱ 행정행위(행정처분)

1. 행정행위의 개념

① 행정행위는 발하는 주체에 따라 국가의 행정행위와 자치단체 등의 행정행위로 나눌 수 있다.
② 실정법상으로 인가, 허가, 면허, 결정, 재결 등의 명칭으로 불리고 있다.

2. 행정행위의 종류***

① 법률행위적·준법률행위적 행정행위(행위의 구성요소 내지 법률적 효과의 발생원인에 따른 분류)

㉠ 법률행위적 행정행위 : 의사표시를 구성요소로 하고 그 의사의 내용에 따라 법률적 효과가 발생하는 행위이다(허가·하명·면제·특허·대리 등).

㉡ 준법률행위적 행정행위 : 의사표시 이외의 정신작용(인식·관념 등) 등의 표시를 요소로 하고 그 법률적 효과는 행위자의 의사 여하를 불문하고 직접 법규가 정하는 바에 따라 발생하는 행위이다(확인·공증·통지·수리 등).

② 기속행위와 재량행위(법규의 구속 정도에 따른 분류)

㉠ 기속행위 : 법규가 행정주체에 대하여 어떠한 재량의 여지를 주지 아니하고 오직 그 법규를 집행하도록 하는 경우이다(조세부과행위).

㉡ 재량행위 : 법규가 행정기관에게 어느 범위까지 판단의 자유를 허용하는 경우의 행정행위를 말한다. 법치주의원칙 아래에서 이는 공익이나 행정의 구체적 타당성을 위한 것으로 이 구분은 어디까지나 상대적이다.

③ 수익적·침익적·복효적 행정행위(상대방에 대한 효과에 따른 분류)

㉠ 수익적 행정행위 : 상대방에게 권리·이익의 부여, 권리에 대한 제한의 철폐 등 유리한 효과를 발생시키는 행정행위로 법률 유보원칙이 완화되어 적용되는 특색을 보이며, 특허행위, 각종 급부제공행위 등이 해당된다.

㉡ 침익적 행정행위 : 상대방에게 의무를 부과하거나 권리·이익을 침해·제한하는 등의 불이익한 효과를 발생시키는 행정행 위로 명령, 금지, 박권행위, 수익적 행정행위의 취소나 철회 등이 있다. 부과적 행정행위, 불이익처분이라고도 한다.

㉢ 복효적 행정행위 : 상대방에 대해서는 수익적이나, 제3자에 대해서는 침익적으로 작용하거나 또는 그 역으로 작용하는 행위를 말한다(이를 제3자효적 행정행위라고도 한다). 예컨대, 甲에게 공해공장 건축허가를 하면 허가라는 하나의 행위가 甲에게는 이익이 되지만 인근주민에게는 불이익이 되는 경우이다.

④ 대인적 · 대물적 · 혼합적 행정행위(대상에 따른 분류)

㉠ 대인적 행정행위 : 순전히 사람의 학식, 기술, 경험과 같은 주관적 사정에 착안하여 행하여지는 행정행위를 지칭한다(의사면허, 운전면허, 인간문화재지정 등).

㉡ 대물적 행정행위 : 물건의 객관적 사정에 착안하여 행하여지는 행정행위를 말한다(자동차검사증교부, 건물준공검사, 자연공원지정, 물적 문화재지정, 목욕탕 영업허가 등).

㉢ 혼합적 행정행위 : 인적 · 주관적 사정과 물적 · 객관적 사정을 모두 고려하여 행하여지는 행정행위를 말한다(중개업허가, 가스 · 석유 사업허가, 화학류 영업허가, 약국 영업허가 등).

⑤ 단독(독립)적 · 쌍방적 행정행위(상대방의 협력 여부에 따른 분류)

㉠ 단독적 행정행위 : 상대방의 협력을 요건으로 하지 않는 행정행위로서 일방적 행정행위, 협의의 단독행위, 직권행위라고도 한다(조세부과, 경찰하명, 허가의 취소, 공무원의 징계 등).

㉡ 쌍방적 행정행위 : 상대방의 협력을 요건(유효요건 또는 적법요건)으로 하는 행정행위로서 허가, 인가, 특허와 같이 상대방의 신청을 요하는 행위와 공무원임명과 같이 상대방의 동의를 요하는 행위가 있으며, 신청 등이 없이 행한 행정행위는 무효로 된다.★

⑥ 요식행위와 불요식행위(형식의 요부에 따른 분류)

㉠ 요식행위 : 관계법령이 일정한 서식, 날인, 기타 일정한 형식을 요하는 행정행위이다(납세고지서발부, 징집영장발부, 대집행계고, 대집행영장통지, 독촉).

㉡ 불요식행위 : 일정한 형식을 요하지 않는 행정행위로서 원칙적인 형태이다.★

3. 행정행위의 내용★★★

① 법률행위적 행정행위 : 의사표시를 구성요소로 하고 그 의사의 내용에 따라 법률적 효과가 발생하는 행위이다.

㉠ 명령적 행정행위 : 국민에게 특정한 의무를 명하여 자연적 자유를 제한하거나, 부과된 의무를 해제하여 자연적 자유를 회복시키는 행위★

하명	일정한 행정목적을 위하여 개인에게 작위 · 부작위 · 지급 · 수인의 의무를 과하는 행정행위로서 특히 부작위의 의무를 과하는 하명을 금지라고도 한다.
허가	일반적 금지를 특정한 경우에 해제하여 적법하게 그 행위를 할 수 있도록 자연의 자유를 회복하여 주는 행정행위이다. 허가의 효과는 일반적으로 과하여진 부작위의무의 소멸이므로 적극적으로 새로운 권리를 설정하는 것은 아니다.
면제	법령 또는 그에 의거한 행정행위에 의하여 일반적으로 과하여진 작위 · 지급 · 수인의 의무를 특정한 경우에 소멸시키는 행정행위이다. 그 면제하는 의무가 부작위는 아닌 점이 허가와 구별된다.

▸ **기출 OX 지문정리**

[한국원자력환경공단]

1. 행정청이 행정목적을 달성하기 위하여 부과한 일반적 · 상대적 금지를 일정한 요건을 갖춘 경우에 해제하여 일정한 행위를 할 수 있게 하는 행정행위를 인가라고 한다. ( )

➜ 허가에 대한 내용이다. 허가는 위험의 예방 등 공공의 안녕을 목적으로 법규에 의해 일반적 · 상대적 · 예방적으로 금지되었던 것을 특정한 경우에 이를 해제함으로써 적법하게 행위할 수 있도록 하여 자연적 자유(헌법상 권리)를 회복시켜주는 행정행위이다.

정답 1. ×

㉡ 형성적 행정행위 : 행정객체에게 특정한 권리나 능력 등의 법률상 힘이나 포괄적 법률관계, 기타 법률상 힘을 형성시키는 법률행위★

특허	특정인에게 일정한 권리·권력 또는 포괄적 법률관계를 설정·변경·소멸시키는 행정행위이다. 특허를 받은 자는 특허된 법률상의 힘을 제3자에 대하여 법적으로 주장·행사할 수 있으며, 특허에 대한 침해는 권리의 침해가 된다.
인가	개인이 제3자와의 관계에서 하는 법률적 행위를 보충함으로써 그 법률적 행위의 효력을 완성시켜 주는 행정행위이다(보충적 행정행위). 인가는 행정객체의 출원을 전제로 해서만 행하여질 수 있다.
대리	타인이 하여야 할 행위를 행정청이 갈음하여 함으로써 본인이 한 것과 같은 법적 효과를 발생시키는 행정행위이다. 이는 사법상의 대리나 행정관청의 대리와는 달리 법정대리라 할 수 있다.

▸ 기출 O× 지문정리

[한국광물자원공사]

1. 토지거래허가와 같이 제3자의 법률적 행위를 보충하여 그 법률상 효과를 완성하는 행정행위를 특허라고 한다. ( )

➜ 행정객체가 제3자와의 사이에서 하는 법률적 행위를 행정주체가 보충함으로써 그 법률상 효력을 완성시켜주는 행정행위를 인가라고 한다. 인가에는 사립대학설립인가, 토지거래허가, 공법인설립인가 등이 있다.

[한국원자력환경공단]

2. 허가와 달리 인가는 신청 없이도 행해질 수 있다. ( )

➜ 인가와 허가 모두 신청이 전제되는 행정행위이다.

3. 인가는 허가와 달리 사실행위도 그 대상이 된다. ( )

➜ 인가는 법률행위만을 그 대상으로 한다.

4. 전통적으로 인가는 명령적 행위로 분류된다. ( )

➜ 인가는 형성적 행위로 분류된다.

정답 1. × 2. × 3. × 4. ×

② 준법률행위적 행정행위★ : 의사표시 이외의 정신작용(인식·관념 등) 등의 표시를 요소로 하고 그 법률적 효과는 행위자의 의사 여하를 불문하고 직접 법규가 정하는 바에 따라 발생하는 행위

공증	특정한 법률관계의 존재를 공적으로 증명하는 행정행위이다. 공증은 이러한 것에 공적인 증거력을 발생시킨다.
통지	특정인 또는 불특정다수인에 대하여 특정한 사실을 알리는 행정행위이다. 통지의 효과는 직접 법령에 의하여 발생한다.
수리	타인의 행위를 유효하게 수령하는 행위이다.
확인	특정한 법률사실 또는 법률관계의 존부(存否)·정부(正否)에 관하여 의문이나 분쟁이 있는 경우에 행정청이 이를 공권적으로 판단·확정하는 행정행위이다.

THE 알아두기

법률행위적 행정행위와 준법률행위적 행정행위★★

법률행위적 행정행위	명령적 행위	하명, 허가, 면제 두 **하·허·면**
	형성적 행위	특허, 인가, 대리 두 **특·임(인)·대**
준법률행위적 행정행위		공증, 통지, 수리, 확인 두 **공·통·수·확**

▸ 기출 ○× 지문정리

[한국원자력환경공단]

1. 확인은 준법률행위적 행정행위의 일종이다. ( )
2. 판례는 판단여지와 재량을 엄격하게 구별하고 있지는 않다. ( )
3. 부분허가(부분승인) 그 자체가 행정행위로 인정받지 못한다. ( )
   ➜ 부분허가(부분승인)은 그 자체로 행정행위이다.

정답 1. ○ 2. ○ 3. ×

4. 행정행위의 성립과 효력발생요건

① 행정행위의 성립요건★

㉠ 주체 : 행정행위는 정당한 권한을 가지는 행정청에 의하여야 하고, 적법하게 구성된 행정기관의 정상적인 의사에 의한 것이어야 한다. 또한, 타기관과의 협력이 요구된 경우에는 소정의 협력이 있어야 하고, 권한 내의 사항에 관한 행위를 하여야 한다.

㉡ 내용 : 법률상·사실상 실현가능하고 객관적으로 명확해야 한다. 또한 법령과 공익에 부합되어야 하며 절차와 형식을 갖추어야 한다.

② 행정행위의 효력발생요건★ : 보통 법규나 부관에 특별한 규정이 없는 한 성립과 동시에 발생하나 수령을 요하는 행정행위는 상대방에 도달함으로써 발생한다.

5. 행정행위의 부관★★

① 부관의 의의★ : 행정청에 의해 주된 행정행위에 부가된 종된 규율이다.

② 부관의 종류

조건	행정행위의 효력의 발생 또는 소멸을 발생이 불확실한 장래의 사실에 의존하게 하는 부관으로서, 조건 성취에 의하여 당연히 효력을 발생하게 하는 정지조건과 당연히 그 효력을 상실하게 하는 해제조건이 있다.
기한	행정행위의 효력의 발생 또는 소멸을 장래의 발생이 확실한 사실에 의존시키는 부관으로서, 기한의 도래로 행정행위가 당연히 효력을 발생하는 시기와 당연히 효력을 상실하는 종기가 있다.
부담	행정행위의 주된 내용에 부가하여 그 상대방에게 작위·부작위·급부·수인의무를 부과하는 부관으로서, 부담은 다른 부관과 달리 그 자체가 행정행위이며, 독립하여 항고소송의 대상이 될 수 있다.
철회권의 유보	행정행위를 행함에 있어 일정한 경우에는 행정행위를 철회(변경)할 수 있음을 정한 부관이다(숙박업 허가를 하면서 성매매행위를 하면 허가를 취소한다는 경우).

▸ 기출 O× 지문정리

> [한국원자력환경공단]
>
> 1. 국가가 공유수면매립준공인가처분을 하면서 매립지 일부에 대해 국가에 귀속시키기로 하는 부관을 붙였다면 이는 행정행위의 부관 중 부담에 해당한다. ( )
>
> ➜ 행정행위의 일반적인 효과를 제한하기 위하여 그 행위의 요소인 주된 의사표기에 부가되는 종된 의사표시를 행정행위의 부관이라 한다. 판례는 공유수면매립준공인가처분을 하면서 매립지 일부에 대하여 국가에 귀속시키기로 하는 부관을 부담으로 보지 않고 법률효과의 일부배제로 판단한 바 있다.

정답 1. ×

6. 행정행위의 무효

① 의의★ : 행정행위가 중대하고 명백한 하자로 인하여 행정행위로서의 외형은 존재하나 처음부터 당연히 행정행위로서의 효력이 발생하지 못하는 것을 말한다.

② 무효의 원인 : 실정법적 규정이 없기 때문에 학설과 판례에 의한다.

주체상의 하자	정당한 권한을 가지지 아니하는 행정기관의 행위는 무효이다. 즉, 공무원이 아닌 자의 행위, 적법하게 구성되지 아니한 합의제 행정기관의 행위, 타기관의 필요적 협력을 받지 아니하고 한 행위 등이 이에 해당된다. 행정기관의 권한 외의 행위는 원칙적으로 무효이다. 행정기관의 정상의 의사에 의하지 아니한 행위, 즉 전혀 의사 없이 한 행위나 의사결정에 하자 있는 행위 등이 그것이다.
내용상의 하자	내용이 불분명하거나 실현이 불가능한 행위로서 사실상 불능인 행위와 법률상 불능인 행위가 있다.
절차상의 하자	법률상 필요한 상대방의 신청이나 동의가 없는 행위, 필요적 고지 없이 한 행위, 소정의 청문, 기타 의견진술의 기회를 부여하지 아니하고 한 행위, 이해관계인의 필요적인 참여 없이 한 행위 등이다.
형식상의 하자	서면에 의하지 아니한 행위, 필요적 기재가 없는 행위, 행정기관의 서명·날인이 없는 행위 등이 있다.

▸ 기출 O× 지문정리

> [대한무역투자진흥공사]
>
> 1. 무효의 행정행위는 처음부터 효력이 발생되지 않는다. ( )
> 2. 무효의 행정행위는 제소기간이 적용되지 않는다. ( )
> 3. 행정행위의 하자가 중대하고 명백한 경우에는 무효이다. ( )

정답 1. ○ 2. ○ 3. ○

7. 행정행위의 취소

① 의의★

㉠ 행정행위의 취소 : 그 성립에 흠이 있음에도 불구하고 일단 유효하게 성립한 행정행위에 대하여 그 성립에 흠이 있음을 이유로 권한 있는 기관이 그 효력의 전부 또는 일부를 원칙적으로 행위시로 소급하여 상실시키는 행위를 말한다.

㉡ 철회와의 구별 : 철회는 아무런 흠이 없이 유효·적법하게 성립한 행정행위를 그 효력을 장래에 존속시킬 수 없는 새로운 사유의 발생을 이유로 소멸시킨다. 즉, 행정행위의 성립에 흠의 유무에 따라 구별된다.

THE 알아두기

무효와 취소의 구별기준

하자 있는 행정처분이 당연무효가 되기 위하여는 그 하자가 법규의 중요한 부분을 위반한 중대한 것으로서 객관적으로 명백한 것이어야 하며, 하자가 중대하고 명백한 것인지 여부를 판별함에 있어서는 그 법규의 목적, 의미, 기능 등을 목적론적으로 고찰함과 동시에 구체적 사안 자체의 특수성에 관하여도 합리적으로 고찰함을 요한다.★

② **종류** : 법원에 의한 취소와 행정청에 의한 취소, 쟁송취소와 직권취소, 수익적 행정행위의 취소와 부과적 행정행위의 취소 등으로 나눌 수 있다.

③ **취소권자** : 직권취소는 정당한 권한을 가진 처분청과 감독청이, 쟁송취소는 행정청 외의 법원과 예외적으로 제3기관(소청심사위원회・국세심판소)이 있다.★

④ **취소사유** : 단순위법(경미한 법규위반 및 조리법위반)이나 부당(공익위반)의 경우에도 취소사유가 된다.

⑤ **취소의 제한**★

㉠ 수익적 행정행위에 있어서는 법적 안정성 및 법률적합성원리에서 신뢰보호원칙으로 바뀌고 있다.

㉡ 직권취소에 있어서는 취소에 의해서 달성하려는 공익상의 필요와 상대방 또는 제3자의 신뢰보호와 법률 생활안정・기득권존중 등의 요청을 비교 형량하여 구체적으로 타당성 있게 결정해야 한다.

⑥ **취소의 절차** : 직권취소의 경우, 그에 관한 규정이 없는 것이 보통이나, 쟁송취소의 경우에는 행정심판법(재결)・행정소송법(판결) 등의 형식에 의한다.

⑦ **취소의 효과** : 직권취소는 그 소급 여부가 구체적인 이익형량에 따라 다르며 확정력이 발생하지 아니한다. 그러나 쟁송취소는 원칙적으로 기왕에 소급한다.★

8. 그 밖의 행정의 주요 행위형식★★

① **행정상의 확약** : 일정한 행정작용을 하거나 하지 않을 것을 내용으로 하는 행정청의 구속력 있는 약속 또는 자기구속적 의사표시이다(공무원에 대한 승진약속, 주민에 대한 개발약속 등).

② **행정계획** : 행정주체가 장래 일정기간 내에 도달하고자 하는 목표를 설정하고, 그 목표를 상호관련성 있는 행정수단의 조정과 종합화의 과정을 통하여 실현하기 위한 여러 행정시책의 계획 또는 그 설정행위이다(국토종합개발계획, 도시・군계획 등).

③ **공법상의 계약**★ : 공법적 효과의 발생을 목적으로 하는 복수당사자 사이의 반대방향의 의사합치에 의하여 성립되는 비권력적 쌍방행위이다(교육사무위탁, 도로・하천의 경비분담에 관한 협의, 전문직 공무원 등 임용계약, 별정우체국장의 지정 등).

④ **공법상의 합동행위**★ : 공법적 효과의 발생을 목적으로 하는 복수당사자 사이의 동일방향의 의사표시의 합치에 의하여 성립하는 비권력적 쌍방행위이다(지방자치단체 간의 협의, 지방자치단체조합을 설립하는 행위, 공공조합연합회를 설립하는 행위, 정관작성행위 등).

⑤ **행정상의 사실행위**★ : 일정한 법률효과의 발생을 목적으로 하는 것이 아니라 직접적으로는 일정한 사실상의 결과만을 발생하게 하는 행정주체의 일체의 행위형식이다(행정지도, 공물・영조물의 설치・관리행위, 행정조사, 즉시강제, 대집행 실행행위, 쓰레기 수거, 학교 수업 등).

⑥ **행정지도**★★ : 행정주체가 지도・조언・권고 등의 방법으로 국민이나 기타 관계자의 행동을 유도하여 그 의도하는 바를 실현하기 위하여 행하는 비권력적 사실행위이다(물가의 억제를 위한 지도, 장학지도, 중소기업의 기술지도 등).

⑦ **비공식 행정작용★** : 실제로는 빈번히 이용됨에도 불구하고 법적 성격·요건·효과·절차 등이 일반적으로 법에 정해져 있지 않은 행정작용으로, 법적 구속력을 발생하지 않는 일체의 행정작용이다(경고와 권고, 협상, 조정, 화해, 설득, 정보제공 등).
⑧ **기타** : 행정의 자동화 작용, 행정의 사법적 활동 등이 있다.

Ⅲ 행정행위의 효력★

1. (내용상) 구속력

행정행위가 그 내용에 따라 관계행정청, 상대방 및 관계인에 대하여 일정한 법적 효과를 발생하는 힘으로 모든 행정행위에 당연히 인정되는 실체법적 효력을 말한다.

2. 공정력★

비록 행정행위에 하자가 있는 경우에도 그 하자가 중대하고 명백하여 낭연무효인 경우를 제외하고는, 권한 있는 기관에 의해 취소될 때까지는 일응 적법 또는 유효한 것으로 보아 누구든지(상대방은 물론 제3의 국가기관도) 그 효력을 부인하지 못하는 힘을 말한다.

3. 구성요건적 효력★

유효한 행정행위가 존재하는 이상 모든 국가기관은 그 존재를 존중하고 스스로의 판단에 대한 기초로 삼아야 한다는 효력을 말한다(국가기관에 대한 효력).

4. 존속력(확정력)★

① **불가쟁력(형식적 확정력)** : 행정행위에 대한 쟁송제기기간이 경과하거나 쟁송수단을 다 거친 경우에는 상대방 또는 이해관계인은 더 이상 그 행정행위의 효력을 다툴 수 없게 되는 효력을 말한다.
② **불가변력(실질적 확정력)★** : 일정한 경우 행정행위를 발한 행정청 자신도 행정행위의 하자 등을 이유로 직권으로 취소·변경·철회할 수 없는 제한을 받게 되는 효력을 말한다.

5. 강제력

강제력에는 제재력과 자력집행력이 있다.
① **제재력** : 행정법상 의무위반자에게 처벌을 가할 수 있는 힘을 말한다.
② **자력집행력** : 행정법상 의무불이행자에게 의무의 이행을 강제할 수 있는 힘을 말한다.

Ⅳ 행정절차법과 정보공개법

1. 행정절차법

① **행정절차법의 목적** : 행정절차에 관한 공통적인 사항을 규정하여 국민의 행정참여를 도모함으로써 행정의 공정성・투명성 및 신뢰성을 확보하고 국민의 권익을 보호함을 목적으로 한다.

② **행정절차법의 주요내용**

㉠ 처분・신고・확약・위반사실 등의 공표・행정계획・행정상 입법예고・행정예고 및 행정지도의 절차에 관하여 다른 법률에 특별한 규정이 없는 경우에 적용되는 일반법이다.

㉡ 행정청은 처분의 처리기간 및 처분기준을 미리 공표하여야 한다.★

㉢ 당사자에게 의무부과와 권익침해처분을 하는 경우에는 사전통지 및 청문 등의 의견청취를 하며, 처분의 근거와 이유를 명시하도록 한다.★

㉣ 국민의 일상생활과 밀접한 법령 등을 제정・개정・폐지하거나 정책・제도・계획수립의 경우는 미리 예고하여 국민의 참여와 정부정책에 대한 국민의 협조를 유도한다.

㉤ 행정지도는 부당하게 강요하지 않고 상대방에게 의견 제출의 기회를 주도록 할 수 있다.

2. 정보공개법

① **의의와 목적** : 공공기관의 정보공개에 관한 법률의 목적은 행정권이 보유・관리하는 다양한 정보에 대한 국민의 자유로운 접근권을 인정하여 국민의 알 권리를 보장하고, 아울러 국정에 대한 국민의 참여와 국정운영의 투명성을 확보하려는 데 있다.

② 주요 내용

㉠ 공공기관이 보유・관리하는 정보는 국민의 알권리 보장 등을 위하여 이 법에서 정하는 바에 따라 적극적으로 공개하여야 한다.★

㉡ 공공기관이 보유・관리하는 정보는 공개 대상이 된다. 다만, 일정한 경우의 정보(비공개 대상 정보)는 공개하지 아니할 수 있다.★

㉢ 공공기관은 정보공개청구를 받은 날부터 10일 이내에 공개여부를 결정하여야 하고, 제3자와 관련이 있는 공개대상 정보는 그 사실을 제3자에게 지체 없이 통지하여 의견을 청취할 수 있도록 한다.★

㉣ 정보 비공개결정의 통지를 받은 청구인은 이의신청, 행정심판, 행정소송을 청구할 수 있다.

Ⅴ 특별행정작용법

1. 의의

특별행정작용법이란 국가 또는 지방자치단체 등의 행정주체가 행정목적을 달성하기 위하여 하는 일체의 행정활동에 관한 법이다.

2. 내용★

특별행정작용법의 구체적인 내용은 시대와 국가에 따라 차이가 있으나, 현대 복지국가의 행정작용은 근대 야경국가적 시민국가의 소극적인 질서유지작용에서 탈피하여 적극적으로 국민의 복리증진을 위해 개입하고 급부・조정하는 등 그 범위가 확대되고 있다.

3. 분류

특별행정작용법 각론은 크게 질서행정(경찰행정), 복리행정, 재무행성, 군사행정으로 나눌 수 있다.

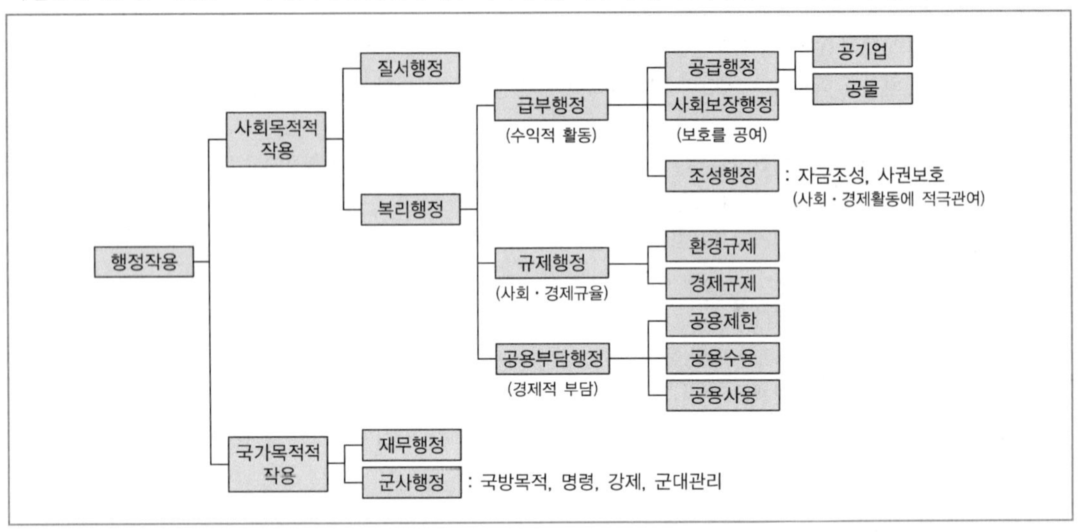

제4절 행정작용의 실효성 확보

I 행정상 강제집행★★

1. 강제집행의 의의

행정상의 강제집행은 행정법상 의무의 불이행에 대하여 행정권이 의무자의 신체 또는 재산에 직접 실력을 가하여 그 의무를 이행시키거나 이행된 것과 동일한 상태를 실현시키는 작용이다.

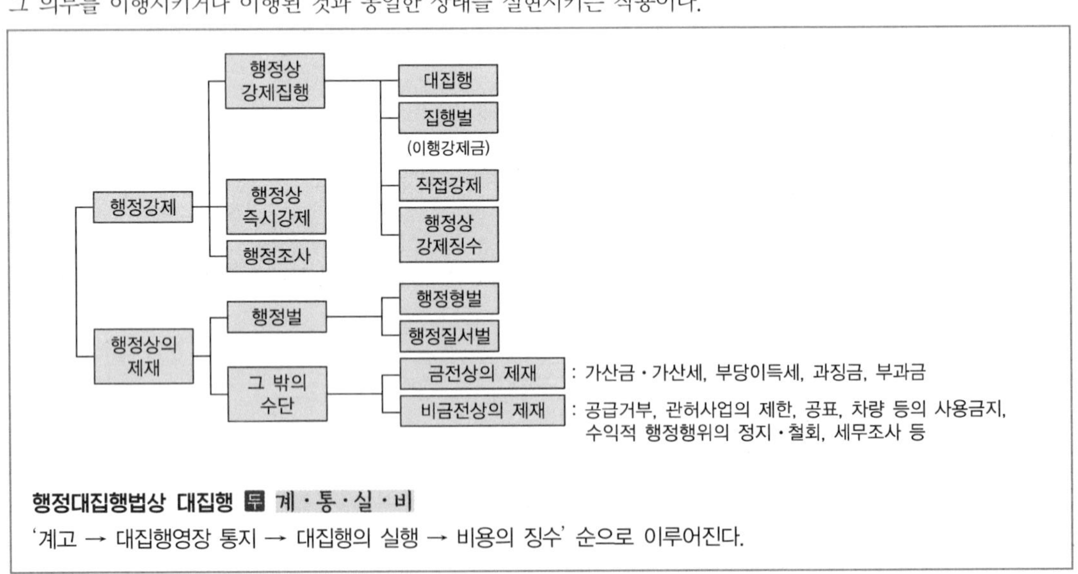

행정대집행법상 대집행 두 계 · 통 · 실 · 비

'계고 → 대집행영장 통지 → 대집행의 실행 → 비용의 징수' 순으로 이루어진다.

2. 법적 근거

행정상의 강제집행은 권력작용인 만큼 엄격한 법률적 근거를 요한다. 일반법에는 행정대집행법과 국세징수법이 있으며, 특별법으로는 공익사업을 위한 토지 등의 취득 및 보상에 관한 법률, 출입국관리법, 산림기본법, 방어해면법 등이 있다.

3. 강제집행의 수단*

① **행정대집행** : 행정대집행은 의무자가 의무를 불이행한 데 대한 제1차적 수단으로 당해 행정청이 의무자가 행할 작위를 스스로 행하거나 또는 제3자로 하여금 이를 행하게 하고 그 비용을 의무자로부터 징수하는 것이다(예 철거명령을 따르지 않은 무허가건물의 강제철거).

② **직접강제** : 직접강제란 의무자가 의무를 이행하지 아니하는 경우에 직접적으로 의무자의 신체 또는 재산에 실력을 가함으로써 행정상 필요한 상태를 실현하는 작용이다(예 해군 작전구역 내에 정박하는 선박의 작전 수역 외로 강제 이동).

③ **행정상의 강제징수** : 강제징수란 사인이 국가 또는 지방자치단체에 대해 부담하고 있는 공법상 금전급부의무를 불이행한 경우에 행정청이 강제적으로 그 의무가 이행된 것과 같은 상태를 실현하는 작용을 말한다(예 미납된 세금의 강제징수).

④ **강제금** : 강제금(이행강제금)이란 비대체적 작위의무・부작위의무・수인의무의 불이행시에 일정 금액의 금전이 부과될 것임을 의무자에게 미리 계고함으로써 의무이행의 확보를 도모하는 강제수단을 말한다.

Ⅱ 행정상의 즉시강제

1. 의의*

행정상 장해가 존재하거나 장해의 발생이 목전에 급박한 경우에 성질상 개인에게 의무를 명해서는 공행정 목적을 달성할 수 없거나, 또는 미리 의무를 명할 시간적 여유가 없는 경우에 개인에게 의무를 명함이 없이 행정기관이 직접 개인의 신체나 재산에 실력을 가해 행정상 필요한 상태의 실현을 목적으로 하는 작용으로서, 권력적 사실행위에 해당한다(예 마약중독자의 강제수용, 감염병 환자의 강제입원, 위험의 방지를 위한 출입 등).

2. 근거

법치행정의 원리상 엄격한 법률의 근거를 요한다(예 경찰관 직무집행법, 소방기본법, 마약류관리에 관한 법률, 감염병의 예방 및 관리에 관한 법률 등).

3. 수단

① **경찰관 직무집행법이 규정하는 수단** : 무기사용, 보호조치, 위험발생 방지조치, 범죄의 예방과 제지조치, 임시영치 등

② **각 행정법규가 규정하는 수단** : 대인적 강제, 대물적 강제, 대가택 강제

Ⅲ 행정벌

1. 의의

행정벌이란 행정의 상대방인 국민이 행정법상 의무를 위반하는 경우에 일반통치권에 의하여 그 의무 위반자에게 과해지는 제재로서의 처벌을 의미한다.

2. 근거★

죄형법정주의 원칙상 당연히 법률의 근거를 요하며 소급입법은 허용되지 않는다. 행정입법에의 위임도 그 처벌대상인 행위의 종류 또는 성질 및 벌의 최고한도를 구체적으로 정하여야 한다.

3. 종류★

① **행정형벌** : 형법에 규정되어 있는 형명(刑名)의 벌(사형 · 징역 · 금고 · 벌금 · 구류)이 가해지는 행정벌을 의미한다.

② **행정질서벌**

㉠ 일반사회의 법익에 직접 영향을 미치지는 않으나 행정상의 질서에 장해를 야기할 우려가 있는 의무위반에 대해 과태료가 가해지는 제재를 말한다.

㉡ 행정질서벌은 형법총칙이 적용되지 아니한다.★

▸ **기출 ○× 지문정리**

[한국보훈복지의료공단]

1. 행정벌은 장래의 의무이행을 촉구하기 위한 행정상 강제집행을 말한다. ( )
   ➜ 행정벌은 행정법상의 의무위반자에 대하여 가해지는 처벌이다.
2. 행정벌은 행정형벌, 행정질서벌, 행정상 직접강제로 구분된다. ( )
   ➜ 행정벌은 행정형벌, 행정질서벌로 구분된다.
3. 행정질서벌은 행정법규 위반에 대하여 과태료를 부과하는 행정벌이다. ( )

정답 1. × 2. × 3. ○

제5절 행정상의 손실(손해)전보

Ⅰ 손해배상제도

1. 손해배상제도의 의의★

국가나 지방자치단체의 위법한 행위로 인하여 사인이 손해를 입은 경우에 그 사인은 국가에 대하여 손해의 배상을 청구할 수 있는바, 이것이 손해배상제도이다. 헌법규정에 따라 제정된 국가배상법에 따르면, 국가의 배상책임은 공무원의 위법한 직무집행행위로 인한 배상책임(국가배상법 제2조)과 영조물의 설치 · 관리상의 하자로 인한 배상책임(국가배상법 제5조)의 두 가지를 규정하고 있다.

2. 공무원의 위법한 직무행위로 인한 손해의 배상

① **배상책임의 요건** : 공무원이 직무를 집행하면서 고의 또는 과실로 법령에 위반하여 타인에게 손해를 가하였을 때에는 국가나 지방자치단체는 그 손해를 배상할 책임이 있다(국가배상법 제2조 제1항).

② **공무원의 직무행위**

㉠ 공무원 : 소속을 불문하고 널리 국가나 지방자치단체의 사무를 수행하는 자를 말한다. 공무를 위탁받은 사인도 여기의 공무원에 해당한다.★

㉡ 직무행위 : 국가배상법 제5조의 영조물의 설치·관리와 관련된 직무를 제외한 모든 공법상의 행정작용을 말한다.★

㉢ 직무를 집행하면서 : 직무집행행위뿐만 아니라 널리 외형상으로 직무집행행위와 관련 있는 행위를 포함한다.★

③ **위법행위** : 고의 또는 과실로 법령에 위반되는 행위이어야 한다.

㉠ 고의·과실 : 고의란 어떠한 위법행위의 발생 가능성을 인식하고 그 결과를 인용하는 것을 말하고, 과실이란 부주의로 인하여 어떠한 위법한 결과를 초래하는 것을 말한다.

㉡ 법령위반 : 법률과 명령의 위반이라는 의미뿐 아니라 널리 성문법·불문법과 신의성실·인권존중·사회 질서 등 법원칙에의 위반도 포함한다.★

④ **손해의 발생(타인에게 발생한 손해이어야 함)**

㉠ 타인 : 위법행위를 한 자나 바로 그 행위에 가담한 자를 제외한 모든 피해자를 의미한다. 따라서 타인에는 공무원도 포함될 수 있다.★

㉡ 손해 : 가해행위로부터 발생한 모든 손해를 의미한다. 재산상의 손해인가 비재산상의 손해인가를 가리지 않는다.

3. 영조물의 설치·관리상의 하자로 인한 배상책임

① **배상책임의 요건** : 도로·하천 그 밖의 공공의 영조물의 설치나 관리에 하자가 있기 때문에 타인에게 손해를 발생하게 하였을 때에는 국가나 지방자치단체는 그 손해를 배상하여야 한다(국가배상법 제5조 제1항).

② **도로·하천 그 밖의 영조물** : 공적 목적에 제공된 물건인 공물을 의미한다. 자연공물인가 인공공물인가를 가리지 않는다. 다만 공공시설(공물)이 아닌 국공유의 사물(국유잡종재산)은 제외된다.★

③ **설치 또는 관리의 흠(하자)** : 공물 자체가 항상 갖추어야 할 객관적인 안전성을 결여한 것을 말한다. 불가항력에 의한 행위는 설치·관리상의 하자가 아니다.★

④ **손해의 발생** : 손해의 종류 여하를 묻지 아니하며, 손해와 영조물의 흠(하자) 사이에는 인과관계가 있어야 한다.

4. 손해배상의 내용

① 정당한 배상

㉠ 헌법은 정당한 배상을 지급할 것을 규정하고 있다.

㉡ 국가배상법은 생명·신체에 대한 침해와 물건의 멸실·훼손으로 인한 손해에 관해서는 배상금액의 기준을 정해 놓고 있다. 그 밖의 손해에 대해서는 불법행위와 상당인과관계가 있는 범위 내의 손해를 기준으로 하고 있다.

② **양도의 금지**★ : 생명·신체의 침해에 대한 배상청구권은 이를 양도하거나 압류하지 못한다.

③ **이중배상의 금지**★ : 피해자가 군인·군무원·경찰공무원·예비군대원으로서 전투·훈련 등 직무집행과 관련하여 전사·순직 또는 공상을 입은 경우에, 다른 법령에 의한 보상을 지급받을 수 있을 때에는 국가배상법 및 민법에 의한 손해배상을 청구하지 못한다.

④ **배상책임자★** : 국가 또는 지방자치단체가 그 손해에 대한 배상책임을 지는 경우에, 그 공무원의 선임・감독자와 봉급・급여 등의 비용부담자가 동일하지 않을 때에는 피해자는 그 어느 쪽에 대하여도 선택적 청구권을 행사할 수 있다.

⑤ **소멸시효★** : 국가배상청구권에는 단기 소멸시효가 인정된다. 그 시효기간은 손해 및 가해자를 안 날로부터 3년, 불법행위를 한 날로부터 5년이다.

Ⅱ 손실보상제도

1. 의의★

손실보상제도란 국가나 지방자치단체가 공공의 필요에 의한 적법한 권력행사를 통하여 사인의 재산권에 특별한 희생을 가한 경우(예 정부나 지방자치단체의 청사 건설을 위하여 사인의 토지를 수용하는 경우)에 재산권의 보장과 공적부담 앞의 평등이라는 견지에서 사인에게 적절한 보상을 해주는 제도를 말한다.

2. 법적 근거★

현재로서 손실보상에 관한 단일의 통일 법전은 없다. 실정법적 근거로는 공익사업을 위한 토지 등의 취득 및 보상에 관한 법률, 징발법, 건축법, 하천법, 도로법 등이 있다.

3. 헌법규정의 성질

헌법은 제23조 제3항에서 "공공필요에 의한 재산권의 수용・사용 또는 제한 및 그에 대한 보상은 법률로써 하되, 정당한 보상을 지급하여야 한다."고 규정하고 있다.

4. 요건의 검토

① 손실보상청구권이 인정되는 침해는 공공의 필요를 위한 것이어야 한다. 순수 국고목적은 여기의 공공필요에 해당하지 않는다.

② 손실보상청구권을 가져오는 침해는 재산권에 대한 것이어야 한다. 물권인가 채권인가를 가리지 아니하며 공법상의 권리인가 사법상의 권리인가도 문제되지 아니한다.★

③ 침해는 적법한 것이어야 한다. 위법한 침해라면 기본적으로 손해배상청구권의 문제가 된다.

④ 손실보상이 주어지기 위해서는 피해자에게 가해진 피해가 특별한 희생에 해당하는 것이어야 한다.

▸ **기출 O× 지문정리**

[한국도로공사]

1. 손해배상은 개인주의에 입각하나 손실보상은 단체주의에 입각한다. ( )
2. 손해배상은 위법행위, 손실보상은 적법행위에 대해 인정된다. ( )
3. 손해배상과 손실보상은 재산적 피해에 대해서만 구제된다. ( )

➜ 손해배상은 생명, 신체, 재산 등의 침해 모두를 대상으로 한다. 반면 손실보상은 재산상의 특별한 침해에 대해서만 보상한다.

정답 1. ○ 2. ○ 3. ×

Ⅲ 행정심판제도

1. 행정심판의 의의

행정심판은 행정청의 위법 또는 부당한 처분이나 부작위로 인하여 권익을 침해당한 자가 행정기관에 대하여 그 시정을 구하는 행정쟁송이다(행정심판법 제1조 참고). 행정심판에 불복하는 경우에는 행정소송을 제기할 수 있다.

2. 행정심판제도의 활용(고지제도)*

고지제도는 행정의 민주화, 행정의 신중·적정·합리화를 도모하기 위한 제도이다. 고지제도는 개인의 권익보호의 강화에 기여한다. 고지제도는 불복고지라고 불리기도 한다. 고지에는 직권고지와 신청에 의한 고지의 두 종류가 있다.

① 직권고지 : 행정심판법은 사인이 행정심판제도를 활용할 수 있도록 하기 위하여 고지제도를 두고 있다. 즉, 행정청이 처분을 서면으로 하는 경우에는 그 상대방에게 처분에 관하여 행정심판을 제기할 수 있는지의 여부, 제기하는 경우의 심판청구절차 및 청구기간을 알려야 한다.

② 신청에 의한 고지 : 행정청은 이해관계인으로부터 당해 처분이 행정심판의 대상이 되는 처분인지의 여부와 행정심판의 대상이 되는 경우에 소관위원회 및 청구기간에 관하여 알려줄 것을 요구받은 때에는 지체 없이 이를 알려야 한다. 이 경우에 서면으로 알려줄 것을 요구받은 때에는 서면으로 알려야 한다.

3. 행정심판의 종류

구분	내용
취소심판	행정청의 위법 또는 부당한 처분의 취소 또는 변경을 구하는 행정심판을 말한다.
무효 등 확인심판	행정청의 처분의 효력 유무 또는 존재 여부에 대한 확인을 구하는 행정심판을 말한다.
의무이행심판	당사자의 신청에 대한 행정청의 위법 또는 부당한 거부처분이나 부작위에 대하여 일정한 처분을 할 것을 구하는 행정심판을 말한다.

4. 심판청구기간 등**

① 심판청구기간 : 행정심판청구는 처분이 있음을 알게 된 날부터 90일 이내에 청구하여야 하고, 처분이 있었던 날부터 180일이 지나면 청구하지 못한다.

② 재결 : 재결은 서면으로 하여야 하며, 원칙적으로 피청구인 또는 위원회가 심판청구를 받은 날로부터 60일 이내에 하여야 한다. 다만, 부득이한 사정이 있는 경우에는 위원장이 직권으로 30일을 연장할 수 있다.

③ 재결의 기속력 : 재결은 피청구인과 그 밖의 관계행정청을 기속한다. 재결에 대하여는 다시 심판청구를 할 수 없다.

5. 행정심판의 심판기관

① 감사원, 국정원장, 대통령 소속기관의 장, 국회사무총장·법원행정처장·헌법재판소사무처장 및 중앙선관위사무총장, 국가인권위원회, 그 밖에 지위·성격의 독립성과 특수성 등이 인정되어 대통령령으로 정하는 행정청 또는 그 소속 행정청의 처분 또는 부작위(이하 "처분 등")에 대하여는 당해 행정청에 두는 행정심판위원회에서 심리·재결한다.

② ① 이외의 국가행정기관의 장 또는 그 소속 행정청, 시·도지사 또는 시·도의 의회, 지방자치단체조합 등 관계 법률에 따라 국가·지방자치단체·공공법인 등이 공동으로 설립한 행정청의 처분 등에 대하여는 국민권익위원회에 두는 중앙행정심판위원회에서 한다.

③ 시・도 소속 행정청, 시・도의 관할구역에 있는 시・군・자치구의 장, 소속 행정청 또는 시・군・자치구의 의회, 시・도의 관할구역에 있는 둘 이상의 지방자치단체(시・군・자치구를 말한다)・공공법인 등이 공동으로 설립한 행정청의 처분 등에 대하여는 시・도지사 소속으로 두는 행정심판위원회에서 한다.

④ 대통령령으로 정하는 국가행정기관 소속 특별지방행정기관의 장의 처분 등에 대하여는 해당 행정청의 직근 상급행정기관에 두는 행정심판위원회에서 한다.

6. 행정심판의 대상*

① 행정청의 처분 또는 부작위에 대하여 다른 법률에 특별한 규정이 있는 경우를 제외하고는 행정심판법에 의하여 행정심판을 제기할 수 있다.

② 대통령의 처분 또는 부작위에 대하여는 다른 법률에 특별한 규정이 있는 경우를 제외하고는 행정심판을 제기할 수 없다(행정심판법 제3조 제2항).

▸ 기출 OX 지문정리

[한국원자력환경공단]

1. 행정청이 당사자의 신청에 대하여 상당한 기간 내에 일정한 처분을 하여야 할 법률상의 의무가 있는데도 처분을 하지 아니한 경우 부작위 위법확인심판을 청구할 수 있다. ( )
   ➜ 행정심판은 부작위위법확인심판을 규정하고 있지 않다.
2. 행정심판은 위법행위 외에 부당행위도 심판의 대상이다. ( )
3. 대통령의 처분에 대하여 다른 법률에서 행정심판을 청구할 수 있도록 정한 경우 외에는 행정심판을 청구할 수 없다. ( )
4. 행정심판의 청구는 원칙적으로 서면으로 하여야 한다. ( )

정답 1. × 2. ○ 3. ○ 4. ○

Ⅳ 행정소송제도

1. 행정소송의 의의

① 행정소송이란 행정법규의 적용과 관련하여 위법하게 권리나 이익이 침해된 자가 소송을 제기하고 법원이 이에 대하여 심리・판단을 행하는 정식의 행정쟁송을 말한다. 행정소송에 관한 일반법으로 행정소송법이 있다.

② 행정소송은 관련 사인의 권리를 보호・구제하고 행정법질서를 확보하고 행정의 효율성을 확보하는 것을 목적으로 한다.

2. 행정소송의 종류*

① 행정의 적법・타당성의 보장 및 개인의 권리・이익의 보호를 목적으로 하는 주관적 쟁송(항고소송・당사자 소송)과 행정의 적법・타당성만을 목적으로 하는 객관적 쟁송이 있다.

② 항고소송에는 취소소송・무효 등 확인소송・부작위위법확인소송이 있다.

THE 알아두기

행정소송의 종류(행정소송법 제3조)

- 항고소송 : 행정청의 처분 등이나 부작위에 대하여 제기하는 소송
- 당사자소송 : 행정청의 처분 등을 원인으로 하는 법률관계에 관한 소송 그 밖에 공법상의 법률관계에 관한 소송으로서 그 법률관계의 한쪽 당사자를 피고로 하는 소송
- 민중소송 : 국가 또는 공공단체의 기관이 법률에 위반되는 행위를 한 때에 직접 자기의 법률상 이익과 관계없이 그 시정을 구하기 위하여 제기하는 소송
- 기관소송 : 국가 또는 공공단체의 기관 상호 간에 있어서의 권한의 존부 또는 그 행사에 관한 다툼이 있을 때에 이에 대하여 제기하는 소송(다만, 헌법재판소법 제2조의 규정에 의하여 헌법재판소의 관장사항으로 되는 소송은 제외)

3. 행정소송의 관할법원

① 행정소송법에서 정한 행정사건과 다른 법률에 의하여 행정법원의 권한에 속하는 사건의 제1심 관할 법원은 행정법원이다.★

② 행정법원이 설치되지 아니한 지역은 지방법원에서 관할한다. 행정소송은 3심급제를 채택하여 제1심 판결에 대한 항소사건은 고등법원이 심판하고, 상고사건은 대법원이 관할한다.★

4. 행정소송의 판결

행정소송의 경우에도 민사소송의 경우와 마찬가지로 크게 중간판결과 종국판결로 나누어지고, 종국판결은 다시 각하판결·기각판결(사정판결 포함)·인용판결 등으로 구분된다.

구분	내용
각하판결	소 제기요건의 결여로 인하여 본안의 심리를 거부하는 판결을 말한다. 각하판결은 소의 대상인 처분 등의 위법성에 대한 판단은 아니므로 원고는 결여된 요건을 보완하여 다시 소를 제기할 수 있고, 아울러 법원은 새로운 소에 대하여 판단하여야 한다.★
기각판결	원고의 청구가 이유 없다고 하여 배척하는 판결로, 해당 처분이 위법하지 않거나 단순히 부당한 것인 때에 행해지는 판결이다.
사정판결	원고의 청구가 이유 있다고 인정하는 경우에도 행정처분을 취소하는 것이 현저히 공공복리에 적합하지 아니하다고 인정하는 때에는 법원이 원고의 청구를 기각하는 판결을 말한다.★
인용판결	원고의 청구가 이유 있음을 인정하여 행정청의 위법한 처분 등의 취소·변경을 행하거나(취소소송의 경우), 행정청의 처분 등의 효력 유무 또는 존재여부의 확인을 내용으로 하는 판결을 하거나(무효 등 확인소송의 경우), 행정청의 부작위가 위법하다는 부작위의 위법을 확인하는 판결(부작위위법확인소송의 경우)을 의미한다(행정소송법 제4조).

CHAPTER 07

행정법 일반

제1절 행정법의 개요

01 행정청이 법률의 근거가 없음에도 불구하고 상대방에게 영업취소 처분을 하였다면 어떤 원칙에 위배되는가?

확인 Check! ○ △ ×

① 비례의 원칙
② 법률유보의 원칙
③ 법률우위의 원칙
④ 신뢰보호의 원칙

쏙쏙해설

법률유보의 원칙이란 행정행위는 법률에 근거를 두고 이루어져야 한다는 원칙이다.

답 ❷

핵심만 콕

① 비례의 원칙 : 행정주체가 구체적인 행정목적을 실현함에 있어서 목적과 수단 간에 합리적 비례관계가 유지되어야 한다는 원칙으로, 과잉금지의 원칙이라고도 한다.
③ 법률우위의 원칙 : 행정행위는 법률의 규정에 위배되어서는 아니 된다는 원칙이다.
④ 신뢰보호의 원칙 : 행정청이 국민에게 행한 언동의 정당성이나 존속성(계속성)에 대한 보호가치 있는 국민의 신뢰는 보호되어야 한다는 원칙으로, 영미법상 금반언의 법리와 유사한 개념이다.

02 행정주체에 해당하지 <u>않는</u> 것은?

확인 Check! ○ △ ×

① 한국은행
② 부산광역시
③ 세종특별자치시
④ 행정안전부장관

답 ❹

핵심만 콕

행정안전부장관은 행정주체가 아닌, 행정기관에 해당한다. 행정기관(行政機關)이란 행정주체가 현실적으로 행정작용을 수행하기 위하여 두는 기관을 말한다. 행정기관의 행위의 법적 효과는 행정주체에 귀속된다.

03 행정법상 행정주체가 아닌 것은?

☑ 확인 Check! ○ △ ×

① 영조물법인
② 공공조합
③ 지방자치단체
④ 행정각부의 장관

쏙쏙해설

행정각부의 장관은 행정작용법상 독임제 행정청에 해당한다. 행정청은 행정주체가 아니라 행정주체의 기관 중 가장 중요한 행정기관에 해당할 뿐이다.

답 ④

핵심만 콕

행정주체의 의의

행정법관계에서 행정권을 행사하고 그 법적 효과가 궁극적으로 귀속되는 당사자를 말한다.

행정주체의 종류

국가		고유의 행정주체
공공단체	지방자치단체	일정한 구역을 기초로 그 구역 내의 모든 주민에 대해 지배권을 행사하는 공공단체로, 보통지방자치단체(특별시, 광역시, 특별자치시, 도 및 특별자치도와 기초자치단체인 시・군・자치구)와 특별지방자치단체(지방자치단체조합)가 있다.
	공공조합(공사단)	특정한 국가목적을 위하여 설립된 인적결합체에 법인격이 부여된 것으로, 농업협동조합, 산림조합, 상공회의소, 변호사회 등이 있다.
	공재단	국가나 지방자치단체가 공공 목적을 위하여 출연한 재산을 관리하기 위하여 설립된 공법상의 재단법인으로, 한국학중앙연구원 등이 있다.
	영조물법인	행정주체에 의하여 특정한 국가목적에 계속적으로 봉사하도록 정하여진 인적・물적 결합체로, 각종의 공사, 국책은행, 서울대학교병원, 적십자병원, 한국과학기술원 등이 있다.
공무수탁사인		국가나 지방자치단체로부터 공권(공행정사무)을 위탁받아 자신의 이름으로 공권력을 행사하는 사인이나 사법인으로, 사인인 사업시행자, 학위를 수여하는 사립대학 총장, 선박항해 중인 선장, 별정우체국장 등이 있다.

제2절 행정조직법

01 지방자치단체의 조직에 관한 설명으로 옳지 않은 것은?

☑ 확인 Check! ○ △ ×

① 특별기관으로서 선거관리위원회 등이 있다.
② 지방자치단체의 장은 법령의 범위 안에서 자치에 관한 조례를 제정할 수 있다.
③ 지방자치단체에 주민의 대의기관인 의회를 둔다.
④ 지방자치단체의 종류는 법률로 정한다.

쏙쏙해설

지방자치단체는 법령의 범위 안에서 그 사무에 관하여 조례를 제정할 수 있다(지방자치법 제28조 제1항 본문).

답 ❷

02 행정주체의 의사를 결정할 수는 있지만 이를 대외적으로 표시할 권한이 없는 행정기관은?

☑ 확인 Check! ○ △ ×

① 행정청 ② 의결기관
③ 집행기관 ④ 자문기관

쏙쏙해설

행정주체의 의사를 결정할 권한은 있지만 이를 외부에 표시할 권한이 없는 행정기관은 의결기관이다. 이점이 행정주체의 의사를 외부에 표시할 권한을 가지는 행정청과 다르다.

답 ❷

핵심만 콕

① 행정청은 국가뿐만 아니라 지방자치단체의 의사를 결정하여 자신의 이름으로 외부에 표시할 수 있는 권한을 가진 행정기관을 말하며, 행정관청이란 국가의사를 결정하여 이를 자기의 이름으로 외부에 표시하는 권한을 가진 행정기관을 말한다.
③ 집행기관은 실력을 행사하여 행정청의 의사를 집행하는 기관을 말한다. 대표적인 예로 경찰공무원, 소방공무원, 세무공무원 등이 이에 해당한다.
④ 자문기관은 행정청의 자문에 응하여 행정청에 전문적인 의견(자문)을 제시하는 것을 임무로 하는 기관을 말한다. 자문기관은 합의제인 것이 보통이나 독임제인 것도 있다. 행정청은 자문기관의 의견에 구속되지 않는다.

03 (　　)에 들어갈 것으로 옳은 것은?

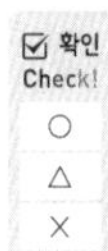

행정청이 자기에게 주어진 권한의 일부를 법에 근거하여 타자에게 이전하여 그 자의 이름과 권한과 책임으로 특정의 사무를 처리하게 하는 것을 (　　)(이)라고 한다.

① 대결　　② 위임전결
③ 권한의 대리　　④ 권한의 위임

쏙쏙해설

권한의 위임이란 행정청이 법적 근거에 의하여 자신의 권한 일부를 다른 행정기관에 이전하면, 수임기관은 이전받은 권한을 자신의 권한으로서 행사하는 것을 말한다.

답 ❹

핵심만 콕

① 대결 : 행정청이나 기타 결재권자의 부재 또는 급박한 사고발생 시 그 직무를 대리하는 자가 대신 결재하고, 사후에 결재권자에게 보고하게 하는 것
② 위임전결(내부위임) : 행정청이 보조기관 등에게 비교적 경미한 사무의 처리권한을 위임하여 보조기관 등이 행정청의 이름으로 그 권한을 행사하는 것
③ 권한의 대리 : 행정청의 권한 전부나 일부를 다른 행정기관이 대리기관으로서 대신 행사하고, 그 법적 효과는 피대리청(행정청)의 행위로서 발생하는 것

제3절 행정작용법

01 甲에게 수익적이지만 동시에 乙에게는 침익적인 결과를 발생시키는 행정행위는?

확인 Check! ○ △ ×

① 대인적 행정행위
② 혼합적 행정행위
③ 복효적 행정행위
④ 대물적 행정행위

쏙쏙해설

상대방에 대해서는 수익적이나, 제3자에 대해서는 침익적으로 작용하거나 또는 그 역으로 작용하는 행위를 복효적 행정행위라고 한다(이를 제3자효적 행정행위라고도 한다).

답 ❸

핵심만 콕

① 대인적 행정행위 : 순전히 사람의 학식, 기술, 경험과 같은 주관적 사정에 착안하여 행하여지는 행정행위를 지칭한다(의사면허, 운전면허, 인간문화재지정 등).
② 혼합적 행정행위 : 인적・주관적 사정과 물적・객관적 사정을 모두 고려하여 행하여지는 행정행위를 말한다(중개업허가, 가스・석유 사업허가, 화학류 영업허가, 약국 영업허가 등).
④ 대물적 행정행위 : 물건의 객관적 사정에 착안하여 행하여지는 행정행위를 말한다(자동차검사증교부, 건물준공검사, 자연공원지정, 물적 문화재지정, 목욕탕 영업허가 등).

02 행정청이 행정목적을 달성하기 위하여 부과한 일반적・상대적 금지를 일정한 요건을 갖춘 경우에 해제하여 일정한 행위를 적법하게 할 수 있게 하는 행정행위는?

확인 Check! ○ △ ×

① 인가
② 특허
③ 확인
④ 허가

쏙쏙해설

설문이 설명하는 행정행위는 허가이다. 즉, 허가는 법령에 의하여 일반적・상대적으로 금지되어 있는 행위를 일정한 요건을 갖춘 경우에 해제하여 적법하게 할 수 있게 하는 행정행위를 말한다.

답 ❹

핵심만 콕

① 인가는 타인의 법률적 행위를 보충하여 그 법률적 효력을 완성시켜주는 행정행위를 말한다.
② 특허는 특정인에 대하여 일정한 법률적 권리나 능력, 포괄적 법령관계를 설정하는 설권적・형성적 행정행위이다.
③ 확인은 준법률행위적 행정행위로 특정한 사실 또는 법률관계의 존부에 관하여 의문이 있거나 다툼이 있는 경우에 행정청이 이를 공적으로 판단하는 행위를 말한다.

03 사인(私人)이 행정청에 대하여 어떠한 사실을 알리는 공법상의 행위는?

☑ 확인 Check! ○ △ ×

① 신고　　② 확인
③ 하명　　④ 수리

▍쏙쏙해설

신고는 사인이 공법적 효과의 발생을 목적으로 행정청에 대하여 일정한 사항을 알리는 행위를 말한다.

답 ❶

▍핵심만 콕

행정행위의 구분

법률행위적 행정행위	명령적 행위	하명, 허가, 면제
	형성적 행위	특허, 인가, 대리
준법률행위적 행정행위		확인, 공증, 통지, 수리

04 행정작용에 관한 설명으로 옳지 않은 것을 모두 고른 것은?

ㄱ. 하명은 명령적 행정행위이다.
ㄴ. 인가는 형성적 행정행위이다.
ㄷ. 공증은 법률행위적 행정행위이다.
ㄹ. 공법상 계약은 권력적 사실행위이다.

① ㄱ, ㄴ　　② ㄱ, ㄷ
③ ㄴ, ㄹ　　④ ㄷ, ㄹ

▍쏙쏙해설

공증은 확인·통지·수리와 함께 준법률행위적 행정행위에 속하며, 공법상 계약은 비권력적 공법행위이다.

답 ❹

05 다음 중 준법률행위 행정행위에 해당하는 것은?

☑ 확인 Check! ○ △ ×

① 하명 ② 특허
③ 승인 ④ 공증

▌쏙쏙해설

준법률행위적 행정행위에는 공증, 수리, 통지, 확인 등이 있고, 법률행위적 행정행위에는 명령적 행정행위(하명, 허가, 면제)와 형성적 행정행위(특허, 인가, 공법상 대리)가 있다.

답 ❹

06 행정청이 영업허가를 하면서 "허가기간은 2021년 12월 31일까지"라고 부관을 붙인 경우, 그 부관의 종류는?

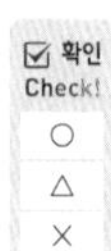

① 시기 ② 종기
③ 부담 ④ 정지조건

▌쏙쏙해설

종기는 행정행위의 효력소멸에 관한 기한으로, 기한이 도래하면 행정행위의 효력이 당연히 소멸한다. "허가기간은 2021년 12월 31일까지"라는 부관에 따라 그 기한 이후에는 영업허가의 효력이 소멸되므로, 이는 종기에 해당한다.

답 ❷

▌핵심만 콕

부관의 종류

구분	내용
조건	행정행위의 효력발생 또는 소멸을 발생이 불확실한 장래의 사실에 의존하게 하는 행정청의 의사표시로서, 조건성취에 의하여 당연히 효력을 발생하게 하는 정지조건과 당연히 그 효력을 상실케 하는 해제조건이 있다.
기한	행정행위의 효력발생 또는 소멸을 발생이 장래에 도래할 것이 확실한 사실에 의존케 하는 행정청의 의사표시로, 기한이 도래하면 당연히 효력이 발생하는 시기와 당연히 효력을 상실하는 종기가 있다.
부담	행정행위의 주된 의사표시에 부가하여 그 상대방에게 작위·부작위·급부·수인의무를 명하는 행정청의 의사표시로, 보통 특허·허가 등의 수익적 행정행위에 붙여진다.
철회권의 유보	행정행위의 주된 의사표시에 부수하여, 장래 일정한 사유가 있는 경우에 그 행정행위를 철회할 수 있는 권리를 유보하는 행정청의 의사표시이다(예 숙박업 허가를 하면서 성매매행위를 하면 허가를 취소한다는 경우 등).

07 행정행위의 부관에 해당하지 않는 것은?

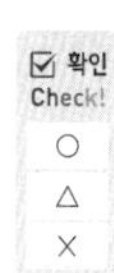

① 조건 ② 철회
③ 부담 ④ 기한

쏙쏙해설

부관은 행정행위의 일반적인 효과를 제한하기 위하여 주된 의사표시에 붙여진 종된 의사표시인데, 철회는 주된 의사표시이다.

답 ❷

08 하자 있는 행정행위가 다른 행정행위의 적법요건을 갖춘 경우, 다른 행정행위의 효력발생을 인정하는 것은?

① 하자의 승계
② 행정행위의 철회
③ 행정행위의 직권취소
④ 하자 있는 행정행위의 전환

쏙쏙해설

설문은 하자 있는 행정행위의 전환에 대한 내용이다.

답 ❹

핵심만 콕

① 2 이상의 행정행위가 연속적으로 행하여진 경우, 선행 행정행위에 하자가 있으면 후행 행정행위에 하자가 없더라도 선행 행정행위를 이유로 하여 이를 다툴 수 있는지의 문제이다.
② 하자 없이 유효하게 성립된 행정행위에 대해 공익상 그 효력을 존속시킬 수 없는 새로운 사유가 발생했을 때, 장래를 향해 그 효력을 잃게 하는 것이 행정행위의 철회이다.
③ 행정행위가 일응 유효하게 성립된 후, 행정청이 그 행정행위의 성립 당시에 하자가 있음을 이유로, 원칙적으로 원래의 행위시에 소급하여 효력을 소멸시키는 독립된 별개의 행정행위가 행정행위의 직권취소이다.

09

☑ 확인 Check! ○ △ ×

권력관계에 있어서 국가와 기타 행정주체의 의사는 비록 설립에 흠이 있을지라도 당연무효의 경우를 제외하고는 일단 적법·유효하다는 추정을 받으며, 권한 있는 기관이 직권 또는 쟁송절차를 거쳐 취소하기 전에는 누구라도 이에 구속되고 그 효력을 부정하지 못하는 우월한 힘이 있는데, 이를 행정행위의 무엇이라고 하는가?

① 확정력 ② 불가쟁력
③ 공정력 ④ 강제력

▌쏙쏙해설

③ 설문은 공정력에 대한 내용이다.
① 확정력에는 형식적 확정력(불가쟁력)과 실질적 확정력(불가변력)이 있다.
② 불가쟁력은 행정행위의 상대방 기타 이해관계인이 더 이상 그 효력을 다툴 수 없게 되는 힘을 의미한다.
④ 강제력은 행정청이 법원의 힘을 빌리지 않고 자신의 목적 실현을 위해 자력으로 강제력을 행사할 수 있는 자력집행권을 의미한다.

답 ❸

10

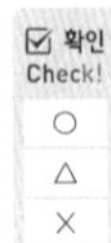

행정청이 어떠한 처분을 하기 전에 당사자 등의 의견을 직접 듣고 증거를 조사하는 절차는?

① 청문 ② 사전통지
③ 의견제출 ④ 행정조사

▌쏙쏙해설

'청문'이란 행정청이 어떠한 처분을 하기 전에 당사자 등의 의견을 직접 듣고 증거를 조사하는 절차를 말한다(행정절차법 제2조 제5호).

답 ❶

▌핵심만 콕

② 사전통지 : 행정청이 당사자에게 의무를 부과하거나 권익을 제한하는 처분을 하는 경우에 미리 일정한 사항을 당사자 등에게 통지하는 것을 말한다.
③ 의견제출 : 행정청이 어떠한 행정작용을 하기 전에 당사자등이 의견을 제시하는 절차로서 청문이나 공청회에 해당하지 아니하는 절차를 말한다.
④ 행정조사 : 행정기관이 정책을 결정하거나 직무를 수행하는 데 필요한 정보나 자료를 수집하기 위하여 현장조사·문서열람·시료채취 등을 하거나 조사대상자에게 보고요구·자료제출요구 및 출석·진술요구를 행하는 활동을 말한다.

11 행정상 사실행위에 해당하는 것은?

☑ 확인 Check!
○
△
×

① 건축허가 ② 도로포장
③ 운전면허 ④ 허가취소

▌쏙쏙해설

도로포장은 행정상 사실행위, 건축허가 · 운전면허 · 허가취소는 행정행위(행정처분)에 해당한다.

답 ❷

▌핵심만 콕

행정상 사실행위의 의의

행정상 사실행위란 행정행위, 공법상 계약, 확약 등의 법적 행위와 같이 일정한 법적 효과의 발생을 의도하는 행위가 아니라 단순히 사실상의 결과실현(예 도로청소, 불법건축물의 철거, 불법감시 등)을 목적으로 하는 일체의 행위형식을 의미한다.

행정상 사실행위의 종류

내부적 사실행위와 외부적 사실행위	내부적 사실행위는 행정조직 내부에서 행정사무의 처리에 관한 사실행위를 말하나(예 문서작성, 장부정리 등), 외부적 사실행위는 대외적으로 국민과의 관계에서 행정목적의 실현을 구현하기 위한 구체적 행정활동과 관련하여 행하여지는 사실행위를 의미한다(예 폐기물수거, 행정지도, 공공시설의 설치 · 관리 등).
정신적 사실행위와 물리적 사실행위	정신적 사실행위는 인간의식의 표시가 수반되어 행하여지는 사실행위를 말하나(예 상담, 안내, 행정지도 등), 물리적 사실행위는 인간의식의 표시가 수반되지 아니하고 단순히 물리적 행위로만 행하여지는 사실행위를 말한다(예 공공시설의 설치 · 관리 등).
집행적 사실행위와 독립적 사실행위	집행적 사실행위는 법적 행위를 집행하기 위하여 행하여지는 사실행위를 말하나(예 무허가건물의 강제철거, 전염병환자의 강제격리 등), 독립적 사실행위는 법적 행위의 집행과는 무관한 사실행위를 말한다(예 행정지도, 도로의 보수공사 등).
권력적 사실행위와 비권력적 사실행위	권력적 사실행위는 공권력의 행사로써 특정 법적 행위를 집행하기 위한 사실행위를 말하나(집행적 사실행위), 비권력적 사실행위는 공권력의 행사와는 무관한 사실행위를 말한다(정신적 사실행위 · 물리적 사실행위).
공법적 사실행위와 사법적 사실행위	공법적 사실행위와 사법적 사실행위는 행정상 사실행위가 공 · 사법 중 어느 것의 규율을 받는가에 따른 분류로, 이러한 분류는 권리구제방법에 있어서 실익이 있다. 즉, 공법적 사실행위로 인하여 손해를 입은 자는 국가배상법에 의한 손해배상을 청구할 수 있으나, 사법적 사실행위로 인하여 손해를 입은 자는 민법에 의한 손해배상을 청구하여야 한다.

제4절 행정작용의 실효성 확보

01 행정상 강제집행이 아닌 것은?

① 행정벌 ② 직접강제
③ 행정상 강제징수 ④ 대집행

쏙쏙해설

행정상 강제집행에는 대집행, 집행벌(이행강제금), 직접강제, 강제징수가 있다. 행정벌은 행정상의 제재이다.

답 ❶

02 행정상 강제집행 중 대집행의 순서로 옳은 것은?

① 대집행영장 통지 → 계고 → 대집행의 실행 → 비용의 징수
② 계고 → 대집행영장 통지 → 대집행의 실행 → 비용의 징수
③ 대집행영장 통지 → 대집행의 실행 → 계고 → 비용의 징수
④ 계고 → 대집행의 실행 → 대집행영장 통지 → 비용의 징수

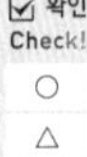

쏙쏙해설

대집행은 '계고 → 대집행영장 통지 → 대집행의 실행 → 비용징수'의 순서로 이루어진다.

답 ❷

03 사인이 국가 또는 지방자치단체에 대해 부담하고 있는 공법상 금전급부의무를 불이행한 경우에 행정청이 강제적으로 그 의무가 이행된 것과 같은 상태를 실현하는 작용을 무엇이라 하는가?

① 행정대집행 ② 강제금
③ 직접강제 ④ 강제징수

쏙쏙해설

설문은 강제징수에 대한 내용이다.

답 ❹

핵심만 콕

① 행정대집행 : 의무자가 의무를 불이행한 데 대한 제1차적 수단으로 당해 행정청이 의무자가 행할 작위를 스스로 행하거나 또는 제3자로 하여금 이를 행하게 하고 그 비용을 의무자로부터 징수하는 것
② 강제금 : 비대체적 작위의무 · 부작위의무 · 수인의무의 불이행 시에 일정 금액의 금전이 부과될 것임을 의무자에게 미리 계고함으로써 의무이행의 확보를 도모하는 강제수단
③ 직접강제 : 의무자가 의무를 이행하지 아니하는 경우에 직접적으로 의무자의 신체 또는 재산에 실력을 가함으로써 행정상 필요한 상태를 실현하는 작용

제5절 행정상의 손실(손해)전보

01 행정쟁송제도에 관한 설명으로 잘못된 것은?

☑ 확인 Check! ○ △ ×

① 행정심판은 행정기관에 제기한다.
② 행정소송은 법원에 제기한다.
③ 행정심판을 거치지 않고 행정소송을 제기할 수 있다.
④ 행정작용으로 인한 손해를 구제받기 위한 제도이다.

쏙쏙해설

④ 설문은 행정구제제도 중 손해전보제도에 대한 내용이다.★
③ 임의적 행정심판전치주의(행정소송법 제18조 제1항 본문)★

답 ❹

02 행정심판법상 행정심판의 종류가 아닌 것은?

① 무효 등 확인심판
② 취소심판
③ 거부처분부당확인심판
④ 의무이행심판

쏙쏙해설

행정심판은 취소심판, 무효 등 확인심판, 의무이행심판의 세 가지로 구분한다(행정심판법 제5조).

답 ❸

03 다음 중 행정기관에 의하여 기본권이 침해된 경우의 구제수단으로서 부적당한 것은?

☑ 확인 Check! ○ △ ×

① 행정소송
② 형사재판청구권
③ 국가배상청구권
④ 이의신청과 행정심판청구

▌쏙쏙해설

형사재판청구권은 불법행위로 인한 개인의 기본권 침해가 발생한 경우 그 회복 또는 구제를 청구하는 것으로, 일반국민은 직접 형사재판을 청구할 권리를 가지지 아니하며 원칙적으로 검사만이 공소를 제기할 수 있다.

답 ❷

04 행정청의 처분 등이나 부작위에 대하여 제기하는 행정소송은?

① 항고소송
② 기관소송
③ 민중소송
④ 당사자소송

▌쏙쏙해설

항고소송은 행정청의 처분 등이나 부작위에 대하여 제기하는 소송이다(행정소송법 제3조 제1호).

답 ❶

▌핵심만 콕

② 기관소송은 국가 또는 공공단체의 기관 상호간에 있어서의 권한의 존부 또는 그 행사에 관한 다툼이 있을 때에 이에 대하여 제기하는 소송이다. 다만, 헌법재판소법 제2조의 규정에 의하여 헌법재판소의 관장사항으로 되는 소송은 제외한다(행정소송법 제3조 제4호).
③ 민중소송은 국가 또는 공공단체의 기관이 법률에 위반되는 행위를 한 때에 직접 자기의 법률상 이익과 관계없이 그 시정을 구하기 위하여 제기하는 소송이다(행정소송법 제3조 제3호).
④ 당사자소송은 행정청의 처분 등을 원인으로 하는 법률관계에 관한 소송 그 밖에 공법상의 법률관계에 관한 소송으로서 그 법률관계의 한쪽 당사자를 피고로 하는 소송이다(행정소송법 제3조 제2호).

행정법 일반

01 국가가 국민의 자유와 권리를 제한하거나 새로운 의무를 부과하려 하는 경우에는 국회가 제정한 법률에 의하거나 법률에 근거를 두어야 한다는 원리를 민주행정의 원리라 한다. ( )

02 법의 지배원리는 형식적 법치주의의 내용에 해당한다. ( )

03 행정법의 성문법원에는 헌법, 법률, 조약, 조리가 있다. ( )

04 행정조직법적 관계와 행정작용법적 관계에서의 행정법관계는 포함되지만 국고관계는 제외한다. ( )

05 행정법관계도 본질적으로는 사법관계에서와 같은 권리 · 의무의 관계에 불과하나, 다만 행정법이 가지는 사법에 대한 특수성에 따라 사법관계에서와는 다른 법원리가 지배한다. ( )

06 행정법관계 중 권력관계에 대한 법적인 분쟁은 민사소송사항이며 이를 전래적 공법관계라고도 한다. ( )

O | X

01 ⊠ 행정법의 기본원리 중 법치행정주의에 대한 설명이다.

02 ⊠ 형식적 법치주의는 법률의 법규창조력, 법률의 우위, 법률의 유보 등 3개 원칙을 그 내용으로 한다. 법의 지배원리는 실질적 법치주의에 대한 내용이다.

03 ⊠ 행정법의 성문법원에는 헌법, 법률, 조약 및 국제법규, 명령, 자치법규가 있다. 행정관습법과 판례법, 조리는 불문법원이다.

04 ⊠ 행정법관계란 행정조직법적 관계와 행정작용법적 관계에서의 행정법관계만이 아니라 국고관계도 모두 포함된다.

05 ⓞ

06 ⊠ 관리관계에 대한 내용이다. 권력관계는 반대의 취지를 명백하게 규정하고 있지 않으면, 명문규정의 유무에 관계없이 원칙적으로 공법원리가 적용되며, 그에 대한 법적인 분쟁은 행정쟁송사항이 된다(본래적 공법관계).

07 국가의사의 공정력, 불확정력, 강제력, 불가쟁력은 행정법 관계의 특수성에 해당한다. ( )

08 행정행위의 성립에 하자가 있는 경우에도 그것이 중대·명백하여 무효로 인정되는 경우를 제외하고는, 권한 있는 기관에 의하여 취소되기까지 유효한 것으로 통용되는 힘을 불가쟁력이라 한다. ( )

09 행정청에 의한 제재는 행정상 의무의 위배에 대한 대집행이나 강제징수 등의 방법에 의한다. ( )

10 행정주체의 의사에 위배되는 행위에 대하여는 법원을 거치지 않고 당해 행정청에 의한 강제집행이 허용된다. ( )

11 국가, 지방자치단체장, 공무수탁사인은 행정주체에 해당한다. ( )

12 행정주체와 국민과의 관계는 권력관계에 해당한다. ( )

13 행정법관계의 발생·변경·소멸이라는 법률효과를 일으키는 원인행위의 총체를 법률행위라고 한다. ( )

14 위법행위, 과실, 부당행위는 법률사실 중 내부적 용태에 해당한다. ( )

O | X

07 ☒ 행정주체의 행위는 설혹 다툴 수 있는 것이라도 그 공공성으로 인한 법적 안정을 위하여 일정한 기간이 경과한 후에는 그에 대하여 법적 분쟁을 할 수 없다는 국가의사의 확정력이 있다.

08 ☒ 공정력에 대한 내용이다. 공정력이란 행정주체의 행위는 당연무효인 경우를 제외하고는 설혹 하자가 있는 경우라도 일단은 효력을 발생하며, 취소권이 있는 기관이 취소할 때까지는 아무도 그 효력을 부정할 수 없다는 것을 말한다.

09 ☒ 행정청에 의한 제재는 행정상 의무의 위배에 대한 행정형벌 또는 질서벌(과태료)을 의미한다. 의무불이행에 대한 강제집행은 대집행이나 강제징수 등의 방법에 의한다.

10 Ⓞ

11 ☒ 지방자치단체장은 행정주체가 아닌, 행정기관에 해당한다.

12 ☒ 행정주체와 국민과의 관계는 행정주체인 국가의 물품공급계약관계, 공사도급계약관계, 국가의 회사주식매입관계, 국채모집관계 등과 같이 상호 대등한 당사자로서 사법관계일 때도 있고, 법률상 지배자와 종속관계의 위치로 인·허가 및 그 취소, 토지의 수용 등과 같이 행정주체가 국민에게 일방적으로 명령·강제할 수 있는 공법관계일 때도 있다.

13 ☒ 법률요건에 대한 설명이며, 법률요건에는 법률행위, 준법률행위, 불법행위, 부당이득, 사무관리 등이 있다.

14 ☒ 법률사실은 법률요건을 이루는 개개의 구성요소로서 사람의 정신작용에 의한 용태와 정신작용과 무관한 사건으로 구분된다. 용태는 다시 내부적 용태와 외부적 용태가 있으며, 내부적 용태에는 고의, 과실, 선의, 악의 등이 있다.

15 일정한 사실상태가 일정한 기간 동안 계속된 경우에 그 사실상 태가 진실한 법률관계에 합치되는 것인지의 여부에 관계없이 그대로 그 상태를 존중함으로써 그것을 진실한 법률관계로 인정하는 태도를 시효라고 한다. ( )

16 사무관리란 행정법상 행정주체가 법률상의 의무에 따라 타인을 위하여 사무를 관리하는 것을 말한다.( )

17 행정주체를 상대로 한 공법상의 부당이득반환청구권이 금전지급을 목적으로 하는 것이면 그 소멸시효는 5년이다. ( )

18 책임행정의 원칙, 민주적 공무원제, 중앙집권주의는 우리나라 행정조직법의 특색에 해당한다. ( )

19 국가행정기관은 법률상의 지위, 권한, 주관사무의 종류와 내용 등을 표준으로 행정관청, 보조기관, 자문기관, 의결기관, 감사기관, 기업 및 공공시설기관으로 구분된다. ( )

20 광의의 국가행정기관은 국가행정을 담당하는 모든 기관을 말하며, 협의의 국가행정기관이란 행정관청만을 말한다. ( )

21 국가유공자 및 그 유족에 대한 보훈, 제대군인의 보상·보호 및 보훈선양에 관한 사무를 관장하기 위하여 대통령 소속으로 국가보훈처를 둔다. ( )

O | X

15 O 시효에 대한 설명이며, 법령에 특별한 규정이 없는 한 민법의 시효에 관한 규정(민법 제162조 내지 제184조)이 준용된다.

16 X 사무관리란 행정법상 행정주체가 법률상 의무 없이 타인을 위하여 사무를 관리하는 것을 말한다.

17 O

18 O 행정조직법의 기본 원리로는 책임행정의 원칙, 민주적 공무원제, 중앙집권주의 이외에 능률행정주의도 있다.

19 O

20 O

21 X 국가유공자 및 그 유족에 대한 보훈, 제대군인의 보상·보호 및 보훈선양에 관한 사무를 관장하기 위하여 국무총리 소속으로 국가보훈처를 둔다(정부조직법 제22조의2 제1항).

22 국가안전보장에 관련되는 정보 · 보안 및 범죄수사에 관한 사무를 담당하기 위하여 대통령소속으로 국가정보원을 둔다. ( )

23 집행기관은 행정에 관한 국가의사를 결정 · 표시하는 권한을 가진 행정기관이다. ( )

24 행정청의 자문기관은 합의제이며, 그 구성원은 공무원으로 한정된다. ( )

25 보좌기관은 행정조직의 내부기관으로서 행정청의 권한 행사를 보조하는 것을 임무로 하는 행정기관이다. ( )

26 다수 구성원으로 이루어진 합의제 행정청이 대표적인 행정청의 형태이며 지방자치단체의 경우 지방의회가 행정청이다. ( )

27 의결기관은 행정청의 의사결정에 참여하는 권한을 가진 기관이지만 행정청의 의사를 법적으로 구속하지는 못한다. ( )

28 지방자치단체의 주민은 당해 자치단체의 구역 내에 주소가 있는 대한민국 국민으로 한정한다. ( )

29 국가가 행정을 그 스스로 행하는 외에 일정한 독립된 법인, 즉 공공단체로 하여금 공공의 행정을 행하게 하는 경우를 자치행정이라고 한다. ( )

O | X

22 O

23 X 행정에 관한 국가의사를 결정 · 표시하는 권한을 가진 행정기관은 행정관청이다.

24 X 행정청의 자문기관은 합의제가 많으나 그 구성원이 공무원으로 한정되지는 않는다.

25 X 보조기관은 행정청에 소속되어 행정청의 일을 보조하는 행정기관이다.

26 X 행정청은 구성원이 1인인 독임제 행정청(장관, 처장, 청장 및 지방자치단체의 장, 권한을 위임받은 행정기관)과 다수인인 합의제 행정청(선거관리위원회, 토지수용위원회, 도시계획위원회 등 각종 위원회)으로 구분할 수 있다.★

27 X 의결기관은 행정청을 구속한다는 점에서 단순한 자문적 의사의 제공에 그치는 자문기관과 다르다.

28 X 당해 자치단체의 구역 내에 주소만 있으면 인종 · 국적 · 성 · 행위능력의 유무를 불문한다(지방자치법 제16조 참고).

29 O

30 특정 행정목적을 계속 수행하기 위해 인적, 물적 시설의 종합체에 독립된 인격이 부여된 공공단체를 영조물법인이라 한다. ( )

31 지방의회는 의결권, 청원심사처리권, 선거권, 규칙제정권을 갖는다. ( )

32 지방자치단체의 장은 법령의 범위 안에서 자치에 관한 조례를 제정할 수 있다. ( )

33 직무상 명령은 상관의 권한 범위에 속하는 명령이어야 하며 법규가 아니므로, 대외적인 일반적 구속력은 없고 요식 행위이다. ( )

34 징계로 해임처분을 받은 때부터 3년이 지나지 아니한 자는 공무원 결격사유에 해당한다. ( )

35 직위해제, 감봉, 견책, 강등은 국가공무원법상 공무원의 징계사유에 해당한다. ( )

36 행정규칙이란 행정권이 정립하는 명령으로서 법규의 성질을 가지는 것이다. ( )

37 법규로서의 성질이 없이 일면적 구속력만을 갖기 때문에 그에 위반하는 행위의 효과도 행정조직의 내부에만 미치는 행정입법을 자치입법이라 한다. ( )

O | X

30 O 영조물이란 국가 및 공공단체 또는 그로부터 특허를 받은 자가 특정한 공공목적을 위하여 계속적으로 봉사하도록 정해진 인적·물적 시설을 말하며, 영조물이 독립된 법인격을 취득한 공공단체로 공익적인 사업을 목적으로 하는 것을 영조물법인이라 한다.

31 X 규칙제정권(지방자치법 제20조 제1항)은 지방자치단체장의 권한이다.

32 O 지방자치단체는 법령의 범위 안에서 그 사무에 관하여 조례를 제정할 수 있다(지방자치법 제28조 제1항 본문).★

33 X 직무명령은 불요식행위이다. 직무명령이 중대하고 명백한 법령위반으로 절대무효라고 판단되는 경우 외에는, 즉 단순히 법령해석상의 차이에 불과한 경우나 직무명령이 다소 부당하다고 인정되어도 그에 기속되어야 한다.

34 X 징계로 파면처분을 받은 때부터 5년이 지나지 아니한 자가 공무원의 결격사유이다(국가공무원법 제33조 제7호).

35 X 국가공무원법상의 징계의 종류는 파면, 해임, 강등, 정직, 감봉, 견책으로 나뉜다(국가공무원법 제79조).

36 X 법규명령이란 행정권이 정립하는 명령으로서 법규의 성질을 가지는 것을 말한다. 행정규칙은 원칙적으로 법규적 성질을 갖지 않는다.

37 X 행정규칙이란 행정기관이 정립하는 일반적 규정으로서 법규적 성질을 갖지 않는 것으로 일면적 구속력만을 갖기 때문에 그에 위반하는 행위의 효과는 행정조직의 내부에만 미친다.

38 행정규칙 중 상급기관이 하급기관에 대하여 장기간에 걸쳐 일반적인 권한행사에 관하여 지시하기 위하여 발하는 명령을 예규라 한다. ( )

39 행정주체가 국민에 대하여 명령·강제하고, 권리나 이익(利益)을 부여하는 등 법을 집행하는 행위를 행정강제라 한다. ( )

40 하명, 허가, 인가는 명령적 행정행위에 해당한다. ( )

41 개인에게 일정한 작위의무를 부과하는 하명은 형성적 행정행위이다. ( )

42 특정인에게 새로운 권리나 포괄적 법률관계를 설정해주는 특허는 형성적 행정행위이다. ( )

43 행정청이 타인의 법률행위를 보충하여 그 행위의 효력을 완성시켜주는 행정행위는 인가이다. ( )

44 철회는 행정행위의 부관에 해당한다. ( )

45 행정처분에는 조건을 부가할 수 없다. ( )

46 행정행위의 효력의 발생 또는 소멸을 장래의 발생이 확실한 사실에 의존시키는 부관을 조건이라 한다. ( )

O | X

38 ☒ 훈령에 대한 내용이다. 예규는 행정사무의 통일을 기하기 위해 반복적 행정사무의 처리기준을 제시하는 것을 말한다.

39 ☒ 행정처분에 대한 내용이다. 행정행위는 학문상의 용어이고, 실제로는 행정처분이라는 말을 사용한다.

40 ☒ 명령적 행정행위는 국민에게 특정한 의무를 명하여 자연적 자유를 제한하거나, 부과된 의무를 해제하여 자연적 자유를 회복시키는 행위를 말한다. 이에는 하명, 허가, 면제가 해당한다.

41 ☒ 하명은 명령적 행정행위이다.

42 ○

43 ○

44 ☒ 부관은 행정행위의 일반적인 효과를 제한하기 위하여 주된 의사표시에 붙여진 종된 의사표시인데, 철회는 주된 의사표시이다.

45 ☒ 조건은 부관의 일종이다. 그리고 부관이란 행정행위의 일반적인 효과를 제한하기 위하여 주된 의사표시에 붙여진 종된 의사표시로, 행정처분에 대하여 부가할 수 있다.

46 ☒ 부관 중 기한에 대한 설명이며, 기한에는 기한의 도래로 행정행위가 당연히 효력을 발생하는 시기와 당연히 효력을 상실하는 종기가 있다.

47 공서양속에 반한 행정행위는 내용상 하자로 무효이다. ( )

48 행정행위는 반드시 법에 근거를 두어야 하고 법이 정하는 절차에 적합해야 하는데 잘못된 행정행위는 처음부터 무효이다. ( )

49 아무런 흠이 없이 유효·적법하게 성립한 행정행위를 그 효력을 장래에 존속시킬 수 없는 새로운 사유의 발생을 이유로 소멸시키는 것을 행정행위의 취소라고 한다. ( )

50 쟁송취소의 경우, 그에 관한 규정이 없는 것이 보통이다. ( )

51 공법상의 계약은 행정작용 중 원칙적으로 비권력적 사실행위에 해당한다. ( )

52 행정행위의 효력에는 내용상 구속력, 공정력, 구성요건적 효력, 확정력(불가쟁력, 불가변력), 강제력(제재력, 자력집행력) 등이 있다. ( )

53 법무부장관이 외국인 A에게 귀화를 허가한 경우, 선거관리위원장은 귀화 허가가 무효가 아닌 한 귀화허가에 하자가 있더라도 A가 한국인이 아니라는 이유로 선거권을 거부할 수 없는데 이러한 법무부장관의 귀화허가에 구속되는 행정행위의 효력을 공정력이라 한다. ( )

O | X

47 ☒ 민법상 공서양속 위반행위는 무효에 해당하는 하자이나, 공법상 공서양속 위반행위는 내용상 하자에 해당하여 취소사유에 해당한다(통설).

48 ☒ 행정행위는 법률의 근거에 따라 공권력의 행사로 행해져야 하므로 행정행위에 흠이 있다 할지라도 그 행위가 무효라고 인정되는 경우를 제외하고는 일단 유효·적법한 것으로 추정된다.

49 ☒ 행정행위의 철회에 대한 설명이다. 취소와 철회는 행정행위의 성립에 흠의 유무에 따라 구별된다.

50 ☒ 직권취소의 경우, 그에 관한 규정이 없는 것이 보통이나, 쟁송취소의 경우에는 행정심판법(재결)·행정소송법(판결) 등의 형식에 의한다.

51 ☒ 행정지도는 비권력적 사실행위에 해당되기 때문에 원칙적으로 처분성이 부정된다. 다만, 행정지도에 불응한 것에 대해 불이익한 처분을 받은 경우에는 그 처분에 대해 행정쟁송이 가능하다.

52 ⓞ

53 ☒ 구성요건적 효력에 대한 내용이다. 구성요건적 효력이란 유효한 행정행위가 존재하는 이상 모든 국가기관은 그 존재를 존중하고 스스로의 판단에 대한 기초로 삼아야 한다는 효력을 말한다(국가기관에 대한 효력).

54 행정청이 어떠한 처분을 하기 전에 당사자 등의 의견을 직접 듣고 증거를 조사하는 절차를 의견제출절차라 한다. ( )

55 공공기관은 정보공개청구를 받은 날부터 15일 이내에 공개여부를 결정하여야 한다. ( )

56 공공기관이 보유·관리하는 정보는 공개를 원칙으로 한다. ( )

57 공용부담행정은 복지행정에 해당한다. ( )

58 행정상 강제집행의 수단에는 직접강제, 집행벌, 과태료, 대집행이 있다. ( )

59 즉시강제는 행정상 강제집행에 해당한다. ( )

60 행정상 강제집행은 '계고 → 실행 → 통지 → 비용징수'의 순으로 진행된다. ( )

O | X

54 ☒ '청문'이란 행정청이 어떠한 처분을 하기 전에 당사자 등의 의견을 직접 듣고 증거를 조사하는 절차를 말한다(행정절차법 제2조 제5호).

55 ☒ 공공기관은 정보공개청구를 받은 날부터 10일 이내에 공개여부를 결정하여야 하고, 제3자와 관련이 있는 공개 대상 정보는 그 사실을 제3자에게 지체 없이 통지하여 의견을 청취할 수 있도록 한다(정보공개법 제11조 제1항·제3항).

56 ◯

57 ☒ 복리행정에는 급부행정, 규제행정, 공용부담행정이 있다.

58 ☒ 행정상 강제집행의 수단으로는 직접강제, 집행벌, 대집행, 행정상 강제징수가 있다. 과태료는 행정벌 중 행정질서벌에 해당한다.

59 ☒ 행정상 강제집행에는 대집행, 집행벌(이행강제금), 직접강제, 강제징수가 있다. 즉시강제는 행정상 장해가 존재하거나 장해의 발생이 목전에 급박한 경우에 성질상 개인에게 의무를 명해서는 공행정 목적을 달성할 수 없거나 또는 미리 의무를 명할 시간적 여유가 없는 경우에 개인에게 의무를 명함이 없이 행정기관이 직접 개인의 신체나 재산에 실력을 가해 행정상 필요한 상태의 실현을 목적으로 하는 작용을 말한다.

60 ☒ 대집행은 '계고 → (대집행영장) 통지 → (대집행의) 실행 → 비용징수'의 순서로 이루어진다. 계고는 의무의 이행을 최고 및 불이행시 대집행을 한다는 것을 알리는 것이며, 통지는 의무이행이 이루어지지 않은 경우 대집행에 관한 사항을 의무자에게 통지하는 것이다.

61 행정청이 건물의 철거 등 대체적 작위의무의 이행과 관련하여 의무자가 행할 작위를 스스로 행하거나 또는 제3자로 하여금 이를 행하게 하고 그 비용을 의무자로부터 징수하는 행정상의 강제집행 수단을 행정대집행이라 한다. ( )

62 경찰관이 목전에 급박한 장해를 제거할 필요가 있거나 그 성질상 미리 의무를 명할 시간적 여유가 없을 때, 자신이 근무하는 국가중요시설에 무단으로 침입한 자의 신체에 직접 무기를 사용하여 저지하는 행위를 행정상 강제집행이라 한다. ( )

63 행정질서벌은 일반사회의 법익에 직접 영향을 미치지는 않으나 행정상의 질서에 장해를 야기할 우려가 있는 의무위반에 대해 과태료가 가해지는 제재를 말한다. ( )

64 행정벌은 장래의 의무이행을 촉구하기 위한 행정상 강제집행을 말한다. ( )

65 행정벌은 행정형벌, 행정질서벌, 행정상 직접강제로 구분된다. ( )

66 공무원의 위법한 직무행위로 인한 손해의 배상에서 공무원이란 소속을 불문하고 널리 국가나 지방자치단체의 사무를 수행하는 자를 말하며. 공무를 위탁받은 사인은 공무원에 해당하지 않는다. ( )

67 공무원이 직무수행 중에 적법하게 타인에게 손해를 입힌 경우 국가가 배상책임을 진다. ( )

O | X

61 O 행정상 강제집행 수단 중 대체적 작위의무의 불이행에 대하여 행정청이 의무자가 행할 작위를 스스로 행하거나 제3자로 하여금 이를 행하게 하고 그 비용을 의무자로부터 징수하는 것은 행정대집행이다.

62 X 행정상 즉시강제에 관한 내용이다. 행정상 즉시강제란 행정상 장해가 존재하거나 장해의 발생이 목전에 급박한 경우에 성질상 개인에게 의무를 명해서는 공행정 목적을 달성할 수 없거나, 또는 미리 의무를 명할 시간적 여유가 없는 경우에 개인에게 의무를 명함이 없이 행정기관이 직접 개인의 신체나 재산에 실력을 가해 행정상 필요한 상태의 실현을 목적으로 하는 작용을 의미한다(예 마약중독자의 강제수용, 감염병 환자의 강제입원, 위험의 방지를 위한 출입 등).

63 O

64 X 행정벌은 과거의 의무위반에 대한 제재를 목적으로 하는 행정상 제재이다.

65 X 행정벌은 행정형벌과 행정질서벌(과태료)로 구분된다. 행정상 직접강제는 행정상 강제집행에 속한다.★

66 X 공무원이란 소속을 불문하고 널리 국가나 지방자치단체의 사무를 수행하는 자를 말하며. 공무를 위탁받은 사인도 여기의 공무원에 해당한다.

67 X 공무원이 직무수행 중에 적법하게 타인에게 손해를 입힌 경우 국가는 배상책임이 없다.

68 공무원은 어떤 경우에도 국가배상청구권을 행사할 수 없다. ( )

69 피해자가 예비군대원으로서 전투 · 훈련 등 직무집행과 관련하여 전사 · 순직 또는 공상을 입은 경우에, 다른 법령에 의한 보상을 지급받을 수 있을 때에는 국가배상법 및 민법에 의한 손해배상을 청구하지 못한다. ( )

70 국가 또는 지방자치단체가 그 손해에 대한 배상책임을 지는 경우에, 그 공무원의 선임 · 감독자와 봉급 · 급여 등의 비용 부담자가 동일하지 않을 때에는 피해자는 선임 · 감독자에 대해 청구권을 행사한다. ( )

71 국가배상청구권의 시효기간은 손해 및 가해자를 안 날로부터 3년, 불법행위를 한 날로부터 5년이다. ( )

72 손해배상과 손실보상의 가장 본질적 구별기준은 고의 · 과실의 유무이다. ( )

73 지방자치단체가 건설한 교량이 시공자의 흠으로 붕괴되어 지역주민들에게 상해를 입혔을 때, 지방자치단체가 상해를 입은 주민들의 피해를 구제해 주었다면 손실보상에 해당한다. ( )

74 위법 · 부당한 행정행위로 인하여 권익을 침해당한 자가 행정기관에 그 시정을 구하는 절차를 행정상 손해배상제도라고 한다. ( )

75 행정심판법상 행정심판의 종류에는 부작위위법확인심판, 의무이행심판, 무효 등 확인심판, 취소심판이 있다. ( )

O | X

68 ☒ 공무원도 국가배상법 제2조나 동법 제5조상의 요건을 갖추면 국가배상청구권을 행사할 수 있다. 다만, 군인 · 군무원 · 경찰공무원 또는 예비군대원의 경우에는 일정한 제한이 있다.★

69 ⊙

70 ☒ 국가 또는 지방자치단체가 그 손해에 대한 배상책임을 지는 경우에, 그 공무원의 선임 · 감독자와 봉급 · 급여 등의 비용부담자가 동일하지 않을 때에는 피해자는 그 어느 쪽에 대하여도 선택적 청구권을 행사할 수 있다(국가배상법 제6조 제1항 참고).

71 ☒ 국가배상청구권에는 단기 소멸시효가 인정되며, 그 시효기간은 손해 및 가해자를 안 날로부터 3년, 불법행위를 한 날로부터 5년이다.

72 ☒ 손해배상은 위법한 침해에 대한 배상이고, 손실보상은 적법한 침해에 대한 보상이다.

73 ☒ 시공자의 흠이라는 위법한 행정행위에 대한 것이므로 손해배상에 해당한다.

74 ☒ 행정쟁송제도와 관련하여 행정기관에 대하여 위법 · 부당한 행정행위의 취소 · 변경을 구하는 절차는 행정심판이고, 행정심판에 의해 구제받지 못한 때 최종적으로 법원에 구제를 청구하는 제도가 행정소송이다.

75 ☒ 행정심판은 취소심판, 무효 등 확인심판, 의무이행심판의 세 가지로 구분한다(행정심판법 제5조).

76 행정심판청구는 처분이 있음을 알게 된 날부터 60일 이내에 제기하여야 하고, 처분이 있었던 날부터 120일이 지나면 청구하지 못한다. ( )

77 행정소송법상 항고소송의 종류에는 취소소송, 무효 등 확인소송, 당사자소송, 부작위위법확인소송이 있다. ( )

78 국가 또는 공공단체의 기관이 법률에 위반되는 행위를 한 때에 직접 자기의 법률상 이익과 관계없이 그 시정을 구하기 위하여 제기하는 소송을 기관소송이라 한다. ( )

79 행정소송은 정식 소송절차에서 대법원에서만 심리하는 단심제소송이다. ( )

80 행정심판은 위법·부당한 행정행위로 권익을 침해당한 자가 행정처분을 한 곳의 직근 상급기관에 요구한다. ( )

81 행정구제제도에는 손해전보제도와 행정쟁송제도가 있다. ( )

O | X

76 ☒ 행정심판청구는 처분이 있음을 알게 된 날부터 90일 이내에 제기하여야 하고, 처분이 있었던 날부터 180일이 지나면 청구하지 못한다(행정심판법 제27조 제1항·제3항 본문).

77 ☒ 당사자소송은 행정소송법상 항고소송의 종류에 해당되지 않는다.

> **항고소송(행정소송법 제4조)**
> 항고소송은 다음과 같이 구분한다.
> 1. 취소소송 : 행정청의 위법한 처분 등을 취소 또는 변경하는 소송
> 2. 무효 등 확인소송 : 행정청의 처분 등의 효력 유무 또는 존재여부를 확인하는 소송
> 3. 부작위위법확인소송 : 행정청의 부작위가 위법하다는 것을 확인하는 소송

78 ☒ 민중소송에 관한 설명이다. 민중소송은 당사자 사이의 구체적인 권리와 의무에 관한 분쟁의 해결을 위한 것이 아니라는 점에서 객관적 소송이자, 법률이 규정하고 있는 경우에 한하여 제기할 수 있다는 점에서 법정주의를 취한다.

79 ☒ 행정소송도 '행정법원 → 고등법원 → 대법원'의 3심제이다.

80 ⓞ

81 ⓞ

부록

실전 모의고사(40문제)

문제

정답 및 해설

1회 실전 모의고사

해설편 487p

01 관습법에 관한 설명으로 옳지 않은 것은?

☑ 확인 Check!
○
△
×

① 죄형법정주의에 따라 관습형법은 인정되지 않는다.
② 민법은 관습법의 보충적 효력을 인정하고 있다.
③ 관습법은 당사자의 주장・입증이 있어야만 법원이 이를 판단할 수 있다.
④ 헌법재판소 다수의견에 의하면 관습헌법도 성문헌법과 동등한 효력이 있다.

02 다음 중 헌법개정절차에 관한 설명으로 옳은 것은?

☑ 확인 Check!
○
△
×

① 헌법개정은 국회재적의원 과반수 또는 대통령의 발의로 제안되며, 제안된 개정안은 대통령이 15일 이상의 기간 이를 공고하여야 한다.
② 헌법개정안은 발의된 날부터 60일 이내 국회 출석의원 3분의 2 이상이 찬성해야 의결된다.
③ 헌법개정안은 국회가 의결한 후 30일 이내 국민투표에 부쳐야 하며, 국회의원 선거권자 과반수의 투표와 투표자 과반수의 찬성으로 확정된다.
④ 헌법개정이 확정되면 대통령은 15일 이내 국회의 동의를 얻어 공포하여야 한다.

03 민법상 취소에 관한 설명으로 옳은 것을 고르면?

☑ 확인 Check!
○
△
×

① 취소의 의사를 표시하면 장래를 향하여 법률효과가 소멸되는 효력이 발생한다.
② 제한능력자와 하자 있는 의사표시를 한 자와 그 대리인 또는 승계인만이 취소권자가 될 수 있다.
③ 취소를 할 수 있는 기간에는 제한이 없다.
④ 취소할 수 있는 법률행위는 유효한 것으로 만들 수 없다.

04 다음의 밑줄 친 '이것'에 관한 설명으로 적절한 것을 고르면?

☑ 확인 Check!
○
△
×

> 총을 들고 협박하는 은행 강도로부터 자신을 방어하기 위하여 그 강도를 넘어뜨려 상해를 입힌 행위는 위법성조각 사유 중의 하나인 <u>이것</u>에 해당하여 범죄가 성립하지 아니한다.

① 현재의 부당한 침해로부터 자기 또는 타인의 법익(法益)을 방위하기 위한 상황에서 인정된다.
② 공무원의 직무집행행위가 여기에 해당한다.
③ 두 개 이상의 작위의무 중 하나만 이행함으로써 다른 의무를 이행하지 못한 상황에서 인정된다.
④ 법률에서 정한 절차에 따라서는 청구권을 보전(保全)할 수 없는 경우에 그 청구권의 실행이 불가능해지거나 현저히 곤란해지는 상황에서 인정된다.

05 회사에 관한 다음의 설명 중 옳지 않은 것은?

① 상법상의 회사에는 합명회사, 합자회사, 주식회사, 유한회사, 유한책임회사의 다섯 가지가 있다.
② 합명회사는 2인 이상의 무한책임사원으로 조직된 회사이다.
③ 합자회사는 무한책임사원과 유한책임사원으로 조직된 이원적 회사이다.
④ 지배인은 상법상 주식회사의 기관이다.

06 법원(法源)에 관한 설명으로 옳은 것은?

① 제정법의 경우 그 효력은 상위법이 하위법에 우선한다.
② 민법은 상사에 관하여 원칙적으로 상관습법에 우선하여 적용된다.
③ 일반적으로 승인된 국제법규라도 국회의 비준을 거치지 않은 경우 국내법과 같은 효력은 인정되지 않는다.
④ 헌법재판소는 관습헌법을 인정하지 않는다.

07 다음 중 헌법전문에서 규정하고 있지 않은 내용은?

① 대한민국임시정부의 법통과 4·19이념의 계승
② 각인의 기회 균등
③ 자유민주적 기본질서에 입각한 평화적 통일정책
④ 국민생활의 균등한 향상

08 다음 중 무효인 법률행위로만 묶인 것은?

ㄱ. 의사무능력자의 법률행위
ㄴ. 제한능력자의 법률행위
ㄷ. 강행규정에 반하는 법률행위
ㄹ. 착오에 의한 의사표시
ㅁ. 사기·강박에 의한 의사표시
ㅂ. 진의 아닌 의사표시임을 상대방이 알았던 경우
ㅅ. 불법조건이 붙은 법률행위

① ㄱ, ㄴ, ㄷ, ㄹ
② ㄱ, ㄴ, ㅁ, ㅂ
③ ㄱ, ㄷ, ㅂ, ㅅ
④ ㄴ, ㄷ, ㅂ, ㅅ

09 친고죄와 반의사불벌죄에 관한 설명으로 옳지 <u>않은</u> 것은?

① 사자명예훼손죄는 친고죄에 해당한다.
② 폭행죄, 협박죄, 명예훼손죄는 반의사불벌죄에 해당한다.
③ 형법이 규정하는 소추조건에는 친고죄와 반의사불벌죄가 있다.
④ 고소권자는 대법원 판결선고 전까지 고소를 취소할 수 있다.

10 근로기준법상 미성년자의 근로에 관한 설명으로 옳지 <u>않은</u> 것을 모두 고른 것은?

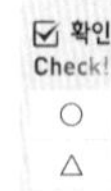

ㄱ. 미성년자는 독자적으로 임금을 청구할 수 있다.
ㄴ. 친권자는 미성년자의 근로계약을 대리할 수 있다.
ㄷ. 고용노동부장관은 근로계약이 미성년자에게 불리하다고 인정하는 경우에도 독자적으로 이를 해지할 수 없다.

① ㄱ, ㄴ
② ㄱ, ㄷ
③ ㄴ, ㄷ
④ ㄱ, ㄴ, ㄷ

11 일본인이 독일 내 공원에서 대한민국국민을 살해한 경우, 대한민국 형법을 적용할 수 있는 근거는?

① 속인주의
② 속지주의
③ 보호주의
④ 기국주의

12 밑줄 친 '이 기본권'을 보장하기 위한 제도에 관한 설명으로 옳은 것을 〈보기〉에서 모두 고르면?

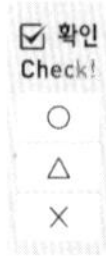

<u>이 기본권</u>은 정신적 자유와 더불어 헌법의 이념인 인간의 존엄과 가치를 구현하기 위한 가장 기본적인 자유로서 모든 기본권 보장의 전제가 된다. 이 기본권이 보장되지 아니하면 그 밖의 자유나 권리는 물론이고, 인간의 존엄성 유지와 민주주의 그 자체의 존립마저 불가능한 것이 되고 만다. 그리하여 현행 헌법 제12조 및 제13조는 이를 보장하기 위한 상세한 규정을 두고 있다.

〈보기〉
ㄱ. 체포・구속을 당한 국민은 변호인의 조력을 받을 수 있다.
ㄴ. 모든 국민은 동일한 범죄에 대하여 거듭 처벌되지 아니한다.
ㄷ. 공무원의 직무상 불법행위로 손해를 받은 국민은 국가에 배상을 청구할 수 있다.
ㄹ. 피고인의 자백이 그에게 불리한 유일한 증거인 경우에는 유죄의 증거로 삼을 수 없다.

① ㄱ, ㄴ
② ㄱ, ㄷ
③ ㄷ, ㄹ
④ ㄱ, ㄴ, ㄹ

13 민법상 불법행위로 인한 손해배상을 설명한 것으로 옳은 것은?

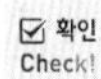

① 태아는 불법행위에 대한 손해배상청구에 있어서는 이미 출생한 것으로 본다.
② 피해자가 수인의 공동불법행위로 인하여 손해를 입은 경우 가해자 각자의 기여도에 대해서만 그 손해의 배상을 청구할 수 있다.
③ 고의 또는 과실로 심신상실을 초래하였더라도 심신상실의 상태에서 행해진 것이라면, 배상책임이 인정되지 않는다.
④ 법인은 이사 기타 대표자가 그 직무에 관하여 타인에게 가한 손해를 배상할 책임이 있으며 법인의 불법행위 책임이 성립될 경우, 이사 기타 대표자는 이로 인한 자신의 손해배상책임을 면하게 된다.

14 과실상계에 관한 다음 설명 중 옳은 것은?

① 과실상계는 불법행위에만 적용되며 채무불이행에는 적용되지 않는다.
② 과실상계에 있어서 과실이란 사회통념상, 신의성실의 원칙상, 공동생활상 요구되는 약한 부주의까지 모두 포함하는 개념이다.
③ 피해자와 신분상 또는 사회생활상 일체를 이루는 자의 과실은 피해자의 과실로 참작될 수 없다.
④ 손익상계를 먼저 적용한 다음 과실상계를 한다.

15 다음 중 행정상 강제집행의 수단을 모두 고르면?

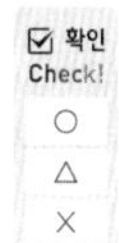

ㄱ. 직접강제
ㄴ. 집행벌(이행강제금)
ㄷ. 과태료
ㄹ. 대집행
ㅁ. 강제징수
ㅂ. 즉시강제
ㅅ. 행정조사

① ㄱ, ㄴ, ㅁ
② ㄱ, ㄹ, ㅂ
③ ㄱ, ㄴ, ㄹ, ㅁ
④ ㄱ, ㄴ, ㄹ, ㅁ, ㅂ

16 다음 글에 나타난 법사상에 관한 설명으로 옳은 것을 〈보기〉에서 모두 고른 것은?

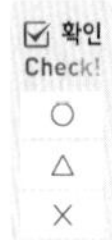

> 이 사상은 규범 이외의 역사적 · 사회적 · 정치적 · 철학적 요소를 고려하지 않고 법 자체만을 형식 논리적으로 파악하며 법을 만능의 수단으로 이해한 결과, 정의의 관념이나 정당성 대신에 합법성만을 강조하는 결과를 초래하기도 한다.

> 〈보기〉
> ㄱ. 천부인권을 신성불가침의 권리로 인정한다.
> ㄴ. 악법도 법으로 인정될 수 있는 근거가 된다.
> ㄷ. 법과 도덕을 엄격히 구별하여 법의 우위를 강조하고 있다.
> ㄹ. 시 · 공간을 초월하여 존재하는 보편타당한 질서를 추구한다.

① ㄱ, ㄴ
② ㄱ, ㄹ
③ ㄴ, ㄷ
④ ㄴ, ㄹ

17 청구권적 기본권에 관한 설명으로 옳지 <u>않은</u> 것은?

① 국민이 국가기관에 청원할 때에는 법률이 정하는 바에 따라 문서로 해야 한다.
② 재판청구권에는 신속한 재판을 받을 권리도 포함된다.
③ 형사피고인과 달리 형사피의자에게는 형사보상청구권이 없다.
④ 헌법은 범죄행위로 인한 피해구조에 관해 규정하고 있다.

18 권리의 충돌에 관한 설명으로 옳은 것은?

① 채권 상호 간에는 원칙적으로 성립의 선후에 따른 우선순위의 차이가 없다.
② 물권과 채권이 충돌할 경우에는 원칙적으로 채권이 우선한다.
③ 소유권과 이를 제한하는 제한물권 사이에서는 원칙적으로 소유권이 우선한다.
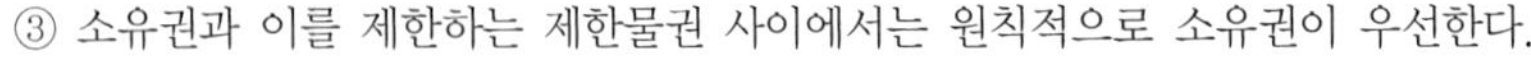
④ 동일물에 성립한 전세권과 저당권은 그 성립시기에 상관없이 저당권이 우선한다.

19 공범에 관한 설명으로 옳지 <u>않은</u> 것은?

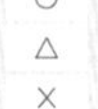

① 공동정범은 각자를 그 죄의 정범자로서 처벌한다.
② 교사범은 정범과 동일한 형으로 처벌한다.
③ 의사연락은 수인 간에 직접 공모함을 요하지 않으므로, 통설 · 판례는 상호의사 연락이 없는 편면적 공동정범을 인정한다.
④ 내란죄는 필요적 공범에 해당한다.

20 상법상 주식회사의 이사에 관한 설명으로 옳지 않은 것은?

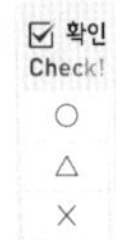

① 이사는 주주총회에서 선임한다.
② 이사가 제3자의 계산으로 회사와 거래를 하기 위해서는 미리 이사회의 승인을 받아야 한다.
③ 이사가 임무를 수행함에 있어서 법령을 위반한 행위를 한 때에는 경영판단의 원칙이 적용된다.
④ 이사는 퇴임 후에도 직무상 알게 된 회사의 영업상 비밀을 누설하여서는 아니 된다.

21 아리스토텔레스의 정의론에서 말하는 평균적 정의에 관한 설명으로 적절한 것은?

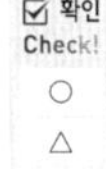

ㄱ. 형식적 · 절대적 평등
ㄴ. 산술적 · 교환적 정의
ㄷ. 실질적 · 상대적 평등
ㄹ. 상대적 · 비례적 정의

① ㄱ, ㄴ
② ㄱ, ㄷ
③ ㄴ, ㄷ
④ ㄴ, ㄹ

22 부당노동행위의 구제절차에 관한 설명으로 옳지 않은 것은?

확인
Check!
○
△
×

① 부당노동행위로 인하여 그 권리를 침해당한 근로자는 노동위원회에 그 구제를 신청할 수 있다.
② 노동위원회에 대한 구제의 신청은 부당노동행위를 안 날로부터 6월 이내에 하여야 한다.
③ 노동위원회는 부당노동행위가 성립한다고 판정한 때에는 사용자에게 구제명령을 발하여야 하며, 부당노동행위가 성립되지 아니한다고 판정한 때에는 그 구제신청을 기각하는 결정을 하여야 한다.
④ 노동위원회의 구제명령 · 기각결정 또는 재심판정은 제85조의 규정에 의한 중앙노동위원회에의 재심신청이나 행정소송의 제기에 의하여 그 효력이 정지되지 아니한다.

23 표현대리에 관한 설명 중 옳지 않은 것은?

① 표현대리가 성립되면 무권대리의 성질이 유권대리로 전환된다.
② 강행법규에 위반되는 행위에 대하여 표현대리의 법리가 적용될 여지가 없다.
③ 대리권수여 표시에 의한 표현대리의 경우 임의대리에만 적용된다는 것이 통설 · 판례이다.
④ 대리권 소멸 후의 표현대리에서 제3자는 거래행위의 직접 상대방만을 지칭한다는 것이 통설이다.

24 A 소유의 오토바이를 타고 심부름을 다녀오라고 해서 B가 그 오토바이를 타고 가다가 마음이 변하여 이를 반환하지 아니한 채 그대로 타고 가버린 경우 B의 죄책은?

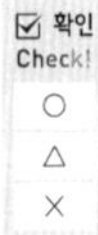

① 절도죄
② 배임죄
③ 횡령죄
④ 절도죄와 횡령죄

25 다음은 무엇에 관한 설명인가?

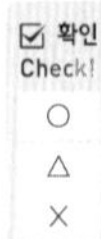

> 고용조건에서는 조합원 자격을 문제삼지 않지만 사용자에 의하여 고용된 근로자는 일정기간 내에 노동조합에 가입해야 할 것을 정한 단체협약의 조항

① 유니언 숍
② 클로즈드 숍
③ 오픈 숍
④ 프리퍼렌셜 숍

26 형법 제250조는 "사람을 살해한 자는 사형, 무기 또는 5년 이상의 징역에 처한다."라고 규정하고 있는데, 분만 중 또는 분만 직후의 영아는 살인죄의 객체인 사람에 포함되지 않는다고 보는 해석방법은?

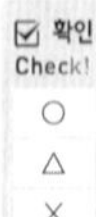

① 반대해석
② 축소해석
③ 물론해석
④ 유추해석

27 헌법상 국회의원에 관한 설명으로 옳지 <u>않은</u> 것은?

① 국회의원의 수는 법률로 정하되, 200인 이상으로 한다.
② 국회의원은 현행범인인 경우를 제외하고는 회기 중 국회의 동의 없이 체포 또는 구금되지 아니한다.
③ 국회의원이 회기 전에 체포 또는 구금된 때에는 현행범인이 아닌 한 국회의 요구가 있으면 회기 중 석방된다.
④ 국회의원은 국회에서 직무상 행한 발언과 표결에 관하여 국회 내·외에서 책임을 지지 아니한다.

28 소멸시효에 관한 설명으로 옳지 않은 것은?

① 소멸시효는 그 기산일에 소급하여 효력이 생긴다.
② 소멸시효의 이익의 포기는 시효완성 전에도 가능하다.
③ 청구, 압류 또는 가압류, 가처분, 승인은 소멸시효의 중단사유에 해당한다.
④ 시효의 중단은 당사자 및 그 승계인 간에만 효력이 있다.

29 다음 중 임의수사의 방법을 모두 고른 것은?

ㄱ. 출석요구
ㄴ. 참고인진술 청취
ㄷ. 피의자 신문
ㄹ. 공무소에의 조회
ㅁ. 증거보전
ㅂ. 현행범 체포

① ㄴ, ㅁ
② ㄱ, ㄴ, ㄷ
③ ㄱ, ㄴ, ㅁ
④ ㄴ, ㄷ, ㄹ

30 행정청이 건물의 철거 등 대체적 작위의무의 이행과 관련하여 의무자가 행할 작위를 스스로 행하거나 또는 제3자로 하여금 이를 행하게 하고 그 비용을 의무자로부터 징수하는 행정상의 강제집행 수단은?

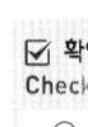

① 행정대집행
② 행정벌
③ 직접강제
④ 행정상 즉시강제

31 법의 효력에 관한 설명으로 옳지 않은 것은?

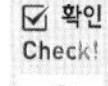

① 법률의 시행기간은 시행일부터 폐지일까지이다.
② 법률은 특별한 규정이 없는 한 공포일로부터 20일을 경과하면 효력이 발생한다.
③ 형법에서는 범죄 후 법률이 변경되어 형이 구법(舊法)보다 가벼워진 경우에는 신법(新法)에 따른다.
④ 신법이 시행되면 구법에 의하여 이미 발생한 기득권은 보장되지 않는다.

32 다음 중 국회의 권한이 아닌 것은 모두 몇 개인가?

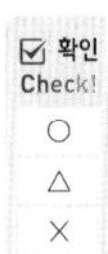

ㄱ. 국무총리 해임권
ㄴ. 국군 외국파견 동의권
ㄷ. 국회의원 제명권
ㄹ. 예비비 지출에 대한 동의권
ㅁ. 헌법개정안의 확정동의권
ㅂ. 선전포고에 대한 동의권

① 2개
② 3개
③ 4개
④ 5개

33 민사소송의 심리에 관한 원칙에 해당하지 않은 것은?

① 변론주의
② 쌍방심리주의
③ 구술심리주의
④ 수시제출주의

34 다음 설명에 해당하는 행정소송은 무엇인가?

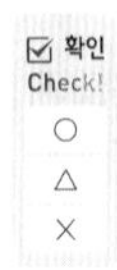

국가 또는 공공단체의 기관이 법률에 위반되는 행위를 한 때에 직접 자기의 법률상 이익과 관계없이 그 시정을 구하기 위하여 제기하는 소송

① 항고소송
② 당사자소송
③ 민중소송
④ 기관소송

35 주식회사에 관한 설명으로 옳지 않은 것은?

① 자본금은 특정 시점에서 회사가 보유하고 있는 재산의 현재가치로서 주식으로 균등하게 분할되어 있다.
② 무액면주식의 발행도 허용되며, 액면주식이 발행되는 경우 1주의 금액은 100원 이상 균일하여야 한다.
③ 주주의 책임은 그가 가진 주식의 인수가액을 한도로 한다.
④ 주권 발행 이후 주주는 자신의 주식을 자유롭게 양도 및 처분을 할 수 있다.

36 다음에 제시된 법에 관한 설명으로 옳은 것을 〈보기〉에서 모두 고른 것은?

> 제1조 이 법은 일본 제국주의의 식민통치에 협력하고 우리 민족을 탄압한 반민족행위자가 그 당시 친일반민족행위로 축재한 재산을 국가에 귀속시키고 … 정의를 구현하고 민족의 정기를 바로 세우며 일본제국주의에 저항한 3·1 운동의 헌법이념을 구현함을 목적으로 한다.
> 제3조 ① 친일재산은 그 취득·증여 등 원인 행위시에 이를 국가의 소유로 한다.

〈보기〉
ㄱ. 기본권 제한의 근거가 된다.
ㄴ. 법률의 소급효를 인정하고 있다.
ㄷ. 일본과의 관계에서 국제법적 성격을 지닌다.
ㄹ. 합목적성을 희생시키고 법적 안정성을 중시한다.

① ㄱ, ㄴ
② ㄱ, ㄹ
③ ㄴ, ㄷ
④ ㄴ, ㄹ

37 헌법재판소에 관한 설명 중 옳은 것은?

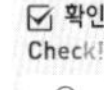

① 헌법재판소 재판관의 임기는 6년이며, 연임이 불가하다.
② 헌법재판소 재판관은 탄핵 또는 금고 이상의 형의 선고에 의하지 않고서는 파면당하지 아니한다.
③ 대통령에 대한 탄핵소추는 국회재적의원 3분의 1 이상의 발의와 국회재적의원 과반수의 찬성이 있어야 한다.
④ 헌법 규정상 헌법재판소의 관장사항으로는 법원의 제청에 의한 법률의 위헌여부 심판, 법률이 정하는 헌법소원에 관한 심판, 정당의 해산심판, 국회의원에 대한 탄핵심판이 있다.

38 유치권에 관한 설명으로 옳지 않은 것은?

① 유치권자는 채권 전부의 변제를 받을 때까지 유치물 전부에 대하여 그 권리를 행사할 수 있다.
② 유치권자는 유치물의 과실을 수취하여 다른 채권보다 먼저 그 채권의 변제에 충당할 수 있다.
③ 과실이 금전이 아닌 때에는 경매하여야 한다.
④ 과실은 먼저 원본에 충당하고 그 잉여가 있으면 채권의 이자에 충당한다.

39 형사소송에서 '사실인정의 기초가 되는 경험적 사실을 경험자 자신이 직접 법원에 진술하지 않고, 타인의 진술 등의 방법으로 간접적으로 법원에 보고하는 형태의 증거는 원칙적으로 증거능력이 인정되지 않는다'는 원칙은?

☑ 확인 Check! ○ △ ×

① 전문법칙
② 자백배제법칙
③ 자백의 보강법칙
④ 위법수집증거배제원칙

40 근로기준법의 내용에 관한 설명으로 옳지 않은 것은?

① 근로조건은 최저기준이므로 근로관계 당사자는 이 기준을 이유로 근로조건을 낮출 수 없다.
② 누구든지 법률에 의하지 아니하고는 영리로 타인의 취업에 개입하거나 중간인으로서 이익을 취득하지 못한다.
③ 동거의 친족만을 사용하는 사업 또는 사업장과 가사사용인에 대해서는 근로기준법이 적용되지 않는다.
④ 근로계약은 계약의 형식이나 명칭을 불문하고 명시 및 묵시의 계약의 체결도 가능하지만 반드시 서면으로 작성하여야 효력이 발생한다.

1회 실전 모의고사 정답 및 해설

문제편 476p

01	02	03	04	05	06	07	08	09	10	11	12	13	14	15	16	17	18	19	20
③	③	②	①	④	①	③	③	④	③	③	④	①	②	③	③	③	①	③	③
21	22	23	24	25	26	27	28	29	30	31	32	33	34	35	36	37	38	39	40
①	②	①	③	①	②	④	②	②	①	④	②	④	③	①	①	②	④	①	④

01

영역 법학 일반 > 관습법 　　**답** ❸

정답해설

③ 사실인 관습은 그 존재를 당사자가 주장・입증하여야 하나, 관습법은 당사자의 주장・입증을 기다림이 없이 법원이 직권으로 이를 판단할 수 있다(대판 1983.6.14. 80다3231).

오답해설

① 법률이 없으면 범죄도 형벌도 없다는 죄형법정주의의 원칙상 관습형법은 금지된다.
② 민사에 관하여 관습법은 성문법을 보충하는 효력이 있다(민법 제1조).

관계법령

민법 제1조(법원)
민사에 관하여 법률에 규정이 없으면 관습법에 의하고 관습법이 없으면 조리에 의한다.

④ 관습헌법도 성문헌법과 마찬가지로 주권자인 국민의 헌법적 결단의 의사의 표현이며 성문헌법과 동등한 효력을 가진다고 보아야 한다(헌재 2004.10.21. 2004헌마554・566).

02

영역 헌법 > 헌법개정절차 **답 ③**

정답해설

③ 헌법 제130조 제2항

오답해설

① 헌법개정은 국회재적의원 과반수 또는 대통령의 발의로 제안되며(헌법 제128조 제1항), 제안된 개정안은 대통령이 20일 이상의 기간 이를 공고하여야 한다(헌법 제129조).
② 국회는 헌법개정안이 공고된 날로부터 60일 이내 의결하여야 하며, 국회 의결은 재적의원 3분의 2 이상의 찬성을 얻어야 한다(헌법 제130조 제1항).
④ 헌법개정이 확정되면 대통령은 즉시 이를 공포하여야 한다(헌법 제130조 제3항).

관계법령

헌법 제128조
① 헌법개정은 국회 재적의원 과반수 또는 대통령의 발의로 제안된다.
② 대통령의 임기연장 또는 중임변경을 위한 헌법개정은 그 헌법개정 제안 당시의 대통령에 대하여는 효력이 없다.

헌법 제129조
제안된 헌법개정안은 대통령이 20일 이상의 기간 이를 공고하여야 한다.

헌법 제130조
① 국회는 헌법개정안이 공고된 날로부터 60일 이내에 의결하여야 하며, 국회의 의결은 재적의원 3분의 2 이상의 찬성을 얻어야 한다.
② 헌법개정안은 국회가 의결한 후 30일 이내에 국민투표에 붙여 국회의원 선거권자 과반수의 투표와 투표자 과반수의 찬성을 얻어야 한다.
③ 헌법개정안이 제2항의 찬성을 얻은 때에는 헌법개정은 확정되며, 대통령은 즉시 이를 공포하여야 한다.

03

▌영역 민사법 > 취소 **답 ②**

정답해설

② 제한능력자, 착오로 인하거나 사기・강박에 의하여 의사표시를 한 자, 그의 대리인 또는 승계인만이 취소할 수 있다(민법 제140조).

오답해설

① 취소의 의사를 표시하면 처음부터 소급하여 법률효과가 소멸한다(민법 제141조 참고).
③ 취소권에는 행사할 수 있는 기간이 정해져 있어서 기간 내에 행사하지 못하면 취소권이 소멸하고 유효한 것으로 확정된다(민법 제146조 참고).
④ 취소할 수 있는 법률행위는 추인에 의하여 확정적으로 유효한 행위로 만들 수 있다(민법 제143조 참고).

▌관계법령

민법 제141조(취소의 효과)
취소된 법률행위는 처음부터 무효인 것으로 본다. 다만, 제한능력자는 그 행위로 인하여 받은 이익이 현존하는 한도에서 상환(償還)할 책임이 있다.

민법 제146조(취소권의 소멸)
취소권은 추인할 수 있는 날로부터 3년내에 법률행위를 한 날로부터 10년내에 행사하여야 한다.

민법 제143조(추인의 방법, 효과)
① 취소할 수 있는 법률행위는 제140조에 규정한 자가 추인할 수 있고 추인 후에는 취소하지 못한다.

▌핵심만 콕

무효와 취소의 차이

구분	무효	취소
기본적 효과	절대적 무효가 원칙	상대적 취소가 원칙
주장권자	누구라도 주장 가능	취소권자에 한하여 가능
기간의 제한	제한이 없음	제척기간(3년, 10년)
시간경과에 따른 효력	효력변동 없음	제척기간 도과시 취소권 소멸, 유효한 것으로 확정됨
추인	• 효력변동 없음 • 당사자가 무효임을 알고 추인한 때에는 새로운 법률행위로 봄(민법 제139조 단서)	추인으로 확정적 유효가 됨
발생사유	• 반사회적 법률행위(민법 제103조) • 불공정한 법률행위(민법 제104조) • 비진의표시 단서 규정(민법 제107조 제1항 단서) • 통정허위표시(민법 제108조 제1항)	• 행위무능력(민법 제5조 제2항) • 착오(민법 제109조 제1항 본문) • 사기・강박(민법 제110조 제1항)

04

영역 형사법 > 정당방위 **답 ❶**

정답해설

① 제시문의 '이것'은 정당방위(형법 제21조)이고, ①은 정당방위가 가능한 상황에 대한 설명으로 옳은 지문이다.

오답해설

② 공무원의 집무집행행위는 위법성조각사유 중 정당행위에 해당한다(형법 제20조).

핵심만 콕

정당행위

- 법령에 의한 행위 : 공무원의 직무집행행위, 징계행위, 사인의 현행범 체포행위, 노동쟁의행위 등
- 업무로 인한 행위 : 의사의 치료행위, 안락사, 변호사 · 성직자의 직무수행행위 등
- 기타 사회상규에 위배되지 아니하는 행위 : 소극적 저항행위, 징계권 없는 자의 징계행위, 권리실행행위 등

③ 의무의 충돌에 관한 설명이다. 의무의 충돌이란, 두 개 이상의 작위의무 중 하나만 이행함으로써 다른 의무를 이행하지 못했을 경우를 말한다(예 : 1명의 구조대원이 물에 빠진 2명 중 1명만 구할 수 있는 상황에서 1명만 구조한 경우).

④ 자구행위에 관한 설명이다(형법 제23조).

관계법령

형법 제20조(정당행위)

법령에 의한 행위 또는 업무로 인한 행위 기타 사회상규에 위배되지 아니하는 행위는 벌하지 아니한다.

형법 제21조(정당방위)

① 현재의 부당한 침해로부터 자기 또는 타인의 법익(法益)을 방위하기 위하여 한 행위는 상당한 이유가 있는 경우에는 벌하지 아니한다.
② 방위행위가 그 정도를 초과한 경우에는 정황(情況)에 따라 그 형을 감경하거나 면제할 수 있다.
③ 제2항의 경우에 야간이나 그 밖의 불안한 상태에서 공포를 느끼거나 경악(驚愕)하거나 흥분하거나 당황하였기 때문에 그 행위를 하였을 때에는 벌하지 아니한다.

형법 제23조(자구행위)

① 법률에서 정한 절차에 따라서는 청구권을 보전(保全)할 수 없는 경우에 그 청구권의 실행이 불가능해지거나 현저히 곤란해지는 상황을 피하기 위하여 한 행위는 상당한 이유가 있는 때에는 벌하지 아니한다.
② 제1항의 행위가 그 정도를 초과한 경우에는 정황에 따라 그 형을 감경하거나 면제할 수 있다.

05

영역 상법 일반 > 상법상의 회사 　　　　답 ❹

정답해설

④ 지배인은 상인인 영업주에 갈음하여 그 영업에 관한 재판상 또는 재판 외의 모든 행위를 할 수 있는 영업보조자(상법 제11조 제1항)로서, 주식회사의 기관에 해당하지 아니한다. 상법상 주식회사의 기관으로는 주주총회, 이사회, 대표이사 및 감사가 있다.

오답해설

① 상법 제170조
② 상법 제178조 · 제212조 제1항
③ 상법 제268조

관계법령

상법 제170조(회사의 종류)
회사는 합명회사, 합자회사, 유한책임회사, 주식회사와 유한회사의 5종으로 한다.

상법 제178조(정관의 작성)
합명회사의 설립에는 2인 이상의 사원이 공동으로 정관을 작성하여야 한다.

상법 제212조(사원의 책임)
① 회사의 재산으로 회사의 채무를 완제할 수 없는 때에는 각 사원은 연대하여 변제할 책임이 있다.

상법 제268조(회사의 조직)
합자회사는 무한책임사원과 유한책임사원으로 조직한다.

06

영역 법학 일반 > 법원 　　　　답 ❶

정답해설

① 상위법 우선의 원칙에 관한 설명이다. 실정법상 상위의 법규가 하위의 법규보다 우선하며, 상위법과 하위법이 충돌할 때는 상위법의 효력이 발생한다.

오답해설

② 상사에 관하여 본법에 규정이 없으면 상관습법에 의하고, 상관습법이 없으면 민법의 규정에 의한다(상법 제1조). 따라서 상사에 관하여 상관습법이 민법에 우선하여 적용된다.
③ 일반적으로 승인된 국제법규는 국내법과 같은 효력을 가진다(헌법 제6조 제1항).

관계법령

헌법 제6조
① 헌법에 의하여 체결 · 공포된 조약과 일반적으로 승인된 국제법규는 국내법과 같은 효력을 가진다.

④ 헌법재판소는 신행정수도 건설을 위한 특별조치법이 우리나라의 수도가 서울이라는 관습헌법에 위배된다는 이유로 위헌결정을 하였다(헌재 2004.10.21. 2004헌마554 · 566). 즉, 헌법재판소는 관습헌법을 인정하며 관습헌법에 성문헌법과의 동등한 효력을 인정하고 있다.

07

영역 헌법 > 헌법전문 **답 ③**

정답해설

③ 자유민주적 기본질서에 입각한 평화적 통일정책은 헌법 제4조에서 규정하고 있으며, 자유민주적 기본질서의 확립이 헌법전문에서 규정하고 있는 내용에 해당한다.

핵심만 콕

헌법전문의 주요 내용

현행 헌법전문에 명문으로 규정되어 있는 것	• 대한민국의 건국이념(3 · 1운동, 대한민국임시정부의 법통과 4 · 19이념의 계승) • 조국의 민주개혁과 평화적 통일의 사명 • 정의 · 인도와 동포애로써 민족의 단결을 공고히 함 • 모든 사회적 폐습과 불의를 타파 • 자유민주적 기본질서의 확립 • 모든 영역에서 각인의 기회 균등 • 국민생활의 균등한 향상 • 국제평화주의
현행 헌법전문에 명문으로 규정되어 있지 않은 것	• 권력분립 • 민주공화국, 국가형태(헌법 제1조) • 5 · 16군사정변(제4공화국 헌법) • 침략전쟁의 부인(헌법 제5조 제1항) • 자유민주적 기본질서에 입각한 평화적 통일정책(헌법 제4조) • 국가의 전통문화계승발전과 민족문화창달의무(헌법 제9조) • 대한민국 영토(헌법 제3조) • 개인과 기업의 경제상의 자유와 창의(헌법 제119조 제1항) • 인간의 존엄과 가치, 행복추구권(헌법 제10조)

08

영역 민사법 > 무효 **답 ③**

정답해설

ㄴ, ㄹ, ㅁ은 취소할 수 있는 법률행위에 해당한다.

ㄴ. (×) 민법에 규정된 제한능력자는 미성년자, 피한정후견인, 피성년후견인이 있으며, 이러한 제한능력자의 법률행위는 무효가 아닌 취소할 수 있는 법률행위이다.

ㅂ. (○) 진의 아닌 의사표시는 표시한 대로 효과가 발생하고 원칙적으로 유효하나, 상대방이 표의자의 진의 아님을 알았거나 이를 알 수 있었을 경우에는 무효로 한다(민법 제107조 제1항 참고).

관계법령

민법 제107조(진의 아닌 의사표시)

① 의사표시는 표의자가 진의아님을 알고 한 것이라도 그 효력이 있다. 그러나 상대방이 표의자의 진의아님을 알았거나 이를 알 수 있었을 경우에는 무효로 한다.

핵심만 콕

무효인 행위와 취소할 수 있는 행위

무효인 법률행위	취소할 수 있는 법률행위
• 의사무능력자의 법률행위 • 불능한 법률행위 • 강행규정에 위반하는 법률행위 • 반사회질서의 법률행위 • 불공정한 법률행위 • 민법 제107조 제1항 단서의 비진의 표시(표의자의 진의아님을 상대방이 알았거나 알 수 있었을 때) • 통정허위표시 • 불법조건이 붙은 경우	• 제한능력자의 행위 • 착오에 의한 의사표시 • 사기 · 강박에 의한 의사표시

09

영역 형사법 > 친고죄와 반의사불벌죄 답 ④

정답해설

④ 고소는 제1심 판결선고 전까지 취소할 수 있다(형사소송법 제232조 제1항).

핵심만 콕

범죄의 처벌조건과 소추조건

(1) 범죄의 처벌조건 : 범죄의 처벌조건이란 일단 성립된 범죄의 가벌성만을 좌우하는 조건으로 객관적 처벌조건과 인적 처벌조각사유가 있다.

① 객관적 처벌조건 : 범죄가 성립된 경우에도 다시 형벌권을 발생시키는 데 필요한 외부적 · 객관적 사유를 말한다(예 : 형법 제129조 제2항의 사전수뢰죄에서 공무원 또는 중재인이 된 사실).

② 인적 처벌조각사유 : 이미 성립한 범죄에 대하여 행위당시에 존재하는 행위자의 특수한 신분관계로 인하여 형벌권의 발생을 저지하는 인적 사정을 말한다(예 : 친족상도례에서 직계혈족 · 배우자 · 동거친족 등의 신분).

(2) 범죄의 소추조건 : 범죄가 성립하고 형벌권이 발생하는 경우라도 그 범죄를 소추하기 위하여 소송법상 필요한 조건을 말하며, 형법이 규정하는 소추조건에는 친고죄와 반의사불벌죄가 있다.

구 분	친고죄	반의사불벌죄
의 의	공소제기를 위하여 피해자 기타 고소권자의 고소가 있을 것을 요하는 범죄	피해자의 의사에 관계없이 공소를 제기할 수 있으나, 피해자의 명시한 의사에 반하여 처벌할 수 없는 범죄
종 류	• 절대적 친고죄 – 모욕죄(형법 제311조) – 비밀침해죄(형법 제316조) – 업무상비밀누설죄(형법 제317조) – 사자명예훼손죄(형법 제308조) • 상대적 친고죄(친족상도례규정) – 절도, 사기, 공갈, 횡령, 배임, 장물, 권리행사방해죄의 일부(형법 제328조 준용)	• 외국원수 및 외국사절에 대한 폭행, 협박, 모욕죄(형법 제107조 및 제108조) • 외국국기, 국장모독죄(형법 제109조) • 폭행, 존속폭행죄(형법 제260조) • 협박, 존속협박죄(형법 제283조) • 명예훼손죄(형법 제307조) • 출판물 등에 의한 명예훼손죄(형법 제309조) • 과실치상죄(형법 제266조)

10

▌영역 사회법 일반 > 미성년자의 근로 **답 ❸**

정답해설

제시된 내용 중 옳지 않은 것은 ㄴ과 ㄷ이다.

ㄱ. (○) 미성년자는 독자적으로 임금을 청구할 수 있다(근로기준법 제68조).
ㄴ. (×) 친권자나 후견인은 미성년자의 근로계약을 대리할 수 없다(근로기준법 제67조 제1항).
ㄷ. (×) 친권자, 후견인 또는 고용노동부장관은 근로계약이 미성년자에게 불리하다고 인정하는 경우에는 이를 해지할 수 있다(근로기준법 제67조 제2항).

11

▌영역 형사법 > 형법의 장소적 적용범위 **답 ❸**

정답해설

③ 보호주의(형법 제6조)에 근거하여 대한민국 형법을 적용할 수 있다.

▌핵심만 콕

형법의 장소적 적용범위

- 속지주의(형법 제2조) : 본법은 대한민국영역 내에서 죄를 범한 내국인과 외국인에게 적용한다.
- 속인주의(형법 제3조) : 본법은 대한민국영역 외에서 죄를 범한 내국인에게 적용한다.
- 기국주의(형법 제4조) : 본법은 대한민국영역 외에 있는 대한민국의 선박 또는 항공기 내에서 죄를 범한 외국인에게 적용한다.
- 보호주의(형법 제5조) : 본법은 대한민국영역 외에서 다음에 기재한 죄를 범한 외국인에게 적용한다.
  - 내란의 죄
  - 외환의 죄
  - 국기에 관한 죄
  - 통화에 관한 죄
  - 유가증권, 우표와 인지에 관한 죄
  - 문서에 관한 죄 중 공문서 관련 죄
  - 인장에 관한 죄 중 공인 등의 위조, 부정사용
- 보호주의(형법 제6조) : 본법은 대한민국영역 외에서 대한민국 또는 대한민국국민에 대하여 전조에 기재한 이외의 죄를 범한 외국인에게 적용한다. 단, 행위지의 법률에 의하여 범죄를 구성하지 아니하거나 소추 또는 형의 집행을 면제할 경우에는 예외로 한다.
- 세계주의 : 총칙에서는 규정이 없으나 각칙에서는 세계주의를 인정하고 있다(형법 제296조의2).

12

▌영역 헌법 > 신체적 자유권 **답 ❹**

정답해설

밑줄 친 '이 기본권'은 신체적 자유권을 의미하는데, 제시된 보기에서 이와 관련된 내용으로 옳은 것은 ㄱ, ㄴ, ㄹ이다.

ㄱ. (○) 헌법 제12조 제4항

ㄴ. (○) 일사부재리 원칙에 대한 설명으로(헌법 제13조 제1항), 신체적 자유권을 보장하는 내용이다.

ㄷ. (×) 공무원의 직무상 불법행위로 인한 손해배상청구권(헌법 제29조 제1항)은 청구권적 기본권에 속하며, 신체의 자유를 보장하기 위한 직접적인 내용으로 보기 어렵다.

ㄹ. (○) 헌법 제12조 제7항

▌관계법령

헌법 제12조

④ 누구든지 체포 또는 구속을 당한 때에는 즉시 변호인의 조력을 받을 권리를 가진다. 다만, 형사피고인이 스스로 변호인을 구할 수 없을 때에는 법률이 정하는 바에 의하여 국가가 변호인을 붙인다.

⑦ 피고인의 자백이 고문·폭행·협박·구속의 부당한 장기화 또는 기망 기타의 방법에 의하여 자의로 진술된 것이 아니라고 인정될 때 또는 정식재판에 있어서 피고인의 자백이 그에게 불리한 유일한 증거일 때에는 이를 유죄의 증거로 삼거나 이를 이유로 처벌할 수 없다.

헌법 제13조

① 모든 국민은 행위시의 법률에 의하여 범죄를 구성하지 아니하는 행위로 소추되지 아니하며, 동일한 범죄에 대하여 거듭 처벌받지 아니한다.

헌법 제29조

① 공무원의 직무상 불법행위로 손해를 받은 국민은 법률이 정하는 바에 의하여 국가 또는 공공단체에 정당한 배상을 청구할 수 있다. 이 경우 공무원 자신의 책임은 면제되지 아니한다.

13

영역 민사법 > 불법행위로 인한 손해배상 **답 ❶**

정답해설

① 민법 제762조

오답해설

② 공동불법행위책임은 가해자 각 개인의 행위에 대하여 개별적으로 그로 인한 손해를 구하는 것이 아니라 그 가해자들이 공동으로 가한 불법행위에 대하여 그 책임을 추궁하는 것이므로, 공동불법행위로 인한 손해배상책임의 범위는 피해자에 대한 관계에서 가해자들 전원의 행위를 전체적으로 함께 평가하여 정하여야 하고, 그 손해배상액에 대하여는 가해자 각자가 그 금액의 전부에 대한 책임을 부담하는 것이며, 가해자의 1인이 다른 가해자에 비하여 불법행위에 가공한 정도가 경미하다고 하더라도 피해자에 대한 관계에서 그 가해자의 책임 범위를 위와 같이 정하여진 손해배상액의 일부로 제한하여 인정할 수 없다(대판 2005.10.13. 2003다24147).

③ 고의 또는 과실로 심신상실을 초래하였으므로 배상책임이 인정된다(민법 제754조 단서).

④ 법인의 불법행위가 성립될 경우, 이로 인하여 이사 기타 대표자는 자신의 손해배상책임을 면하지 못한다(민법 제35조 제1항). 이 경우 법인과 가해행위를 한 대표기관은 부진정연대책임을 진다.

관계법령

민법 제762조(손해배상청구권에 있어서의 태아의 지위)
태아는 손해배상의 청구권에 관하여는 이미 출생한 것으로 본다.

민법 제754조(심신상실자의 책임능력)
심신상실 중에 타인에게 손해를 가한 자는 배상의 책임이 없다. 그러나 고의 또는 과실로 인하여 심신상실을 초래한 때에는 그러하지 아니하다.

민법 제35조(법인의 불법행위능력)
① 법인은 이사 기타 대표자가 그 직무에 관하여 타인에게 가한 손해를 배상할 책임이 있다. 이사 기타 대표자는 이로 인하여 자기의 손해배상책임을 면하지 못한다.

14

영역 민사법 > 과실상계 **답 ❷**

정답해설

② 불법행위에 있어서 과실상계는 공평 내지 신의칙의 견지에서 손해배상액을 정함에 있어 피해자의 과실을 참작하는 것으로서, 그 적용에 있어서는 가해자와 피해자의 고의 과실의 정도, 위법행위의 발생 및 손해의 확대에 관하여 어느 정도의 원인이 되어 있는가 등의 제반 사정을 고려하여 배상액의 범위를 정하는 것이며, 불법행위에 있어서의 가해자의 과실이 의무위반의 강력한 과실임에 반하여 과실상계에 있어서 과실이란 사회통념상, 신의성실의 원칙상, 공동생활상 요구되는 약한 부주의까지를 가리키는 것이라 할 것이다(대판 2001.3.23. 99다33397).

오답해설

① 과실상계는 채무불이행과 불법행위에 모두 적용된다(민법 제396조 · 제763조).

③ 피해자의 과실뿐만 아니라 피해자와 신분상 또는 사회생활상 일체를 이루는 자의 과실도 피해자의 과실로 참작된다(대판 2010.8.26. 2010다37479).

④ 불법행위의 피해자 또는 상속인이 불법행위로 불이익을 받음과 동시에 그로 인하여 이득을 얻은 경우, 이득 상당액은 배상액에서 공제되어야 하는데, 이를 손익상계라 한다. 손해배상액을 산정할 때, 과실상계를 먼저 한 후 손익상계를 한다(대판 2008.5.15. 2007다37721).

15

영역 행정법 일반 > 행정상 강제집행 **답 ❸**

정답해설

제시된 내용 중 행정상 강제집행의 수단에 해당하는 것은 ㄱ, ㄴ, ㄹ, ㅁ이다.

핵심만 콕

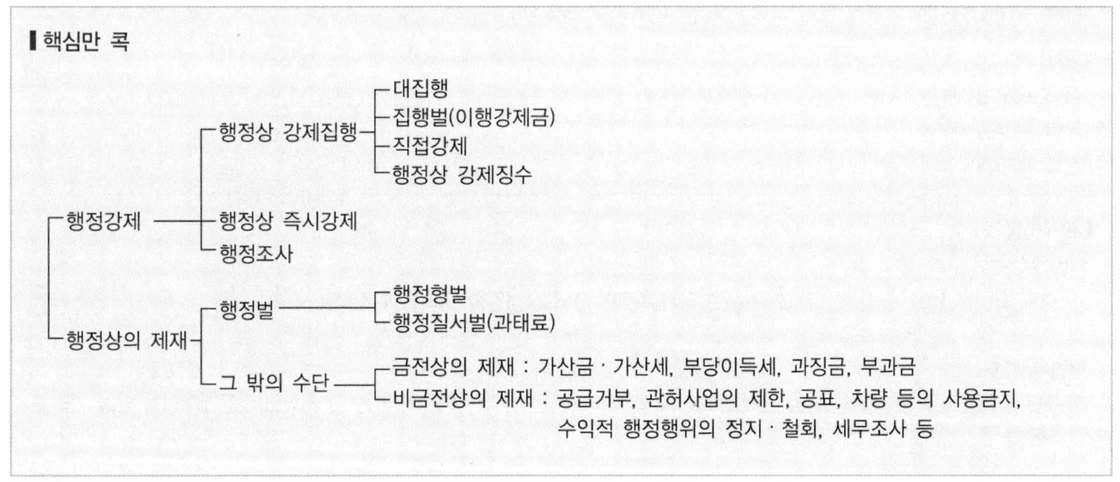

16

영역 법학 일반 > 법실증주의와 자연법론 **답 ❸**

정답해설

제시문은 법실증주의에 관한 설명이다. 법실증주의는 초경험적인 자연법의 존재를 무시하고 오로지 실정법에 존재 가치를 부여하는 사상이다. ㄴ, ㄷ은 법실증주의, ㄱ, ㄹ은 자연법론에 관한 내용이다.

핵심만 콕

자연법과 실정법

- 자연법(自然法)은 인간이 제정한 법이 아니고 또한 시간과 장소에 따라 변하지 않는 보편타당한 선험적 규범이며, 실정법(實定法)은 인간의 경험을 근거로 만든 법으로서 시간과 장소에 따라 변하는 상대적 개념이다.
- 자연법론자들은 법과 도덕의 구별을 부인하나, 실정법론자(법실증주의)들은 법과 도덕의 구별을 인정한다.
- 법실증주의 시대에서는 법의 실증성과 안정성을 유지하기 위하여 정의나 합목적성이 소홀히 취급되었으며, 근대 자연법의 전성기에는 정의를 가장 중요시하였다.

17

영역 헌법 > 청구권적 기본권 **답 ❸**

정답해설

③ <u>형사피의자</u> 또는 형사피고인으로서 구금되었던 자가 법률이 정하는 불기소처분을 받거나 무죄판결을 받은 때에는 법률이 정한 바에 의하여 국가에 정당한 보상을 청구할 수 있다(헌법 제28조).

오답해설

① 헌법 제26조 제1항
② 헌법 제27조 제3항
④ 헌법 제30조

관계법령

헌법 제26조
① 모든 국민은 법률이 정하는 바에 의하여 국가기관에 문서로 청원할 권리를 가진다.

헌법 제27조
③ 모든 국민은 신속한 재판을 받을 권리를 가진다. 형사피고인은 상당한 이유가 없는 한 지체없이 공개재판을 받을 권리를 가진다.

헌법 제30조
타인의 범죄행위로 인하여 생명·신체에 대한 피해를 받은 국민은 법률이 정하는 바에 의하여 국가로부터 구조를 받을 수 있다.

핵심만 콕

청구권적 기본권
국가에 대하여 일정한 행위를 적극적으로 청구할 수 있는 국민의 주관적 공권으로서, 그 자체가 권리의 목적이 아니라 기본권을 보장하기 위한 절차적 기본권으로서의 성격을 가진다. 헌법에서 인정하는 청구권적 기본권에는 청원권(헌법 제26조), 재판청구권(헌법 제27조), 형사보상청구권(헌법 제28조), 국가배상청구권(헌법 제29조), 손실보상청구권(헌법 제23조 제3항), 범죄피해자구조청구권(헌법 제30조)이 있다.

18

영역 법학 일반 > 권리의 충돌 **답 ❶**

정답해설

① 채권자 평등의 원칙에 따라, 동일채무자에 대한 여러 개의 채권은 그의 발생 원인 · 발생 시기의 선후 · 채권액의 다소를 묻지 않고서 평등하게 다루어진다. 즉, 채권은 성립의 선후에 따른 우선순위의 차이가 없고 모든 채권자는 같은 순위로 변제를 받는 것이 원칙이다.

오답해설

② 하나의 물건에 대하여 물권과 채권이 병존하는 경우에는 그 성립시기를 불문하고 원칙적으로 물권이 우선한다. 예외적으로 대항요건을 갖춘 부동산의 임차권은 나중에 성립한 전세권에 우선한다.
③ 소유권과 제한물권 사이에서는 제한물권이 언제나 소유권에 우선한다.
④ 서로 종류를 달리하는 물권일 때에는 일정한 원칙이 없고, 법률의 규정에 의하여 순위가 정하여진다.

19

영역 형사법 > 공범 **답 ❸**

정답해설

③ 공동정범은 행위자 상호간에 범죄행위를 공동으로 한다는 공동가공의 의사를 가지고 범죄를 공동 실행하는 경우에 성립한다. 여기에서 공동가공의 의사는 공동행위자 상호간에 있어야 하며 행위자 일방의 가공의사만으로는 공동정범관계가 성립할 수 없다(대판 1985.5.14. 84도2118). 통설과 판례에 따르면, 공동정범을 인정하기 위한 공동가공의사는 행위자 상호 간에 있어야 하고, 어느 일방만이 공동가공의사를 가진 편면적 공동정범은 인정되지 않는다.

오답해설

① 형법 제30조
② 형법 제31조 제1항
④ 필요적 공범이란 구성요건상 범죄가 성립하기 위해서 처음부터 다수인의 공동을 필요로 하는 경우를 말한다. 내란죄는 집합범으로서 필요적 공범에 해당한다.

관계법령

형법 제30조(공동정범)
2인 이상이 공동하여 죄를 범한 때에는 각자를 그 죄의 정범으로 처벌한다.

형법 제31조(교사범)
① 타인을 교사하여 죄를 범하게 한 자는 죄를 실행한 자와 동일한 형으로 처벌한다.

20

영역 상법 일반 > 주식회사의 이사 　　　　　　　　　　답 ❸

정답해설

③ 이사가 임무를 수행함에 있어서 법령을 위반한 행위를 한 때에는 그 행위 자체가 회사에 대하여 채무불이행에 해당하므로, 그로 인하여 회사에 손해가 발생한 이상 손해배상책임을 면할 수 없고, 위와 같은 법령을 위반한 행위에 대하여는 이사가 임무를 수행함에 있어서 선량한 관리자의 주의의무를 위반하여 임무해태로 인한 손해배상책임이 문제되는 경우에 고려될 수 있는 경영판단의 원칙은 적용될 여지가 없다(대판 2011.4.14. 2008다14633).

오답해설

① 상법 제382조 제1항
② 상법 제398조 전문
④ 상법 제382조의4

관계법령

상법 제398조(이사 등과 회사 간의 거래)
다음 각 호의 어느 하나에 해당하는 자가 자기 또는 제3자의 계산으로 회사와 거래를 하기 위하여는 미리 이사회에서 해당 거래에 관한 중요사실을 밝히고 이사회의 승인을 받아야 한다. 이 경우 이사회의 승인은 이사 3분의 2 이상의 수로써 하여야 하고, 그 거래의 내용과 절차는 공정하여야 한다.

1. 이사 또는 제542조의8 제2항 제6호에 따른 주요주주
2. 제1호의 자의 배우자 및 직계존비속
3. 제1호의 자의 배우자의 직계존비속
4. 제1호부터 제3호까지의 자가 단독 또는 공동으로 의결권 있는 발행주식 총수의 100분의 50 이상을 가진 회사 및 그 자회사
5. 제1호부터 제3호까지의 자가 제4호의 회사와 합하여 의결권 있는 발행주식총수의 100분의 50 이상을 가진 회사

상법 제382조의4(이사의 비밀유지의무)
이사는 재임중 뿐만 아니라 퇴임후에도 직무상 알게된 회사의 영업상 비밀을 누설하여서는 아니된다.

21

영역 법학 일반 > 법의 목적(이념) 답 ❶

정답해설

아리스토텔레스가 말하는 평균적 정의란 개인은 동일한 가치를 가지고 평등하게 다루어져야 한다는 형식적·절대적 평등과 산술적·교환적 정의를 의미한다.

핵심만 콕

아리스토텔레스의 정의론

정의의 본질을 평등에서 찾았다. 정의를 일반적 정의(광의)와 특수적 정의(협의)로 구분하였고, 특수적 정의는 다시 평균적 정의와 배분적 정의로 구분하였다.

일반적 정의 (광의의 정의)		법을 지키는 등의 일반적인 옳고 그름을 지키는 것을 의미한다.
특수적 정의 (협의의 정의)	평균적 정의	인간은 인간으로서 동일한 가치를 가지고 있는 것이므로 평등하게 다루어져야 한다고 하는 형식적·절대적 평등원리이다. 따라서 손해와 보상, 범죄와 형벌 등은 '같은 것은 같은 방법으로'의 원칙에 따라 균형을 취해야 한다는 산술적·교환적 정의이며 이는 이해득실을 평균화하고 조정하는 것이다.
	배분적 정의	배분적 정의는 전체와 그 구성원 사이의 관계를 조화하는 정의로서 단체생활에 있어서 각자가 제각기 상이한 능력과 가치를 가지고 있음을 전제로 그 가치의 차이에 따른 취급을 하여야 한다는 실질적·상대적 평등의 원리, 상대적·비례적 정의를 의미한다.

22

영역 사회법 일반 > 부당노동행위의 구제절차 답 ❷

정답해설

② 노동위원회에 대한 구제의 신청은 부당노동행위가 있은 날(계속하는 행위는 그 종료일)부터 3월 이내에 이를 행하여야 한다(노동조합 및 노동관계조정법 제82조 제2항).

오답해설

① 사용자의 부당노동행위로 인하여 그 권리를 침해당한 근로자 또는 노동조합은 노동위원회에 그 구제를 신청할 수 있다(노동조합 및 노동관계조정법 제82조 제1항).

③ 노동조합 및 노동관계조정법 제84조 제1항

④ 노동조합 및 노동관계조정법 제86조

23

영역 민사법 > 표현대리 **답 ①**

정답해설

① 표현대리가 성립된다고 하여 무권대리의 성질이 유권대리로 전환되는 것은 아니다(대판 1983.12.13. 83다카1489 전합). 표현대리의 본질은 무권대리이다. 무권대리이지만, 거래의 안전을 위하여 무권대리 중 특별히 본인이 책임을 지도록 법률을 정한 것이 표현대리 제도이다.

오답해설

② 투자수익보장이 강행법규에 위반되어 무효인 이상 증권회사의 지점장에게 그와 같은 약정을 체결할 권한이 수여되었는지 여부에 불구하고 그 약정은 여전히 무효이므로 표현대리의 법리가 준용될 여지가 없다(대판 1996.8.23. 94다38199).
③ 민법 제125조는 임의대리에만 적용되고 법정대리에는 적용되지 않는다(통설·판례).
④ 민법 제129조의 상대방은 대리행위의 직접 상대방만을 말하며, 상대방과 거래한 제3자는 포함되지 않는다.

관계법령

민법 제125조(대리권수여의 표시에 의한 표현대리)
제삼자에 대하여 타인에게 대리권을 수여함을 표시한 자는 그 대리권의 범위내에서 행한 그 타인과 그 제삼자간의 법률행위에 대하여 책임이 있다. 그러나 제삼자가 대리권없음을 알았거나 알 수 있었을 때에는 그러하지 아니하다.

민법 제126조(권한을 넘은 표현대리)
대리인이 그 권한외의 법률행위를 한 경우에 제삼자가 그 권한이 있다고 믿을 만한 정당한 이유가 있는 때에는 본인은 그 행위에 대하여 책임이 있다.

민법 제129조(대리권소멸후의 표현대리)
대리권의 소멸은 선의의 제삼자에게 대항하지 못한다. 그러나 제삼자가 과실로 인하여 그 사실을 알지 못한 때에는 그러하지 아니하다.

핵심만 콕

표현대리
표현대리란 본인과 무권대리인 사이에 실제로는 대리권이 없음에도 불구하고 대리인이 마치 대리권이 있는 것처럼 외형을 갖추고, 또 본인으로서도 그런 외형을 갖추는데 일정한 원인을 기여한 경우에 그 무권대리행위의 책임을 본인에게 부담하게 하는 제도이다. 민법은 다음의 3가지 경우에 표현대리를 인정하고 있다.
- 본인이 특정한 자에게 대리권을 부여하였음을 표시한 때(민법 제125조)
- 다소의 범위의 대리권 있는 자가 그 권한 외의 행위를 한 경우에 상대방이 권한 내의 행위라고 믿을만한 정당한 이유가 존재할 때(민법 제126조)
- 대리인이 대리권이 소멸한 이후에 대리인으로서 행위를 한 경우에 상대방이 과실 없이 대리권의 소멸을 알지 못했을 때(민법 제129조)

24

영역 형사법 > 횡령죄 **답 ③**

정답해설

③ B가 A의 승낙을 받고 그의 심부름으로 오토바이를 타고 가서 수표를 현금으로 바꾼 뒤에 마음이 변하여 그 오토바이를 반환하지 아니한 채 그대로 타고 가버렸다 하더라도 그것은 B와 A 사이에 오토바이의 보관에 따른 신임관계를 위배한 것이 되어 횡령죄를 구성함은 별론으로 하고 적어도 절도죄는 구성하지 않는다 할 것이다(대판 1986.8.19. 86도1093).

25

영역 사회법 일반 > 유니언숍 **답 ①**

정답해설

① 제시문은 유니언 숍 조항에 관한 설명이다. 유니언 숍 조항에 따르면 고용된 근로자가 일정기간 이내에 조합에 가입하지 아니하거나 가입한 조합으로부터 제명 또는 탈퇴하는 경우에는 사용자는 그 근로자를 해고해야 할 의무를 부담한다.

오답해설

② 클로즈드 숍 : 근로자 고용 시 노동조합의 가입을 필수조건으로 하는 제도
③ 오픈 숍 : 노동조합의 가입·탈퇴를 근로자가 자유롭게 결정하는 제도
④ 프리퍼렌셜 숍 : 근로자 채용 시 조합원에게 우선 순위를 주는 제도

26

영역 법학 일반 > 법해석 **답 ②**

정답해설

② 설문은 법규상 용어의 의미를 통상의 의미보다 축소하여 해석하는 축소해석 방법에 해당한다.

핵심만 콕

법해석의 종류

해석의 구속력에 따라	• 유권해석 : 입법해석, 사법해석, 행정해석 • 무권해석(학리해석) : 문리해석, 논리해석
해석의 방법에 따라	• 확장해석 : 법문상 자구(字句)의 의미를 통상의 의미 이상으로 확장하여 해석 • 축소(제한)해석 : 법문상 자구(字句)의 의미를 통상의 의미보다 축소하여 해석 • 반대해석 : 법문이 규정하는 요건과 반대의 요건이 존재하는 경우에 그 반대의 요건에 대해 법문과 반대의 법적 판단을 하는 해석 • 물론해석 : 법문이 일정한 사항을 정하고 있을 때 그 이외의 사항에 관해서도 사물의 성질상 당연히 그 규정에 포함되는 것으로 보는 해석 • 유추해석 : 두 개의 사실 중 법규에서 어느 하나의 사실에 관해서만 규정하고 있는 경우에 나머지 다른 사실에 대해서도 마찬가지의 효과를 인정하는 해석

27

▌영역 헌법 > 국회의원 **답 ❹**

정답해설

④ 국회의원은 국회에서 직무상 행한 발언과 표결에 관하여 국회 외에서 책임을 지지 아니한다(헌법 제45조).

오답해설

① 헌법 제41조 제2항
② 헌법 제44조 제1항
③ 헌법 제44조 제2항

▌핵심만 콕

헌법상 규정하고 있는 국회의원의 특권

불체포특권	헌법 제44조 ① 국회의원은 현행범인인 경우를 제외하고는 회기 중 국회의 동의없이 체포 또는 구금되지 아니한다. ② 국회의원이 회기 전에 체포 또는 구금된 때에는 현행범인이 아닌 한 국회의 요구가 있으면 회기 중 석방된다.
면책특권	헌법 제45조 국회의원은 국회에서 직무상 행한 발언과 표결에 관하여 국회 외에서 책임을 지지 아니한다.

28

▌영역 민사법 > 소멸시효 **답 ❷**

정답해설

② 소멸시효의 이익은 미리 포기하지 못하므로(민법 제184조 제1항), 시효완성 전에는 포기할 수 없다.

오답해설

① 민법 제167조
③ 민법 제168조
④ 민법 제169조

▌관계법령

민법 제167조(소멸시효의 소급효)

소멸시효는 그 기산일에 소급하여 효력이 생긴다.

민법 제168조(소멸시효의 중단사유)

소멸시효는 다음 각호의 사유로 인하여 중단된다.

1. 청구
2. 압류 또는 가압류, 가처분
3. 승인

민법 제169조(시효중단의 효력)

시효의 중단은 당사자 및 그 승계인간에만 효력이 있다.

핵심만 콕

소멸시효의 중단

시효기간의 경과 중에 권리의 불행사라는 소멸시효의 바탕이 되는 사실 상태와 상반되는 사실이 발생할 경우 이미 진행한 시효기간은 무효로 하고 처음부터 다시 진행하는데, 이를 소멸시효의 중단이라고 한다. 소멸시효 중단사유는 청구, 압류 또는 가압류, 가처분, 승인이 있다.

29

영역 형사법 > 임의수사

답 ❷

정답해설

제시된 내용 중 임의수사 방법에 해당하는 것은 ㄱ, ㄴ, ㄷ이다. ㄹ, ㅁ, ㅂ은 강제수사 방법에 해당한다.

핵심만 콕

수사의 방법

임의수사가 원칙이고, 강제수사는 예외적으로 법의 규정이 있을 때 가능하다.

- 임의수사
  - 의의 : 강제력을 행사하지 않고 당사자의 승낙을 얻어서 행하는 수사
  - 방법 : 출석요구, 참고인진술 청취, 통역・번역・감정의 위촉, 피의자 신문, 사실조회 등

- 강제수사
  - 영장 없는 수사 : 현행범 체포(형사소송법 제212조), 특수한 경우의 압수・수색・검증(형사소송법 제216조 제1항 제2호) 및 공무소에의 조회(형사소송법 제199조 제2항) 등
  - 영장에 의한 수사 : 구속(형사소송법 제201조), 압수・수색(형사소송법 제215조) 등
  - 수사기관의 청구에 의해서 법관이 하는 것 : 증거보전(형사소송법 제184조) 등

30

영역 행정법 일반 > 행정대집행 **답 ❶**

정답해설

① 행정상 강제집행 수단인 행정대집행에 관한 설명이다. 행정대집행은 의무자가 의무를 불이행한 데 대한 제1차적 수단으로 당해 행정청이 의무자가 행할 작위를 스스로 행하거나 또는 제3자로 하여금 이를 행하게 하고 그 비용을 의무자로부터 징수하는 것을 말한다(예 : 철거명령을 따르지 않은 무허가건물의 강제철거).

오답해설

② 행정벌 : 행정의 상대방인 국민이 행정법상 의무를 위반하는 경우에 일반통치권에 의하여 그 의무위반자에게 과해지는 제재로서의 처벌을 의미한다.
③ 직접강제 : 의무자가 의무를 이행하지 아니하는 경우에 직접적으로 의무자의 신체 또는 재산에 실력을 가함으로써 행정상 필요한 상태를 실현하는 작용이다.
④ 행정상 즉시강제 : 행정상 장해가 존재하거나 장해의 발생이 목전에 급박한 경우에 성질상 개인에게 의무를 명해서는 공행정 목적을 달성할 수 없거나 또는 미리 의무를 명할 시간적 여유가 없는 경우에 개인에게 의무를 명함이 없이 행정기관이 직접 개인의 신체나 재산에 실력을 가해 행정상 필요한 상태의 실현을 목적으로 하는 작용이다.

31

영역 법학 일반 > 법의 효력 **답 ❹**

정답해설

④ 법률불소급의 원칙에 따라 구법에 의해 취득한 기득권은 신법에 의해 소급하여 박탈하지 못한다.

오답해설

① 법의 효력은 시행일로부터 폐지일까지 계속되는데 이를 시행기간 또는 유효기간이라 한다.
② 법률은 특별한 규정이 없는 한 공포한 날로부터 20일을 경과함으로써 효력을 발생한다(헌법 제53조 제7항).
③ 형법 제1조 제2항

관계법령

형법 제1조(범죄의 성립과 처벌)

① 범죄의 성립과 처벌은 행위시의 법률에 따른다.
② 범죄 후 법률이 변경되어 그 행위가 범죄를 구성하지 아니하게 되거나 형이 구법(舊法)보다 가벼워진 경우에는 신법(新法)에 따른다.
③ 재판이 확정된 후 법률이 변경되어 그 행위가 범죄를 구성하지 아니하게 된 경우에는 형의 집행을 면제한다.

핵심만 콕

법률불소급의 원칙

- 원칙 : 법의 효력은 시행 후에 발생한 사항에 관해서만 적용되고 시행 이전에 발생한 사항에 대하여는 소급하여 적용하지 못한다는 원칙을 말한다.
- 예외 : 소급효의 인정이 정의·형평의 관념에 부합할 때에는 예외를 인정한다. 신법이 도리어 관계자에게 유리하거나 소급하여 적용함이 기득권을 침해하는 일이 되지 않거나 또는 침해한다 할지라도 소급시킬 공법상의 필요가 있을 때에는 소급효가 인정된다.
- 형법 제1조 제1항은 법률불소급 원칙이, 형법 제1조 제2항은 법률불소급 원칙의 예외가 반영되어 있다.

32

영역 헌법 > 국회의 권한 **답 ❷**

정답해설

제시된 내용 중 국회의 권한이 아닌 것은 ㄱ, ㄹ, ㅁ이다.

ㄱ. (×) 국무총리 해임건의권(헌법 제63조 제1항)
ㄴ, ㅂ. (○) 국회는 선전포고, 국군의 외국에의 파견 또는 외국군대의 대한민국 영역 안에서의 주류에 대한 동의권을 가진다(헌법 제60조 제2항).
ㄷ. (○) 의원을 제명하려면 국회재적의원 3분의 2 이상의 찬성이 있어야 한다(헌법 제64조 제3항).
ㄹ. (×) 예비비 설치에 대한 동의권 및 지출에 대한 승인권(헌법 제55조 제2항)
ㅁ. (×) 헌법개정안은 국민투표에 의하여 확정된다(헌법 제130조 제3항).

관계법령

헌법 제63조

① 국회는 국무총리 또는 국무위원의 해임을 대통령에게 건의할 수 있다.
② 제1항의 해임건의는 국회재적의원 3분의 1 이상의 발의에 의하여 국회재적의원 과반수의 찬성이 있어야 한다.

헌법 제55조

② 예비비는 총액으로 국회의 의결을 얻어야 한다. 예비비의 지출은 차기국회의 승인을 얻어야 한다.

33

▌영역 민사법 > 민사소송의 심리 **답 ❹**

정답해설

④ 민사소송의 심리에 관한 원칙으로 변론주의, 처분권주의, 구술심리주의, 직접심리주의, 공개심리주의, 쌍방심리주의, 적시제출주의를 들 수 있다.

▌핵심만 콕

민사소송 심리에 관한 원칙

- 변론주의 : 소송자료, 즉 사실과 증거의 수집·제출의 책임을 당사자에게 맡기고 당사자가 수집하여 변론에서 제출한 소송자료만을 재판의 기초로 삼아야 한다는 심리원칙을 말한다.
- 처분권주의 : 법원은 당사자가 신청하지 아니한 사항에 대하여는 판결하지 못한다(민사소송법 제203조). 즉, 소송의 개시, 재판의 대상 및 범위, 그리고 소송의 종결에 대하여 당사자의 주도권을 인정하는 주의이다.
- 구술심리주의 : 구술심리주의란 심리에 있어 당사자 및 법원의 소송행위, 특히 변론과 증거조사를 구술로 행하도록 하는 절차상 원칙을 말한다. 즉, 법원의 재판은 구술변론을 기초로 하여야 한다는 것이다.
- 직접심리주의 : 직접심리주의란 당사자의 변론 및 증거조사를 수소법원의 면전에서 직접 실시하는 주의를 말하는데 이는 수명법관이나 수탁판사의 면전에서 시행하고 그 심리결과를 수소법원이 재판의 기초로 채용하는 주의인 간접심리주의에 대립된다.
- 공개심리주의 : 공개주의 또는 공개심리주의란 재판의 심리와 판결선고를 일반인이 방청할 수 있는 상태에서 행해야 한다는 절차원리이다.
- 쌍방심리주의(당사자 평등의 원칙) : 사건심리에 있어서 당사자 쌍방을 평등하게 대우하여 공격·방어의 방법을 제출할 수 있는 기회를 평등하게 부여하는 입장을 쌍방심리주의 또는 당사자 대등의 원칙이라고 한다.
- 적시제출주의 : 적시제출주의란 당사자가 소송을 지연시키지 않도록 소송의 정도에 따라 공격방어방법을 적시에 제출하여야 한다는 주의이다. 본래 수시제출주의를 채택하고 있었으나, 소송촉진과 집중심리를 위하여 2002년 개정되어 적용되고 있다(민사소송법 제146조).

34

▌영역 행정법 일반 > 민중소송 **답 ❸**

정답해설

③ 민중소송에 관한 설명이다. 민중소송은 당사자 사이의 구체적인 권리와 의무에 관한 분쟁의 해결을 위한 것이 아니라는 점에서 객관적 소송이자, 법률이 규정하고 있는 경우에 한하여 제기할 수 있다는 점에서 법정주의를 취한다.

▌관계법령

행정소송법 제3조(행정소송의 종류)

행정소송은 다음의 네가지로 구분한다.

1. 항고소송 : 행정청의 처분등이나 부작위에 대하여 제기하는 소송
2. 당사자소송 : 행정청의 처분등을 원인으로 하는 법률관계에 관한 소송 그 밖에 공법상의 법률관계에 관한 소송으로서 그 법률관계의 한쪽 당사자를 피고로 하는 소송
3. 민중소송 : 국가 또는 공공단체의 기관이 법률에 위반되는 행위를 한 때에 직접 자기의 법률상 이익과 관계없이 그 시정을 구하기 위하여 제기하는 소송
4. 기관소송 : 국가 또는 공공단체의 기관상호간에 있어서의 권한의 존부 또는 그 행사에 관한 다툼이 있을 때에 이에 대하여 제기하는 소송. 다만, 헌법재판소법 제2조의 규정에 의하여 헌법재판소의 관장사항으로 되는 소송은 제외한다.

35

영역 상법 일반 > 주식회사 **답 ❶**

정답해설

① 회사의 자본금은 상법에서 달리 규정한 경우 외에는 발행주식의 액면총액으로 한다(상법 제451조 제1항).

오답해설

② 상법 제329조 제1항 · 제2항 · 제3항
③ 상법 제331조
④ 주권 발행 이후의 주식의 양도는 원칙적으로 허용된다(상법 제335조 제1항 본문). 다만, 회사는 정관으로 정하는 바에 따라 그 발행하는 주식의 양도에 관하여 이사회의 승인을 받도록 할 수 있다(상법 제335조 제1항 단서).

관계법령

상법 제329조(자본금의 구성)
① 회사는 정관으로 정한 경우에는 주식의 전부를 무액면주식으로 발행할 수 있다. 다만, 무액면주식을 발행하는 경우에는 액면주식을 발행할 수 없다.
② 액면주식의 금액은 균일하여야 한다.
③ 액면주식 1주의 금액은 100원 이상으로 하여야 한다.

상법 제335조(주식의 양도성)
① 주식은 타인에게 양도할 수 있다. 다만, 회사는 정관으로 정하는 바에 따라 그 발행하는 주식의 양도에 관하여 이사회의 승인을 받도록 할 수 있다.

36

영역 법학 일반 > 소급입법 **답 ❶**

정답해설

ㄱ. (O) 개인 재산을 국가가 환수하는 것이므로 재산권 행사의 자유를 제한한다.
ㄴ. (O) '원인 행위시'는 일제 강점기를 말하므로 법률의 소급효를 인정하는 셈이다.
ㄷ, ㄹ. (×) '친일반민족행위자 재산의 국가귀속에 관한 특별법'은 국내법이고 소급효를 인정함으로써 법적 안정성보다는 정의를 중시함을 추론할 수 있다.

37

영역 헌법 > 헌법재판소 답 ❷

정답해설

② 헌법 제112조 제3항

오답해설

① 헌법재판소 재판관의 임기는 6년이며, 연임이 가능하다(헌법 제112조 제1항).

③ 대통령에 대한 탄핵소추는 국회재적의원 과반수의 발의와 국회재적의원 3분의 2 이상의 찬성이 있어야 한다(헌법 제65조 제2항 단서).

④ 헌법은 대통령・국무총리・국무위원・행정각부의 장・헌법재판소 재판관・법관・중앙선거관리위원회 위원・감사원장・감사위원 기타 법률이 정한 공무원이 그 직무집행에 있어서 헌법이나 법률을 위배한 때에는 국회는 탄핵의 소추를 의결할 수 있다(헌법 제65조 제1항)고 규정하고 있으므로 국회의원은 탄핵심판의 대상이 아니다. 나머지는 헌법 규정상 헌법재판소의 관장사항이다(헌법 제111조 제1항 참고)

관계법령

헌법 제112조

① 헌법재판소 재판관의 임기는 6년으로 하며, 법률이 정하는 바에 의하여 연임할 수 있다.
② 헌법재판소 재판관은 정당에 가입하거나 정치에 관여할 수 없다.
③ 헌법재판소 재판관은 탄핵 또는 금고 이상의 형의 선고에 의하지 아니하고는 파면되지 아니한다.

헌법 제65조

① 대통령・국무총리・국무위원・행정각부의 장・헌법재판소 재판관・법관・중앙선거관리위원회 위원・감사원장・감사위원 기타 법률이 정한 공무원이 그 직무집행에 있어서 헌법이나 법률을 위배한 때에는 국회는 탄핵의 소추를 의결할 수 있다.
② 제1항의 탄핵소추는 국회재적의원 3분의 1 이상의 발의가 있어야 하며, 그 의결은 국회재적의원 과반수의 찬성이 있어야 한다. 다만, 대통령에 대한 탄핵소추는 국회재적의원 과반수의 발의와 국회재적의원 3분의 2 이상의 찬성이 있어야 한다.
③ 탄핵소추의 의결을 받은 자는 탄핵심판이 있을 때까지 그 권한행사가 정지된다.
④ 탄핵결정은 공직으로부터 파면함에 그친다. 그러나, 이에 의하여 민사상이나 형사상의 책임이 면제되지는 아니한다.

헌법 제111조

① 헌법재판소는 다음 사항을 관장한다.
1. 법원의 제청에 의한 법률의 위헌여부 심판
2. 탄핵의 심판
3. 정당의 해산 심판
4. 국가기관 상호간, 국가기관과 지방자치단체간 및 지방자치단체 상호간의 권한쟁의에 관한 심판
5. 법률이 정하는 헌법소원에 관한 심판

38

영역 민사법 > 유치권 답 ❹

정답해설

④ 과실은 먼저 채권의 이자에 충당하고 그 잉여가 있으면 원본에 충당한다(민법 제323조 제2항).

오답해설

① 민법 제321조
②, ③ 민법 제323조 제1항

관계법령

민법 제323조(과실수취권)
① 유치권자는 유치물의 과실을 수취하여 다른 채권보다 먼저 그 채권의 변제에 충당할 수 있다. 그러나 과실이 금전이 아닌 때에는 경매하여야 한다.
② 과실은 먼저 채권의 이자에 충당하고 그 잉여가 있으면 원본에 충당한다.

민법 제321조(유치권의 불가분성)
유치권자는 채권전부의 변제를 받을 때까지 유치물전부에 대하여 그 권리를 행사할 수 있다.

39

영역 형사법 > 전문법칙 답 ❶

정답해설

① 전문증거의 증거능력을 제한하는 전문법칙에 관한 설명이다. 즉, 전문증거(傳聞證據, hearsay)는 원진술자가 공판기일 또는 심문기일에 행한 진술 이외의 진술로서 그 주장사실이 진실임을 입증하기 위하여 제출된 것으로, 전문진술과 진술서, 자술서, 진술녹취서 등 전문서류를 말하며, 형사소송법 제310조의2는 동법 제311조 내지 제316조에 규정한 것 이외에는 증거능력을 부정하고 있다.

오답해설

② 자백배제법칙 : 임의성이 의심되는 자백의 증거능력을 배제하는 원칙이다(형사소송법 제309조).
③ 자백의 보강법칙 : 피고인이 임의로 한 증거능력이 있고, 신용성이 있는 자백에 의하여 법관이 유죄의 심증을 얻었다고 하더라도 그 자백에 대한 다른 보강증거가 없으면 유죄를 인정할 수 없다는 원칙이다(형사소송법 제310조).
④ 위법수집증거배제원칙 : 적법한 절차에 따르지 아니하고 수집한 증거는 증거로 할 수 없다는 원칙이다(형사소송법 제308조의2).

40

영역 사회법 일반 > 근로기준법 **답 ❹**

정답해설

④ 근로계약은 계약의 형식이나 명칭을 불문하고 명시 및 묵시의 계약의 체결도 가능하다. 또한 효력 발생을 위해 반드시 서면으로 체결할 필요는 없다.

오답해설

① 근로기준법 제3조
② 근로기준법 제9조
③ 근로기준법 제11조 제1항 단서

관계법령

근로기준법 제11조(적용 범위)

① 이 법은 상시 5명 이상의 근로자를 사용하는 모든 사업 또는 사업장에 적용한다. 다만, 동거하는 친족만을 사용하는 사업 또는 사업장과 가사(家事) 사용인에 대하여는 적용하지 아니한다.

대부분의 사람은 마음먹은 만큼 행복하다.

– 에이브러햄 링컨 –

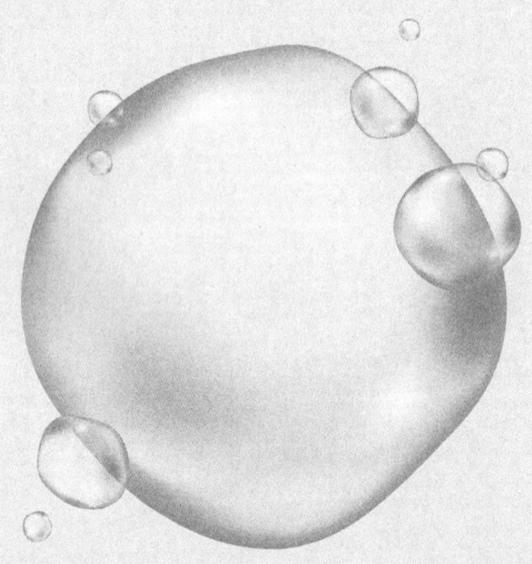

미래는

현재 우리가 무엇을 하는가에 달려 있다.

– 마하트마 간디 –

2024 SD에듀 COMPACT 공기업 전공필기 단기합격 법학

개정1판1쇄 발행	2024년 01월 05일(인쇄 2023년 12월 15일)
초 판 발 행	2023년 01월 05일(인쇄 2022년 09월 29일)
발 행 인	박영일
책 임 편 집	이해욱
편 저	SD법학연구소
편 집 진 행	석지연
표지디자인	박종우
편집디자인	김민설 · 윤준호
발 행 처	(주)시대고시기획
출 판 등 록	제10-1521호
주 소	서울시 마포구 큰우물로 75 [도화동 538 성지 B/D] 9F
전 화	1600-3600
팩 스	02-701-8823
홈 페 이 지	www.sdedu.co.kr
I S B N	979-11-383-6451-5 (13360)
정 가	26,000원

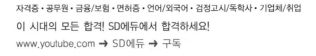

가장 빠르게 합격하고 싶다면?

합격의 지름길로 안내하는 취업 베스트 도서!

기출로 공부하는 일반상식 통합기본서

- 빈출상식 194선 + 무료동영상(최신시사특강)
- 공사공단 · 언론사 · 기업체 취업 대비를 위한 일반상식 종합서

공기업 일반상식 핵심공략

- 공기업 일반상식 완벽 대비
- 최신기출문제로 본 일반상식 공략비법 제공

공기업 일반상식 · 한국사 기출 500제

- 최근 출제된 상식만 모아서 500개 문제 공략
- 대표 공기업 상식 출제경향 분석표 제시

일반상식 만점 비법! 단기완성 시리즈

시험에 필요한 모든 것을 한 권에 담았다! 기출의 빈틈을 채우는 상식

3일 완성 언론사
최신기출 일반상식

- 방송국, 신문사, 인터넷신문 등 언론기관 최신 기출 반영
- 매년 모든 언론사에서 출제되는 암기 상식 빈출노트 수록
- 현직 기자가 직접 전수하는 언론사 논술 해법 공개

3일 완성 공기업
최신기출 일반상식

- 공기업 일반상식 시험에 나올 상식을 빠르게 브리핑
- 매년 모든 공기업에서 출제되는 암기 상식 빈출노트 수록
- 한자어부터 우리말까지 빈틈없는 구성